四川方言词汇研究

Sichuan Fangyan Cihui Yanjiu

主编

邓英树 四川师范大学文学院

张一舟 四川师范大学文理学院

四川大学文学与新闻学院

中国社会科学出版社

图书在版编目（CIP）数据

四川方言词汇研究／邓英树，张一舟主编．—北京：
中国社会科学出版社，2009.12（2010.10 重印）
ISBN 978 - 7 - 5004 - 8816 - 3

Ⅰ. ①四… Ⅱ.①邓… ②张… Ⅲ. ①西南官话 - 方
言研究 - 四川省 Ⅳ.①H172.3

中国版本图书馆 CIP 数据核字（2010）第 100913 号

出版策划　任　明
特邀编辑　成　树
责任校对　安　全
技术编辑　李　建

出版发行　中国社会科学出版社

社　　址　北京鼓楼西大街甲 158 号　　邮　编　100720
电　　话　010—84029450（邮购）
网　　址　http://www.csspw.cn
经　　销　新华书店
印　　刷　北京奥隆印刷厂　　　　装　订　广增装订厂
版　　次　2009 年 12 月第 1 版　　印　次　2010 年 10 月第 2 次印刷
开　　本　710×1000　1/16
印　　张　27
字　　数　480 千字
定　　价　50.00 元

主编 邓英树　　张一舟

作者（按音序排列）

陈　颖　　邓英树　　兰玉英

黄尚军　　黄晓冬　　宋伶俐

杨月蓉　　袁莉容　　袁雪梅

曾晓舸　　张　爽　　张一舟

目　录

序

　　方言是全民语言的分支，是全民语言的地方变体。方言有自己的语音系统，有自己的词汇和语法构造，但是这些要素都要服从于全民语言。四川方言也不例外。

　　四川方言有自己的历史。杜宇、蚕丛已经有了自己的国家形态，开明王朝的历史却是可以考证的。近年的考古发掘，地下出土的大量实物征实了古代四川的历史并非虚构。早在春秋战国时期，巴蜀地区就已经有了发达的经济文化，但是当时北方的秦国，东方的楚国，都是相当强盛的诸侯国，他们都想称霸中国，一统天下，中原地区是他们觊觎的地方，靠近他们的巴蜀，战略地位也非常重要，同样也是他们争夺的对象。

　　公元前 316 年，秦大夫张仪、司马错、都尉墨率兵自关中越秦岭入南郑，从石牛道伐蜀。灭掉了蜀国，在那里建立了蜀郡，把它作为秦国的战略后方基地，不断地向这里移民，发生了民族融合和语言融合。使这一地区的语言和中原地区的语言很接近了。李善注《文选·左思〈蜀都赋〉》用了刘渊林的注释，里面有一段《地理志》的话很值得玩味。原文是："蜀守李冰凿离堆，穿两江，为人开田，百姓飧其利。是时蜀人始通中国，言语颇与华同。"这个《地理志》不是《汉书》的《地理志》，现在《汉书·地理志》里面也没有这段话，看来它是一种已经佚亡的古籍，无从查考。这段记载说明当时蜀地的语言受到中原语言的影响，被同化了。到了西汉，这一同化过程已经完成。西汉末年扬雄编写的《方言》把秦晋陇冀梁益并举的事实说明了这点。

　　从上古到中古，文献记载的古四川方言词，见于全民语言的今天还保存下来，成为全民语言的组成部分，这是毋庸质疑的。但是也有一些词，如："蹲鸱"（芋头）、"给客橙"（柑橘的一种）、"蒚"（菖蒲）、"蝁"（土蜂）、"豆逼"（从屋缝中漏出的日光）等，这些当时无疑是通行的词，现在已经消失得无影无踪了。

　　现代的四川方言的形成大概在元明时期，元、明两朝都曾经向四川用兵，特别是明朝初年，以四川为通道向云南进军，大军所至，大批民众随之南下，促进了这一地区方言的融合，形成了现代四川方言。明末李实写的《蜀语》，里面绝大多数词语都还保留在今天的四川方言里面，这说明远在清朝初年"湖广填四川"以前，就已经有了现代的四川方言的基本格局。

四川方言通常指流行于四川境内的汉语西南官话，它属于汉语北方方言的一个分支。它的词汇体系既服从于北方方言的词汇体系，又有自己的特点。邓英树、张一舟两教授主编的《四川方言词汇研究》用了多年时间写成，是从理论和实践的结合上对四川方言词汇进行了一次科学的描写探讨。

作者首先简论述了四川的人文地理概况，介绍了四川境内的汉语方言，包括西南官话、客家方言和湘方言。并且简要地描写了四川官话方言的语音系统和结构特点。提供了一个四川汉语方言的概貌，引导读者去进一步了解这种方言的词汇。

接着分析了四川方言词汇的构成体系和历史发展变化。利用传统方言与共同语词汇对比的方法将四川方言词汇和共同语的词汇进行比较。从同、不同和有差别三个方面做了对比。同时勾画出四川方言基本词汇的轮廓。从音系外部原因所和音系内部引起的词汇变异，这一部分，同类的著作很少涉及到是两位先生的独创很有见地。四川方言的发展变化一节，根据词汇发展变化的一般规律，从旧词的消亡、新词的产生、词义的变化三个方面展示了这方面的变化，特别是在叙述中能够联系社会文化发展的历史进行考察，更加深了讨论述深度和广度。

研究方言的词汇，特别是研究属于北方方言分支的一种方言的词汇，将它和北方方言词汇对比，无疑是非常重要的，问题是如何从事比较，这却是值得思考的。作者抓住四川方言与北方方言不同的地方进行比较，突出四川方言的特点，展开了自己的论述。

四川方言构词法有和北方方言不同的地方。作者根据四川方言复合词构词语素先后顺序的异同，分析比较了其间的差异。并且分析了四川方言里面特有的"形-量"式形容词。在附加式构词方面，除与北方方言共有的前缀"初～、老～、第～"和后缀"～子、～儿、～头"外，还用了相当的篇幅论述"～倒"、"～得"、"～起"、"～巴"、"～家"、"～不～"、"～气"等。特别对"儿"和"家"还专门用了篇幅进行探讨，揭示它们的特点。

重叠式的构词方式是四川方言重要的构词手段。作者的论述也大大超过同类型的著作。生动式形容词是作者提出的一个新的概念，它指的是四川方言带前缀或后缀的形容词，这些形容词表意，能够引起人们感觉体验或程度、形状等的联想。如："飞快"、"梆硬"、"焦湿"、"溜酸"、"酸溜溜"、"红彤彤"、"硬梆梆"、"干焦焦"等。

这类形容词还有其他一些组成方式。如：

AABB　　耍耍搭搭　　偏偏倒倒　　悄悄迷迷　　礼礼信信

ABAB　　丢心落肠　　死眉秋眼　　正南齐北　　生拉活扯　　毛焦火辣

ABB→ABAB　长梭梭→长梭长梭　　慢悠悠→慢悠慢悠

松垮垮→松垮松垮　　笑扯扯→笑扯笑扯

还可以嵌入一些词缀，如：

～巴～　　假巴意思　　灰巴拢耸

～里～　　宝里宝气　　罗里罗嗦　　怪里怪气

这类词缀别的方言也有，但是不如四川方言多，它们的能产性比较小，意义一时搞还不清楚，是不是这个字也弄不明白。书里面举的例子还相当多。

熟语是语言里面一种固定组合，在使用上它的作用相当于一个词。除了成语以外，歇后语、谚语、惯用语、俗语、格言都包含在熟语之列。四川方言有许多熟语，有些是全民语言共有的，但是也有一些仅流行于四川地区。这些熟语生动活泼，极富风趣，很有幽默性，和别的方言相比，是四川方言特有的。作者花了相当的篇幅分析了这些熟语的结构，探索它们的历史来源。发求前人所未发，颇富启发性。

词汇语义分析是词汇研究的一个薄弱环节。作者对此做了大胆的尝试。将现代词汇语义学与历史文化结合起来，比较四川方言和北方方言在语义上的异同，分析细致入微。词语缺位一节一般词汇学著作里面很少涉及，书中辟为专节，颇有新意，能够引人入胜。

四川方言词汇的文化阐释一章篇幅比较大，从地方文化的诸多方面分析方俗文化在词汇中的反映。其中对地理名称在四川方言词汇中的表现论述最多。如果不深入四川的生活实际是无法写出来的。

末了的封闭词群研究按地区分类列举了不少四川方言的词，这些材料非常宝贵。是一份极其有用的地方方言对照词表。

这本方言词汇研究不仅是现代四川方言词汇的分析描写，它的价值远远超出了一个方言分析描写的研究范围，它可以作为研究北方方言各个次方言词汇的样板，研究这些次方言，可以从这本书里面得到有益的启示。

二零零九年冬至赵振铎序于川大农林村蜗居时年八十有一。

赵振铎

凡　例

1. 本书例子主要采自口语。采自书面语料的例子，其出处一般只列作者及作品名或报刊名。

2. 方言词语书写一般采用通行的书写形式，不刻意考求本字。本字不明，用同音字代替者，在该字下加横线表示，如"<u>然瓦</u> zan²ua³ 不干脆；不痛快"；有音无字者用方框□表示，如"□nia² 滑落"。

3. 词缀"儿"儿化时，写作下标；独立成音节时字号不变。如"猫_儿"表示儿化，"猫儿"表示"儿"自成音节。儿化韵用原韵母之后加 r 表示，如"猫_儿"标作 maur¹。

4. 行文或例句中需要注释的方言词语，随文作释。释文和需要翻译成普通话的例句的译文，用比正文小一号的字体表示。

5. 方言字和方言词语的读音用国际音标标注。凡指明方言点者，以该方言点读音为准；未指明方言点者，以成都话为准。通常是标注音类，而不一定是实际音值。音节右上角的两位数码表示调值，一位数 1、2、3、4、5 表示调类的阴平、阳平、上声、去声、入声。如成都话"孃"标为 ȵiaŋ⁵⁵ 或 ȵiaŋ¹。如有规律性的变调，则本调（调类或调值）标在前，变调标在后。如成都话"瓶瓶"读如"瓶拼"，标为 pʻin²pʻin²⁻¹ 或 pʻin²¹pʻin²¹⁻⁵⁵。

6. 随文引例不止一个者，例间用竖线∣隔开。引例提行而又不止一个者，所编番号各章节在所论述的问题下自成起讫，不统一编号。例句前面加※号者，表示没有这种说法。

第一章 四川和四川境内的汉语方言

本书中的"四川"或"四川省",指 1996 年重庆成为直辖市之前的四川省,即今川渝地区。本书中的"四川方言",指狭义的四川方言,即通行于原四川省境内的汉语西南官话方言,它又称"四川话"。广义的四川方言,指通行于原四川省境内的所有汉语方言,本书用"四川境内的汉语方言"来加以指称。本章先介绍四川的人文地理概况和四川境内汉语方言概况,然后重点介绍狭义的四川方言,即四川话,亦即四川境内的西南官话方言。

第一节 四川人文地理概况和汉语方言概况①

一、人文地理概况

四川位于中国西南腹地,介于东经 97°21′～100°12′,与北纬 26°03′～34°19′之间,总面积约 56.7 万平方公里。其东边与湖北交界,北边同陕西、甘肃相连,西北与青海接壤,西边与西藏连界,西南与云南交界,南边则与贵州相邻,东南还同湖南接界,是连接西南、西北和华中的天然纽带。

四川自然地理情况复杂多样。

全省地形复杂,有盆地、高原、山地等多种地貌。东部为有名的四川盆地,海拔一般 250 米～750 米。成都平原,即所谓的"川西坝子",就位于盆地西部。其面积约 8000 平方公里,是本省最大的平原。成都平原地势平缓,土壤肥沃,适于发展自流灌溉,垦殖历史十分悠久,著名的都江堰即位于成都平原西部,是我国重要的粮油基地。盆地中部和东部,大部分地区为丘陵,也是本省的重要农业区域。盆地周围有群山环绕,我国佛教四大名山之一的峨眉山即位于其西南缘。

---

① 参看赵振铎、雷喻义《四川百科全书·四川省概述》,四川辞书出版社 1997 年版;崔荣昌《四川方言与巴蜀文化》,四川大学出版社 1996 年版。

本省西部为川西高原，是青藏高原的一部分，海拔 4000 米～4900 米，其地势由北向南倾斜。西北部仍为高原面貌，南部分布着多条岭谷高差很大的深切河谷，蕴藏着丰富的水能资源。而海拔较低的河谷，地势较平，是川西种植业的的分布地区。

四川气候类型多样，是我国气候最复杂的省区之一。其显著特点是水平和垂直方向空间差异很大。其中，四川盆地属中亚热带和北亚热带，是我国亚热带气候的主要分布地区，跟同纬度的长江中下游地区比较起来，冬暖春早。四川雨量充沛，大部分地区年降水量在 800 毫米～1200 毫米左右。具有东南多而西北少，迎风坡多，而背风坡少的特点。

四川自然资源丰富。由于气候温和，降雨丰沛，水资源非常丰富，是我国河川径流资源最丰富的省区之一。土地资源也很丰富，总量约占全国的 5.9%，居全国第五位。

能源资源中，天然气资源和水能资源都很丰富，储量在全国都名列前茅；太阳能、风能、地热能资源也都具有一定规模；只是煤炭资源较为贫乏。

矿产资源方面，四川是我国矿产资源最丰富的省区之一。有二十多种矿产资源储量居全国前三位。其中，钒、钛储量居世界首位。

生物资源也非常丰富，因为自然环境的多种多样，为种类繁多的动、植物提供了生存和繁衍的条件。

由于自然环境优越，四川境内很早就有人类生活在这里。根据古人类学的发现和研究，本地区的史前时代发轫于 200 万年以前。而迄今发现的多处文化遗址，说明早在旧石器时代在本地区从东到西的广阔地带，就有人类生存与活动。

到距今七八千年的时候，四川的原始先民，先后进入新石器时代。在商周时期，四川地区建立了两个方国，即川西地区的蜀国和川东地区的巴国。著名的广汉三星堆和成都金沙遗址就是古蜀国的政治经济和文化中心。

不过，在先秦时期，四川基本上是少数民族聚居地区。巴和蜀是两个方国，也是部族的称谓，并且他们各自还统率多个部族。晋常璩《华阳国志·巴志》称巴："其属有濮、賨、苴、共、奴、獽、夷蜑之蛮。"巴境内还有盘瓠种的民族。《华阳国志·蜀志》称蜀有"滇、僚、賨、僰"等民族，邛、笮、冉、龙、青衣等民族也生活在蜀境内。①有学者研究，当时巴蜀地区，生活着

---

① 　[晋]常璩撰、刘琳校注《华阳国志校注》，巴蜀书社 1984 年版。以下引用《华阳国志》均见此书，不　　再出注。

百数十个部族。其后，由于中原人的大量进入并逐渐同巴蜀土著融合，使得巴蜀地区逐步融入了华夏。

截至 1995 年，四川总人口约 11281 万，除汉族外，还生活着 14 个世居的少数民族，他们主要聚居在盆地的东西两侧。

二、汉语方言概况

四川境内的汉语方言，在今天占主导地位的是官话方言，尤其是西南官话方言。另有一些分散分布的非官话方言。

四川境内的官话方言，最主要的是西南官话方言。所谓 "四川方言"，虽然也可以指四川境内的所有汉语方言，但通常用以指通行于本地区的西南官话方言。它也称 "四川话"，或 "四川官话"，本地区的客家人称它为 "湖广话" 或 "四邻话"。通行区域遍及四川省的绝大部分地区，包括民族杂居地区。使用人口超过一亿。此外，个别地方还有带非西南官话的官话方言如安徽话特点的方言。[①]

四川境内的官话方言，源远流长。

前面谈到，在先秦时期，四川基本上是少数民族聚居地区。他们的语言、风俗，跟中原地区很不一样。《文选·蜀都赋》刘逵注引扬雄《蜀王本纪》："蜀王之先名蚕丛、柏濩、鱼凫、蒲泽、开明，是时人萌椎髻左言，不晓文字，未有礼乐。"另据《隋书·地理志》："南郡、夷陵、竟陵、沔阳、沅陵、清江、襄阳、舂陵、汉东、安陆、永安、义阳、九江、江夏诸郡，多杂蛮左。其与夏人杂居者，则与诸华不别；其僻处山谷者，则言语不通，嗜好居处全异，颇与巴、渝同俗。"但是古巴人和古蜀人中本有不少楚人和中原人的移民成分。古蜀国杜宇氏统治后期，在蜀国为相，后来杜宇禅位于他的鳖灵即是 "荆人"。历史文献称巴、蜀先王是黄帝后裔。同时，他们跟中原也早有往来。如甲骨文中，已有蜀人与殷王朝发生征战、朝贡关系的记载，《尚书·牧誓》记载跟从武王伐纣的有 "庸、蜀、羌、髳、微、卢、彭、濮" 等西南部族，《华阳国志·巴志》说 "周武王伐纣，实得巴蜀之师"，"巴师勇锐，歌舞以凌殷人"。秦举巴蜀之后，特别是秦始皇统一中国之后，蜀地与中原的交往越来越多，统治者还不断将秦晋、中原地区的贵族豪富、罪犯、普通百姓迁入巴蜀。其东边的楚地也早有百姓溯长江而上，来到巴蜀。如《方言》作者扬

① 参看崔荣昌《四川方言的形成》，载《方言》1985 年第 1 期；《四川省西南官话以外的汉语方言》，载《方言》1986 年第 3 期。

雄，即是移民的后代。据《汉书·扬雄传》，雄祖籍本在山西，其先"食采于晋之杨，因氏焉"。"会晋六卿争权，""逃于楚巫山，因家焉。楚汉之兴也，杨氏溯江上，处巴江州（今重庆）。""汉元鼎间避仇复溯江上，处岷山之阳曰郫"。这种民族、部族、各地百姓的迁徙、接触、融合，必然引起语言或方言的接触、融合。据《文选·左太冲〈蜀都赋〉》李善注引刘渊林引《地理志》，秦举巴蜀后，原本"左言"的蜀人"言语颇与华同"。可见，当时蜀地的语言，应该已经逐渐成为汉语方言的一个分支了。这可以说是古巴蜀汉语方言形成的第一阶段。扬雄《方言》曾多次"梁益（今四川、陕南一带）"、"秦晋陇冀"并举，或者代表梁益的地名与代表秦晋的地名并举，说明汉代梁益的巴蜀方言跟秦晋陇冀一带的秦晋方言应该比较接近。有学者认为它们同属一个大的汉语方言区。①

　　虽然今天我们无法得知古巴蜀汉语方言的语音、词汇、语法全貌，但古代典籍中保留的古巴蜀方言的某些词语，让我们可以窥知其词汇的一些情况。如扬雄《方言》就收录了一些梁益地区的词语。《方言》卷一："跋、佫，登也。梁益之间曰佫，或曰跋。"再如许慎《说文解字·女部》"姐，蜀谓母曰姐。"又木部："机，机木也。"段玉裁注："按，盖即桤木也。今成都桤木树，读若岂平声。"段氏并以扬雄作品为例，说明"机木"即"桤木"："扬雄《蜀都赋》曰：'春机杨柳'，机、桤古今字。……《韵会》音邱其切，与蜀语合。"郭璞注《山海经·北山经》也说："机木似榆，可烧以粪稻田，出蜀中。"再如《尔雅·释器》："不律谓之笔。"郭注："蜀人呼笔为不律也，语之变转。"《玉篇·土部》："蜀人谓平川曰坝。"再如宋陆游《老学庵笔记》卷八指出，"东坡《牡丹诗》云'一朵妖红翠欲流'。初不晓'翠欲流'为何语。及游成都，……问土人，乃知蜀语'鲜翠'犹言鲜明也。东坡盖用乡语云。蜀人又谓'糊窗'曰'泥窗'。花蕊夫人《宫词》云：'红锦泥窗绕四廊。'非曾游蜀亦所不解。"②又如苏轼诗《次韵刘景文、周次元寒食同游西湖》："蓝尾忽惊新火后，遨头要及浣花前。"自注："成都太守，自正月二日出游，谓之'遨头'，至四月十九日浣花乃止。"③宋佚名撰《岁华纪丽谱》："成都游赏之盛，甲于西蜀。……及期则仕女栉比，……或以坐具列于广庭，以待观者，谓之

---

① 参看赵振铎《古蜀语词汇论纲》，载《云南师范大学学报》哲学社会科学版第 41 卷第 1 期，2009 年 1月；李恕豪《扬雄〈方言〉与方言地理学研究》，巴蜀书社 2003 年版。

② ［宋］陆游撰、李剑雄、刘德权点校《老学庵笔记》卷八，中华书局 1979 年版，第 102 页。

③ 北京大学古文献研究所编《全宋诗》第一四册，北京大学出版社 1993 年版，第 9425 页。

遨床，而谓太守为遨头。"可见"遨床"、"遨头"为宋代蜀地汉语词。[①]

　　这些词语在巴蜀汉语方言的发展过程中，有的消失了，有的进入了全民语言，也有一些至今仍然保存在现代四川方言中。如上举的"机木（桤木）"是成都地区沟渠边常见的树木，且至今仍称"桤木"。又如"坝"，在四川方言中至今仍通行全川，除作地名用字外，并有很强的构词能力，可构成很多一般词语。"翠"的颜色鲜明义，也仍活在现代四川方言中，今四川方言还把颜色鲜明称作"翠生生的"。

　　上面的例子都是古代文献中明确标明为古巴蜀汉语方言的词语，古代蜀人作品或虽非蜀人而写蜀事的作品中的另有一些词语虽然不能确切得知是否为古巴蜀方言所专有，但今天的四川方言也有传承。如西汉蜀人王褒《僮约》："屈竹为杷，削治鹿卢"中的"杷"。[②]它出现在蜀人写蜀事的通俗文学作品中，当是当时蜀地通行的常用词。据《玉篇·木部》："杷，步牙切，收麦器也。"它应当就是今天四川农村极其常见的一种用于扒梳、聚拢的竹制齿状农具。其制作方法，仍跟《僮约》所说的一样，是"屈竹"而成：在竹竿的一端，劈竹为片，使成扇状，再"屈"之使成齿状。"杷"今多写作"扒"，四川各地有的说"扒扒 p'a²¹p'a²¹⁻⁵⁵"，也有地方说"刮扒 kua²¹pa²¹"。又如宋范成大的游记《吴船录》中记有当时峨眉山的地名"雷洞平"，其中的"平"字，今多作"坪"。作者说："凡言平者，差可以托足之处也。"[③]"坪"现在仍是四川方言常见地名用字。

　　如果从今天看四川方言词语的来源，除了这种古代巴蜀方言词语的传承外，还有一些可能来自古代通语或其他方言。比如今四川方言中广为流传的表示用针粗粗缝上意思的"敹niau⁵⁵"，在《尚书·费誓》中就有了："善敹liau⁵⁵乃甲胄"，意思就是"缝好你们的甲胄"。[④]四川方言通行很广的，指用毒药毒死意思的"瘃 nau²¹³"，早见于《方言》卷三："凡饮药傅药而毒，南楚之外谓之瘌，北燕朝鲜之间谓之瘃"，只不过通行地不是"梁益"。又如四川方言常用词"崽"，《方言》卷十："崽者，子也。湘沅之会凡言是子者谓之崽，若东齐言子矣。"可见"崽"也本是楚方言。不过它早已传入蜀地，成了蜀语词

---

①　［宋］佚名撰、谢元鲁校释《岁华纪丽谱等九种》，见《巴蜀丛书》第一辑，巴蜀书社 1988 年版，第 99 页。

②　文字据［清］严可均校辑《全上古三代秦汉三国六朝文》全汉文卷四十二，中华书局 1958 年版，第 359 页。

③　范成大《吴船录》卷上。据《知不足斋丛书》本。

④　参看黄尚军《成都方言词汇》经本植序，巴蜀书社 2006 年版。

语。明李实《蜀语》即已收录。《蜀语》："谓子曰崽。"① 四川方言词汇中这种词语不少。唐宋，特别是元以来的白话语料中，更是不乏这种今天仍活在四川方言中的方言词语。其中，有蜀人作品的语料，如前举的苏东坡的例子，也有非蜀人作品的语料。如四川方言"向火烤火"，见于唐河南（今河南洛阳）人元微之《元氏长庆集》卷十六《拟醉》："九月闲宵初向火，一樽清酒始行杯"。② 他如《水浒传》、元曲中的非蜀人作品，直至明代的白话小说如《西游记》、三言二拍、《金瓶梅》等等，都有一些今天看来非全民语言词汇的词语还在四川方言中流行。③

古巴蜀语经过长时期的发展演变，到了明代后期，已经基本具备了今天四川方言的框架。这一点，从明末四川遂宁人李实编撰的《蜀语》可以看出。《蜀语》收录了 570 多条当时蜀中流行的方言词语。其中大部分词语还留存于今天的四川话中。同时，书中方言词语的某些构词特点，也跟今天的四川方言差不多。《蜀语》音注材料反映出来的李实乡音的语音框架和某些语音特点，跟今天四川话中的遂宁话也基本一致。如：有 20 个声类，39 个韵类；中古全浊声母已经清化，微母、影母相混，知照组声母合并为一类；m 尾韵并入 n 尾韵，塞音韵尾的消失；平声分阴阳两类等。这些也是当今的四川方言的普遍现象。甚至今天四川方言普遍不分的 n、l，当时也出现了相混的迹象；一些入声字混入阳平，似乎也是今天四川方言多数地区古入声归阳平的先声。④ 由此可见，今天的四川方言，应当在明代后期就已经基本形成。

但《蜀语》的音系也有跟今天不一致的地方，如：n、l 基本上为两类不同的声母，舌尖前音 ts 组与舌尖后音 tʂ 组有别，中古见系细音与精系细音基本分而不混；有 əŋ、iŋ 与 ən、in 的区别；声调 5 类，入声独立成类。⑤ 这些都跟今天的遂宁话不同。今天的四川话音系，当是在明末清初湖广人大规模移民四川以后才最后形成的。从 1900 年出版的四川中江人刘省三编纂的《跻春台》所反映的当时中江话的语音特点看，一百年前的中江话已跟今天的中江话基本相同。1909 年至 1910 年间出版的傅崇矩编撰的《成都通览》，反映了一百年前的成都话口语的特点，从中也可以看出，今天成都话的基本音韵特

---

① ［明］李实著，黄仁寿、刘家和校注 《蜀语校注》，四川人民出版社 1990 年版，第 36 页。

② 据《四部丛刊初编》本。

③ 参看张一舟《近代白话资料中所见四川方言俗语举例》，载《首届官话方言国际学术讨论会论文集》，青岛出版社，2000 年；《〈金瓶梅〉方言俗语汇释》商补》，载《汉语史研究集刊》第 5 辑，巴蜀书社 2002 年版。

④ 参看甄尚灵、张一舟《蜀语词语的记录方式》，载《方言》1992 年，第 1 期。

⑤ 同上。

点，当时就已具备。如 n、l 不分，舌尖后音声母念成舌尖前音，xu 读成 fu；有 ən、in，无 əŋ、iŋ；无入声，古入声归阳平等，甚至成都话的变调规律，如阳平字重叠构成名词的，后一音节变读阴平，"盘盘盘子"读如"盘潘"，都在《成都通览》中有所反映。由此可见，今天的四川方言音系至迟在一个世纪以前就已经完全形成了。①

　　在巴蜀汉语方言的发展过程中，四川经历了多次大规模的人口迁徙活动。这对四川方言的形成和发展产生了很大影响。前面谈到秦代及秦汉之际的人口迁徙对古代巴蜀地区的汉语方言的形成产生了巨大影响，而元末明初的移民更对现代四川方言的形成产生了直接的影响。元末明初的战乱，使四川人口锐减，大批湖广人（多为湖南、湖北人）"避乱入蜀"或"避兵入蜀"，大举向四川移民。另有不少人随入川的部队入蜀。他们大都留居四川。大批移民带来了他们的家乡话。不同方言之间的相互融合，逐渐形成了带有湖广地区的官话方言特点的汉语方言——四川方言。明清之际的战乱，使四川人口大量死亡和流失，田地大量荒芜。从清顺治后期起，清政府大力鼓励外地人入川垦荒，掀起了又一次移民大浪潮。移民主要来自两湖、江西、两广、山陕等地，尤以湖广人，特别是湖北人为最多，所以有"湖广填四川"的说法。这次移民浪潮，规模空前，并且移民几乎遍及全川。同时，他们主要来自经济较为发达的地区，较少安土重迁的传统思想，重农轻商的思想也较为淡薄，因此，他们入川以后，许多人除了从事农耕外，也挖药、烧碱，储积小本，转而经商，甚至一些士人也"弃儒学贾"，促进了商品经济的发展。②这种情况要求有流行地域广泛的语言作为交际工具，以适应社会发展的需要。从而也就加强了已在四川地区形成，并为在人口数量上、分布地域上占绝对优势的官话方言的地位，使其差不多成了四川全民的交际工具。

　　四川境内的非官话方言主要是客家方言和湘方言，尤其是客家方言。它们多零星分布在四川中部一带。除此之外，个别地方还有带闽方言、赣方言的某些特点的方言，这些特点多以底层的形式留存于当地的四川方言中。

　　本地区的客家方言、湘方言也是移民带来的，主要是明末清初那一次移民大浪潮带来的。本地区的客家人多在清初随移民浪潮自广东迁来，也有从赣、闽来的。他们移来四川后，通常住在较为闭塞的山乡，且多聚族而居，

---

①　参看张一舟《〈跻春台〉与四川中江话》，载《方言》1998 年第 3 期；《〈成都通览〉所反映的一百年前的成都话》，载《四川师范大学学报》社会科学版，2008 年增刊。

②　参看林成西《论清代入川移民的基本特点》，载《四川大学学报丛刊》第四十五辑《研究生论文选刊》（第五集）。

极少与四邻的非客家人通婚，并恪守祖宗遗训"宁卖祖宗田，不卖祖宗言"，所以能在汪洋大海般的四川话包围中，保持着自己独特的语言面貌，形成客家方言岛。本地区的湘方言是明清之际湖广行省（今湖北、湖南省）的湘语区居民移居四川带来的。明末清初的移民大浪潮中，还有大批来自湖广湘语区的人。这些移民一般散居在乡间，且跟客家人一样习惯于聚族而居，使得他们的湘语的特点能够长期保存。

至于带闽方言、赣方言的某些特点的汉语方言也来自移民，主要是明清时候随"湖广填四川"的移民或随外地军人来川驻防带来的。

由于上述原因，本地区的汉语方言就形成了现在这样的官话方言，尤其是西南官话方言占主导地位，而又散布着客家方言和湘方言等非官话方言的格局。①

第二节 四川方言的分区

四川方言虽然分布地域广，使用人口多，但其内部却具有高度的一致性，是官话方言中内部一致性最高的方言。从下川东的万州到川西的雅安，从川北的广元到川南的泸州，通话基本没有问题。不过，其内部还是有一些差异，可以根据不同标准进行分区。通常以语音为标准，主要是根据声调，特别是古入声字在今音中的读音情况进行分区，也可根据声母的情况进行分类。

一、根据古入声字的今读和韵母的某些特点分区

黄雪贞的《西南官话的分区》（稿），把整个西南官话分为 11 个片区，四川的西南官话分属其中的 4 个片区。②

（一）成渝片

分布在四川省的大部分地区，包括中部、北部、东部、南部的 80 余个县市。如成都市、南充市、资阳市、遂宁市、广安市、德阳市、绵阳市、广元市、巴中市、达州市、攀枝花市等所属的县市（成都市不含除金堂以外的县市）及会东、会理、德昌等地，重庆市（不含所辖的江津、綦江）及原川东除秀山外的全部县市。本片区的语音特点是古入声字如"一、六、七、八、

---

① 参看崔荣昌《四川方言的形成》载《方言》1985 年第 1 期；《四川省西南官话以外的汉语方言》，载《方言》1986 年第 3 期。

② 参看黄雪贞《西南官话的分区》（稿），载《方言》，1986 年第 4 期。

十"等字，一般读成阳平，如成都、重庆、万县、广元、遂宁等地"一"与"移"，"七"与"其"，"十"与"时"分别同音。

（二）灌赤片

主要分布在四川省西部的数十个县市。本片区的共同语音特点，是古入声字今天都不读阳平。又分为四个小片，本地区有其中的 3 个小片。

A. 岷江小片　包括成都所属的除金堂以外的全部县市（不含成都市区），如都江堰、彭州、邛崃、崇州、温江、新都等和德阳市所属的什邡，遂宁市的射洪，绵阳市的盐亭，南充市的西充，雅安的荥经，还有宜宾市、泸州市、乐山市、眉山市（除仁寿外），以及江津、綦江。本小片的语音特点是古入声字如"一、六、七、八、十，黑、白、绿，力、立、力、历、笠、霁"等，独立成类。

B. 仁富小片　包括内江、自贡两市，荣昌、隆昌，眉山市的仁寿，乐山市的井研，宜宾市的筠连，凉山州的冕宁。本小片的语音特点是声母有ts、ts'、s，也有tʂ、tʂ'、ʂ、z，如内江"租"tsu⁵⁵、"粗"ts'u⁵⁵、"苏"su⁵⁵和"猪"tʂu⁵⁵、"初"tʂ'u⁵⁵、"书"ʂu⁵⁵、"如"zu²¹；古入声字今读去声，如 自贡"一"读如"意"，"七"读如"气"，"八"读如"罢"，"力立力历笠霁"读如"利"。

C. 雅棉小片　包括雅安、芦山、名山、汉源、石棉、天全、宝兴、泸定八个县市。本小片的语音特点是古入声字今天读阴平。如雅安"一"读如"衣"，"七"读如"欺"，"八"读如"巴"，"读"读如"嘟"等。

（三）黔北片

属于本片区的只有今重庆的秀山。本片的语音特点是古入声字今读阳平，但把普通话的 i、iɛ 都读成 i，把 y、yɛ 都读成 y。

（四）昆贵片

属于本片区的只有凉山州的宁南县。本片的语音特点是古入声字今读阳平，没有撮口呼，普通话的撮口呼本片一般读成齐齿呼。

二、根据古入声字是否独立成类分区①

（一）无入声区

本区入声消失，大体上是分别整体归并到舒声中的某一调类中。分布在原川东、川北，凉山彝族自治州北面，除个别县市外的川中、川西南角等地，占汉族聚居区的 2/3。又可根据古入声字在今天的调类归并情况，分为三个小片。

① 参看四川大学方言调查工作组《四川方言音系》，载《四川大学学报》社会科学版，1960 年第 3 期；翟时雨《汉语方言与方言调查》，西南师范大学出版社 1986 年版。

1. 入声归阳平片　约占无入声区全部县市的 80%，大部分分布在原川东的长江流域、乌江两岸，川北的嘉陵江、渠江、涪江流域，即原成都、重庆、万县、涪陵、黔江、达川、巴中、广元、南充、广安、绵阳等市、地及川西南角的盐源、盐边、德昌、米易、会理、宁南等地。

2. 入声归去声片　主要集中在沱江、沱江下游之间的自贡、内江、仁寿、井研、威远、荣县、隆昌、富顺及川西南角的冕宁、川南的筠连等市、县。

3. 入声归阴平片　集中分布在雅安、名山、宝兴、天全、芦山、汉源、石棉、泸定等市、县。

（二）有入声区

本区入声独立成类，共有 5 类声调。占汉族聚居区的 1/3 左右。主要分布在川西岷江流域和川南长江上游两岸。如原温江地区、乐山地区、宜宾地区、泸州市，还有江津、綦江、射洪、盐亭、西充、西昌等地。又可根据入声的调值，分为 4 个小片。

1. 入声字念中平调片　入声字念 33 或 22 调。大部分入声独立地区都属于这一小片。如原温江地区，五通桥、犍为、沐川、屏山、宜宾、泸州、江津、綦江、射洪、西充等地。

2. 入声字念高平调片　入声字念 55 或 44 调。如乐山地区的乐山、峨眉、夹江、洪雅等地。

3. 入声字念中升调片　入声字念 34 或 24 调。如眉山、彭山、青神，宜宾地区的南溪、江安、长宁、高县、珙县、古蔺，以及盐亭等地。

4. 入声字念低降调片　入声字念 31 调，只有西昌一地。

三、根据有无舌尖后音声母分区

（一）无舌尖后音声母区

全省大约五分之四的地区无舌尖后音声母，包括今重庆市的绝大部分地区（只有巫溪方言例外），成都市区、达州、巴中、广安、南充、广元、雅安、宜宾、泸州等地。在这些地区北京话中的 tʂ、tʂ'、ʂ、ʐ，念成了舌尖前音声母 ts、ts'、s、z。

（二）有舌尖后音声母区

只有不到五分之一的地区有舌尖后音声母。其中又分三种情况。

1. 所拼合的韵母较多的片区

包括自贡、内江、井研、仁寿、威远、荣县、富顺、隆昌、筠连、冕宁、西昌、德昌、会理、盐源、米易、南江、巴中、仪陇等地。在这些地区，舌尖后音声母与舌尖前音声母是对立的，但有 z̩，没有 z。舌尖后音声母能拼合的韵母范围广，所包括的字也比较多。不过同北京话相比，范围要稍小一点儿。

2. 所拼合的韵母较少的片区

包括都江堰市、彭州、新都、郫县、西充等地。这些地方兼有 z̩ 和 z，但 tʂ、tʂ'、ʂ、z̩ 和 ts、ts'、s、z 并不同时出现在同一个韵母里，tʂ、tʂ'、ʂ、z̩ 专拼 ɚ 或 ɻ。其中在西充 tʂ、tʂ'、ʂ、z̩ 专拼 ɻ，其余几个地点专拼 ɚ。

此外，同属本片区的巫溪方言没有 tʂ、tʂ'、ʂ，也没有 z，只有 z̩，它所包含的字，跟重庆话的 z 大体相同。

3. 舌尖前音声母和舌尖后音声母自由变读片区

峨眉方言有 tʂ、tʂ'、ʂ、z̩，也有 ts、ts'、s、z，但二者不对立，可以自由变读。如"猜、差"同音，都可读 ts'ai⁴⁴，也可读 tʂ'ai⁴⁴。"人"可读 zən²¹ 或 z̩ən²¹。[①]同时，在年轻人的话里，往往多出现舌尖前音，很少出现舌尖后音声母。

第三节　四川方言的语音

本节描写四川方言的语音面貌，并介绍四川方言同普通话相比，在语音方面所存在的主要特点。

四川方言内部语音方面有较大的一致性，但各地仍有一些差异。综合各地方言音系，四川方言语音的总体情况如下。

一、声韵调系统[②]

（一）声母

共 24 类，其中辅音声母 23 类，零声母 1 类。详见下表。

发音部位 ＼ 发音方法	塞音		塞擦音		鼻音	擦音	
	清音		清音		浊音	清音	浊音
	不送气	送气	不送气	送气			
双唇	p	p'			m		
唇齿						f	

---

① 参看陈绍龄、郝锡炯《峨眉音系》，载《四川大学学报》社会科学版，1959 年第 1 期。

② 参看四川大学方言调查工作组《四川方言音系》，载《四川大学学报》社会科学版，1960 年第 3 期。

续表

发音方法＼发音部位	塞音		塞擦音		鼻音	擦音	
	清音		清音		浊音	清音	浊音
	不送气	送气	不送气	送气			
舌尖前			ts	ts'		s	z
舌尖中	t	t'			n		
舌尖后			tʂ	tʂ'		ʂ	ʐ
舌面			tɕ	tɕ'	ȵ	ɕ	
舌根	k	k'			ŋ	x	

表中的国际音标主要表音类，同一类声母在各地的具体音值，不一定完全一样。

各地声母多在 19～20 类。都江堰、彭州、新都、西充等地声母最多，包括上述全部 24 类声母；自贡、内江、仁寿、巴中、仪陇等地只缺 z，有声母 23 类；西昌、会理、盐边、米易、筠连等地没有 z、ȵ，有声母 22 类；其余地区一般没有 tʂ、tʂ'、ʂ、ʐ，有声母 20 类，如成都、温江、绵阳、永川、汉源等地；有的还没有 ȵ，有声母 19 类，如重庆、万县、涪陵、达川、乐山、广元等地，奉节、巫溪还缺少 f，有声母 18 类，是本地区声母最少的地方。各地都有的声母只有 p、p'、m、ts、ts'、s、t、t'、n、tɕ、tɕ'、ɕ、k、k'、ŋ、x 及零声母，共 17 类。

（二）韵母

42 类（其中 æ、iæ、uæ、yæ、yo、ue、yu 一般见于入声字）。详见下表。

四呼	韵 母														
开口呼	a	æ	ɔ	o	ə	ɿ	ai	ei	au	u	an	ən	aŋ	oŋ	
齐齿呼	i	ia	iæ	ie			iai		iau	iəu	ian	in	iaŋ		
合口呼	u	ua	uæ	ue			uai	uei			uan	uən	uaŋ		
撮口呼	y yu	yæ	yo	ye							yan	yn	yoŋ		

表中的国际音标主要表音类，同一类韵母，在各地的具体音值不一定完全相同。比如 an、ian、uan、yan 四类韵母，有的地方韵尾发音着实，是典型的前鼻音韵母，如重庆一带；有的地方韵尾只是作势，发音很不实在，甚至弱化，趋于脱落，如川西某些地区。近些年来，成都话也有这种趋势。又如ŋ

类韵母，实际包含三个音值：ʅ、ʮ、ə，大多数地区有ʅ无ʮ，少数地区有ʅ、ʮ的对立；ə只见于有入声的地点。又如，复元音韵母中的 u 韵尾，有的地方略带展唇色彩，音色近乎舌面后不圆唇元音ɯ。

没有一个地方具有上述全部韵母，一般多在 36 类左右。韵母最多的是黔江话，只缺ɔ、iæ，有 40 类；屏山、宁南两地，各只 31 类，是韵母最少的地方。各地都有的韵母只有 17 类：a、o、ʅ、ai、ei、au、əu、ən、oŋ、i、ia、iau、in、u、ua、uai、uei。就四呼而言，绝大部分地方四呼俱全，中江、西昌、宁南等地缺撮口呼。

（三）声调

5 类：阴平、阳平、上声、去声、入声。2/3 的地区只有前 4 类，1/3 的地区还有入声一类。

就调型、调值而言，阴平一般为高平调，调值多为 55。如成都、重庆、万县、达川、南充等地；少数地区为 44，如峨眉、夹江、江油、西昌等地；还有少数地区为高升调，如川北的旺苍、梓潼、青川、开江等地。阳平一般为低降调，调值多为 21，如成都、重庆、南充、遂宁等地；或者为 31，如自贡、内江、新都、永川、合江等地；个别地区为高降调，如西昌为 52，冕宁为 41，高县为 42。还有少数地区念低升调，如达川、丰都、忠县为 12；个别地区念降升调，如万县为 213。上声多为高降调，调值多为 42，如重庆、内江、万县、达川、宜宾、雅安等地；或者为 53，如成都、自贡、剑阁、广安等地；个别地区为高升调，如冕宁为 35。去声近 3/5 的地方为升调，调值多为 13，如温江、绵阳、乐山、泸州、中江等地；或者为 14，如西充、简阳等地，或者为 24，如城口、遂宁、资中等地；2/5 的地方为降升调，调值多为 213，如成都等地；或者为 214，如重庆等地；个别地方为低平调，如西昌为 11。

二、连读音变

四川方言有不少连读音变现象，最普遍的有下面一些。

（一）变调

普遍有三种比较明显的、成规律的变调现象。

1. 阳平字的变调　阳平字重叠构成名词的，后一字变读阴平，如成都、重庆"毛毛毛"mau²¹mau²¹读如"毛猫"mau²¹mau⁵⁵，"瓶瓶瓶子"读如"瓶拼"。即使是古入声字变来的阳平字也不例外。如"钵钵钵"po²¹po²¹读如"钵波"po²¹po⁵⁵，"盒盒盒子"xo²¹xo²¹读如"盒喝"xo²¹xo⁵⁵。

2. 去声字的变调 不少地区去声字重叠构成名词的，后一字变读阴平。如成都话、重庆话"洞洞洞"读如"洞东"；有的地区去声字重叠构成名词的，前一字变读阳平，如峨眉话"帕帕手巾一类东西"pa²¹³pa²¹³，读如"爬帕"pa²¹pa²¹³，仁寿"豆豆豆子"təu²¹³təu²¹³读如təu²¹təu²¹³。川东一些地区，如万县、忠县、涪陵、垫江等地，一般的两个去声字连读，后一字也要变读阴平。如"万县"、"社会"、"夏至"说起来像是"万先"、"社灰"、"夏之"。

3. 上声字的变调 少数地区上声字重叠构成名词的，后一字变读阳平。如成都话"桶桶"桶 t'oŋ⁵³t'oŋ⁵³读如"桶铜"t'oŋ⁵³t'oŋ²¹，"恍恍"粗心大意的人 xuaŋ⁵³xuaŋ⁵³读如"恍黄"xuaŋ⁵³xuaŋ²¹。灌县话"米米*米 mi⁵³mi⁵³"读如"米迷"mi⁵³mi⁵³⁻²¹。

上述情况，以第一、二种最为普遍。

（二）儿化

"儿"在四川方言中有两种读音：大部分地区读ɚ，如成都、重庆等地，少数地区读ə（有人记为 ɐ），主要是川中，如南充、射洪等地。因此儿化也有两种语音形式。读ɚ的地区，儿化才跟普通话一样是ɚ化，如成都"妹儿"读 mɚ；读ə的地区，儿化其实是ə化，如南充"妹儿"读 mə。[1]

就儿化韵而言，川西地区趋于简化，不少地方只有ɚ、iɚ、uɚ、yɚ四种，如成都、新都、彭州、都江堰、崇州、金堂、简阳、仁寿、雅安、天全等地，如成都：盘儿＝盆儿p'ɚ²¹；或者ə、iə、uə、yə四类，如南充、遂宁、蓬溪等地，南充：盘儿＝盆儿p'ɚ²¹。川东、川东北地区，儿化韵一般较川西复杂，如重庆话的儿化韵通常不限于四类，盘儿念 p'er²¹，盆儿念 p'ɚ²¹，又如云阳、垫江、达川、平昌、苍溪、大竹、武胜等地也不限于四类。[2]

少数地方只有ɚ、iɚ、uɚ三类，因为其韵母系统中缺少撮口呼一类，如西昌、中江、宁南、冕宁等地。

（三）合音

指两个音节在连读时合并为一个音节的音变现象。儿化其实就是一种合音现象。普通话的"甭"也是"不用"合音而成。四川方言也普遍有合音现象。如"做啥子干什么"在很多地方，例如成都、重庆，本念 tsu²¹³ sa²¹³ tsɿ⁵³/⁴²，但一般都说成 tsua²¹³ tsɿ⁵³/⁴²。成都话常把"不要"pu²¹iau²¹³说成 piau²¹³，把

---

① 参看汪坤玉《南充方言的"儿"和"咪"》，载四川大学学报丛刊第七十辑《语言学论集》，1995 年。

② 参看张磊《四川方言儿化研究》，载四川大学对外汉语教学中心王文虎主编《对外汉语教学论丛》（第一辑），四川大学出版社 1998 年版。

"快点儿" k'uai²¹³diə⁵³ 说成 k'uə²⁵³；重庆话的"没得" mei⁵⁵tɛ²¹，"晓得" xiau⁴²tɛ²¹，语流中往往前者念成 mei⁵⁵¹¹ 或 mɛ⁵⁵¹¹；后者念成 xiau⁴²¹¹。四川话中的代词，普遍存在合音现象。如表程度的"这么"在夹江、蒲江、泸州、名山、汉源等地念 tsoŋ；在富顺、荣县、井研等地念 tʂoŋ，其实就是"这么"的读音 tsɛ mo 或 tʂɛ mo 的合音。"那么"在上述地区多念 naŋ，也是"那么"的读音 na mo 的合音。合音后往往以音求字，改变代词的书写形式。如成都、彭州等地。又如重庆话的"唥个怎么" naŋ⁴²ko²¹³ 中的"唥"、"浪个那么个" naŋ²¹³ko²¹³ 中的"浪"其实也就是"哪么" naŋ⁴²mo⁵⁵、"那么" naŋ²¹⁴mo⁵⁵ 的合音。①重庆、涪陵、垫江、忠县一带，高元音韵母音节之后如有停顿，则原韵母后往往带上元音 ɛ、ɚ 音节之后如有停顿，则读为 ɚlɛ。如在"齐老师教我们高二的语文"中的"齐""师""二"分别念 tɕ'i、ʂŋ、ɚ，但在"他姓齐，是语文老师，教高二"中，分别念成 tɕ'iɛ、ʂɛŋ、ɚlɛ。这其实也是一种合音。因为句中的停顿处实际上有个语气词 ɛ，tɕ'iɛ、ʂɛŋ、ɚlɛ 是原韵母和 ɛ 的合音。

三、同普通话的差异

总起来看，四川方言语音同普通话相比，同大于异。主要差异是：

（一）声母方面

n、l不分，普通话的 n、l，四川方言要么念 n，要么念l，要么念成鼻化的 ĩ，n、l、ĩ 可以自由变读。如各地"蓝裤"＝"男裤"，"大路"＝"大怒"，读音相同。大多数地区没有舌尖后音声母，普通话的舌尖后音声母念成舌尖前音，如"私人"＝"诗人"，"阻力"＝"主力"，读音无别；有的地区有舌尖后音声母，但范围比普通话小，如自贡、内江等入声归去的地区。

普通话声母 x 拼 u 韵母的，四川方言普遍念成 fu，如"胡""符"同音，都念 fu。

普遍有普通话所没有的声母ŋ，如"爱""我""藕"，普遍读ŋai、ŋo、ŋeu。部分地区，如成都、遂宁等地，还有普通话所没有的舌面浊鼻音声母ȵ，如"你"、"牛"念ȵi、ȵieu。

（二）韵母方面

四川方言各地的鼻音尾韵都比普通话少，元音ə、i 后，通常只有前鼻音韵尾，没有后鼻音韵尾。普通话的əŋ、iŋ，四川方言普遍念成ən、in，所以"阵"与"正"同音，"林"与"灵"同音。

---

① 参看甄尚灵《四川方言代词初探》，载《方言》1983 年第 1 期。

　　川西一些地区，低元音后的前鼻音韵尾 n 发音不着实，甚至脱落。如成都、乐山等地。少数地方鼻音尾韵更少。如荣县话无 aŋ、uaŋ、ian、yan，"张"读如"詹"，"床"读如"船"，"烟"读如"音"，"全"读如"群"。丰都话没有韵母 ian、yan，"现在"读如"信在"，"源泉"读如"云群"。

　　还有一些地方韵母只有开口、齐齿、合口三呼，无撮口呼，如中江、西昌、宁南、冕宁等地，普通话的撮口呼，一般读成齐齿呼。"下雨"读成"下以"，"有权"读成"有钱"。

　　普遍没有普通话的韵母 ɤ、uo，而有普通话所没有的韵母 iai、ue、yo、yu，入声独立区普遍有韵母 æ、iæ、uæ。

　　（三）声调方面

　　调类基本上同普通话一一对应，2/3 的地方同普通话调类相同，都是阴、阳、上、去 4 类，并且归字也基本相同，只是古入声字不像普通话分别归入阴、阳、上、去，而统归某一调类；1/3 的地方还有入声一类。

　　就调型、调值而言，阴平同普通话基本一致，大都是高平调；阳平调型则跟普通话的中升调相反，多是低降调；上声、去声的调型、调值多数地区听起来跟普通话刚好颠倒：四川方言的上声像普通话的去声，四川方言的去声像普通话的上声。如成都话、重庆话说"买"，听起来就像普通话说"卖"；成都话、重庆话说"卖"，听起来就像普通话说"买"。

　　（四）连读音变方面

　　变调方面，虽然跟普通话一样，两个相同调值的字连读，都有声调异化的现象，但四川方言的变调现象多发生在重叠构成名词时，而普通话则没有这种限制。并且，四川方言的声调异化现象，多发生在后一音节上，普通话的声调异化现象，主要发生在前一音节上。

　　至于儿化韵，前面讲到，四川方言不少地方都比普通话简单，只有ɚ、iɚ、uɚ、yɚ或ə、iə、uə、yə四类。极少数地方还基本上没有儿化现象。如岷江流域的的五通桥等地。①

第四节　四川方言的语法

　　本节介绍四川方言语法。四川方言在语法方面内部的一致性比在语音方面更强一些。而同普通话相比，差异也不大，比起四川方言在语音、词汇方

---

① 　参看叶南《五通桥城区方言的儿尾》，四川大学 1994 年硕士论文，未刊稿。

面跟普通话的差异来，都更小一些。很多情况都是同中有异，或者异中有同。本节不全面描写四川方言的语法面貌，主要从跟普通话语法对比的角度，分析四川方言语法方面普遍具有的某些特点。[1]

一、重叠式是非常能产的构词方式

重叠式作为一种构词方式，在普通话里主要见于某些亲属称谓和少数副词、形容词，如"爸爸"、"奶奶"，"刚刚"、"渐渐"和"风风火火"之类，能产性不强。而在四川方言中，则是一种非常能产的构词方式。其重叠格式主要有两种，第一种最为能产。

（一）AA 式

主要是构成名词，不管 A 是什么性质的语素，一经重叠就构成名词。如"杯杯杯子"、"盘盘盘子"、"眼眼眼儿""洞洞洞"，以上是名词性语素重叠。"吹吹哨子"、"刷刷刷子"、"数数数，动词，查点数目。数数，供查点的东西，指钱"，以上是动词性语素重叠。"方方方形的东西"、"尖尖尖儿"、"恍恍恍，粗心大意。恍恍，粗心大意的人"，以上是形容词语素重叠。"个个个子"、"块块块状物""颗颗颗粒状的东西"，以上是量词性语素重叠。

阳平、上声、去声重叠，要与变调同现（如果该方言点有阳平、上声、去声重叠变调的话）。如成都话"盘盘 p'an²¹p'an²¹⁻⁵⁵、眼眼 ian⁵³ian⁵³⁻²¹、个个 ko²¹³ko²¹³⁻⁵⁵"，如果后一音节不变调，就成了量词的构形重叠，表逐指，是"每一盘、每一眼、每一个"的意思。所以，量词性语素重叠式变调与否是成都话区分构词重叠与构形重叠的区别性语音特征。

重叠往往同儿化结合：有的重叠式儿化不儿化所指相同，但儿化后有表小的色彩。如"洞洞——洞洞儿"、"弯弯——弯弯儿"；有的儿化后可以区别词汇意义，如"头头植物根部；物体顶端——头头儿头儿"。

（二）AABB 式

主要是构成形容词，不管 A、B 原本是什么性质的语素。如"筋筋吊吊形容多个长条物悬挂的样子"、"高高长长身材瘦长的样子"、"花花搭搭颜色、样式不单一的样子"、"皮皮翻翻多处表皮翻起的样子"、"指指夺夺形容背后议论人的样子"、"呵呵哄哄呵、哄，骗。形容欺骗、糊弄"、以上例中，"筋、皮"是名词性语素，"高、长、花"是形容词性语素，"吊、搭、翻、指、夺、呵、哄"是动词性语素。上述例子并非构形重叠，因为没有相应的原形词，四川方言中没有"筋吊"、"高长"、"花

---

① 参看张一舟、张清源、邓英树《成都方言语法研究》，巴蜀书社 2001 年版。

搭"、"皮翻"、"指夺"、"呵哄"等的说法。AABB 式当然也可以是构形重叠。构形重叠一定有原形词，如"清清静静_{很安静}"就是"清静"的重叠式。

也有重叠构成名词的，如"枞枞角角k'a⁵⁵k'a⁵⁵ko²¹ko²¹_{角落}"、"坛坛罐罐_{坛子、罐子一类东西}"之类。不过这也可以理解为两个 AA 式名词的组合，因为 AA 可以独立成词。

二、词缀"子"、"儿"的使用情况跟普通话有所不同

词缀"子"使用范围普遍比普通话大。一些普通话不带"子"的名词，四川方言可带"子"。如表"年"的时间名词普遍可带"子"："今年子"、"去年子"、"明年子"、"往年子"。有些一般名词普通话不带"子"的，四川话可带"子"："树子"、"羊子"、"蚕子_{蚕，不指蚕卵}""蜂子"、"虾子_{虾，不指虾卵}"。有的地方还有"学生子"、"媳妇子"等说法。

量词（包括借用量词）重叠构成的名词普遍可带"子"，这更是普通话所没有的。如"斤斤子_{成斤重的东西}"、"元元子_{10 元以下，面额为元的钱钞}"、"条条子_{条状东西}""块块子_{块状东西，也同"元元子"}"、"颗颗子_{颗粒状的东西}"、"堆堆子_{堆状的东西}"。

词缀"儿"在四川方言中普遍有两种语音形式。一是独立成音节，我们称之为"儿尾"；一是儿化，我们称之为"儿缀"。如"猫儿"在"儿"念ɚ的地区，如成都、重庆，可念 mau⁵⁵ɚ²¹，也可以儿化成 maur⁵⁵；在"儿"念ə（有人记为ɐ）的地区，如南充，可念 mau⁵⁵ə²¹，也可儿化成 mə⁵⁵。[①]为了在书面上区别开来，我们把儿化的"儿"用下标表示，如"猫_儿"表示儿化。儿尾绝大多数地区限于加在单音节语素之后，儿缀没有这种限制。也就是说，单音节语素之后可以是儿尾，也可以是儿缀，非单音节语素、合成词之后只能是儿缀。如"猫猫儿"只能是"猫猫_儿"，"儿"不能单独成音节。虽然"花猫_儿"，也可以说成"花猫儿"，但这是"花"加"猫儿"组成的短语。当然，不是所有能带儿尾的单音节语素都可以有儿缀形式，也不是所有能带儿缀的单音节语素都可以有儿尾形式，如"帽儿"、"裤儿"只有儿尾形式，"官_儿"、"毽_儿"只有儿缀形式。

此外，岷江流域的一些地方，如五通桥、犍为等地，词缀"儿"通常只有儿尾一种形式，没有儿缀形式。"帽儿""帽帽儿"中的"儿"都只能是儿

---

① 参看汪坤玉《南充方言的"儿"和"咪"》，载四川大学学报丛刊第七十辑《语言学论丛》，1995 年。

尾。①

三、名词有复数形式

普通话的表人名词，可以带"们"表示复数。四川方言很多地方的名词，不论是否表人的，都可有复数形式。普遍是在名词后加"些"表示复数——真性复数或连类复数。例如"把人些表不止一个人都得罪完了。""老师学生些表不止一个老师、学生都安排好了。""菜些表不止一样菜都吃光了，一样都没得没有了。""你说的道理些表不止一种道理我都晓得知道。"以上例子中的"些"表真性复数。又如"得了这个病，海椒辣椒花椒些表辣椒、花椒一类东西吃不得。""助人为乐的雷锋些表雷锋一类人还不少呢。"以上例子表连类复数。上面的例子还显示出，能带"些"表复数的名词，可以是表人的，也可以是表物的；可以是表具体事物的，也可以是表抽象事物的。

也有用"伙"加在名词之后表示复数的，但限于表人名词。如"坝子头来了好多娃儿伙空地里来了很多小孩儿。"还可以在"伙"之后再加"些"："娃儿伙些不能进网吧小孩儿一类的人不能进网吧。"

四、动词有不同于普通话的体貌表示方法

（一）用动词加补语"一下"表尝试或短暂的动作行为

四川方言动词没有 AA 或 ABAB 式的重叠方式，要表示尝试或短暂的动作行为，不用"你说说"，"我们讨论讨论"之类说法，而用"你说一下"，"我们讨论一下"之类的说法。又如："你告试一下这双鞋子，看合不合适。"

（二）用"V+倒/起"表示动作或状态的持续

普通话用"V+着"表示动作或状态的持续，四川方言不用"着"而用助词"倒"或"起"。如"老师站倒站着讲，学生坐倒坐着听。""大门关起关着的。""太阳都多高了，他还在床上睡起睡着。""你不要把灯开起开着。"

（三）用"要 V 要 V"的格式表示将然体

所谓"将然体"，指某种动作或状态快要发生而尚未发生。如"房子要倒要倒的，早就成了危房了。""她要哭要哭的样子，好伤心哟。"

（四）用语气词"哆"放在句末，表示先行体

所谓"先行体"，指一个行为、事件的发生，须以另一行为、事件为先决

---

① 参看张磊《四川方言儿化研究》，载四川大学对外汉语教学中心王文虎主编《对外汉语教学论丛》（第一辑），四川大学出版社 1998 年版。叶南《五通桥城区方言的儿尾》，四川大学 1994 年硕士论文，未刊稿。

条件或须在另一行为、事件完成之后，有"先做完某事再说"的意思。如"你等一下，我把电视剧看完了哆_{看完了再说。}"，"你问我好久回家？下个星期哆_{下个星期再说。}""你们吃倒，我们下盘棋哆_{你们先吃着，我们下盘棋再说。}"

（五）用"V+得有"表示已然体

已然体指动作行为已经实现，四川方言可用动词加"得有"表示。如"名片上印得有_{印了/印着}手机号码。""钱是带得有_{带了/带着}，就是不多。"等等。

（六）用"V+过"表示重复体

重复体指动作行为的重复，四川方言可用动词加助词"过"表示。如"衣服没洗干净，洗过_{重洗}就是了。""这次没有招待好，单令_{另外}来过_{重来}。""刚才没解释清楚，我重新解释过了。"

五、用"过+V"表示动作行为的方式

四川方言可在动词或动词短语之前加助词"过"，表示以动词性词语所表方式作某事。例如"排骨过炖_{用炖的方法加工}，不过烧_{用烧的方法加工}。""事情不是光过嘴巴说_{用嘴说}就能做完的。"

"教育娃儿要过讲道理，哪个过打呢？_{教育小孩儿要用讲道理的方法，怎么用打的方法呢？}"

六、形容词有不同于普通话的生动形式

主要是通过各种前加或后加成分表示。不同的附加成分可以表示不同的程度或不同的感情色彩。如"白"有"迅白_{很白}"、"刷^csua白_{很白，多指面无血色的样子}"、"白生生_{较白，含褒义}"、"白瓦瓦_{较白，含贬义}"、"白普普_{泛白，含贬义}"等。"红"有"飞红_{很红}"、"红东东_{较红，含褒义}"、"红扯扯_{较红，含贬义}"、"红扎扎_{较红，含贬义}"、"红稀稀_{较红，含贬义}"。

七、用"只有那么+A 了"表示程度最高

"只有那么"加在形容词性词语A之前，表示没有更A的了。如"只有那么辣了"，"只有那么好看了"，意思是"没有更辣的了"，"没有更好看的了"。又如"只有那么讨厌了"，"只有那么不舒服了"，"只有那么听话了"。能够进入"只有那么+A 了"模式的A范围很广。可以是词，单音节的，复音节的都可以；可以是短语。可以是积极意义的，也可以是消极意义的。

八、数词、量词有主观量范畴

所谓主观量，指说话人主观感受到的数量，跟客观实际存在的数量不同。

比如一杯 50 克的酒，50 克是其客观量，任何人看它都是那么多。而对不同的人，其主观感受就可能不同。酒量很好的人主观感到 50 克酒不够喝，数量太少；滴酒不沾的人则会感到数量太大，无论如何也喝不下。四川方言表示这种主观量，有其特殊的方法。通常用在数词、量词的重叠式中间插入助词"打"表示主观量大，插入助词"把"表示主观量小。"打"成都话念 ta^{53}，也有读别的声母，写成其他字。如有的地方念 ^{c}na，写成"啦"。如"一个小时就收了百打百块钱"，"多准备点东西，客人有桌打桌"，"桌把桌客人吃不了好多""块把块钱掉在地上，捡都没得人捡"。前两句表主观量大，后两句表主观量小。

九、用"着"表示被动关系

四川方言被动关系，普遍用"着"（成都话读tsau^{21}，现在多写作"遭"）表示。"着"本是动词，是"遭遇到（不好的事情）"的意思，四川话现在仍有动词用法。如"地震的时候，他们家的人没着，只是房子着垮了。"表被动的"着"跟普通话的"被"一样，可以用作介词，引进动作行为的施事，也可以用作助词，直接用在谓语中动词性词语之前，表示被动。如"杯子着_被他打烂了""杯子着_被打烂了"。跟普通话"被"不同的是，"着" tsau^{2}只用来表示不如意的事情。普通话"他被选为班长了"，四川话不说"他着选为班长了"。如果实在要说，也含有说话人认为"选为班长"不是自己所喜欢的事的意思。

也有用"拿给"（有人写作"拿跟"）表示的，不过，"拿给"（或"拿跟"）只能用来引进动作行为的施事，不能直接用在谓语中的动词性词语之前。如"你良心拿给_被狗吃了哇？"

十、语气词比较丰富，可以表示细微的语气差异

如普通话"走了吧"，四川方言可以用不同的语气词表示略有差异的语气："走了嘛 ma^{21}"（表请求），"走了 sæ$^{55/213}$"（有人写作"噻"，表催促，有时略带不耐烦意），"走了哈 xa^{52}"（表提出建议，征询意见；有时表提醒），"走了嗦 so^{53}？"（表求得证实，问是否真的"走了"）。

十一、有一些特殊的句式

（一）特殊的给予句

1. 双宾语句的 V+O_直+O_间式　　普通话双宾语句通常是 V+O_间+O_直式，

如"送他一朵花","给他一本书"。四川方言可以说成"送朵花他","给本书他。"直接宾语"（一）本书"、"（一）朵花"可放在代词充当的间接宾语"他"之前。又如四川话可以说"你该还百块钱我"，相应的普通话说法是"你该还我一百块钱"，或说成"你该还一百块钱给我"。

2. V+O受+O与式　　O受指受事宾语，O与指与事宾语。一个动词如果既带受事宾语，又带与事宾语，普通话通常用 V+O与+O受式表示，与事宾语在前，并且其前往往有介词"给"之类。如"借给他 100 块钱"，"拿给他一支笔"。四川方言则可以说成"借 100 块钱他"，"拿支笔他"，即代词充当的与事宾语"他"可在受事宾语"100 块钱"、"（一）支笔"之后，且其前不用介词"给"之类。

双宾语句的动词如果是"借"，在普通话里往往不能区分是借进还是借出。如"我借他一百块钱"，"我"到底是"借出"还是"借进"？四川话可以用间接宾语"他"的位置来区分。"借他一百块钱"是从他那儿借一百块钱，"借一百块钱他"是借一百块钱给他。

以上两种句式中的 V，都限于有明显给予义的动词，比如"送"、"给"、"拿"、"还"之类，而"请教"、"问"、"告诉"、"通知"之类动词虽可进入双宾语句，但不能用于 V+O直+O间式。

（二）"V₁ 的 V₁+O₁，V₂ 的 V₂+O₂ 句"

普通话表示多人同时作不同的事情，可以用"V₁+O₁ 的 V₁+O₁，V₂+O₂ 的 V₂+O₂"格式，如"植树的时候，大家挖坑的挖坑，浇水的浇水，很快就完成了任务"，"骑车的骑车，走路的走路，怎么方便就怎么办"，四川方言可以用"V₁ 的 V₁+O₁，V₂ 的 V₂+O₂"格式，说成"挖的挖坑，浇的浇水"，"骑的骑车，走的走路"。

除此之外，开县、忠县、巫山、奉节、巫溪一带第二人称代词有敬称。开县、忠县第二人称代词敬称是 iaŋ⁴²/iaŋ⁴²　tso²¹³（听起来像是"仰坐"），奉节、巫山、巫溪第二人称敬称是 niə⁵⁵。

附：四川方言代表性方言点的声韵调系统

（一）成都话（代表古入声今归阳平的川西四川方言）

1. 声母（20 个，含零声母）

p 巴 本 棒　　p' 怕 盆 胖　　m 妈 闷 忙　　f 发 胡 房

t 大 等 当　　t' 他 腾 汤　　n 那 能 浪

ts 杂 追 章　　ts' 擦 从 昌　　　　　　　　s 洒 书 桑　　z 日 人 让

tɕ及 居 降　　tɕ'气 去 穷　　ȵ你 女 宁　　ɕ西 徐 兄

k哥 归 共　　k'苦 亏 况　　ŋ我 硬 昂　　x哈 火 荒

Ø（零声母）俄 二 衣 位 羽

2. 韵母（36 个）

ɿ自 池 丝 日　　　　ɚ二 儿 耳 而　　　a骂 打 沙 擦　　　o波 多 个 峨

ɛ白 特 革 黑　　　　ai摆 在 菜 鞋　　　ei每 倍 非　　　　au包 早 靠 熬

əu头 受 口 欧　　　an半 三 谈 敢　　　ən本 怎 等 跟　　　aŋ榜 忙 张 抗

oŋ朋 风 同 翁

i皮 第 起 一　　　　ia家 恰 夏 牙　　　iɛ撇 铁 姐 夜　　　iai介 皆 懈 延

iau表 交 尿 妖　　　iəu谬 丢 九 秀　　　ian边 田 见 眼　　　in宾 领　斤 应

iaŋ良 讲 向 杨

u服 度 组 姑　　　　ua娃 耍 夸 挖　　　uɛ国 扩 或　　　　uai衰 快 怀 歪

uei最 岁 归 为　　　uan断 卵 酸 管　　　uən顺 昆 昏 文　　　uaŋ装 霜 广 王

y女 去 需 于　　　　yo脚 却 略 约　　　yɛ决 缺 雪 月　　　yan劝 捐 选 原

yn均 群 勋 运　　　yŋ穷 雄 兄 用

3. 声调（四个）

阴平　55　　衣 居 先 汤

阳平　21　　移 局 闲 堂

上声　53　　椅 举 显 躺

去声　213　意 剧 现 趔

（二）重庆话（代表古入声今归阳平的川东四川方言）

1. 声母（19 个，含零声母）

p巴 本 棒　　p'怕 盆 胖　　m妈 闷 忙　　f发 胡 房

t大 等 当　　t'他 腾 汤　　n你 能 浪

ts杂 怎 章　　ts'擦 从 昌　　　　　　　s洒 水 桑　　z日 人 让

tɕ及 据 降　　tɕ'气 区 穷　　　　　　　ɕ西 徐 兄

k哥 归　　　k'苦 亏 况　　ŋ我 硬 昂　　x哈 火 荒

Ø（零声母）俄 二 衣 位 羽

2. 韵母（37 个）

ɿ自 池 丝 日 ɚ二 儿 耳 而 a骂 打 沙 擦 o波 多 个 峨 ɛ白 特 革
黑ai摆 在 菜 鞋 ei每 倍 非 au包 早 靠 熬 ou头 受 口 欧 an半 三 谈
敢ən本 怎 等 跟 aŋ榜 忙 张 抗 oŋ 朋 风 同 翁

i皮 第 起 一　ia家 恰 夏 牙 iɛ撇 铁 姐 夜 iai介 皆 懈 延 iau表

交 尿 妖 iɛu 谬 丢 九 秀 ian 边 田 见 眼 in 宾 领　斤 应 iaŋ 良 讲 向 杨

　　u 服 度 组 姑 ua 娃 耍 夸 挖 uɛ 国 扩 或 uai 衰 快 怀 歪 uei 最 岁 归 为 uan 断 卵 酸 管 uən 顺 昆 昏 文 uaŋ 装 霜 广 王

　　y 女 去 需 于 yo 脚 却 略 约 yɛ 决 缺 雪 月 yu 局 曲 育　yan 劝 捐 选 原 yn 均 群 勋 运 yŋ 穷 雄 兄 用

　　3. 声调（四个）

阴平　55　　衣 居　先 汤

阳平　21　　移 局　闲 堂

上声　42　　椅 举　显 躺

去声　214　意 剧　现 趁

（三）自贡话（代表古入声今归去声的四川方言）

　　1. 声母（23 个，含零声母）

p 巴 本 棒　　p‘怕 盆 胖　　m 妈 灭 忙　　f 发 胡 房

ts 资 眨 争　　ts‘次 挫 产　　　　　　　　s 色 士 送

t 大 等 当　　t‘他 退 汤　　n 你 能 浪

tʂ捉 翅 颤　　tʂ‘吃 差 踩　　　　　　　　ʂ石 沙 上　　ʐ日 热 孕

k 街 过 光　　k‘概 哭 狂　　ŋ暗 欧 硬　　x 鞋 黑 航

tɕ继 姐 将　　tɕ‘去 齐 抢　　ȵ尼 业 娘　　ɕ西 霞 想

Ø（零声母）饿 二 衣 位 羽

　　2. 韵母（37 个）

ɿ知 耻 思 世　ʅ知 吃 是 日　ɚ而 二 耳 儿 a 妈 大 杀 吓 o 波 多 锁 壳 ɛ麦 特 窄 黑　ai 败 灾 盖 爱　ei 杯 每 倍 非 au 包 老 找 搞　əu 周 丑 沟 欧 an 慢 但 站 干 ən 轮 针 等 坑　aŋ 帮 躺 长 康　oŋ 梦 皱 东 公

　　i 鼻 地 其 遗　ia 家 恰 下 压　iɛ 别 贴 切 也 iɜ 界 械 介 谐 iau 表 调 桥 要 iəu 丢 久 秀 优 iɜn 边 点 见 眼 in 宾 领 新 应　iaŋ 两 江 娘 秧

　　u 不 土 姑 住 ua 瓜 化 抓 瓦 uɜ 国 括 扩 阔 uai 乖 坏 揣 歪 uei 对 内 追 为 uan 断 酸 官 弯　uən 轮 滚 村 温　uaŋ 装 双 黄 王

　　y 女 居 虚 鱼　yɛ 决 缺 雪 月　yo 略 觉 学 约　yɜn 卷 全 宣 远 yn 均 群 训 荣 yoŋ 穷 兄 用

　　3. 声调（4 个）

阴平　55　　波 拼 欢 帮

阳平　31　　排 平 原 黄

上声 53 补 奶 远 剪
去声 214 不 赖 愿 见

（四）雅安话（代表古入声今归阴平的四川方言）

1. 声母（19个，含零声母）

p巴别棒　p'怕匹胖　m母米忙　f发胡凤
t大对东　t'他退汤　n路女令
ts杂猪装　ts'菜闯昌　　　　s四书水　z然人如
tɕ及解降　tɕ'气且穷　　　　ɕ西现兄
k该根光　k'苦开况　ŋ我暗硬　x哈火荒
Ø（零声母）俄 二 衣 位 羽

2. 韵母（37个）

ɿ自池丝 日 ɚ二 儿 耳 a把 妈 踏 差 o波 可 河 落 ɛ克得 墨 蛇 ai摆爱盖呆 ei杯倍每非 au跑 老 找 咬 ou əu豆 周 沟 欧 æ搬谈感站 ən本冷 针坑 aŋ榜狼张 抗 oŋ凤 同 中 翁

i皮 地 希 艺 ia家 恰 夏 鸭 iɛ灭 捏 接 叶 iau秒掉教要 iəu丢 留 秀有 iɛ变 见 田 练 in名 令 今 林 iaŋ良 将 像 杨

u补肚住姑 ua刷 抓 滑 瓦 uɛ国 或 扩 阔 uai帅 怪 坏 歪 uei推 雷追 贵 uæ缎 穿 管 弯 uən春 润 滚 温 uaŋ装 光 黄 网

y旅 菊 徐 玉 yo角 却 学 岳 yɛ绝 薛 茄 月 yɛ卷 全 选 元 yn均 群寻 营 yoŋ穷 雄 凶 用

3. 声调（四个）

阴平 55 一 灰 先 汤
阳平 21 移 回 闲 堂
上声 42 椅 毁 显 躺
去声 214 意 汇 现 趟

（五）宜宾话（代表古入声今独立成类的四川方言）

1. 声母20个，其中辅音声母19个，零声母1个。

p比白帮　p'普偏平　m麻毛忙　　f飞胡冯
ts猪早中　ts'处仓虫　　　　s苏师声　z日人让
t戴夺等　t'太天同　n路泥难
tɕ举杰将　tɕ'起去穷　ɕ修雪新
k姑国钢　k'开哭康　ŋ袄硬昂　x灰黑航
Ø（零声母）唉 儿 阳 元 位

2. 韵母 36 个

ʅ资齿思知 ɚ而儿耳二　ɑ坝 爬 大 沙 æ 踏 八 擦 杀 o说 叔 国 ɛ 哥格 尺 特 ai稗 带 菜 改 ei背 披 妹 飞　au饱 烧 刀 高 əu 陡 抽 楼 口 ɑ̃翻 胆 三 含 ən彭 门 人 程 aŋ棒 党 长 刚 oŋ朋 同 总 工

i米 姐 第 骑 iɑ牙 家 恰 下 iæ 夹 恰 狭 鸭 iɛ 笔 别 iau表 条 笑 叫 iəu流 休 九 iɛ̃偏 减 连 县　in 冰 紧 灵 心 iaŋ 亮 央 讲 向

u母 赌 鹿 朱 故 uɑ娃 挂 夸 花 uæ 刷 滑 挖 国　uai怪 帅 快 uei贵 退雷 会 uɑ̃算 段 官 宽　uən温 春 顺 魂 uaŋ枉 撞 广 霜

y鱼 虚 靴 据 yθ药 月 略 脚　yɛ̃ 权 圆 宣 卷 yn云 军 琼 寻 yoŋ 穷兄 胸 勇

3. 声调 5 个

阴平	55	巴	高	天	东
阳平	31	吴	毛	田	阳
上声	42	五	早	舔	养
去声	13	务	叫	见	样
入声	33	八	客	吃	说

第二章　四川方言词汇的构成体系与发展变化

　　四川方言是汉语的一个地域变体，是四川境内人们在日常交际中共同使用的最主要交际工具，对当地人来说它就是无往不利的全民通用语，从这点来看，四川方言的地位对使用它的语言共同体来说就相当于一种语言。很多独立的亲属语言也是地域方言不断分化的最终结果，这在世界语言发展史上并不少见。所以四川方言也有它相对独立、完整、自足的体系，它也包含着四川方言语音、四川方言语法、四川方言词汇和语义等各个子系统。

　　本章主要主要讨论四川方言词汇的构成体系和四川方言词汇的发展变化。

第一节　四川方言词汇系统

一、四川方言词汇的构成

　　说到词汇的构成体系，必然要对四川方言的词汇系统加以界定。四川方言词汇系统可以做广义和狭义两种不同的划分。本节讨论的对象主要是狭义的四川方言词汇。

　　（一）广义的四川方言词汇

　　作为四川地区全民通用的交际工具，四川方言是一个完整、自足、相对独立的体系，提出广义的四川方言词汇系统正是基于这种认识。所谓广义的四川方言词汇指的是四川方言中词和固定短语的总汇，包括四川方言所使用的全部的词和固定短语，换句话说，在广义的四川方言词汇系统中，既包括与普通话不同的词，也包括和普通话相同的词。

　　广义的四川方言词汇是由若干子系统构成的，划分词汇子系统可以着眼于不同的角度。最常见和重要的是从词的重要程度划分出"基本词汇"和"一般词汇"两大系统，这种分类对研究词的产生、构造和来源等都有重要作用。还有一个重要的角度就是根据词语来源的不同划分为四川方言固有词和四川方言转借词系统。在完整的方言词汇体系中划分出方言固有词和转借词两个子系统，这是所有方言词汇系统的共同性质。"现代方言中除了历史上传下来的方言固有词之外，还有大量的从共同语转借过来的词。由于社会生活的需要，这些转借词都按照方言语音对应规律折合过了，有的是原来方言词所没有的概念，它们在口语交际中有的还很常用，应该说已经加入了方言词汇的行列。如……涌现的一些新词语：解放、土改、合作社、公社、……双肩挑、卡拉 OK、乡镇企业……。"①还有些词在方言里原来有固有的说法，但因共同语的说法更普遍而被方言词汇接纳，两种说法并存使用，或者固有说法还可能逐渐或已经让位于共同语的说法。四川方言词汇也是这样。如：

栈房——旅馆 ｜ 撑花儿——伞 ｜ 划子——轮船 ｜ 蛂蟆儿——青蛙
卡房——监狱 ｜ 丢卡——坐牢 ｜ 怀儿婆——孕妇 ｜ 月母子——
产妇

由于是不同角度的划分，所以词可以交叉于不同的子系统。如四川方言固有词中也有基本词和一般词的区分，四川方言转借词也有基本词和一般词的区分。

广义的四川方言词汇还包括了它的造词法系统、词义系统、类义系统等，这里不赘述。

（二）狭义的四川方言词汇

狭义的四川方言词汇主要指历史上传承下来的方言固有词。主要包括两部分：一部分叫方言特征词，所谓"方言特征词是一定地域里一定批量的、区内大体一致、区外相对殊异的方言词。方言特征词是方言之间的词汇区别特征。……如果没有共同的词汇特征，各个相关的方言点也不能成为同一的方言区。"②四川方言特征词是四川方言词汇系统的精髓所在，体现了四川方言的质感。在我们调查的四川方言内部四十多个点的 599 条基本词中，方言词汇的一致性体现得非常充分，完全相同的词语达 90%以上。如：

凼凼水坑 ｜ 闲（寒）天非赶集的日子 ｜ 今年子今年 ｜ 黑了晚上 ｜ 高头上面 ｜ 好久什么时候、多久 ｜ 二天以后 ｜ 连盖一种打场的农具 ｜ 皮面外表、外面 ｜ 别个别人

四川方言特征词有一些是和共同语转借词并存使用的。比如上述各例中，"今年子""二天"，与之同义的共同语说法"今年""以后"在四川方言中也

---

① 李如龙：《汉语方言学》，高等教育出版社 2001 年版，第 105 页。
② 同上。

普遍使用，类似情况不少。这说明共同语对四川方言词汇的构成有重要影响。另一方面，方言词汇又是共同语词汇的重要来源之一，有的四川方言特征词也进入了共同语的词汇体系，为全民所熟知，如："龙门阵""打牙祭""雄起"等。

第二部分是与共同语说法一致的词，但不能算是从共同语中转借过来的，它们是四川方言中古已有之，从历史上继承下来的词语。如：

天｜地｜人｜水｜火｜花｜雨｜雪｜风｜雷

由于方言文献资料的缺失，我们无法确证这些词跟古代的"雅言""通语"具有何种联系，但可以肯定，这些反映人们对客观世界基本认识的词，在四川方言中很早就有了。值得注意的是，在语言发展过程中，四川方言的这类词中，有的产生了与共同语不同的义项，体现了四川方言不同于共同语的特色。如"水"，在今天的四川方言中，又做形容词，指不认真、不负责、说话不算数等。这些不同的地方，也是四川方言词汇中很有价值和意义的研究对象。

除此之外，还有些只在小范围内使用的地点土语词，这些词跟其他四川方言特征词或通用词在构词理据方面完全不同，具有很强的地方特色。这类词在四川方言内部的一致性不高，只是零星的部分词，但它们也是四川方言狭义词汇系统的成员。如：

巴郎子：蜻蜓，川西部分地区。

马尔叮：蜻蜓，川南部分地区。

抱蛋儿：过继的子女，川东部分地区。

抚来蛙：过继来的孩子，川西北部分地区。

撑花儿：伞，泸州等地。

黄果：广柑，川西部分地区。

富实郎：富人，川东部分地区。

谷桩：黄花，金针菜，夹江等地。

寡母子：不生孩子的女人，荣昌等地。

扯长：经常，川东川北部分地区。

发虚：发呕，只做"吃"的补语，川西部分地区。

鲫夹子：鲫鱼，川北部分地区。

鲫壳儿：鲫鱼，川东部分地区。

嚼治：药物灵验，见效，川西部分地区。

看外：解手，川西彝汉杂居地区。

把连：全部，川东部分地区。

梳柑儿：橘子，仁寿等地。

本节所讨论的四川方言词汇体系，主要限于狭义的四川方言词汇，特别是方言特征词。另外，与共同语说法一致，但语义却有同有异的四川方言词，也是我们研究的对象。以下提到四川方言词汇的地方，主要指狭义。

共同语从语言系统的各个方面影响着四川方言，词汇系统也不例外。但是，狭义的四川方言词汇系统还是保留了相当的完整性，维系着方言交际的正常运转，它们成为四川方言词汇系统中非常重要的组成部分，承载着丰富的地域文化信息，使四川方言词汇区别于共同语或其他方言的词汇，并从词汇方面证明且支撑着本方言成为一个相对独立、完整、自足的系统。董绍克曾在《汉语方言词汇差异比较研究》一书中列出基本词汇千词表，将共同语和其他方言区代表点的词汇进行比较。不过，该研究却没有对比共同语和官话方言。我们可以借用该表对共同语和四川方言的词语做对比，从这一特殊角度揭示二者之间的异同。

对比结果表明，所列的 1000 个基本词可以分为三类情况。

第一类是使用率和使用面占优势的四川方言特征词，共有 346 个，约占总量的 34.5%。如：

扯火闪打闪 ｜ 巷子胡同 ｜ 毛根儿辫子 ｜ 老挑连襟

显然，这些词在共同语中也有相应的指称符号，但是作为四川方言特征词，无论区域内社会成员的年龄、职业及受教育程度存在多大的差别，它们都被普遍使用。

第二类是四川方言特征词与共同语转借词共存使用的情况，有 154 个词，约占总量的 15.4%。如：

今年子——今年 ｜ 热天——夏天 ｜ 声气——声音

上述说法两可，但在城市或有知识的年轻的人当中更倾向说共同语转借词，在农村或文化较低或年龄较大的人当中更倾向于说固有的四川方言特征词。

第三类是与共同语说法完全一致的词，有 498 个，约占总量的 49.8%。如：

石头 ｜ 热水 ｜ 金子 ｜ 银子 ｜ 白菜 ｜ 萝卜 ｜ 麻雀 ｜ 蚊子 ｜ 房子 ｜ 桌子 ｜ 板凳 ｜ 锅 ｜ 炉子 ｜ 水缸 ｜ 指纹 ｜ 针 ｜ 线 ｜ 水 ｜ 哭 ｜ 笑 ｜ 说 ｜ 看 ｜ 走 ｜ 听 ｜ 跑 ｜

这部分词有的转借自共同语，如"指纹"。指纹每个人都有，但在四川方言里，指纹按其不同纹理分别叫"箩箩"和"簸箕"。四川民俗认为，一个人的"箩箩"多，命就好，所以俗语说："一箩穷，二箩富。""九箩一簸箕，睏倒睡着，不劳动都有吃。""十箩全，当状元。"这些俗语所反映的观念跟隐喻认知有关，其中既包含相似性隐喻，也包含相关性隐喻，这里不详述。由此可以看到，四川人的思维中是很关注指纹的，"指纹"代表的概念，无疑存在于四川人的思维之中。但是，因为四川方言以"箩箩"和"簸箕"分指指纹，所以，四川方言的固有词中没有相应的上位词"指纹"。这个词是借自共同语的。这种词目的历时缺位状况应该还有，只是没有出现在董绍克所列的词表中而已。

　　这部分词当中，还有相当部分是四川方言固有的词。固有词所代表的概念并非借自共同语，同时，有的词在发展的过程中产生了与共同语不同的义项，即虽然符号形式相同，但语义发展轨迹有异，成为方言词汇语义研究中值得注意的重点。

　　另外还有两个词"礤床""打场"，它们比较特殊，需要做专门的说明。这两个词的意义如下（据《现代汉语词典》中国社会科学院语言研究所词典编辑室）：

　　　　【礤床儿】cāchuángr 把瓜、萝卜等擦成丝儿的器具，在木板或竹板的中间钉一块金属片，片上凿开许多小窟窿，使翘起的鳞状部分成为薄刃片。

　　　　【打场】dǎcháng 麦子、高粱、豆子等农作物收割后在场上脱粒。

"礤床儿"这个词目在四川方言词汇中不存在，初步调查显示，几乎没有一个四川人知道"礤床儿"所指为何物。词目的缺如可能是因为四川地区较少使用这种工具；抑或是该词通行范围有限，不属于共同语中的通用词，加上"礤"的语义鲜明度在现代汉语中已经消磨殆尽，使得该词难以流行开来，因此没有被转借进入四川方言词汇系统。不过四川方言中有一个词"刮刮儿"，可以指称"礤床儿"，但是它的语义范围比"礤床儿"宽泛得多，如汽车前面挡风玻璃上的雨刷就可以叫"雨刮刮儿"。此外，我们在商场所做的商品名称调查中，发现了一个很有意思的名称"刨刀"，所指就是一种类似"礤床儿"的食品加工用具。"礤床儿""刮刮儿""刨刀"在四川方言词汇系统内部的竞争中，谁将胜出，可以静观其变，不必作硬性规定。

　　"打场"也没有进入四川方言词汇，但这个词的情况跟"礤床儿"又有所不同。"打场"的词义抽象了几个不同的过程。这几个过程在四川方言中都被加以细化，由不同的短语来指称，如：趿麦子、趿高粱；打麦子、打高粱；

打谷子。跶：动词，将物举起，重重摔打叫做"跶"。"跶麦子""跶高粱"就是把收割后的麦子、高粱等农作物举起，<u>重重摔打在硬物或晒场地面上</u>，使其脱粒；而"打麦子""打高粱"则常指使用连盖等农具让农作物脱粒；四川地区收割水稻叫"打谷子"，打谷子通常直接在田间进行，包括收割及在拌桶边沿摔打脱粒或使用打谷机脱粒的全过程。"打场"这种农事活动自古就有，但四川方言词汇中却没有产生一个概括性的指称符号。四川地区农作物的多样性和收获方式的多样性，在语言中被细化区分，这是农耕文化在语言中的反映。

关于地域文化与方言词汇之间的关系，将在第六章当中进行专门讨论。

（三）狭义四川方言词汇中的基本词汇和一般词汇

1. 基本词汇

一种语言的基本词汇具有全民性、稳定性和常用性的特点，有些根词作为语素时还有很强的构词能力。四川方言词汇中的一般词汇也有这样的特点，是方言区内部全民常用的词汇，一致性很高，比较稳定，也是四川方言词汇系统的核心。基本词汇包括的多是基本范畴词，它们所指的事物、所表达的概念，都是方言区人们日常生活中反复接触到的，所以它们的使用范围不会受到阶层、行业、文化、年龄等的限制，普遍经常地被用来进行交际。这些词主要指分布在天文、地理、时间时令、农业、植物、动物、房舍建筑、器具用品、亲属、称谓、婚丧、身体、疾病医疗、饮食起居、服饰、交际、商业、交通、宗教文化、方位指代等义类中的全民常用的比较稳定的一般动词、名词、形容词，还有平常交际中出现频率很高的语气词、介词、连词、助词等。以下分类节选自中国社会科学院语言研究所的《方言调查词表》，具体词例结合四川方言的情况有所调整，不是列举式的。与共同语相同的词例就从略了。

（1）天文

太阳包_{儿太阳} ｜ 月亮坝_{月亮照得到的地方} ｜ 星宿_{儿星星} ｜ 响雷_{打雷}

火闪_{闪电} ｜ 阴山_{山不能被太阳照到的那一面} ｜ 偏东雨_{夏天的暴雨，常伴}

_{雷电} ｜ 雪弹子_{冰雹} ｜ 雾罩_雾

（2）地理

凼凼_{水坑} ｜ 鹅包_{儿鹅卵石} ｜ 油光（音逛）石_{大的鹅卵石} ｜ 浪子_{波浪、}

_{浪头} ｜ 石骨_{未风化的水成岩，暴露于地表或掩埋在壤土层下面}

（3）时间

今年子今年 ｜ 去年子去年 ｜ 每年子每年 ｜ 断黑傍晚 ｜ 万天今天后的第四天 ｜ 二天以后

（4）农业

栽秧子插秧 ｜ 跶麦子打麦 ｜ 打谷子收稻谷 ｜ 胡豆蚕豆 ｜ 红苕红薯 ｜ 海椒辣椒 ｜ 酒米糯米 ｜ 箩兜箩筐 ｜ in^{214}水浇灌 ｜ 筊筊农村竹制用具，形同撮箕，有柄 ｜ 风簸利用风力除去粮食外皮及灰屑的木制农具 ｜ 连盖为小麦、豆类脱粒的农具

（5）动物

羊子羊 ｜ 牯牛公牛 ｜ 沙牛母牛 ｜ 男猫儿公猫 ｜ 女猫儿母猫 ｜ 牙狗公狗 ｜ 草狗母狗 ｜ 脚猪种猪 ｜ 叫鸡公鸡 ｜ 鸡婆母鸡 ｜ 鸭青公鸭 ｜ 鸭婆母鸭 ｜ 蚕子蚕 ｜ 耗子老鼠 ｜ 鬼东哥儿猫头鹰 ｜ 赖格宝癞蛤蟆 ｜ 鲢巴郎鲢鱼 ｜ 铃昂子蝉

（6）房屋、器具

套屋堂屋、客厅 ｜ 门撒撒门闩 ｜ 壁头墙壁 ｜ 茅司厕所 ｜ 抽抽抽屉 ｜ 奏奏塞子 ｜ 罩子蚊帐 ｜ �单床单 ｜ 甑子蒸饭用的炊具 ｜ 筲箕一种竹制炊具，用于做干饭过滤米汤或洗菜后沥水 ｜ 提子量液体的小型量具，竹筒或铁皮制成，筒状有柄 ｜ 瓢羹儿勺儿

（7）亲属、称谓

家家外婆 ｜ 老汉儿父亲 ｜ 孃孃姑妈姨妈的统称，也泛称母亲辈的女性 ｜ 老挑连襟 ｜ 婆娘妻子 ｜ 保保干爹干妈

（8）婚丧

倒插门儿入赘女婿 ｜ 二婚头再婚女子 ｜ 上山出殡，送死者遗体去埋葬 ｜ 烧袱子给死人焚烧包成袋的纸钱

（9）身体部位

脑壳头 ｜ 颈子脖子 ｜ 太阳经太阳穴 ｜ 狭孔胳肢窝 ｜ 手倒拐手肘 ｜ 指拇儿手指 ｜ 肚皮肚子 ｜ 嘴皮嘴唇 ｜ 掟子拳头 ｜ 胯子大腿 ｜ 螺丝拐踝骨 ｜ 脚肚子腿肚子 ｜ 苦毛子汗毛 ｜ 奶奶乳房或乳汁

（10）疾病医疗

不好生病 ｜ 凉了感冒 ｜ 隔食食物在胃里停滞未消化 ｜ 齁包儿患哮喘的人 ｜ 半边风半身不遂 ｜ 塞巴郎儿说话结巴的人 ｜ 羊儿疯癫痫

（11）饮食

夜饭晚饭 ｜ 稀饭粥 ｜ 灰面面粉 ｜ 面面条 ｜ 粑粑用米或面粉蒸或煎

成的饼状食物的统称 │ **醪糟**儿带渣的糯米酒 │ **水叶子**没有晾晒过的湿软面条，掺有少量食用碱、相对挂面而言 │ **干面**挂面 │ **酵头**老面，供发酵用的面 │ **旺子**猪、鸡等家畜或家禽的血 │ **头碗**用极细的肉末和淀粉等做成的块状肉食，以前是最好的一道肉菜，故称头碗

（12）服饰

荷包衣袋、裤袋的统称 │ **摇裤**贴身内裤 │ **叉叉裤**小孩穿的开裆裤 │ **圈子**手镯 │ **箍 kʻu⁵⁵子**戒指

（13）商业

相因便宜或便宜货 │ **口岸**店铺所处位置 │ **秋**生意不好 │ **盘缠**路费 │ **缺桩**卖断货了

（14）文教

白墨粉笔 │ **吆鸭子**赶鸭子，转指最后一名 │ **字**识知识、文化 │ **号**批改（作业试卷等）

（15）交通

洋马儿自行车 │ **跳磴**儿露出河面的一个个的石头，供人踩着过河 │ **划子**轮船

（16）宗教

算八字算命 │ **川主菩萨**秦代李冰被尊为川主菩萨

（17）一般动作

跍蹲 │ **绊**摔 │ **伸打**直 │ **凭**靠 │ **估**强迫 │ **巴**贴、粘 │ **嗝**骂 │ **默倒**以为，自认为 │ **估谙**估计 │ **眼气**羡慕 │ **失悔** 后悔 │ **日白**撒谎 │ **呻唤**呻吟

（18）一般形容词

宝傻气的，可笑的 │ **安逸**好，令人感到舒服、惬意 │ **巴适** 好，令人满意 │ **娄馊**脏；不修边幅等 │ **伸抖**舒展、漂亮 │ **恼火**严重；艰难；难而令人头疼 │ **经事**结实耐用 │ **泡绍**松软、酥脆 │ **行势**能干 │ **颠东**糊涂 │ **遭孽**可怜 │ **撇脱**洒脱 │ **打眼**引人注意

（19）方位

上头上面 │ **高头**上面 │ **皮面**外表、外面 │ **脚底**下面 │ **团转**周围 │ **背背**背面

（20）指代

啥子什么 │ **别个**别人，语用上可用于自指 │ **哪个**谁 │ **咋个**怎么 │ **哪**

阵什么时候 ｜ 好久什么时候

2. 一般词汇

共同语中的一般词汇指包括在上列义类当中的非稳定和非全民常用的词语，四川方言中的一般词汇同样具有这样的特点。四川方言系统中那些不具备稳定性和全民常用性的词语都可以纳入一般词汇的范畴。着眼于非稳定性和非全民常用性，我们将四川方言中的一般词汇分为受时间限制、空间限制和行业领域限制的三个基本类别。

（1）通行于局部地点的土语词

通行于局部地点的土语词是受空间限制的一般词汇。这些词只在四川方言区内的个别方言点内使用，方言区内其他地域的社会成员甚至不太懂得这些词语的含义。从色彩方面看，这些词显得更为土俗。如上文所举的"巴郎子"等词。

另如：斩扎（请人吃饭以求人办事，宜宾地区）、临时丙ﾙ（开始时间，南充南部县）①、落时丙ﾙ（结束时间，南充南部县）②。

（2）古旧词

古旧词是受时间限制的一般词汇，可以进一步分为两个类别。第一类古旧词所代表的事物和现象已经消失，词也随之消失不用，没有相应的现代词。如：

响更炮：旧时起初更时（晚上八点左右）衙门放的一响报时的铁炮。

绅粮：有土地、有势力的退职官吏或有势力的地主。

讲圣谕：旧时在茶馆或街头等搭一高台并供"圣谕"二字，讲者在台旁讲因果报应或劝人行善修德。

出庚：女方家将写有女方生辰八字的庚书交给男方，也叫交庚。

灯盘：吸鸦片的用具。

棒客：抢人的土匪。

春官：旧时送历书和说春的人。

美人桩：一种刑具。

课升：旧指磨坊向使用者征收报酬时使用的升子。

监视户：清末在成都各娼家门前钉上"监视户"的木牌，以示与良民有别。

---

① 曾晓舸：《南充方言研究》，四川人民出版社 2009 年版。

② 同上。

捆商：过去指旧政府对商业或商人的管制。

这些词所代表的事物或现象，虽然产生的历史并不长，但也是是反映历史上曾经存在、现在已经消亡了的事物现象，这些词只有在反映历史事件的时候才会使用到，它们是历史词。

第二类古旧词产生的历史不太长，所指事物现象也未消失，但已被新的词语所取代，一般只在描述历史现象时才使用，一些老人对这些词还比较熟悉，年轻人较为陌生，可以称之为旧词，如：

交头：预先交付的订金。现在多称订金。

口案：伙食钱。现在多称伙食钱。

出姓：妇女改嫁，这是过去妇女从夫姓在语言上的遗留。现在多称改嫁，而且随着人们思想观念的改变，"改嫁"这个说法也少用了。

打店：住店。现多称住旅馆或打旅馆。

字白：告示。

栈房：旅馆。现多称旅馆、旅店等。

守法：服刑，坐牢房。现称坐牢。

这些词所代表的事物和现象现在还没有消失，但都被别的方言词所代替。这些词在年老的人们那里还偶尔听说，不过多数的年轻人可能已经不知道其具体所指了。

需要注意的是，在四川方言词汇中还保留着部分古语词，但这部分词不能叫古旧词汇，这部分词在共同语中没有，它们既不同于历史词，也不同于旧词。这些词所指的事物和现象还存在，而且词目本身也未被后产生的说法所代替。它们不像共同语中的文言词大都已经成为了构词语素，而是还作为词的身份活在人们的口语当中，它们有些是基本词，有些是一般词，既可以单用，也可以作为语素构词，比如：

殡，"本义指'停柩待葬'，……后引申指植物的一种繁殖法，即先将种子埋入泥土中，待其发芽后再移栽。……四川话口语中仍说'殡海椒秧'。"[①] 在共同语中，这个"殡"只能作为"出殡"、"殡葬"、"殡仪馆"等词的构词语素，不能单独成词，所以在共同语中它只能算是文言词，而在四川方言的词汇系统中它并不是文言词，而是一个仍使用在活的口语中的可以单用的词。

菢，指孵化或者母鸡按其生物规律处于孵小鸡的生理状态中。"《广韵》

---

① 黄尚军：《四川方言与民俗》，四川人民出版社 1996 年版，第 291 页。

薄报切，去声，並母。唐韩愈有《荐士》诗曰：'鹤翎不天生，变化在啄菢。'明徐光启的《农政全书》卷四一也记载了：'养鸡不菢法：母鸡下卵时，日逐食内夹以麻子喂之，则常生卵不菢。'"①俗语说："菢鸡婆屙屎头截硬。"指做事情虎头蛇尾，另有俗语："菢鸡婆不菢，取断折断脚杆都不菢。"比喻强逼某人做某事是不行的，还有母鸡在生完一窝蛋后的一段时间会处于孵化小鸡的状态，这种状态叫"来菢"，这样的母鸡叫"菢鸡婆"。

这两个词在四川方言的口语表达中都是很常见的，还活在我们的日常语言当中。但我们只能说这种现象是四川方言保留了部分古语词，而不能说这就是一般词汇中的古旧词汇，它们在方言中仍保持着生命力。

（3）行业领域词

行业领域词仅用于一定行业，包括宗教迷信领域。这些词在行业内部用得较多，而不为一般社会成员所理解。比如：

壅脚（子）：在农作物的根部挖一小坑，填进草木灰或家禽家畜粪便混合而成的肥料。

挺杖：屠夫杀猪时，用一根铁杖从猪脚的小孔捅进去，然后对着小孔吹气，此铁杖即挺杖。

素活路：厨工用语，加工蔬菜的活儿。

撞拜：民俗中一种拜干爹干妈（称保保）的形式，到路上去撞上谁就拜谁为保保。

退煞：旧时迷信的驱邪仪式。

喊魂：小儿受惊夜里啼哭或精神萎靡，迷信认为魂不附体，要将游魂喊回，这种做法叫喊魂。

观花：由专门女巫替人到阴间观看某人在阴间的花树。

"退煞""喊魂""观花"等，在封建迷信盛行的时代也曾被人们作为基本词使用。但是，随着社会生活与人们观念的改变，这些词的所指已经或正在消失，所以它们在四川方言汇系统中的地位也发生了改变，在基本词汇中渐次淡出，成为历史词。

（4）新产生的方言词

旧词消亡和新词产生，也是四川方言词汇系统吐故纳新的方式，和所有语言及方言是一样的，有新事物、新现象和新观念的产生就会有新词的产生。创新词是四川方言区人们在长期的社会生活中根据交际的需要创造的新的方

①　曾晓舸：《南充方言研究》，四川人民出版社 2009 年，第 23 页。

言词，除了从共同语转借的部分新词外，有很多新词是方言词汇系统自己的产物（可见本章第二节相关内容），比如：

野猪儿：非正规运营的出租车。（租、猪谐音）

炮的：载客的偏三轮车。

摩的：载客的摩托车。

冷淡杯ル：夏夜消暑的小吃，主要是啤酒佐花生米、豆腐干、卤兔头等。也指经营此种食品的小店或摊点。

刹一脚：刹一下车，停一下车。

火三轮：机动三轮车。

在共同语中，外来借词是一般词汇的重要组成部分，而在方言词汇系统里却有不同的情况。"各方言对民族语言的借词情况各有不同。有的借词较多，有的借词较少，有的干脆没有借词。这种复杂情况与各方言所处的地理位置、经济发展状况、民族交往的历史因素有密切关系。"[①]在汉语的各方言中，闽南语、粤语由于地理和历史的关系有较多的借词，如闽南语借自马来语的一些借词，粤语借自英语的一些词语，另外乌鲁木齐方言也有较多的维吾尔族语言的借词。四川方言区也有同少数民族杂居的地方，如汉族和彝族、汉族和苗族杂居的地区，也应该在词汇上互有借贷，但是，这些地区主要是汉语影响少数民族语言，很少有批量的这类借词进入狭义的四川方言词汇系统，所以我们可以认为在狭义的四川方言词汇系统中没有借词。

另外，四川方言和其他周边方言的接触和渗透也会产生词语、构词语素的互借，使四川方言词汇面貌发生一些改变，在四川方言内部也有客家等方言岛，它们都可能在词汇方面影响四川方言，这些因方言接触而产生的四川方言词，也是四川方言词汇系统的组成部分，属于一般词汇。但是，这些词大多没有在四川方言区内部取得较大的一致性，并不为大部分方言区人们所知，所以它们算不上是方言特征词，只是小范围的地点方言，只有少数此类词经过了长时间的历时变化，成为了四川方言特征词，已经看不出是借的了。像黄尚军在《四川方言与民俗》中指出的，如"老革革"（指东西老而粗糙，或人看起来有些老），本属楚方言，早已经成为四川方言特征词，活在方言区人们的口头交际中。

① 董绍克：《汉语方言词汇差异比较研究》，民族出版社 2002 年版，第 205 页。

二、四川方言词汇的体系性

四川方言词汇不是杂乱无章的，而是一个有机的系统。词汇系统中的词语之间，有着各种各样的联系。语义上有同义关系、反义关系、上下义关系、类义关系等等，形式上有同音关系、同形关系、同素关系、同构关系等等。此外，时间、地域、语源、语境等各方面的因素，都可使四川方言的词汇系统中的词语形成各种各样的联系。

不论是一种语言还是方言，它们在语音、语法方面的系统性都得到了人们的承认，因为语音和语法是较封闭的系统，有整齐的规律，成员之间的相互联系相互制约以及相互变化引起的连锁反应容易看出来。按照结构主义语言学的观点，系统内每个成员的价值不完全由它自身决定，还要取决于跟同一系统的其他成员之间的关系。语音系统和语法系统恰恰能体现成员之间的这种联系与制约，所以它们的体系性是毋庸置疑的。而词汇是一个相对开放的系统，而且成员数量庞大，看起来内部单位纷纭复杂，汇集状态比较散漫，组织性也很弱，所以好像其系统性不如语音和语法那样严密，但实际上，词汇也是具有系统性的，主要可以从以下方面来看。

一是词汇存在着从不同的角度划分出来的类集，上文所述的基本词汇和一般词汇的划分就是其中的一种类集。另外，词汇类集还可以从其他角度来划分。

要注意的一点是，语义的系统性更能说明词汇的系统性，"建立词汇体系的问题是与词汇的语义体系紧相关联的。如果建立起表明所有词汇单位间的意义对应关系的语义体系，那就相应地存在词汇体系。"[①]，在词的分割对象组、同义词组、反义词组、固定搭配中，词汇单位在意义上的相互制约是最为明显的。刘叔新在《汉语描写词汇学》当中，又指出了依赖组、挨连组、级次组、同素组几种词项结构组织，说明词语之间是可以构成相互联系和相互制约的关系的。此外，周国光根据刘叔新的观点对词汇语义的体系进行了进一步的论证和说明，他用哥德尔的不完备性定理和语义的缠绕来证明了语义的系统性，从而说明词汇是有其体系性的。"用哥德尔的理论来观察语言，我们可以看到，在语言的语义系统中也存在着'层次的缠绕'这一不可避免的现象。在语言中，句义依赖词义而构成，而词义构成的句义又反过来用于表述

[①]　刘叔新：《词汇学和词典学问题研究》，天津人民出版社 1984 年版，第 84 页。

词义，并在很大程度上说明了词义之间的语义联系（组合的，聚合的）。"[1]词语可以形成多种语义聚合，亦即各种类型的语义场和各种搭配，词义和词义之间，词和词之间，总能有什么东西使它们联系在一起，这些都表明词义的相互制约和影响，可见词汇是有体系的。所以我们在方言词典中看的各类集的方言词汇表，实际也有语义系统的支配。

具体到四川方言的词汇系统来看，这些具有普通语言学性质的结论，对它也是适合的。任何方言词汇，包括固定短语，都处于和其他词语制约和影响的体系当中。比如"凉、冷、清"是四川方言的一个同义词组，它们在程度和搭配上有区别，它们意义的形成和确定不仅取决于自身所代表的现象，也取决于这个小系统中的其他词，而且需要"温度"、"天气"以及与之相反的"热"等的含义来支撑，这就是所谓的缠绕与渗透。只是词汇系统庞大，而且变化比语音和语法更快，所以不能牵一发而动全身，但是，即使看来相隔较远的词义，经过几步联想思维的过程也会联系起来。每个词语都是词汇系统网上的一个网结，所以四川方言词汇是有系统性的，一个结点的变化也会引起系统内部的调整，从词义内涵和外延的历时变化会证明这一点。

此外，上面提到的四川方言词汇中的基本词汇和一般词汇，虽然是从某个角度划分出来的类集，但其背后也有语义系统的原因。词义是客观对象在人们意识中抽象概括的反映，是范畴化的结果，根据认知语言学的观点，基本词汇就是词汇系统中的原型成员，而一般词汇是词汇系统的边缘成员，它们之间没有一条截然可分的界限，而是一个由核心到边缘的模糊集合，它们之间是可以互相转化的，如果词义完成了范畴化的过程，它就从非原型用法变成原型用法，从一般词汇成员变成了基本词汇成员，相反，如果词义完成了非范畴化的过程，它就进入了相反的历程，而处于两个过程中的词语，没有最终完成词义的范畴化或非范畴化的过程，就处于模糊的中间状态，很难说它们是基本词还是一般词，多义词尤其如此，由于有多个义项，每个义项的范畴化程度是不一致的。而在这个变化的过程中，词汇语义系统的牵动，成为这个类集划分的重要依据。

四川方言词汇内部的语义联系和制约，我们将在第六章作进一步探讨，此不赘述。

---

① 周国光《语义的缠绕和词汇体系的必然性》，《南京师大学报》社科版，2002年5月，第110页。

第二节　四川方言词汇的发展变化

词汇同社会的联系最为密切，它总是随社会的发展变化而发展变化的。近百年来，特别是近 60 年来，四川同全国一样，社会发生了天翻地覆的变化。与此密切相关的四川方言词汇也产生了非常明显的变化。当然强势方言的影响也是方言词汇发展变化的重要原因。一些跟普通话同实异名的方言说法，随着普通话的逐步推行而逐渐为普通话的说法所替代。我们在进行方言词汇调查的时候，明显感到不同年龄、不同文化程度、不同职业的人群之间使用方言词汇的情况有十分明显的差异，不同社会群体称说同一种事物、同一种现象，有明显的用语差异，反映出了方言词汇的发展变化。本节所谈的主要是现代四川方言词汇，即主要是一百年来的四川方言词汇的发展变化。跟一般词汇的发展变化一样，四川方言词汇的发展变化主要体现在旧词的消亡，新词的产生，词义的变化三个方面。

一、旧词的消亡

1900 年出版的英 Adam Grainger（钟秀芝）编著的《西蜀方言》，和 1909 年至 1910 年间出版的傅崇矩编撰的《成都通览》，两书中都记录了当时成都话的很多词语。1900 年出版的四川中江人刘省三编纂的《跻春台》收录了当时中江话的大量词语。①如果把今天的四川方言词语同一百年以前的四川方言词语对比，甚至同更近一点的四川籍作家李劼人、沙汀、艾芜等的作品中的方言词语相比，就会发现一批反映旧事物、旧现象、旧观念的词语随着旧事物、旧现象、旧观念的消亡而消亡。事实上，这种消亡的现象，近五十年来，尤其是近三四十年来正在加速进行。我们在进行词汇调查的过程中，不时发现不少方言词语，只活在老年人口中，年轻人已经不说，甚至不懂了。

首先，因旧事物、旧现象、旧观念的消亡而引起的方言词语的消亡。

《跻春台》中收录有"箍桶"、"箍桶匠"、"桶箍爆了"。"箍桶"一词，本指用竹篾或铁丝箍木桶，比喻包揽诉讼。"箍桶匠"指包揽诉讼的人，"桶

---

① 本书中所引以上三种著述的材料，分别见于上海 American Presbyterian Mission Press1900 年出版的［英］Adam Grainger（钟秀芝）编撰的《西蜀方言》，巴蜀书社 1985 年出版的［清］傅崇矩编撰的《成都通览》，江苏古籍出版社 1994 年出版的［清］刘省三编纂的《跻春台》。以下不再出注。

箍爆了”则指包揽诉讼失败。在今天的中江话中已失去踪影，连老年人也不懂了。

四川方言中有一些"袍哥（哥老会）"词语，解放前能经常听到，也见于李劼人、沙汀、艾芜等老一辈川籍作家的作品中，如"造粉子_{吃饭}"、"袍皮老儿_{袍哥成员}"、"嗨皮_{加入袍哥。"嗨"也写作"海"，读阴平。"皮"，谐"袍皮老儿"，指袍哥}"、"入流_{指加入袍哥}"等词语，[1]解放后，由于袍哥的消失而消失了。

又如《西蜀方言》中的"粮户_{富裕人家、地主}"、"酒行户_{酒商的头儿}"、"斗户_{沙汀小说中又称"斗人"，指粮食买卖中的中人。斗，量粮食的器具}"等词语，解放前可以经常听到的"佃客_{佃种地主土地的人}"、"长年_{长工}"、"绅粮_{有钱有势或广有田粮的人}"等词语，今天也没有人用了。

其次，有的事物、现象、观念并未消失，但换了说法（包括普通话的说法），也可引起旧词语的消亡。这类词语在消亡的旧词语中所占比例最大。如《跻春台》把在私塾中寄宿的学生称为"坐学"，"蜂蜜"称为"蜜子"，今天在学校里住宿的学生已改称为"住读生"，"坐学"一词即便在中江也无人使用，甚至无人能懂了。至于"蜜子"，今天也已通称"蜂糖"了。又如《西蜀方言》把"馄饨"称为"抄手面"，今天一般都叫"抄手_儿"了。过去"自行车"叫"洋马儿"，"伞"一般叫"撑花_儿"或"撑子"，今天多跟普通话一样叫了。过去，学校常用的"墨盘_{砚台}"、"白墨_{粉笔}"等词语，现在很多年轻人也改用普通话的说法了。"煤"过去多称"炭_{普通木炭称"桴炭"}"，四川农村很多"乡场_{集镇}"都有的"炭市坝子"，实际就是专卖煤炭的地方。

又如"吃粮_{给官府当兵}"、"卡房_{临时拘留人犯的处所，也指监狱}"、"坐卡_{坐卡房}"、"字向_{房屋的朝向}"，解放前也可经常听到，今天则分别说成"当兵"、"拘留所"、"进拘留所"、"房屋的朝向"了。过去把绑架叫"拉肥猪"，今天受普通话影响，说成'绑架'了。

有的量词也随社会的变化而发生改变。如煤炭的量词《西蜀方言》中用"拖"（如"一拖炭"）。因为过去四川地区的民用煤炭多是小煤窑生产的。由于煤窑很小，煤炭只能由人用竹筐从煤窑中拖出来。所以煤炭可以用量词"拖"。一拖煤炭大概有一两百斤。今天，这样生产的煤已经很少了，除了在这种传统小煤窑煤炭还有用量词"拖"的以外，一般都不这样用了。

称谓词语变化也很显著。解放前流行的"粮子_{给官府当兵的人，也指官军}"、"富实郎_{富人}"、"觯神_{成都话念 tʻo⁵³sən²¹。指不务正业、游手好闲的游民。觯，下垂。游手好闲的人经常}

① 王文虎、张一舟、周家筠：《四川方言词典》，四川人民出版社 1987 年版。

垂着手，故称瓤神"、"和二流同瓤神"，今天一般从普通话，前两个分别叫"兵，部队"、"富人"，后两个城里人多称"混混"，农村则多用解放初期传来的"二流子"。

过去把教师、医生都称"先生"（如果要分别的话，前者叫"教书先生"，后者叫"太医先生"），把他们的妻子都称为"先生娘子"，而今天一般把教师称为老师，把医生也称为老师，或直接称医生，极少有称先生的了。至于教师、医生的妻子则都不称其为"先生娘子"，而用普通话的说法了。

过去，重庆一带把挑夫称作"扁担"。解放后"扁担"的这种用法基本上没有了。

又如"妓女"过去称"舍ᶜsε物也写作'舍屋'"或"舍物婆娘"、"玩家"、"梭夜子"，其中前三种说法除"舍物婆娘"农村还用于骂人外，其他今天基本没有了。"梭夜子"上世纪七八十年代还有人讲，今天也很少说了。

亲属称谓词语有的变化也很显著。上世纪 40 年代，国民政府中央研究院历史语言研究所杨时逢曾调查过四川 136 个地点，包括成都、巴县（没有重庆）巫溪、内江、仁寿、名山、宜宾、乐山、灌县、眉山等地的 25 个常用词，其中 10 个是亲属称谓。据杨调查，当时的四川话"'爸爸'（父亲）——大都叫'爹'，或叫'爸爸'、'伯伯'，也有少数地方叫'爷'（ie,ia），还有'爹；爸'，'爹；爷'，'爸；爷'两读。""'妈'（母亲）——大都叫'妈'，'妈妈'，'ᶜmeᶜme'，或叫'娘'，也有叫'母'，'姅姅'，还有少数一二处叫'阿ʨi'，'大大'，'ᶜmai'或'妈，娘'两读。"[①]而今天四川各地年轻人都跟普通话一样叫"爸爸"、"妈妈"了。

一些跟民俗密切相关的方言词语，也随民俗的变化而变化。如过去把婚姻中的女方称为"输家"，男方称为"赢家"。这是因为女方既要嫁出女儿，还要花费相当大一笔钱去置办"陪奁嫁妆"，似乎落得人财两空；男方既添人进口，娶进了媳妇，还会收到一笔钱财。今天的婚姻双方，情况有了变化，女方不再是单纯的"赔钱"，反而会收到男方的彩礼，不再是"输家"了。所以今天把联姻的女、男双方称为"输家"、"赢家"的说法也基本上听不到了。再如，过去一些地方（如川东的巫溪）把嫁女说成"换女"，这显然跟换亲的婚俗有关。而随着换亲现象的不复存在，"换女"的说法现在也难以听到了。

观念的变化也可以引起方言词语的变化。上文所说的杨时逢的文章还说，

---

① 杨时逢：《四川方言中几个常用的语汇》，载台北"中研院"史语所集刊，第 53 本，第 1 分册，第 126 页。

四川一些地方把"丈夫"称为"门千人"、"外千人"、"外头外面人"、"外厢人"、"当家的"、"外头的",把"妻子"称为"屋头屋里人"、"屋头的"、"屋头"。杨时逢在"门千人"的"千"下作注说:"ʨ'ien音,因不知是何字,只好用同音'千'汉字代替读音。"[①]其实,"ʨ'ien千"为"前"的音变形式,至今四川方言"门前"、"外前外面"中的"前"还多读同"千",所以"门 千人""外千人"就是"门前人"、"外前人"。这类称呼来源于"男主外,女主内"的传统观念。这种说法过去在四川较为普遍,而现在除在农村,六七十岁的人还能听懂,但也已基本不用了,年轻人更不说了,因为"男主外,女主内"的传统观念早已淡薄了。

四川话把跟自己父母年纪差不多的无亲属关系的女性称为"孃"或"孃孃",而不像普通话称"姨",这是因为"孃"或"孃孃"是"姑母"的意思,属于父系亲属称谓,"姨"是母系亲属称谓。按照传统的"男尊女卑"观念,父系亲属比母系亲属更亲。传统的四川女性,比较起来,更愿意被人尊称为"孃"或"孃孃"。现在,这种观念也很淡薄了,所以把跟自己父母年纪差不多的非亲属关系女性称为"姨"的越来越多,甚至有人认为称"姨"还显得时尚,称"孃"或"孃孃"则显得土气。

又如成都、重庆等地80年代还很流行的"操哥"、"毛操哥"和"操妹儿",指追逐时尚、打扮时髦的男女青年,含有贬义,现在基本上没人这样叫了,年轻人很多也不懂了。这也跟社会观念的变化有关:随着社会的发展,人们已不再把追逐时尚,打扮时髦看作稀奇古怪的现象而加以排斥了。

再如,关于农民,四川方言同其他汉语方言一样,本来有一些带有贬义的称呼。如解放前多称"乡巴佬"、"黄泥巴脚杆",上世纪六七十年代成都话、重庆话称"农二哥"、"豁皮"、"农豁皮",成都话还有"峦二"的说法。而今天,随着进城打工的农民数量的增多,随着农民地位的提高,这些称呼逐渐消失了。当然,有的地方某些人歧视农民的观念根深蒂固,对农民的歧视性称呼始终存在,只不过以新换旧,改成了新的说法。如成都话中的上述说法基本消失,但在一些人口里,又有了新的歧视性说法:"弯弯"或"弯脚杆",用以指农民或农民工。

涉及婚恋和两性关系的一些词语也逐渐消失了。如上世纪七八十年代成都话还把男青年交女朋友叫做"搣盒盒",女青年交男朋友叫做"搣盖盖",今天都叫"耍朋友"了。因为"搣盒盒"、"搣盖盖"非常粗俗,受到了使用

---

① 杨时逢:《四川方言中几个常用的语汇》,载台北"中研院"史语所集刊,第53本,第1分册,第115页。

者的排斥。旧时有"富多妻，贵多交"的观念，认可一夫多妻，因此有的地区用"大婆子"、"小婆子"指称正妻和小妾，随着这种婚姻制度的瓦解，相应的词也消失了。在两性关系方面，旧时称情夫为"野男人"，女子偷情为"偷人"，妻子出轨，其丈夫被称为"尖脑壳"。这些词因涉及性事，且直白粗陋，其适用范围已大大缩小，逐渐被共同语词汇形式所替换。

二、新词的产生

随着新事物、新现象的出现，一些新的方言词语也应运而生。例如前面谈到的成都话指男青年交女朋友的"搁盒盒"，指女青年交男朋友的"搁盖盖"，现在四川方言泛指谈恋爱的"要朋友"，都是解放后婚姻自由，男女可以自由交往以后才可能产生的词语。当然新的方言词语的产生也并不一定要有新的事物、新的现象出现，有的是已有事物、现象的新说法。如上面提到的某些旧有的方言词所换用的新的说法。

四川方言中新的方言词语产生的现象以改革开放以来的三十年最为明显。这些新方言词语很多是跟经济活动有关的。例如从上世纪80年代开始，搞异地贩运或转手贩卖的人多了起来，于是成都话"串串儿"一词应运而生并逐渐流行，指专门从事这种活动的人。现在也用来指倒卖票据等，并可组成"票串串儿"等词语。重庆话念阴平，写作"穿穿儿"或"川川儿"。成都话则常用"穿穿儿"泛指从事一般的中介活动，以收取费用的人，意义近乎商业掮客。

又如随着经济活动的增加，交通工具的重要性日益突出，新方言词语中关于交通工具的词语数量不少。其中，有的词语是已有交通工具的新说法，有的词语则是对新出现的交通工具的称呼。比如人们出行，坐出租车的越来越多，关于出租车的方言说法也不止一种。重庆话称之为"拓儿车" $to^{21}\vartheta^{21}ts'\epsilon^{55}$，因为上世纪80年代重庆的出租车多是奥拓车。成都话称之为"猪儿" $tsu^{55}\vartheta^{21}$，"猪"谐"租"，成都话"猪""租"同音。对无证运营的出租车，成都话称为"野的"或"野猪儿"。对出租车司机，成都话称"的哥"（称男司机）、"的姐"（称女司机）、"的嫂"（称年龄较大的已婚女司机）。上世纪80年代的成都街头出现了"边斗车"：即在衣架一旁安装上坐人的边斗的自行车。其更带方言色彩的说法是"耙 $p'a^{55}$ 耳朵车"，意思是"耙耳朵"（惧内的人）所用的车。因为它往往是丈夫骑着它带妻子上街、出门的交通工具。当有人在人力三轮车上装上马达改装成机动三轮车以后，"火三轮"的说法又随之产生。炒耳朵车、火三轮经常在街头巷尾载客,成都人仿照出租车称"的"的说法,而把载客的炒耳朵车、火三轮叫做"炒的"、"火的",把载客的摩托车叫"摩的",乘坐"炒的"、"火的"、"摩的",叫"打炒的"、"打火的"、"打摩的"。现在,把坐飞机叫"打飞的"的说法也逐渐流行起来了。重庆一些区县允许腿脚不便的残疾人开机动三轮车运货、载客,于是重庆话中出现了"跰拜的"pai⁵⁵ti²¹ 的说法。"跰",即跛,四川方言把"跛子"称为"跰子"。

80 年代出现了电动自行车。最早的电动自行车就是在普通的自行车上装上电瓶而成的。因为四川话称自行车为"洋马儿",所以电动自行车就叫"电马儿"。尽管今天的电动车已跟自行车很不一样了,但仍然可以叫"电马儿"。

在重庆的长途汽车站,有一种私下拉客乘车的人,重庆话称之为"羊儿客",意思是他们领着一串客人去乘车处,就像羊群中的领头羊一样。

有的交通执法部门打击违法营运时,不规范执法,采取所谓"钓鱼"的方法,使人诱使别人违法,不少地方的四川话把充当诱惑者的人,称作"勾勾"。

80 年代,重庆街头出现了不少当挑夫的打工者,由于他们经常手持用作工具的扁担或棍棒,而原来用以指挑夫的"扁担"一词,已经消失了这种用法,所以他们被人称作"棒棒_{本指棒子、棍子}",并由此产生"棒棒军"一词,用以泛指这种打工的人。成都话则把这种打工者称为"绳绳_儿_{绳子}",因为他们往往手持捆绑重物的绳子。①

改革开放以来,四川的饮食业也蓬勃发展,产生了一些新的菜品和炊事方式,四川方言词汇中也增添了一些新的方言词语。其中"麻辣烫"、"串串香"等名声最为响亮。"麻辣烫"、"串串香"其实类似于火锅,产生于上世纪八九十年代的成都。上世纪 80 年代成都的街头巷尾,常有人在街边放一蜂窝煤炉子,上放一装有类似火锅汤料的锅,把荤素菜品用竹签穿上,供顾客在锅中边烫边吃。由于吃时又麻又辣又烫,所以叫"麻辣烫"。又由于它要把菜品穿成串,所以后来也称"串串香"。这是一种非常平民化的饮食。它比火锅价廉,且丰俭由人,很受平民大众的欢迎。90 年代就从街边走向店铺,现在成都的串串香,已经有了品牌,连锁店也开到了省外。"麻辣烫"、"串串香"

---

① 杨文全、鲁科颖《当代成都方言新词汇例释》,载西华师范大学学报(哲学社会科学版),2005 年第 5 期。

两个方言词也由此走出了四川。

新的观念的产生也可以引起新的方言词语的产生。如前面说到过去把当兵的称为"粮子"，这是一个中性词。解放后有了新型的军民关系，于是四川话对当兵的就产生了新的说法："解哥子"或"兵哥子"。"哥子"本是四川话中带有尊敬意味的称呼，并带亲切意味，有时也有些许谐谑味。

新方言词语的产生不一定要有新事物、新现象、新观念的出现。如成都话近些年产生的新词"假打"，本是"打假"变来的，指打击假冒伪劣产品。后来变成"假打"，指虚张声势的行为。经过评书艺人李伯清的广泛运用，成了差不多家喻户晓的方言词。又如"润倒"、"批死"，前者字面意思是"滋润着"，实际指用钱物安顿和慰问人，以保持某种关系，例如"明天是丈母娘的生日，他没得空去祝寿，只有寄几百块钱去润倒。"后者意思是"料定"，例如"你说你从明天起，天天锻炼一个小时，我批死你坚持不了一个星期。"①

重庆话把关系破裂，特别是恋爱关系、婚姻关系破裂，称作"拉爆"，把吃免费餐称作"吃胡汉山"。"胡汉山"本是电影《闪闪的红星》中的大地主，被打倒后，众穷人分掉了他的财产。用公款请客吃饭，重庆话称作"吃老公""公"指公家。对于别人话语的真实性、可靠性表示否定，成都话、重庆话说"空了吹"，意思是"空了吹牛罢了"。这些也都是近一二十年来产生的新词语。

三、新义的产生

原有的方言词语或普通词语，也可能被旧瓶装新酒，用以表示新的事物，新的现象，从而产生新的方言义项。例如上面举的"棒棒"。一些跟袍哥有关的词语也由于这样而为今天的四川人所使用。如"舵把子"、"舵爷"，字面指掌舵的人，转指袍哥一个码头的首领，现在又变指团伙、帮派的首领。"毛"本指袍哥内部处死，也泛指杀（人），现在则指"生气，发火"。"兄弟伙"字面指兄弟或兄弟一类人，转指袍哥组织成员，现引申指小团体成员。

四川方言词语中这种旧瓶装新酒的现象相当常见，其中有的词语的新义甚至具有全国影响。如"雄起"、"下课"、"勾兑"等。

"雄起"在成都话中本指斗鸡时公鸡昂首振翅，血脉喷张的样子。②引申

---

① 杨文全、鲁科颖《当代成都方言新词汇例释》，载西华师范大学学报（哲学社会科学版），2005年第5期。

② 承赵振铎教授告知"雄起"的本义。谨致谢忱。

指"强硬起来，做着争斗、争吵的架势；争斗、争吵"，如："他脾气不好，来不来就跟别个雄起他脾气不好，动不动就跟别人争吵。"在上世纪八九十年代，足球市场火爆的时候，全国足球甲级联赛成都、重庆赛场上成都全兴队、重庆力帆队的球迷总要打出"全兴队雄起！""力帆队雄起！"的横幅，总要高喊"全兴队雄起！""力帆队雄起！"的口号。后来在其他赛场只要有成都全兴队或重庆力帆队参加比赛，他们的球迷总是这样。于是"雄起"一词有了"鼓起劲头，加油"的意思，并很快传遍全国。现在"雄起"的这个新义的使用频率，大大超过了它的本义的使用频率。

"下课"本指"上课时间结束"，是一般的教学用语，并无方言色彩。同样是在足球市场火爆的时候，同样是赛场上的成都、重庆球迷，他们经常对着其所不满意的教练或裁判，高喊"下课！"、"下课！"于是四川话中的"下课"也就有了"不情愿地离开工作岗位的意思"。也跟"雄起"的新用法一样，很快传遍全国，现在普通话也吸收了"下课"的这种用法。

"勾兑"一词，本指一种制酒的生产工艺。《现代汉语词典》："把不同的酒适量混合，并加添调味酒，进行配制。"[1]现在则可比喻打点，疏通关系。此义似乎比其本义还用得广泛，并且也有了全国性影响。

下面再举几个这类词语。

"洗白"本是自由短语，指洗得白了。引申指"搞光了"。如"身上带的几百块钱，才打半天麻将，就洗白输光了 ｜ 今天的菜好卖，几百斤菜一下就洗白卖光了。"现在进一步引申，可指人完蛋了。如"他才住了一个礼拜的院，就遭洗白了"。

"踩扁"也是自由短语，指踩得扁了。引申指彻底制服。先也是足球场上的球迷语言，然后扩展至其他场合的。

"打倒ᶜtatauˀ"有两个意思。一指"（车辆）倒车"，一指"倒 tauˀ了"，即器物倾斜，里面的东西出来了。在重庆一带由后一意思比喻生意折本了，于是产生了新义。

新的观念也可促使旧词产生新义。如男女平等的观念使得夫妻双方或恋人双方有了新的称呼，其中有的也是利用旧瓶装新酒的方式来表达的。如四川话"男娃儿"和"女娃儿"原本只是男孩子、女孩子的意思，由于没有什么褒贬的涵义，重庆一带也就用它们来分别指称夫妻或恋人双方中的男、女一方。

---

① 中国社会科学院语言研究所词典编辑室编《现代汉语词典》（修订本），商务印书馆 1997 年版，第 443 页。

从前面的分析可以看出，四川方言词语的发展变化，首先是语言外部的原因引起的。这包括两个方面：一是社会的发展变化，包括旧的事物、现象、观念的消亡，新的事物、现象、观念的产生，都可以引起方言词语的消亡、新生或词义的变化。二是强势方言的影响，主要是普通话的影响。一些方言说法换成了普通话的说法，主要就是普通话影响的结果。四川方言内部的成都话、重庆话相对于其他四川方言点来说，也是强势方言，它们对其他四川方言点的方言词汇的发展变化也产生影响。

语言内部的原因也可引起四川方言词语的变化。如四川方言中有个通行极广的形容词"歪"，成都话读 uai^{53}，就是四川方言词语内部词义分化而成的。"歪 uai^{53}"有两个义项：① 假冒的；质量差劲。例如"歪阿迪达斯"，"这凉鞋好歪，穿一个礼拜就坏了"。② 非正规的；不讲原则，不讲规矩。例如"歪中介公司"，"这次考试才歪，监考老师都没得"。它大约在上个世纪80年代开始在成都出现并流行。最初人们不知道这个词该如何书写。因为如果写成"歪"，读音（uai^{55}）、意义（不正）都不一样，似乎不合适。所以当时的《成都商报》把它写作 y，因为它读成都话的上声，跟英文字母 y 的发音很相近。其实它就是"歪 uai^{55}"的"不正"义分化而成的新词。由于它跟"歪 uai^{55}"都可出现在相同的语境之中，所以人们把它读成 uai^{53}，以使二者有区别。现在人们通常都把它写成"歪"了。

从构词法的角度看，新方言词语大都是复合词，一般是用现成的语素组合而成的。前面所举例子多是如此。也有由自由短语固定化或词汇化而形成的新方言词语。如前面举到的"洗白"、"踩扁"。又如"不摆了"。"摆"是"讲"的意思。"不摆了"是"不用说了"的意思。现在用来表示程度很高，由自由短语变成了固定短语。

第三章　四川方言的构词法

四川方言的词汇以双音节词为主。与普通话相同的是，合成词根据结构也是分为复合式、附加式和重叠式三类，而其中最能表现四川方言词汇结构特点的是附加式和重叠式。

第一节　四川方言的复合式构词

一、复合式合成词的基本结构类型

根据复合式合成词组成要素之间的结构关系，可以将复合式合成词分为以下几类：

（一）主谓型

例如：

> 心厚：贪心。
>
> 心凶：贪心；狠心。
>
> 天干：天旱。
>
> 眼气：眼热；羡慕。
>
> 面浅：腼腆。

（二）偏正型

例如：

> 戳客：挑拨离间的人。
>
> 扯客：爱闹纠纷的人。
>
> 黄棒：外行。
>
> 斗碗：大号碗。
>
> 冰口：（皮肤）因冷冻而产生的裂口。
>
> 　　　　　　　　——以上名词
>
> 干哽：不就水硬吞。

横扯：不讲道理地强辩。

惊叫唤：大声喊叫。

　　　　　　——以上动词

小见：小气；吝啬。

饱米：子实饱满。

铁实：结实。

　　　　　　——以上形容词

（三）并列型

例如：

浮漂：浮萍。

把凭：凭据。

脸嘴儿：熟识的有关系的人。

　　　　　　——以上名词

夹磨：刁难。

经佑：服侍；伺弄。

翻翘：翻倒；倾覆。

帮补：经济上帮助补贴。

　　　　　　——以上动词

伸展：平直，（长相）端正或（穿得）光鲜。

精灵：聪明；伶俐。

汤水：麻烦；棘手。

松活：（工作）轻松或（病势）减轻。

　　　　　　——以上形容词

（四）述宾型

例如：

开山儿：斧头。

撑花儿：伞。

擦黑：傍晚。

　　　　　　——以上名词

垮杆儿：垮台。

烧锅：做饭。

伸皮：使皮伸展，比喻生活改善或扬眉吐气。

吃雷：截留住应该给别人的东西或话语。

消夜：吃晚饭。

　　　　——以上动词

观火：（说话、做事）起作用。

遭孽：可怜。

遇缘：碰巧。

夹嘴：涩。

成器：像样，有出息。

　　　　——以上形容词

（五）补充型

例如：

打倒 tau^{213}：（做生意）蚀了本。

放黄：说话不算数；（事情）告吹。

搁平：比喻事情、问题处理好了。

稳起：沉住气，不动声色。

把稳：稳当；可靠。

除脱：丢掉；断送。

喜得好：幸好。

在四川方言中，有少数词从字面上难以归入以上各种类型。如：

洋盘：洋气；时尚。

巴适：好，令人满意。

煞搁：结束；末了。

相因：便宜，价格低。

四川方言中，还有少数词是属于省略构词。原本是表示否定的短语，或者省略了其中的否定词，或者其中的双音词合并为单音字，使整个组合浓缩为一个复合词。例如：

肯信：不肯信。如：我肯信你把我吃了。

管得：不管。如：我管得你去哪里，不关我的事。

晓得：不晓得，不知道。如：晓得他到哪里去了啊。又如：晓得他来不来哟。

不消：不需要，"消"是"需要"的合音字。如：你不消去了，我已经通知了。

省略否定词的"肯信、管得、晓得"等前边也可以加上否定词，意思相同。"晓得"也可以用于肯定句，而表示否定意思的一般用在有疑问意味的陈述句中。

二、四川方言与普通话复合式合成词的比较

四川方言和普通话复合式合成词的基本句法结构都有主谓、述宾、偏正、联合、补充五种类型，这些结构类型可以概括如下表：

结构类型	普通话	四川方言
主谓型	眼热	眼气
述宾型	丢脸	臊皮
偏正型	脑袋	脑壳
联合型	聪明	精灵
补充型	玩儿完	洗白

四川方言和普通话复合式合成词的不同不在句法结构方面。但是，由于对同一事物的认知方式或观察角度不同，对造词的理据会有不同的选择，而这种差异会直接影响对构词单位的选择。下面我们从理据的角度，对四川方言和普通话复合式合成词的内部差异作对比说明。

（一）所指相同，造词理据不同，构词单位完全不同。如：

普通话：跟他说了半天，他就是不吭声。

四川方言：跟他说了半天，他就是不开腔。

类似的词例如：

普通话	四川方言
聪明	精灵
被子	铺盖
牛轭	枷担
狐狸	毛狗
刁难	弯酸
醉鬼	酒疯子
蟑螂	偷油婆
蜈蚣	雷公虫
扒手	摸包儿贼

（二）所指相同，造词理据有差别，构词单位不完全相同。如：

普通话：那时候，人们在秋天都会看见大雁往南飞。

四川方言：那时候，人们在秋天都会看见雁鹅朝南飞。

类似的词例如：

普通话	四川方言
辣椒	海椒
蚕豆	胡豆
被单	包单
海碗	斗碗
糯米	酒米
面粉	灰面
菜油	清油
嘴唇	嘴皮
公公	老人公 <small>丈夫的父亲</small>
婆婆	老人婆 <small>丈夫的母亲</small>
胡萝卜	红萝卜
左撇子	左拐子

（三）所指相同，理据相同，构词单位不完全相同。如：

普通话：这件衣服很贴身。

四川方言：这件衣服很巴身。

这种情况是因为合成词中选择了方言语素而形成的，类似的词例较少，另如普通话“赶集”与四川方言“赶场”。

由于受普通话的影响，有的事物存在着两种或两种以上的说法，一种与普通话相同，其他不同，例如：

普通话	四川方言
公猪	公猪、脚猪
公鸡	公鸡、鸡公、叫鸡
猴子	猴子、猴狲儿
斧头	斧头、开山儿
鹅卵石	鹅卵石、鹅石宝儿、鹅石壳儿
桂圆儿	桂圆儿、枝圆儿

这些与普通话不同的说法一般是四川方言固有的说法，而与普通话相同的说法是受普通话影响而出现的。与普通话不同的说法老年人用得多一些，年青人用得较少。

此外，即使是表示同一事物的名词，在四川方言辖区内也可能有不同叫法，如"玉米"，成都人叫"玉麦"，重庆人叫"包谷"。又如，苍蝇和蚊子，成都重庆都严格区分，而巫溪统叫"蚊子"，在需要区别时，前加语素说成"饭蚊子"或"夜蚊子"，以示不同。

三、四川方言与普通话中的同素异序词

四川方言和普通话的复合词存在同义、同素而异序的情况。如：

普通话	四川方言
公鸡	鸡公
母鸡	鸡母
客人	人客
力气	气力
塘堰	堰塘
热闹	闹热

上述例词在四川方言中存在一定的差异。四川各方言点普遍说"堰塘"，而不是说"塘堰"；受普通话的影响，"热闹"和"闹热"并存，但"热闹"一词的影响在逐渐扩大；而"人客""鸡公""鸡母"的说法只存在于部分方言点，很多方言点也说"客人"、"公鸡（或'叫鸡'）"、"母鸡"。

上述词根异序的词，其句法结构是否相同，语言学界有不同看法。下面我们分别进行讨论。

"热闹——闹热""塘堰——堰塘"都属于并列关系。在并列关系的组合当中，组合单位孰先孰后取决于"约定"和"习惯"，而不受句法规则制约。这种情况给词根异序的组合提供了可能。实际上，即使是在普通话内部，同一个词也有词根顺序两可的情况。如"讲演——演讲""感情——情感"。这种词根异序现象没有增加复合式合成词的基本结构类型，也不因异序而改变合成词的结构关系。

四川方言的"人客"、"鸡公"、"鸡母"同普通话的"客人"、"公鸡"、"母鸡"异序。这种组合形式在湘方言、粤方言、闽方言、客家方言等南方汉语方言中也存在。其结构关系有人认为是"中心语+修饰语"的特殊语序。究其原因，或认为是上古汉语反常语序的遗留；或认为是受西南侗傣语的影响；或认为是阿尔泰语、南亚语扩散的结果。[①]这些认识目前尚未形成定论。

---

① 岑麒祥《从广东方言中体察语言的交流和发展》，《中国语文》1953 年第四期。桥本万太郎著、余志鸿译《语言类型地理学》，北京大学出版社 1985 年版。

从认知规律来看，相似隐喻和相关隐喻是人们认识事物的重要方式，它使我们将不同事物或同一事物的不同方面联系起来。这种认知方式对词义，包括语素义的发展具有重要作用。

以"公"为例。据可考文献，其本义为公正、无私。《说文解字》："平分也……韩非曰：背私为公。"又《荀子·不苟》："公生明，偏生暗。"这个意义是对属性的概括，句法上属于形容词，语用上表描述。但是相关性隐喻让人们将属性与具有该属性的人物联系起来，派生出一系列新义：指古代五等爵位中的第一等；通称先秦时期诸侯；称古代太师、太傅、太保为"三公"；进一步泛化为对男性的敬称；在亲属称谓中指祖父。于是，"公"由属性转指人物，由描述转为指称，在句法方面扩大了原有的形容词功能，兼有形容词和名词的性质。同时，从认知方面看，所有的名词性语义都跟"男性"这一特定属性具有明显的相关性。

当人们认为"鸡公"的结构模式是"中心语+修饰语"时，有一个假设的前提，即该词的后一个语素"公"为形素。但是，正如上文所说，"公"在"语义——语用——句法"方面的关联模式"属性——描述——形容词"在上古时期就已经被突破，建立起了与上述关联模式并存的"人物——指称——名词"的关联模式。因此，将"鸡公"的结构模式定为"中心语+修饰语"，其前提是不可靠的。

其实，"中心语+修饰语"这种特殊语序在上古时期就开始走向衰亡，要确定"鸡公"等词的组合格式是上古特殊语序的遗留，除非我们能证明这些词在 "中心语+修饰语"格式消亡之前就产生了，可是迄今为止，我们尚未在上古时期的文献中发现一个"鸡公"的用例。

认知规律是推动词义发展演变的一个强大的动因。隐喻认知常常改变词或语素的"语义——语用——句法"关联模式，这样的实例太多了。比如"蛋白""糖稀""土方""银圆"，这些词产生的年代并不特别久远，不可能是上古汉语特殊语序的遗留。即使阿尔泰语或南亚语的语序确实影响过汉语构词，这些词出现的年代也不在这些语言扩散影响的时间、地域范围之内。但是正是由于隐喻认知的作用，使其中的"白""稀"方""圆"的语义由属性转指名物，语用由描述转向指称，句法由形素转为名素。就结构方式而言，将这些词归入现有句法格式——偏正型，无疑是合理的。

四、四川方言的"形+量"式形容词

四川方言中，量词可以单独用在形容词"大、小"之后，组成新的形容词。如：

　　　　大根 ｜ 小根 ｜ 大间 ｜ 小间 ｜ 大个 ｜ 小个

　　这种"形＋量"式的合成词，语义构成很特殊，整个词的语义核心是前面的词根"大""小"，后面的词根是计量事物的单位。这类合成词中的"大""小"用于概括事物的性状，加上量词性语素构成的新词仍为形容词，能做作谓语、定语、补语，能受程度副词修饰。如：

　　　①　这筐苹果大个些。

　　　②　我这米又白又大颗，没点碎货。

　　　③　大根的甘蔗都挑完了。

　　作谓语的时候，这类形容词的陈述对象往往为复数。如：

　　　④　卧室都小间得很。==〉[※]这间卧室小间得很。

　　原句的"小间得很"实际指向每间卧室，变换式的陈述对象为单数形式，因而不成立，只能说"这件卧室小得很。"

　　用于对比的时候可以例外，因而下面的说法也是成立的：

　　　⑤　我的卧室小得很，哥哥的卧室好大间哦。

　　这类形容词可以重叠，其重叠形式跟普通话 AB 式状态形容词相同，为ABAB 式，但其语法意义很独特，重叠使这类形容词获得遍指的含义，即凡ABAB 式"形+量"式形容词都有遍指的含义，并有夸张的主观色彩。如：

　　　⑥　红烧肉大块大块的。

　　　⑦　大个大个的汤圆都浮到水面上了。

　　　⑧　他把纸裁得小张小张的。

　　反义聚合"长——短""粗——细"也有"形+量"的组合形式，但不如"大——小"用得普遍。如：

　　　⑨　那些银针好长根哦。

　　　⑩　指拇ₐ细根细根的，像啥子下苦力的人哦？

　　此外，不是所有的量词都能构成这种"形+量"式合成词，具有这种组合功能的量词需要具备两个条件：量词的搭配选择对象具有一维、二维或三维的空间特征；其语义搭配选择能跟"大""小""粗""细"等形容词组合。常见的量词有"颗、片、块、砣、墩、张、把、瓣、堆、捆、根、挑、捧、夹、间、朵、个、套"等。

　　正因为如此，这类形容词中的量词素对整个词的语义选择对象具有约束性，即只有能跟量词素搭配的名词才能跟相应的"形+量"式形容词组合。如：

　　　一间屋：屋很大间——屋大间大间的——大间大间的屋

一捆柴：把柴弄大捆些——柴大捆大捆的——大捆大捆的柴

第二节　四川方言中的附加式构词

附加式有带前缀、后缀和中缀三类不同情况，前缀和中缀都较少，以后缀为多。有些词缀普通话中也有，如前缀"初、老、第"，后缀"子、头、儿（儿化）"等，但构成的词不完全相同；另有一些普通话没有的词缀，如"倒、气、杆、得、起"等；除此以外，还有个中缀"不"。下面只举出与普通话不同或用法有所不同的词缀。

一、四川方言词缀

（一）老~

除了构成与普通话相同的名词如"老虎、老鹰、老乡、老弟、老表、老公"以及加在姓的前边如"老王、老刘"等以外，还可以构成排行词，例如：

老大 ｜ 老二 ｜ 老三 ｜ 老幺

另外，还有一些包含"老"的比较独特的称谓词，例如：

老汉儿：父亲。

老挑：连襟。

老庚：同庚的人。

老几：家伙，东西（指人，含轻视或玩笑意味）。

老把子：对老年男子的的称呼，也指父亲，含戏谑意味。

老坎儿：老实憨厚之人；老气。

（二）~子

虽然普通话和四川话都有后缀"子"，但是对于相同的概念，是否用添加后缀"子"的方式构词，二者的选择有差异。下面的词四川方言带后缀"子"，而普通话一般不带。

有表示事物的，例如：

四川话	普通话
树子	树
烟子	烟
耳子	木耳
飞子	纸条儿
挡子	帘布、幕布

箍子	戒指
撑子	伞
划子	小渡河船
体子	身体
吊子	鼎锅
方子	办法
枋子	棺材

有表示动物的，例如：

四川话	普通话
羊子	羊
蜂子	蜜蜂
活物子	动物
野物子	野兽
夜猫子	猫头鹰

有称呼人的，例如：

四川话	普通话
哥子	老兄
儿娃子	男孩儿
贼娃子	小偷儿
大伯子	丈夫的哥哥
讨口子	乞丐

有用在时间名词或量词后的。如：

那年子 ｜ 今年子 ｜ 明年子 ｜ 去年子 ｜ 这回子

这类词也可以去掉"子"。

在一些方言点，如成都话中，后缀"子"还有一种特殊用法，即在表示重量或钞票的的重叠式量词后面添加后缀"子"组成名词。如：

斤斤子 ｜ 两两子 ｜ 角角子 ｜ 分分子

这类名词有说话人认为量少的主观评价色彩。如：

① 储蓄罐里头只剩一点分分子分币了。

② 两两子儿两的东西，何必那么计较。

（三）～头

与普通话相同，以"头"为词缀构成的词都是名词，只是四川话和普通话构成的词不完全相同，特别是由量词素为词根构成的词是普通话没有的。

可以分为以下几类：

用在名词素后，组成一般事物的名词。如：

壁头_{墙壁} ｜ 刀头_{作祭品的整块熟猪肉} ｜ 二婚头_{再嫁的妇女} ｜ 肩头_{肩膀}

用在动词素后组成名词，表示"值得……的"。如：

搞头 ｜ 想头 ｜ 吃头 ｜ 看头

也有表示其他意义的，例如：

丢头：丢弃的部分。

赚头：利润。

俏头：炒荤菜时为了增加滋味或色泽而加入的东西。

用在形容词素后组成名词，例如：

甜头 ｜ 苦头

用在方位语素后，组成方位词。如：

里头 ｜ 外头 ｜ 上头 ｜ 下头 ｜ 前头 ｜ 后头

成都话表示"里面"的意思也说"后头"，不过"后"念上声，以便跟一般的"后"相区别。

用在量词素后组成名词。如：

块头：个子（偏重在身体的粗细）。

堆头：体积；个头。

顿头：每餐吃饭的时候。

作为词缀的"头"，一般不儿化。

（四）～儿（独立的音节）

四川方言有一部分带后缀"儿"的词，"儿"是一个独立的音节，我们把自成音节的后缀"儿"成为"儿尾"。如：

狗儿 ｜ 猫儿 ｜ 刀儿 ｜ 裤儿 ｜ 娃儿 ｜ 妹儿

既有指称人或动物的，也有指称其他事物的。

（五）～儿（儿化）

四川方言也有儿化词，书面上也用"儿"来记录，为了区别于自成音节的"儿尾"，我们采用较小的字号来记录。四川方言的儿化词一般是多音节名词，其末尾一个音节发生儿化。如：

汤圆_儿 ｜ 豆芽_儿 ｜ 茶馆_儿 ｜ 肉丁_儿 ｜ 松毛_儿 ｜ 树秧_儿 ｜ 蒜苗_儿 ｜ 铺盖卷_儿 ｜ 胡豆瓣_儿

大量重叠式名词的后一音节可儿化。如：

盆盆_儿 ｜ 闩闩_儿 ｜ 凳凳_儿 ｜ 钉钉_儿 ｜ 碟碟_儿 ｜ 椅椅_儿

（六）～倒（念上声）

词缀"倒"一般与动词性或形容词性的词根组合成词，构成的词大多是动词，也有少数是副词。如：

默倒：以为；打算。例如：我还默倒你出去了呢。又如：他正默倒出门，谁知来了一个朋友。

阴倒：（副）暗中；悄悄地；不为人察觉地。例如：这个人阴倒坏。又如：他阴倒整人。（动）隐忍，不张扬。例如：这次吃了哑巴亏，只有自己阴倒。

紧倒：老是；不停地。例如：咋个紧倒不回来？又如：紧倒吵，安静一下嘛。

谙倒：猜到；料想到。例如：你一敲门，我就谙倒了。又如：没谙倒他今天就来了。

按倒：对着，引进动作对象。例如：他妈按倒他一阵吵。又如：那么多人迟到，就按倒我一个人理抹。

指倒：对准。例如：他拿起刀就指倒颈子砍。又如：你指倒烟囱那个方向走就到了。

估倒：强迫、勉强；以势压人。例如：估倒摘的瓜不甜。又如：你只有把小娃娃估倒。

望倒：盼望着。例如：我们这次还望倒你去拿奖。

忧倒：想到；惦记着。例如：几个儿子成天就忧倒我这两个钱。

码倒：欺压。例如：你想码倒哪个？我不怕你。

（七）得

添加后缀"得"构成的合成词，有的是一般动词，有的是能愿动词。如：

不得：不会。例如：今天不得下雨。

没得：没有。例如：我身上没得钱。

要得：可以、行。例如：要得，我们明天去。

听得：可以听，好听。例如：你这话还听得。

只得：只有。例如：我身上只得两块钱。

（八）～起

添加后缀"起"构成的合成词多为动词，个别是副词。如：

默起：以为。例如：我默起你不来了呢。

裹起：混在一起。例如：你们两个成天裹起耍。

稳起：沉住气，不动声色。例如：不管大家咋个说，他就是稳起不开腔。

　　傲起：拿架子。例如：人家服输了，你还傲起做啥子嘛。

　　欧起：摆架子。例如：你没看他欧起那副样子，讨厌死了。

　　取起：受到惩治、处罚。例如：他这次考试舞弊，遭取起了。

　　嘿起：（副词）使劲、用劲。例如：他嘿起跑，生怕迟到了。

　　娄起：（副词）竭力、使劲。例如：娄起吃，多吃点。

（九）～巴

　　普通话也用后缀"巴"构词，如"哑巴、嘴巴"等，但四川方言中还有一些比较特殊的词。例如：

　　角巴ₙ：角。

　　舸巴ₙ：哮喘病人。

　　肋巴：肋骨。

　　牙巴：牙。

　　耳巴：耳光。

　　脸巴ₙ：脸。

　　躴laŋ^{55}巴ₙ：瘦弱的人或动物。

　　还有个别以"巴"作为中缀的词，例如：

　　屁巴骨：坐骨。

　　屁巴虫：指阿谀奉承的人，也指不讲交情、不讲信用的人。

（十）～家

　　附在表示人的类别的名词后。如：

　　女人家 ｜ 男人家 ｜ 娃儿家

　　附在表示人的关系的名词后。如：

　　弟兄家 ｜ 妯娌家 ｜ 朋友家

　　附在时间名词后。如：

　　热天家 ｜ 白天家 ｜ 往天家

（十一）～气

　　词缀"气"附在形容词性语素后组成形容词，表示具有某方面的性质特点。如：

　　硬气：刚硬；直率。例如：有人撑腰，他说话比过去硬气多了。

　　嫩气：嫩；幼稚，不成熟。例如：跟我比，你还嫩气得很。

　　大气：气量大，能容忍。例如：他这个人很大气，不会跟你计较这点小事。

小气：气量小，爱哭鼻子；吝啬。如：动不动就哭，咋那么小气哦？

苏气：洁净整齐；清秀大方。例如：她打扮得很苏气。又如：这个姑娘长得很苏气。

（十二）～不～

在少数动词或形容词重叠形式中加上"不"，可以构成副词。如：

动不动：动辄。例如：他动不动就批评人。

来不来：与"动不动"意思和用法相同。

要不要：偶尔。例如：我们要不要去一次。

早不早：很早；提前。例如：你早不早就等在那里干啥子？

先不先：首先；起先。例如：你先不先就说出来了，我还有啥子说的呢？

除以上构词能力较强的词缀外，还有一些构词能力较弱，附在实语素前边或后边构成形容词，使表意生动的词缀。如：

梆硬　│　硬梆梆　│　梆梆硬

蔫梭梭　│　蔫搭搭　│　蔫鼻鼻　│　蔫扎扎

这类构成生动式形容词的词缀，将在后面做进一步讨论。

二、四川方言的几个特殊词缀探微

（一）儿尾

四川方言中有两个"儿"词缀，一个是独立的音节"儿"，为区别我们称之为"儿"尾，另一个是非独立音节的儿化韵。从数量上说，多数方言点儿尾词比儿化词少得多，但少数方言点，如犍为、井研、五通桥基本上只有儿尾，没有儿化。

能带儿尾的词根一般是单音节语素，有以下类别：

表示动物的，例如：

狗儿　│　猫儿　│　猪儿　│　牛儿　│　马儿　│　鹅儿　│　耗儿　│　鱼儿

表示事物的，例如：

刀儿　│　裤儿　│　锅儿　│　帽儿　│　肚儿　│　桶儿　│　瓢儿　│　旮儿

表示人的，例如：

娃儿　│　妹儿　│　疯儿　│　傻儿　│　癫儿

其他：样儿

"儿"的本调是阳平，当"儿"尾前的音节是阳平时，有一部分词中的"儿"

要变为阴平，例如"娃儿、瓢儿"中的"儿"都念阴平。

儿尾词前边是名词素的，有些名词素可以单独成词，与对应的儿尾词同义。如：

狗儿——狗　　　　马儿——马
猪儿——猪　　　　牛儿——牛
鹅儿——鹅　　　　刀儿——刀

儿尾词与同义的单音节词相比，有强烈的口语色彩。

有的儿尾词没有对应的同义的单音节词，也就是说，儿尾词的前一个语素是粘着语素，不能单独成词，但往往有由相同词根构成的重叠式词或带"子"尾的同义词，例如：

娃儿——娃娃　　　　妹儿——妹妹
裤儿——裤子　　　　样儿——样子
耗儿——耗子　　　　旮儿——旮旮

儿尾词与对应的"子"尾词或重叠式同义词比较起来，理性意义完全相同，但"儿"尾词有强烈的口语色彩，通常用于日常交际，在正式场合或书面语中，一般不用"儿"尾词。

带儿尾的词还可以作为构词成分与其他语素组成三音节词，使"儿"尾处在词的中间，例如：

帽儿头：一碗满而冒尖的白米饭。

叶儿粑：一种用棕叶或其他树叶包裹糯米粉蒸熟的食物。

鹅儿肠：牛繁缕，一种石竹科的小草。

羊儿疯：癫痫。

刀儿匠：屠户、卖肉的。

疯儿洞：疯疯颠颠的人（骂小孩的话）。

个别地点方言，如邛崃话，除了"儿"尾外，还有在名词或量词后加"儿子"的说法。跟不带"儿子"的对应形式相比，理性意义相同，但是有小称的意义。加"儿"还是加"儿子"一般没有特殊的条件限制。

名词能加"儿"或"儿子"的，一般是动物、物件等有形的名词。如：

狗狗儿——狗狗儿子　　　缸缸儿——缸缸儿子
麻雀儿——麻雀儿子　　　鬼东哥儿——鬼东哥儿子（猫头鹰）

宜宾话有类似说法，例如："猪儿——猪儿子""狗儿——狗儿子"，但使用范围更狭窄。

在量词重叠式后加"儿"或"儿子"表示说话人对量的评价，例如：

一撮撮儿米 / 一撮撮儿子米　（很少的米）

一方方儿布 / 一方方儿子布　（小小的一块布）

（二）儿化

1. 四川方言儿化词的基本特征

（1）从音节类别看

四川方言和普通话都有儿化词，从音节形式看，单音节、双音节、三音节的儿化词都有。

四川方言中能儿化的单音节词很少，常见的如：

杏儿｜菌儿｜女儿｜双儿｜兔儿｜旋儿｜泡儿｜键儿

普通话的"亮儿、空儿、筐儿、球儿、歌儿、票儿、叶儿、字儿、词儿、鸟儿"等，四川方言不儿化。

四川方言中的双音节儿化词分复合式儿化和重叠式儿化两类，重叠式儿化后文做专门讨论。

复合式儿化的双音节词如：

苍蝇儿｜跟班儿｜麻雀儿｜舌头儿｜星宿儿｜弟娃儿｜滑竿儿｜烘笼儿｜脸壳儿｜墨盘儿｜烟杆儿｜毛根儿 辫子｜黑八儿 乌鸦｜吼班儿 川剧后台的帮腔｜边花儿 独眼

以上词普通话要么不儿化，如"苍蝇儿"；要么没有对应的非儿化形式，如"黑八儿"。

普通话的"金鱼儿、帮忙儿、小街儿、小鸡儿、发火儿、小车儿、小菜儿、树枝儿、锯齿儿、天窗儿、小王儿、猜谜儿"等，四川方言不儿化。

三音节的儿化词如：

铺盖卷儿｜新姑娘儿｜黄桷泡儿｜鹅石板儿｜罗卜缨儿｜青菜头儿

（2）从语法类别看

儿化词多为名词，如以上讨论所举各例。

儿化词中也有个别动词和形容词。如：

跨杆儿、亲嘴儿、逮猫儿——动词

朽杆儿、遇缘儿、摩登儿——形容词

有的量词也可以儿化，儿化时一般有说话人认为量少的意味。如：

一本儿｜两分儿｜一截儿｜三斤儿

2. 称谓词的儿化现象

从语义方面看，四川方言称谓词的儿化现象值得关注。主要有以下几种情况。

　　姓氏后加排行顺序（十以下）构成的称谓词，除一、二之外，都可儿化。如：

　　　　张三_儿｜李四_儿｜王五_儿｜陈六_儿｜赵七_儿｜徐八_儿｜吴九九_儿

　　有的地点方言还可以去掉姓氏，直接称"三_儿""四_儿"。这类称呼多用于孩子，有亲昵色彩。一般不用于成人，更不用于长着、尊者。

　　亲属称谓是重叠名词的不儿化，如"爸爸、叔叔、舅舅、妹妹、弟弟"等，但不是重叠名词的有些可以儿化。如：

　　　　三爸_儿｜幺叔_儿｜四妹_儿｜幺毛弟_儿｜大舅_儿

　　以"英""平""芬""根""文""官""军""俊""云""娟""元"等作人名煞尾字，常儿化。如：

　　　　王秀英_儿｜李建平_儿｜张淑芬_儿｜李启根_儿｜吕伯官_儿｜陈军_儿

　　以上姓名是在随机选择的名单中提取的。能够儿化的姓名用字似有一定规律，通常为舌尖鼻音韵尾字（四川方言中"英"为舌尖鼻韵母）。不具备此条件的姓名用字通常都不儿化，如"张毅、王雪、李霞、甘建钢、刘学强"等。

　　3. 四川方言的儿化韵类

　　普通话的儿化韵类比较复杂。黄伯荣主编的《现代汉语》列出了普通话的儿化韵28个。四川方言的儿化韵在归并简化，较为极端的情况如成都等地，儿化韵归并为四个类别，其中分为两种情况。一是成都等地，韵母儿化后归并为四个儿化韵：ɚ、iɚ、uɚ、yɚ，均为卷舌韵母；二是南充等地，韵母儿化后归并为四个非卷舌的儿化韵：ə、iə、uə、yə。儿化韵简化为四个类，对应于开、齐、合、撮四呼。详见下面实例：

　　　　ɚ/ə：墨盘_儿、桑泡_儿、毛根_儿、钩钩_儿

　　　　iɚ/iə：苍蝇_儿、春芽_儿、菜秧_儿、椅椅_儿

　　　　uɚ/uə：街娃_儿、幺姑_儿、边花_儿、蚊蚊_儿

　　　　yɚ/yə：春卷_儿、麻雀_儿、遇缘_儿、缺缺_儿

　　4. 四川方言后缀"儿"的功能和意义

　　普通话有后缀"儿"，但普通话的后缀"儿"有转指功能，将陈述转为指称；有转类的功能，使谓词性语素名词化；北京话的儿化词还有细小的附加色彩。如：

　　　　垫［陈述］［动词］——垫儿［指称］［名词］［小称］

　　四川方言的后缀"儿"（包括儿化和儿尾）没有将陈述转化为指称的转指功能，也没有使非名词性语素名词化的转类功能。虽然四川方言带"儿"的词都是名词，但并不是后缀"儿"名词化的结果，因为去掉后缀"儿"之后，所有的词根 A 或词根组合 AB、ABC 都是名词性的。

虽然四川方言的后缀"儿"没有名词化的作用，但是，由于附着"儿"的词都是名词，所以，我们可以将后缀"儿"看作四川方言名词的标记。

四川方言的后缀"儿"（包括儿化和儿尾）有没有添加细小、喜爱色彩的功能？我们的答案是否定的。参看以下各例：

①　又要马儿跑，又要马儿不吃草。

②　黑毛猪儿家家有。

③　裤儿落，晌午过。

④　电灯儿点火——其实不燃（然）。

⑤　五根指拇儿扯不成一样长。

⑥　豌豆儿花、胡豆儿花，人家不夸自己夸。

⑦　张先生，李先生，打开后门儿放学生。

⑧　红摩登儿，红屁股，嫁给张老五。

⑨　再大的官儿也不能违法。

⑩　张大爷是个老鮒包儿多年的气管炎病人。

上述例句有熟语、有旧时儿歌，有日常口语。例中带后缀"儿"的词都是一般的指称。无论有无特定语境，或无论处于何种语境，都没有细小、喜爱的色彩，但是都有强烈的口语色彩。

普通话的后缀"儿"有转指和转类的功能。如"尖"和"尖儿"，通过儿化将属性转为指称，将形容词转为名词；又如"垫"和"垫儿"，通过儿化将陈述转为指称，将动词转为名词。我们将这两种功能标记为 [+转指]、[+转类]。纵观四川方言带后缀的"儿"的词可以看出，四川方言后缀"儿"跟普通话后缀"儿"的功能不同，我们可以概括出四川方言后缀"儿"的两个功能：一是成词的功能，可以使黏着形式变为自由的名词；二是赋予一个词口语的色彩。其功能可作如下表达：

第一类：[-转指] [-转类] [+成词] [+口语]。如：

　　鸭——鸭儿　　　兔——兔儿　　　指拇——指拇儿

第二类：[-转指] [-转类] [+口语]。如：

　　马——马儿　　　官——官儿　　　后门——后门儿

（三）"家"

词缀"家"可以用在表示人的类别的名词、表示人的关系的名词及时间名词后，为叙述方便，我们分别用 N_1、N_2、N_3 代替这三类名词，它们后边带"家"就分别是"N_1家"、"N_2家"、"N_3家"。

1. N_1家

常见的例如：

男人家 ｜ 女人家 ｜ 妇女家 ｜ 婆娘家 ｜ 娃儿家 ｜ 姑娘家

女娃儿家 ｜ 妹崽家 ｜ 儿娃子家 ｜ 男娃儿家 ｜ 小娃儿家 ｜ 大姑娘家

大男人家 ｜ 徒弟娃儿家

这种用法普通话里也有，但是能与"家"组合的具体的名词不完全相同。"家"所表示的意义和所起的作用主要在于强调人的类别，在一定的语境中突出或暗示某些人本来就具有或应该具有某种特点、品性或行为。例如：

① 娃儿家说话没有高低。（突出小孩应具有某种特点）

② 一个姑娘家，看你不害羞！（暗示姑娘家本来就应羞于干某些事）

③ 枉自还是男人家，做事比女人家都不如。（暗示男人做事应该比女人强）

④ 你个男子家，这点办法都想不出，只有本事拿我出气。（暗示既是男子家，这点办法就应该想得出）

⑤ 这是娃儿家的衣服，你哪里穿得嘛。（暗示娃儿家的衣服与成人的不同）

从语法功能上看，没有"家"的N_1既能表示类别，用于泛指，也能表示个体；而"N_1家"强调类别，一般不用专指，只用于泛指，因此，"N_1家"不能受表示领有的名词性词语的修饰，即使这种修饰语是潜在的也不行。例如："他在坡上种地，女人和娃儿在家里编草帽。"这里的"女人"和"娃儿"是专指"他的女人和娃儿"，这里就不用"N_1家"。

另外，N_1或"N_1家"的使用也要受句意的限制，例如"刚才一个娃儿偷吃了你的东西"，"娃儿"不能换成"娃儿家"，然而却可以说"一个娃儿家偷吃了你一点东西，你就那样凶狠的打他"。这是因为在前一句中专指某一个，不表示类别，只能用N_1；而后一句是泛指，重在说明人的类别，就既可以用"N_1家"，也可以用N_1。

四川话的"N_1家"与普通话不同的地方主要有三点：

普通话中，N_1后的"家"读轻声，而四川话中"家"仍读本调阴平。

普通话中"N_1家"后不能再加表示人的复数的词尾"们"。而四川话中"N_1家"之后有时可以再加表示复数的词尾"些"，例如："一个个的大小伙子，做起事来还赶不到姑娘家些。"

四川话还常常用"N₁家家"的格式，使强调类别的意味更重，而普通话不这样说。例如：

⑥ 你女娃子家家的，亏你骂得出口！

⑦ 小娃儿家家，懂个啥子！

⑧ 一个男人家家的，没得点志气！

"N₁家家"后常跟"的"，使之更带肯定语气。"N₁家家（的）"后一般有语音停顿。这种有"N₁家家"的句子往往有表示否定意义的词语或带有否定语气，这样，前面用"N₁家家"强调人的类别并暗示其应具有的特点、品性或行为，后面否定，前后对比鲜明，能更突出地表现出说话者的态度。

"家"只表示语法意义，是一个虚语素。与普通话相同，四川话的虚语素也不能重叠，为什么"N₁家家"中的"家"可以重复使用呢？我们认为比较合理的解释是："N₁家家"不是"N₁／家家"而是"N₁家／家"，就是说，第二个"家"是附在"N₁家"这个结构之后的，"N₁家"本来就强调了人的类别，后面再用一个"家"，就具有更着重强调和突出人的类别的作用。上面几个例子中"N₁家家"都可以用"N₁家"替换，但替换后语气不如用"N₁家家"强。

2. N₂家

四川话中，"家"可以附在某些表示人与人的关系（诸如血缘关系、社会关系等）的名词后，强调人们的关系类别。例如：

① 弟兄家过去一点过来一点有啥子关系嘛。

② 妯娌家不要经常吵架，惹人笑话。

③ 你我姊妹家，再忙也要走动。

④ 朋友家何必斤斤计较。

⑤ 不要说这些客气话，你我又不是外人家。

能带"家"的N₂可以分为两小类。一类是集合名词，例如：弟兄、姊妹、婆媳、妯娌、娘母（指母亲和孩子）、姑嫂等。这一类名词有两个特点，一是不受由个体量词构成的数量短语的修饰，如不说"两个姊妹"、"三个姑嫂"，但却可以与数量短语构成复指短语，如"姊妹两个""姑嫂三个"；二是可以受数词的修饰，但数目必须是一以上，如"两姊妹"、"两娘母""三弟兄"。这些词不用"家"也能表示某种关系，只是带上"家"后有肯定的作用，我们可以说这类词表示的关系是显性的。

另一类词是个体名词，例如：朋友、外人、亲戚等。与上一类不同的是：不受数词的修饰，能受数量短语的修饰，如可说"三个亲戚"而不说"三亲戚"；能受"一个"的修饰，如"一个朋友""一个亲戚"。孤立地看，"朋友、亲戚"之类是个体名词，字面上不能反映出关系的双方，我们说这类词能表示出某种关系，是因为它们是依存关系中的一方，从这一方可以推知与之相对的另一方的存在，因此可以说这类词表示的关系是隐性的。但是，只要这些词后面加上"家"，这种关系就由隐性变为显性，如"朋友家"就一定指具有朋友关系的双方，而不会单指一方。这样，"朋友家"也就具有了和"弟兄家"一样的语法意义和语法特点。由此，我们可以看出，"N₂家"中的"家"的作用是在突出或强调人与人之间的关系类别，并且在一定的语境中隐指具有这种关系的人本有或应有某种行为或表现。

因为"N₂家"的"家"强调人与人的关系类别，所以"N₂家"一般用于泛指，而不指具体的个别人。它不能受任何数词或数量短语的修饰，也不能与数量短语构成复指短语，如不说"两弟兄家""三个朋友家"或"弟兄家两个"，它不能受表个体的指量短语"这个、那个"的修饰，但是却可以同表复数的"这些、那些"结合，有的后边还可以带上复数后缀"些"，例如：

⑥ 他们屋头家里那些妯娌家关系好得很。

⑦ 这些姊妹家些才亲热哟！

3. N₃家

常见的有：

白天家 ｜ 夜晚家 ｜ 早晨家 ｜ 冷天家 ｜ 冬天家 ｜ 热天家 ｜ 夏天家 ｜ 秋天家 ｜ 春天家 ｜ 晴天家 ｜ 阴天家 ｜ 落雨天家 ｜ 整天家 ｜ 一年家 ｜ 往年家 ｜ 一天家

"家"在时间名词后具有强调时间类别的作用，例如：

① 这屋头热天家热得很。

② 冬天家他经常披件旧棉袄。

③ 夜晚家的雾气重，多穿点衣服。

④ 这几天还比较暖和，像春天家一样。

⑤ 他这一向忙得很，整天家在外头跑。

⑥ 一天家往天说你你不听，现在晓得后悔了。

从所表示的意义来看，大多数 N_3 加上"家"后基本意义不变，"热天家"即热天，"白天家"就是白天。以上例子除⑥以外都可以用 N_3 替换"N_3 家"，意义上没有多大差别，只是有"家"时带有强调时间类别的意味。"一天家、一年家"不是表示"一天、一年"的意思，而是指"往天、往年"。因为"N_3 家"主要在于强调时间类别，所以一般用于泛指。凡表示确切时间的时间名词都不能用"家"，如不说"今天家、明年家"等，而"往年、往天"是泛指过去的时间，所以后边可以用"家"。

不过，尽管"N_3 家"不能表示确切的时间，但它可以受表示确切时间的名词修饰，使其限制在一个较小的范围，例如：

⑦ 今天白天家那件衣服还在，晚上就不见了。

⑧ 明年热天家我想到北京去一趟。

有些时间名词能受数量短语的修饰，但如果它们加上"家"后，一般就不能再同数量短语组合，如不说"今天忙了一个早晨家"或"我在北京过了两个热天家"。

综上所述，我们可以看出，名词 N（包括 N_1、N_2、N_3）和带"家"的"N家"尽管性质相同，但语法特点并不完全一样。"家"的主要作用是表示类别，"N家"的一些语法特点就是由这一语法意义决定的。我们认为，四川方言中"N_1 家"、"N_2 家"、"N_3 家"中的"家"都具有相同的性质：与名词的组合——"N家"都是名词性的；哪些名词能带"家"有一定的习惯性，不能类推，例如有"娃儿家""没有大人家"，有"整天家"没有"整年家"；还有一点最重要的就是它们都表示同一种语法意义——我们可以称之为"类指"，因此我们认为，"N_1、N_2、N_3"后的"家"实际上是一个，即表类指的名词后缀。

4. 四川方言中还有一个性质比较特殊的"家"，见下例：

① 他醉酒驾车，害了两条家的人命。

② 我爸一天要抽两盒家的烟。

④ 这个人三天两头家泡病假。

⑤ 四五个家的大人打一个娃娃。

这个"家"附着于数量短语后，作定语必加"的"，类似语用成分，表示说话人认为"量大"的主观评价。

第三节　四川方言的重叠式构词

重叠是四川方言中一种很重要的构词手段。重叠的基本形式有双音节的 AA 式，如"杯杯、瓶瓶、汤汤、水水"等；三音节的 AAB 式，如"婆婆嘴、妹妹头、藤藤菜、分分钱"等，以及 ABB 式，如"独丁丁、剩脚脚、鬼崽崽"等；还有四音节的 AABB 式，如"脚脚爪爪、旮旮角角、坑坑包包、筋筋网网、坡坡坎坎"。下面分别讨论。

一、四川方言的 AA 式重叠构词

AA 式重叠从语音形式和书写形式着眼，没有差别，但从功能方面考察，AA 式重叠却可以分为三种不同的类型。

第一种：AA 属构形变化。如：

① 回回每次比赛都是我们赢。

② 个个每个脸上都整得花儿古董脏、不干净的。

量词重叠表示遍指，这种形式没有构成新词，只是给原来的形式，如"回""个"增添了"遍指"的意义。这种变化与普通话一致，下文不再讨论。

第二种：AA 式为名词

四川方言中有大量 AA 形式的重叠式名词，其中又分为两种不同的类别。

AA 属单纯词。如：

③ 你藏到哪个枒枒 k'a^{55} k'a^{55} 角落头去了。

④ 抹点香皂，把手上的圿圿 tɕia^{21} tɕia$^{21\text{-}55}$ 东西表面的污垢洗干净。

以上例句中的 AA 是叠音单纯词。其中的 A 不是语素，前后两个 A 都不能被别的语素替换。AA 内部不能做句法结构分析。这类单纯词在四川方言中数量很少。

AA 属词根重叠的双音节名词。如：

⑤ 说了半天，谱谱都没有巴倒边儿都没沾上。

⑥ 倒个拐拐就拢了转个弯儿就到了。

例中加点的词是重叠式合成词。其中的 A 是具有构词能力的词根。在四川方言中，词根重叠是构成名词的一种重要手段，有大量双音节重叠式名词，如"杯杯、瓶瓶、汤汤、水水"等。

普通话中，除亲属称谓外，用重叠形式构成的名词很少，而四川话中，单音节的名词性语素以及动词、形容词性语素等都能重叠，构成大量的重叠式名词。

第三种：AA 为重叠式量词。如：

⑥ 那一嘟嘟穿红戴绿的是啥子人哦？

⑦ 桌子上放了一沓沓钱。

重叠式量词没有遍指的意义。

（一）词根重叠的 AA 式名词

四川方言中，AA 式的词根重叠是构成名词的重要手段。

1. 词根重叠的句法作用

结合词根和重叠式合成词的性质，可以归纳出词根重叠三个方面的语法作用：

其一是将非名词性语素变为名词。

A 为动素，AA 为名词。如：

沉沉 沉淀 ｜ 抽抽 抽屉 ｜ 戳戳 图章 ｜ 铲铲 铲子 ｜ 吊吊 穗儿或穗状的东西 ｜ 盖盖 盖儿 ｜ 钩钩 钩儿 ｜ 夹夹 夹子 ｜ 箍箍 箍儿 ｜ 缺缺 器物上的缺口 ｜ 刷刷 刷子 ｜ 套套 套子 ｜ 印印 痕迹 ｜ 拱拱 隆起处 ｜ 啄啄 前额或后脑勺 ｜ 封封 红包 ｜ 蘸蘸 蘸水 ｜ 围围 围嘴儿 ｜ 数数 戏称钱

A 为形素，AA 为名词。如：

瓜瓜 瓜，形容词，傻的意思。瓜瓜指傻子 ｜ 尖尖 尖儿 ｜炧炧 p'a^{55}p'a^{55} 便宜 ｜ 弯弯 弯儿 ｜ 香香 零食 ｜ 憨憨 傻瓜、笨蛋 ｜ 敞敞 漏斗 ｜ 黄黄 蛋黄 ｜ 皱皱 tsuŋ^{213}tsuŋ^{55} 皱纹 ｜ 恍恍 粗心大意的人 ｜ 偏偏 靠墙搭建的小屋

A 为量词性语素，AA 为名词。如：

颗颗 ｜ 节节 ｜ 块块 ｜ 片片 ｜ 条条 ｜ 坨坨 团儿 ｜ 堆堆 堆儿

其二是将黏着的名词性语素变为名词。

词根 A 是黏着的，本身不成词，重叠为 AA 后，变为名词。如：

坝坝 坝儿 ｜ 棒棒 棍子 ｜ 颠颠 植物末梢 ｜ 核核 fu^{21}fu$^{21-55}$ 核儿 ｜ 竿竿 竹竿儿 ｜ 杠杠 条状物 ｜ 角角 ko^{21}ko$^{21-55}$ 角落 ｜ 盒盒 ｜ 巾巾 布头 ｜ 壳壳 壳儿 ｜ 筐筐 筐儿 ｜ 棱棱 棱儿 ｜ 笼笼 笼子 ｜ 牌牌 牌儿、牌子 ｜ 瓢瓢 勺儿 ｜ 谱谱 谱儿；边儿 ｜ 气气 气味儿 ｜ 签签 签儿 ｜ 瓤瓤 衬里的东西 ｜ 绳绳 ｜ 梯梯 阶梯 ｜ 箱箱 箱子 ｜ 须须 胡须状的东西 ｜ 缨缨 萝卜缨子 ｜ 渣渣 垃圾 ｜ 爪爪 tsau^{53}tsau$^{53-21}$ 爪子 ｜ 桩桩 桩儿

其三是将单音节名词双音化。

词根 A 本身是一个自由的单音节名词，重叠为 AA 后，成为与 A 同义的双音节名词。如：

　　洞洞｜坡坡｜沙沙｜根根｜绒绒｜毛毛｜疤疤｜缝缝

2. 四川方言重叠式合成词的语义

词根 A 通过重叠构成 AA 式合成词，合成词 AA 的意义跟词根 A 有区别，也有联系。

当 A 为动素时，A 重叠为合成词 AA，语义由动作转指动作的论元。有的由动作转指施事。如：

　　拱——拱拱　吊——吊吊　滚——滚滚儿　转——转转儿

有的由动作转指受事。如：

　　抽——抽抽　捞——捞捞　搅 k'au^{21}——搅搅 k'au^{21} k'au$^{21-55}$

有的由动作转指成事。如：

　　印——印印　封——封封儿　沉——沉沉　堆——堆堆

有的由动作转指工具。如：

　　夹——夹夹　盖——盖盖　铲——铲铲　吹——吹吹儿

当 A 为形素时，语素 A 重叠为合成词 AA，语义由属性转指具有此属性的人或事物。如：

　　尖——尖尖　弯——弯弯　香——香香　憨——憨憨　皱——皱皱

当 A 为量词性语素时，语素 A 重叠为合成词 AA，语义跟量词的空间特征有关。

量词是计数单位，又是现代汉语"数·名"组合的手段。但是部分量词具有形状特征，这种特征是由量词的搭配选择对象投射给它们的。比如"条"是一维的，具有长度特征；"片"是二维的，具有面积特征；"块"是三维的，具有体积特征。量词重叠后构成新词，语义转指具有该量词空间特征的事物。如：

　　条——条条　节——节节　片——片片　颗——颗颗　块——块块

量词重叠后，所指有很高的抽象度，"条条"、"片片"、"块块"泛指所有条状物、片状物、块状物。在组合中，这些词常作宾语，语义上是动作的成事。如：

　　① 把纸裁成条条。
　　② 把肉切成片片。
　　③ 血凝成块块了。

当 A 为名素时，语素 A 重叠为合成词 AA，语义变化分两种情况。

第一种，合成词 AA 的意义跟词根语素 A 的常用义或基本义相同。如：

斑——斑斑　瓢——瓢瓢　盒——盒盒　竿——竿竿　瓤——瓤瓤

以上 A 为黏着语素，AA 为自由形式，名词。

洞——洞洞　草——草草　坑——坑坑　缝——缝缝　霉——霉霉

以上 A 为自由语素，AA 为自由形式，都是名词。

第二种，合成词 AA 的意义跟词根语素 A 的非常用义或派生义相同。如：

心——心心　背——背背　嘴——嘴嘴　口——口口　脚——脚脚

以上 A 为自由语素，AA 为自由形式，都是名词。

3. 词根重叠的附色彩加

下面的每组名词理性意义相同：

沉淀——沉沉	抽屉——抽抽	蛋黄——黄黄
签子——签签	坝子——坝坝	牌子——牌牌
草——草草	坑——坑坑	缝——缝缝
沙、沙子——沙沙	根、根子——根根	疤、疤子——疤疤

考察上面的同义词，每组理性意义相同。但在我们的语感中，非重叠形式显得较文，具有书面或通用词色彩；重叠式名词则有鲜明的口语色彩。口语色彩在四川方言的重叠式名词中没有例外。

4. 词根重叠的功能

词根重叠的转指功能：从语用角度看，重叠可以使词根 A 由动作、性状转指事物，使动素的陈述功能、形素的描述功能转变为指称功能，重叠的这一功能可以描述为 [+转指]。

词根重叠的转类功能：从句法角度看，重叠可以使非名词性语素名词化。重叠的这一功能可以描述为 [+转类]。

词根重叠的成词功能：重叠可以使不成词语素 A 成为自由形式 AA，重叠的结果使语法单位的类别发生了转移。重叠的这种功能可以描述为 [+成词]。

词根重叠的口语功能：无论词根 A 具有何种语体色彩，重叠为 AA 式名词后都无一例外地赋予其鲜明的口语色彩。重叠的这种功能可以描述为[+口语]。

在不同的 AA 式合成词中，重叠的上述功能不一定全部体现，可以分为以下三种情况：

第一种：[+转指] [+转类] [+口语]。如：尖——尖尖。

第二类：[+成词] [+口语]。如：签——签签。

第三类：[+口语]。如：洞——洞洞。

由 A 到 AA，可以实现哪些功能，决定于 A 的语法性质。

上述三种情况均构成名词，重叠是构成四川话名词的一种重要手段，AA是四川话名词的形式标记。[①]

5. 双音节重叠式名词的音变

双音节重叠式名词的音变主要是变调和儿化。

双音节重叠式名词的变调

变调规律是：本调是阴平和上声的字，两个字都不变；本调是阳平或去声的，除少数外，第二个音节变为阴平（55），例如：

盆盆 p'ən^{21} p'ən$^{21-55}$

柜柜 kuei^{214}kuei$^{214-55}$

以上变调都是强制性的。

但是也有少数本调是阳平的重叠式名词不变或可变可不变，例如：

折折 tsɛ^{21}tsɛ^{21} 或 tsɛ^{21}tsɛ$^{21-55}$

角角 ko^{21}ko^{21} 或 ko^{21}ko$^{21-55}$

壳壳 k'o^{21}k'o^{21} 或 k'o^{21}k'o$^{21-55}$

这些不变或可变可不变的阳平字一般是古入声字。四川话中，古入声字全部归入阳平，为什么非古入声的阳平字和去声字的变调都很一致，而归入阳平的古入声字却有很多例外呢？看来只有一种解释：平分阴阳早于入声归阳。[②]我们可以推测，四川话中，平声分为阴平和阳平后，其重叠形式分化为变调和不变调两种，阴平的不变，阳平的变调。古入声字的重叠式最初也像阴平字和上声字一样是不变调的，后来语音发生变化，入声字都归入阳平，因阳平字重叠要变调，由于类推作用，一些古入声字重叠时也就跟着发生了变调现象，但也有的仍保持原来重叠不变调的特点。这从四川仍有入声的地区的情况也可得到印证，这些地区的重叠式词本调是阴平和上声的不变，本调是阳平和去声的重叠的第二音节要变为阴平，而由读入声的字重叠而成的重叠式词都不变调。据此我们还可以进一步推测，四川方言中的这种重叠构词方式产生年代比较久远，在入声消失之前就已经存在了。

6. 双音节重叠式名词的儿化

在四川方言中，重叠与儿化关系密切，多数重叠式合成词都可儿化，我们将既重叠又儿化的形式称为重叠儿化式。

---

① 成都话本身没有 AA 式形容词。

② 平分阴阳早于入声的消失，这可在周德清的《中原音韵》一书中得到印证，周德清明确提到，平声分成阴平和阳平两类，"然呼吸言语之间还有入声之别"。（《中原音韵·正语作词起例》）

重叠式名词可否儿化分三种情况。

第一种，有的重叠式合成词不能儿化，只有 AA 一种形式。如：

　　疤疤｜气气｜沙沙｜路路｜沉沉｜戳戳｜炊炊｜香香

　　须须｜槽槽｜壁壁｜霉霉｜础础｜嘎嘎｜脚脚｜角角 ko²¹ko²¹⁻⁵⁵

以上重叠式名词没有表小称的色彩。

第二种，有的重叠式合成词儿化与否是两可的，有 AA 和 AA 儿两种不同形式。如：

　　坛坛——坛坛儿　箱箱——箱箱儿　缝缝——缝缝儿　盒盒——盒盒儿

　　柜柜——柜柜儿　牌牌——牌牌儿　签签——签签儿　圈圈——圈圈儿

　　弯弯——弯弯儿　抽抽——抽抽儿　铲铲——铲铲儿　尖尖——尖尖儿

两相比较，重叠式儿化后有表小称的色彩，而非儿化形式则没有这种色彩。

第三种，有的重叠式合成词必须儿化，只有 AA 儿一种形式，单独的 AA 式不能成词。如：

　　壶壶儿｜卷卷儿 卷曲的毛发｜肠肠儿｜桌桌儿｜椅椅儿｜凳凳儿｜吹吹儿｜铺铺儿 小店铺｜扫扫儿｜飞飞儿 小纸条｜风风儿 消息｜锅锅儿｜样样儿 样子｜豁豁儿 豁嘴｜钉钉儿 钉子｜炉炉儿｜人人儿 制作的小人｜链链儿｜旗旗儿｜猴猴儿｜钉钉儿｜馆馆儿｜影影儿｜碟碟儿｜蚊蚊儿

以上重叠儿化式名词都有表小称的色彩。

重叠儿化的功能和意义

考察上面的重叠儿化式合成词，可以发现以下特点：

第一，重叠儿化式合成词都是名词，这与前面的分析相一致。因为重叠有［+转指］［+转类］［+成词］的功能，后缀"儿"有［+成词］的功能，所以不论词根 A 和词根重叠 AA 的性质如何，其结果重叠儿化式合成词必为自由形式，必为名词。

第二，重叠儿化式合成词都有口语色彩，这同前面的分析也完全一致。因为重叠、儿化都有［+口语］的功能，能赋予重叠式名词和带后缀"儿"的名词口语色彩，所以重叠儿化式合成词也必定有这样的色彩。

第三，小称是表示细小的附加意义。如："柜柜儿"指小的柜子。相反，庞大的柜子只能叫"柜子"或"柜柜"，一般不能叫"柜柜儿"，除非有特别的语用含义。对比上文 6 中列出的三组词可以看出：只重叠不儿化的合成词都没有小称色彩；儿化与不儿化两可的合成词，重叠且儿化的合成词必有小称色彩，反之没有小称色彩；重叠且必须儿化的合成词必有小称色彩。前面的分析已经指出，四川方言单纯的重叠没有［+小称］的功能，单纯的后缀"儿"

（包括儿化和儿尾）也没有［+小称］的功能。因此我们有理由认为，四川方言名词的小称色彩是由重叠加儿化两种形式共同作用所赋予的。

我们将重叠式表达为"AA 式"，将附加后缀"儿"的形式表达为"A 儿式"，将重叠儿化式表达为"AA 儿式"。下面将三种形式的功能和附加意义列表概括如下：

形　式	功　能			附加意义		例词
AA 式	+转指	+转类	+成词	+口语	-小称	尖尖
A 儿式	-转指	-转类	+成词	+口语	-小称	猫儿
AA 儿式	+转指	+转类	+成词	+口语	+小称	凳凳儿

与普通话相比，上述三种形式有明显不同。普通话的 AA 式名词主要限于亲属称谓词和个别名物词，而更具普遍性的 AA 式（高高的）或 AA 儿式（红红儿的）则是形容词的构形变化。四川方言的形容词没有 AA 或 AA 儿的变化形式。相反，AA 和 AA 儿作为名词的构造手段具有普遍的价值，它们是四川方言名词的形式标记。普通话的后缀"儿"有名词化的功能，还可赋予儿化词小称的色彩。四川方言的后缀"儿"没有使非名词性语素名词化的功能，而小称色彩则是重叠加儿化共同作用赋予的。

（二）词根重叠的 AA 式量词

除了单音节量词外，四川方言中有一部分双音节的 AA 式重叠量词，这些量词从来源看，可以分成三类：

第一类是重叠音节而成的，如"啷啷 laŋ⁵⁵laŋ⁵⁵"、"纤纤 tɕ'ian⁵⁵ tɕ'ian⁵⁵"；

第二类是重叠量词素而成的，如"串串、层层"；

第三类是借用重叠式名词而来的，如"瓶瓶、桶桶"。

这几类量词形式上相似，都由一个音节重叠而成，并且都有变调现象，变调的规律是：

阴平＋阴平　　　不变　　　　　丁丁儿 tin⁵⁵tinr⁵⁵

阳平＋阳平 → 阳平＋阴平　　层层 ts'ən²¹ts'ən²¹⁻⁵⁵

上声＋上声　　　不变　　　　　伙伙 xo⁴²xo⁴²

去声＋去声→ 去声＋阴平　　串串 ts'uan²¹⁴ts'uan²¹⁴⁻⁵⁵

下面分别讨论。

1. 重叠音节的叠音量词

这类量词只有几个：

（一）党党 ｜ （一）趴趴 ｜ （一）窖窖 ｜ （一）梢梢 ｜ （一）嘟嘟 ｜ （一）丁丁ₙ

这些量词都是不定量词，没有同形的单音节量词形式，只能与"一"结合，除了"丁丁儿"外，其他几个量词都有数量多而不整齐的意思，具有独特的形象色彩。"党党、嘟嘟、梢梢、窖窖"等一般用于人或其他动物，如"来了一嘟嘟人"，就是说来了很多人，有多而乱的意思。"趴趴"既可用于人，也可用于其他事物，带有铺开的范围广的意思，例如："桌子上摆了一趴趴书。""丁丁ₙ"的使用范围与普通话的"点儿"相似，可以用于各种事物，有极言量少的意思，例如："你那么多，我才这么一丁丁ₙ。"

2. 由单音量词重叠而成的量词

常见的量词重叠形式都是物量词。如：

砣砣 ｜ 墩墩 ｜ 串串 ｜ 饼饼 ｜ 帮帮 ｜ 伙伙 ｜ 把把 ｜ 滩滩 ｜ 堆堆 ｜ 纂纂 ｜ 卷卷 ｜ 串串 ｜ 片片ₙ ｜ 层层ₙ ｜ 颗颗ₙ ｜ 点点ₙ ｜ 丝丝ₙ ｜ 撮撮ₙ

有一个是较常用的时量词：

哈哈ₙ（"会儿"的意思）。

这类重叠式量词都有与之对应的同形的单音节量词，有的必须儿化。下面是这些重叠式量词的用例：

① 你到馆子头炒份肉看，没得几片片，尽见俏头_{炒荤菜时为了增加滋味或色泽而假的蔬菜之类东西}翻。

② 她的嘴和鼻子离我的耳朵太近了，近到只有一丝丝了。

③ 哪晓得这一带，就带出一串串来。

④ 他这一手真厉害，把一伙伙打帮帮锤的人都顶哑了。

⑤ 才上床睡了一哈哈儿，又爬起来跑了。

上面例句中的重叠式量词都可以用相应的单音节量词替换，如"几片片"可以换成"几片"，"一串串"可以换成"一串"，不过，使用重叠式量词具有加强语意的作用。如果量词有表示数量多的意思，说话人也认为数量多，使用重叠式量词有强调其多的意味，如例③④中的"串串""伙伙"；如果量词有表示数量少的意思，说话人也认为数量少，使用重叠式量词又有强调其少的意味。如例①②⑤中的"片片"、"丝丝"、"哈哈儿"等。另外，这类重叠式量词和相应的单音节量词的分布环境有所不同。一般来说，重叠式量词的适用范围不及单音节量词广，要受到一些限制，这可以从以下几方面看出：

第一，某些名词前可以用单音节量词而不能用重叠式量词。例如，可以说"一把米、一把刀、一把伞"，但只能说"一把把米"，而不能说"一把把刀、一把把伞"。①又如，可以说"一层衣服、一层纸、一层楼"，但只能说"一层层儿衣服、一层层儿纸"，不能说"一层层儿楼"。

第二，单音节量词可以与任何数词结合，而重叠式量词除"一"和"几"外，很少能与其他数词结合。

第三，单音节量词可以直接用在指示代词后，而重叠式量词一般不这样用，如可以说"这段布太长了""这节甘蔗不甜"，却不说"这段段布太长了"、"这节节甘蔗不甜"②。

可见，凡是能用重叠式量词的地方都可以用相应的单音节量词，而能用单音节量词的地方不一定能换成重叠式量词。

3. 借用重叠式名词而来的量词

普通话中，有的双音节名词可以借用作量词，如"两口袋米、一抽屉书"，四川方言也可以这样用。不过，四川方言有许多重叠式名词，其中一部分也可以借用作量词，这却是普通话所没有的。例如：

甲类：物量词

杯杯 ｜ 盅盅 ｜ 盆盆 ｜ 桶桶 ｜ 壶壶 ｜ 包包 ｜ 箢箢 ｜ 缸缸 罐罐 ｜ 碗碗儿 ｜ 碟碟儿 ｜ 抽抽儿抽屉 ｜ 铲铲 ｜ 竿竿

乙类：动量词

棒棒 ｜ 棍棍 ｜ 锤锤 ｜ 铲铲 ｜ 竿竿

甲类名词可以表示容器或承受物，借用作物量词；乙类名词可以表示工具，借用作动量词。也有一些词如"铲铲、竿竿"等既可表示容器或承受物，又可表示工具，因此也就既可作物量词也可作动量词。

作物量词的用例如：

⑥ 妈妈攒了一筐筐鸡蛋，不如把它拿去卖了。

⑦ 你啷个怎么现在一顿连一碗碗儿饭都吃不完啰？

作动量词的用例如：

⑧ 你再在这里扭倒闹，谨防我敲你两棒棒。

---

① 这里谈的"（一）把把"之类是构词形态，与表数量多的构形形态"一把把"（即"一把一把"的省略说法）之类不同，后者没有这样的搭配限制。

② 四川方言中量词素可以重叠成名词，例如：片片、颗颗、段段。这些名词也可以作定语，如片片肉、颗颗药、段段儿布，这种名词与文中所说的重叠式量词的意义和用法都不同。

兼做物量词和动量词的，如：

　　⑨　外头还晒起两竿竿衣服，晚上记倒收回来。

　　⑩　邓述清气急了，就给鸭子几竿竿。

这些借用为量词的重叠式名词大多数有相应的单音节形式，可以替换，例如"一筐筐鸡蛋"可以说"一筐鸡蛋"，意思差不多。少数没有相应的单音节词形，例如"两竿竿衣服"不能说"两竿衣服"，"几抽抽儿书"也不能说成"几抽书"。还有的同一单音节词形既可用作借用量词也可用作专用量词，它们的重叠形式只与前者相应而与后者无关，例如"一筒饼干"与"一筒木料"，前者是借用量词，有重叠式名词形式；后者是专用量词，没有重叠式名词的形式，因此可以说"一筒筒饼干"，却不能说"一筒筒木料"。

这一类重叠式量词的使用范围比前一类广。一般来说，凡能用单音节借用量词的地方一般也可用相应的重叠式量词，它前面的数词不限于"一"，也可以直接用在指示代词后边。

二、四川方言的三音节重叠式名词

一个音节重叠后与另一个音节构成ABB或AAB式名词，这是四川方言中一种较能产的构词方式。为行文简便，下文中采用以下符号代表音节和语素：

A、B：音节；N：名词性语素；V：动词性语素；a：形容词性语素；M：量词性语素。

（一）三音节重叠式名词的结构

三音节词可分为ABB和AAB两大类，ABB式的例如：人尖尖儿、药面面。AAB式的例如：尖尖脚，婆婆嘴。从构成成分的性质看，每一类又可以分为若干小类。

从词根语素的类别看，ABB式和AAB式的重叠式名词有以下形式：

第一类，ABB式：

N/NN

　　手爪爪　｜　病壳壳　｜　草笼笼　｜　人花花儿　｜　手膀膀儿

　　坟包包　｜　鬼崽崽　｜　布襟襟　｜　纸条条儿　｜　花苞苞儿

a/NN

　　光杆杆　｜　光胴胴　｜　犟拐拐　｜　独丁丁儿　｜　瘦筋筋儿

V/NN

剩脚脚

N/aa

脚弯弯儿 ｜ 人尖尖儿

N/VV

膀箍箍 ｜ 鱼摆摆 ｜ 粪舀舀儿 ｜ 木走走儿 ｜ 雨飞飞儿

N/MM

祸砣砣 ｜ 草把把 ｜ 肉颗颗 ｜ 银角角儿

A/MM

零分分儿 ｜ 零天天儿

第二类，AAB 式

NN/N

婆婆嘴 ｜ 叉叉裤 ｜ 藤藤菜 ｜ 棒棒鸡 ｜ 毛毛汗

毛毛菜 ｜ 板板鞋 ｜ 板板车 ｜ 棒棒军 ｜ 面面药

婆婆娘 ｜ 妹妹头 ｜ 罐罐儿饭 ｜ 丁丁猫儿

VV/N

担担面 ｜ 拖拖鞋 ｜ 冲冲力 ｜ 打打药 ｜ 绞绞肉

折折伞 ｜ 眯眯眼 ｜ 扯扯客 ｜ 甩甩话 ｜ 转转会

炸炸雷 ｜ 簸簸儿车 ｜ 钩钩儿针 ｜ 滚滚儿线

aa/N

尖尖帽 ｜ 尖尖脚 ｜ 长长脸 ｜ 泡泡纱 ｜ 泡泡肉

绵绵雨 ｜ 酸酸草 ｜ 光光头 ｜ 温温水 ｜ 歪歪理

VV/a

包包白

MM/N

分分钱 ｜ 段段布 ｜ 砣砣肉 ｜ 节节草 ｜ 颗颗药

NN/方位语素

顶顶上 ｜ 底底下

除以上类型外，还有由拟声语素和实语素构成的三音节词，例如：

梆梆枪 ｜ 梆梆糕 ｜ 鸡咯咯指鸡

也有由一个拟声语素构成的，例如：

嘣嚓嚓（指交际舞） ｜ 嗬嗬嗨（指乐观随和的人）

除个别由一个语素构成的单纯词外，三音节名词的结构层次是 AA／B 或 A／BB，如“长长脸”是“长长／脸”而不是“长／长脸”，“长长脸”是指一种长型的脸;"手膀膀_儿"也应是"手／膀膀_儿",指手臂。我们把三音节名词的 AA 和 BB 叫作复音语素,B 和 A 叫作单音语素,一个三音节词就是由一个复音语素和一个单音语素构成。

不管是 A／BB 还是 AA／B,大多数三音节词都是偏正结构,例如:门门口、山包包、左拐拐_儿等。也有少数是其他结构,例如:"木走走_儿、鱼摆摆、雨飞飞_儿"等是主谓结构的词,"手爪爪、肉嘎嘎、屎厊厊"等是同位结构的词。同位结构的词,前后两部分都可单独成词,都指同一事物,但意义色彩不同。单音语素"手、肉、屎"只有概念意义没有附属义,而"爪爪"带有厌恶轻视的感情色彩,"嘎嘎、厊厊"带有儿语色彩,单音语素和复音语素组合成词之后,使整个词都带上与复音语素相同的附加色彩。

（二）三音节重叠式名词的构造和意义

ABB 中的 BB 大多数可以单独成词,如"剩脚脚"、"瘦筋筋"中的"脚脚"、"筋筋"等,都是双音节重叠式名词。

比较复音语素 BB 与双音词 BB 的意义,可以看出有两种情况。

有的意义相同或相近。例如:

线滚滚_儿——滚滚_儿

后者指较小的可以滚动的轮子形状的物体;前者指线轴,即绕了线的滚滚儿。

手弯弯_儿——弯弯_儿

后者指物体弯曲的部分;前者指肘窝,即手臂弯曲处。

有的 ABB 还可以用 BB 代替,表示的意思差不多。例如:

① 地上有个窝凼凼。（可换成"凼凼"）

② 衣服撕成了烂襟襟。（可换成"襟襟"）

③ 看你的手爪爪好黑。（可换成"爪爪"）

有的意义不同,但二者有明显的联系。例如:

人尖尖_儿——尖尖_儿

后者指物体的尖端,前者指爱突出、表现自己的人。

病壳壳——壳壳

后者指硬的外皮,前者指长年生病身体瘦弱的人。

这些 ABB 中的复音语素 BB 表示的一般是双音词 BB 的比喻义。

也有少数 ABB 式中的 BB 不成词,如"木走走_儿（木偶）"、"鱼摆摆（鱼）"中的"走走"、"摆摆"不成词。

AAB 中的复音语素 AA 有很多有对应的双音词 AA，复音语素 AA 与双音词 AA 在意义上相同或相关。例如：

　　娃娃书——娃娃

后者指小孩儿，前者指小孩儿看的书，即连环画。

　　担担儿面——担担儿

后者指担子，前者旧时指用担子挑着沿街叫卖的小面，现在一般专指一种具有独特风味的面条。

　　尖尖脚——尖尖

后者指物体的尖端，前者指旧时妇女缠过的小脚。

也有部分 AAB 式中的 AA 不成词，例如："拖拖鞋"、"冲冲力"、"打打药"、"扯扯客"、"长长脸"、"绵绵雨"中的"拖拖"、"冲冲"、"打打"、"扯扯"、"长长"、"绵绵"等都不成词。一部分 ABB 和 AAB 中，AB 可以单独成词，其基本意义与 ABB 或 AAB 相同，常可以互相替代，例如：

炸炸雷——炸雷	门门儿口——门口	长长脸——长脸
名名堂——名堂	巴巴掌——巴掌	墨墨蚊儿——墨蚊儿
拖拖鞋儿——拖鞋儿	打打药——打药	扯扯客——扯客

比较起来，使用三音节词语气较为轻松、俏皮，具有一定的感情色彩。这些三音节词可以看作是双音节复合词的变形，即双音节复合词重叠其中一个语素而成。

有一部分三音节词，其中的 BB 或 AA 能单独成词，AB 也能单独成词，这些三字格与 AB 的基本意义相同，其复音语素也与双音词 BB 或 AA 意义相同或相近，例如：

　　草草药——草药——草草

　　藤藤菜——藤菜——藤藤

　　钩钩针——钩针——钩钩

也有一部分三音节词的 BB 或 AA 不能成词，AB 也不成词，例如：

　　木走走儿｜冲冲力｜梭梭头｜须须眼儿｜抖抖衫儿｜麻麻雨

综上所述，三音节词的造词方式主要有三种：

第一种：AB 不成词，AA 或 BB 成词的，三音节由一个重叠式双音词和一个单音语素构成。

第二种：AA 或 BB 不成词，AB 成词的，三音节词是由双音节复合词重叠其中一个语素而成。

AA 或 BB 成词，AB 也成词的，除意义有较大差别的外，三音节词可以看作由以上两种方式的任何一种构成。

第三种：AA 或 BB 不成词，AB 也不成词的，三音节词由一个单音语素和一个不能成词的复音语素构成。

我们统计了 172 个三音节词，属第一种的有 99 个，占总数 58%；属第二种的有 12 个，占 7%；属第三种的 31 个，占 18%；另有 30 个兼具第（1）（2）种的特点，占总数 17%。

（三）三音节重叠式名词的音变

三音节的复音语素有的要变调，变调的规律与双音节重叠式名词相同，即：构成复音语素的音节是阳平和去声时，复音语素的第二个音节变成阴平，例如：

长长脸　ts'aŋ²¹ts'aŋ²¹⁻⁵⁵lian⁴²

祸砣砣　xo²¹⁴t'o²¹t'o²¹⁻⁵⁵

冲冲力　ts'uŋ²¹⁴ts'uŋ²¹⁴⁻⁵⁵li²¹

窝函函　o⁵⁵taŋ²¹⁴taŋ²¹⁴⁻⁵⁵

"长""砣"是阳平字，"冲""函"是去声字，不管叠音语素在前还是在后，第二个音节都变成阴平。

如果构成复音语素的音节是阴平和上声，则不管叠音语素在前还是在后，都不变调。

也有一些阳平字构成的复音语素不变调或可变可不变的，例如：

脚肚肚　tɕyo²¹tu⁵³tu⁵³

折折伞　tsɛ²¹tsɛ²¹san⁴²

撮撮帽　ts'o²¹ts'o²¹mao²¹⁴ 或 ts'o²¹ts'o²¹⁻⁵⁵mao²¹⁴

剩脚脚　sən²¹⁴ tɕyo²¹tɕyo²¹ 或 sən²¹⁴tɕyo²¹tɕyo²¹⁻⁵⁵

这些都是古入声字。不过也有古入声字构成的复音语素必须要变调的，例如：

银角角儿　in²¹tɕyo²¹tɕyor²¹⁻⁵⁵

病壳壳儿　pin²¹⁴k'o²¹k'or²¹⁻⁵⁵

复音语素的第二个音节除有变调现象外，还常常要儿化。复音语素不管在单音语素前还是在单音语素后，都可以儿化。

有的必须儿化，例如：零分分儿、棒棒儿糖、雨飞飞儿、卷卷儿头、线滚滚儿、人尖尖儿等。

有的可儿化可不儿化，例如：清汤汤（儿）、烂襟襟（儿）、团团（儿）脸、尖尖（儿）脚、娃娃（儿）书等。这些词儿化与否不影响复音语素的变调。

在 AAB 中，单音语素 B 有的也能儿化，如拖拖鞋ᵣ、丁丁猫ᵣ、家家酒ᵣ、抖抖衫ᵣ等。不过 B 儿化的 AA 就不能儿化，也就是说，复音语素和单音语素不同时儿化。

（四）三音节重叠式名词产生原因探讨

与普通话相同，四川话中双音节词在词汇总量中占绝大多数。三音节重叠式名词与双音节重叠式名词相比，数量少得多，不过也绝不是个别的偶然的现象，并且仍有一定的能产性。像"梭梭头"、"绞绞肉"、"折折伞"、"碰碰车"、"簸簸车"等都是近几十年来随着新事物的出现而产生的新词。除了一些常用的已定型的三音节词外，还有大量的潜在的三音节词，说话人可以根据需要临时创造，有一定的随意性。例如读书不认真，边读边玩，可以说是"读耍耍书"，边吃饭边玩是"吃耍耍饭"，不为买卖东西，只为玩耍去赶场叫"赶耍耍场"；装在罐子里蒸的饭叫"罐罐饭"，装在碗里蒸的饭可以叫"碗碗饭"。商店中卖一种可以跳跃的玩具兔，商标上就写着"跳跳兔"。有的商店把香烟分零卖，叫卖"支支烟/杆杆烟"。作为方言中一种特殊的构词现象，探讨一下它产生的原因不仅是有益的，也是必要的。

我们认为，三音节重叠式名词的产生主要有以下几个原因：

第一，在双音节重叠式名词的基础上产生

四川话中有着大量的双音节重叠式名词，这些双音节重叠式词又可以作为构词成分与其他语素组合成词，很多三音节重叠式名词就是这样产生的。有些可能开始阶段是短语，后来意义固定，不能拆开，就成了词。

第二，利用原有语素造词，为了区别意义而重叠其中一个语素

三音节重叠式名词都是利用语言中原有的语素构成，有的 AB 本来就是词或短语，再要利用 A 和 B 构成新词，重叠其中一个语素以区别意义就显得必要了。例如"包头""飞雨""推车""绞肉"等是动宾短语，而重叠其中一个语素后就变成了表示事物的名词：包包头、飞飞雨、推推车、绞绞肉。而像"泡泡ᵣ糖"（可以吹泡的糖）与"泡糖"，"婆婆娘"（丈夫的母亲）与"婆娘"、"清汤汤"（不稠的液体）与"清汤"等，虽都是名词，但各自表示的意义是很不相同的。

第三，有的三音节重叠式名词的产生是出于语义表达的需要

人们在语言交际中，不管是使用词、短语还是句子，常常要着重突出某些部分，以引起别人的注意。双音节词虽然可以依靠节律（重音、音长等）来强调某一部分，但如失去一定的语境，没有比较对象，节律也不会产生突

出效果。而三音节重叠式名词的复音语素正具有强调某一成分的作用，并且没有条件限制。一般说来，不管是复音语素在前还是在后，它往往表示人们想要强调的区别性部分，这种作用在与同义的 AB 对照时更显得突出。例如：

  泡泡肉：突出肉的质地（不结实）。

  拖拖鞋：突出鞋的使用特点。

  药面面：突出药的形状。

  鞋帮帮：突出鞋的某一部分。

  能够扩展为三音节重叠式名词的双音节词 AB 都是复合词，附加式词不能扩展为三音节重叠式名词，如不说"桌桌子""石石头"，这也可以从反面说明复音语素的强调作用：因为附加式词的词根本来就是词的语义重点所在，不需要再以重叠来强调了。

  第四，语言的类推作用是三音节词数量增多的一个重要原因

  有很多三音节词就是人们依照 AAB 或 ABB 的格式造出来的，如前边所举的"跳跳兔"、"拉拉面"等就是这样产生的。还有少数词如"巴巴掌"、"名名堂"、"墨墨蚊ɫ"、"炪炪饭"由 AB 即"巴掌"、"名堂"、"墨蚊ɫ"、"炪饭"发展而来，前一部分 AA 不能单独成词，没有强调某部分的意思，但这类词有使语言显得俏皮的附加色彩，具有一定的修辞作用。

三、四音节的 AABB 式重叠式名词

  四川方言中还有由两个重叠词并列而成的四音节词。例如：

  脚脚爪爪 ｜ 旮旮角角 ｜ 汤汤水水 ｜ 盆盆罐罐 ｜ 人人ɫ马马 ｜

  坛坛罐罐 ｜ 棍棍棒棒 ｜ 坑坑包包 ｜ 筋筋网网 ｜ 坡坡坎坎

  四音节的重叠式名词很少。这种组合是约定俗成的，而不是一种自由的临时组合，并不是任何两个双音节重叠式名词都可以组合 AABB 式的重叠式名词。这类名词通常具有泛指一类事物的附加意义，如"旮旮角角"泛指所有的角落，"坛坛罐罐"泛指所有的家用器具。

第四节　生动式形容词

  四川方言中有许多带前缀或后缀的形容词，这些形容词表意生动，能引起人们的视觉、听觉、触觉、味觉、嗅觉等感觉体验或程度、性状等的联想，我们称之为生动式形容词。下文中我们用 A 表示词根，用 B 表示词缀，四川

方言的生动式形容词有 BA 式、ABB 式、AB（了）式和 BBA 式及四字格等类别。

一、BA 式——带单音前缀的生动式形容词

BA 式是能产性很强的构词方式。如：

飞——飞红、飞咸、飞烫、飞快、飞薄、飞恶、飞辣

梆——梆硬、梆重、梆紧

焦——焦咸、焦干、焦湿

溜——溜粑、溜酸

稀——稀脏、稀烂、稀孬

滂——滂臭

捞——捞轻

黢——黢黑、黢湿

曲——曲青

迅——迅白

清——清痛、清甜

刮——刮苦

这些单音前缀除少数外，一般结合面都比较窄，有的只能与一个词根组合。能带单音前缀的都是单音节的形容词语素，这些语素都能单独成词。这些形容词词根有表性状、情况的，如"薄、圆、尖、亮、黑、白、轻、重、干、湿、硬、脏"等；有表性质的，如"老、新、嫩"等；有表感觉的，如"热、烫、冷、甜、苦、酸、辣、咸、香、臭、痛"等。

（一）词缀 B 的语义讨论

BA 式是四川方言中常见的生动式形容词，其中 B 的情况较复杂，部分 B 表示程度、形象色彩等附加意义，有的 B 兼表理性意义和附加义。A 表示理性意义，也是整个词的核心语义。如：

① 这个茅厕滂臭。

② 眼睛鼓得溜圆。

③ 话说得梆硬，其实心头虚得很。

根据 B 所表示的语义，可将四川话 BA 式形容词的生动形式分为三类。

第一类，B 十分抽象，属于完全虚化的词缀，程度意义显豁，形象色彩模糊。如：

④ 纠酸的李子都要卖那么贵嗦?

⑤ 那些走正步的解放军,脚杆腿打得溜伸。

⑥ 这碗东坡肘子硬是溜𤆵。

⑦ 这是啥子药哦?刮苦。

⑧ 底楼光线不好,黢黑的。

以下形容词都属于此类:

飞笨 ｜ 飞热 ｜ 梆紧 ｜ 焦湿 ｜ 纠酸 ｜ 精痛 ｜ 捞清 ｜ 捞轻 ｜
溜尖 ｜ 黢青 ｜ 卡白 ｜ 稀烂 ｜ 稀脏 ｜ 迅白

第二类,B 是类词缀,程度意义和形象色彩都十分显豁,但其理性意义仍起作用,具有名素、动素、形素的语义特点。如:

⑨ 肉放在冰箱头冻得梆硬。

⑩ 咋不戴手套喃?一双手冰清 tɕʻian²¹⁴。

⑪ 一锅水烧得滚烫。

⑫ 高速公路上的汽车开得飞快。

⑬ 这个𤆵红苕烤得焦糊。

这一类形容词不如第一类数量多,常见的还有"风快""焦干""雪白""漆黑"等词。

第三类,B 也是类词缀,没有程度意义,表示形象色彩,兼有名素的语义特点。如:

⑭ 她长得粉白粉白的。

⑮ 脸色蜡黄蜡黄的,是不是有病哦?

⑯ 书都霉臭了。

这一类词数量也不多,但"～臭"的组合形式较自由,常见的还有"屎臭""尿臭""粪臭""药臭"等。

第一类中的 B 没有实在的词汇意义,书写时多为借字,很难说明 B 与 A 之间有何理据。个别的 B 有本字,如"馦",但它们的意义仍然很虚,并且同 A 的组合具有唯一性,在"～香"这种格式中,只有"馦香"一个词。换句话说,"馦"具有不可替换性。有的 B 可能是由实语素虚化而来的。如:"梆紧"(可比较"梆硬")、"飞笨"(可比较"飞快")。无论 B 属于上述情况中的哪一种,都没有具体的理性意义,从语法性质上看,应属于完全虚化的词缀。这些 B 具有共同的类化意义，即表示程度很高，可相当于"很"、"非常"。如："捞清"即"非常清"；"馞香"即"非常香"；"梆紧"即"非常紧。"

第二类中的 B 属于类词缀，其理性意义没有完全虚化，因而这类词的理据一般都较明显，B 的所指是事物或动作、性状，A 是 B 所具有的或与 B 相关的某种属性。从语义上看，第二类和第一类的 B 具有相同之点，即都可表示程度很高，所以第二类 BA 式形容词也都可按"非常 A"的模式去理解。不同的是第二类 B 还可表示性状。每一个特定的 B 都具有独特的形象色彩，唤起人们对某一特定形象，如"梆"、"冰"、"滚"、"飞"的联想，这是第一类中的 B 所不具备的。

在第二类 BA 式形容词中，B 的语义清晰度有差别。如"冰"、"风"等，它们的语义都很显豁，"梆"、"焦"等，其语义则相对模糊。正因为如此，"风快"等词的形象色彩比"焦湿"等词的形象色彩鲜明。

（二）词根 B 和词缀 B 的关系

按上面的分类，第一类中的 B 是词缀，第二类中的 B 是类词缀，但是第一类中的 B 和第二类中的 B 不是截然划分的，比如"梆""焦"等就兼属两类。对于第一类中的 B 我们无法说明其全部来源，但其中的部分词缀可能是第二类中的类词缀 B 进一步虚化来的。类词缀 B 都能表程度义，这是它们虚化的基础；类词缀 B 的语义磨损，这是它们虚化的条件。比如"梆硬"，它的取譬对象是"梆"，代表这个事物的符号已不能单独用来造句，即使作为词根，在合成词中的组合面也很窄，于是它的语义在人们的反映中变得越来越模糊，因此，由"梆硬"到"梆紧"是由"梆"的语义进一步磨损而虚化的。

再以"焦"为例，这个语素还可独立运用，如"木头烧焦了"，它是一个词根，因此语义清晰度较高。不过，这种清晰度不是一成不变的，在四川方言的 BA 式形容词中，"焦"理性义的清晰度可以排列出下面的变化轨迹：

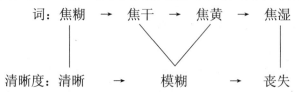

词：焦糊 → 焦干 → 焦黄 → 焦湿

清晰度：清晰 → 模糊 → 丧失

显然，"焦糊"中的"焦"完全保留着"受热失去水分，呈现黄黑色发硬发脆"的词根义；"焦干"中的"焦"已丧失了"呈现黄黑色"的义素；"焦黄"中的"焦"还具有哪些义素已经相当模糊，但仍然还能让人感受到它特有的形象色彩；"焦湿"中的"焦"，词汇意义完全消失，也不表示形象色彩。"焦"的语义在共时系统中呈现的清晰度等级差异，也许能反映这类语素由词根虚化为词缀的演变轨迹。

（三）BA 式形容词的语法性质

BA 式形容词内部的语法特征不完全一致，实际上包括了三个次类。前面所说的第一类"纠酸"等、第二类"滂臭"等同属一个语法类别，是状态形容词，不受程度副词和否定副词修饰，可以作谓语、定语、补语。如：

  稀饭捞清 ｜ 地下焦湿 ｜ 李子纠酸

以上是 BA 式形容词作谓语。

  稀孬 p'ie^{214} 的成绩 ｜ 滂臭的味道 ｜ 黢黑的房间

以上是 BA 式形容词作定语。

  水烧得滚烫 ｜ 蹄子炖得溜炻 ｜ 腊梅开得馪香

以上是 BA 式形容词作补语。

属于状态形容词的 BA 式能够以 BABA 的形式出现。如：

  ① 成绩稀孬稀孬。

  ② 桂花开得馪香馪香。

  ③ 烧了一锅滚烫滚烫的水。

这种 BABA 式同原式 BA 相比，语义更突出，更强调，但并没有在原型的基础上增加新的语法意义，所以，它们不属于严格意义上的构形变化，而同修辞中的反复更为接近。

"词根语素+臭"构成的形容词是第二个次类，是性质形容词，如"霉臭"、"糊臭"等。它们具有以下性质：

第一，可以受程度副词和否定副词修饰。如：

  有点霉臭 ｜ 太汗臭了 ｜ 好药臭哦

  不霉臭 ｜ 不汗臭 ｜ 不药臭

第二，可以作谓语、定语、补语等。如：

  衣服服汗臭了 ｜ 一股霉臭味道 ｜ 饭煮糊臭了

这类形容词也能以 BABA 的形式出现。如：

  ④ 这间屋阴暗潮湿，有点儿霉臭霉臭的。

  ⑤ 刚才换的衣服，咋个_{怎么}就汗臭汗臭的了呢？

这类词的 BABA 式与状态形容词的 BABA 式不同。从形式上看，这类词的 BABA 式后必定粘附"的"；状态形容词"纠酸"、"馪香"等以 BABA 式出现时，后面不一定带"的"。从意义上看，这类词的 BABA 式有表示程度浅的语法意义，这可以从其原式与变化式前加副词的情况得到证明。如：

  汗臭 ⟹ 有点儿汗臭

⇒ 相当汗臭

⇒ 之汗臭哦

汗臭汗臭的 ⇒ 有点儿汗臭汗臭的

⇒ *相当汗臭汗臭的

⇒ *之汗臭汗臭哦

"汗臭"的语素组合不显示程度义,在与程度副词组合时,无特定的选择。但变为"BABA"的形式之后,表程度浅,所以只能与"有点儿"这样的副词组合,而排斥程度深的所有副词。

"桃红"、"油绿"、"瓦灰"属于一个类别,可以归入非谓形容词。它们不受程度副词和否定副词修饰,不能直接作谓语,常作定语,后面可不加"的"。如:

桃红被面儿 ｜ 油绿制服 ｜ 瓦灰钵钵

但是,四川方言中的这类词与一般的非谓形容词不完全相同,它们有"BABA 的"形式,如:

⑥ 这床被面儿显得桃红桃红的。

⑦ 我不喜欢那种油绿油绿的颜色。

⑧ 瓦灰瓦灰的,有啥子好看嘛?

这种 BABA 的形式也表程度浅,这是一般非谓形容词所不具备的特征。例如"桃红桃红的",指带有一点桃红色,其余可类推。

有的 BA 式形容词当中可以插入别的语素,如果插入的是实语素,可使意义具体化;如果插入的是虚语素,意思没有什么变化,只是语气显得比较轻松。如:

滂臭——滂尿臭、滂酸臭、滂霉臭

稀烂——稀巴烂

焦湿——焦巴湿

黢黑——黢麻(子)黑

二、ABB 式——带叠音后缀的生动式形容词

普通话里有带叠音后缀的词,如"绿油油"、"懒洋洋",但四川方言里这类词要丰富得多,不但其数量比普通话多,并且有许多普通话没有的叠音后缀。在四川方言里,能带双音节叠音后缀的不只是形容词性语素,名词性语素和动词性语素也可以,名词性语素和动词性语素带上双音节叠音语素后都变成了形容词。这些后缀绝大多数结合面极窄。

（一）形容词性语素带叠音后缀

这些词的词根都是可以独立成词的形容词。这些带后缀的词根与单音形容词相比，基本意义相同。有些后缀还能看出比较明显的词汇意义，或者表示性状，或者表示结果。例如：

绵扯扯：表示东西韧性好，扯不断。

圆滚滚：圆圆的，可滚动的样子。

胀鼓鼓：胀得很高，像鼓一样。

松垮垮：松得像要掉下来。

干沙沙：形容东西干得成粉状，像沙一样互不粘连。

矮趴趴：形容东西很矮，像趴在地上一样。

阴悄悄：没有声音，悄悄的。

蔫耷耷：人的头或事物的上部耷拉下来，没有精神或没有生气的样子。

麻杂杂：夹杂着各种颜色或表面不清晰，使人眼花缭乱的样子。

胖嘟嘟：胖得嘟着脸的样子。

憨痴痴：不灵活、不聪明的样子。

其他像"泡酥酥、懒拖拖、冷冰冰、轻飘飘、悬吊吊、糊焦焦、亮煌煌、黄焦焦、疯扯扯、硬翘翘、长拖拖、干耸耸、干虾虾、高耸耸、青幽幽、烂朽朽、灰扑扑、昏浊浊、旺翘翘"等都可以从字形上看出词缀的意义来。

有些后缀没有明显的词汇意义，但仍有使表意生动的作用。例如：

花稀稀	麻稀稀	怕稀稀	满秋秋	蔫秋秋	齐崭崭
新崭崭	糊焦焦	黑黢黢	白生生	肥鲁鲁	干精精
长乎乎	大董董	硬梆梆	炇稀稀	苦茵茵	懒洋洋
宝筛筛	黄桑桑	空捞捞	绿瑕瑕	扯稀稀	红冬冬
傻拙拙	热乎乎	湿扎扎	酸叽叽	娄垮垮	洋歪歪
脏哇哇	饿虾虾				

（二）名词性语素带叠音后缀

这类带叠音后缀的词根都是能独立运用的单音名词，构成的形容词与名词性词根的意义不同，但有明显的联系，例如：

肉叽叽：摸着有很多肉的样子。

油叽叽：给人以油腻的感觉。

贼呵呵：行为、样子像贼的样子。

风篙篙：有点微风的感觉。

雨稀稀：小雨连绵不断的样子。

　　　　雾蒙蒙：雾天看不清的样子。

　　　　心慊慊：心有所不足的感觉。

　　　　眼巴巴：带着希望的眼神的样子。

　　　　筋暴暴：青筋突出的样子或态度粗暴的样子。

　　　　气吼吼：生气或上气不接下气的样子。

　　其他像"火暴暴、火熛熛、水匝匝、汗匝匝、粉嘟嘟、鬼戳戳、病秧秧、汗巴巴、毛乎乎、笔端端、嘴喳喳、嘴括括、眼鼓鼓、涎打打"等都属于这一类。

（三）动词性语素带叠音后缀

　　这类带叠音后缀的词根都是能独立运用的单音动词，构成的形容词与动词性词根相关，但前者重在描述动作的形态。例如：

　　　　哭稀稀：哭哭啼啼的样子。

　　　　怕稀稀：心里害怕，缩手缩脚的样子。

　　　　病稀稀：身体有病、有气无力的样子。

　　　　惊抓抓：形容大声惊叫。

　　　　怄粗粗：形容生闷气的样子。

　　　　吊甩甩：形容人吊二郎当，像没固定好的东西甩来甩去一样。

　　其他像"活鲜鲜、活甩甩、垒尖尖"等也属于这一类。

　　以上三小类词中，以形容词性语素为词根构成的词最多，以名词性语素和动词性语素为词根构成的词较少。

　　有的一个词根可以带不同的叠音语素，给人不同的感受，用于形容不同的事物或状态，例如：

　　　　白：白生生　｜　白翻翻　｜　白卡卡　｜　白普普　｜　白哕哕

　　　　干：干焦焦　｜　干支支　｜　干虾虾　｜　干沙沙　｜　干耸耸

　　　　懒：懒梭梭　｜　懒拖拖　｜　懒洋洋

　　　　笑：笑扯扯　｜　笑嘻嘻　｜　笑迷迷

　　这些带叠音后缀的形容词在句子中可以作谓语、定语、状语等成分，例如：

　　　　① 他这几天没有精神，随便做啥子都懒拖拖的。

　　　　② 你看他笑扯扯的样子就晓得事情办成了。

　　　　③ 茶房们翻翻白眼，阴缩缩地溜起走了。

　　少数带叠音后缀的词有相应的带单音前缀的词，它们表示的意义相同，往往可以互换，但带单音前缀的词重在对程度的夸张，带叠音后缀的词重在对形象的描写。例如：

梆硬——硬梆梆　　蜜甜——甜蜜蜜　　焦干——干焦焦

焦黄——黄焦焦　　稀脏——脏稀稀　　崭新——新崭崭

喷香——香喷喷　　捞轻——轻捞捞　　溜圆——圆溜溜

三、AB（了）式——带单音后缀的生动式形容词

四川方言中还有一些带单音后缀的生动式形容词，如"笑嘻（了）""霉登（了）"。这些词只能用作句子的谓语，语素 B 必重读，后边必须跟"了"。这种格式的中心语素是可以独立运用的动词或形容词，所以也可以看做是中补式短语，但是由于有的组合第二个音节不能单独成词甚至不能单独表意，所以我们把它们看成是带单音后缀的形容词。

有些实际上就是由"ABB"式附缀形容词变化而来。例如：

甜蜜蜜——甜蜜（了）圆溜溜——圆溜（了）哭稀稀——哭稀（了）

闹麻麻——闹麻（了）蔫揪揪——蔫揪（了）笑眯眯——笑眯（了）

闹哄哄——闹哄（了）笑嘻嘻——笑嘻（了）呕粗粗——呕粗（了）

由于来源相同，它们具有基本相同的意义及形象色彩。不过，带单音后缀的形容词表示的程度更高，如"甜蜜了"表示的甜的程度就比"甜蜜蜜"的高。这两种表示法共同特点都是不能受程度副词修饰，具有形象性。不过语法特点不同，带叠音后缀的形容词可以作定语、谓语（后面要用"的"）、状语，而带单音后缀的形容词只能作谓语。例如：

① 他进来的时候，脸上笑咪咪的。

② 他进来的时候，脸上笑咪了。

②中表示笑的程度就比①高。

四、BBA 式——带叠音前缀的生动式形容词

四川话还有少数 BBA 式的生动式形容词，例如：

粉粉亮｜蜜蜜甜｜梆梆硬　｜捞捞轻　｜喷喷香

这类可以看作是"BA"式的生动式形容词重叠前一个音节而来，不过，数量极少。与 ABB 式生动式形容词相同的是都可以作谓语，不同的是，ABB 式作谓语一般要加"的"，而 BBA 作谓语不用加"的"，例如：

① 这种橘柑甜蜜蜜的，多买几斤嘛。

② 红罗卜蜜蜜甜，看倒看倒要过年。

五、四字格的生动式形容词

（一）AABB 式

主要有两种构成方式，一种由两个形容词语素、动词语素、或名词语素分别重叠而成，例如：

> 悄悄迷迷　｜　细细摸摸　｜　麻麻杂杂　｜　虚虚哄哄　｜　耍耍搭搭
>
> 呵呵哄哄　｜　挨挨擦擦　｜　偏偏倒倒　｜　指指戳戳　｜　惊惊抓抓
>
> 腻腻滞滞　｜　渣渣瓦瓦

这种结构没有对应的双音节词，其意义可以从其组成成分看出，但显得比较形象。

一种是由双音节名词或动词重叠而来，例如：

> 礼信——礼礼信信
>
> 弯拐——弯弯拐拐
>
> 兴头——兴兴头头
>
> 打扮——打打扮扮
>
> 收拾——收收拾拾
>
> 邀约——邀邀约约

这些四字格词与对应的双音节词意义不同，但有联系，例如，"礼信"指礼物或礼节，而"礼礼信信"则形容懂礼节，有礼貌的样子。

（二）ABAB 式

这一类基本上都是并列结构，主要有以下几种结构类型。

第一类，由两个动宾结构并列而成的，例如：

> 丢心落肠　｜　点头啄脑　｜　淘神费力　｜　挤眉弄眼　｜　磨皮擦痒
>
> 挨邻接近　｜　提劲打靶　｜　做脸做色　｜　拖声拖气　｜　甩手甩脚
>
> 巴心巴肠　｜　扯声卖气　｜　开花开朵　｜　涎皮搭脸　｜

第二类，由两个名词性偏正结构并列构成的，例如：

> 死眉秋眼　｜　花眉日眼　｜　焦眉愁眼　｜　白眉白眼　｜　鼓眉鼓眼
>
> 楞眉楞眼　｜　怪眉实眼　｜　焦眉烂眼　｜　宽眉大眼　｜　懒眉实眼
>
> 诧眉诧眼　｜　鬼眉鬼眼　｜　绿眉绿眼　｜　冷眉秋眼　｜　谵眉谵眼
>
> 笨头笨脑　｜　宝头宝脑　｜　狗头狗脑　｜　莽头莽脑　｜　苕头苕脑
>
> 孌头孌脑　｜　哈声哈气　｜　媚声媚气　｜　哭声哭气　｜　大声武气
>
> 黄手黄脚　｜　懒心懒肠　｜　单家独户　｜　熟人熟事　｜　硬肢硬杆

淡心冷肠　｜　秋风黑脸　｜　红头花色　｜　清汤寡水　｜　正南齐北

第三类，由两个动词或形容词性偏正结构（包括中补）并列构成的，例如：

估吃霸赊　｜　阴逷阳逷　｜　穷吃饿吃　｜　东编西逗　｜　生拉活扯

活摇活甩　｜　清醒白醒　｜　南谈北谈　｜　细乖细乖　｜　对穿对过

阴痛阴痛　｜　码干吃净　｜　除干打净　｜　喊明叫响　｜　马干吃尽

第四类，由两个主谓结构并列构成的，例如：

毛焦火辣　｜　脸红筋胀　｜　皮泡脸肿　｜　牙尖舌怪　｜　肝精火旺

水流水滴　｜　脸青面黑　｜　鼻塌嘴歪　｜　气鼓气胀　｜　神戳鬼戳

神说鬼道　｜　眼浅皮薄　｜　嘴尖舌长　｜　牛高马大　｜　脚炝手软

第五类，由 ABB 式三字格生动式形容词变化而来的，例如：

长梭梭——长梭长梭　苦茵茵——苦茵苦茵　慢悠悠——慢悠慢悠

绵扯扯——绵扯绵扯　气觓觓——气觓气觓　松垮垮——松垮松垮

胖嘟嘟——胖嘟胖嘟　痒酥酥——痒酥痒酥　笑扯扯——笑扯笑扯

酸叽叽——酸叽酸叽　闪悠悠——闪悠闪悠　木痴痴——木痴木痴

其中 AB 不能单独成词，所以只能看成是 ABB 式省略了一个音节 B 后重叠而成。这两种表达方式的意义和色彩相同。

六、含有词缀的四字格生动式形容词

有一些四字格词，其后边、前边或中间有词缀，这些词缀能产性一般不强，没有实在意义，有的只起个衬字的作用。例如：

～巴～～

假巴意思　｜　灰巴拢耸

～里～～

宝里宝气　｜　媚里媚气　｜　傻里傻气　｜　流里流气

啰里啰嗦　｜　泡里泡毛　｜　女里女气　｜　妖里妖气

～不溜秋

长不溜秋　｜　短不溜秋　｜　肥不溜秋　｜　圆不溜秋

尖不溜秋　｜　光不溜秋　｜　滑不溜秋　｜　黑不溜秋

死不溜秋　｜　灰不溜秋　｜　傻不溜秋　｜　酸不溜秋

～不拢耸

圆不拢耸　｜　黑不拢耸　｜　干不拢耸　｜　浑不拢耸

～～八叉

胡子八叉 ｜ 男人八叉 ｜ 女子八叉 ｜ 四仰八叉

~~八~

老远八远 ｜ 上好八好 ｜ 清早八晨 ｜ 妖精八怪

~二~~

花二麻遢 ｜ 花二古董 ｜ 花二古兮

~~巴沙

遭孽巴沙 ｜ 丧德巴沙 ｜ 可怜巴沙

~古淋当

血古淋当 ｜ 花古淋当 ｜ 湿古淋当

~~呆呆

斯文呆呆 ｜ 死木呆呆

也有少数词可以看作是包含了两个词缀，例如：

二~二~

二麻二麻 ｜ 二昏二昏 ｜ 二冲二冲 ｜ 二甩二甩

二通二通 ｜ 二恍二恍 ｜ 二晕二晕 ｜ 二懂二懂

七~八~

七拱八翘 ｜ 七老八十 ｜ 七股八杂 ｜ 七絇八喘

~二~兮

恍二惚兮 ｜ 花二古兮

稀~八~

稀脏八脏 ｜ 稀烂八烂

"不"后面还可以添加其他词缀，如："软不兮兮、死不秋秋、洋不歪歪、神不楞吞"等。这些词缀很虚，发音容易变异，有时会出现不同念法，因此书面记录形式可能出现差异。如：

酸不溜秋——酸不溜纠　　　死不秋秋——死木秋秋

神不楞吞——神木楞吞　　　洋不歪歪——洋木歪歪

以上带词缀的四音节词大多带明显的贬义。

四川话的四字格形容词与一般形容词的语法功能相同，在句子中可以做谓语、定语、状语等，后边一般要有"的（地）"。例如：

① 他这几天毛焦火辣的，不晓得出了啥子事。

② 代理县长把水流水滴的脸略抬起来。

③ 他懒心懒肠地将草鞋提起，穿上。

第四章 四川方言的熟语

第一节 熟语的种类及与文化的关系

一、熟语的种类及其特征

语言学中把含义丰富、短小而定型的固定短语叫作熟语。熟语使用时一般作为一个整体引用，是语言中的"现成话"。熟语的范围较广，包括成语、惯用语、歇后语、谚语、俗语、格言警句等。其中，成语和格言警句主要来源于古代和现代的书面语，具有全民性和书面语色彩，运用于普通话和各地方言。而惯用语、歇后语、谚语、俗语等则主要来源于人民群众的口头创造，具有明显的口语色彩，很多还是特定方言的产物，带有浓厚的地域色彩，往往限于某个方言区使用。四川方言就有很多独特的熟语。本文中的熟语就指在四川地区（包括原川东现重庆和重庆辖区）流行的，带有浓厚地方色彩的惯用语、歇后语、谚语、俗语四类。

惯用语以三字格为主，也有少数四个或五个字的。惯用语一般采用比喻手法构成，有字面和字里两层意思，例如：

　　吆鸭子：比喻名次排到最后。

　　放筏子：比喻找借口溜走。

　　吃福喜：本指吃别人福寿喜庆的宴席，现用来指吃白食，占便宜。

　　摸脑壳：按人头平摊聚餐费或其他费用。

　　扯把子：说谎话；吹牛皮。

　　占欺头：占人便宜。

歇后语包括犹如谜面和谜底的两部分，前一部分是引子，后一部分是注解，用前一部分引出后一部分，后一部分明确说出前一部分蕴含的意思。例如：

　　癞格宝吃豇豆——悬吊吊的：形容很悬。

　　较场坝的老鸹——飞起吃人：比喻不择手段地敲诈骗取他人财物。

　　龙灯的脑壳——耍亮了的：比喻事情的内幕被大家知晓。

　　刘备的兄弟——红黑都是对的：表示不管怎样都是正确的。

　　两个鸡公打架——争一颗米：争，争夺；又指相差。此处构成多义双关，实际表示差一点儿。

　　谚语一般分为前后两句，带有一定的哲理性，是人们的生产经验和生活经验的总结以及对人生的看法。例如：

　　腰长肋巴稀，定是懒东西。

　　穷人气大，烟锅巴烟头劲大。

　　男怕穿靴脚肿，女怕戴帽头肿。

　　杀猪要杀断喉，帮人要帮到底。

　　好蜂不采落地花，好鸟不钻刺笆林荆棘丛。

　　人直有人逢打交道，路直有人走。

　　惯用语、歇后语和谚语都有较为固定的格式，俗语则不然。俗语是长短不拘，结构灵活多样的短语或句子，多使用比喻的方式构成，大多也有字面和字里两层意思。例如：

　　泥鳅黄鳝扯做一样齐：比喻用统一标准要求不同条件的人。

　　打不出喷嚏：比喻吃哑巴亏。

　　包打炭圆不散：比喻为所做的事情或所做的承诺打包票。

　　黄瓜还没起蒂蒂：比喻事情还处于萌芽阶段，或者小孩还没有长大。

　　一踩九头翘：民间传说有一种九头鸟，踩一脚其九个头都会翘起来，比喻人十分精明。

　　以上几类熟语各有自己的特点，但也有一些共同点，所以有时一个句子或短语从不同角度看可以属于不同的熟语，如"四季豆不进油盐"，既可看做俗语，也可看做歇后语。说它是俗语，因为它可以看做是说明一种现象的主谓短语；说它是歇后语，因为"不进油盐"可以说是对"四季豆"的注释。又如"贴心豆瓣"（比喻心腹之人），说它是惯用语或者俗语好像都没有什么错。

　　不同种类的熟语还可以互相转换。有的歇后语去掉前一部分就可能是一个惯用语或俗语，如，"狗肉包子——上不得台盘"，"上不得台盘"也可以作为一个俗语单独使用，表示不能登大雅之堂；"螃蟹走路——打横爬"，"打横爬"也可以作为一个惯用语单独使用，表示混赖、赖帐、蛮不讲理。

　　一个惯用语或俗语也可以给它加上一个引子成为歇后语。如"该背时"是四川话中表示幸灾乐祸的一个俗语，但也常加上一个引子成为歇后语："场后头落雨——街背时（该背时）"；"开黄腔"是四川方言中常用的一个惯用语，表示说外行话，但也常加上一个引子成为歇后语："满口金牙巴唱戏——开黄腔。"

谚语和俗语也可以互相变换，"欢喜老鸹打破蛋"是一个俗语，可以单独使用，表示乐极生悲，但如果给它加一句同义句，成为"欢喜叫花乞丐逗狗咬，欢喜老鸹打破蛋"，用并列的两件事来说明一个常见的现象，带有一定的哲理性，又以谚语常见的对偶形式表现出来，就可以看成是一个谚语了。

熟语往往不是直接使用字面意义，而是用的字面义的比喻义或引申义，使之呈现出表里两层意思。正是由于熟语带有表里两层意思，其真实意义要人们联系有关事物和字面意义才能理解，所以说者似出题，听者似猜谜，双方都兴味盎然。

清代顾禄《清嘉录·序》曾说道："夫'千里不同风，百里不同俗'。虽时序之在天下，薄海皆同，而一方有一方之风土人情，不可得而强也。"而这种风土人情就常常反映在语言中，尤在表现劳动人民生活、观念的熟语中得到充分的展现。人们用自己的方言创造了大量熟语，以表现自己的经验、看法、智慧，所以熟语在语言上也呈现出一定的方言特点。例如，四川话的歇后语"裁缝的尺子——正尺（吃）"，"尺"和"吃"都是古入声字，普通话中，"尺"读上声，"吃"读阴平，读音相差较远，这两个字在四川话中都读阳平，所以能构成谐音双关。又如"明晓得是闹人的药，你要去吃一包"，表示明知对自己有害，却偏要去做。这个俗语包含着四川方言词"闹人"，"闹人"是毒人，对人有毒的意思。像这些具有一定方言特点的熟语是不容易被其他方言借用的。即使是一个大方言区，由于内部方言的差异，所用的熟语也有所不同，就以成都话与重庆话相比，所使用的熟语就有一些差别。例如，成都话说"菢鸡婆孵蛋的鸡打摆子——又扑又颤"，颤 tsan²¹⁴，本是颤抖的意思，在成都话中也有爱出风头表现自己的意思，重庆话中的"颤"没有这个意思，所以改说成"菢鸡婆打摆子——又扑又抖"，虽然"抖"与"颤"本义相同，但引申表示的是境况从穷困到发达因而趾高气扬。又如以"缺牙巴咬虱子"作为歇后语的引子，成都话的注解是"碰端了"，重庆话的注解是"碰倒了"，是因为成都话"端"有对、准的意思，而重庆话没有这样的用法。扣子扣错，成都人说"打错亲家"，重庆人说"请错客"。下面是成都人和重庆人说法不一致的熟语：

成都	重庆
老嬢吃腊肉——横起扯	老太婆吃腊肉——撕皮

椒盐板鸭——干绷　　　　　　白市驿的板鸭——干绷

吃混糖（堂）锅盔　　　　　　吃跑堂

半头房子　　　　　　　　　　独眼龙

脚底板擦清油——溜之乎也　　脚板底下擦菜油——溜之乎也

即使是重庆话与成都话写法完全相同的熟语，其意义也不完全相同。如成都话与重庆话都有"打广子"这一惯用语，在成都话中"打广子"有以下三种意思：

① 闲逛：莫到处去打广子，早点回来吃饭。

② 结交：这家伙随时都在跟代表些打广子，咬耳朵！

③ 沾光得点好处：你们复习时，我们打点广子。

而在重庆话中，"打广子"有闲逛的意思，还有思想开小差、注意力分散的意思，却没有成都话的第二、三种意思。

惯用语、歇后语、谚语、俗语等熟语还有一个特点是结构比较灵活自由，由于是口头创造并在口语中流行，相当部分没有进入词典或其他书面作品而定型化，所以重在意思的表达，而不重在词语的固定不变，往往同一意思有不同的说法，下面是一些义同而说法不同的例子：

① A：不图锅巴吃，哪个肯围倒绕着锅边转？

① B：不吃锅巴，围倒锅边转啥子？

② A：寿星老汉吊颈——嫌命长

② B：寿星老汉吃砒霜——嫌命长（前项改变）

② C：寿星老汉吊颈——活得不耐烦了（后项改变）

② D：寿星老汉吃砒霜——活得不爱了（前项、后项都改变）

这些不同的说法中，有的是方言词和普通话词并存，如"船脑壳上跑马——走投无路"，也可说"船头上跑马——走投无路"。四川话说"脑壳"，普通话说"头"。

有表示古代事物和现代事物的词语并存，如"抱起元宝跳井——舍命不舍财"，也可说"抱起票子去跳河——舍命不舍财"。可用古代的"元宝"，也可用现代的"票子"。

有旧词和后起词并存，如"洋油桶桶——碰到就嘭响"，也可说"镔铁桶桶——碰到就嘭"。煤油旧时叫"洋油"，装煤油的桶叫"洋油桶桶"，而现在一般不再用"洋油"一词，因而有的把歇后语中的"洋油桶桶"改为"镔铁桶桶"。

二、熟语与文化的关系

语言是一种社会现象，是文化的一部分，同时又是特定文化的载体，在语言中负载了丰富的文化内容。"文化"这一术语内容极为广泛，但概括起来不外乎精神文化和物质文化两大类。而精神文化主要指"一个社区诸成员有着共同的政治或伦理观念，以及在很大程度上对解释世界的方式、客观现象如何分类和赋予这种分类以何种意义有着类同的认识"。①而这些文化内容主要是通过语言反映出来。语言记录并反映一个社会的物质文化和精神文化，反过来说，语言又对一个社会的文化产生深刻影响。

熟语来源于生活，特定的文化是熟语产生的源泉，同时熟语又是特定文化的反映，其中包含了深刻的处世道理和对人生的体验，反映了各地人民的世态人心，是民众心理认识的自然反映。另一方面，熟语又对文化的传承起到很大的作用。熟语是民间的教科书，人们把熟语看做是前人的经验总结，是永恒的真理，所以常常引用熟语来教育别人或告诫自己，另外，由于熟语具有表达上的生动性和形象性，幽默诙谐，富于生活的情趣，是人们智慧的结晶，所以人们乐于使用，乐于传布，这样，也使熟语包含的文化得以延续固定下来。由于熟语表意相对完整，其内容涉及人生的各个方面，所以熟语就像一面镜子比较完整地反映着一个民族、一个地区特定的文化内容。

除了一些流行范围比较广的熟语外，各地还有一些独特的熟语。这些熟语是民众创造并流行于社会成员的口头。由于过去对民间文化的轻视，很多熟语没有被收入辞典，除了极少数带有浓厚的地域色彩的文学作品外，书面语中很少出现。因此，这些熟语没有在辞典和书面作品中规范化、定型化，带有一定的原生态，往往直接反映出一个地方的文化特点。正由于如此，具有文化上的地域性成为熟语的重要特征之一。对方言熟语的研究可以了解各方言区人的生活习惯、生产经验、宗教信仰、喜好厌恶、文化遗迹等，可以说，它包括各地以口头方式代代传承的所有知识、理解、评价、态度、幻想、感情和信仰等。

由于熟语来自普通民众，难免良莠不齐，存在粗俗的成分，但是大多数熟语的内容是健康的。熟语表达的是人们对生活的认识，对生产生活经验的总结。熟语往往在通俗的外衣下包裹着朴实的真理，有的还带有很强的哲理性和教育意义。人们用日常生活中随处可见的事物现象来说明深刻的道理，

---

① 朱文俊：《人类语言学论题研究》，北京语言文化大学出版社2000年版。

例如四川话中的熟语"围着灶头转，是想锅巴吃"，一句平实的话道出人的行为都是受利益的驱使，总带有一定的目的。又如"火到猪头烂"，比喻时机成熟事情自然会成功，告诫人们做事不要急躁。有的熟语产生年代久远，甚至可能先秦两汉就出现了，一直沿用至今。这些熟语之所以能长盛不衰，就是因为它们表达的内容是永恒的，表达的道理经过时间的检验证明是正确的。古往今来严肃的作品中引用熟语来证明自己观点看法的不在少数，现当代一些政治领袖、著名作家的讲话或著作中都可以找到引用熟语的例子。"不管黑猫白猫，抓住老鼠就是好猫"，这个熟语随着邓小平的讲话而一时之间传遍大江南北，就是一个很好的例证。

　　熟语也具有时代性。随着时代的发展，随着社会生活和物质生活的改变，又可能出现一些新熟语；相反，一些旧的熟语，则随着时代的变迁，观念的改变而退出历史舞台。例如，"业余华侨"是改革开放初期出现的一个俗语，当时国门初开，一些前卫者率先模仿回国省亲的华侨以及港澳台同胞的穿着，花衬衫、大裤腿、蛤蟆镜就是当时一些人的典型形象，对于这样打扮的人，人们奉送一个"雅号"——业余华侨。可是，这一称呼并没有流行多久，随着社会的发展，人们生活水平的提高，观念的更新，衣装早已是百花齐放，过去看来怪异的服装人们已司空见惯，因此，"业余华侨"也就不再出现在人们口头中。四川话中"打牙祭""拈闪闪""吃油大"等熟语的由盛而衰则充分表现出人们生活水平的变化。过去生活艰难，逢年过节才能吃上肉食，帮工的人则每月初二、十六吃一次，这就像古时军队祭祀牙旗一样，定期用荤食上一次供，所以叫"打牙祭"①。难得吃上一回肉，一般是尽量买肥的，肥肉油多，切得薄，筷子拈起来微微颤动，所以把吃肉又叫作"拈闪闪""吃油大"。改革开放后，人们的生活水平提高，买肉时挑肥拣瘦，选的是瘦肉。所以这些惯用语现在一般也不再说。

　　各地熟语反映出不同的地域文化，表现出汉民族文化的丰富多样性。熟语研究属于语言学，也是文化学的一部分。研究熟语可以揭示正史记载之外的民众的思想、语言、文化。"要掌握一种语言，就要熟悉其背后的文化特殊性，就要洞察本民族文化与他民族文化的差异。人们常说的语言障碍就是指这种文化间的差异。"不同民族语言是如此，同一民族的不同地区的语言也是如此。对不同地区的熟语的比较研究可以让不同地方的人互相增进了解，可以让人了解不同地方文化间的差异并消除由此产生的语言障

---

① "打牙祭"的理据有不同法，这是取其一。

碍。近几十年来随着普通话的普及，方言逐渐趋于萎缩，以方音承载的表现地区文化的词语正在逐渐消失。同样，方言熟语的使用频率大大降低，使用范围大大缩小，很多青少年已不懂父母辈所说的熟语，有些熟语已经从人们口语中消失了。目前语言学界有专家正在疾呼"抢救方言"，呼吁为后人留下一份宝贵的文化资料，我们认为，对方言熟语的调查研究也应是其中一项重要内容。

第二节　四川方言熟语的源流

四川话中的熟语，大多是本地民众口头创造的，但也有从古代传下来或从其他方言区传来的。在传递的过程中，有的还保存着古代或源头地区的原义，有的则在形式或意义上发生了变化。

一、四川人民群众创造的熟语

各个地方都有一些本地群众创造的独特的熟语，这些熟语是当地群众智慧的结晶，生产生活经验的总结，具有鲜明的地域特点。四川话中也有很多这样的熟语。这些熟语或者具有四川方言语音词汇的特点，或者表现的是四川地区独有的事物现象，或者是四川人对事物的独特的思考。例如：

【挼包包散】

挼，读zua^{21}，揉的意思。当小孩头上或身体其他部位碰了一个包时，大人常用手沾点菜油在包上揉，使之疼痛减轻。有时边揉还边伴有儿歌："包包散，包包散，不拿婆婆看。"后来用"挼包包散"比喻居中调和矛盾。

【土地老汉搬家——神（承）不住了】

四川方言中表示承受义的"承"与"神"同音，所以，字面表示神不在那儿住，实际表示承受不了的意思。

【口里蜜蜜甜，心中锯锯镰】

就是口蜜腹剑的意思。这个俗语中包含了两个具有四川方言特点的词，"蜜蜜甜"，是前加叠音词缀的生动式形容词，"锯锯镰"则是三字格重叠式名词。

【长痛不如短痛】

这个俗语指长期受病痛折磨，不如忍痛一时，治好疾患。也用来比喻忍着一时的痛苦彻底解决问题。清代唐甄《潜书·仁师》："蜀人谚曰：'长痛不如短痛。'久乱不定，长痛也；一战之杀，一令之诛，短痛也。以短痛去长痛，是之谓杀以成仁。"

【八两花椒四两肉——麻嘎嘎】

这个歇后语则既反映了四川人民的饮食习惯，也包含具有四川方言特点的词。四川人喜吃麻辣，食物中喜欢放花椒。"嘎嘎"是个重叠式名词，表示肉，肉里花椒过多，肉就太麻。整个歇后语指由轻佻的或虚伪的言语、举动所引起的"肉麻"。

各个地区的民间都有一些流传久远的习俗，这些习俗，或者是为了祈福避祸，或者是为了劳作之余的嬉戏游乐。这些习俗可能现在还存在，也可能由于时代的变迁已经不复存在，但是在语言中还留下遗迹。一些熟语就来源于这些习俗。例如来源于文娱活动的：

【打玩友】【唱玩友】【打围鼓】

玩友，指川剧业余爱好者，相当于京剧的票友。打玩友，指业余川剧票友聚在一起唱戏。川剧是四川的地方剧种，过去娱乐方式单调，川剧在四川地区有着广泛的群众基础。除了专业演员外，社会上还有很多川剧业余爱好者——玩友。玩友常到剧院为自己喜爱的演员捧场，同时自己也组织起来唱戏自娱。这就是打玩友，也叫唱玩友或打围鼓。玩友是坐唱，一般不化装。戏园子的名角也常被社会上玩友邀请去唱玩友。有时茶楼酒肆为了招徕顾客也邀请人去唱玩友。玩友的听众大多是普通百姓，他们没有钱到大戏院去欣赏专业演员的演出，听听这种免费的或花钱很少的业余演出同样也感到过瘾。旧时有人死了，亲属为了丧事办得热闹一些，也往往请人唱玩友，就犹如今之唱丧歌一样，当然，要付予一定的报酬。一个围鼓班子，最少都要十来个人，除了生、旦、净、丑、末各色"演员"之外，还要司鼓的，打锣的，拉二胡的，吹唢呐的，全都配齐。打围鼓是文化生活贫乏的旧时代或当今某些地区人们的重要的文化娱乐方式之一。

来源于迷信活动的，例如：

【蹩子端公——坐地使法】

【端公打屁——自臭坛门】

【端公拍令牌——吓 $xɛ^{21}$ 鬼】

从这些熟语可以看出旧时封建迷信活动比较盛行。在四川，男巫叫端公，女巫叫仙娘。旧时缺医少药，一般百姓生病，多认为是鬼魅作祟，于是请端公或仙娘跳神驱逐鬼魅。

祭灶神，是旧时民众求流年吉利的一种传统习俗活动。因此四川方言中也留下一些与灶神有关的熟语，如：

【灶王爷上天——有啥说啥】

【灶王菩萨的嘴——尽拣好的说】

灶神，是主管家家户户煮食物的灶的神，同时也有监察、保佑各个家庭的责任。灶神有多种叫法，除灶神外，还有灶王、灶神菩萨、灶王菩萨、灶王爷等指称。传说农历腊月23日为灶神回天宫向玉皇汇报民情之日，腊月30日为其返程之日。每年到了这两天，民间都要设祭敬灶神，求其多言好事，带回吉祥。此俗由来已久，孔子的《论语》就有"媚灶"之说。东晋葛洪《抱朴子·微旨》云："月晦之夜，灶神亦上天白人罪状，大者夺纪，纪者，三百日也，小者夺算，算者，三日也。"意思是如果灶神在玉帝面前告了谁，玉帝就会减去谁的寿命，大罪减三百天，小罪减三天。可见灶神的汇报相当重要。灶神向玉皇汇报，当然应该如实汇报，所以产生这一歇后语"灶王爷上天——有啥说啥"。人们都希望灶王汇报的是对自己有利的，玉皇才能保佑自己诸事顺利。所以每年到灶神上天之时，临时抱佛脚，向灶神供奉祭品，希望灶神多多美言，所以也有这一歇后语"灶王菩萨的嘴——尽拣好的说"。

除了一般通行的熟语外，有些特殊行业和帮会组织中也有特定的熟语。这些熟语在一个特定的范围内使用，但是如果流传到这个范围外，就有可能作为通用的熟语，在整个方言区流行。如旧时的客栈就有一些专用的熟语。过去蜀地交通不便，人们远行靠滑杆、轿子、骑马或步行等方式。从重庆到成都，走旱路全程1080里。沿途有小旅店，供人途中歇息食宿。途中的小旅店叫"幺店子"或"鸡毛店"。在接待客人时也有许多约定俗成的江湖话——熟语。例如：

【猫洗脸】

招待下等客人没有毛巾，用水浇着洗脸，叫猫洗脸。这个意义现在已经不用了，多用于训斥他人做事马虎。

【踩左踩右】

这个俗语来自于轿夫行业。过去交通不便，有钱人或有身份的人出门，或坐滑竿，或坐轿。轿夫抬轿时，后边的人看不见前边的路，为了协调动作，前后轿夫边走边前呼后应地喊出一些报路号子。这些报路号子是轿夫们根据不同的地理环境和道路情况而创作的，各个地方的号子有不同，像原四川地区有重庆号子、成都号子、川北号子、川南号子、大中路号子等。"踩左""踩右"是轿夫之间提醒路况的话。通常是前面的轿夫根据路况提醒后面的轿夫如何下脚。现在作为熟语，表示故意与人为难的意思。

四川地区解放前袍哥组织盛行，袍哥中有一些黑话，只在内部通行，后来随着袍哥组织的扩大化，一些行话广为流传，进入到民间语言中，成为通用的熟语。黑话除一部分是为了使话语俏皮外，大多是团伙为了掩人耳目而创造的，当然，如果黑话被集团外的人知晓，就失去了作用，如果被集团外的人模仿使用，也不再成为黑话。例如：

【拿言语】

本指向帮中人说明事情真相，也指通关节，说好话。现在这个惯用语在四川地区广为使用，表示说好话，使对方照顾或不计较；也指说软话。

【说聊斋】

本是袍哥术语，是袍哥组织敛财的一种方式，事先探明对方有钱，然后向对方说要借钱。现在四川方言中还在使用，不过表示向对方说道理。

【跑二排】

袍哥组织的内部排行分五个等级，分别称为头排，三排，五排，六排，十排。

头排大哥即舵头，也称舵把子、大爷。另有闲位大哥，是挂虚名的，多为地方上有声望的人，或有钱绅、商。

三排又称三哥，掌管堂子里的经济。

五排又称五哥，管事。红旗大管事负责交际，执法等，在袍哥中最有社会力量。

六排称副六，是一般成员。多为负责巡风探事的小头领。

十排统称老幺，有执法老幺、跑腿老幺之分。执法老幺多为流氓凶神，把守辕门、制裁叛徒、充当杀手的就是此辈。跑腿老幺主要做茶堂馆、赌场杂务等。

排行中无二排，是为了避关羽之讳，因为民间称关羽为关二爷。（无四、七、八、九，也是因为避袍哥组织忌讳）

中华人民共和国成立后，袍哥组织解散，这些词语不再使用。但在六、七十年代个别词又一度重新起用，如"跑二排"，表示业余为公安局做耳目、眼线。

二、从古代流传下来的熟语

四川方言熟语中有一部分是从古代流传下来的。熟语产生历史很早，汉语中一些广为使用的熟语，早在先秦的经书中就已经出现，常用于告诫自己或劝喻别人，一般用"里语"、"谚"、"野语"等指明。如《左传·宣公四年》："谚曰：狼子野心。是乃狼也，其可畜乎？""谚曰"，指明"狼子野心"引自民间熟语。

古代的熟语发展到现代，有的仍在沿袭使用，有的已改变为现代说法，也有的意义发生了变化。

（一）古今说法相同的熟语

有的熟语古今说法相同。如：

【打破砂锅问到底】

"问"本为"璺"。璺，即纹，"璺到底"表示裂纹延伸到锅底。汉扬雄《轩辕使者绝代语释别国方言》："秦晋器破而未离谓之璺。"郭璞注："璺，音问，今俗尚有打破砂盆璺到底之语，正读如'问'。"砂盆质极脆薄，破则其璺到底。因"璺"与"问"同音，所以当追问不止时就用这一俗语表示"问到底"。后改为"打破砂锅问到底。"清石成金《传家宝》（二集卷三）称："予闻老人云：打破沙锅璺到底。盖沙瓦之锅，一有破损，则璺到彻底。谓人之言行无论大小，俱当慎重。"显然他的解释与现在不同。一般人用的就是追问不已的意思，巴金的小说《团圆》："我看见王主任上了坡……才想起来王主任并不曾答复我那句问话：他为什么不回到文工团去？不过我也并非喜欢打破沙锅问到底的人。"

【拿倒着鸡毛当令箭】

令箭，指古时发布命令的凭证。四川方言中用这个熟语比喻把小事当成重大的事情，小题大做。在清朝吴研人的《糊涂世界》第 11 回就有此俗语："官场最会扯弄，拿了鸡毛当令箭，不要理他，只管挡驾罢了。"

【财不露白】

这个俗语指钱财不要在人前显露，以防不测。白，本指银子，因银子是白色的。明沈璟《义侠记》第 33 出："银不露白。我们店中小人多，你也要仔细些。"后演化为"财不露白"，清李观海《歧路灯》第 72 回："单讲行路客人，凡事要处处慎密，俗语说，财不露白。"四川人就是用这个意思，不过，由于早已不用银子，一般人不知道"白"是指银子，所以往往把"露白"当作一个词理解，认为就是暴露的意思。

【背时倒灶】

四川话的"背时"是一个词，可单用，表示倒霉的意思，此语早已有之。如《二十年目睹之怪现状》："苟才道：'不过不肯信我们这背时的人罢了。'""倒灶"四川话现在一般不单用，总是连着"背时"说出，但古代"倒灶"是可以单用的，源自《太玄经》："灶灭其火，惟家之祸。"这个意思演绎出"倒灶"一词，表示遇上灾祸、倒霉。如《西游记》25 回："你遇着就该倒灶，干我甚事？"《醒世恒言》卷三："粪桶也有两个耳朵，你岂不晓得我家美儿的身价！倒了你卖油的灶，还不勾半夜歇钱哩！"可见"背时倒灶"是两个同义词连用，与分用的意思相同，也是表示倒霉的意思。

（二）从古汉语中演变而来的熟语

有的熟语是从古语演化而来，即把古代汉语的词语或句子用现代白话说出，古今说法不同，意义相同。如：

【河里淹死会水的】

这条熟语来源于汉刘安《淮南子·原道训》："夫善游者溺，善骑者堕，各以其所好，反自为祸。""善游者溺"直译就是"擅长游泳的人反被淹死"，也就是"河里淹死会水的"。

【不管黑猫白猫，逮着耗子的就是好猫】

四川方言的这个俗语在改革开放之初由邓小平说出，一时传遍大江南北。表示评价事物是根据它的实用价值而不是其外形。类似俗语古已有之，清蒲松龄《聊斋志异·秀才驱怪》："异史氏曰：'黄狸黑狸，得鼠者雄。'"

【欠三千不如现八百】

源出明冯梦龙《醒世恒言》第20卷："常言道，靠山吃山，靠水吃水，做公的买卖，千钱赊不如八百现。"意思是赊账一千不如得八百现钞，因为赊出去的账不一定能收回，引申指许下的承诺不一定能实现，只有到手的东西才实在。四川方言中改为"欠三千不如现八百"，数字不同，表示的意思是一样的。

【扦担 tɕ'ian⁵⁵tan²¹³挑沙锅——两头失落】【扁担挑缸钵——两头失落】

四川话中这两个熟语意思一样，都比喻两头都没顾着。扦担，指两头尖尖的长扁担，把砂锅或缸钵挂在扦担或扁担上，只要一头滑落，另一头也会滑落，所以说两头失落。在元明作品中就有类似的例子，元代关汉卿《救风尘》第三折："且慢着，那个妇人是我平日间打怕的，若与了一纸休书，那妇人就一道烟去了，这婆娘他若是不嫁我呵，可不弄的尖担两头脱。"《西游记》57回："讨得讨不得，趁早回来，不要弄做尖担两头脱也。"尖担，也就是四川话说的"扦担"。毛泽东《第二次世界大战的转折点》："他尚未计算到他的实力和他的企图之间的不相称，以致'扁担没扎，两头打塌'，陷入目前的绝路。""扁担没扎，两头打塌"，是湖南话的熟语，四川有的方言点也说，但引出的意思是一样。

【上梁不正下梁歪】

语出晋代杨泉《物理论》"上不正，下参差。"本指双梁木架房，上边的梁安不正，下面的梁也就参差不齐了。"上不正，下参差"后演变为"上梁不正下梁歪"。比喻在上位的人或长辈行为不端，下面的人或晚辈也会跟着学坏。明代兰陵笑笑生《金瓶梅词话》第二十六回："你要了他这老婆，往后倘或你两个坐一答里，那奴才或走来跟前回话，或做什么见了，有个不气的？老婆见了他，站起来是，不站起来是？先不先只这个就不雅相，传出去休说六邻亲戚笑话，只家中大小把你也不放在眼里，正是上梁不正下梁歪。"四川话中可以单说"上梁不正下梁歪"，也可以说"上梁不正下梁歪，中梁不正倒下来"。

【戴绿帽子】【尖脑壳】

　　四川人常用这两个熟语指妻子有外遇或纵容妻子卖淫的男人。"戴绿帽子"是由"戴绿头巾"演化而来，这种说法产生得比较早。戴绿头巾早期只是一种受罚的形式，唐代封演《封氏闻见记》卷九记载：李陵为延陵令，吏人有罪不加杖罚，但令裹绿头巾以示侮辱，随所犯轻重，以日数为等级，日满乃释。到了明朝，政府规定，娼妓家的男子裹绿头巾以表示他们低下的社会地位。梁同书《直语补证》引明人《杂俎》："（娼妓）隶于官者为乐户，又为水户，国初之制，绿其巾以示辱。"后称妻子有外遇，叫戴绿头巾。郎瑛《七修类稿》卷二十八："吴人称妻有淫者为绿头巾。"明代西周生《醒世姻缘传》第66回："争夺这样混账戴绿头巾的汉子，没等那老婆与他一点好气，便就在他面前争妍取怜。"清代李汝珍《镜花缘》第十二回："此固由于妇女无知所致，但家长不能预为防范，预为开导，以致'绿头巾'戴在顶上，亦由自取，归咎何人？"把妻子有外遇的人叫做尖脑壳，也与戴绿头巾有关。《汉语戏谑词典》："乌龟头尖，故四川方言中俗称'尖脑壳'，借以谑称妻子有外遇或纵容妻子卖淫的人。"四川人所说的尖脑壳字面就是指乌龟，因乌龟的头是尖的。乌龟的头是绿色，犹如戴上绿帽子，加上乌龟一遇危险头就往里缩，一副胆小怕事的样子，因此就用乌龟来比喻妻子有外遇的男人，取乌龟头的形状为名，称之为"尖脑壳"。

　　（三）古今说法有所不同，但意义基本相同的熟语

　　一个意思可以有多种不同的说法，因此有些熟语虽然过去也有相应的熟语表示，但古今说法不同，例如，四川方言有个熟语，叫"巴倒门枋狠"，字面是扶着自己家的门框表现得很凶狠、气壮，实指在外面软弱无能却在家中称好汉。这个意思古代也有，元剧《伍员吹箫》："我如今在你宅里，你要打我，这个叫个门里大。""门里大"就是四川话的"巴倒门枋狠"意思。说法不同，但意义相同。又如：

【一个巴掌拍出来的】

一个巴掌按下来的手印当然完全相同，比喻两个人十分相像，这个意思过去有多种说法，如：一个印合脱下来的、一个模子铸的、一副印板印出来的等。例如，元无名氏《杀狗劝夫》楔子："虫儿打街心过来，众人都道孙大郎与孙二似一个印合脱下来的。"清李渔《十二楼·合影楼》第一回："却说屠观察生有一子，名曰珍生；管提举生有一女，名曰玉娟，两个的面貌竟似一副印板印下来的。只因两位母亲原是同胞姊妹，面容骨格相去不远，又且娇媚异常。"

【屋檐水，点点滴，一点一滴不差移】

这个谚语表示后辈模仿前辈的作为行事，四川话中常用来表示一个人怎样对待父母，他的儿女就会怎样对待他。明代兰陵笑笑生《金瓶梅词话》里就有近似的说法："西门庆呆登登，想了一会，说道，莫不就是李三、黄四的事么？应伯爵笑道：这叫做，檐头雨滴从高下，一点也不差。"

【出头桷子先遭难】

明代兰陵笑笑生《金瓶梅词话》第86回："自古没个不散的筵席，出头的椽儿先朽烂。"一般作"出头椽子先烂"。四川话把"椽子"叫做"桷子"，所以改为"出头桷子先遭难"。

【龅牙巴咬虼蚤】

戏剧《桃花女》："你这阴阳，是哈巴狗子咬虼蚤，也有咬着时，也有咬不着时，我不信你了。"四川话说"龅牙巴咬虼蚤"，其取譬对象更胜于"哈巴狗子咬虼蚤"。

【脸抹下来揣在包包里头】

比喻做事不考虑脸面，不知羞耻。在金代董解元《西厢记诸宫调》里就有这样的说法："不提防夫人情性偏，将下脸儿不害羞。""将下脸儿"就是"抹下脸来"，不过四川话还进一步说明"揣在包包里头"。

【半夜吃桃子——按倒炰的捏】

按倒，对着；炰，软。软的桃子是熟透了的，比较好吃，所以半夜看不见就捏一捏，看软不软。用这个熟语形容专拣老实人欺负。明代无名氏《渔樵闲话》："他没来头偏去言，有势要的不敢惹，但熟田瓜软处捏。"虽一用熟田瓜，一用桃子，但都选软的捏，意思是一样的。

【银子是白的，眼睛是黑的】

形容见财起意。元李行道《灰阑记》："我想来，人的黑眼珠子，见这白银子没有不要的。"清吴研人《九命奇冤》第33回："俗话说的好，'黑眼睛看见了白银子'，哪里有不动心的道理呢？"

【睁起眼睛跳岩】

睁起，睁着。表示明知对自己有害却偏要去做。如元代戏剧《气英布》："赤紧的做媳妇儿先恶了翁婆，怎存活？似睁着眼睛跳黄河！"睁着眼睛跳黄河，指无可奈何，只能走上绝路。四川离黄河甚远，所以根据本地地理特征改说为"睁起眼睛跳岩"。

【打酱油的钱不能打醋】

这个熟语比喻办事过分拘泥，不知变通。清代陈确《瞽言》中有一个笑话："有僮而呆者，使持二钱入市，曰：'一买盐，一买油。'僮受钱竟往，中道而若有悟，复归问其主曰：'吾向者乃失问，此二钱孰买盐，孰买油者？'而举座皆失笑也。陈子曰：'智哉此僮，夫何笑？谚所云：砖钱不买瓦者，非即此僮之智乎哉！'"四川方言中说"打酱油的钱不能打醋"，与之有异曲同工之妙。

【狗屎糊不上墙】

四川话中这个俗语比喻对没用的人，不管如何扶助都不能成功。元杂剧《东堂老》有"死狗扶不上墙"："我说来么，你可不依我，这死狗扶不上墙。""死狗扶不上墙"与"狗屎糊不上墙"字面意义不同，但比喻意义一样。四川方言中"扶"与"糊"音同，因而用"糊"代替了"扶"，又继而把"死狗"改为"狗屎"。这个意思也说"癞狗扶不上墙"。清代曹雪芹《红楼梦》第68回："这张华也深知利害，先不敢造次。旺儿回了凤姐。凤姐气的骂道：'真是他娘的话！怨不得俗语说，癞狗扶不上墙的！'"

（四）古今说法相同，但意义有所不同的熟语

有的熟语古代的说法跟现代四川方言的说法相同，但意义有所不同。如：

【狗头狗脑】

四川方言中，"狗头狗脑"表示吝啬的样子。元剧《伍员吹箫》："我家老子一日不杀人，也杀好几个，希罕你家这两个儿，做这等狗头狗怎的？"这是俗语"狗头狗脑"，歇去"脑"没说出来，而"脑"又谐"恼"，这个俗语表示烦恼的意思。

【大而化之】

《孟子·尽心下》："充实而有光辉之谓大，大而化之之谓圣，圣而不可知之之谓神。""大而化之"本指以大道化服天下，使所有的人奉行此道。在四川方言中也用，但表示性格粗放，做事不小心谨慎，粗心大意。

【脱了裤子放屁——多此一举】

在四川方言中，这个熟语表示不必要、行为多余的意思。明代周清原《西湖二集》卷之三十四："俗语道：'脱了裤儿放屁。'怎生得有如此自在之事？"显然，古代"脱了裤儿放屁"是表示不受拘束，自由自在的意思。

【夜不收】

今天四川话中这个熟语指深夜不回家的人，而古代指军队中的哨探，如元代戏曲《气英布》："贫道已曾差能行快走夜不收往军前打探去了。"这种意义现在还用在戏剧中，如川剧《交帅印》（《传统川剧折子戏选》第3辑）：

> 探子　俺，宗留守麾下边报"夜不收"是也。打探金兵飞渡黄河，汴京已失，二圣被擒，催马辕门投报。

三、来源于其他方言的熟语

熟语表达的事物、思想在各个地方具有一定程度的共性，因此各个方言的熟语是可以相互借用的。熟语在各个方言区的互相借用，往往经过改造，这种改造有的是换用本方言区人熟悉的词语。有的读音发生了变化，有的意思发生了改变。例如：

【插滥污】

四川话的"插滥污"，来源于吴方言的"拆烂污"。在吴方言中，"拆"，指排泄；"烂污"指稀屎。

"拆烂污"，字面就是拉稀屎的意思，"拆"读为 $[ts\epsilon^5]$，后引申为不负责任，滥竽充数，或做有损于他人的事。例如茅盾的《林家铺子》："外面又有谣言，说你拆烂污卖一些贱货，捞到几个钱，就打算逃走。"这个熟语后来引入四川话，由于"拆"在四川话中读 $[ts\epsilon^{21}]$，与其在吴方言中的读音相差甚远，所以人们用字面读 $[ts\hat{a}^{21}]$ 的"插"取"拆"而代之。

【放飞鸽】

是一种拐骗钱财的手段。近一二十年来，有些人急于发财，达到不择手段的地步，他们用妇女作为诱饵，引人上钩，从而达到卷走对方财物的目的。他们或者让妇女假装嫁给别人，当别人放松警惕性后，把人家的钱财一卷而空，或者是让别人先交多少钱，让妇女嫁给别人，过几天就悄悄逃走。这就像驯熟后的鸽子放飞以后让它自己飞回来。这种方式四川话中叫"放飞鸽"。其实这不是一种新鲜玩意儿，在吴方言中早就有"放白鸽"一说。《嘉定县志》载："蚁媒以妇女嫁于人，而令其卷逃，复向他处重施其技，俗谓之放白鸽。"另外，在吴方言中"放白鸽"还有说空话、说话不算数的意思，而四川话中的"放飞鸽"没有这一意思。也有的地方叫"放鹞子"。

【吊膀子】

本是男女挽臂同行的意思，后引申表示男女调情或男人勾搭、调戏女人。这个熟语是从吴方言引进的，如张春帆《九尾龟》第八十八回："你吊膀子只管吊膀子，我又不来管你的闲账，你何必就要这般着急了？"茅盾《子夜》："哼，你们只会在厂里胡调，吊膀子，轧姘头！"

【二百五】

这个俗语是从北方传到四川来的。旧时纹银五百两为一封，半封为二百五十两，而"半封"谐"半疯"，所以把疯疯癫癫不通事理或行事莽撞的人转叫为"二百五"。这个俗语大量出现在用北方话写的书面语中，如西戎《吕梁英雄传》："周毛旦本来就是个二百五脾气，不由得两眼冒火，口中嚷着。"受这些文学作品的影响，这个熟语进入四川人口语中。

有的熟语其他方言也有，但意义与四川话中的不一定相同，例如"三脚猫"，这个熟语是从吴方言传入的，在吴方言中，指对各种技艺都不精通，只学得一点皮毛的人，《越谚》"学得二计三脚猫，踢倒泥缸灶"，喻人本事不济，到处显能出洋相。较早的记载有宋无名氏《百宝总珍集》十："物不中谓之三脚猫。"明郎瑛《七修类稿》："俗以事不尽善者，谓之三脚猫。"《语文学习》1985年第7期："搞文学的人与搞学问的人不同，搞文学的常常一知半解，懂一点，但不怎么精，这就是所谓'三脚猫，到处跑'嘛。"可见三脚猫在其他方言中是指对某些知识或技术懂一点但没有一样精通。而在四川话中意思完全不同，因三脚猫只有三只脚，走路时一跳一跳的，所以比喻不能安静地待在家里，成天在外面到处玩耍的人。

歇后语是由引子引出注解，而一件事从不同角度看可以得出不同的结论，所以同一个引子在不同方言中可能注解不同，例如，"脱了裤子放屁"，四川话引出的注解是"多此一举"。而江苏海门县说的是"放屁脱裤子——大做"①。四川话中"瞎子戴眼镜——多余的圈圈"，表示做的事多余，而其他有的地方却说成"瞎子戴眼镜——多余的框框"，表示不必要的限制。

相同的字，不同方言读音不同，所以字面基本相同的熟语，不同方言有不同的解释，例如：叫化子卖米——只有这一升（身）／没几升（声）。这个歇后语四川话的注解是"只有这一升"，实际上是说"（衣服不多，）只有这一身"。例如："不管到哪里去，我都是叫化子卖米——只有这一升（身）。"这

---

①　参见宁榘《古今歇后语选释》，湖北人民出版社1982年版，第69页。

是因为四川方言中不分 nə 和 əŋ，都读 ən，所以"升"与"身"谐音。而陕西渭南地区的方言，引出的注解是"没几升"，因为在渭南话中，"升"与"声"谐音，都是后鼻音 əŋ，所以实际上是说"（讲的话不多，）没有几声"。例如柳青的《创业史》："高增福是啥东西？凭啥当农业社的副主任？论讲话是叫化子卖米，没几声（升）就完了，论办事，他没能力！"显然，相同的引子引出的注解不同。

四、来源于民间文学的熟语

熟语来自民间，民间文学也来自民间，二者之间有着密切的关系。熟语是人民群众智慧的结晶，在一些民间文学作品中往往大量使用熟语，表现出作品的通俗性和口语性，同时也使语言妙趣横生，令人回味无穷。民间故事、民间传说中固然时有熟语参杂其中，就是民歌中也可以使用熟语，以增加其形象性和诙谐性。如下面就是在四川地区流传的几首民歌，其中的熟语使民歌内容更为风趣幽默[①]：

> 姐的嘴儿甜又香，
> 不知心头是哪样。
> 愿像红桔瓣口甜，
> 不是马屎皮面光。
>
> 我跟干妹隔道桥，
> 站在桥头把妹瞧。
> 有话不好对面讲，
> 唱个山歌把妹撩，
> 你若有意扯回销。
>
> 白龙滩，不算滩，
> 捏起桡子船桨展劲扳。
> 千万不要打晃眼，
> 使力闯过这一关。

---

① 　以下民歌选自《中国歌谣集成重庆市市中区卷》，重庆市市中区民间文学三套集成编辑委员会编，1985
　　年。

　　　　婆娘_{老婆}算盘打得抠，

　　　　炒菜从来不放油。

　　　　晚黑_{晚上}亲热我不干，

　　　　双方一个占一头。

　　　　我屋婆娘实在恶，

　　　　每天给她洗臭脚。

　　　　兄弟老表莫要笑，

　　　　耳朵炆了抹不脱_{推不掉}。

　　也有的熟语就是来源于民间传说和民间故事。一方面，一些民间故事和民间传说中的人和事被人们浓缩为熟语；另一方面，人们从熟语的内容又附会出民间故事来。

　　有的熟语来源于民间故事。例如：

【赵巧儿送灯台——一去永不来】

　　这是四川的一个使用甚广的歇后语，凡是一个人出门后老不回来人们就爱使用这个歇后语。这个歇后语产生较早，并且流传较广，只是历代说法略有不同，尤其是"送灯台"的人名有多种不同的说法。北宋欧阳修《归田录·俚谚》云："'赵老送灯台，一去更不来'，不知是何等语，虽士大夫往往道之。天圣中，有尚书郎赵世长为留台御史，有轻薄子送以诗云：此回真是送灯台。其后竟卒于留台。"在元明清的小说戏曲中也出现较多，写法有所不同，有的写作"赵呆送灯台"或"赵呆送曾哀"，如戏曲《黄粱梦》："哥哥也，恰如赵呆送灯台，硬遇不的山河易改。"《儿女团圆》："每日家问春梅无信息，哎！他也恰便似赵呆送曾哀。""赵呆"也写做"赵藁"，如《薛仁贵》："恰便似送曾哀赵藁不回来，哎哟！儿也，我只道父子相间隔，不想孩儿也俨然在。"也有的说"鲍老送灯台，一去永不来"。《西游记》第71回："却说银角大仙昨日忿忿之气，放出如意钩来，实指望打碎这些宝船，陷害这些元帅兵座，一场全胜；那晓得弄做个鲍老送灯台，一去永不来。"王国维《古剧脚色考》谓"鲍老为古剧脚色名，源起于'婆罗'、'抱罗'论，转而为'鲍老'"；并谓："金元之际，鲍老之名分化而为三：其扮盗贼者，谓之邦老；扮老人者，谓之勃老；扮老妇者，谓之卜儿；比鲍老一声之转，邦为异名以相别耳。"[1]王国维对"鲍老"来源的解释也不完全贴切。今人刘逸生在《宋元俗语研究三例》（载《理论与实践》1958 年第 3 期）认为流行于四川地区的民间故事"赵巧儿送灯台"是这个俗语的来源。[①]

在民间传说中，"赵巧儿送灯台"这个故事与鲁班有关。鲁班就是战国时鲁国的公输般，他是木匠的祖师爷。民间关于鲁班的传说很多，人们设想，这么高明的师傅不能没有徒弟，于是在流传的故事中给鲁班添加了一个徒弟——赵巧儿。赵巧儿头脑聪明，但学习不踏实，喜欢投机取巧，学个一知半解就想与师傅一争高低。一次鲁班要建一座石桥，可是海龙王兴风作浪，给建桥带来很大困难。鲁班为了镇住龙王，就制作了一个灯台让赵巧儿送到龙王那儿去。赵巧儿看见师傅做的灯台很粗糙，有些瞧不起，认为自己能做得比师傅的更好，于是就暗中自己制作了一个精巧的带在身上。他先点着师傅的灯台，分开水路，进入龙宫。龙王看见鲁班的灯台，恭敬下拜，不敢乱动。这时赵巧为了显示自己的本领，就拿出自己的灯台来，把油倒在里面点着。不料灯台漏油，火光突然熄灭，龙王马上翻脸，把赵巧儿赶出龙宫，同时兴风作浪，赵巧儿就被淹死了。以后人们根据这个故事创造出"赵巧儿送灯台——一去永不来"这个歇后语。后来在各地流传中，由于方言读音不同以及误传的关系，因此书面上产生了不同的写法。

【石经寺的菩萨——干人】

干人，字面是干尸，实指穷人。这个熟语来源于成都地区的一个传说。石经寺是成都东郊龙泉山上的一个寺庙。传说当地一个恶霸把一放牛小孩害死，弄成干尸，谎称小孩敬佛成了肉身菩萨而修建了该庙宇。

【人心不足蛇吞象】

古代有"巴蛇吞象"的成语，源出《山海经·海内南经》："巴蛇吞象，三岁而出其骨。"指巴国的巨蟒能吞食大象，三年后才吐出骨头。蛇吞象是小动物吃掉大动物，后借以指人贪心不足。不过，蛇吞象毕竟是传说中的事，在现实生活中不可能发生，所以后来四川人又根据"象"与"相"同音，而附会出"人心不足蛇吞相"的民间故事。这个故事是说有一个樵夫在一个偶然的机会下救了一条小蛇，而这条小蛇实际上是一条龙变化的。为了报恩，小蛇让樵夫在自己身上拔下龙鳞医好了皇上的病，当了丞相。可是，樵夫并不满足，为了获取更大的利益，不断向小蛇索取，割它的肝，取它的心，最后小蛇忍无可忍，一口吞下了这个贪婪的丞相。

---

① 转引自王锳、曾明德《诗词曲语辞集释》，第 481 页。

五、来源于地方戏曲的熟语

四川的地方戏曲主要是川剧，另有多种地方曲艺，这些地方戏剧曲艺中的道白和唱词的吐字发音都是用的四川方言词汇和字音，语言优美，生动活泼，其中也大量使用熟语，使语言幽默诙谐，具有浓郁的生活气息，深受广大四川人的喜爱。地方戏剧曲艺是熟语比较集中的表现场，对熟语的传播起了重要的作用，同时在地方戏剧曲艺演出中还产生了许多熟语，是熟语的一个重要来源。

川剧有独特的唱腔和表演艺术形式，在语言上也很有特色。川剧的来源比较杂，在综合了多种外地戏剧、本地歌舞曲艺及农村的赛神活动等基础上形成。地方歌舞最早可上朔到殷商秦汉时代。据常璩的《华阳国志》载，在武王伐纣时，巴国曾派兵相助，战斗中，"巴师勇锐，歌舞以凌殷人"；刘邦与项羽争天下时，"巴人初为汉前锋陷阵，锐气善舞，帝善之，曰：此武王伐纣之歌也。乃令乐人习学之，今所谓巴渝舞也。"乾隆年间，一姓魏的四川都司从其原籍河南招来一个梆子剧团在成都演出，其子魏长生后来还成立了一个私家剧团，自己亲自扮演各种角色，也招收川人习演，不过当时剧团都使用中州话，严禁用方言，只有丑角可以用土话，以供取笑。清同治年间，有一位四川总督是苏州人，爱好昆曲，他从苏州调来最好的一个昆曲剧团在成都演唱，还要求地方戏班学习昆戏。现在川戏中的五种基本声腔——高腔、昆腔、胡琴（西皮二黄）、弹腔（梆子）、灯调，前边四种都是由外地的其他剧种吸收而来。外来的戏曲曲调结合四川的地方灯戏等曲调，并与四川方言结合，再加上各种独特的戏曲技艺，形成川剧这个独特的剧种。

川剧和地方曲艺都是用方言演唱的，包含有大量的方言熟语，同时也由地方戏剧曲艺中产生出一些独特的熟语。这些熟语或者来源于某个戏剧动作，或者来源于某个场景，或者来源于某种曲艺名称等等，下面略举数例。

【打假叉】

打叉，是川剧中武生的一种特技，《目连救母》、《祝家庄》等戏中都有打叉，根据剧情需要插入打叉表演。例如，《目连戏》中，阎王爷派打叉鬼处罚作恶的刘四娘，打叉者用数根钢叉，连续掷向另一个人的周围，钢叉钉进其身后的木板，嘣嘣作声，距被掷者只差分毫，由于每根叉都好似要刺进演员身体，所以观众看得心惊胆颤。有时为了产生更刺激的效果，表演者还故意即兴表演"打假叉"。在打叉时被刺者表现得胆怯害怕，逃到后台，又从后台逃到观众中，而打叉者则紧追不舍，边追边掷出一把把叉，吓得观众四散奔逃，正在混乱之际，有人拾起掉在地上的叉一看，哦，原来是纸糊的假叉。由此产生出"打假叉"这一惯用语。现在用"打假叉"表示说假话，做假事。

【走过场】

本指舞台表演者绕台而行。中国戏曲以抽象代具象，一个人在台上走一圈伸手做做拍门状，表示从外面回到家；几个兵在台上绕场走两圈就表示走过了关山万里。都是虚的，并不是实在的。所以"走过场"引申为表示做做样子，并不实在做事。

【假过场】

川剧中虚拟动作很多，剧中人物常在打击乐的烘托之下，运用手势、眉眼、舞蹈、身段等表演动作，或者交待情节，或者表现内心活动。这些行为在川剧中也叫"过场"，因为都是虚拟的动作，是假的，所以也由此引申出"假过场"这一熟语，表示虚假的行为。

【幺不倒台】

《说文》："幺，小也。"四川方言用幺指排序最后的，如"幺儿"。舞台表演最个一个节目结束就叫幺台。"幺不倒台"本是指由于表演精彩，谢幕时观众再三欢迎，因而不能闭幕。引申出骄傲自满，瞧不起人的意思。

【丢臁子】

戏剧重视通过眼神表达出剧中人物的心理活动和思想感情，丢臁子就是川剧眼法中的一种，主要用于旦角，意思是用眼神表达出爱慕之情。不过，旧时有的女演员为了讨好观众，在台上用眼色传情，挑逗观众，因此使"丢臁子"带上贬义，并由此产生出"观音菩萨丢臁子——试你凡心真不真""木脑壳丢臁子——假过场""木脑壳的臁子——随便丢"等歇后语。

【压堂子】

旧时剧场又兼茶馆，看戏的人边看戏边喝茶。如果演员水平一般，没有名气，观众各自聊天，场内一片嘈杂。如果演员水平高，名气大，一出场全场一就下子安静下来，大家聚精会神观看演出。人们就说这演员压得住堂子，反之则是压不住堂子。所以压堂子本指演出时演员以其声誉、技能使观众信服，不吵闹。现泛指以某种资格、声望使众人信服。老师上课、领导讲演如能使听者安静听讲都可以说压得住堂子。

【打挌和锣鼓】

"挌"，音 ts'əu⁵⁵。本有往前或往上推的意思，引申为扶持、支持之义。明代顾起元《客座赘语·诠俗》云："善迎人之意而助长之曰'挌'。""和"，本有附和的意思。"捎和"二字近义连用，表示支持、帮助、附和的意思。唱戏离不了锣鼓，锣鼓总要按着演员唱的节拍或做的动作打，这就是打捎和锣鼓的本意。现在用打捎和锣鼓表示在旁用语言帮助、支持。例如当两方发生争论时，旁敲侧击支持一方，就是打捎和锣鼓。

【说扭连扭】

扭连扭，又写成"绺连绺"或"柳连柳"，也叫"打连宵"，北方叫"霸王鞭"。是一种曲艺形式。表演形式是一边用双手舞动一根带响声的竹节打着节拍，一边口里唱着唱词。舞动的竹节大约有三尺多长，中间缕空，竹节上多处穿上铜钱，两头扎上花花绿绿的布条，据说这可能是其名的由来，因为布条在四川话中又叫"襟襟绺绺"，衣服如果穿得破烂，破成了布条，就叫"穿襟襟挂绺绺"。一说也可能是因为每隔几句要重复"绺啊绺连绺啊"。表演时，竹节在手心、手肘、肩头、脚的内弓和外侧、脚跟等处拍打，使铜钱发出有节奏的响声，同时挥手、耸肩、踏步、腾跳，全身都在和谐地运动。可由一人或多人表演。如果多人表演，则一人为主舞兼领唱，其他则为舞伴或伴唱。旧时多为乞丐行乞时表演。这种表演现在在四川基本绝迹。"绺连绺"的"绺"与"扭"同音，所以人们借用"绺连绺"来表示扭着别人扯皮。

还有些歇后语或谚语是用表示川剧里的角色的词语构成，例如：

　　　　小旦的脸——水粉

　　　　小旦的嘴唇——樱桃肉

　　　　热不死的花脸，冷不死的小旦。

当代一些方言剧中的某些短语或句子如果独特新奇，也会给观众留下深刻印象而模仿使用，成为新熟语。例如"现在而今眼目下"这个俗语来源于四川方言剧《抓壮丁》，本是借剧中人之口叠用几个同义词语以造成喜剧效果。在日常生活中，人们为了使语言俏皮，也常用"现在而今眼目下"表示"现在"的意思。

第三节　四川方言中的几种熟语

下面分别谈谈四川方言中的几种熟语。

一、惯用语

惯用语是口语中短小定型的习惯用语，惯用语有几个特点：一是多为三字格，如"下矮桩"指说软话、认输，"退神光"指挫了锐气，"打冒诈"指用假话试探或冒充某种身份进行欺骗活动；也有少数是三字以上，如"打翻天印"下级对上级、徒弟对师傅、小辈对老辈不尊重、造反，"吃整笼心肺"指全部独吞。二是结构定型，但使用时又具有一定的灵活性，当中往往可以插入别的词语。三是具有表里两层意思，表层意思是字面表现出来的意思，但使用的是里层意思，即字面意义的比喻义或引申义。

慣用语在句子中一般作为一个词使用。由于使用的不是字面意义，适于含蓄地表达说话人的意思，给人以回味无穷的韵味，使语言表达形象、生动、幽默。据传，四川某县一中学年年高考都无人上线，一次该中学校长到理发店理发，理发师不由分说就给他剃个光头，并说："你们学校年年剃光头，今天我也给你剃个光头。"这里有意活用慣用语"剃光头"的两层意思，使语言显得非常诙谐有趣。

普通话中所用的慣用语大多数四川话也用，如"拖后腿""磨洋工"等，但四川话中还有一些普通话没有的慣用语。

有的是用四川方言词构成的，如"冒皮皮"，即吹嘘自己，"敲棒棒"的意思是敲竹杠，"皮皮""棒棒"就是四川方言的重叠式名词，普通话没有。

有的慣用语与普通话的某一慣用语意思相同但所用词语不同，如普通话说"吃定心丸"，四川话说"吃定心汤圆"；普通话说"加塞儿"，四川话说"卡 k'a^{55} 轮子"；普通话说"撂挑子"，四川话说"口 nia^{21} 肩头"。

还有的慣用语在普通话中没有相应的形式，如"下炕蛋"指说了大话而不能兑现或在强悍的人面前服软、"冲壳子"指聊天或说大话等。

（一）慣用语的语法结构

四川方言的慣用语大多数是动宾结构，其次是名词性偏正结构。以下是动宾结构的慣用语：

学巴片：当别人学习某种知识或技艺时，免费跟着学。巴，这里是贴的意思。

吃福喜：吃不付钱的酒席。也用来指占便宜。

带把 pa^{213} 子：说话时夹有脏字眼。

啄梦脚：啄，踢。睡梦中有时会突然脚用力蹬一下叫啄梦脚，比喻稀里糊涂。

打烂仗：比喻生活不如意，做些很低贱的工作。

打总成：居中说合别人的事。

塞包袱：行贿。

偏正结构的慣用语一般是名词性的偏正短语，例如：

焖沙罐：比喻不爱说话的人。

耙耳朵：指怕老婆的人。

大嘴老鸹：胃口好，一次能吃很多的人。比喻贪心的人。

搅屎棒：到处坏事的混混。

黄眼狗：忘恩负义的人。

接瓜瓢：别人讲话时喜欢在旁边接话的人。

糍粑心：心肠软的人。

除了动宾结构和偏正结构以外，也有其他结构的，不过很少。如"空了吹"是连动结构，表示说话虚妄不实；"戳锅漏"是兼语结构，指总是坏事的人。

（二）惯用语的语义构成

惯用语都有表里两层意义，这两层意思一般是通过比喻或引申两种方式实现的。

1. 比喻

一般是整个惯用语作为喻体，惯用语的表层意思是本体，里层意思是喻体，实际意义是字面意义的相似性隐喻。例如：

端甑子：正蒸东西时把甑子端掉，比喻把别人即将到手的东西夺去。如夺走别人的女友或打篮球别人正跃起投篮时把球抢去。

打掟 tin^{213} 子：掟子，即"拳头"，"打掟子"比喻考试前猜题押题。

抱膀子：膀子即臂膊，抱着别人的膀子有扶助别人的意思，比喻打牌时在旁帮助别人，给别人出谋划策。

扎场子：扎，音 tsa^{53}，出自江湖术语，指替他人捧场、助威、撑场面。

抽底火：在用火的关键时刻把下面正燃烧着的柴抽去。比喻在关键时候去掉事情得以成功的基础，也指揭老底。

亮天牌：天牌是川牌中的一种，天牌是最好的牌之一。字面指亮出最好的牌，比喻把自己最好的条件显示出来。

踩假水：原指只用脚蹬水而使身体不下沉的一种游泳方式。比喻弄虚作假或说假话。

2. 引申

有些惯用语使用的是字面意义的引申义，实际意义是表面意义的相关性隐喻。例如：

梭边边：悄悄地溜到旁边。常指做事时偷懒。

打帮锤：别人打架时帮一方打，也泛指发生争执时帮助一方。

甩牌子：自以为了不起，给人钉子碰。

说聊斋：有闲聊的意思，也有辩理的意思。

（三）惯用语的灵活变化

惯用语的结构虽然有一定的定型性，但也比较灵活，必要时一部分的结构有可能变化，能变化的大多是动宾结构，只有极少数其他结构的。惯用语的变化方式主要有三种：

1. 在惯用语当中插入其他词语，形成扩展式。例如：

操扁挂：指学武艺。可以扩展为：操了几天扁挂。

扳嘴劲：指争论短长。可以扩展为：扳了半天嘴劲。

占欺头：占人便宜。可以扩展为：占我的欺头。

打让手：在价格、条件上让步。可以扩展为：打一点让手。

挨巴棒：被别人敲竹杠。可以扩展为：挨了一巴棒。

捡疤和：捡便宜。可以扩展为：捡了好多疤和。

可以看出，能在惯用语中插入的成分有动词的补语（主要是时间补语）或宾语的定语。当然也可以只插入动态助词"了""过"或"倒""起"等。

2. 颠倒惯用语的语序，即把动宾结构的宾语提到动词前，在颠倒语序的同时往往增加补语，使意思得以延伸，形成惯用语的位移式。例如：

扯把子：吹牛或撒谎。宾语易位后可以说：把子扯得圆。

做过场：走过场，虚假应付；故意做作，使人为难；故意作态或闹别扭，以引人注意，一般指小孩的行为。宾语易位后可以说：过场做够了。

打掂子：考试前猜题。宾语易位后可以变换为：掂子打得准。

挽圈圈：设诡计给人下套。宾语易位后可以变换为：把圈圈挽圆。

提虚劲：嘴上强硬，实际外强中干。宾语易位后可以变换为：虚劲提得高。

这种易位同时包含了添加。

3. 用同义词换用惯用语中的成分，形成惯用语的替换式。那些能互相替换的词语往往有使用范围广狭的区别，下面例子中，前后同义惯用语中前者较土俗，后者使用较广泛：

开黄腔／说黄话：说外行话。

下烂药／放烂药：说坏话、使坏主意。

二、歇后语

歇后语是由近似谜面、谜底两部分组成的带有隐语性质的口头用语。前一部分说出一件事或一个事物，像谜面；后一部分像谜底。也可以说前一部分是"引子"，后一部分是对引子的"注解"，用前一部分来引出后一部分，说话的主要意思在后一部分。前后两部分之间有语音间歇。如："大水冲了龙王庙——一家人不认识一家人。"有时后一部分也可以不说出来。四川话把歇后语叫作"言子"，而把说歇后语这种行为叫作"展言子"。歇后语是人民群众的口头创作，具有浓厚的口语色彩。

普通话中的歇后语大多数四川话也在用，但四川方言还有一些普通话没有的歇后语。有的包含有四川方言特有的词语，例如，"三月间的樱桃——红登了"，"登"表示程度很高，达到顶点的意思，"红登了"就是红透了。"强盗吃米汤——贼喝喝（呵呵）的"，"贼呵呵"是四川方言的生动式形容词，表示贼眉贼眼的样子。"夜明珠沾酱油——宝得有盐有味"，"宝"也是四川方言特有的词，表示"傻、憨"，"宝"的人又叫宝器，相当于北京人说的"二百五"。

谐音是歇后语构成的重要条件之一，有的歇后语就是利用四川方言独特的语音特点构成的，例如：

三月间的菜苔——不嫩（论）

四川方言中"论"读 nen[214]，没有 u 介音，并且声母鼻边音不分，因此与"嫩"同音。

茅厕头安铧口——犁屎（历史）

"历"是古入声字，而古入声字在四川话中一般归入阳平，所以"历"与"犁"同音。

屁股上吊粪桶——等屎（死）

四川话没有翘舌音，全读成平舌音，所以"屎"与"死"同音。

筲箕口 k'aŋ[53] 锅——不严（谙）

"口 k'aŋ[53]"是"盖"的意思；"严"与"谙"同音（"严"表示严实时读 ŋan[21]，其他意思读 ȵian[21]），"谙" ŋan[21] 是指"料想，想到"，这个字还保留着古舌根鼻音声母。

歇后语分前后两部分，歇后语中前后两部分关系比较复杂，而且注解的字面意义和使用意义也往往不一致，我们把注解的字面意义叫作表层意义，使用的意义叫里层意义。根据表层意义和里层意义之间的联系我们可以把四川方言的歇后语分为以下几类。

（一）利用比喻构成

这又有两种情况。一种是前一部分是喻体，后一部分是对比喻意义的说明，前后两部分是譬和解的关系。

　　　茶壶装汤圆——有货倒不出

　　　菜板上的水盐菜——横切顺切随便你

　　　茅厕头的石头——又臭又硬

　　　哑巴吃汤圆——心头有数

　　　沙田里的萝卜——一带就来

　　　瞎子打婆娘——松不得手

以上比喻中，注解部分表面上是顺着引子说，对前一部分进行解释，但实际上根据具体情况有不同于表层意义的里层意义，如"有货倒不出"字面指汤元不能从茶壶嘴倒出来，实际是心里想到但不能表达出来；"横切顺切随便你"字面指菜板上的水盐菜任随人切，实际表示人或事听人宰割或任人处理。这些歇后语使用时整个歇后语可以作为一个喻体。例如可以说"他这个人就像深山里的斑鸠——不晓得春夏秋冬（即不知世事）"。

有的歇后语虽然也是由比喻构成，但只有注解才是喻体，引子只是用来引出喻体。例如说"这个人是'乌龟爬门坎——迟早要翻跟斗'"，人与"乌龟爬门坎"没有相似点，所以"乌龟爬门坎"并不是喻体，这里只是用"迟早要翻跟斗"来说明这个人，"迟早要翻跟斗"才是喻体，比喻早晚要遭失败。下面也是这一类例子：

　　　稀眼背篼竹篾编的篾条间隔较大的背篓装笼子猪儿满月的小猪——脚脚爪爪都现出来了

　　　鸡公屙屎——头节硬（比喻开头比较过硬）

　　　布袋里装菱角——尖的出头（比别人强的出头露面）

　　　糠壳揩屁股——倒巴贴一砣（比喻想做好事，反倒弄巧成拙，或者没得好处，反而吃亏）

（二）利用词的同音现象构成

有些歇后语在注解部分有意使用与某词或语素音同或音近的字构成语音双关。前一部分只起引子的作用，引起后面的注解，使用的是用与注解同音的词语表示的里层意义。

　　　场后头落雨——街背湿（该背时，活该不走运）

　　　老婆婆的脸包儿脸蛋儿——纹（文）皱皱的

　　拉着胡子过河——牵须（谦虚）过渡（度）

　　叫花子进茅厕——讨屎（死）

　　隔年的腊肉——有盐（言）在先

　　十月间的桑叶——没人采（睬）

　　矮子过河——淹（安）了心（安心，存心的意思。）

　　麻布洗脸——粗（初）相会

　　灵房子走路——怪屋（物）

　　盐巴罐打醋——咸（寒）酸

　　铁匠死了不闭眼——慊（欠）锤（即欠打。慊，惦记着，与"欠"谐音。）

这些同音语素有些在普通话里不同音，但在四川话里语音却相同。

（三）利用词的多义现象构成

有些歇后语是利用注解中的词或语素的多义性而构成语义双关。例如：

　　死鱼的眼睛——定了

"定"表层意义是指不动，里层意义是指决定。

　　耗子偷石灰——白嘴一张

"白嘴"表层意义是指白色的嘴，里层意义是"白吃东西的嘴"。

　　桴炭木炭修磨子——走一方黑一方

"黑"表层意义是指变成黑色，里层意义是指名声变臭。

　　九月的菊花——黄了

"黄了"表层意义指变黄了，里层意思指事情未成功，夭折了。

　　三十年开花，四十年结果——老果果

"老果果"表层意义指老的果实，里层意思指老年男子（带戏谑的口吻）。

（四）利用自由短语与词、成语、惯用语、俗语等同形或同音的现象构成谐音双关或语义双关。这有多种情况。

有的歇后语的注解表层意思是自由短语，可以逐字进行解释；里层意思是词，具有整体意义。例如：

　　胡子上贴膏药——毛病

　　阎王打架——鬼扯（"鬼扯"作为词表示扯蛋的意思）

　　香香棍制作敬神的香的竹签搭桥——难过

　　土地菩萨吃汤圆——神不能（楞）吞（"神不楞吞"作为词表示神经分分）

飞机上打瞌睡——高矮不盯（"高矮"作为词表示不管怎样）

月亮坝头耍刀——明砍（"明砍"作为词表示公开挑明）

半天云挂口袋——装风（疯）

三月间的菜苔——不嫩（论）（"不论"作为词表示不计条件）

半天云中落冰棍——天棒（作为词指冒失、鲁莽、不怕事的人）

水打棒穿皮袄——泡毛鬼（水打棒，河中淹死的人，一般被水泡得很胀。"泡毛鬼"作词表示做事毛糙、冒失的人）

鬼冬哥长胡子——老雀儿（"老雀儿"作为词戏指某方面的老手）

也有表层意思是词而里层意思是短语的，如：

梁山的军师——吴（无）用

有的歇后语的注解表层意思是自由短语，里层意思是成语，具有整体意义。例如：

螃蟹过街——横行霸道

披麻袋救火——惹火烧身

矮子爬楼梯——步步高升

自来水管坏了龙头——放任自流

狗坐箢箢——不识抬举

有的歇后语的注解表层意思是自由短语，里层意思是惯用语，具有整体意义。例如：

满口金牙巴——开黄腔（"开黄腔"作为惯用语表示说外行话）

乌龟打屁——冲壳子（"冲壳子"作为惯用语表示吹牛，说大话）

茅厕头插扦担——搅屎棒（"搅屎棒"作为惯用语指常干坏事的混混）

有的歇后语的注解表层意思是自由短语，里层意思是俗语，具有整体意义。例如：

玉皇大帝卖新谷——天仓满了（作为俗语表示快要死了，寿命尽了）

扦担挑沙锅——两头失落（作为俗语表示两件事都失败了）

老鹰抓蓑衣——脱不倒爪爪（作为俗语指脱不了干系）

莲花白起苔——老不收心（作为俗语指人年纪大却仍然花心）

黄泥巴做人——没得心肝（作为俗语表示没有人性）

猪八戒照镜子——里外不是人（作为俗语表示不管怎样都不讨好）

屋脊上的冬瓜——两边滚（作为俗语指立场不稳）

岩板脚下的团鱼——看扁了（作为俗语表示瞧不起人）

磨子上睡觉——想转了（作为俗语表示改变了固有的想法，即想通

了）

（五）利用不同结构关系或不同层次的词语同形或同音构成双关

有的歇后语利用不同结构关系或不同层次的词语同形或同音构成双关。例如：

走拢渡口打转身——想不过

"想不过"表层意思是动宾结构，表示打算不过渡；里层意思是中补结构，表示"想不通、难以释怀"。

棺材里的耗子——吵死人

"吵死人"表层意思的层次是"吵／死人"，里层意思的层次是"吵死／人"。

土地老汉搬家——神（承）不住了

"神不住了"是主谓结构；"承不住了"是动补结构，表示再也承受不了了。"乘"读 sən^{21}，与"神"音同。

麻子上台——群众观点

"群众观点"的表层意思是主动宾结构，里层意思偏正结构。

光脑壳打阳尘——莫（没）望

"莫望"是偏正结构，表示"不要抬头望"；而"没望"是动宾结构，表示没有希望。川北"没"与"莫"同音。

（六）有的直接利用注解的字面意义，但用来指其他的人或事物，构成会意双关。

有的歇后语直接利用注解的字面意义，但用来指其他的人或事物，构成会意双关。例如"灶王爷上西天——有啥说啥"，表面上指灶王爷有啥说啥，但在一定的语言环境中指具体的某人有啥说啥。其他如：

幺姨妹的轿子——押倒一手（即缓一步）

瞎子打毽——个都不个（表示一个都没成功）

金山寺的水——涌起涌起的来（一般形容来的人多）

九月里的石榴——笑咧了嘴

口袋装钉子——一个个都想出头（实指人想出头）

口袋装茄子——叽叽咕咕（字面指茄子相互挤压发出声响，实指人由于不满而嘟哝）

扯鸡毛敬神——哄鬼（实指欺哄、糊弄人）

老汉唱戏——过说（字面指以说的方式唱，实指只是说说罢了）

沙锅里炒葫豆——哈不开（哈，拨拉。字面指容器太小，不能拨拉

开，实指事多或手头钱紧，应付不过来）

歇后语的引子和注解并不是一一相对的，有不同的引子引出相同的注解，例如可以说"猪八戒抬轿子——挺身而出"，也可以说"孕妇出门——挺身而出"；可以说"担沙罐挞扑爬摔跟头——没有一个好的"，也可以说"担沙锅跳岩——没有一个好的"。也有的同一个引子引出不同的注解，例如可以说"脚踩西瓜皮——溜了"，也可以说"脚踩西瓜皮——溜齐哪里算哪里"（实指做事没有长远计划，做到哪里算哪里）。又如，"三月间的桃花"这个引子，可以引出注解"谢了"，用来表示感谢；还可以引出注解"红登了"，表示一个人受上级宠信，走红运到了极点。

三、谚语

谚语是人民群众口头上流传的通俗而含义深刻的固定语句。一般都是揭示客观事理或总结实践经验的，富于教育意义。如："良药苦口利于病，忠言逆耳利于行。"谚语常以对偶的形式出现。谚语简单凝练，往往省略了很多一般句子中必不可少的成分，例如四川话中的谚语"寒露胡豆霜降麦，立冬油菜绵不得"，补充完全是："到寒露时应该种胡豆，到霜降时应该种小麦，到立冬时应该抓紧时间种油菜，一点都耽搁不得。"把三个季节应该做的工作以及告诫的话浓缩在 14 个字里表现.出来，非常精炼。谚语在结构上具有相对的固定性，往往作为一个完整的现成的语句被引用。除了一些与普通话相同的谚语，四川方言也有一些独特的谚语。

（一）谚语的思想内容

谚语表示的是历代人民群众的斗争经验、生产经验和生活经验，这些经验经过长期的检验，具有很强的权威性，人们常说谚语是人生百科全书，因为它的内容多姿多彩，涉及了人生的各个方面。尤其在没有什么文化的劳动人民中，他们的生产经验及处世为人的道理很多来自谚语。人们往往把谚语看成是前人总结的至理明言，具有无可辩驳的真理性，所以，当他们需要劝告教育人或与人争辩时，往往引用谚语，以增强语言的说服力。

人民群众在口语中大量使用谚语，在书面语中谚语也并不鲜见。谚语的最重要的作用是它的教育作用。不管是生产经验也好，还是为人处世、修身养性也好，都有大量的谚语供人们选用。这些谚语由于它的正确性、权威性，所以具有高度的传承价值，人们代代相传，既用以教育别人，也用以告诫自己，可以说，在文化程度不高的劳动人民群众中，谚语就是他们生活的教科书。从表示的意思来看，谚语的范围非常广，大多是人民群众生产生活经验的总结或具有劝戒作用的箴言。

有农业和畜牧业生产方面的经验总结，例如：

豌豆胡豆一把灰，角角_{豆角}结得起堆堆_{成堆}。

包谷三道粪，孬死有九成。

豆锄三道圆溜溜，麦锄三道不见沟。（指麦苗长势好，遮住了垄沟。）

甘蔗杆杆长，适当放宽行。

猪要胀，牛要放。

寸草砍三刀，无粮也长膘。（指猪草应切得细一些。）

水要清，料要净，猪牛吃了少生病。

有劝诫人们多搞副业的，例如：

养猪赚逗钱，又有粪肥田。

鸡鹅鸭兔羊，多喂有看场。

家有一弯柏，吃穿都不缺。

农家要致富，勤劳多栽树。

家有十棵柳，不用绕山走；家有十棵杨，不用打柴郎。

有关于气象方面的经验总结，例如：

有雨四脚亮，无雨顶上光。

打雷立秋，干断河沟。

早上烧霞，有水烧茶；晚上烧霞，晒死蛤蟆_{青蛙}。

落土太阳打返照，明天晒得像鬼叫。

有教育为人处世之道的，例如：

要得朋友长，天天算口粮。

交人要交心，栽树要埋根。

人直有人逢，路直有人走。

只看别人脸上花，不谙自己尻子_{屁股}屎。

有关于小孩教育之道的，例如：

跟倒_着好人学好人，跟倒_着端公学跳神。

为人不学艺，担断笋箅系。（笋箅系，系笋筐的绳子。表示没有手艺在身只有下苦力。）

养儿不读书，犹如喂头猪。

还有其他各方面的生活经验之谈，例如：

不怕慢，只怕站。（站，指站着偷懒。）

杯杯酒吃脱家当，毛毛雨打湿衣裳。

有了一顿耸尽量吃，二顿吃谷种。

会省的省旺月，不会省的省荒月。

多学多问少出拐。

会打捶打架不在头二三下。

茄子不开虚花，细娃儿小孩不说假话。

是啥子虫虫，下啥子蛋蛋；是啥子窑窑，烧啥子罐罐。

姜是老的辣，醋是陈的酸。

笆笆门对笆笆门，板板门对板板门。

（二）谚语的语法结构

从语法结构上看，谚语可以分为单句和复句两大类，以复句占多数。不管是哪一种，谚语都能比较完整地表达出说话人的意思，所以在使用时一般都是独立成句。

1. 单句形式的谚语

单句形式的谚语一般是主谓句，例如：

草草头没得饿倒的蛇。

泥鳅黄鳝不能扯作一样齐。

一棵树子上跥 k'u²¹蹲不下两个鬼灯哥猫头鹰。

吐出来的口水收不回去。

告化子乞丐见不得热稀饭。

也有少数非主谓句，例如：

有钱难买老来瘦。

伸手不打笑脸人。

二四八月乱穿衣。

猫嘴里挖不出鱼鳅来。

单句形式的谚语结构上与某些俗语相似，我们只把那些带有一定哲理性的熟语看做谚语。有些句子从结构上看是单句，可是说话时可以分成两半，当中有语音停顿，例如：

金窝银窝，不如自己的狗窝窝。

阴沟里的烂泥巴，总有翻身之日。

生人妻死人墓，搒 p'aŋ⁵⁵倒碰着就是祸。

臭鱼烂虾，送命冤家。

一颗耗子屎，打坏一锅汤。

2. 复句形式的谚语

复句结构的谚语大都包括两个分句，一个层次，只有个别是三个以上分句、两个层次的，例如：

立夏栽苕，斤多一条；小满栽苕，半斤一条；芒种栽苕，襟襟吊吊。

说是说，笑是笑，支脚动手_{动手动脚}无家教。

上面前一个谚语，由三个假设关系的复句形式并列而成，包含六个分句，有两个层次。后一个谚语包含三个分句，两个层次："说是说，笑是笑"是一个并列关系的复句形式，与"支脚动手无家教"又是并列关系。

复句的分句间有各种语义关系，但一般不用关系词语联接，凭听者根据前后两句的意思体会。

有并列关系的，可以分为三小类，第一类是两句在表意中的作用有所不同。其中一个分句是偏句，是引出或补足正句的；一个分句是正句，是谚语表意的重点所在。例如：

铁冷了打不得，话冷了说得。

树老心空，人老癫东_{糊涂}。

穷人气大，烟锅巴劲大。

上面第一个谚语偏句在前，正句在后，用"铁冷了打不得"引出反义的"话冷了说得"，表意的重点在后一分句。第二个谚语也是偏句在前，正句在后，表意的重点是指人老了就糊涂了，用"树老心空"来引出同义的"人老癫东"。第三个谚语重点在说明"穷人气大"，后一句与前一句没有意义上的必然联系，只是起辅助表意的作用，并使之构成上下两句。这一类有偏有正的并列复句，正句和偏句的次序可以颠倒，例如"树老心空，人老癫东"也可以说成"人老癫东，树老心空"，另外，正句还可以单独使用，但偏句不能单独使用。

第二类是两个句子在表意方面地位完全平等，分不出主次，例如：

人少好过年，人多好种田。

莫说过头话，莫喝过头酒。

人上十口难盘_养，账上十两难还。

说些来搁起，说一砣来吊起。

这一类可以拆开分别使用，如"人少好过年"与"人多好种田"可以分别成句。

第三类是两个分句语意形成对比，有相辅相成的关系，例如：

高头放个屁，下头跑断气。

外头绷面子，里头搅浆子。（指硬撑面子。）

这些谚语缺少其中任何一个分句，表意都不完整，所以这类谚语中两个分句都不能单独使用。

有承接关系的，例如：

过了惊蛰节，耕田忙不歇。

师傅领进门，修行在本人。

吃了有钱人的饭，耽误无钱人的工。

头道回生，二道熟，三道四道成师傅。

头遍破层皮，二遍往深犁。

承接关系既有时间上的承接，也有事理上的承接。

有因果关系的，例如：

少是夫妻老是伴，哈儿一会儿不见惊叫唤。

围到灶头转，是想锅巴吃。

前一个谚语原因在前，结果在后；后一个谚语结果在前，原因在后。

有假设关系的，例如：

针过得，线过得。

有了核桃，未必还愁棒棒敲。

发体不发财，阎王带信来。

早上地罩雾，尽管放心的洗衣裤。

腰长 ts'aŋ²¹ 肋巴稀，定是懒东西。

要赚畜牲钱，跟倒畜牲绵。

五黄六月不生产，十冬腊月饿得喊。

有转折关系的，例如：

有了癞子恨癞子，癞子走了想癞子。

惹不起，躲得起。

本想梳个光光头，哪晓得癞毛不争气。

递进关系的，例如：

在别人头上屙屎，还嫌别人脑壳不平。

养猪赚钱，又有粪肥田。

把人挡推下岩，还要掀个石头下去。

有条件关系的，例如：

活路手上赶，哪怕一天要到晚。

萝卜上了街，药铺不用开。

多看少买，不得出拐_{不会出差错}。

说起风，就是雨。

有选择关系的。例如：

宁肯割脑壳，不肯割耳朵。

因为谚语都是比较肯定的事理，是非就在谚语中，所以选择关系的谚语一般都属于选择已定的关系，其选择对象是已经确定的。

虽然谚语中复句的分句绝大多数是主谓短语或谓词性短语构成，但也有少数是名词性短语的，例如：

文质彬彬，一肚子的草筋。

富人的饭，穷人的汗。

一分力气，一分庄稼。

六月间的太阳，改了嫁的后娘。

也有的复句省去了一些成分，当中没有语音停顿，成为紧缩复句，例如：

养得到身养不到心。

多学多问少出拐_{差错}。

绊_摔倒不痛爬起来痛。

吃屎都要吃头一泡。

当泥鳅不怕糊眼睛

也有的谚语两个分句本身就是紧缩复句，例如：

你有七算我有八算，你有长罗索我有翘扁担。

有饭大家吃，有祸大家当。

（三）谚语的修辞手法

谚语常常用来说理，其道理具有抽象性、概括性，为了把抽象的道理说得简单易懂，谚语采用了各种修辞手法，以增强语言的艺术性，使话语形象、生动，通俗易懂。下面举出一些例子说明谚语常用的修辞方式。

1. 对偶

对偶是谚语中很常见的一种形式，谚的对偶跟一般对偶比较起来，对词性、语音的要求不是那么严格，只要前后两部分字数相同，读来音节对称就行了。对偶前后句有多种语义关系。对偶一般是五言或七言的。例如：

穷得志气，饿得新鲜。

人少好过年，人多好种田。

出门看天色，进门看脸色。

这里不生肌，那里不告口_{伤口愈合}。

　　冬天打阳尘，春天不得瘟。

　　说是风吹过，打是实贴货。

　2. 比喻

有的谚语是整体作比喻。例如：

　　豆芽长齐天，还是一门小菜。

　　屋檐水点点滴，一点一滴不差移。

　　鱼找鱼，虾找虾，乌龟王八结亲家。

　　兔子满山跑，不如老窝好。

　　"豆芽长齐天，还是一门小菜"比喻一个孩子不管长多大在父母面前都是孩子。"屋檐水点点滴，一点一滴不差移"比喻一辈一辈相承，你怎么对你的父母，你的下一辈就会怎么对你。"鱼找鱼，虾找虾，乌龟王八结亲家"则用来比喻物以类聚，人以群分。"兔子满山跑，不如老窝好"比喻人尽管到处走，还是觉得自己的家乡好。

　　有的比喻本体和喻体都在一个谚语里，或者前句是本体，后句是喻体，例如：

　　人跟人不同，花有几样红。

　　你是你，我是我，猫儿不跟狗打伙_{合伙}。

或者前句是喻体，后句是本体。例如：

　　树老心空，人老癫东。

　　滴水汇成河，粒米积成箩。

　3. 顶真

　　这是一种后句的开头重复前句的结尾的方式，一方面可以使叙述的范围、程度、数量等递增或递减。例如：

　　本本戏晓得几折，折折戏晓得几句。

　　大鱼吃小鱼，小鱼吃虾虾，虾虾吃泥巴。

　　"本本戏晓得几折，折折戏晓得几句"，用"本——折——句"的顺序表示出范围的递减，讽刺那些对什么都一知半解的人，同时突出事物之间的连锁关系。"大鱼吃小鱼，小鱼吃虾虾，虾虾吃泥巴"，表现出一种特殊的生物链，用以比喻弱肉强食的连锁关系。

　4. 对比

　　谚语常常把两种区别较大的人、事物或行为放在一起进行比较，以使人更清楚地看出其对立关系。例如：

　　胆大骑龙又骑虎，胆小骑个菢鸡母。

好人命不长，祸害一千年。

看自己一朵花，看别人豆腐渣。

5. 回环

这是一种前句结尾与后句开头相同、后句结尾与前句开头相同的表达方式，这种方式可以使人看清两种事物或现象之间相互依存的关系。例如：

人不欺地，地不欺人。

响水不开，开水不响。

真的说不假，假的说不真。

"人不欺地，地不欺人"，就是用回环的方式说明人的努力程度与地的收成之间的密切关系。"响水不开，开水不响"，则是说明水开与声音之间的关系。"真的说不假，假的说不真"，说明了真与假之间泾渭分明的区别。

6. 双关

有少数谚语是用双关的方式构成，有的利用语义双关的形式，有意利用词语的多义性构成双关。

例如：

蚊虫遭扇打，只为嘴伤人。

白露身不露。

出头桷子先遭烂（难）。

"蚊虫遭扇打，只为嘴伤人"，字面上是指蚊子用嘴刺伤人，所以遭扇打，实指人说话伤害了别人因而遭报复。"白露身不露"，后一个"露"字承前一个"露"而言，字面有露水的意思，但实际使用的是暴露的"露"。"出头桷子先遭烂（难）"，利用同音构成双关，字面指从瓦下露出来的椽子会先烂，实指发生事情时先出头的人更容易遭到不幸。

四、俗语

俗语是流行于民间的通俗语句。语言学界对"俗语"的解释是不一致的。《现代汉语词典》（2002）说"俗语"是"通俗并广泛流行的定型的语句，简练而形象化，大多数是劳动人民创造出来的，反映人民的生活经验和愿望，如'天下无难事，只怕有心人'。""俗语"一词来源较早，《国语·越语》就提到："谚，俗语也。"认为谚语属于俗语。《现代汉语词典》的解释基本上承袭了这一说法，把谚语、歇后语、惯用语等民间流传的形象精炼的定型的语句都归入俗语。

陈海洋等人编的《中国语言学大辞典》（1991）指出对"俗语"有广狭两

种解释：俗语是"流行于民间的通俗语句。指谚语、惯用语及口头上常用的成语等。一说主要在人民口语中使用的、浅显的易懂、形象精炼的语句。如'一个巴掌拍不响'、'打肿脸充胖子'等"。前一种是广义，相当于本书所说的熟语，也与《现代汉语词典》所说的范围相同，后一种是狭义的。

有很多语言学家采用的就是这种狭义的意思，如王德春《词汇学研究. 论熟语的种类》（1983）把熟语分成五类：1. 成语，2. 谚语，3. 格言和警句，4. 歇后语，5. 俗语和惯用语。认为"俗语这种习用的固定语句的特点是通俗化、口语化。它主要在口语中使用，一般都是浅显易懂的，也有一定的形象比喻"。举出的例子如：一个巴掌拍不响、一鼻孔出气、打肿脸充胖子等。另外，像北京大学符淮青的《现代汉语词汇》（1985）、北京语言文化大学的崔希亮的《汉语熟语与中国人文世界》（1997）也是使用的俗语的狭义，把俗语与谚语等并举，举出的例子如：雷声大雨点小、敬酒不吃吃罚酒、这山望着那山高等。

本书采用"俗语"的狭义，把除惯用语、歇后语、谚语以外的其他表意生动、含意隽永且长短不拘的固定短语统叫作俗语。俗语与谚语的区别主要在于，俗语有句子，也有短语，谚语都是句子，大多是形式对称的整句；谚语往往说明一个事理或一种生活生产经验，而俗语只是表示一种情况，或说明一种现象，缺少深刻的哲理性。不过个别俗语与单句构成的谚语之间界限并不是很分明。

俗语没有固定的结构形式，长短不拘，形象精练，使用的往往是字面意义的比喻义或引申义。如："顺倒毛毛抹"表示顺着某人心意、脾气说话或做事；"拐棍倒起杵"比喻行事颠倒了上下辈或上下级关系。

（一）俗语的语法结构

1. 短语或单句形式的俗语

这类俗语的结构类型多种多样，可以说汉语句法结构中各种基本结构类型在俗语中都有体现。下面举例说明。

有主谓结构的，例如：

豆腐盘成肉价钱：盘，搬运。比喻长途运输便宜的东西而得不偿失。

脑壳都大了：听了或看见了某件不愉快的事，头好像一下子胀大了。

话都递到嘴边了：交谈时给对方提供一个上文，使对方顺着说出自己想说的话。

一丝眉毛遮脸：比喻为了一点小事而与朋友或亲人翻脸。

活人还遭尿憋死：比喻头脑不灵活，被一点小事难住。

手脚不干净：指常小偷小摸。

死猪不怕开水烫：比喻到了最差的境况，就什么都不怕了。

有动宾结构的，例如：

吃了豹子胆：指胆子大。

打不出喷嚏：吃了亏但又说不出口。

说不出个子曰：不能给予明白的解释。

乱想汤元：不切实际地空想。

说个烟杆不走气：说的话无意义，说了等于白说。

看走了眼：看错了人或事。

晓得锅儿是铁铸的：知道厉害。

有偏正结构的，包括名词性和动词性偏正结构，例如：

黄泥巴脚杆：指农民。

椒盐普通话：特指带四川方言味儿的普通话。

顺口打哇哇：不加思考，顺着别人的话说。

有并列结构的，例如：

横挑鼻子竖挑眼：对别人看不顺眼，处处挑刺。

一惊二怪三点头：形容对一件新鲜事，开头感到新奇古怪，到后来也就表示赞同了。

有动补结构的，例如：

输不起：经济或心理不能承受所受到的损失。

懒得烧蛇吃：形容极懒。

有连动结构的，例如：

抠鼻子屎吃：比喻即使是微小的利益也不放过。

捏到鼻子哄眼睛：做事不实在，自欺欺人。

比倒簸簸卖鸭蛋：严格按照既定的标准办事。

有兼语结构的，例如：

逼倒牯牛下儿：比喻强人所难。

捉些虱子在脑壳上爬：比喻自找麻烦。

2. 复句形式的俗语

复句形式的俗语数量不多，有双体的一般复句与单体的紧缩复句两大类。一般复句有各种关系，其中以并列关系为多，例如：

不方的方点儿，不圆的圆点儿：对不圆满的话进行修正补充。

长不像冬瓜，短不像葫芦儿：比喻人的身材不好。

这里不生肌，那里不告口：比喻什么都不顺利。告口，伤口愈合。

左手捵 ian^{55} 撒（粉状东西）药，右手揭壳：形容急于看到结果。

天上风筝不吃，地上通吃：表示什么都吃。

翻过来牛皮鲊，翻过去鲊牛皮：反复说内容相同的话。

少数并列结构中的其中一部分没有什么意思，只起调配音节的作用，例如："又歪又恶，又不吃豆芽脚脚"，"又不吃豆芽脚脚"跟"又歪又恶"没有关系。

有的是转折关系，例如：

把你卖了，你还帮他数钱：表示不能识别他人的坏心眼。

各人的稀饭都没吹冷，去吹别个的汤圆儿：比喻帮助比自己境况好的人。

本想梳个光光头，哪晓得癞毛儿不争气：比喻心有余而力不足。

在别人头上屙屎，还嫌别人脑壳不平：比喻欺人太甚。

有递进关系的，例如：

把人挡推下岩，还要掀个石头下去：比喻做事狠毒，连续给予致命打击。

给他抬了轿子，还要包他不晕轿：表示要求太过分。

有假设关系的，例如：

说得脱，走得脱：表示必须清楚才脱得了干系。

有条件关系的，例如：

尾巴一翘，就晓得你屙屎屙尿：本指看见牛尾一翘，就知道牛要干什么。形容对人的举动和意图了如指掌。

有承接关系的，如：

说起风，就是雨：表示盲目听信传言。

眼睛一眨，老母鸡变鸭：形容变化极快。

另外，还有大量的紧缩复句，例如：

离了红萝卜不成席：表示某人不可或缺。（一般用于否定）

是泡屎都要吃下去：表示不管怎么难都要忍受并坚持下去。

有向灯的有向火的：对矛盾的双方有不同的偏向。

初学理发就遇到络耳胡：比喻新手遇到难题。

挼扛起半截就开跑：表示不听明白就采取行动。

一踩九头翘：形容人非常精明。

（二）俗语的修辞特征

俗语一般不能简单地从字面理解，它表现的往往是字面意义的引申义或联想义。有以下几种表达方式。

1. 使用婉曲的修辞手法，让人从字面意义推导出本来意义。例如：

扯南山盖北海：要扯南山盖北海是不可能的，表示胡说、瞎扯。

打起灯笼火把都找不到：意思是很难找到。

饭碗楞起了：即饭碗侧着放。表示没有饭可装，即没有工作了。

锅儿吊起打当当：锅当锣打，意即没米下锅。

好狗不挡路：使人推导出坏狗才挡路。一般用来骂挡在路上的人。

脚手都没得放处：形容手脚无措的样子。

看到都胀眼睛：眼睛胀当然不舒服，这里指看见就不舒服。

问三不问四：问事不问清楚。

跟倒尻 kəu⁵⁵ 子屁股打合声：指跟在别人后面随声附和。

2. 使用比喻的方法，让人通过相似点的联想体会出里层意思。例如：

马屎皮面光：比喻表里不一。

粑粑要吃得热络：比喻做事要趁热打铁。

臭狗屎糊不上墙：比喻无能的人不管别人怎么推举也做不成事。

捏倒着个炭圆儿：比喻遇到了很棘手的事。

手长衣袖短：比喻心有余而力不足。

吃屎的把屙屎的估倒欺压了：比喻有求于人的人反而比被求的人还强横。

包打炭圆不散：比喻做事一包到底，保证不出错。

打不出喷嚏：比喻吃了亏但又说不出口。

3. 使用夸张的手段，包括直接夸张和借助其他方式进行夸张。例如：

屎胀了才挖茅厕：比喻不早作准备，事到临头才着忙。

想一锄头挖个金娃娃：讽刺那些想不费力气就发大财的人。

衣服角角都扇得死人：讽刺那些由于钱多或势大而趾高气扬的人。

俗语中的夸张一般用于讽刺。

4. 使用双关的手段，收到言在此而意在彼的效果。例如：

肚子唱卧龙岗：表示肚子饿了。四川话"卧""饿"同音，从而构成谐音双关。

拷鹅卵石：拷，扛，与"老"同音，取"拷石"谐"老实"。常用来表示否定。

5. 只用俗语的一部分词语，其他词语没有实在意思，只起衬语的作用。例如：

死个舅子都不干：就是坚决不同意、坚决不答应的意思，形容固执。

例中的"死个舅子"没有什么实在的意思，相当于一种衬语。不过这类成分有还是没有，表达效果很不相同，它可以强化语气，是一种表达说话人主观感情色彩的语用成分。

第五章　四川方言词汇的语义分析

第一节　四川方言词汇语义的多角度观察

什么是词汇语义，语言学界至今并没有统一明确的定义。古希腊时期，柏拉图认为词与词所指的事物之间的关系是自然的、必然的，是由宇宙的结构所决定的，所以词所指称的对象就是词的意义；后来索绪尔在此基础之上提出了一个模式，解释了语言符号与所指事物的关系；布龙菲尔德认为词义就是说话人的处境和听话人的反应；当代有些学者认为词义就是词在不同句子中的使用方式。这些大致可以归纳为指称论、反映论和关系论等。把词义看作与词的语音形式相结合的人们对客观事物的概括反映，这个观点在国内较为流行。

词汇语义系统的存在已经在词汇学界基本达成共识，王军在《词义系统的性质及其类型》中指出了词义系统的性质表现的五个方面——整体性和有机联系、开放性、动态性、自我调适性和稳定性。四川方言词汇语义作为一个系统，也有其体系性表现。如"熟脚"（熟悉情况，为贼作引线的人）、"苏气（漂亮、好看、大方、有气派之意）"、"弯酸（挑剔、故意刁难、讥讽之意）"，几个义位并不等于各自语素的简单相加，而是获得了整体的意义，这是系统性的体现之一，整体不等于各孤立要素部分之和，而是大于各孤立部分之和，这样的情况还很多，在以后的讨论中会进一步提到。此外，四川方言词汇语义系统一方面在不断吸收共同语词汇语义及其它方言词汇语义，不断调整系统内部成员，处于能量和信息的流动和交换之中，另一方面又保持自身词汇语义的相对稳定性，从而保持了四川方言的特色和面貌，使之作为一个运转有效的地域交际工具，让本方言区人们的交流能顺利有序进行，这无一不是词义系统性的体现。

每种语言的词汇语义系统，都是使用该语言的人们通过语言对所处世界、自身和环境的认识，"词义的来源有两个方面，一是词义所具有的客观内容，即现实世界的物体、性质、行为、状态等各个方面。一是人们在认识客观世界时融入的主体看法……词义的种种生成及表达特征，都会给词义铸成种种不同的性质。"①因此，词义反映了人们的精神、思想，又与复杂的客观世界联系紧密。四川方言词汇系统中的词汇语义，也体现了使用该方言的人们对客观世界的概括反映和主观划分，与共同语、其他方言、别的语言的词汇语义有共性，也有一些个性特征。

一、四川方言词汇语义的性质

（一）词义的共性特征

1. 词义的概括性

任何词义都有概括性。现实中的事物和现象林林总总、千差万别，词义不可能对它做毫无遗漏的记录。名词、动词、形容词等，其词义都是有概括性的。如：

青果：专指橄榄的果实。

扎雨班：因下雨而不出工干活。

开秧门：指从秧田里开始拔秧移栽。

秋风黑脸：满脸不高兴的样子。

"青果"一词，只抓住了橄榄果实的颜色特征，而舍弃了其他如味道、形状等方面的个体差异，这是对橄榄果实的一种高度的概括，使词义的表述不会过于长而增加记忆的负担，所以词义的概括性是有所为，有所不为的。

"扎雨班"和"开秧门"是两个动词，它们都代表现实中的某个过程，包含了一系列的场面和动作，但词义却只需展示其中的几个点，就概括代替了整个过程。

形容词"秋风黑脸"也是一样，用脸部的颜色表示了不高兴的样子，没有冗长的描述；其中"秋风"则表达了人们的主观评价。

2. 词义的客观性

客观对象是词义形成的本源，没有客观对象，也就不会有词义。四川方言词汇的语义，同样以客观对象为前提，比如"言子"（指四川方言中言简意赅的话，包括言语、歇后语等，也指一些押韵的话）、"幺店子"（乡间路旁的小客店或小店铺）等，没有这些现实中的事物现象，就不会产生这样的意义和概念，也就无法符号化为词。客观事物现象的消亡会引起词义的消失，这

---

① 苏新春：《汉语词义学》，广东教育出版社 1992 年版，第 89 页。

是自不待言的，如"美人桩"（一种刑具）"抬盒"（一种刑具）在近代的四川话中还有，《跻春台》中出现过，但现在这些刑具都消失了，所以现代四川方言中已经不存在这样词了，词消失了，词义也消失了。即使是一些人们头脑中幻想的事物的意义，实际上也是人脑对现实的一种歪曲反映，受制于认识水平而已。比如"小神子"（或说"小山"，指的是在家里喜欢作弄人、捣乱的小鬼怪)，在现实中其实并无这样的东西，但是人们无法对家里的一些异象做出科学的解释，就幻想出了有这样的一种小鬼怪，形成了这样的词义，人们为了安抚它，不让它作乱，对它敬畏有加，连说话都非常小心，这在以前的农村是很常见的，现在，已经没有多少人相信了。但这样的词义也是有客观现实基础的，所以具有客观性。

3. 词义的模糊性

但凡语言，其词汇中都有一部分的语义具有模糊性。词义的模糊性是词的意义界限不清楚，模糊性的实质是词所指的现实现象本身就是不清楚的，有些客观事物是一个连续的整体，没有清晰的离散性特点，比如时间、年龄等，如"断黑""擦黑"与夜晚之间没有一个明确的界限，此外，人的主观感受也可能是模糊的，如"二红二红"，究竟是怎样的一种红色，个人的感受不同，认定也有差异，即使是稍微具体的如"鼻烟色"（指咖啡色)、"駿妈黑"（非常黑，没有光亮，也可形容人的皮肤很黑)，也只是一个大致的范围，不是精确的认定。"我们认为词义的模糊性并不是词义的本质属性，不可同词义的其他性质相提并论，至少目前是这样的。"[①]，这个结论也是适合四川方言词汇语义的。

（二）词义的个性特征

以上说的是词汇语义的共同性质，所有的语言包括方言的词汇语义都具有上面的性质。除此之外，还有学者从其他角度归纳词汇语义的共同性质——"客观性与主观性；抽象性与具体性；规范性与灵活性；普遍性与民族性"[②]，这种归纳似乎更全面一些，"民族性"也触及了个性特征。但是，从根本上说，词义性质的研究仍未突破传统窠臼。

过去的研究基本不涉及词汇语义的个性探讨。那么不同的语言或方言，其词汇语义究竟有没有个性？我们认为各种语言、方言的词汇语义肯定是有其个性特点的。概念属于思维范畴，具有高度一致性，但是即便如此，不同

---

① 曹炜《现代汉语词义学》，暨南大学出版社 2009 年，第 171 页。

② 崔应贤《论词义的性质》，《河南师范大学学报》哲社版，2006 年 3 月，第 159 页。

民族对同一概念的内涵、外延的认知仍可能存在差异，何况词义？在近期的研究中，曹炜在其《现代汉语词义学》中旗帜鲜明地论及现代汉语词义的个性："对现代汉语词义的一些独特性闭口不谈，容易给人一种错觉，认为概括性、客观性等便是现代汉语词义的独特个性。这种错觉在相当一部分专业人士中间也存在着……"①

一种语言的词义个性是与共性相对比、与其他语言词义的性质相对比而得出的结论，其价值在某些方面需要别的成员来证明。比如，通过和印欧语的语音、词汇（主要是构词方面）和语法的对比，我们得出了现代汉语语音、词汇、语法方面的特点。但是，语义方面的对比似乎要困难得多，因为词义必然会涉及到概念，而思维是全人类共有的，况且我们面对的仿佛是一个同样的世界。

四川方言的词汇语义无疑有其个性，问题是我们应该通过什么途径、什么方法去揭示那些个性。正如揭示现代汉语语音、词汇、语法特点一样，四川方言词汇语义的个性归纳也必须建立在对比的基础之上。作为现代汉语的一个地域变体，我们要揭示四川方言的词汇语义个性特点，可以暂不考虑异族语言词汇语义的状况，比较直接简便的方法就是拿汉民族共同语及其他方言来与四川方言进行比较。

方言词汇语义体现的是这个方言区的人们对客观世界的主观看法和划分，其间多少都有差异，尽管这种差异还没有大到像两种不同的语言之间的程度。萨丕尔-沃尔夫假说的强势语言决定模式论认为语言决定思维，一个人只能根据其母语中编码设定的范畴和区别定义来认识世界，语言怎么描写世界，我们就怎样观察世界，这个观点当然不被大多数人接受；但弱势模式语言相对论认为，一种语言系统中所编定的范畴类别和区分定义为该语言系统所独有，一种文化中的内容，只有用该文化中的语言才能得到充分表达。当然，四川方言只是汉语的一个变体，而不是独立于汉语的语言，所以用萨丕尔——沃尔夫假说来类比，不完全妥当，这是一个根本的点。但是，假说可以给我们一种启示，汉语文化的大一统之下，还有丰富复杂的亚文化，而方言是这些亚文化最好的载体。发源于某一特定地区的文化概念，如果用普通话或用其他方言来说，就会有微妙的差异，至少在人们的头脑中唤起的意象是不一样的。比如，四川地处内陆，离大海很远，所以这个方言区的人们对于跟海密切相关的"妈祖文化"的理解和体验的深刻性就远非福建、广东、台湾等沿海地区人们可比，与此文化相关的概念在这些地方很多，而粤语区

---

① 曹炜：《现代汉语词义学》，暨南大学出版社 2009 年版，第 172 页。

或闽语区的人们肯定创造了很多这方面的词，即把这些概念词汇化了，而这些意义和概念，对于身处内陆的四川方言区人们来说，无疑只是隔靴搔痒，雾里看花。又比如，南方天气热，终年无雪无冰，很多南方方言区的人们对"冷、冻、冰、雪"的概念都很模糊，他们才会把"冰棍儿"叫"雪条"，把"冰箱"叫"雪柜"。地域不同，所处的地理、气候、人文环境不同，对概念的分类层次和分类细度也会有所不同①，在名称上，类义词的数量在一定程度上跟地域方言有很大的关系。

方言与共同语之间虽然是同宗同源，有巨大的一致性，但是同时它们又各自有独立的生存环境和生存状态，也许还经历了不同的发展道路。因此，不同方言区的人们通过语言看待世界，认识世界的方式或多或少有些不同，虽然不是本质的差异，但这也会影响到人们头脑中的概念，影响人们对事物的范畴化，进而影响词义。

关于四川方言词汇语义系统的主要个性，我们认为可以从以下几个方面观察。

1. 丰富独特的地域文化色彩

语言是文化的载体。语音系统、语法规则即使携带文化信息，也是非常间接的，词汇才是文化信息的直接载体。文化的独特性必然反映到词汇语义中，从而表现出词义的个性。四川方言词汇语义的个性很重要的一点就是其丰富浓厚的地域文化色彩。

四川人喜欢喝茶，坐茶馆，茶在四川人的生活中有很重要的地位，所以跟茶文化有关的熟语和词很多。比如：

吃讲茶：旧时解决民间争端的一种方式，即发生纠纷争执的双方到知名人士家中拜访，请其出面到茶馆喝茶，断公道，评判收费。如果双方都负有责任，则各付一半茶钱，如果一方输理，则由该方付全部茶钱，今天四川一些地方还把输理叫开茶钱。

喊茶钱：过去茶馆中的礼节。在茶馆里凡看见熟人喝茶，都要大声招呼并表示要为对方付茶钱，谓之喊茶钱。

摆茶：本指新娘招待男家亲友的茶宴，后来成为主家待客在正餐前的开胃餐，摆上甜食、茶水、各类干果等，称之为摆茶，是一道必不可少的程序。

吃加班茶：喝别人喝剩下的茶。

---

① 马清华：《文化语义学》，江西人民出版社 2006 年版，第 36 页。

吃闲茶：为消磨打发时光到茶馆喝茶。

茶客：嗜茶的人。

茶瓶：指暖水瓶。

茶母子：喝茶不能全部喝干，要留一定数量的汁水，以便下次冲茶的时候还能保有较浓的茶味，此之谓茶母子，或直接说母子。

茶脚子：客人离开茶馆后剩在碗中的茶。

盖碗儿茶：用一种专门茶具泡的茶。盖碗儿形似小碗，上面有盖，旧时下面还有铜制的茶托。

开：量词，旧时茶馆喝茶均为盖碗儿茶，冲茶时揭开茶盖，揭开一次算一开，喝过几开，茶色渐淡，若客人不另外开钱泡茶，就会受到幺师_{冲茶加水的伙计}的冷落。

四川多竹，特别是川西、川南农舍，多为翠竹环绕，竹文化融入了四川人的生活当中，形成大量与竹相关的竹族词。相关内容详见第六章。

2. 口语浓厚的谐趣与幽默色彩

不同地域的人们也许都有某种集体的鲜明个性，比如上海人的精明，东北人的豪爽，四川人的幽默。虽然并非生活在这些地方的每一个人都具有这样的个性，但是，它们却往往能够作为一个地区人们的标志性特质，渗透到各个方面。对比地方戏曲如豫剧、越剧、川剧的不同风格，很容易让我们感受到燕赵的慷慨、江南的柔美、巴蜀的诙谐，并将这些不同的风格跟不同地域的性格特质联系在一起。这些特质就像煤的形成一样，经历了长时间的积淀过程，社会、政治、经济、文化、地理等方面因素都可能对其产生影响。这种性格特质一经形成，便成为一种集体无意识，深深植入这些方言区人们的文化基因当中，一代代继承下来，渗透到各个方面，当然也会投射到语言当中。

四川人话语中的幽默谐趣就是他们集体个性中一个较为显著的特征，四川方言中的一些熟语和特殊表达形式尤其能反映这种幽默诙谐的语言智慧。如：

①　张飞杀岳飞，杀得满天飞。

旧时茶馆说书的人，描述战场厮杀时，说得兴起，往往来一句"只见张飞杀岳飞，杀得满天飞"。张飞、岳飞分别生活在三国和宋代，俗语表面很荒唐，但是它巧妙地运用一个"飞"字，把风马牛不相及的两员名将拉到一起。于是人们又借此来指称那种不着边际的神吹乱侃。原来，这种表面的荒诞竟然跟它的语义、甚至语用是那样的契合，以致令人忍俊不禁。

②　三十晚夕吃红苕，你高兴哪条？

"三十晚夕"指的是除夕之夜，此时本该吃好的，却只能吃红薯，可见生活很艰难。但尽管如此，仍然要高兴，要找乐子。"哪条"是一个谐音双关，四川话用量词"条"或"根"跟"红薯"搭配，同时"哪条"又可以理解为"什么"。意思是生活已经到了大年夜只能吃红薯的地步，还是高兴，高兴什么呢？这是一种自我解嘲式的反问，但就是在这种自我嘲弄的过程中体现出了幽默。

下面是一首四川仁寿民谣的摘录：

　　……

　　问：收工早不早哦？

　　答：火把连天。

　　问：酒够不够喝嘛？

　　答：牛眼睛嘟大个罐罐。

　　问：腊肉切得大不大块嘛？

　　答：风都吹得上天。

　　问：二天以后还干不干哦？

　　答：屙尿都不朝那边。

上面这段文字采自反映旧时农村帮工生活的一首民谣。它采用一问一答的形式，抒发帮工生活的辛酸。民歌语言幽默，充分表现了川人的性格特质；也可以反过来说，川人幽默诙谐的性格特质在在这样的语言形式中表现得淋漓尽致。

这样的例子很多，不仅词语、民谣，很多用四川方言拍成的电视剧、写成的小说都透着幽默谐趣的风格。

幽默风趣的效果是由很多方面的因素综合决定的，有表达和理解双重的作用，也有修辞和语境方面的原因，同时也是谐趣幽默因素沉淀到词汇语义当中的结果。我们认为，可能有以下一些原因：

（1）口语词汇语义的乡土与俚俗色彩

四川方言词汇多是使用在口语当中，口语表达随意散漫，不像书面语的典雅庄重，所以往往是滋生幽默的温床。在四川方言词汇中，有很多口语词，散发着土俗之气，这些俚俗和土气的词汇符号和表示同样意义的共同语词汇符号比较，立刻就产生了表达上的落差和错位，这种与心理预期不一样的落差和错位一般会产生令人发笑的效果，久而久之，就会成为附着在词汇语义上的幽默色彩。人们在使用这些方言词语的时候往往感觉不到多可笑，说明这种自然幽默的状态已经成为了一种嵌入人们日常生活中的语言习惯了。如下面一些词语：

棒老二：旧时指持械抢人的土匪。

编编匠：字面指用竹、藤之类编制器物的人。实际"编"谐"无中生有地编造"的"编"，用哄骗的手段欺骗别人钱财的人。

打烂仗：过穷困潦倒、落魄失意的生活。

二恍恍：指粗心大意，不认真，也指粗心不认真的人。

打屙屎主意：出馊主意。

看甑脚水的：用甑子蒸饭的时候要随时观察甑子下面的水是否已经干了，看甑脚水借指家务活，也借指女孩子。

看田缺水的：田缺是水田田埂上放水的缺口。看田缺水的指管理农田，借指男孩。

开条：出主意，想办法，多指为别人出不好的主意，也说开烂条。

日诀：很粗野地谩骂。

日白匠：爱吹牛、扯谎的人。

假哥：游手好闲又穿着阔气的年轻人。

少匹肋巴：比喻资格不够，低人一等，常用在反语、反问中。

除此之外，四川人说话总有些詈语口头禅，即骂人的话，四川话叫"话把子"，有些詈语已经没有了骂人的含义，往往成为言语笑料。比如：

格（也写作"跟"）老子：骂人的话，表示不满，感叹等情绪。

球经不懂：骂人的话，什么都不懂。（球是人们口头常带的骂人语）

球莫名堂：非常没有意思。

锤子：本指男阴，骂人的话，表示强烈否定。

这些本都是骂人的粗话，但长久的语义磨损，很多都失去了骂人的力量，主要用来表示不满，言语之间有种谐趣。当然，这些词语的使用依然要注意对象和场合。

（2）形象化的词语造成了词义表达的幽默效果

四川方言词汇中有大量的生动形象的词语，很多这类词往往有比喻意义，而比喻意义的特点恰好是建筑在形象具体的事物之上的，这些词在口语中经常运用，也会让人觉得活泼有趣，从而产生幽默。如：

摆母猪阵：骂人的话，指成群的妇女撒泼。

抱膀子：打牌时给人当参谋。

编框框："编"谐"无中生有地编造"的"编"，指用言语给别人设圈套。

绷大方：硬撑有钱或舍得花钱。

大嘴老鸹：比喻贪吃贪财的人。

焦眉烂眼：愁眉苦脸的样子。

乱想汤圆吃：比喻非分之想。

耳朵在烧腊摊子上：比喻听话时心不在焉，没有听进别人的话。

逼倒着牯牛下儿：比喻强人所难。

（3）大量风趣的惯用语和歇后语的产生及使用

惯用语和歇后语是具有口语性质的熟语，多取材于民间常见事物，是人们喜闻乐见的言语样式，也是人们口语中常说的言语样式，其意义多附有幽默风趣的色彩。

打脑壳：脑壳，即脑袋。指令人头晕或让人伤脑筋。

包子漏糖：包子漏出了糖馅儿，比喻事情暴露。

丢死耗子：比喻失约。

提死人脑壳：比喻做难办的棘手的事情。

打肚皮官司：表面和气，却内心忌恨，暗中争斗。

菢鸡婆抓糠壳——搞空事：菢鸡婆，孵蛋的鸡。搞空事，字面指菢鸡婆在糠壳里找不到米吃。喻义歇后语，比喻做无用功，搞没有意义的事情。

冬瓜皮做帽儿——霉登顶了：喻义歇后语，指倒霉到了极点。

肚脐眼儿打屁——腰（妖）气：谐音歇后语，指善耍心眼儿，兴风作浪。

3. 词义简洁单纯，无复杂派生环节

在语文工具书当中，有些单音节字头后面所列的义项较多，但是其中有的义项是作构词要素而存在的，并非所列义项都是单音节词的义项。以常用词"打"为例，《现代汉语词典》的"打"共列出 24 个义项，是汉语单音节形式中义项最多的一个。《四川方言词典》和《成都方言词典》均未列出"打"作为单音节词的义项，实际上四川方言的单音节词"打"和共同语的单音节词"打"肯定有不同的义项存在。《四川方言词典》收录了 173 个以"打"开头的词语，《成都方言词典》收录 144 个。有些"打"离开了这些词语后意义不能单独使用，如"打单穿"（指不能套在别的衣服外面穿）、"打总"（总起来、合起来）、"打早"（一大早）、"打脚"（鞋子不合脚，走路脚痛或脚被磨破）、"打广"（去过湖广，引申为见过世面）、"打胡乱说"（说胡话或指胡说八道），甚至有些词语中作为语素的"打"，都不能概括出独立的义项，因为只有结合具体的词语，"打"这个语素才能显示该意义。

这两本词典更注重收录四川方言的特色词语，并未把四川方言的词汇语义系统提高到与一种语言的词汇语义相同的高度，所以没有从整个广义的词义系统的角度来列出所有义项。这两本词典收录的词条，多具单义性，这成为一个显著特点。即使多义词语，其义项也不过两三个，四个义项的就很少见了。我们似乎可以得出这样的观察结论，即四川方言词汇语义较单纯，派生较简洁。不过，对于这种现象，我们还必须考虑其他方面的因素，这两部词典收录的词条，都是双音节、三音节及其以上的词语居多，而词的长度增加，必然导致义项减少。

因为缺少像《现代汉语词典》那样全面收录四川方言词汇的词典，同时在我们的调查研究过程中，列入方言调查词表中的样本词条也很有限，所以我们尚无法在总体上从统计的角度得出确切的数据，因而只能做一些局部的观察和描写。

另外，四川方言词义当中所谓没有复杂概念主要是针对四川方言词汇的狭义系统而言，这与方言的口语性质有关系。这会在下面进一步谈到。

二、四川方言词汇语义的宏观构成

四川方言词汇语义的宏观构成，与四川方言词义的共性与个性有极大关系，某种程度上可以说是从不同角度看待同一个问题。所谓宏观构成，是指把词汇语义作为一个整体从外部来看其构成，而不是具体词义的内部构成，大致可以分出以下成分：

（一）理性意义

人们是通过词义认识我们所处的世界的，没有词汇、词义，世界对人来说就是一片混沌。世界包括各种事物、物体、动作、性质、关系，也包括人们头脑中对客观现象的虚构，四川方言词汇语义的理性义就是方言区人民对世界进行主观认识的结果，也是方言区人民对世界进行划分和范畴化的过程。

理性义是词义的核心成分，每个词都有其理性意义中心，所以有学者称为基义，而且大多数都体现了对事物的指代以及属性概念，所以理性义又可称为指称义或概念义。理性义是一个词必不可少的部分，理性义有两种，一种叫专门意义，一种叫通俗意义，分别反映了具有专门知识的人对某些事物的特殊认识和人们对世界的一般认识。"在语言中，基义有两类变体：学科义位，普通义位，……学科义位就是各学科（社团）用的专门义值，相当于传统词汇学的'概念义'。它具有逻辑因素，反映的是科学概念内涵、范畴及指物特征。"①通俗意义是普通人凭生活经验和常识感知到的指物特征。词语可以既有通俗义也有专门义，如"水"；也可以只有通俗义没有专门义，如"桌子"；还可以只有专门义没有通俗义，如只在学科内使用的专业术语。

狭义四川方言词汇语义只有通俗义，缺失专门义，这可能有这样一些原因：

一是人们对各种学科门类的科学而成熟的认识是近代才有的事情，特别是在中国，"科学"这个词也是晚近的舶来品，而方言是从古传承下来的，所以在专门领域内的概念很少出现在方言当中。二是跟方言总是用在口语语体有关系，口语中极少使用词汇的专门意义来进行交际，专门意义常常出现在书面语体中，书面语都是用的统一的民族共同语，与口语语体格格不入，早就有分道扬镳之势。

当然并不是说用方言就无法掌握专门义，专门概念是从共同语按照方言语音对应规律折合过了，属于方言从共同语转借的词汇系统。

因此，四川方言词汇语义的理性义主要存在于与日常生活密切相关的天象气候、地理环境、衣食住行、生老病死、农林牧副、买卖经营、人体、职业、称谓、文教、娱乐等领域，是方言区人民对世界的认知结果。不同方言区的人对世界划分的精细粗略有所不同，因此也造成了各个方言区义类上的区别。四川方言的义类就是此地区人民对外部世界的认识，因而形成了与共同语及其他方言之间的相互区别的特征，这是此方言的质地之所在，也是方言存在的原因之一。

（二）附加色彩义

附加色彩义是附丽于核心的理性义上各类联想义和风格特点，所以也有人把它叫做陪义。虽然附加色彩义不能独立存在，但却是词义相当重要的组成部分，表达的丰富多彩，在很大程度上是因为有了附加色彩义的存在。四川方言词汇语义的色彩义比较明显的主要有以下几类：

1. 感情色彩义

感情色彩义附着在词的理性意义上，体现说话人对事物的褒贬态度或主观评价，如喜爱、亲热、谦虚、尊敬、厌恶、轻蔑、讥讽、戏谑、斥责、骄傲、詈骂等。它属于静态的语义，固定地存在于词义当中，无须借助任何语境。这个定义似乎是清楚的，但是，确定词的感情色彩义，无论是理论认识还是具体操作，都存在一些问题。

一种较为流行的看法是，感情色彩义本指附加色彩，即所谓陪义，因此，

---

① 张志毅、张庆云：《词汇语义学》，商务印书馆 2005 年版，第 17 页。

不应该包括具有褒贬属性的理性义。比如，"巴适"（舒服、漂亮、妥帖、合适等意思）、"伸抖"（舒展、漂亮、清楚等意思）、"敦笃"（多形容青少年男子长得壮实）、"抵事"（顶用、中用）、"落教"（通情达理、讲交情守信用）、"跟身"（贴身、合身）、"行势"（能干）、"精灵"（聪明）、"漂色"（色泽鲜艳，不晦暗）等，这些词的理性意义本身就表示对所指的褒扬，这种"褒扬"来自词的基义，即理性意义，而不是来自词的陪义即附加色彩义；而另外一些词如，"估逼"（硬逼着别人做某事）、"怪"（丑陋）、"恍"（粗心、糊涂；行为不检点）、"恍恍"（稀里糊涂的人，也指游手好闲不做事情的人）、"刮毒"（刻毒、歹毒）等，这些词的贬抑之义也是来自词的基义，即理性意义，而不是来自词的陪义即附加色彩。按照这种理解，这两类词都没有属于附加感情色彩的褒贬义。那么什么样的词才算有感情色彩呢？比如："脆生生"（很脆）、"接嘴"（接话、插嘴）、"趿"（动词，略相当于乱动乱跳、抵赖反抗之意，四川人骂人乱动乱跳称之为"趿命"）、"骚疮子"（青春痘）、"农二哥"（农民）、"转二哥"（转业军人）、"背 pei^{55} 二哥"（专指用背架帮人背运物资的人）、"教书匠"、"蛮子"（过去对少数民族的蔑称）等，这些词的理性意义并没有什么褒贬，而是附加色彩上表现了说话人主观的褒贬态度。这两类词，有人把前一类叫褒义词、贬义词，而后一类则叫带褒义色彩或带贬义色彩的词。按照这种观点，前一类词无褒贬色彩，是由基义本身表示褒贬；后一类词有褒贬色彩，这种褒贬来自陪义。有的观点干脆就把第二类叫褒义词或贬义词，第一类不算。

这样的分析虽然有一定的道理，但是这样的分析也会引起对褒义贬义认识分辨上的混乱和困难。首先，有些词理性义带了褒贬，说话人在选择这些词的时候，就已经表明了对客观对象的感情态度，我们一般不会对自己喜欢的客观事物用理性意义是贬义的词，也不会对自己厌恶的对象用理性意义是褒义的词。其次，就像在共同语中，说"漂亮、大方"不带褒义、"坏人、笨"不带贬义一样，这可能不会得到大多数人语感的赞同。另外，还有些词理性义和附加色彩都有褒贬。因此，我们认为，理性义有褒贬的词，在附加色彩上也应该有褒贬，而理性义无褒贬的词，在附加色彩上也可能有褒贬，总之，这两种类型我们都可以叫具有附加感情色彩的褒义词或贬义词。

通过考察，我们发现四川方言中具有感情色彩义的词有这样一些特点：

一是贬义词和褒义词在数量上的不平衡。贬义词的数量远远大于褒义词。在《四川方言词典》中收录的贬义词有 500 多个，而褒义词尚不到 30 个；同时惯用语和歇后语也是贬义多于褒义。这可能跟四川方言词汇语义体现的谐趣和幽默有关。对现代汉语共同语的统计或其他方言的情况暂不明了。

　　二是褒义词和贬义词都有用叠音后缀表现感情色彩的情况，主要是形容词性的词根语素（也有少量的动词和名词词根语素）带上表示褒贬的叠音后缀，此类词尤其以贬义词为多，不过，有的词只是其中的一个义项有感情色彩义。比如：

　　　　白——白生生：指白得干净好看。而"白普普、白垮垮、白扎扎、白翻翻"都指不太好看的白，尤其以"白哕哕"为最，指让人恶心的白。还有"白卡卡"指脸色白得难看。

　　　　红——红东东：指好看的红。而"红扯扯、红扎扎"等都指红得难看，让人不舒服的红。

　　　　黄——黄桑桑：指金灿灿的黄，而"黄焦焦"则带贬义。

　　其他的褒义词如：

　　　　翠生生 ｜ 脆嘭嘭 ｜ 漂真真_{色泽鲜亮} ｜ 泡酥酥 ｜ 细蒙蒙

　　其他的贬义词如：

　　　　长甩甩 ｜ 昏浊浊_{头脑不清醒} ｜ 绿狎狎 ｜ 大董董 ｜ 黑耸耸

　　　　高耸耸 ｜ 灰普普 ｜ 肉扯扯 ｜ 洋歪歪 uai^{53}uai$^{53-21}$ _{得意洋洋的样子}

　　　　矮爬爬 ｜ 瓜希希_{很傻的样子} ｜ 汗扎扎 ｜ 汗湿了 ｜ 咸扎扎_{让人不舒服的咸味}

　　　　偻垮垮_{指衣着不整洁、寒碜} ｜ 湿扎扎_{略湿，令人感觉不舒服}

　　　　喳呼呼_{口无遮拦的样子} ｜ 嘴喳喳_{话多，爱说是非} ｜ 宝筛筛_{好表现而令人可笑的样子}

　　三是固定结构 "倒……不……"、"二……二……"、"要……不……"多表示贬义。

　　"倒……不……"格式中主要嵌入反义形容词，也可以嵌入同一个形容词。例如：

　　　　倒长不短 ｜ 倒多不少 ｜ 倒干不稀 ｜ 倒文不武 ｜ 倒早不晏_晚

　　　　倒男不女 ｜ 倒长不长 ｜ 倒红不红 ｜ 倒早不早 ｜ 倒懂不懂

　　　　倒像不像 ｜ 倒理不理_{爱理不理}

　　"倒……不……"具有固定的格式语义，表示处于两个反义形容词 A 和 B 或同一个词 A 和非 A 的中间状态，不符合说者的预期心理，有"说它 A，它不 A；说它 B，它又不 B"之意。

　　"二……二……"格式中一般嵌入两个相同的形容词构成。例如：

　　　　二恍二恍 ｜ 二通二通 ｜ 二麻二麻_{微醉} ｜ 二晕二晕 ｜ 二像二像

　　　　二醒二醒

　　"二……二……"的格式语义表示某种状态不充分不完全，多有贬义。

"要……不……"格式中主要嵌入同一个动词。例如：

> 要说不说　｜　要笑不笑　｜　要走不走　｜　要买不买　｜　要听不听

"要……不……"表示一种想 A 而又不 A 令人难以琢磨的状态，多带贬义。

在上述格式中，嵌入的词本身没有贬义，但进入这个结构后，整个词就具有了贬义，我们认为这是结构构式带来的意义，是此种结构形成的感情色彩意义。

还有一些其他现象：

有的多义词的其中有一个义项（多是比喻义）有褒贬感情色彩。如：

打浑吞：本指吃东西不加咀嚼，也比喻把别人的东西完全占有。

打啰啰：本指说话说含糊不清，比也喻随声附和。

打哇哇：原是幼儿的一种游戏，用手掌轻轻打嘴巴，发出哇哇的声音，后比喻顺口答应或随声附和而不加考虑。有习语"随口打哇哇"。

地转转儿：本指一种在地上转着玩的儿童玩具，也叫地滚滚儿，也比喻人长得矮。

滑刷：本指光滑，也指油滑（贬），还指动作敏捷利索（褒）。

撇脱：简单、容易，也指洒脱，不拘泥（褒）。

还有的是由于搭配、分工等原因形成的褒贬，是约定俗成的，如：

大种：特等。常用在贬义的搭配中，如"大种憨包"、"大种糊涂虫"、"大种叫花子"。

大样：形容有气派，不小家子气。如"这个孩子长得大样"。

后面这两种现象在共同语里也是很多的。

2. 形象色彩义

形象色彩义也是附加色彩义的一种，它指的是词义带给人的对事物视觉、听觉形象等方面的联想，表达上给人以生动之感。形象色彩义比较难把握，有很大的主观性，即使《现代汉语词典》也没有对此加以标注，但四川方言词汇语义中的形象义，却是四川方言幽默个性的体现，前面已经对词义的形象性举了一些例子，这里再略作说明。

四川方言词汇语义形象色彩义多是从构词特点上体现出来的。

一是构词语素提取了事物一些具体可感的特征，给人以视觉味觉等形象联想，我们可以从这些特质看出词的得名之由，它们因而也具有了一种理据意义，很多是比喻式命名造成的词语。

形态形象色彩义：

果子泡儿 皮肤因烧、烫、摩擦而鼓起来的较大水泡　｜　干鸡子 干瘦的人　｜　鸡心白

鸡爪参	金龟莲	金钱草	卷心白	络耳胡	马蹄草
毛毛汗	莲花白	泡泡肉	峨眉豆	鸡皮皱	鸡肠带
锯锯藤	脚板苔	牛心白	牛皮菜	藤藤菜	

颜色形象色彩义：

| 黄糖 | 红糖 | 黑八儿 乌鸦 | 橘青 | 鸡血李 | 亮火虫 | 青水脸 |

动态形象色彩义：

| 叫明鸡 | 抠痒树 | 点水雀儿 | 夹脚泥 | 冲天炮 花炮的一种，也喻说话毫 |

不顾忌的人

味道形象色彩义：

酸酸草 ｜ 麻辣烫 ｜ 苦蒿

声音形象色彩义：

叽咕车 ｜ 哔哔响 野豌豆角，其壳可以用来吹，发出声音

二是双音节叠音后缀使词获得了形象色彩义，可以令人产生视听味触觉等方面的联想。

形态形象色彩义：

长梭梭	短杵杵	肥董董	肥溜溜	干筋筋	干吱吱
干焦焦	直撇撇	硬翘翘	绵扯扯	阴悄悄	懒拖拖
神戳戳	萎缩缩	憨痴痴	齐斩斩	涎打打	满咚咚
旺翘翘	犟拐拐	泡酥酥	松泡泡	闷呆呆	蔫瘪瘪

颜色形象色彩义：

青幽幽 ｜ 绿茵茵 ｜ 乌黢黢

动态形象色彩义：

| 打转转 | 打栽栽 | 笑呵呵 | 心慊慊 | 惊抓抓 | 精蹦蹦 |

味道形象色彩义：

苦茵茵 ｜ 酸纠纠

声音形象色彩义：

鸣喧喧

温觉形象色彩义：

| 凉悠悠 | 冷嗖嗖 | 温嘟嘟 | 风蒿蒿 |

触觉形象色彩义：

| 麻噜噜 | 沙棘棘 | 火燎燎 | 烧辣辣 |

这些词的理性意义都由前面的词根语素表示，而后面的双音节词缀语素，则或明或暗、或多或少表明了一种附加色彩义，给人以各种形象的联想。

除了以上两种比较显著的附加色彩外，四川方言词汇语义的附加色彩义还包括文化理据义、风格义、时代义、语体义等，这些在前面讲词义个性的时候已经有所阐述，这里不再重复。

三、四川方言词汇语义的微观构成

所谓微观构成，主要指义素如何组合成词义，也指语素义如何构成词义，这里主要说明后者。

语素义如何构成词义，在四川方言词汇语义系统中，主要有以下几种情况：

（一）词义就等于语素义

语素义直接构成词义，词义就等于语素义，这种情况当然主要出现在单纯词当中，单纯词只有一个语素，其词义就是组成它的那个语素的意义。如：

踮 k'u²¹：蹲。

吊：盯梢。如：暗里吊紧点！

陡：言辞尖锐或突然。如：声音不大，话却很陡。

掟 tin²¹³：扔、掷、砸等意思。如：掟了一坨泥巴过来。

除了单纯词的词义就是它的语素义直接构成外，在四川方言中，有数量众多的词根重叠构词形成合成词（多为名词），绝大多数这些合成词的意义，就等于它的语素义，这是一种特殊现象。合成词是由两个及其以上的语素构成，其意义应该由构词的语素结合而成，但重叠式合成词的两个语素是一样的，所以它的词义就是语素的意义构成。

点点：液体的小滴或小的痕迹，如：雨点点、油点点。

肚肚 tu⁵³tu⁵³⁻²¹：坛子或罐子等器物中间突出的部分。

瓣瓣：瓣儿。如：蒜瓣瓣、桔子瓣瓣。

根根：植物的根部，如：树根根。

带带：细长的带子。如：鞋带带。

当然，单个语素的意义比其重叠后词的词义来说，还不是非常明确与稳定。

（二）词义是语素义的组合

一种是词义由语素义简单、直接组合形成，语素意义能够直接指示词义，知道了语素的意义，就会知道词义，词义是语素义之和。如：

板实：板结，不疏松。板，硬、不疏松之意。

精灵：聪明，精明，灵活。

扯伸：拉直。

充狠：显示自己能干。

讲礼：客气，讲究礼节。

滥贱：又多又不值钱。

灵醒：机灵、灵活，清醒。

心凶：心狠，贪心。

横扯：不讲道理地强辩。

提谈：提起，谈论。

转耍：转悠闲逛。

第二种是词义由语素义组合成，但并不是字面的合成，词义比语素义组合更抽象泛化或者词义比语素义更专指，如：

堰塘：堰和塘，泛指池塘。

磋磨：泛指折磨，磨练。

蹭打：蹭和打两种动作，泛指应付、对付。如：他什么工作都蹭打得开。

抓扯：抓和扯两个动作，后来泛指打架斗殴。

抓拿：抓和拿两个动作，后来泛指可凭借的东西、办法等。

以上词义比语素义组合更抽象泛化。

青果：青色，果实，特指橄榄的果实。

红油：红色，油，特指辣椒油。

清油：清亮，油，特指菜油。

黄糖：黄色，糖，特指红糖（川西部分地区）。

黑糖：黑色，糖，特指红糖。

观花：观看，花。特指一种迷信仪式，巫婆帮人到阴间看某人的花树。

乌鱼：黑色，鱼。特指一种青鱼，也叫乌棒。

收拾：两个动作性语素，特指女性打扮。

以上词义比语素义组合更专指。

（三）词义是语素义的整合

所谓整合，指的是语素义不直接示意词义，而是经过一些变形迂回表示或提示词义，而被表示的词义多是一个词的引申义而非本义。词义是语素义的整合包括以下几种情况：

一种是语素义隐喻引申，整合成词义。如：

脚脚：比喻器物的腿，或比喻残渣、剩余的东西。

火色：比喻时机、苗头。

软火：比喻中途泄劲。

拖斗：原指拖车，后比喻成为拖累的家口。

扯圆：自己的话自圆其说。

敲打：敲和打两个动作，比喻用言语刺激。

倒桩：本是武术用语，后指病重不起。

老窖：比喻多年积蓄。

火门：比喻门路、窍门、方向。如：这个工作我火门都摸不倒着。

榨秤：比喻分量重。

以上是几个语素字面组合义作为一个整体，隐喻引申出词义。

姜米：切成米粒大小的碎姜。

猴急：很着急，像猴儿一样。

基脚：建筑物靠近地基的部分。

罢脚：销售之后剩下的一些劣等品，多指农产品。

脚油：猪身上质量最差的脂肪的总称。

出血：喻出钱。

场口：场镇、集市的入口。

以上词语中有一个语素的意义发生了隐喻引申，与另一语素整合成词义。

第二种是语素义转喻引申，整合成词义。如：

煎炒：指代炒菜，炒好的菜。

铺陈：指代床上的被褥枕头等用品。

香香：指代零食。

抛撒：指浪费。

字墨：指代文化知识。

以上是语素组合的字面意义发生了转喻引申，整合为了词义。

扫脸：丢脸，失面子。脸指代面子。

岔嘴：插话。"嘴"指代说话。

熟脚：熟悉情况的人，多指为盗贼牵线的熟悉情况的人。"脚"代人。

嚼牙巴：信口胡说，搬弄是非。"牙巴"语素组指代胡说的话。

挂红：为人（多是被冤枉者）挂上红绸带，以示驱除晦气。

偷青：正月十五晚上偷摘别人地里的蔬菜，也叫采青，是一种习俗。青代蔬菜。

苕气：土气。"苕"指红薯，以前农村人多以吃红薯为主，"苕"指代土。

以上是词语中有一个语素的意义发生了转喻引申，与另一语素整合成词义。

第三种是几个语素义只表示词义的某些主要方面而不是全部，语素义"互补、推演"[①]整合成词义，以点带面。如：

弯酸：挑剔、刁难、讥讽。

空花：蔬菜太老而变得空心。

扣手：互相配合得好。

下话：低声下气地说好话、赔礼。

滚刀：一种刀法，切菜时将原料切一刀滚动一下，边滚边切。

第四种情况是语素义组合成词义后经过了虚化，整合成新的词义。如：

"生死、红黑、横顺、高矮"等，都有指"总是"、"无论怎样"的意思。

一般说来，语素义直接构成的词义或语素义组合成的词义，多是词的本义，而语素义整合而成词义，多是词的引申义。引申义产生后，如果本义还存在，就形成了多义词。另外可以看出，抽象泛化或专指也是广义的隐喻或转喻，只不过多是由短语词化而成，不是一个词内部义项的发展增加，而且泛化还没有从具体域进入抽象域，所以词义组合比整合要明显一些，因此在此分为两类。

（四）词义中的语素义部分模糊或完全模糊

语素义的模糊是从共时平面来说的，是指经历了长时间的历时演变，有些语素已经不为大多数人所知，从而造成了模糊。如果时间往前推移，语素义也许是清楚的。主要有以下两种情况：

一个词中有些语素的意义部分模糊或与一般语素义明显不符合。如：

苏气：漂亮好看、大方、有气派等。"苏"，指苏州。苏气，即苏州气派。历史上，苏州一带的人一度在四川为官经商的较多，带来苏州气派。现在，其语素义不明了。

脚猪：公猪。"脚"的语素义不明。

眼水：观察事物、辨别好坏的能力。"水"语素义不明。

眼火：希望，着落。"火"语素义不明。

过串：完结、结束了（含有来不及赶不上的意味）。"串"语素义不明。

吃雷：截留住应该带给别人的话语或东西。"雷"语素义不明。

打杵：本指负重途中用杵支撑重物稍事休息，也泛指中途休息、停

---

① 曹炜：《现代汉语词义学》，暨南大学出版社 2009 年版，第 75 页。

顿。"杵"语素义今不明了。杵指杵杖，背重物临时休息或抬重物换肩时用来支撑重物的工具，支撑背篓的杵用两根齐腰高的木棒做成，支撑抬杠的杵多用一根齐肩高的竹竿做成。但现在很多人不知道杵为何物。

一个词的每个语素的意义都很模糊。有些语素看来寻常，但组合成词却有特殊含义，所以其理据仍然是模糊的。当然，前面说过，这种理据的模糊具有时代性，也许在以前的某个时间是透明的，但就现在的共时平面来讲，理据已经由显豁变得隐晦，大多数人不知道这些语素组合起来为什么表示这样的词义。长此以往，这种完全模糊的词，有的可能会从合成词变成单纯词，如下面的"叉巴"、"煞角"、"角孽"。

煞角：（也写作"煞搁"）结束。

压床：找乖巧漂亮的小男孩到结婚的新床上去蹦跳玩耍，以求多子多福。

烧火：指公公和儿媳妇通奸。

舍物：指妓女。

挑担：两姐妹的丈夫，连襟。

角孽：打架。

抄手：指馄饨。

叉巴：指女性言语、行为过于随便，不庄重。

待诏：理发师的旧称，即剃头匠。

语言学界用"语义透明"来说明语言单位的"整体意义"是否可从其"部分意义"上得出，如果整体意义可从部分意义上得出，语言单位的意义是透明的；反之是不透明的。据此，我们可以看出，前两种情况词义是透明的，第三种情况词义也是比较透明的，第四种情况词义比较模糊或完全模糊，很大程度上失去理据，或者完全失去理据。

词义透明度不高或词义模糊，是综合的因素造成的，一是可能词义在发展演变过程中的时间太久远了，无法追究；其次词的来源也可能影响词义的透明度。对四川方言来说，还有另外一个问题可能影响词义的透明与否，那就是采用什么样的字来记录它。我们知道，四川方言多运用在口语中，很少有书面记录，所以很多方言词汇的用字是不同的，这种不同对词义的显现和理解，会产生一定的影响。

有很多与共同语不同的词无法用现代常用汉字记录，还有些词的读音也是现代汉语普通话语音系统没有的。所以，当方言词变成书面的东西的时候，有些词用什么样的汉字写下来，就导致对这个词意义的理解会有不同。

就四川方言词汇而言，用汉字记录主要有以下一些情况：

第一，方言词意义比较显豁，跟普通话语音对应规律明显，其语素在方言和共同语当中有明确的同一性。这样的四川方言词用现在的通用字记录是没有问题的，折合过来就行了。比如：

嘴皮：嘴唇。

鸡婆：母鸡。

赶场：赶集。

第二，方言词跟普通话读音差异较大，但是，是因为语音演变所致；其语素在方言和共同语当中比较常用，并具有明确的同一性。在这种情况下，就不必拘泥语音而用方言同音字来记录。比如，"街"，四川话念 kai^{55}，"解"四川话音 kai^{53}，但在"街娃"、"解手"中，还是写为"街"和"解"，不必按方言语音写成"该"或"改"，这样不会造成语义理解的混乱。另如：

下$_儿}$：一会儿。从语义理解的角度看，就可以不必写作"哈$_儿}$xar^{55}"。

不过这也不能一概而论，如"闲天"（不逢场的日子），四川人多读作 xan^{21}tian^{55}，也有人写成"寒天"，眼睛看到这两个词形所唤起的意义联想是不一样的。从语义方面考虑，可能更倾向于写成"闲天"；而根据这两个词读音，则可能更认同"寒天"。《四川方言词典》写作"寒天"、"哈$_儿}$"，主要依据的是它们的读音。另外上面所说的"街"和"解"之类的也有类似情况。共同语对四川方言的影响很大，"解放"不读成 kai^{53}faŋ^{214}，也不写成"改放"，因为"解放"这个词是后起的，应该是从共同语中转借折合过来的。但四川方言中古已有之的常用的一些词也有强大的抗干扰能力，"解开"还是读 kai^{53}k'ai^{55}，但是，写的时候是按照本字写成"解开"，还是因声求字写成"改开"，就会影响词义的透明度，以及对词义的理解。另外，四川方言中有一个短语叫"□kai^{53}板子"，意思是把整的木头锯开成一块块的木饭，写成"解板子"还是"改板子"（粤语也有这个词及其概念，为"锯开、割"之意，用的是"鎅"这个字来专指这个概念），给人的语义印象是不同的，特别是方言区对这类词有体验的人。用"解"当然是本字，而用"改"也不是没有意义的。

第三，方言词的读音是普通话语音系统或声韵调搭配系统所没有的音节，因而找不到可以按照对应规律折合的汉字来记录。这种情况，可以探求其方言本字，如找不到本字，则暂时缺如。如：

淡□□p'ia^{53}p'ia^{53}：很淡，带贬义。p'ia^{53}p'ia^{53} 这个叠音后缀很常见，可以用在很多词根的后面。

□nia^{21}肩膀：溜肩膀。

　　□nia^{55}：撒娇、发嗲。

　　□tsuai^{55}：勉强他人接受东西。

　　第四，方言词的读音在普通话语音系统或声韵调搭配系统中能够找到可按规律折合的对应音节，但是，在通用汉字里面却找不到合适的字来记录。这种情况相当多，也可以求证其方言本字，或暂时缺如。

　　□kuaŋ^{213}：打（耳光）。

　　□çiəu^{53}：讥讽，使人窘迫。

　　第五，四川方言中的词，其读音在普通话语音系统中是存在的，可以用音同音近的字来折合记录这样的词，而且意义上可能都说得通，但普通话与方言相应读音的词或语素可能没有相应的义项，这时候从中选择哪个字来记录一个方言词，就会更直接关系到该词的词义透明度和该词的词义理解差异。如：

　　　　惯失/惯侍/惯使：溺爱，迁就，娇惯。

　　　　巴适/巴式/巴实：表示舒服、漂亮、妥帖、合适等意思。

　　　　呵 xo^{55}/惑/哄：欺骗。

　　　　街沿/街檐：屋檐遮掩下的地面，多有台阶。

　　　　疙蔸/杚科：树、竹等的桩根。

　　　　哈儿/傻儿：傻瓜。

　　这些词用不同的汉字记录，其意义有所不同。

　　以上第二和第五情况有点类似于用汉语音译外来词，是用共同语的通用汉字来音译方言词。但是汉字不是纯表音文字，汉族人习惯每个音节都有一定的意义，即使没有意义的音译外来词中的单个音节，久而久之有的也会被赋予意义。所以，如果不是本字来记录，而是采用其他音同音近字来记录方言词，会很自然地诱导人们按其他字意义来理解这个词的意义，这就容易形成流俗词源，而其本义倒逐渐湮没了。例如：

　　　　苏气：指漂亮好看、大方、有气派等意思。

　　据考证，"苏"指苏州一带的引领时尚的地方，所以"苏气"的"苏"就是指苏州。而现代很多人已经不知道"苏"的具体所指，所以也写成"舒气"（四川方言多无翘舌音），与词义也大致相符，但"苏气"与"舒气"词义的透明度是不一样的。

　　类似的还有"行适"（"适"也写作"势"），能干之意。有人认为应该是"杭式"，"杭"指"杭州"，理据同"苏气"。不同的字写出来的词，意义有差别，词义透明度不均质。

　　即使是在四川方言内部，也存在这种因读音不统一，选择了不同的字记录方言词，从而造成的对词义透明度的影响的情况。比如：

　　　　火闪：闪电，名词。

　　但有入声的地方，如宜宾、泸州等地，念的是"活闪"。"火闪"与"活闪"理据意义会有所不同，前者重在形态而后者重在动态。而且，成都人说"扯火闪"，宜宾人说的是"□ts'an⁵³抽打活闪"，连概念意义都有些区别。

　　选择了非本字的某个字来记录方言词，有时可能会增加或改变组成词语的语素的义项，形成有别于共同语相同语素义项的演变轨迹。如：

　　在四川方言中有两个词：火摇裤（"摇"有人写作"窑"）贴身内裤、火巷子窄小的巷子。这两个词中的语素"火"，是否含有了"小"的意思，算不算方言词（语素）"火"的一个义项，如果勉强成立，那么这个义项是怎么从其他义项发展演变来的，其发展的轨迹是怎样的？还是方言词中的这个语素不应该用这个字记录？等等问题，都值得思考。

　　在方言研究中，考求方言词本字是方言词汇研究中的一个重要内容。李如龙认为，考求方言词本字对词汇研究有重要意义，可以看到方言词与古代汉语的关系，还可以从中了解诸方言之间的词汇和语音上的同和异①。在四川方言的研究中，黄尚军的《四川方言与民俗》考证了部分四川方言词的本字。如做菜时添加的"相料"，如姜、葱、蒜、花椒、辣椒等，应做"蕎料"，"蕎"，"以辛和食曰蕎"；一种用糯米蒸熟后舂绒而成的糯米团"糍粑"应为"餈粑"，"餈"在《说文》中的意思就是"稻饼"；"齐斩斩"（又写作"齐展展""齐崭崭"）应作"齐偡偡"，"偡"就是齐整的意思。可以看出，用方言本字跟用其他音近或音同的字来记录方言词，其意义的显隐或意义形成的理据是会有所不同的。比如"蕎料"是词的本义，无可厚非，而写作"相料"，因"相"本身有"相助"之意，便与同义词"佐料"异曲而同工。"蕎料"与"相料"在造词理据上以及构词方式上都是大异其趣的，两种不同的书写形式，给人的意义联想和诱导也不一样。

　　不过，有些四川方言词有没有本字很难说，因为方言不见于书面语的事实有很长的历史了，有些本字已经湮没在历史的洪流中，没有可资借鉴的文字材料留下来，再无可考。而有些词语，是否产生过本字，值得怀疑。先有语言而后有文字，方言词没有合适的字来记录是很正常的，实在找不到合适的字来记录，用现行的同音字音近字替代，虽勉为其难，亦或可差强人意。也许有人觉得这样会割裂与历史的亲缘关系而使有些意义显得来路不明，不

---

① 李如龙：《汉语方言学》，高等教育出版社 2001 年 4 月版，第 116 页。

过语言是发展的，发展其间又失落了多少，已经成了千古之谜。

除了考求方言本字外，我们还可以造方言字来记录方言词。方言本字和方言字是不同的概念，方言本字是方言词最初的书写用字，方言本字中有的是方言字，有的是通用字，而方言字是记录某种方言的汉字，一般只在该方言区流行，它们是为"补充正字的不足"[①]而产生的。自然语言不可以人造，但文字可以，比如粤语就有大量的方言字。这样，既有利于方言词汇的记录研究，也对方言词意义的保存有极大的作用。

从上面的分析中或可看到：怎样选择和决定方言词的书写形式，"考求本字"和"因声求字"的分歧还会存在下去。考求本字可以通古今，明语源；因声求字，可以形成新的俗词源，导致词语发展变异，而汉语中俗词源取代原始语源是屡见不鲜的。

四、四川方言词汇中的单义词和多义词

只有一个义项的词叫单义词，有两个及其以上义项的为多义词。这里的义项只指词的义项，可以单说单用的词的义项，也可以叫做义位，不包括作为语素时的义项。

（一）单义词和多义词的总体规律

一种语言中哪些词是单义词，哪些词是多义词，有一定的规律，"词频越高，义项越多，词长越短；词频越低，义项越少，词长越长。词频与义项、词长之间的这种紧密相关性，背后的动因可以用 Zipf '省力原则'来解释。"[②]根据王惠对《现代汉语词典》第五版多义词的计量分析，得出了这样的规律。四川方言汇也是如此，义项多的词多是常用的、频繁使用的单音节词，如比较有特色的四川方言词"巴"，一共有六个义项：① 张贴。② （手）搭在……上。③ 顺着。④ 跟……亲近。⑤ 巴结。⑥ 补贴。这些义项都是可以独立造句的词义，没有只用于构词的语素义。"短"有三个义项：① 截断话语。② 拦截。③ 阻止别人做什么事情。[③]而随着词音节的增多，义项数目则减少。比如双音节词中有很多单义词，而双音节词中的多义词大多只有两个义项，三个义项的很少，四个义项的就更少了，"巴适"这个词有四个义项：① 舒服。② 漂亮。③ 妥帖。④ 合适。这算是四川方言双音节多义词中义项最多

① 董绍克：《汉语方言词汇差异比较研究》，民族出版社 2002 年 12 月版，第 246 页。

② 王惠《词义·词长·词频》，《中国语文》2009 年 2 期，第 129 页。

③ 这里主要列四川方言中的特殊义项，与普通话共有的义项不列出，如果列出共用义项，义项数量会更多。

的一个，因为"巴适"这个词在四川方言中使用的频率非常高，容易发生意义的引申。所以，词的多义与否是有规律的，首先是与词的使用频率有关，使用频率高，义项就多，其次与词长度有关，而由于语言的"经济原则"、"省力原则"，人们又喜欢多使用短词，因此，使用频率越高的短词越容易是多义词。这是具有普通语言学性质的结论，四川方言词汇也不例外。

在四川方言词汇中，多义词主要集中在单音节词和双音节词中，而三个音节和四个音节的词，绝大多数是单义词，多义词非常少。但是单义词在单音节的词中不是少数，在双音节词中又大大增加，在三音节及其以上的词中占绝对优势。我们试探性地统计了《四川方言词典》中声母 S 的词，其中单音节词 39 个，包括单义词 27 个，多义词 12 个；双音节词 193 个，包括单义词 177 个，多义词 16 个；三音节及其以上的词和语共 246 个，包括单义的词和短语 224 个，多义的词和短语 22 个。这里虽然只计算了四川方言特殊含义，并未算与普通话共用义，但我们也可以从中看出单义的词和语大大多于多义的词和语，从方言上印证了前面提到的曹炜关于现代汉语词汇"单义现象和多义现象失衡"结论，另外，王惠的研究结论也使我们从另一个视角发现了四川方言词汇单义与多义的规律。

（二）单义词

四川方言词汇中的单义词义类非常广泛，什么样的义类都有单义词存在。主要有以下一些：

一些动植物的名称，如："三角风"五加科植物常春藤、"蒜苗"青蒜、"水牯棒"公水牛。

一些亲属称谓，如："叔公"、"叔婆"、"舅公"、"舅婆"等。

人体称谓的一些下位范畴："手板"手掌、"手弯弯"肘弯儿、"脚杆"下肢。

一些特殊动作："唆"专指指使狗追逐、进攻别人、"司尿"给小孩儿把尿、"□s̩⁵⁵"裂缝，多指陶瓷器物裂缝等。

一些在行业内使用的词："□k'au²¹³"文火煨炖、"红"红油辣子等。

此外，在天文、地理、时节、饮食、文化教育等方面都有单义词的存在。这只是举例性质的，其实，单义与多义产生动因的区别并不在义类有什么不同，什么义类都有单义词和多义词，而是有语言系统内部的其他的原因。

（三）多义词

多义词有两个或两个以上能独立使用的义项，这些义项之间彼此联系，形成一个词义网络，这个网络就是一个微观世界，就是一个范畴，义项在这个范畴中做此消彼长，发展演变的运动。

下面探讨多义词义项演变发展的认知原理。

按照认知语义学的观点，"一个词语不同的义项构成这一词语的语义范畴。因为所有范畴都是原型范畴，因此，就其词语来说，也有中心词义和非中心词义之分，而它们之间又有一定的联系。"[①]也就是说多义词的义项网络是一个原型范畴，这个范畴中有原型成员的义项，也有边缘成员的义项，

词义的历史演变的结果使多个义项共存于一个共时平面上，构成词语在这一共时平面上的语义范畴，这就是多义词的存在状态。

多义词的几个义项之间的运动变化方向和结果，最大的动因就是人类隐喻认知和转喻认知的思维方式。

如：多义词"拗"（音 ηau^{213}）有这样四个义项：① 用扁担棍棒之类的工具的一端撬起东西。② 泛指扛着或含着长条物的一端。如：嘴巴上拗起一根烟杆儿。③ 担子、杠杆之类的两头不平衡，轻的那头向上翘。如：担子是拗的，不好挑。④ 性格固执、不随和。如：他一个人拗起不答应。

多义词"脑壳"有六个义项：① 头。② 头脑。如：他脑壳很空聪明。③ 脑海，脑筋。如：脑壳里老是想那件事情。④ 指头发。与"梳、洗、剪、剃、烫、染"等动词搭配。如：梳脑壳、剃脑壳。⑤ 某些器物的顶端。如：锄头脑壳。⑥ 植物的根部。如：树脑壳、菜脑壳。

这就是多义词"拗"和"脑壳"的词义网络，各个义项共同构成一个小范畴，在范畴中的成员是义项历时发展在现代共时平面上投射的结果，所以义项之间的地位并不是平等的，它们在产生时间、使用频率、使用环境等方面都有差异，但是，所有义项之间都有某种或明或隐的联系，这种联系使它们共同成为一个范畴的成员。以"拗"为例，几个义项产生的时间先后顺序明显不同，而且都属于不同的意义领域，特别是义项④与前面几个区别更大。那么是什么触发词义在不同领域的互动呢？认知语言学认为，主要是人类的隐喻和转喻思维模式在起作用。

由于人们对事物的感知有一种完形心理，所以很容易将相似的（并非完全基于客观物理特征的相似）、接近的东西看成一个整体，也容易将局部突显的东西看做是全局，这种心理在概念的形成中极为重要，它使我们在思维中把认为相似的、相关的、接近的概念内容组织联想到同一个语言符号的下面，或者说我们容易使用同一个词去指称说明相似、相关或接近的概念内容。这

① 赵艳芳、周红《语义范畴与词义演变的认知机制》，《郑州工业大学学报》（社科版）2000 年 12 月，第 54 页。

样，原本是单义的词就会逐渐产生多义，形成一个多义词义项系统。基于相似性的联想是隐喻思维，基于邻接性或突显性的联想就是转喻思维，体现在词义的发展和形成上就是两种思维方式催生了两种词义的派生（或叫引申）方式——隐喻引申、转喻引申，同时在义项中就会有本义、基本义跟引申义，核心词义跟非核心词义等的区分。它们在不同的时间产生，却在共时平面上共存于一个多义词中。

隐喻引申义是指通过隐喻方式产生的新义项，指的是把源域的概念运用到目标域，转喻引申义是通过转喻方式产生的新义项，主要是以突显的部分意义代整体而使整体产生新义，或以邻接部分的意义代另一部分从而产生新义。

比如上面所举的两个词：

"拗"① 是本义，② 是从①通过隐喻而产生的义项，泛化其实就是一种隐喻，因为这是从具体的一个动作"挑"和工具"棍棒"这个域映射到了另一个在动作和工具上与之相似的目标域。③ 意义已经有些虚化了，它也应该是意义①隐喻而来的，在动作上有相似点。④ 的意义更抽象一些，是从意义③隐喻而来，人们发现了人的个性的固执与一头往上翘的动作有相似点，所以用这个相同的词来表示固执不随和的个性。

$$①→②$$
$$↓$$
$$③→④$$

这就是"拗"这个多义词的义项的发展轨迹，是辐射与连锁交叉的模式。

再看"脑壳"这个词，① 是本义。②③④ 都是由①转喻而来，因为②③④和①之间有种邻接的相关关系，所以②③④意义内容也由跟①相同的词语来指称，相应的"脑壳"这个词就增加了②③④这样的义项。⑤⑥ 是由①隐喻而来，因为器物顶端和植物的根部在位置上与人的"脑壳"相似，所以用指人的"脑壳"这个词来指称器物的顶端和植物的根部，相应的"脑壳"就增加了⑤⑥这样的义项。

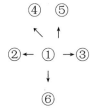

这是多义词"脑壳"的义项发展轨迹，是辐射式的发展模型。

义项产生发展的动因绝大多数都可以由隐喻和转喻来解释。与传统的词义的扩大、缩小、转移、引申、比喻等途径比较，它更好地解释了我们的思维认知规律，以已知的知识和领域为基础来认识未知的领域。训诂学模式中的体用引申可以看作是转喻性的，词义转移很多也是转喻性的，而通过借代修辞手法而固定下来的义项更是转喻。词义的扩大、缩小、比喻义的产生以及通过象征、通感等修辞手法而固定下来的义项，都可看做是隐喻性的。传统的词义学关于词义派生（引申）方式和结果，可能更多的是观察到了现象，而认知语义学的隐喻和转喻的派生（引申）方式，则是从根本上揭示了现象背后的规律的根源，所以现已为大多数人所接受。

这些认知模式和规律同样适用于方言。

五、四川方言中的俗成语

（一）何谓俗成语

第四章我们对四川方言中的俗语做了专门界定和讨论。不过俗语仍然是一个很庞杂的类别，其内部差异不小。四川方言的俗语中存在大量的四字格形式，它们在口语中相沿袭用，有很强的定型性，这些特征与成语相似；但是跟共同语中的成语相比，它们不是来自书面语，没有强烈的书面语色彩，相反，口语色彩十分强烈。我们把这类格式的俗语姑且称为俗成语。

在《四川方言词典》中，收录了大量这样的俗成语。例如：

对穿对过	扯声卖气	打惊打张	姐儿妹子	明光灿亮
恍兮忽兮	人大面大	怀身大月	架火发烧	活摇活甩
重三巴四	编方打条			

（二）四川方言俗成语的语义构建

俗成语主要来源于四川方言口语，有鲜明的修辞性质，习用定型，表意简练，形象生动。四川方言词汇系统中的俗成语主要有以下一些语义构建的特征：

一是大量使用与人的五官如眉、眼、嘴、鼻，以及身体的头、手、脚、心、肠等部位来构成俗成语，显示了方言在这方面的表达异常丰富。例如：

白眉白眼	诧眉诧眼	睁眉鼓眼	痴眉钝眼	瓜眉日眼
鬼眉鬼眼	憨眉憨眼	花眉花眼	横眉棱眼	挤眉眨眼
抠眉凹眼	翻眉白眼	懒眉懒眼	焦眉烂眼	死眉烂眼
蔫眉耷眼	黑脸董嘴	红口白牙	黄手黄脚	懒心无肠
嘴尖舌长	怪头怪脑	鼻塌嘴歪	巴心巴肝	

这些俗成语，有实在描写形容人的表情神态的，更多的是以字面形式为载体产生出来的隐喻义。这些口语中使用的俗成语，也许正好体现了人们近取诸身的本能的表达习惯，而其引申义多也是身体隐喻，这是很自然和省力的思维方式，比如"白眉白眼"就不是具体描述人的眉眼容貌的，它有好几个意思：① 形容无色无味的。如：这菜白眉白眼的，点儿都不好吃。② 形容无事可做。如：一天到黑，白眉白眼地坐起。③ 平白无故。如：白眉白眼的就让人家给收拾了。④ 形容毫无动静。如：天天求雨，老天爷还是白眉白眼的。⑤ 毫无代价。如：白眉白眼的，就想拐走人家的女娃子。另外如"红口白牙"也更多的是强调亲口说了什么话，或吃了什么东西，确凿无疑的意思。如：未必红口白牙说出来的话，就放黄了么？

二是用方言区常见的禽畜等动物构成俗成语，显示出其意义建构与方言区人们的日常生活紧密相连。它们的意义也具有整体性，是字面凝固形式的隐喻义。例如：

鸡叫鹅叫 | 牛踩不烂 | 逗猫惹草 | 牛扯马奔 | 闹塘乌棒

"鸡叫鹅叫"指发牢骚闹意见，"牛踩不烂"指说的话生硬难听，或说的粗话脏话叫人接受不了。"逗猫惹草"指爱引逗招惹的行为。"闹塘乌棒"指捣乱分子。

三是多用数字来构成俗成语。特别钟爱"二""七""八"等。例如：

二甩二甩 | 二通二通 | 连二赶三 | 某人三四 | 重三巴四
几七几八 | 七股八杂 | 七拱八翘 | 三对六面 | 四仰八叉
五马六道 | 千巴万补

"二甩二甩"指不严肃、不正经的样子。"某人三四"表示：① 泛指某个不确定的人；② 用在代词"我"后面代替自己的名字。"重三巴四"指唠唠叨叨重复说过的话。"几七几八"泛指数量多（多指财物）。"五马六道"形容霸道，蛮不讲理。

四是用一些四川方言区常用的口语动词来构成俗成语，体现出形象幽默的特点，如：

横跋顺跳 | 马干吃尽 | 惊风火扯 | 毛焦火辣 | 流汤滴水
跟斗扑爬 | 估吃霸赊 | 汗爬细水 | 活摇活甩 | 提劲打靶
编方打条 | 长麻吊线

"马干吃尽"指强迫别人服从自己，不容反抗。"惊风火扯"指咋咋呼呼大声喧哗。"跟斗扑爬"形容急急忙忙或狼狈的样子。"估吃霸赊"指强吃别人的东西，强迫赊欠。"提劲打靶"指说大话、逞威风或指豪强霸道。"长麻吊线"指时间或过程拉得很长。

（三）四川方言俗成语的语义特点

四川方言的俗成语具有以下三个明显的特点：

第一，大多数俗成语除本义外，还有比喻等派生义。如"肠肠肚肚"既泛指内脏，也比喻心肠，多指不好的心肠。有的只有引申义的存在，本义反而消失或不常用了。如前面举过的例子"白眉白眼"。还有如"巴心巴肝"指的是对人对事一心一意，"长麻吊线"，比喻时间拖得很久。

第二，绝大多数俗成语都体现了说话人对所指事物不同程度的贬斥、戏谑、不满、甚至厌恶的态度，所以俗成语几乎都含贬义，很少有明显的褒义。比如："阴施倒阳"比喻无精打采、毫无生气的样子；"以烂为烂"则指对缺点、错误放任自流，甚至有意朝更坏的方面发展。从前面所举之例可以明显看出俗成语的这一特点。

第三，形象生动，幽默解颐，这也是形成四川方言词汇语义个性的原因之一。例如："贼脚摸手"指有小偷小摸的习惯；"不进油盐"本指豆类菜不易吸收油盐，"盐"又谐"言"，指听不进别人好的意见；"差一颗米"表示差一点就怎么样，有时有千钧一发之意；"长声吆吆"指唱歌说话哭闹等声音拖得很长；"清汤寡水"指粥很稀，或菜汤里没有实在的东西；"摸头不知脑"形容稀里糊涂对情况不了解；"一抹不撸手"比喻完全是外行，不懂内情。前面的很多俗成语都有这个特点。

总之，俗成语是方言的一种在形式和语义上都比较特殊的熟语，它不同于一般的成语，也不同于惯用语、歇后语等熟语，在俗语中有其明显的独特性，应该做专门的研究。

第二节　四川方言与普通话词汇语义的差异比较

一、相同的概念或意义用不同的词来表示

相同的事物或概念用不同的词表示，这就是所谓的名异实同。四川方言虽然属于官话方言，但在语音、词汇、语法等方面也有很多不同于共同语的地方。而词汇方面不同的表现之一就是名异实同，名异实同多是对客观事物的命名上，不同地区的人对相同的事物有不同的称呼，这样的词语数量很庞大，主要有以下两种情况：

（一）四川方言词与共同语普通话词在语素上有同有异：（前为四川方言词，后为共同语普通话词语）

1. 四川方言词与普通话词语前一个语素不同

夜饭——晚饭　墨笔——毛笔　海椒——辣椒　边油——板油

櫊单——床单　酒米——糯米　叫鸡——公鸡　亮瓦——明瓦

点醒——提醒　丢心——放心　挂果——结果　跟身——贴身

从这些例子可以看出，名词中表示词的主要意思的语素是一致的，不同的是修饰部分，这是方言区人们对事物观察角度或对事物特征提取不同所致，因此形成了不同的造词理据，比如"墨笔"的意义注重这种笔写字时所使用的材料"墨"，而"毛笔"注重的是制作这种笔所用的材料"毛"。动词中表示被支配对象的语素是一致的，而表示动作的语素不一样，这说明共同语词和四川方言词在对动作的注意和选择有差异，凸显的动作形象是不一样的，比如"挂果"和"结果"，前者凸显了果子挂在枝头的动态形象，而后者凸显的是果子从无到有结出来的过程。另外方言区和共同语在其中分别选择了一个同义不同形语素来构词，这也会造成有一个语素不同，但这种不同，恰好就体现了四川方言和共同语在理据意义上各有其特点的差异，也形成了二者的词汇差异。以下两种情况也是这样的。

2. 四川方言词与普通话词语后一个语素不同

被条——被子　对子——对联　长年——长工　笔伸——笔挺

呻唤——呻吟　身胚——身材　收头——收尾　抽抽——抽屉

"被条"与"被子"，前者的后一个语素对前一语素有形象和计量上的补充，后者没有。"收头"主要指植物结果到了收尾阶段了，马上就要结束了，四川人有时把事物的两端叫"两头"，也可以隐喻一件事情的开头和结尾两头，所以，"收头"也就是收尾，这是对事物、事件观察角度不一样所致。另外四川方言词汇里有许多重叠式合成词，有一个词根语素与普通话词根一样，另一语素不一样，如"抽抽"和"抽屉"。

3. 四川方言词与普通话词语其中一个语素不同

鸡婆——母鸡　鸭青——公鸭　壁头——墙壁

耳子——木耳　雁鹅——大雁　指拇儿——手指

（二）四川方言词和共同语普通话词的构成语素完全不一样

出姓——改嫁　　以头——里面　　老挑——连襟

白墨——粉笔　　灶屋——厨房　　默倒——以为

偷油婆——蟑螂　叫鸡子——蟋蟀　风簸箕——扇车

夹耳寒——腮腺炎　鬼东哥——猫头鹰

　　名异实同的现象，体现了四川方言区人们对世界的认识，对客观对象特征的提取等方面都有自己的特点，所以在命名理据上反映了出来，从而影响了词的附加色彩义，它们的理据意义是不一样的。"同一事物在不同语言中的名称固然不同，但这绝不只是标签的不同，实际还存在着这样那样的程度差。"①共同语和四川方言同此一理。

　　以上名异实同的情况，我们认为主要以有客观所指对象的单义名词动词为主。但四川方言和普通话之间表达相同意义的词语情况绝不止此，如果一方或双方都是多义词，那就可能只是其中某些义位相同，而其他的义项或义位并不一样，在方言和普通话之间极少有义位、义项完全相同的多义词。

　　有的词之间对应的义位较多，比如四川方言中的"㞎"和普通话的"软"，都指与"硬"相对，物体内部的组织疏松，受外力容易改变形状的意思，而且，二者都有软弱、懦弱和缺乏力气的引申义，算是意义上对应较多的两个词。但是，"㞎"在四川方言中还有指不讲原则、不过硬的意思，这是普通话的"软"所没有的，而普通话的"软"也有柔和、能力弱、质量差、容易被感动或动摇等意思，这是四川话的"㞎"义位当中没有的。又如，四川方言中的"□pʻən⁵⁵"（有写作"凭"的）和普通话的"靠"，都可以表示：（人）坐着或站着时，让身体一部分的重量由别人或物体支撑着；都有引申义：物体凭借别的东西立着或竖起来、依靠、接近的意思，两者对应的义位也较多。但是，四川方言的"□pʻən"还可以表示巴结的意思，而且还可以泛指小睡，普通话的"靠"无此引申义；而"靠"还有信赖之意，这是"□pʻən⁵⁵"的引申义中没有的。

　　但有的词之间对应相同的义项较少，不同的义位或义项较多，如"落"与"下"，在"雨雪的降落"这个义项上是一致的，四川方言说"落雨、落雪"，普通话说"下雨、下雪"。但在四川方言中"落"还有"遗失"的义项，而普通话的"下"没有这个义项；普通话"下"的其他很多义项，则是四川方言的"落"所不具备的。

　　此外，四川方言词义和普通话词义还有义项交叉对应的情况，如果把这也算成用不同的词语表示相同的概念意义的话，情况将会更加复杂。

---

① 　马清华：《文化语义学》，江西人民出版社 2006 年版，第 16 页。

二、词语的缺位

词语的缺位是指某些现象和意义在某种语言中并未固化为词语符号，这在不同民族的语言之间是非常明显的。"词的意义在于以人自己的臆想和虚构对混沌、连续而无缝隙的世界进行分割。语言表面上对不断产生的、流动着的世界进行了有条不紊的区分，但在事和物的集合深层，却向人们提示着虚构的本质。"①也就是说，说不同语言的人，对相同的混沌世界的切分是不同的，符号化的能力和结果也就有异。这虽然是说的不同的民族语言之间的差别，但也揭示了方言之间，方言和共同语之间的某些差别。

"复旦大学的汤珍珠教授在朝鲜翻译金日成全集时，一次遇到一个词，小孩在母亲手里把尿，他不肯小便，便把头颈用力向后仰，胸腹部撅起，朝鲜语中有一个动词表示此义，但在普通话里只好用两个小句来翻译，后来回到北京一打听，在北京话里就有与之对应的方言词'打挺儿'，（后来此词才收入《现代汉语词典》，并注明〈方〉），汤老师的宁波话里也有，称'脚牮'。"②这个例子就是词语缺位现象，一个概念在一种语言或方言中用词表示，另一种语言或方言中则没有相应的词，只有用短语、句子来表示这样的概念。在共同语和四川方言间也有这种现象，尽管词语的缺位不如不同的语言之间那么多。就普通话和四川方言而言，词语缺位主要有以下两种情况：

（一）概念和意义的缺位造成词语的缺位

四川方言区特有的事物、对象不见于共同语，这样，就连此种概念和词义都没有在共同语中形成，更不用说有这样的词了。

有些事物只在四川方言区存在，只有这个方言才有指称它的词，别的方言或共同语中都没有，这是完全的缺位现象。

四川方言区特有的一些农具、日常生活用品等，普通话中没有与此事物对应的词，需要表达时，只能借用四川方言：

篼篼：盛东西的竹制农具，形同撮箕，有柄。

扦担：竹木等削尖两头，用来挑柴草等的用具。

烘笼ㄦ：竹篾编成，内嵌一个陶钵，冬天放上木炭用来取暖。

哈耙：一种农具，略似钉耙，一边有齿，用于翻晒粮食。

---

① 马清华：《文化语义学》，江西人民出版社 2006 年版，第 16 页。

② 钱乃荣《质疑现代汉语规范化》，《上海文学》2004 年 4 期。

这样的词比较少，这有两个方面的原因：一是这类原为四川方言中特有的词，有的经过与普通话的交流而漫溢到了普通话词汇系统中；二是随着社会的发展变化，有些此类词指称的事物正在逐渐消失，因而这些词的使用范围也在逐渐缩小，最终有的词可能会退出日常交际而成为历史词。

当然，也会有相反的情况，即共同语普通话中存在的概念，四川方言中没有，四川方言的词汇系统中也就没有表示此类概念的词。

（二）一些概念和意义未能固化成词而导致缺位

这种现象在四川方言和共同语普通话之间是相互的。

有些客观现象是共同存在的，我们面对的世界也大致是相同的，但是由于语言的限制，说不同语言或方言的人对世界的划分不尽相同。有的现象人们认为重要，必须命名；有些则认为不那么重要，不予命名；有的都加以命名，但分类的细度不一样。体现在四川方言和普通话的对比中，就会出现有些现象、概念、意义在方言里有词语标签，在普通话中没有，反之亦然。比如：

"粑粑"在四川方言里，是饼类食物的总称，无论是以米、面还是其他原料制作，无论制作方法是煎、炸还是烹、蒸，都可以叫粑粑。方言区的此类特色食物很多，如：猪儿粑、鸭儿粑、豌豆儿粑、红苕粑、豆豉粑、泡粑、麦粑等等，一些方言点甚至包子、馒头都成为"粑粑"的下位概念。普通话里也有指称各种饼类食物的词，但是表示统称概念的词缺位。

相反的情况也有。比如前面举过的例子"指纹"，四川方言区人们观察到了两种不同的指纹，分别叫"箩箩"和"筲箕"，但在四川方言词汇中，没有产生与共同语普通话"指纹"对应的一个统称词。现在四川方言区的人们也说"指纹"，但这个词是从共同语中转借。而普通话"指纹"所表示的另一个义项：手指纹理在别处留下的痕迹，在四川方言中则用短语"指拇儿印印"来表示。

其他的例子如：

潮 ts'au²¹：指很久没有吃到荤腥了，那种身体和心理（特别是心理）上需要或渴望油荤的感觉。如：青菜吃多了潮人 ｜ 很久没有吃肉了，心头潮得很。

谅实：非常确切地料定（有轻蔑性质）别人不能、不敢做某事。如：你就谅实老爷不得_{可能}做官吗？

面：铺在最上面。如：公路上面了一层炭灰儿。

□tɕ'ian²¹⁴：用锄头等弄碎土块，清理里面残留的农作物：□tɕ'ian²¹⁴

花生。

□niau⁵⁵：专指一种缝衣法，略近似于"挑"（普通话三声）。针仅从衣料的背面挑很少几根纱。这种方法可使衣料正面的针脚不明显，多用来缝合袖边等。

俏：烹调时于主菜之外加上点其他配菜一起炒或炖等。

□tu²¹：一种烹饪法，肉菜等加作料一起煮。

煵：一种烹饪方法，将肉末、肉丝等放入锅中，加少许盐、酱油等炒干水汽。

□k'oŋ⁵³：本指一种烹饪方法，加少量水，紧盖锅盖，用微火把食物焖熟。引申指气温高、湿度大，使人闷热难受的状态。

鲊：肉、蔬菜等加米粉腌渍。也转指将这种用米粉腌渍好的肉蒸熟后形成的菜式。

四川方言中很多关于烹饪方法的词，这些烹饪的方法在其他地区也有，并未都固化成词，很多在普通话中也都只有用短语或句子表示，也未固化成词，反之亦然。人们对自己关心的东西总是在词义上细化，而对自己不关心的事物则词义表现粗略。四川人比较关心和讲究吃，烹饪的手法很多，所以在这方面造词就比较多。马清华形象地把用词来代表某种概念、意义的情况叫固态表示，而用短语、句子等较松散结构来表示的称为液态表示。"词义是固态的，临时分析性手段由于属于语句，所以它所表达的意义是液态的。"[1]

而说到所谓固态、液态，还有一种情况也应该提到，那就是有些在方言中用单纯词表示的意义，在普通话中必须用合成词来表示，反之亦然。例如：

凝——凝固　绵——拖沓　搣——掰开　谙——估计

乘——承担　□toŋ²¹——怂恿

虽然在四川方言和普通话中有关概念都固化为词了，不算是词语的缺位，但单纯词是比合成词在意义上更加凝固的单位，因为它再无法拆分了。

三、同形异义

在四川方言和普通话系统中，有部分完全形同的单位，但在意义上却有所区别。

（一）词形相同，意义迥异

第一种情况是写法一样，但在四川方言中是词，在共同语普通话中是短

---

① 马清华：《文化语义学》，江西人民出版社 2006 年版，第 17 页。

语。例如：

翻山：指做事情超越了某种极限。如：把他逼翻山了，反而会出事。又如：吃饭吃得翻山的饱。普通话多理解为翻越山坡的意思。

冷饭：指上顿吃剩的饭（即使下顿热过了也还叫冷饭）。

不对：不对劲，合不来。如：他们两个一向就不对，说不到一起。

多久：很久。如：他多久都没来了。普通话指多长时间，用于疑问。

倒饭：呕吐，令人作呕。

好多：多少。多用于疑问句。如：花生好多钱一斤？普通话多指很多。

好久：什么时候，多用于疑问句。如：你好久走的？普通话多指很久。

看人：① 婆婆相看媳妇，也指一般相亲。② 指照看小孩。

补人：补品吃了对身体有好处。如：这东西吃了是补人的。

不好：指生病、不舒服。

伤脸：指使人难堪丢脸。

第二种情况是，在四川方言和普通话词汇系统中都是词，虽然书写形式相同，但意义不一样，甚至读音也不能按规律折合，属于不同的语言单位。例如：

打瓜：四川方言指以低价将市场零售剩下的农产品趸买或趸卖。普通话指西瓜的一个品种，或指此品种的果实。

平仄：四川方言中指做事情的依据、把握或掌握的适度的分寸。如：啥子什么时候下雨，我心头没得平仄。又如：煮好多多少米我还没讨倒着平仄。普通话中指平声和仄声，泛指由平仄构成的诗文的韵律。

淘气：① 淘神、费神。② 生闲气，惹气。普通话中指小孩子顽皮。普通话中现已经有了四川方言义项②，属于移植义。

淡淡：分量不重，程度不深，略微。如：我淡淡说了两句。又如：拿根绳子淡淡捆一下就行了。普通话中多指不关心，不热心，颜色不深等。

昏君：① 糊涂的人。② 指头脑发昏、糊涂的状态。如：你只怕读书读昏了君。普通话指昏庸的帝王。

母子：① 雌性的家禽或家畜。如：捉个母子喂起下崽。② 作种子用的块茎或块根。③ 含有酵母的面团、酒酿。④ 指喝茶时为下次冲茶还有茶味而预留下的茶汁。⑤ 比喻本钱。普通话中理解为母亲儿子的简称。

冷场：不逢场赶集的日子。普通话指戏曲、曲艺演出时演员迟到或忘记台词造成的局面，或开会等没有人发言的局面。

爱好：十分注重衣着打扮。普通话指① 对某种事物具有浓厚兴趣。② 喜爱。虽然是同形的，但四川方言的"爱好"是动宾式合成词，"好"属上声，并非普通话"爱好"的方音折合。

起草：四川方言指畜类动物发情。普通话指打草稿。

恼火：① 严重、厉害。如：病得很恼火。② 费力难办，令人烦恼。普通话指生气。

奶奶：四川方言中指乳房、乳汁。普通话相同词形指父亲的母亲。四川话中也用"奶奶"这一书写形式指父亲的母亲，但前者念阴平，后者念上声。是不同的词。

洗刷：① 批评、斥责。② 嘲讽。如：晚报还把双方的父母洗刷了一顿。普通话指用水洗，用刷子蘸水刷，或除去（耻辱、污点、错误等）。

周年：四川方言指全年。普通话指满一年。

烧烤：四川方言有指为难、愚弄、坑害别人的意思，普通话多指一种烹饪方法。

（二）词形相同，部分意义相异

半边：① 指旁边。② 整个东西的一半。③ 与"这、那"连用，相当于方位词缀"边"。④ 指某一部分或某一方面。苹果半边红，半边绿。普通话只有方言义项④。

鼻子：① 人和高等动物的嗅觉器官，呼吸器官的一部分。② 鼻涕。普通话只有义项①。

影响：指动静、消息之意。如：涨工资的事咋还莫得影响哦？普通话有以下义项：① 对别人的思想行动起作用。② 对人或事物所起的作用。③ 传闻的，无根据的。义项①②在四川方言中也有。

地方：旧时指土地的意思。如：买地方。普通话指① 某一区域空间的一部分。② 部分。普通话的这两个义项也在四川方言中使用。

慢点：指等一会儿，过一会儿。如：再坐哈儿，慢点才走。而指速度低之意，引申为小心之意，则与普通话义项是一样的。

开销：① 辞退、解雇。如：老板把他开销了。② 花销。普通话指① 支出费用。② 支出的费用。后一个意思二者一致。

落脚：普通话指临时停留或暂住。四川方言除此意思之外，还指完毕、完结。如：他话还没落脚，田街正已经接过去说道……。

收拾：① 整顿、整理。如：收拾屋头。② 整治、打。如：等会儿再收拾你。③ 特指打扮。四川方言中还用"收收拾拾"来形容刻意修饰打扮。普通话除了有四川方言义项①②外，还有修理、消灭之意。没有四川方言义项③所指的意义。

深沉：指深奥之意。如：你不要说得那么深沉。四川方言中还有"严重"的意思，多指得病。如：年纪轻轻，毛病深沉。四川方言中指"程度深"的意思与普通话是一致的。

上门：① 入赘。如：招郎上门。② 女婿到岳父家做客。普通话有以下义项：① 到别人家里去。② 上门闩。③ 入赘。普通话第三个义项是方言移植义。

打发：① 给予。如：过年要打发娃儿些钱。② 嫁女儿。如：三个女打发了两个。③ 女儿出嫁时的财物。普通话有以下义项：① 派（出去）。② 使离去。③ 消磨时间。④ 安顿、照料。四川方言中也有普通话义项①②，但四川方言中的其它几个义项是普通话所没有的。

清白：① 无辜、纯洁、无污点。② 清楚、明白。普通话本只有义项①，但现在已经有了义项②，这是方言移植义。

四、词形相同的单音节多义词各有特殊义项或义位

这部分内容其实可以看作词形相同但词义有异。常用单音节词往往容易获得多义，在多个义项中，多数是四川方言和普通话共有的，少部分义项则是四川方言和普通话各自特有的，这些特有义项的获得和引申的方式及动因，恰恰体现了方言与普通话的差别和意义演变发展的不同轨迹，形成了四川方言与共同语普通话各自的质感。下面我们以在四川方言和普通话都常用的几个词作为标本来试做分析，说明其主要差异：

（一）义位不同

义项包括一个词的词义，也包括它作构词语素的意义。下面讨论义位，不包括只用于构词的语素义。义位不同首先表现在义位数量不一样。例如：

【水】

普通话义位：①"水"在化学方面的专门意义。② 指洗涤的次数。③ 姓。[①]

四川方言义位：①"水"的通俗意义。② 指洗涤的次数。③ 姓。④ 说

---

① 普通话义位参见《现代汉语词典》（中国社会科学院语言研究所词典编辑室，商务印书馆出版），以下同。

话办事不可靠，敷衍塞责。如：他这个人水得很。⑤ 商品质量差。⑥ 指瓜果等腐烂。如：西瓜已经水了（义位⑤⑥见于宜宾等方言点）。

"水"的义位四川方言多于共同语，在四川方言中产生了几个特有的义位，义位④是隐喻引申而产生的后起义，人们认为"水"在外在形态上的不定，与人的品行上的不定、善变等相似，所以"水"也指不可靠不诚实的个性。而义位⑤是从义位④隐喻引申而来，从人的差的品行，隐喻物的差的质量。义位⑥直接从本义隐喻引申而来，瓜果腐烂变稀出水，其间有一种很实在的相似性。可见，"水"的意义网络，方言与普通话有所不同，方言区人们认知到了一些事物之间的相似性，由此而产生了"水"的新意义，这些新的意义正是方言特点的所在。

【干】

普通话义位：① 没有水分或水分很少，与"湿"相对。②③④ 为方言移植义，其他均为语素义。

四川方言义位：① 同普通话的①。② 干旱。今年天干，饿死了人。③ 净、白白地。他干进一万元。④ 枯瘦。那个人好干。

我们可以清晰地看出四川方言中"干"的义位的隐喻引申轨迹，而如果不是从其他方言中移植了几个义位，"干"在普通话里，跟单义词没有区别。

【烧】

普通话义位：① 使东西着火。② 加热或解除使物体其变化，如烧水、烧砖。③ 烹饪方法，先油炸，再用汤汁煮。④ 烹饪方法，烤。⑤ 发烧。⑥ 比正常体温高的体温。⑦ 过多的肥使植物枯萎死亡。

四川方言义位：四川方言的"烧"具有普通话的所有义位，而且还多出三个：① 抽烟。如：烧叶子烟。② 愚弄、作弄、坑害。如：你这不是在烧内伙子吗？③ 用言语讽刺攻击别人。如：你的话把他烧安逸了。

可见这个词方言有更为丰富的引申义，由燃烧到抽烟，是相关性隐喻，"抽烟"是"烧"的转喻义，另外两个是由相似隐喻派生的意义。可以想见，有更多的触发点使四川方言区的人们发现了其中的相似性和相关性，从而产生了相关性转喻和相似性隐喻的联想，并最终在词义系统中把它们固定下来。

除了义位数量的多少外，义位的不同还表现在义域宽窄方面。比如"吃"，在四川方言中，吃东西、抽烟、喝水都可以用"吃"来表示，而普通话中一般指吃固体食物。"吃"的义域四川方言更宽一些。"深"在普通话中指从上到下或从里到外的距离大，引申为深度。但四川方言中除了有此义之外，有时可以指"长""高"或"长度""高度"（当然有固定搭配），比如"头发深"

"草长深了"，"深"在方言中义域更宽。除此之外，还有些量词的搭配宽窄也不一致，比如"匹"作为量词，在普通话中与"马、骡子"、"整卷的布或绸"等搭配，在四川方言中，除了这样的搭配外，还可以与"篾条、青草、山、瓦、叶子"等搭配。

当然，义域的宽窄带来的显性结果，可能就是义位数量的不同。

（二）语素义不同

除了上面说的义位的不同外，另一个方面就是语素义的不同。这里所说的语素特指不能独立成词的单位，其现象和原理跟义位差异是一样的。这里只举一个例子略作说明：

"桩"在普通话中是一个语素，意思是"桩子"，如"木桩、打桩"等。四川方言中，"桩"也是一个语素，也可以指"桩子"，如"木桩，电桩（指电线杆）"。除此以外，四川方言的"桩"还可以指庄稼收割后留在田地里的茬，如"麦桩、谷桩"等。重叠词"桩桩"可以用来指称上面的木桩、麦桩等，还经常比喻为人的身躯，如：人是桩桩，全靠衣裳。"桩子"的词义中有一项也指人的躯体，体现的就是这个语素义。此外，四川方言区的人们经常说"倒桩"，指病重不起或死亡，说"立桩"就是指倒立身体，这些都是语素"桩"的"身体"义的体现。

以上我们从几个方面对比了四川方言和共同语普通话词汇语义的差异，相对而言，四川方言与普通话的差别不是特别的大，但这些差异却正是方言存在的依据，是四川方言的特点所在。

第六章　四川方言词汇的文化阐释

语言和文化有着密切的关系，语言不仅是人类交际的工具，也是人类文化的承载者，是人类生存和发展历史的见证者。

语言大多以方言的形式存在。方言是使用于一方的语言[①]，包含着极为丰富的历史文化信息。

四川地区有着悠久的历史。早在旧石器时代，今四川境内就有人类活动。距今 4000～5000 年的成都平原地区是长江上游区域文化的起源中心，其中的广汉三星堆和成都金沙遗址，是古蜀国政治、经济和文化中心。

商周时期，四川地区建立了两个国家：一个是在今川西地区以古蜀族为中心建立的蜀国，另一个是在今川东地区以古巴族为中心建立的巴国[②]。所以，四川地区古称"巴蜀"。公元前 316 年，秦灭巴蜀，置巴蜀二郡，汉属益州，唐属剑南道及山南东、西等道，宋置川陕路，后分置益、梓、利、夔四路，总称"四川路"。至此，始有"四川"之名。元设四川行中书省，简称"四川行省"。

自古以来，四川就享有"天府之国"的美誉，优越的地理条件和经济条件，使四川成为中国经济开发最早的地区之一。独特的生态环境为巴蜀文明的生长、繁衍创造了有利条件，因此，四川成为中华文明的重要起源地之一，以其显著的内涵和特点闻名于世：是中国本土宗教——道教的发源地，有至今造福"天府之国"的都江堰水利枢纽工程，诞生了全世界最早的纸币"交子"……

秦统一后，古老的巴蜀文化逐步转型为秦汉文化的一支重要地域亚文化。有专家指出，这"是在巴山蜀水这个特定的地理环境内，由古代的巴人、蜀人，以及历次华夏移民，特别是元末明初和明末清初两次'湖广填四川'的大移民的基础上逐渐形成、发展、演化而来的"[③]。

---

① 这里说的方言指"地域方言"。

② 包括今重庆市。

③ 崔荣昌：《四川方言与巴蜀文化》，四川大学出版社 1996 年 8 月版。第 2 页。

四川主要属于巴蜀文化区，地方特色显著，区域文化自成体系。四川戏曲文化、茶文化、酒文化、饮食文化、织锦文化、盐文化等，都具有浓郁的地方风格，川戏、川茶、川酒、川菜、川药及蜀绣、蜀锦、川派盆景等文化品牌都带有强烈的地方特色。

植根于四川地区深厚土壤的四川方言，作为四川地域文化载体，在汉语方言中独具特色，它不仅是当今四川人交际的工具，也是四川历史以及四川人的文化心理、价值观念的承载者，由此成为今天认识四川的重要渠道。例如明李实《蜀语》："谓人村曰山巴土獠。獠音老。巴州以西，旧獠人所居，故云。"据崔荣昌考证，"西晋末年巴氏李氏在巴蜀地区建立成汉政权，到李寿时因'郊甸未实，都邑空虚'，曾从牂牁引僚人入蜀境，自象山以北尽为僚居，布在山谷达十余万家。以后僚人在巴蜀逐渐消失，但在'山巴土獠'及今口语中的'乡巴佬'、'乡坝佬'等词语里保留下来了。"[1]"乡巴佬"这个四川人的常用词包含着如此重要的历史文化信息。

四川方言词汇涉及巴蜀文化的内容极为丰富，我们只能选择性的做一些分析。本章第一节举例性讨论部分四川方言词汇承载的地域文化信息，第二节和第三节对四川特色地名和四川地区的隐语黑话作专题分析。

第一节　四川地域文化与四川方言词汇

一、四川方言词汇与生产生活

日常生产、生活是人类最基本、也是最古老的文化活动，语言最初是因人的集体生产、生活需要而产生的。因此，四川方言词汇中数量最大的就是反映当地生产、生活的词语。这些词语在使用过程中，可能逐渐扩展自己的范围，辐射到其他领域，产生新的意义。

四川人从日常生产和生活中总结出许许多多的经验，又将这些宝贵的财富熔铸到方言之中，有的经过新的阐释而形成了重要的理论，如邓小平的"黑猫白猫论"，就从四川谚语"不管白猫儿黑猫儿，逮倒耗子就是好猫儿"中汲取了丰富的营养。

（一）四川方言词汇与生产活动

今天四川方言的一些常用词跟四川人的生产活动密不可分，富有浓厚的

---

① 崔荣昌：《四川方言与巴蜀文化》，四川大学出版社 1996 年 8 月版，第 7 页。

生活气息。以下略举数例。

【（红）炭圆儿】

"炭圆儿"是旧时缺柴少煤年代家家稀罕的好东西：

① 神龛下放着长方形的大供桌，挂上了红绒桌帷。供桌前面放了一个火盆架子火盆里燃着熊熊的火。几十个炭圆山也似地堆得高高的，烧成了鲜红的圆球。（巴金《家》）

可当它派上用场烧得火红滚烫的时候，丢不了又拿不住，让人难于对付。于是就成了"明知难办、又无法脱手的东西"的代称：

② 儿子离婚玩失踪，乖孙成"炭圆"，爷爷当"奶妈"。（《重庆晚报》2008 年 11 月 20 日）

③ 医改确实难，在美国也是"炭圆儿"。（《天府早报》2009 年 9 月 14 日）

面对"（红）炭圆儿"，人们有些无奈，有些埋怨，但又无法舍弃。

④ 主持批判大会的事，是个烫手的炭圆儿，一定要让红旗战团去捏到才对。（《"文革"期间的操哥话》）

⑤ 去年熊市中，上市公司的定向增发方案纷纷搁浅，基金把定向增发看成是"烫手的炭圆儿"，避之唯恐不及。（《成都商报》2009 年 2 月 13 日）

"烫手的炭圆"是普通话和方言的合璧词，由普通话"烫手的山芋"和四川方言词"炭圆儿（儿）"相结合而成。这种合璧词也是四川方言走向全国的一个途径。

由此引申出"捏红炭圆儿"，指遇见棘手、难于处理的事情：

⑥ 张福林忽然省悟过来，怎么在这儿瞎冲？唔，听谁说了啥？李春山、兰子……还不是你当书记说的！你们干部里头不先商量叫我捏红炭圆儿，他们口里就漏出风风来了？哼！还假巴意思来问我！（克非《春潮急》）

⑦ 守榜的士兵见有人揭榜，不管三七二十一，拉着他就去见皇帝。见了皇帝，皮匠才晓得自己糊里糊涂去捏了个炭圆儿，吓得不得了。（《成都民间文学集成·民间故事·聪明的皮匠》）

【抽底火】

本指把火势正旺的炉膛内的燃烧物抽出，使之突然断了火源。引申为"把力量从中抽出"，或者"本该出力却反而坏事"：

① 为了自己的利益，不惜"抽底火"损人利己，出卖别人，戕害无辜，这是卑鄙。(《重庆晚报》2008 年 9 月 25 日)

又引申为"揭老底"：

② 只要这些受过他阴气的女性们出来抽他底火，随便抖落他几桩流氓行为，就够他受。(《四川操哥话》，第 80 页)

巴蜀笑星经纪人马骧《散打笑星抽底火》的写作初衷，便是用一些诙谐、幽默、轻松的话，将每一位笑星的幕后故事表达出来。一个平常生活中的动作，就这样被四川人赋予了多种意义，有褒有贬，亦庄亦谐。

【打瓜】

此指买东西时①，以低价把剩下的全部买完，普通话称之为"包圆儿"。菜市场上瞅准货快卖完的小贩，往往能以很低的价格买到好东西；或者到傍晚快收摊的时候，也能"打瓜"买到便宜的蔬菜、水果。后来更多的东西都可以"打瓜"：

① 嫩萝卜，打瓜卖，两分钱一斤。(《四川文艺》1982 年 3 期)

② 展会上各商家掀起"空手回家"行动，上万种年货大跳水，引来数十万市民涌进展览馆和体育中心猛买"打瓜"年货。(《天府早报》2002 年 2 月 11 日)

虽然货品可能是些"歪瓜裂枣"，也可能不太新鲜，但极高的性价比，还是会让精明的四川人相当满意。

【敲棒棒】

此指"敲竹杠，宰人"：

① 旅客们骚动起来，纷纷掏兜取票。那边有个列车员用弹簧秤勾起一大包东西。旋即有声音吼起来："开口就喊罚 5 元，哪有这个道理！晓得你们在这上头发奖金。也不能这样子敲棒棒啊！"(张勤《旅途匆匆》)

② 施工无意间损坏了青苗，村民从不"敲棒棒"。(《重庆援建路 崇州新希望》，《重庆晚报》2009 年 5 月 11 日)

"敲棒棒"应与"棒客"有关。四川人把土匪称为"棒客、棒贼、棒老二"②：

③ 往者四川南路，多种罂粟花为鸦片烟。近时英夷烟土，由哲孟雄经后藏入云南而至宁远，水路至嘉定沿江而下，旱路则由清溪而至成都。

---

① 一般是买蔬菜、水果之类。

② 民国二十年《三台县志·风俗》："明末剧贼姚天动、黄龙皆闯贼羽翼，由汉中入蜀，啸聚川北山谷间，名为棒贼，言不操矛楯，以扰害人民也。民国八九年，溃军化贼，棒匪又乘战事蜂起。县南室、嵩、翼三乡及北路毕、参、轸三乡，界中江、绵阳之交，罹害尤毒。"

故邛州大邑及雅安匪民，所在邀截，贩烟奸民，亦聚众行以御之，亦蜀中大患也。余小坡云：贩烟者曰泥客，抢烟者曰棒客。棒客作俑，始于邛州某刺史。当时烟禁初严，洋烟不至。建昌一带，所产烟泥盛行，烟贩如云，号为泥客。官虑兵役之不胜捕也，则大张晓谕，谓泥客本犯法民，能逐捕者听，于是所在游民蜂起，截劫泥客以为利，自称棒客，盖其初固以客自居也。……既而内地烟泥不甚行，泥客稍衰，而棒客反日众，既无所得泥，则害及行旅，以搜泥为名，无所不至，于是客之名遂变而为匪，今新津、琼州一带，所患固在棒匪，而不在泥客。(《康輶纪行》卷一)①

　　② 妈的，棒老二不是人做的？(《艾芜文集·春天》)
像土匪一样明目张胆地宰人就叫做"敲棒棒"了。

【戳锅漏】

本指把锅戳漏，喻指做事不上心，成事不足、败事有余的人；也喻指爱闯祸的人②：

　　① 哎！嘿嘿！道士会打卦，聋子会安话。我晓得有人在背后当戳锅漏。李书记可千万不要信了那些话啊！(克非《春潮急》)

　　② 但领导让我把白头发染了，"破格"提拔我主持部门工作，永远不准闹待遇，讲价钱，讲价钱就是搣不起，搣不起就是戳锅漏！(《华西都市报》2006 年 3 月 25 日)

四川俗语说："百个补锅匠，挡不倒一个戳锅漏。"方言电视剧《戳锅漏》就讲述了一个生活中随处可见的小人物的故事，由于不懂得桌面下的潜规则，所以经常好心办坏事，砸了自己的"锅"，也砸了别人的"锅"。

四川方言关于文体教育的词汇很多也极富生活气息：

【读望天书】

本指读书时只读而不看书本，引申指"读书不专心"：

　　① 家长帮助孩子养成跟读、指读的好习惯，避免孩子读望天书。(《成都日报》2009 年 1 月 19 日)

也说"听望天书"：

　　② 开学都 3 个多星期了，部分孩子还没有拿到课本，每天只能听"望天书"。(《成都商报》2004 年 9 月 23 日)

---

① 转引自王宝红《清代笔记小说俗语词研究》，四川大学博士学位论文，2005 年。
② 早在《蜀籁》卷二中即有"戳锅漏"之说。这种人做错事可能是无意的，也可能是有意的。

另有"当望天猴儿"、"打望天凿"等说法，也是比喻小孩读书时东张西望，不专心。

【搟牛牛儿】

搟ts'an⁵³牛牛儿，即抽陀螺。牛牛儿是四川男孩子非常喜爱的一种玩具，多用木头做成，下部呈圆锥形，圆锥的锥顶部嵌入钢珠。玩耍时手执细绳做成的鞭子，用力猛抽，陀螺就旋转起来。抽得越猛，转得越快；抽得越久，转得越久。

　　① 到古镇旅游除了海吃小吃外，不少充满民俗味道的玩乐项目也吸引了众多游客，响簧、铁环、牛牛儿、弹绷子、玩具手枪等勾起了游客儿时的记忆。(《天府早报》2009 年 1 月 29 日)

之所以叫"搟 牛牛儿"，应与四川的农耕劳作有关。每年小春收获后，农家一般就要放水灌田，以便栽插秧苗。牛在水田里拉犁，十分费劲，行动缓慢。农民就不断地用鞭子搟，负痛的牛动作也就快了许多。尖底的牛牛儿跟牛一样，一旦不使劲搟它，就会停下倒地。男孩子们便在用力抽搟 中威风凛凛地慢慢长大，或许，他们也在游戏中悟出生产生活的道理，体会到驾驭外物的成就与快感。

他如"穿牛鼻子比喻小孩开始上学"、"夵牛圈门进学校"、"睁眼瞎、黑眼窝文盲"、"(眼睛) 搬不得家应变能力不强"、"吃 (大) 鹅蛋考零分"。

【吆鸭子①】

四川职业养鸭人一个人要负责放养大群的鸭子，因此都得"吆鸭子"。

　　① 雷家前辈人是吆鸭子的，人很勤快，不管起风下雨都把鸭子吆去放。(《中国民间文学三集成·泸县资料集·故事·雷家堂屋正梁为啥挂鸭笼》)

为了不至造成损失，养鸭人拿着长竹竿，跟在鸭群最后，驱赶鸭子并防止丢失。吆鸭子的人总是走在鸭群的最后，久之，"吆鸭子"便成了各类比赛和考核中最后一名的代称：

　　②"吆鸭子"的脏乱乡镇 镇党委书记被免职。(《华西都市报》2009 年 7 月 22 日)

　　③ 交通满意度北京"吆鸭子"。(《华西都市报》2006 年 9 月 21 日)

"吆鸭子"这个词语来自于生活，既生动，又隐晦，还有几分戏谑色彩。

---

① 吆：大声喊，引申指"大声驱赶 (牲畜)"等。四川话可以说"吆鸡、吆鹅、吆猪儿、吆牛沟子"。

【凫上水^①】

本是指鱼类逆水向上而游，喻指小孩逆水而游的一种比赛，颇费力气。后来用于人事之中，泛指"走上层路线"：

　　① 你下来打堆算是深入基层，我往你那里走就有凫上水的嫌疑。（《"文革"期间的操哥话》）

　　② 后来，进入中学了，有的同学向老师靠近，争取进步，有的同学写了入团申请书，便有同学议论说：他是在凫上水！（徐建成《凫上水》，《成都日报》2005 年 11 月 1 日）

正如人们常说"鸟攀高枝，人凫上水"，有人靠近领导、靠近老师，便会被冠以"凫上水"；溜须拍马，也是"凫上水"。言谈之中有几分不屑，偶尔又有一丝艳羡。

四川方言中来自于生产生活经验的词汇还有很多，与此有关的谚语、歇后语更是举不胜举：

　　霜打的胡豆苗——蔫奄奄的

　　老母猪打圈——光使嘴_{支使他人}

　　猫抓糍粑——脱不倒爪爪

在日复一日的生产劳作中，智慧的四川人把自己对生活的理解融入到方言词语中，构成了四川方言词汇独特的风景。

（二）四川方言词汇与饮食文化

俗语说"民以食为天"、"吃在四川"、"催工不催食，雷公不打吃饭人"，可见，四川人特别重视吃。川菜中的麻辣火锅、宫保鸡丁、回锅肉、肥肠粉，乃至泡菜，都让四川人一天不见就满口无味。饮食文化的因子也渗透进了四川方言词汇之中。

【耙】

本指烹饪火候，指食物软、易烂，却又成形：

　　① 今天的烧白蒸得稀溜耙，简直入口化渣。

也可用来指不费力气得来的东西，由此衍生出"耙和"、"耙耙"、"耙（耙）钱"、"耙耳朵"、"耙子"、"下耙蛋"、"脚耙手软"等"耙"族词：

　　② 我辛辛苦苦忙了大半天，结果给他捡了个耙和，拿去表功了。

---

① 凫上水：《汉语大词典》未见，但在北方方言中常见。《红楼梦》九十四回："只听得赵姨娘的声儿哭着喊着走来说：'你们丢了东西自己不找，怎么叫人背地里拷问环儿。我把环儿带了来，索性交给你们这一起凫上水的，该杀该剐，随你们罢。'"

"炕（炊）钱"指那些来得很容易、不用花多少劳力甚至不花劳力也能挣到的钱。老一辈四川人眼中，坐办公室的、当教师的，即今天可以勉强算得上白领的人，当然都是挣"炕（炊）钱"的；还有做生意、守院门的，也挣的是"炕（炊）钱"，因为毕竟没见他们出过大力气。

"炊耳朵"则是"妻管严"的代称，家里、家外被妻子耳提面命的丈夫，四川人就用"炊耳朵"来形容：

③ 大哥炊耳朵，二哥耳朵炊；三哥好得点，婆娘要打他。(《成都民间文学集成·民间歌谣·炊耳朵》)

④ 背时媒人害了我，总成我讨了个恶老婆。千错万错是我错，自己错了怪谁个？我两个离婚离不脱，每天每日吵场合。团转四邻都笑我，说我是个炊耳朵。(《中国民间文学三集成·泸县资料集·歌谣·花灯词》)

20世纪八九十年代的一段时间，在成都大街小巷跑着一种改装过的自行车，后轮右边安上一个带轮的座儿，通常是丈夫蹬车，妻子则坐在加座上，人们便把这种改装车称为"炊耳朵"。当时也有用这种改装车拉客的，被幽默的成都人戏称为"炊的"：

⑤ 公司这块招牌现在归了王耳门个人，他便成了老坎，俭省得连花两元钱坐炊耳朵车都捶胸口，早如此公司也不至于有此结局。(《方脑壳传奇》第七十回)

当然，四川人的"炊"绝对是有界限的。既是"炊"，那软的一面如果跨出家庭这个界限，就不好了：

⑥ 既然你已经得罪了他，何必在他面前下炊蛋，不主持公道。(《方脑壳传奇》第23回)

"下炊蛋"本指鸡、鸭之类下软壳蛋，也可表现出对遇事不敢担当者的鄙弃。而"脚炊手软"相当于"浑身无力"，既是生理状态，也是一种心理状态：

⑦ 耍起来一身都是劲，看到活路就脚炊手软。

【汤】

四川俗语说："唱戏的腔，厨子的汤。"川菜中，离了汤就不成席①。四川方言词汇有许多都与汤有关，衍生出一批"汤"族词：

---

① 川菜中有著名的汤菜，如清汤白菜、奶汤素烩等。另有诸多汤，如甜汤（多指带酸味的汤）、便汤（不收费的汤）、素汤（多指用黄豆芽、香菌及芽菜熬制的汤）、鲜汤（多指用猪肉、猪骨等熬制的汤）以及头汤（多指从煮肉、骨等的首批汤），二汤（多指提取部分头汤或原料，加清水熬制的汤。也称"毛汤"）、座汤（多指筵席正菜中用于押座的汤。也称"尾汤"）等。

【原汤】

本指选用单一原料如鸡、鱼头、牛肉、猪骨等熬制而成的具有原味的汤，多用于汤菜合一的菜肴或用同类原料烹制的汤菜、烧菜以及面食等，如"原汤肘子"、"原汤抄手_{馄饨}"，后比喻"原本原样的话语"：

① 我给你说的都是些原汤，没有添盐加醋。

【清汤】

本为一种汤名，多用老母鸡、鸭子、猪排骨、火腿片（儿）加清水熬制而成，清澈见底，味美清鲜，适用于川菜中用此汤作调味料烧、烩一类的菜肴，后比喻"清楚，明白"：

② 穷光蛋连稀饭都搞不清汤，几辈人箩筐那么大的字认得几挑。（《川西文艺》第1卷，第3期）

③ 拆台散伙，账项分明。把手续交割弄清汤了，你走你的阳关道，我过我的独木桥！（克非《春潮急》）

【汆汤】

本为一种烹饪方法，指将食物放入沸水中略煮一下即捞起来：

④ 我娘啥都不想吃，只想人肝来汆汤。（《成都民间文学集成·民间歌谣·孝女歌》）

后比喻"不纯正、不地道的（语言）"等：

⑤ 他说的是汆汤普通话。

【汤水】

四川方言通常用"汤水"来形容不好办的事情，"汤水"的事又称为"汤水活路"，如同前面的"炭圆儿"：

⑥ 汤水！汤水！租金高、生意秋都不说了，单是办证弄手续就麻烦死了。（《川渝口头禅·汤水》）

【汤倒】

"汤倒了"是指惹上棘手而且无法推卸回避的麻烦事，犹如一碗油汤泼在身上，洗不掉，抹不脱，更是说不清，道不明：

⑦ 各位接亲要访过，谨防接到恶老婆。大家不要取笑我，是你们汤倒还是跟我差不多。（《中国民间文学集成泸县资料集·歌谣·花灯词》）

"汤"本是好东西，但因为里面实质性的东西甚少，所以讲究实在的四川人始终认为"汤"当不得主菜，正如四川常说"饭不够，汤来凑"、"米汤吃得饱，风都吹得倒"、"一个螺蛳打十二碗汤"、"猪多没好糠，人多没好汤"。因此也常用"汤"来称不实在的东西：

⑧ 这个衣服补不起了，布都汤了。

衣服布料密实板扎，经久耐磨，质量就好，反之则为"汤"。这便与干货不多的"汤"有了些神似。

【烫】

这是四川饮食的一个重要特点，不少风味小吃都以"烫"著称，如"麻辣烫"，即以"烫"与著名的"麻"和"辣"并称，四川火锅一定是"烫"着吃，而不是煮、烧、煎、炸、炖出来的。双流民谚："豆花儿吃不胖，全靠吃个烫。"大邑民谚："新鲜饭，滚豆花儿，吃了烫你的猪牙巴儿。"个中滋味正要从烫中体味。不过，稍不留神，这"烫"就要伤人了：

① 两姑嫂，舂糍粑，你一棒，我一棒，糯米舂成烂酱酱。拿点红糖来垒起，又巴嘴，又还烫。嫂嫂抢嘴吃了亏，幺妹老实没上当。(《中国歌谣集成·重庆市卷·舂糍粑》)

"烫"便由此引申出多种含义，可指"算计、欺骗"：

② 牛老汉才恍然大悟遭了"烫"，他又是火炮生子，一时气凑，不禁破口大骂起来。(《川西文艺》1卷1期)

③ 啥哟！听他李春山瞎提虚劲！肯信你几爷子都是猪，都是老坎，由人家整，由人家烫么？笑言！兔儿逼慌了还会咬人哩！(克非《春潮急》4)

也可指"麻烦"：

④ 这个事情烫，你最好不要去碰。

也可指"厉害"：

⑤ 船老板没想到她会来这一手，心头一慌，脸憋得通红，骂她："咦！这婆娘烫喃！"(《成都民间文学集成·民间故事·吟诗过河》)

【盖面菜】

川菜不仅重视菜品的色香味，也极看重其外在形式，一般要将每道菜最精华的部分展示在外，烹饪术语称为"盖面菜"。"烧白"可算作是"盖面菜"的典型："咸烧白"用上不得台面的洋芋、芋头或红苕、南瓜，和着不能单独上席的芽菜，把肥瘦相宜的五花肉衬在上面；"甜烧白"则用软糯糍粘的糯米饭，托着晶莹剔透、微见紫红的夹沙肉，养眼养心。

在物质生活匮乏的年代，家中若来客人，好客的四川人必以好菜相待，无奈条件有限，只能把精华部分放在一道菜的最上面，既体现对客人的尊重，也遮掩了自己的尴尬，当然这也体现了四川人的精明。

后来，"盖面菜"又有了新的含义，可称"人或事最精华的部分"：

①　哈哈！你连蔡大嫂都不认得！她是我们天回镇的盖面菜，认真说来，岂止是天回镇的盖面菜？恐怕拿在成都省来，也要赛过一些人哩！（李劼人《死水微澜》）

②　（舒宗元）他有一亩五分田小麦吊种在槐树坪，就在前边不远处，论苗稼，算得是这坝上的盖面菜。（克非《春潮急》）

【盐味】

旧时盐是珍贵之物，极受重视。《尚书·说命下》："若作和羹，尔惟盐梅。"自汉武帝实行盐铁专卖起，历朝历代盐都由国家掌控。就口味而言，与北方的醋酸、江南的绵甜相比，四川人更偏爱"盐味"，俗传与四川潮湿闷热的气候使味蕾变得迟钝，同时体内盐分更易流失有关。

四川自古盛产井盐，由此成为全国重要的产盐地和食盐消费地。在四川人的眼里，盐不仅关乎菜品，而且简直就是生活质量的象征。吃得好、过得好，在四川不叫有滋有味，而叫"有盐有味"：

①　争"麻神"，这群老人活得有盐有味。（《天府早报》2006 年 3 月 30 日）

日子过得平淡没有波澜，那叫"寡淡"，叫"白盐白味"、"没盐没味"、"清汤寡水"：

②　此人没得味道，清汤寡水！（《川渝口头禅·清汤寡水》）

遇上听不进他人劝说而一意孤行的"犟拐拐"，就叫"不进油盐"①：

③　这个背时娃娃硬是爆炒四季豆儿——不进油盐。

把盐炒热至呈金黄，加上四川盛产的花椒粉，就成了四川人见人爱的"椒盐"②。川菜中有椒盐茄饼、椒盐排骨、椒盐锅盔、椒盐核桃、椒盐花生，乃至于来自海边的大虾，都可以"椒盐"一下。倘若你听到有人说一口"椒盐普通话"③，大意也就明白了，那是带着浓浓川味的普通话，香麻而咸，味道绵长，别有情致。而以"椒盐"形容语言，大概也只有四川人了。

【锅盔】

这是四川常见的一种面饼，俗传因诸葛亮为备办干粮，让士兵用头盔烤面团而得名。常见的有三种口味：白味锅盔、椒盐锅盔和糖锅盔。糖锅盔又分为"包糖"和"混糖"两种，包糖锅盔将糖包在锅盔中间，一口下去，热气腾腾的糖汁便涌进嘴里。不过吃的时候也有几分惊险：热糖多半会一路流

---

①　不进油盐：本指人命在旦夕，吃不进东西，转指固执己见。

②　"椒盐"作调味品古已有之，唐寒山《诗》二〇六："蒸豚揾蒜酱，炙鸭点椒盐。"

③　也可说为"氽汤普通话"。

下，不小心则会烫了手，乃至打翻烫了背，于是便有了"吃锅盔烫倒背——顾前不顾后"的歇后语。混糖锅盔则是把红糖均匀地揉在老面中，软中带弹，甜味若有若无，丝丝入心，又不用担心热糖淌流下来，吃得安心。又因"糖"谐"堂"①，因而又有"吃混堂（糖）锅盔"一说，指"乘混乱讨便宜"：

　　① 因此敢于来此吃"混糖锅盔"的终属寥寥无几，解放后更是绝了迹。（克非《春潮急》）

与锅盔有关的还有"飞起来吃人"，喻指做事太过分，据说本为"青石桥的锅盔——飞起来吃人"。解放前成都青石桥十分热闹，茶铺、小吃摊、卖艺的都挤在这里。抗战期间，物价飞涨，青石桥几家锅盔铺的锅盔也越来越薄。传说一天遇上大风，几家铺子的几百个锅盔同时升空，有些锅盔两张贴在一起，在半空中一张一合，活像是一张张吃人的大嘴。于是成都便有"青石桥的锅盔——飞起来吃人"的谚语，后缩略为"飞起来吃人"。

【兔儿】

兔子是四川人喜好的一种肉食品，广汉的缠丝兔、双流的兔脑壳、成都的二姐兔丁，都是声名在外，不过四川人对"兔"词义的延伸堪称绝妙。

兔子要成为盘中餐必经的一道工序，就是"剐"。一只鲜活的兔子被挂起来，瞬间被扒下毛皮，只剩下红鲜鲜的肉兔。柔弱的兔子对这一切全无反抗之力。于是，四川方言中"剐兔儿"和"兔儿"便相伴而生。凉山西昌等地，在街头巷尾对他人恐吓、欺骗从而获取钱物的行为叫"剐兔儿"，而被抢夺了钱物的人犹如被扒掉皮的兔子，就是"兔儿"；麻将桌上，输得精光的当然也是"兔儿"了，新手上场被剐得血淋淋的，那叫"鲜兔儿"；赢家则在"剐兔儿"。推而广之，在其他场合被算计之人，那也都是"兔儿"。

兔儿脑壳是许多四川人偏爱的食物，由此也引伸出另外的意义。大街上碰上旁若无人的男女深情相吻，大人会淡然地告诉不谙世事的孩子："他们在啃兔儿脑壳。"

【饿痨饿虾】

也说"穷痨饿虾"。此词最初是用来形容人面对食物诱惑时掩饰不住自己的渴望，这在衣食不足的年代经常见到，特别是不懂遮掩的孩子，常常因此被大人呵斥：

　　① 陈宦穷痨饿虾地吃一大半盘苦菜，听见清脆悦耳答话，这才抬头看清立在桌边的黄花大闺女是个美人胎子。（刘西源《龙狮斗·苏二姐》）

---

① "堂"在四川话中可指"店堂"，如"店堂开门"称为"开堂"，"顾客盈门"称为"打涌堂"。

② 今天去吃席，还是要讲点文明，不要饿痨饿虾的哦！（《川渝口头禅·饿痨饿虾》）

③ 慢点，不要抢，硬是穷捞（痨）饿吓的。（《四川戏剧小品集选·拆迁》

而今这个说法也扩展到其他方面，只要是对某种东西的极度饥渴都可称为"饿（穷）痨饿虾"。

【抲油面子①】

本指"用瓢抲浮在汤表面的油层"。《广雅·释诂》："抲，捎深也"，与一般的"舀"不同。

油面子浮在汤表面，为何要说"抲"，这还得回到过去未达温饱的年代。那时馆子大都准备着免费的汤②，其实也就是清汤上飘着些油星和葱花，而这就足以让"肠子都生锈了"的人们心生渴望。因此，"油面子"就成了最好的东西的代称。舀汤的时候最要紧的就是抲油面子，这才是来舀汤的目的，这时我们也恍然明白，这个"抲"全然不是动作深入，而是对喉咙里面伸出手来的心理真实生动的刻划。"抲油面子"由此也就延伸出"把最好的东西拿走、抢功"之类的意思：

① 他一天到黑知晓得闷倒脑壳做活路，从来不得去头头儿跟前抲油面子。

【吃定心汤圆儿】

"汤圆儿"是四川人喜爱的一种食品，大年初一早上家家户都要包"汤圆儿"，有的还要包上铜钱或硬币，由家人抢食，称为"抢元宝"。谁抢吃到了有钱的元宝，则预示来年好运：

① 瞌睡来，打呵嗐打哈欠。门坎喊我奓进来，床边喊我坐下来，踏板喊我脱花鞋，枕头喊我乖乖睡，明天早晨起来吃汤圆儿。（温江歌谣）

汤圆儿在四川人心目中有很重的地位。一碗汤圆，必和以醪糟糟儿、红糖开水，这是旧时平民生活的高级享受，更是对疾病发作或身体虚弱时所采取的紧急预案行动，此汤圆儿多有缓解病者心慌症状的作用，好比现代西医打强心针，故又叫"定心汤圆儿"③：

---

① 抲：舀，四川话常用动词。《广韵·黠韵》："抲，手抲为穴。"［明］李实《蜀语》："手掘曰抲。"油面子：浮在汤上油层。

② 成都市北打金街口即有一个老成都知晓的"回回馆子"，在物质高度匮乏的 20 世纪六七十年代，即以免费"光汤"而闻名于世。

③ 参孙和平《四川方言文化》，巴蜀书社 2006 年版。又，四川人把"吃定心丸"称为"吃定心汤圆儿"。

②　弟娃儿接倒了大学的通知书，妈老汉儿才吃了定心汤圆儿。（梁德曼、黄尚君《成都方言词典·吃定心汤圆儿》）

与"吃定心汤圆儿"有关的还有"乱想汤圆儿开水喝"一词，本指"想喝别人煮过元宵的开水"。四川开江山区习俗，贵客至家，尤其是亲人出远门，要做汤圆儿给他们吃。因当地山路陡峭，人烟稀少，元宵既寓含"团圆"之意，又能充饥。但元宵中一般不放糖，而是在一小碗煮过汤圆儿的水中放少许糖。吃过汤圆儿后，再喝糖水。故"汤圆儿开水"后指"某种好处、甜头"。而"乱想汤圆儿开水喝"则指"存有非分之想"：

③　有个贼娃子小偷想在八阵图里头起坎得到非分之财……土堆头的石球又飞起来，打得贼娃子喊爹又喊妈，拢屋就死了。从此，再也没有人敢去乱想汤圆开水喝了。（《成都民间文学集成·民间故事·八阵图的传说》）

也说"想汤团开水"：

④　我为你好才说，——你倒少想些汤团开水！（沙汀，《还乡记》）

四川方言中与饮食有关的词汇还有很多，仅带"吃"就有：

吃宽面①脸皮厚 ｜ 吃李子背诵课文等时不时打结 ｜ 吃福喜、吃裹绞、吃炪和拣便宜 ｜ 吃豁皮、吃抹和白吃 ｜ 吃挂面上吊自杀 ｜ 吃独食子 ｜ 吃巴片儿 ｜吃整笼心肺、吃整黄鳝独占好处 ｜ 吃雷替人捎东西偷偷拿走一部分，或为人传话时有意或无意地省略、隐瞒 ｜ 吃铲铲什么吃的都没有 ｜ 吃得开办事有能力 ｜ 吃多了、吃饱了骂人多管闲事 ｜ 吃不梭 ｜ 吃不起 ｜ 打来吃起以非法手段占有他人财产

四川人就是这样在锅碗瓢盆、酸甜苦辣中总结出人生经验，并把它灌注到每天使用的词语中，也许每一个词语都依稀镌刻着一个个特殊时代的印记，换了现在，我们可能再难创造"它油面子"、"飞起来吃人"这样形象生动的说法了。

四川方言的许多谚语、歇后语也都与饮食文化相关：

吃的欺头饭，屙的沾光屎。

既然吃了相因便宜，就不要喊肚皮痛。

输赢都有糖吃。

吃饭垒尖尖，做事梭边边溜到一边去，指偷懒耍滑。

枇杷哪怕先开花，吃过樱桃还是青疙瘩。

田等秧，谷满仓；秧等田，吃铲铲什么吃的都没有。

---

① 四川俗语有"不要碱（脸），吃宽面"之说。

毛毛雨打湿衣裳，杯杯酒吃脱家当。

六月的鸡蛋——醒的。"醒"，不严肃、不正经

一坛子泡萝卜——抓不到姜谐缰，指无法对付。

（三）四川方言词汇与竹文化

四川是中国主要的竹产区之一，蜀南竹海名扬天下。早在四五千年前，竹子就已成为巴蜀先民生产生活的重要组成部分。竹林盘星罗棋布，四季常青，一个个院落坐落在幽深静谧的竹林盘之中，这已经成了川西平原的标志性风景。"宁可食无肉，不可居无竹"，"一半翠竹一半田，竹林深处闻鸡犬。溪水清清竹边过，竹下老者编竹篼"的诗句，正是四川农家生活的普遍写照。

四川人的生活、生产和竹子不可分离：茶馆里的竹椅、竹凳、竹桌子，老人嘴里叼的长长的竹烟杆，孩子们扯着嗡嗡直叫的竹响簧，用手搓的竹蜻蜓，婴儿躺的竹摇床、可站可坐的娃娃背篼，主妇厨房里缺不了的筷子、蒸笼、刷把、筲箕、撮箕、扫把、吹火筒，农家院子随处可见的晒席、簸箕、背篼、箩筐、晒簟、斗框、竹笆子、（竹）扒扒儿、虾笆、笆篓等，盐场里汲卤的筒、输送卤水的枧，没有哪一样离得开竹子。四川地方曲艺金钱板的道具也是以竹为原料制作的。旧时有的人家在家中挂一根削得光滑齐整的篾条，那便是管教儿孙的"家法"，用"家法"惩戒儿孙，戏称"笋子炒肉"。四川农村的人们对竹的认识很细致，一般都能明确区分楠竹、慈竹、斑竹。竹子表层剖下来的篾条叫青篾，下面一层叫二黄篾，再往里面称为黄篾。旧时农家厕所里面常挂一把二黄篾，其用途同于现在置于厕所内的卫生纸。乃至四川巫婆做法事时请的神，都大多是"筷子神[①]、刷把神、筲箕神、撮箕神、扫把神、扦担神、背篼神、箩筐神"之类。自然，篾活便也成了一种本事，乡里人大多会编、会绕。

独特的竹文化必定会反映到语言当中。四川谚语中就有"房前屋后一笼竹，三年两年盖新屋"。竹林常用作埋葬亲人的坟地，因此歇后语有"林盘竹林里头拉二胡——鬼扯"。四川方言中存在许多与竹有关的词语。

【编编匠】

本指以编织为职业的匠人，也特指篾匠，即以编扎竹器为生的人[②]。"编"由编织义引申出"编造义"，于是"编编匠"便成了"骗子"、"滚龙抓拿骗吃游

---

① 今双流县即有"请筷子神"之俗。妇女怀孕后，为测婴儿性别，即请此神。

② 当今乡里这种能挣现钱的手艺人还是很有地位的。《成都民间文学集成·时政歌·诉讼》："编编匠，棒棒客，包袱对关节。"

手好闲的混混"的代称：

①　赵匡胤在当皇帝以前，是个滚龙，到处跑滩打烂仗，当编编匠。（《中国民间文学集成四川卷·成都市东城区卷·赵匡胤输华山》）

②　起初罗汉没弄明白他这话的意思，及至往周围一看，才注意到这附近云集了一大群大小编编匠，是一个串串市场，里面龙蛇杂聚，有跳楼老板、落魄人才、破产企业家……（《方脑壳传奇》第五十五回）

【收口】

也说"收口口"。这是篾活中最关键的一道程序，本指编制竹器时，用竹篾循环穿插，完成上口编制。四川俗语"编筐织篓，全在收口"，就是说做事要有头有尾，收口不好则满盘皆输：

①　事情都做到这个份上了，就看你咋个收口了。

而"不好收口"、"收不倒口口"意为"结束不了、收不了场"：

②　到了不好收口，嗨！恐怕也只有这样呵！（沙汀《还乡记》）

③　周老幺赶紧爬起来，只默倒以为再去提一桶。哪晓得，田娃子放泼的哭得收不倒口口。（舟戈《两代沧桑》）

【编筐打条】

想方设法、出主意。四川俗语说"编筐打条，不编圆是不成背筐的"：

①　最近，不晓得哪个，编框打条估倒非要说成都是啥子"东方伊甸园"。（《风中飘来个"伊甸园"》，《经营管理者》2004 年第 5 期）

由此引申出的"打烂条"，即出坏主意：

②　冯孝三又给曹艳华打的什么烂条呢？他叫曹艳华设法让潘子俊翻供，改口说这车走私货的主人不是曹培羹，而是石虎，来一个嫁祸于人，把水搅浑。（田由《雾重庆》）

又有"打懒条"，即打懒主意：

③　娃娃打懒条，暑假作业网上抄。（《天府早报》2009 年 8 月 27 日）

【挽圈圈】

编篾货通常得一圈圈地挽，因为前面"编"的缘故，"挽圈圈"也就有了别样的意思。其一为"耍诡计，设圈套"：

①　做媒人，几张脸。心头硬，嘴上甜。隔口袋买猫儿，两头挽圈圈。为赚昧心钱，说得莲花现。（《成都民间文学集成·生活歌·妇女苦情·媒人几张脸》）

②　王三的名堂硬是还不少，他当到李大胖子的面做活路很巴实，

背到就尽量挽圈圈，空闲时间，他还扯起各人做那个胡琴伊伊呀呀地唱上一段，李大胖子两口子都还爱听咧。(《中国民间故事集成·重庆巴县卷·精灵的王三》)

其二为"说话不直截了当，绕圈子"：

③ 你就直说嘛，不要挽圈圈。

四川内江一带还有"内江才子富顺官，隆昌人就会挽圈圈"的说法。当然，这里是赞扬隆昌人会做生意，被戏称为"四川的犹太人"。

其三为"把事情做完，有个交代"，相当于"收口"：

④ 刘大可和刘小可是两爷子，父子两个都是马大哈，做事做半截不挽圈圈。(《交圈圈·挽圈圈》,《重庆晚报》2003 年 3 月 30 日)

【竹根亲】【疙篼亲】

出门在外的人都好攀亲，在四川这样的移民大省，这种风气更甚，孤独无依的异乡人都希望能攀上更多的亲戚以壮声势。"竹根亲"、"疙篼亲"便在这种背景下产生了。

竹子是一种生长能力极强的植物，其根系在土中越串越远，一根竹子经过不长的时间便能串成一大团，继而成竹林，乃至林盘。亲戚亦如此，从血亲到姻亲，以亲带亲，很快便从一小家变成一大家，以"竹根亲"、"疙篼亲"称之再合适不过：

① 四川人，竹根亲，老表的老表理不清。(四川民谣)

② 要得亲，亲连亲，亲上加亲竹根亲。(四川民谣)

③ 村里胡姓是一个大家族，很多人都是"竹根亲"，与胡年友都沾亲。(《重庆晨报》2007 年 7 月 9 日)

在旧时的四川乡间，亲连亲、戚连戚，关系盘根错节，遇逆境共渡难关，逢雨露一荣俱荣。有道是"四川人，竹根亲，打断骨头连倒筋"。乡间邻里中吵架斗嘴，一不小心就牵连到自家亲戚。所以，四川人结婚时要"拜大小"，结婚后要"认亲戚"①，四川人常说"不认亲戚，二天在街上打架都认不倒"。

【笋子炒肉】

这是四川特有的一道家常菜。春秋两季正是发笋子的时节，取此时鲜嫩竹笋，用开水焯过多次后，去除苦味、涩味，切成薄片，白中透着淡黄，

---

① 拜大小：又称"拜客"、"牵拜"，即结婚当日，由新郎牵着新娘，拜见参见婚礼的诸多亲友，新娘给长辈叩头，长辈赐给新人"拜钱"。民国 24 年《夹江县志·风俗》："拜宗族、亲谊、父母、兄嫂，谓之'拜客'。受拜者各有赠遗，俗称'拜钱礼'。"认亲戚：又称"会亲"、"分大小"。成都等地习俗，结婚一月或半月内，男家须请双方亲友会聚一次，至此，婚礼才告结束。

加上精瘦肉片，用猪油爆炒，一时间清香四溢，这便是四川人爱吃的一道名菜——笋子炒肉。

而四川人教育小孩时挂在嘴边的"笋子炒肉"则是另一个意思了——用竹篾条打屁股：

　　① 动了一下，水如戾了一珠，那可不得了，那又要惨受"笋子炒肉"的非刑了。(郭沫若《我的童年》)

四川俗语更少不了竹：

　　吃竹子屙箩筐——肚子头编的 比喻胡编乱造

　　火爆 p'iau53 竹林盘——一派光棍

　　冬天的扇子、夏天的烘笼儿——无用

　　肩膀上搁烘笼儿——□nau53 火（谐恼火）

　　口子上拈烘笼儿——撮火（谐"戳火"）

以上是歇后语。

　　歪竹子能够生出正笋子。喻指不以血统论人

　　竹子都靠不倒靠笋子。比喻儿子靠不住，更不能指望孙辈

　　出林笋子先遭难。

　　笆笆门对笆笆门篾条编制的门，板板门对板板门。儿女婚姻要门当户对

以上是谚语。

就连儿歌也离不开竹子，如四川儿童常拿一根长竹竿当作马骑，一跃一跃地往前跨时，口中多唱儿歌《骑竹马》：

　　嘟嘟嘟嘟颠颠，颠到家婆外婆门前。家婆出来打狗，骑起花马竹马就走。

大年三十或正月十四晚上，大人们常叫幼儿到林盘中去摇竹子，与竹子比高矮，巴不得孩子赶快长得和竹子一样高，多唱儿歌《嫩竹妈》：

　　嫩竹妈，嫩竹娘，我跟你长得哟一样长。

上述词语的内涵显然已经超出了语言学的范围，可以说是四川人在与竹子打交道的过程中总结出的人生经验。

二、四川方言词汇与地理、气候特征

成语"吴牛喘月，蜀犬吠日"，意为江南一带平地多，山地少，遮不住太阳，故江南的牛会将月亮当作太阳而喘气。四川平地少，山地多；晴天少，阴天多，故四川的狗看见太阳也会少见多怪地乱叫。这些话虽然有些夸张，但也从某个角度说出了四川的地理特点。

四川的地形地貌与气候都有鲜明的特征，四川方言词汇中就有不少与这些特征相关联。

（一）四川方言方言词汇与地理因素

四川省地跨青藏高原、横断山脉、云贵高原、秦巴山地、四川盆地等几大地貌单元，其中山地、高原和丘陵约占全省土地面积的 97.46%。除四川盆地底部的平原和丘陵外，大部分地区岭谷高差均在 500 米以上。省内地表起伏悬殊，最低的东部海拔仅 70 余米，与最高峰贡嘎山相差 7400 米以上。这种地貌差异在四川方言词汇中得到了真实的反映。

【过坳】

坳，指山口。四川深丘和小丘陵地区"坳"特别多，翻山过坳便成了这些地区人们交通出行难啃的骨头：

① 莫站路旁边，我也不想行前，二人同路实为缘。二人同翻坳，心想说句话，恐怕说出你又骂。（《中国民间文学集成·涪陵市资料集·歌谣·连娇》）

"过坳"引申为"过关"、"过得去"，如果过不去、解决不了，那就是"过不倒坳"：

② 这二年，中国人民的法制观念增强了，遇到啥子过不倒坳的事，我们都通过法院来解决。（《天府早报》2004 年 11 月 7 日）

如果力量不够就翻不过坳，"过坳"由此引申出"过硬"义[①]：

③ 即使如此，刘伯承在关键时刻还是不睡，直接给各纵队司令员打电话，了解战况，布置任务，有时用四川方言叫大家"要过坳！"（甘耀稷《刘伯承与陈毅的旷世之谊》）

"过"与"坳"之间也可以插入其他成分：

④ 修彩电，李师傅是过得倒坳的。

【坎】

坎也可重叠为"坎坎"。四川多丘陵山岭，坡坡坎坎随处可见：

① 儿学走来爹娘教，又怕阶沿坎坎高。走一步，跰一跤，嘴在抱怨手揉包。（新都歌谣）

② 要上好多坡坡，就要下好多坎坎。（重庆俗语）

③ 好胆大的妖精！我们师徒爬坡坡翻坎坎，受了好多磨难，差点掉了脑壳才取到真经。（《成都民间文学集成·民间故事·木鱼山》）

---

①　此义多指技艺之类。

故四川方言词汇也有不少跟"坎"和"山"有关：

如以"坎坎"指"年关、难关"：

④ 油盐柴米逼残年，涨价都防这几天。临坎坎时多大户，一升米减数文钱。（［清］万清涪《南广竹枝词》）

【翻坎/翻山】

山区爬坡上坎是稀松平常的事，翻过山、爬过坎便是"艳阳天"，四川人往往把度难关叫做"翻坎"，人们遇到难事时劝解的人常常说："挺一下，翻过这道坎就好了。"

"山"和"坎"就是人心中的一条线，慢慢地也就成了一个标准，如果超过了这个标准就叫做"翻坎"或者"翻山"：

⑤ 他一想，自己的田土总共是一百翻坎。（《川西文艺》1 卷 1 期）

⑥ 第二天天才亮一点，男男女女齐动员。内中有个刘老汉，论年纪七十翻坎坎。（《川西说唱报》1952 年 16 期）

四川方言说"精灵聪明翻山了"，那就是聪明得过了头。

【起坎】

一是指小小捞一笔，或者得到非分之财：

⑦ 有个贼娃子想在八阵图里头起坎……土堆头的石球又飞起来，打得贼娃子喊爹又喊妈，拢到屋就死了。（《成都民间文学集成·民间故事·八阵图的传说》）

又指起步：

⑧ 该游轮是号称世界上最豪华的顶级游轮——公主号，船票是 3 万元一张的起坎价。（《世界最豪华游轮 3 万起游受追捧》,《华西都市报》2009 年 9 月 22 日）

⑨ 打工仔两万起坎挣得亿元身家。（《重庆晨报》2006 年 5 月 23 日）

【老坎】

通常有两个意思。一是指"老实人、土包子"：

⑩ 啥哟!听他李春山瞎提虚劲! 肯信你几爷子都是猪，都是老坎，由人家整，由人家烫么?笑言! 兔儿逼慌了还会咬人哩!（克非《春潮急》）

⑪ 吃水不忘挖井人，城里人享福时莫忘了那些流着油汗的老坎。（《川渝口头禅·老坎》）

二是指"小气、吝啬的人"：

⑫ 公司这块招牌现在归了王耳门个人，他便成了老坎，俭省得连花

两元钱坐炮耳朵车又称边三轮，一边能载人都捶胸口，早如此公司也不至于有此结局。(《方脑壳传奇》第七十回)

⑬ 我们班组的人有点啥好事都办招待，就他一个人稳起，几回都躲过了，简直是个老坎。(《川渝口头禅·老坎》)

【坝】

这是四川最常见的地貌之一，既指河谷冲积平原，又指山间平地。"坝"在四川人的心中有重要地位，旧时乡下姑娘的最高理想就是"不嫁到山上，也不嫁到沟头，要嫁到坝头"。在四川，"坝"也常常是人们聚居、会集的地方，久而久之"坝"慢慢地便成了一个量词：

① 税捐局打了，警察局打了，死伤一大坝，不赶快走不行。(李劼人《大波》)

由表示地貌的词变成量词，可见"坝"在四川人生活中的份量。

四川方言中有一系列以"坝"构成的"坝"族词，如：

河坝 | 操坝 | 乡坝头 | 空坝 | 院坝 | 晒坝 | 坟坝 | 一坝 | 满坝 | 田坝 | 遍坝遍地 | 沙坝 | 场坝集市 | 露天坝 | 雨坝（坝）雨地 太阳坝 | 月亮坝 | 火厂坝建筑物被炸、被烧后的废墟 | 扯谎坝旧时江湖艺人卖艺处 | 坝坝电影 | 坝坝戏 | 平阳大坝平坦宽阔的坝子 | 地坝屋前无遮盖物的空地

与"坝"有关的歇后语有：

雨坝头打瞌睡——淋醒（谐"灵醒"，比喻聪明）

沙坝头写字被水冲——抹了就是（比喻说话做事不对，不用计较）

月亮坝耍关刀——明砍（"砍"谐"侃"，比喻明白地说）

月亮坝晒笋壳——翘不起（"翘"谐"瞧"，即瞧不起）

（二）四川方言词汇与气候特征

四川位于亚热带地区，由于复杂的地形和不同季风环流的交替影响，气候复杂多样。人口聚居区属亚热带湿润气候，空气湿度大，终年潮湿。冬则阴冷，夏则闷热，舒适感较差。四川方言词汇中，有一些便与气候特征有密切关系。

【潮】

在"新潮"义还没有占领"潮"的意义时，四川方言中的"潮"是个贬义词：

① 你咋个手艺那么潮哦，板凳脚脚都安不稳。

这是说技艺不好。

而"技艺减退",则称为"回潮":

② 完了,好久没有自己做过回锅肉,手艺都回潮了。

用"潮"来指称这些不大适意的概念,大凡与四川地区太过潮湿有关。

【霉】

本指因受潮腐烂变色。明李实《蜀语》:"物湿而黑腐曰勃,一曰黴。"

① 人霉有人掀,豆腐霉了有人端。(彭州谚语)

也可指"运气不好":

② 乌猫钻灶孔,霉人行霉路。(唐枢《蜀籁》)

③ 人倒霉了翘二郎腿都要打滑。(四川俗语)

④ 运气来了门枋都抵不住,人霉了烧洗脚水都要生锅巴。(双流谚语)

⑤ 男逢男,霉一年;女逢女,霉个死。(唐枢《蜀籁》)

⑥ 女跨男,霉三年;男跨女,霉到底。(成都谚语)

还可指"挖苦、瞧不起":

⑦ 今天我拿给他霉了。(遂宁、射洪口语)

与"霉"相关的词语还有"霉不醒"、"霉绰绰"、"霉得起冬瓜灰"、"霉登堂了",与之有关的俗语有:

冬瓜命——越老越霉

冬瓜皮做帽儿——霉登顶了

【春】

倘若男士穿了件粉色的衬衣出现,多半会被相熟的女性评价为"春"。四川方言中"春"常用来指称穿着打扮年青、让人眼前一亮的男士。

① 这个老操哥这几天穿得只有那么春了。

有人说四川的春天是春气逼人的,漫山的桃花、李花、梨花、油菜花,带着春天的气息扑面而来。经过漫长阴冷潮湿的冬天,久违的太阳也终于消散了霉气,让人神清气爽。这样的春,不仅是针对衣服的颜色,更是对着人的心态而来,所以,被人称作"春"的男士们便都带着满心喜悦收下这个评价,他们心中也就有了更为丰富的色彩世界。

【秋】

与"春"相对的"秋",引起的联想当然是不同的。在四川地区很难体会到秋高气爽,只知道"一阵秋雨一阵凉,一早一晚加衣裳";只熟悉春花,却难见秋月;能感受秋的肃杀,却少有体会到秋韵的变换,因此,"秋"在四川方言中出现的场合便不大一样:

人秋_{精神不好} ｜ 生意秋 _{买卖不好做} ｜ 手气秋 _{手气差} ｜ 股市秋_{股票指数只见}

跌、不见涨

大凡状态不好都叫做"秋"。由此还构成了一些多音节词和习惯用法：

① 并且对大哥哥说话，也总是秋风黑脸的，两个月内，只有一次，她大哥从成都给她买了一条印花洋葛巾来，她算喜欢了两顿饭工夫。（李劼人《死水微澜》）

② 要是有人问，你娃咋那么秋哩？你得作番自查，找一下是哪根筋不顺，让你秋眉秋眼的，不伸展，不昂扬。（《成都日报》2009 年 6 月 29 日）

倒霉到极端，便是"秋得垮丝"；成天打不起精神的人就叫"秋丝瓜"。此类词语，不胜枚举。

三、四川方言词汇与四川人的思想价值观念

无论在什么时代，人的言行都会受到当时思想价值观念的左右。哪怕时过境迁，这种印记有时依然牢牢地铭刻在语言中。四川方言词汇中同样也深深地打上了过去时代的烙印。

在阶级社会中，尊卑贵贱一直极受重视，四川方言词汇至今保留着这样的特征，在称谓中反映得特别突出。

四川方言的称谓词很有特色。亲属称谓有的不分男女，但通以男性亲属称谓，比如名山称爷爷为"大爷爷"，奶奶为"小爷爷"；许多地区把姑妈称作"老子"，而"老子"是多数四川人对父亲的称呼；仁寿称妻子为"伙二哥"，意为"打伙吃饭的二哥"；蒲江、邛崃称妻子为"老乡"，意即为同一地点居住之人。称普通人，女性长辈无论有无血缘关系通称"嬢嬢"[①]，而"嬢嬢"在四川亲属称谓中是对父亲姐妹的称呼。无论以男性称谓称女性[②]，还是以父系亲属称普通人，都应是过去男尊女卑时代留下的痕迹。这在四川方言的詈语和禁忌语中也有所反映，"舅子"、"舅老倌儿"在四川方言中多半是骂人的话，"大姨妈"是妇女月经的禁忌语，却都是用母系亲属来称呼的。这种现象不仅在四川方言中存在，在其他方言区也同样存在，这应该是中国传统宗法制社会观念的遗存。

称谓中也体现着社会分工，比如四川很多地方把丈夫称作"门前人"、"当

① 称"阿姨"是最近二十多年受普通话影响才有的现象。
② 如四川人将"祖父"称为"祖祖"，却不分"男祖祖"、"女祖祖"。

家的"、"赶场的"、"看田缺水的"、"满山跑的"、"放牛的"，妻子则是"灶门前人"、"屋头的"、"烧火的"、"烧锅的"、"看甑脚水的"、"锅边转"、"割草的"；垫江等地称伯父为"门前伯伯"，称伯母为"屋里伯伯"。这也应是古老的社会分工男主外、女主内格局的遗存。

亲疏概念在四川方言俗语中也有所体现：

三天不屙屎——老胀谐丈人。

端了婆婆儿的碗，要受婆婆儿的管；吃了婆婆儿的饭，要长给婆婆看。

一个鸡蛋两个黄，一个冤家两个娘。前娘杀鸡留鸡腿，后娘杀鸡留鸡肠。

这些俗语将血缘在家庭关系中的地位放在了首位。

封建时代的门第观念也是深入骨髓的。四川俗语"板板门对板板门，笆笆门对笆笆门"就是最好的见证。又如：

【街娃儿】

成都话"街娃儿"原来是指门板户的娃娃，他们住在临街的平房里，出身一般比较低微，与住在机关、学校、厂矿大院的娃娃好似生活在不同的世界。"街娃儿"很长时间便成了缺少教养的孩子的代名词。他们游走在大街小巷，有的不务正业，惹是生非，给社会治安造成一定的负面影响。

随着生活条件的改善，过去的"街娃儿"已经住进了小区、高楼，身份也发生了很大的变化。如今，"街娃儿"就专指社会上游手好闲、无所事事的人，年龄则老少不论，还有了"老街娃儿"的说法。

【农二（哥）】

四川方言中对农民的损称是最多的，"豁豁"、"豁皮"、"农豁皮"、"农二（哥）"、"弯弯"、"弯二"、"弯脚杆"、"乡坝佬"等等，这是过去时代农民低下的社会地位最真实的写照。

① 我妈给我找了个"农二"。笑死人！（周克芹《许茂和他的女儿们》）

对从事不同行业的人的称谓也反映出浓厚的等级意识，一般而言，带"师"的地位较高，如：

厨倌师 | 掌墨师 | 掌堂师 | 掌坛师 | 掌教师 | 知客师 | 幺师

带"匠"的次之，如：

皮匠 | 篾匠 | 木匠 | 铁匠 | 锡匠 | 漆匠 | 鞋匠 | 烧匠 | 花匠 | 染匠
刀儿匠 | 锅儿匠 | 补锅匠 | 箍桶匠 | 剃头匠 | 修脚匠 | 弹花匠 | 教书匠 | 磨刀匠 | 弹花匠 | 收荒匠 | 打更匠 | 跑滩匠 | 杀猪匠
榨油匠 | 骟猪匠 | 倾银匠 | 装人匠 | 挖煤匠 | 放牛匠 | 望牛

瓮子匠 | 掌火匠 | 打更匠 | 锅儿匠 | 烧锅匠 | 烧火匠 | 烧盐匠 |
烧窑匠 | 泥水匠 | 麻糖匠 | 抓抓匠 | 杀狗匠 | 纸火匠 | 打鼓匠
关火匠 | 刻字匠 | 褙壳儿匠 | （打）铜匠

被称作"二哥"的，要么是蔑称，要么是戏称，如：

农二哥 | 转二哥_{转业军人} | 背二哥_{背夫} | 挑二哥_{挑夫} | 炊二哥_{炊事员}
要二哥_{游手好闲的男人}

有趣的是，"厨倌师"、"大师傅"、"二师傅"和"炊二哥"、"烧锅的"，"教书先生"和"教书匠"，"放牛匠"和"放牛娃儿"，"幺师"和"打杂的"，虽然做着同样的事，却有着明显不同的评价意义。

四、四川方言与四川民俗

民俗和方言都具有十分明显的地方特征，是体现地方文化的重要标志，它们情同手足，形影不离。几乎每一种民俗，都伴有相应的方言词语，而每个方言词语，都可能从某种角度反映一定的民俗。同时，民俗是促进语言的发生、发展、变化的动因之一，往往会影响方言的表达形式。四川方言有不少词语反映了四川人的民俗风情，以下略举数例。

【魌头】

四川方言把"便宜"称为"魌头"，有时写作"欺头"：

① 蔡大嫂是罗哥的人，不比别的卖货，可以让他捡魌头。原注："魌音欺，捡魌头，即捡便宜的意思。"（李劼人《死水微澜》）

② 也有的人没打好主意，想在英台身上占点欺头。（《中国民间故事集成·重庆市巴县卷·梁山伯与祝英台三世缘》）

③ 法国品味的代名词就是价钱上的毫不妥协，在拉嘎纳到处一样。这和中国人的魌头观大为冲突。即使非买不可，也仿佛悲观失望。（钟鸣《涂鸦手记》）

四川人将"占便宜"称为"捡魌头、吃魌头、占魌头"，跟丧俗有关系。"魌头"本是古时打鬼驱疫时扮神者所戴的面具，至迟东汉已出现，《周礼·夏官·方相氏》："方相氏掌蒙熊皮。"郑玄注："蒙，冒也。熊皮者，以惊驱疫疠之鬼，如今魌头也。"后代丧礼中亦用，宋代高承《事物纪原·吉凶典制·魌头》："宋朝《丧葬令》有方相、魌头之别，皆是其品所当用，而世以四目为方相，两目为魌头。按：汉世逐疫用魌头，亦《周礼》方相之比也。"

古人出丧时，除用一具纸扎大鬼方相导引于前，还要用米麦粉做成一些鬼头模样称为"魌头"的东西，撒于道上，使人捡食，谓能避邪。魌头随手可拾，在物质匮乏的年代，捡魑头既能辟邪除疫，又能裹腹充饥，何乐不为？

后世出丧时，魑头虽已不见踪影，但"魑头"一词却流传下来了，变成差不多与"便宜"相当的意思，而跟"魑头"搭配的动词才可以用"占"了。

四川人关于"魑头"的说法还越发丰富起来。车辐《锦城旧事》里作恶多端的地头蛇魏大肚子要遭铲除，好多人都想到时去看热闹，名之曰："有仇的要去报仇，无仇的想去看魑头。""文革"武斗中，"有仇报仇，无仇打魑头"被那些唯恐天下不乱的人成天挂在口头。"魑头"的含义似乎又延伸了一点。不过"魑头"确乎已带上的贬义，为四川人所不耻。人们开玩笑会说"看魑头，变瘟牛"，而老一辈则把自己的人生经验汇聚成一句话："魑头莫买，浪荡不收！"

【衣禄】

本指"俸禄"。《宋史·刘平传》："招集土豪，縻之以职，自防御使以下、刺史以上，第封之，给以衣禄金帛。"又指"衣食福分"。《金瓶梅》二十九回："吾观官人：头圆项短，定为享福之人；体健筋强，决是英豪之辈；天庭高耸，一生衣禄无亏；地阁方圆，晚岁荣华定取。"四川俗语说："一口田，衣禄全"。

但在四川方言中，"吃衣禄"、"抢衣禄"、"塞衣禄"、"胀衣禄"大多是骂人的话。要处死的犯人吃最后一顿饭叫"胀衣禄"。同时，也用"塞衣禄"、"胀衣禄"骂人白吃饭，或是作吃饭时的气话。实际上这与四川的丧俗有关。

四川丧俗有"抢衣禄"，即将死者安埋妥当后，儿孙们要跑步回家，抢吃事先放在家门口的饭菜，意思是今后不缺吃穿。所以骂人吃饭吃得过快，而且吃相不好，往往说："你在抢衣禄啊！"后来凡是抢东西抢得凶，都被嗤之为"抢衣禄"。"塞衣禄"、"胀衣禄"则用上更为不雅的"塞"和"胀"来表达说话者的消极评价。

【盖不倒脚背】

此指"做事有头无尾，要别人来收拾残局"，也与丧俗有关。双流、巴县等地，人死后有"盖铺盖"的习俗，即"闭殓"（盖棺）前夕，由亲友将特制的丧被盖在死者身上，有的多达十几床。被子一定要上齐胸部，下一直盖到脚背的脚趾尖处。这是死者入殓前最后的一道程序，做得好不好，直接关系到对故去者的态度和在生后辈行事的准则，份量极重。如果没有盖住脚背，则对死者大为不敬，死后连脚背都盖不倒，这是何等让人难堪！用来做骂人的话，这便相当重了，言下之意是"将来你死了，寿被连脚背都盖不倒"。

【（不）周正】

"周正"本指端正：

① 自己还看过那个男子的像片，人也生得相当周正，且比余峻廷的体格好。（艾芜《艾芜文集·故乡》）

② 眼睛长周正一点！你把我李胡子看成了啥子人！（克非《春潮急》）

四川方言中以"不周正"骂人，与丧俗有关。治丧装棺时，棺材内先放入纸钱，有钱人家再放新棉絮之类，再用桑谐"丧"树枝条托起死者背部和腿弯处，将其"周周正正"放入棺材中。总之，一切都必须收拾得周周正正，才将棺木架在长板凳儿或泥巴砖上。

后发展出"不周正"一词，可指"不端正、不整齐"：

③ 第二天再选，内监检查耳、目、口、鼻、发、肤、领、肩、背，有一处不周正的都淘汰。（《揭秘古代宫女的选拔制度》，《达州晚报》2008年9月27日）

也可斥责某人言行有悖常规，意为骂人在前生死亡时，儿孙后代料理其后事，马马虎虎，未将其弄"周正"：

④ 一切对我的指陈与教育，似乎都缘于自己有个不听话的嘴巴。我的人生经历，就是从围堵我的嘴巴开始的，但我这人毛病不周正，遇事又喜欢捣腾个为什么？（冉云飞《通往比傻帝国》）

⑤ 有天我询问儿子的学习情况，他却顶我一句，我心里就发毛了："今天你又那点儿不周正了？是不是想挨几下？"（《川渝口头禅·不周正》）

【拌药罐】

人死出丧时，一般由孝子摔碎死者生前用过的药罐，此词后来代称"人死"：

① 在随无论你有好凶厉害，还不是要拌药罐子。

四川方言中不少詈语都与丧俗有密切关系，因为死总是大家忌讳的，用来骂人带着些狠劲，却又显得不那么直白，绵里藏针。受话人常常不知情或有苦难言，而骂人者则获得了最大程度的心理满足。不过，随着丧葬习俗的变迁，过去的一些丧俗渐不为人所知，所以这些来自于丧俗的詈语也逐渐被人们忘记了出处，因此这种骂人话的狠劲儿也慢慢淡化了，以至于可以说自己，这在过去是不能想象的。

四川方言跟婚俗有关的词也不少：

【装舅子】

讥讽别人穿戴讲究、整齐叫做"装舅子"：

　　① 哟，张三哥，咋回事今天穿得周吴郑王的，装舅子嗦？

　　四川地区姐妹出嫁时，哥哥、弟弟一定要穿戴整齐去送亲。送亲者的形象代表娘家人的社会、经济地位，也代表娘家对出嫁新娘的重视程度，这对新娘在夫家的地位有重要影响。因此送亲者都尽量打扮得体面，衣服全新，家贫无新衣者也大多要借他人新衣换上，称为"装舅子"。

　　但因舅子在当送亲客时，一般较少说话，故此词引伸指"装聋作哑"：

　　② 都是妈生娘养的，都是吃饭长大的，我们为什么装舅子，当屌头软弱无能之人？（李劼人《天魔舞》）

　　又指"假装正经"：

　　③ 我难道会害你么？就说是红是黑，现在还不敢打保本，但是，那个龟儿子娃要不答应，我们会丢这笔钱么？就算你那里是龙脉，将来要出皇帝，我们不挖它吧，我们总不能丢笔钱呀！——这个又该那个来装舅子？！（沙汀《淘金记》）

　　双流民俗，在新郎家举行的婚宴上，前来送亲的新娘的弟兄们被奉为上宾，要特意为他们多做三碗菜，由厨师端上桌，说几句吉利话并讨要喜钱，故后称妻子兄弟为"多吃三碗菜的"。彭山习俗，婚宴上一般客人的席桌上只放一碗膀猪肘子，而新娘兄弟的席桌上却要放两碗膀，故又称舅子为"吃双膀的"。巫溪习俗，新娘出嫁之日，送亲的客人随新娘到新郎家，要先在院子门口的屋檐下坐一会儿，待新郎派人出来迎接后，再进院子门，故当地称舅子为"屋檐下坐哈儿的"。至于四川方言将舅子还称为"偷碗的"，得名于四川婚俗[①]，送亲之人尤其是新娘的哥哥或弟弟，要偷新郎家的新碗，以为吉利。又因"碗"的方言音谐"稳"，有"稳固"之义。"偷碗"后演变为结婚时"送碗"的礼节。

【猪脑壳】【啃猪脑壳的】

　　四川不少地方戏称"媒人"为"猪脑壳"、"啃猪脑壳的"，把想给别人保媒说成是"想吃脑壳"，是因为酬谢媒人的礼物中一定要有猪头。

　　此俗据传来源于程咬金为皇帝选妃的故事。做了宰相的程咬金为讨皇帝的欢心，便出主意让皇帝选妃。他遍访天下都未选到满意的美女，却在酒醉之后误将丑女表妹当作天下第一美女送进宫中。自知闯祸的程咬金把自己灌醉后睡到了猪圈。知情后的表妹决心一死，吞下蜈蚣，殊不知却真的变成绝色美女。待皇帝来谢媒时，不明所以的程咬金，情急之下死抓住猪耳朵不放。

---

　　① 此俗在成都郊县、仁寿、叙永一带至今可见。

表妹解围说："我表哥是喜欢那个猪脑壳哩！"皇帝便命人砍下猪脑壳赐给程咬金。从此，民间便有用猪脑壳谢媒的习俗。

四川方言词汇中的民俗词语还有不少：

【打牙祭】

此词反映的是四川人的祭祀习俗，后泛指吃肉，在四川地区使用得非常广泛。其来源主要的有以下三种：

一说旧时厨师供的祖师爷是易牙，每逢初一、十五，要用肉向易牙祈祷，称为"祷牙祭"，后来讹传为"打牙祭"。

二说旧时祭神、祭祖的第二天，衙门供职人员可以分吃祭肉，故称祭肉为"牙（衙）祭肉"[①]。

三说"牙祭"本是古时军营中的一种制度。古时主将、主帅所居住的营帐前，往往竖有以象牙作为装饰的大旗，称为"牙旗"。每逢农历的初二、十六日，便要杀牲畜来祭牙旗，称为"牙祭"[②]。而祭牙旗的肉，不可白白扔掉，往往是将士们分而食之，称为"吃牙祭肉"。

"牙祭"后来便逐渐发展为一种定期祭神的仪式，即每逢牙祭日，店铺和作坊便要对财神或本行业的祖师爷、灶王爷进行祭祀，并逐渐成为行业的规定，即店主、雇主往往在农历初二、十六两日定期供店员、雇工的肉食。

由于旧时四川一般人家比较穷，只好在月初和月中各吃一次肉：

① 工商业家月以初二、十六两日肉食二次，名为打牙祭，已成为各家普遍之习惯。（民国26年《犍为县志·风俗》）

② 肉食则不常御（遇）。寻常人家半月或十日食豚肉一次，谓之打牙祭（有雇佣者以废历每月初二、十六日行之）。（民国27年《泸县志·风俗》）

③ 隔几天，还是搞些鸡鸭鱼肉回来，请我们再打一回牙祭好娄！（李劼人《大波》）

与"打牙祭"有关的方言词语有：

【倒（祷）牙】

腊月十六日或二十六日。这是一年中最后一次打牙祭的日子。临近年关了，大部分店铺都处于半开业的状况，忙着盘点，搞年终结算。在腊月十六

---

① 余云华《牙祭习俗与尚武文化》，宁锐等《中国民俗趣谈》，三秦出版社1993年12月版，第581页。

② 李劼人《大波》三部三章三"打牙祭"自注："打牙祭是四川人用来代替吃肉的一个名词……在昔，四川一般人也只在每月初二、十六各食肉一次，故相习于吃肉即谓之打牙祭。打者，即动词的为字。"（《李劼人选集》第2卷，第1066页）

日或二十六日，店主请伙计们打一次牙祭，但这顿"牙祭"不是好吃的，如果主人家客客气气地给伙计敬酒，并且说："今年你辛苦了，明年他方发财。"那你第二天就只有背起铺盖卷儿走路了。此日后，该年便没有牙祭可打，伙计们与老板算账，收拾东西回家过年：

　　①（十二月）十六日以后名曰"倒牙"。（光绪十九年《太平县志·风俗》）

　　②（腊月）十六日，名曰"倒牙"。（《成都通览·成都之民情风俗》）

　　③ 怕说明朝是"祷牙"，新愁旧欠总交加。老妻学得空空法，未定天涯与水涯。（［清］刘沅《蜀中新年竹枝词》）

　　另说为"倒衙（封衙）"，因旧时衙门在腊月十六日停止办公，并且要封印。有的地方又称为"圆牙"，取亲友团圆之意：

　　④ 十二月二十六日，各家备盛馔，临午祀天并祭其先。随邀同业及亲友会食于堂，名为"封牙"，一曰"圆牙"。（民国 14 年《渠县志·礼俗志下·岁时》）

【开（起）牙】

也说起牙。正月十六日，因新年第一次打牙祭而得名：

　　①（腊月）十六日，商贾之家备牲礼祀神，合饮，曰"倒牙"。次年，正月十六日如是，曰"起牙"。（民国 22 年《达县志·风俗》）

【罚牙祭】

出钱买酒肉敬神后，再与同伙分享。这往往是对上山"撵老山打猎"或在船上犯了语言禁忌者的惩罚。

四川方言中还有两个歇后语：

　　正月十五打牙祭————一年一回

　　棺材铺打牙祭——要死人

这是因为棺材铺的老板卖出棺材后，一定要割一个"刀头 用于祭祀的一整块煮熟的猪肉"来祭财神赵公元帅，并用它来招待店员们打一个小小的牙祭，故迷信的人认为，棺材铺的人一打牙祭，便一定有"白喜丧事"降临。

　　随着社会生活的变化和人们生活水平的提高，只有"打牙祭"一词还活在四川人的口语中，其含义也只是单指吃肉了，其他词语已基本听不到了。

【挂挂钱】

四川旧时习俗，大年三十晚上或年初，家长或长辈多将铜钱穿成一挂一小串作为压岁钱，赏给未婚子女，此钱称为"挂挂钱"。成都小儿一般是兴高采烈地唱着"拜年，拜年，给你一串挂挂钱"的歌谣，度过除夕夜晚：

　　① 小孩给长辈拜年后，临走，长辈打发拜年钱，俗称"挂挂钱"。习俗保持至今。(《大竹县志·社会风情志》)

今崇州等地仍流行新年期间打发小孩"挂挂钱"的风俗，并有一首儿歌：

　　② 拜年，拜年，沟子_{屁股}向倒着外前_{外面}。不想腊肉吃，想你的挂挂钱。

旧时一两银子可兑换一千文铜钱，为方便使用和保存，多将一千文铜钱穿为一串，故又称"一串钱、一吊钱"或"一贯钱"。赏给小孩的铜钱，为便于保存和使用，便相对"一串钱"、"一吊钱"或"一贯钱"产生了"挂挂钱"。这种"挂挂钱"或几枚，或数十枚、上百枚不等。因"挂挂钱"是赏给未成年子女的，后引申出"因年少而不懂事"之义，故成都口语骂人多说"刘前进，挂挂钱"。

以上材料说明，四川方言词汇有不少与四川民俗有关，它们多角度、多层次、立体式地折射出当时四川人社会生活的方方面面。

五、四川方言与对外交流

不同地域人群之间交往的增多必然会在语言中留下印记。四川方言词汇中保存了大量这样的信息。今成都人把"里面"称为"后头"xəu⁵³t'əu²¹，这个"后"字，成都话中本是去声，调值为去声213，但在作"里面"讲的"后头"中却作上声53。据赵振铎考证，这是因为清朝时受到满城中北方人"后"的读音影响而发生的变化，北方话"后"为全降调，调值为51，成都话比附到降调53调，与其上声相合，从而形成了"后头"xəu⁵³t'əu²¹，以与"前后"之"后"xəu²¹³意义相别。

对外交往对四川方言影响最大的莫过于移民。"不同类型的文化从相互隔离进入渗透和交融状态，其最主要的原因之一就是人口的迁徙，亦即移民。移民一方面造成文化的传播，另一方面又使不同地域的文化发生交流、融合，而产生新的文化，推动文化向前发展。所以，移民史在文化史上应占有重要的地位。人口的迁徙在促使文化发展的同时，也使语言发生很大的变化。方言是语言逐渐分化的结果，而语言的分化往往是从移民开始的"[1]。

四川是移民大省，有史料记载的最早一次大规模移民入蜀，是秦统一巴蜀以后，"移秦民万家实之"[2]。此后，西汉初期、东汉末年、西晋元康、晋

---

[1]　周振鹤、游汝杰：《方言与中国文化》，上海人民出版社1986年10月版。第15页。

[2]　晋常璩《华阳国志·蜀志》。

咸康、南宋初年直至明清时期，皆有移民入川。元末明初、明末清初两次"湖广填川"，移民规模最大，移民来源地也遍及今天的湖北、湖南、山西、陕西、河南、山东、江西、安徽、广东等十余省区。

现代四川方言词汇中有许多随着移民迁入而带来的其他方言词，随着时间的推移，这种"外来"痕迹已经湮灭，普通人也意识不到它们的来源，但在一些记录着其古老使用状态的典籍中还能找到它们的踪迹。

【鬼】

① 虔、儇，慧也。……自关而东赵魏之间谓之黠，或谓之鬼。（汉扬雄《方言》卷一）

② 谓欺绐曰鬼；谓人黠曰鬼。（明李实《蜀语》）

今四川方言还把"聪明"称作"鬼"：

① 她又高兴又有点不好意思哩!象大姐姐给小弟弟开玩笑，一伸指头，冷不防点在小青年的额头上："你这副要命的鬼脑壳!你这精灵翻山的鬼娃娃!"（克非《春潮急》）

【拌】

① 拌，弃也。楚凡挥弃物谓之拌。（扬雄《方言》卷十）

今四川方言还把摔东西称作"拌"：

② 她一发气就把手上的茶杯拌烂了。

【瘌】

① 凡饮药傅药而毒，北燕朝鲜之间谓之瘌。（扬雄《方言》卷三）

② 以毒药药人曰瘌。（李实《蜀语》）

今四川人把毒药称为"瘌药"，把中毒叫做"瘌倒了"。

③ 瘌人的药莫吃，犯法的事莫做!（克非《春潮急》）

【箴】

① 木细枝谓之杪，江淮陈楚之内谓之箴。郭璞注：箴，小貌也。（扬雄《方言》卷二）

② 小曰蔑蔑。凡言人物小谓之蔑蔑①。（明李实《蜀语》）

今四川人仍称"小"为"蔑蔑"。

上述例子都表现出方言词汇的空间变化。

还有一部分四川方言词汇就是在移民背景下产生的。如四川方言中以"广"、"宝"、"苕"等作为语素的词，就与移民有直接关系。

---

① 蔑：通"箴"。

【广】

"湖广填四川"时期，大量移民涌入四川，其中最多的是来自于包括湖南、湖北及周围地区的湖广省，另有广东、江西等地之移民。以成都为例，清末傅崇矩《成都通览》曾记录说"现今之成都人，原籍皆外省也"，其中湖广占25%，河南、山东5%，陕西10%，云南、贵州15%，江西15%，安徽5%，江苏、浙江10%，广东、广西10%，福建、山西、甘肃5%。一时间"广"就成了外乡人的代称，叠音则成"广广"。在安土重迁的原住民眼中，这些初来乍到的外来户，言谈、习惯均异于本乡人，对当地风物一无所知，一切都得从零开始。久之，"广"也就有了"孤陋寡闻、土气"之类的意思，"广广"、"土广东"就成了"没有见识的人"：

① 大舅舅老是这脾气，一句话总要分成三半截说。你才真真象个土广东哩！（李劼人《死水微澜》）

四川俗语"给广东人撒花椒面——你麻广广"中的"麻广广"，就是"欺负、欺骗乡下人、不懂行的人"，后来又引申指"人成天胡吹乱侃，没有高下"。直到今天，如果识破对方的诡计，老四川人还会不满地说一句："你麻老广嗦！"与"广"相关的还有"广耳石"、"土广广"，词义与之接近[①]。

【宝】【宝器】

四川方言以"宝"、"宝器（也写作"宝气"）"称人傻、糊涂、不知轻重，凡此种种都可以用一个"宝"总结：

① 宝是宝，身体好，排是排，有身材。

② 在照像了，躲呀！……莫把你个宝气样子照进去啊！（李劼人《天魔舞》）

③ 会场里热闹非凡。有少数人已经不是在轰他，而是拿他当"宝器"，在逗着作玩了。（克非《春潮急》）

④ 现在穿西服，哪个还要弄商标哦？上了街人家要笑你是宝器。（《川渝口头禅·宝器》）

"宝器"本为宝物，其词义的变化与移民来源有关。四川移民来源集中地之一的湖广省宝庆府，地处湘西南，相对封闭、落后，到四川后便常常在冲突中为闽、粤、赣等地移民嘲弄，以"宝"戏称湖广移民所谓的土气、傻气。同类的词语现在都还有"二宝"、"宝头宝脑"、"宝像"、"宝儿"、"宝筛筛"、"宝兮兮"、"宝眉宝眼"等，甚至还把旧时乡间的"（王）保长"也变成

---

① 因"广"而产生的词语还有"大广、打广、走广，到上广、到下广"等。

了"宝器"的代称①。

与"宝"有关的谚语、歇后语有：

> 夜明珠蘸酱油（癞疙宝掉倒盐缸头）——宝得有盐有味
>
> 半天云头吊香炉——现世宝

【苕】

"苕"指穿着打扮土气。四川俗语说："红配绿，苕得哭。"这又得提到上面的宝庆府②。宝庆古又称"邵阳"。明清时，邵阳为宝庆府所辖县，该地人口在"填四川"的浪潮中大量迁往蜀地：

> ① 分别乡音不一般，五方杂处应声难。《楚歌》那得多如许，半是湖南'宝老官'"。（［清］胡用宾《旌阳竹枝词》）

由于与"宝"相同的原因，四川方言中便以"邵"作为土气的代称。巧的是，"邵"与"苕"音近。红苕也应是清初福建、广东籍移民引入四川的。民国19年《中江县志》："闻嘉道间，川中始见薯蓣（最盛为红薯）。"自此，红苕成为四川的一种重要粮食作物，为旧时平民百姓一日三餐不可或缺之物③。

> ② 喜逢嘉客火锅烧，也识鸡豚味最饶。借问平时糊口计，可怜顿顿是红苕。（［清］刘鸿典《西充竹枝词》）

红苕长在土里，是上不得台面的粗粮，常常拿来作猪饲料，于是附会上去，"苕"就成了一个形容词。由此产生出"苕气"、"土苕"、"苕眉苕眼"、"红苕花"、"苕果儿（气）"、"苕宝儿"、"苕（里苕）道（叨）"、"苕兮兮"、"苕叽叽"以及"苕萝卜"、"苕儿花"、"红苕花"、"苕干"、"苕丝糖"、"苕话"、"苕国"、"苕窖"、"苕相"、"苕道婆"和"苕似起"等一批"苕"族词：

> ③ 乡女村姑苕气多，缩头缩尾四边梭。恐防面貌无光彩，脸上胭脂打一沱。（邱民宣《观望丛祠劝业会竹枝词》）

> ④ 猜他是个坏人，确是冤枉了他，倒象个土粮户，脸才那样的黑，皮肤才那样的粗糙，说话才那样的不懂高低轻重，举动才那样的直率粗鲁，气象才那样的土苕，用钱也才那样的泼撒！（李劼人《死水微澜》）

---

① 确切说来，"（王）保长"之所以变成"宝器"的代称，应与电影《抓壮丁》中之"王保长"有关。

② 川人俗呼湖南宝庆府人为"宝老官（倌）儿"。

③ 因旧时西充县等地盛产红苕，川人俗呼之为"苕县"。

此外，四川官话又称"湖广话"、"宝老倌话"、"邵腔"，就是因为说这种话的人很多都是迁自湖南宝庆府邵阳县①。

随着时间的流逝，原来的外乡客都成了地地道道的本地人，而"广"、"宝"、"苕"族词语却仍然活跃在四川方言中，从一个侧面为我们展示了当时"五方杂处"的四川移民社会风俗史。

除此之外，外来事物的渗入也导致了一些方言词的产生：

【苏气】

本指"具有苏州气派"②。旧时四川偏居一隅，比较闭塞，苏杭一带的物品在四川人看来洋气大方，因而以"苏气"、"苏器"相称。

① 苏气，苏奢丽也。苏州风物奢丽，他处因谓奢丽曰苏气，或曰"姑苏"。姑苏，苏州山，苏州所由得名。苏气，言其有苏州习气。（民国22年《灌县志》）

② 从前外来服饰之物，苏州为美，故土语通称人物文雅脱俗，曰"苏气"，曰"苏派"，且直曰"姑苏"。（民国20年《重修南川县志·土语·苏广》）

③ 苏器谓色色精致，器如苏省制也。（民国21年《南溪县志·礼俗下·方言》）

由此引申出"漂亮、大方、脱俗、痛快"等多种意义。

④ 称人美好曰苏气。（民国13年《乐山县志·方言》）

⑤ 直到寡妇那么苏气地收拾好了，老板娘这才小声而热情地完成了她的任务。（沙汀《淘金记》）

⑥ 天天在城里混，却一脸的土相，穿得只管阔，并不苏气。（李劼人《死水微澜》）

"苏气"一词的产生，正是四川与江浙一带商贸往来的见证。

后来，"苏气"又有了引申义，指"豪爽、讲义气"：

⑦ 好，你苏气！那你多请我吃几碗好哪！（艾芜《南行记·流浪人》）

---

① 民国20年《简阳县续志·士女篇·氏族表》："孟氏二支：一支原籍湖广宝庆府邵阳县。始祖均秀，三传至应吾，明初入蜀，居仁寿牛角寨孟家湾。六传有正祥、正朝、正瑞兄弟三人。正祥迁眉州，正朝迁中江，正瑞五传至荣，生宗武、宗鲁二人。其裔孙，清代先后迁简。今因难于派别，故以荣为一世。"该志记载由邵阳县迁来的即有三姓。民国27年《安县志·礼俗》："前清时县属民皆由各省客民占籍，声音多从其本俗，同一意义之俗语，各处发音不同，有所谓广东腔者，有所谓陕西腔者，有所谓湖广宝庆腔者、永州腔者，音皆多浊。"

② 清末民初成都"苏广洋货发售所"极为有名。

此词凝合后，渐渐看不出"苏州"的痕迹，于是还有了叠音词"苏苏气气"：

　　　⑧ 人们已经在大喝特喝起来。用当地的土语说，这叫做开咽喉，有的则在苏苏气气地洗脸。（沙汀《淘金记》）

与"苏气"义相同的还有一个"姑苏"：

　　　⑨ 荷包眼镜鼻烟壶，头上凉棚吊耍须。湖绉汗衫花裤带，者般玩友太姑苏。

今都江堰、崇州等地仍说此词。

【港火】

"港火"多表示"有本事、不得了"一类意思，与四川方言"提劲"、"跩"等类同：

　　　① 看他水下喝啤酒，港火。（《成都商报》2006 年 8 月 11 日）

　　　② "咚咚呛！"我们还没吃完，突然听到隔壁的戏台有了动静。正在吃小吃的人群纷纷扔下碗筷，去抢占最港火的看戏位置。（《成都商报》2009 年 7 月 27 日）

勿需多言，"港火"的产生当然与一水之隔的香港有直接关系。

六、四川方言与戏曲文化

川剧，是四川文化的一大特色。四川是戏剧之乡，早在唐代就有"蜀戏冠天下"的说法。清末以后，到茶园、戏园听戏成为普通民众最喜爱的娱乐活动之一，不少人都是玩票高手。由于川剧的影响，一些戏曲用语也进入百姓生活并产生了引申义。

最常见的是"腔"，四川方言中这是一個很活跃的构词成分，其构成的词大多与川剧有关。

【帮腔】

本指"戏曲演出中后台或场上的帮唱"，用以衬托演员的唱腔，渲染舞台气氛，或叙述环境和剧中人的心情，川剧很常用：

　　　① 等帮腔完，他就接着唱："清空霹雳响一声，冷水浇头怀抱冰！"（吴因易《梨园谱》）

四川方言多用"帮腔"指"支持或附和别人"：

　　　② 倒是四周距离不远的一些农庄里的狗，被花豹子吠声引起，呐喊助威，因为过于要好，主动的虽已阒然无声了，而一般帮腔助势的，偏

不肯罢休，还在黑魆魆的夜影中，松一阵紧一阵的叫唤。（李劼人《死水微澜》）

四川方言中的"开腔"也颇有意思，常听人说："你快开腔噻，开腔（谐'枪'）又打不死人！"这是催促闷葫芦最急切的说法。

【黄腔】

原指川剧艺人唱戏"走板，不合曲调"，也说"黄腔顶板"、"黄腔黄板"：

③ 唱得黄腔顶板的怪难听，许贞嘴一瘪。（周克芹《许茂和他的女儿们》）

四川方言即以"开黄腔"、"放黄腔"指说外行话：

④ 你咋个开黄腔啊？要告薛附臣强奸杀人，不是你两位大老爷逼我干的吗？（《巴蜀风》1996年1期）

⑤ 不行，莫放黄腔！大路不平旁人铲，识向的各自收刀检卦，走你的清秋大路，不然，拿话来说！（李劼人《死水微澜》）

【过场】

此词主要有两个意义：

一是指花招，虚设的过节：

① 刘三金躺在他对面烧烟时，这样把他的外表端详了一番，又不深不浅的同他谈了一会，问了他一些话，遂完全把他这个人看清楚了：土气，务外，好高，胆小，并且没见识，不知趣；而可取的，就是爱嫖，舍得花钱；比如才稍稍得了她一点甜头，在罗歪嘴等老手看来，不过是应有的过场，而他竟有点颠倒起来。（李劼人《死水微澜》）

加上动词则有"走过场"、"做过场"，多指"做事不负责任，马虎敷衍，只做样子"：

② 这就要求我们党下定决心，用坚决、严肃、认真的态度来进行这次整党，切实解决上述那些必须解决的严重问题，绝对不能走过场，使全党同志和全国人民失望。（《邓小平文选》第三卷《党在组织战线和思想战线上的迫切任务》）

二是指麻烦、多余的环节：

③ 哪个想到我们那位老太太过场特别多。她一天单是洗脸梳头裹脚，就要两三点钟。（巴金《春》）

④ 我早跟你说过，要零卖就正明光大的零卖，不要跟老子做这些过场！（李劼人《死水微澜》）

四川方言也称"挖空心思故意刁难人"叫"做（臭）过场"。

【板眼儿】

本指我国传统音乐和传统戏曲唱腔的节拍。每一小节中的强拍，多以鼓板敲击按拍，叫做"板"；次强拍及弱拍则以鼓签或手指按拍，叫做"眼"，合称"板眼"。后引申出多个义项，可以指"规矩"：

① 他很爱说话，但是他留着神，不让他的话说走了板眼。（老舍《四世同堂》）

也用以指"要害"：

② 不，你说的都在板眼上。你批评得很对，很好。（马烽《结婚现场会》）

但唯有四川人把个"板眼"用到极致：四川方言歇后语"牙刷子脱毛——有板有眼"，是说做事有条有理，中规中矩，效率明显；说话有头有尾，不慌不忙，切中要害，也叫"有板有眼"。而当"板眼儿"一词拖着长长儿尾出现，顿时就变了味儿，用来比喻"主意、办法、花招"之类：

③ 看不出你个老实人，还会耍这个板眼儿！（克非《春潮急》）

④ 要得！我是说你的板眼多嘛！（沙汀《青枫坡》）

⑤ 只消把你我当年打广播仗的板眼儿随便甩点出来，就够了。（《"文化大革命"期间的操哥话》）

这时的"板眼儿"不仅要规矩，关键还要有技巧、会变通。

四川方言由"板眼儿"衍生出了仿词"散眼"与之相对，而"散眼子"用来指自由散漫、没有章法的人[①]：

⑥ 要在群众中批判一个有势力有影响的散眼子，如果不作充分准备，届时，准会冷场得使你难堪。（《"文革"期间的操哥话》）

【吆台】

也作"幺台"。四川方言里"吆台"的含义颇丰。四川人在酒桌上常说的一句豪言"一杯一杯跟倒吃，吃翻吆台"中的"吆台"，就是"结束、打住"的意思。老辈人逢出了事便会说"拐了糟了，这下子咋个吆台哟"，意思是"咋个收拾得了残局哟"：

① 星宿子，零零排。爹吃烟，妈打牌。半夜三更不回来，看你幺儿咋吆台？（新津民谣）

碰上个得意忘形的、或者得理不饶人的人，便讽他一句"啧啧啧，当真

---

① 崔荣昌：《四川方言与巴蜀文化》，第364页。

话呦不倒台了嗓"，意思是"不要没完没了的"。

"呦台"的来历各说不一：

一说由"呦喝戏台"而来。旧时戏班演出一幕戏演完了，就由专人负责提示演员下场，有的则加上丑角演员的过场戏程式，称为"呦台"。

②《诗·郑风》："倡予要女。"传："要，成。"《尔雅》："止，待也。"止为待，待亦为止。本同部假借。重庆谓"终了"为"要待"。"待"，读如"台"。章炳麟说：今巴语谓演剧终幕为"幺台"，遂为凡"终了"之称，亦呼"煞脚"。"脚"读洪音，如"各"。(民国28年《巴县志·礼俗·方言》)

③当银镜般的一轮明月，缓缓升到戏楼前檐的上空的时候，玉艇班的幺台锣鼓也就敲响了。观众陆续退场。(吴因易《梨园谱》)

"呦台戏"是最后一折，又称"送客戏"，观众或看或走都听便。久之，"呦台"也成了一般百姓生活用语，表示一件事情的结束或结果：

④古世礼又气又急，看出如果不迅速扎住板，听任发展下去，局面会对他非常不利，甚至将幺不倒台。(克非《山河颂》)

⑤袁先生说我十九岁就要断阳寿，我死了都得但，我妈恁大年纪啷个做嘛？也要遭饿死幺台。(《中国民间故事集成·重庆市巴县卷·赵元祈寿》)

遇上特别出众的名角，表演结束时观众长时间鼓掌欢迎，有的一再加演，便形成"呦不倒台"的局面，这便引申为"了不起"的意思：

⑥局外人看来，一天担三趟都是常事儿的人，再多担一趟，有啥幺不到(倒)台？(《中国民间故事集成·重庆市合川县卷·磨子岩》)

倘若自己也觉得"呦不倒台"，那便是自大了：

⑦自从她老公升了科长，她就幺不倒台了，见到老职工也爱理不理的。(《川渝口头禅·幺不倒台》)

⑧这家人喜欢得幺不到台，逢人便说："他屋要发大财了。"(《中国民间故事集成·重庆市合川县卷·瓜子精》)

另说是川剧班子有个职司叫"呦台"，专门负责在台上唱报剧名。以前看戏听戏，首先听"呦台"长声呦呦地报剧名、角儿、司琴、司鼓，这个过程相当重要，有些"呦台"在剧班子一干就是一辈子，若换个人，观众就会不适应，都要说"看他咋个呦台"。后来，这个含义便引申出前面的那些意思。

此外，四川人把正餐之间的加餐也叫"呦台"。

⑨只要给我干，我一天办两个幺台，外加一顿粉子醪糟儿！(克非，《春潮急》)

　　四川民俗，农忙季节如栽秧打谷时，干活到半晌午、半下午，由主人家给干活的人送吃食到田间，叫"送幺台"①：

　　⑩　冬水田头冒浆浆②，秧子栽了一行行。幺台送到田坎上，瓜娃子——你还弓起背　背儿晒太阳！（川西民歌）

这应当也是借用了川剧的"吹台"，在两场大戏中间过渡，吼帮腔敲锣鼓拉胡琴以哄托气氛。

　　此外，四川方言中的"颤翎子"、"搭白"、"打下手"、"乱弹琴"等也都应与地方戏曲有直接关系。

　　今天的川剧已成了"小众"艺术，普通人已不知川剧中的"帮腔"、"板眼（儿）"、"吹台"等为何物，但日常生活中这些词却挂在嘴边，已然成为四川方言的有机组成部分。这些词的存在，也真实地记录着过去年代戏曲在四川人文化生活中的重要地位。

　　上面举例性质地讨论了部分四川方言词语的来历，从中可见四川方言根植于四川人民生活的这片广袤辽阔的土地，反映出四川深厚的地域文化特征。

第二节　四川特色地名

　　地名是人类社会发展到一定阶段后，人们给自然地理实体、人群聚居地以及后来的行政区划所起的名称。地名的形成有两个主要途径：一是历朝统治者命名的地名，二是老百姓在生产生活中约定俗成的地名。地名中包含着丰富的历史文化内涵，记录了千百年以来当地政治、经济、文化变迁的历史足迹。地名的形成和变化不仅反映了历史的发展、民族的兴衰，而且更真实的记录了生产生活状况。通过地名，我们可以了解特定区域的地形地貌特征、森林植被、人口分布、风俗民情、宗教信仰、历史文化以及动物生活繁衍等情况。

　　四川地名是当地人民生活在一定区域的标志，是人们在生产活动、社会交往中用来对内某个具体地点进行指称的专有名称。四川地名与四川地区的自然和人文环境有着极为密切的关系，也是四川历史和四川人民生活的忠实记录者。如梓潼县，古为川陕金牛古道的战略要地，地势险要，战国时秦军在此设"梓潼驿"。汉武帝元鼎元年（前116）置梓潼县。那时梓潼"东依梓

---

① 清同治八年《郫县志·风俗》："乡俗最重插秧。……凡插秧者必终日恒饮，方能入水。或五酒，或四酒，食必以肉；或以豆花，佐以肉或豆乳。田家风味如见。"此所谓"或五酒，或四酒"，即指在正常的二餐或三餐之外，再加送二顿"幺台"。成都等地又称为"送茶"。

② 冬水田：收水稻后，灌上水，以备来年种水稻的田。

林，西枕潼水"，城外有大片梓树林，因而得名。如今的梓潼已不见梓树，但至今民间仍传说梓树是梓潼神的前身。

又如白鹤在四川中部地区一度少见，但遂宁的鹤林村、白鹤林、鹤鸣山，却传达出这里曾是白鹤栖息地的信息。遂宁土质肥沃，坡土植被好，溪水常流，田野中鱼虾其多，是白鹤理想的生长地，白鹤种群多，数量大，遂宁十二景之一就有"鹤鸣夜月"。旧县志记载："鹤鸣山，多松，松顶常有鹤鸣。"由于生态环境的变化，这里很长一段时间少有白鹤出没，但这些地名的存在使我们依然能窥见过去时代这里的风物景致。

地名中也沉淀着丰富的历史信息。例如广元市元坝区元坝镇有一条"马克思街"。这里是原川陕苏区嘉陵县苏维埃政权所在地，嘉陵县苏维埃建于1933年7月，当时红四方面军取得反"三路围攻"胜利，苏区军民为庆祝苏联十月革命胜利而特意以"马克思"命名此街，再现了川陕革命根据地的大好形势。七十多年过去了，这个名称依旧在诉说着红四方面军将士和根据地人民宽广的胸怀和坚定的理想信念。

达州石桥镇场心西南列宁街，全长695.3米，得名于清嘉庆～光绪年间建于此街的马郭氏、马许氏、徐汪氏、徐李氏四道牌坊上均刻有"谁是世界上的创造者，唯有我们劳苦万农；一切都归无产者所有，哪能容得那些寄生虫"之类红军标语，尤其是"列宁街"的标志性建筑——马郭氏节孝坊上，有红三十军政治部、红九军政治部和渠县苏维埃于1933年刻下的"列宁主义街"五个大字，故称为"列宁牌坊"，"列宁街"也因此得名。透过此街名，一幅幅刚劲有力的红军石刻标语，我们仿佛见到红军战士的斑斑血迹，闻到浓烈的硝烟味以及那血雨腥风的战争场面，感叹军与民之间的浓浓的深情。

2008年5·12地震之后，四川灾区在全国人民的支援下进行重建，一批援建项目在命名时注入了感恩色彩。例如新北川为感谢援建的山东省，特意将县城的一条主街道命名为"齐鲁大道"，广元有浙江援建的"川浙工业园"、黑龙江援建的"龙江工业园"，绵竹将江苏省援建的两个安置点命名为"京口小区"和"金山小区"。这些新出现的地名铭记着四川灾区人民对援建情谊的感激。

一、四川地名与四川自然地理风貌

地名最早就是用给自然地理实体命名的，因此，地名与自然地理风貌的关系最为密切。比如川西平原的粮仓郫县，为秦代所置。一说因境内郫江而得名[①]；一说因位岷山之阳曰"郫"，"郫"即"卑"，有"低下"之意而得名。

---

① 郫江：今都江堰市内江。

两种解释都与郫县的地理位置和地形有关。

因此，地名便成为地理学的第二语言，我们可以从地名了解命名时代当地的自然地理风貌。有时还可以通过地名还原古地理特征。例如"泸"，古水名，《水经注·若水》："《益州记》曰：'泸水源出曲罗巂下三百里曰泸水。'"《广韵·模韵》："泸，水名，在蜀。"泸水即古金沙江的一段。据考，"泸"、"瀘"、"獹"、"玈"、"枦"为同源词，其得名理据为"黑"，"泸"的得名理据为黑水。古金沙江河床中富有铁矿石，色黑，当时河水清澈，一望见底，映入人们眼帘的便是不同于其他河流的黑色，因即以"泸"为名。而今天我们见到的金沙江与其他河流已没有太大的差别，只有通过语言学的途径才能让我们去猜想它古老的状态了。四川泸州也因在泸江边而得名，南朝梁大同中置泸州，治所在江阳。《广韵·模韵》："泸，州名，在蜀。"1913 年改泸县，1950 年设市。而今天恐怕也很少有人能够想到"泸州"的"泸"到底是什么意思了。

成都过去城内水网交织、河道纵横，留下了许多以"河"为名的地方，如"肖家河"、"水碾河"、"跳蹬河"、"金河"、"东御河沿街"、"西御河沿街"、"洪河"等。虽然这些河道早已湮没，但这些地名却勾勒了过去成都的水路图。

四川全省面积 48.5 万平方千米，居全国第五位，位于我国大陆地势三大阶梯中的第一级和第二级，即处于第一级青藏高原和第二级长江中下游平原的过渡带，高差悬殊，地貌东西差异大，地形复杂多样。全省可分为四川盆地、川西北高原和川西南山地三大部分。传统的汉族聚居地地貌以平坝、丘陵、山区为主，这在地名命名上都体现出了其差异性。比如乐山市中区平坝多，以"坝"、"沟"、"湾"为通名的地名也最多，充分反映出其"三江七河"的形制特点[①]。

地名有通名和专名之分，四川地名中以自然地理形貌作通名的现象十分常见，这些地名反映出该地区地貌的基本情况。下面以四川或西南地区常见的地貌特征为通名的"坝"、"坪"、"垭（口）"、"沱"、"凼"、"浩"等为例讨论。

【坝】

四川方言中主要有两个意思：

一是指"河谷冲积平原"，《广韵·禡韵》："蜀人谓平川为坝。"二是指"山间平地"，民国 13 年《乐山县志》："地之宽平者曰坝坝。在人家曰院坝，曰

① 　赖先刚《四川乐山乡土地名考察》，《乐山师范学院学报》，2004 年第 1 期。

天坝。"

成都平原上坝子众多，地名以"坝"为通名极为普遍：

　　① 川西坝——东西一百五十余里，南北七百余里的成都平原的通俗称呼。（李劼人《死水微澜》）

"川西坝"可谓四川最大的坝子了。成都平原上以"坝"为名的地方极多，今老成都人对华西坝、黄田坝、较场坝的记忆仍然十分清晰。

四川丘陵山区多，山间平地对这些地区的人来说弥足珍贵，因此多山地区对于"坝"更加珍视，处于坝中的地方往往是当地地理条件相对优越、生活相对富裕的地方。例如：

菜园坝_{重庆} ｜ 亮坝_{岳池} ｜ 平落坝_{邛崃} ｜ 中坝_{江油} ｜ 三坝_{大邑} ｜ 上坝_{雅安}

天星坝_{遂宁} ｜ 茶坝_{巴中} ｜ 菜坝_{宜宾} ｜ 滥坝_{江安} ｜ 大坝_{兴文} ｜ 塘坝_{筠连}

绵阳等地甚至有径以"坝子"命名的地方。这些坝或坝子都是山区相对富庶之地。

"坝"也可说为"坝子"，可大可小，在四川人的生活中非常重要，"太阳坝"、"阴凉坝"、"晒坝"、"渣滓坝"都各有所用。

"坝"还衍生出一批"坝"族词：

　　② 乡坝里头也有和尚，喊来念几天，不说自己问得过心，别人看见，也好看些。（李劼人《死水微澜》）

　　③ 她原本跟着轿子走进了院坝，脚小，抢不赢轿夫。（李劼人《死水微澜》）

　　④ 从来没有听见丫头逃跑，有跑脱了的；那时，捉回来，一顿板子打死，向乱坟坝一丢，任凭猪拉狗扯。（李劼人《死水微澜》）

　　⑤ 解放前，人们把现在的中心广场叫北门操坝或大操坝，是当时乡团、民防地方组织操练之地。（《达州晚报》2008 年 11 月 10 日）

　　⑥ 他奔走得很急剧，很匆忙；越过田坝中间的水沟的时候，他扭动腰，忿怒似的高扬起手臂。（路翎《饥饿的郭素娥》）

　　⑦ 儿时常被大人令去："到河坝头去占一块石头，我要去洗衣服。"（《南充日报》2008 年 2 月 21 日）

它们中又有一些常常用来作地名的通名。例如四川境内河渠众多，这些地方往往也是最早人们沿水而栖的聚居点，因此便以"河坝"为名，如成都的大堰河坝、刁家河坝等。

"坟坝"则往往是坟场集中之处，也常用作地名，例如成都的大坟坝。

徐中舒认为"巴"本义是"坝"，在四川、包括云南贵州的广大区域通行。例如仅冕宁县就有烂坝、喜儿坝、草坪坝彝语"巴施"等几十个带"坝"的地名。"巴、坝类词汇能在四川广大区域通行，应该是由于巴濮族向西南迁徙的结果"①，同时也应是词语的扩散与民族迁徙的典型例子。

【坪】

《说文解字·土部》："坪，地平也。""坪"因"平"而得名，泛指山区和丘陵地区局部的平地。

① 上一个月，大方坪面土，开始的时候，一个人一天七八挑都喊恼火，后来劳动竞赛一搞，马上提高到十五挑，二十挑——朱大才有一天还挑过二十五挑！（沙汀《夜谈》）

② 他有一亩五分田小麦吊种在槐树坪，就在前边不远处，论苗稼，算得是这坝上的盖面菜。（克非《春潮急》）

③ 刚走到官山坪坎脚，就听到坎上沙沙沙地响个不停。（《中国民间故事集成·重庆市合川卷·端公遇鬼》）

四川山区以"坪"命名的地方特别多②，几乎各地都有以"坪"为名的乡镇，如：

高坪南充 | 沙坪雅安 | 毛坪峨边 | 广坪广元 | 长坪巴中 | 中坪达州 | 方坪广安 | 龙坪遂宁 | 漩坪北川 | 黑坪盐亭 | 略坪德阳 | 卫坪自贡 | 余坪洪雅 | 金坪宜宾 | 大山坪泸州 | 峨里坪凉山 | 桃坪阿坝 | 弄弄坪攀枝花。

以"坪"为村名者则更多，以西充为例，就有黄栋坪、书房坪等几十处。

有时"坪坝"连用，如：

坪坝乡甘洛 | 沙坪坝重庆 | 盐坪坝宜宾 | 黄坪坝高县 | 坪坝镇城口南坪坝九寨沟③ | 坪坝村冕宁 | 老坪坝江油 | 凤坪坝汶川 | 马坪坝西昌坪坝小学雅安 | 高坪坝村绵阳

相比而言，平原地区以"坪"为名的不多。

【垭口】

本指两山之间狭窄的地方，也指两座山丘相连的鞍部。四川多丘陵山区，垭口常见，经常用作地名。

① 长年见他醉昏，亦不问他，向前走去。走到平安桥这边高垭口上，不见人来，吃了一阵烟，又喊几声。（刘省三《跻春台·捉南风》）

---

① 徐中舒：《论巴蜀文化》，四川人民出版社 1982 年版，第 92 页。

② 遂宁抗战时期修建的飞机场，当地人就称为"飞机坪"。

③ 南坪坝："九寨沟"原名。

②　官军分六喃，由大垭、小垭、月垭关并进。（[清]顾祖禹《读史方舆经要·四川四·夔州府》）

③　一翻过大垭口，眼前的景色忽然变了，出现了苍翠的山岭。（沙汀《青枫坡》）

四川地区今以"垭"为名的乡镇也分布在各地，如：

庙垭万源	三垭九龙	龚垭新龙	金垭达县	柏垭阆中	棉垭盐源
垭口米易	松垭绵阳	小垭梓潼	碾垭南部	罐垭西充	檬垭仪陇
石垭岳池	风垭邻水	碑垭剑阁	土垭平昌	黄桷垭金堂	喇嘛垭理塘
三桷垭木理	板栗垭资中				

而以"垭"名村者更多，如西充县境内就有刘家垭、壁山垭、麻柳垭等几十处，它们合在一起便勾勒出一幅西充山垭地形图。

【沟】

"沟"一是指山谷。四川山高谷多，风景秀美，世界自然遗产九寨沟被誉为"梦幻仙境"和"童话世界"。海螺沟、牟尼沟、银厂沟等，都是著名的风景区。

四川把比河小的水道也称作"沟"。旧时人们沿水而居，沟的两边往往也是人口聚居处：

①　起先不过是几个同沟居住的光棍和赌徒，不多久，竟连县城里的一些阔人，也发觉这小丁跛公是一个浑身有趣的人物了。（沙汀《丁跛公》）

这些地区的人们以沟为地名十分自然。遂宁的段家长沟、丁家沟等以姓氏加沟而名，柏树沟、土地沟等则以代表性特征加沟为名。

今四川有许多以"沟"为名的乡镇，如：

古尔沟理县	松坪沟茂县	铁厂沟会东	骑骡沟宁南	洛乌沟普格
麦地沟冕宁	龙苍沟荥经	黄荆沟威远	小枧沟绵阳	柏林沟广元
黑竹沟峨边	土沟金阳	龙沟昭觉	小沟雷波	芭沟犍为
柳沟剑阁	桥沟乐山			

有的地方径以"山沟"为名，如冕宁县回龙乡的"山沟村"，村子就坐落在山沟之内。

【湾】【弯】

四川地区山地丘陵多，境内水网密布，山丘相连，多呈弧形的半环连丘腹地，一般半日向阳，半日背阴，常为村落所在地。水路弯曲处也常常是人群聚居处①：

---

① 此俗古已有之。《诗·大雅·公刘》"夹其皇涧，溯其过涧。止旅乃密，芮鞫之即"便描述了当时的人

① 他欢喜腾了，忙说："老弟，快救我们这一湾人呐!"(《成都民间文学集成·民间故事·狐山的传说》)

由于地理原因，四川以"湾"或"弯"为名极为普遍，有山弯，也有水湾①，如四川很多地方都有"牛角弯"和"狗脚湾"。

今四川以"湾"为名的乡镇有：

白湾马尔康 | 田湾盐源 | 大湾德昌 | 白果湾会理 | 牛角湾布拖 | 漫水湾冕宁 | 海湾雷波 | 田湾石棉 | 杨湾、沙湾乐山 | 黄湾峨眉山 | 白沙湾宜宾 | 花水湾大邑 | 苏家湾资中 | 铺子湾威远 | 柳湾南江 | 桥湾达县 | 沙湾木里

小地名中以"湾"为名者更多，如成都就有艾家湾、大湾、鬼子湾等若干处。

"埫"一般用于山弯，如会东县有黑塘埫子、回龙埫、金家埫子等。

【塘】

塘是经常见于地名的词。四川以"塘"为名的县市有壤塘、理塘、巴塘，以"塘"命名的乡镇很多。如：

大塘蒲江 | 藕塘仁寿 | 鱼塘泸州 | 孟塘资中 | 徐塘平武 | 铁佛塘南部 | 观塘广安 | 柳塘邻水 | 转塘长寿 | 幺塘达县 | 君塘宣汉 | 石塘、堰塘、赵塘万源 | 寸塘口大英 | 盐塘、甘塘盐源 | 坪塘、淌塘会东 | 塘坝犍为、筠连 | 石塘、塘汛绵阳

小地名中则更多，光绪元年（1875）《岳池县志》就有安乐砦塘、白鹤林塘等150多处。

塘还可以与其他通名一起作为复合通名出现。如光绪元年《岳池县志》（1875）记载当地有近百处"沟塘"，10余处"垭塘"，20余处"坪塘"，30余处"坝塘"，70余处"弯塘"，40余处"岩塘"。

【嘴】

嘴为动物之口，气息出入的通道，所以四川方言把出入要冲称为"嘴"。

① 远望桥头高垒垒，洞下溪水吼如雷。手扒栏杆过桥嘴，但见乌鸦跍几堆。(川剧《五台会兄》)

谷地出口较高处，如人之口，一般旁近有路，位置扼要，它是进出沟谷的必经之地，也称为"嘴"：

② 每个山嘴，都种上蓑草了，而且已经发蔸，长势蓬勃。(沙汀《青

们在水弯处停留下来的情景。

① 山弯处很多也是河流弯曲流过的地方。

枫坡》)

四川以"嘴"为地名的乡镇并不多,有"龚嘴_{乐山},石嘴_{仁寿}"等。但以"嘴"为名的小地名却广泛分布在各地。如:

刘家嘴_{西充} | 钓鱼嘴_{双流} | 安家嘴_{梓潼} | 虎嘴村_{仪陇} | 罗家嘴_{北川} | 渡船嘴_{盐亭} | 金鱼嘴_{绵竹} | 斑鸠嘴_{峨边} | 马家嘴_{马边} | 磨盘嘴_{宜宾} | 黄家嘴_{高县} | 姚家嘴_{长宁} | 青龙嘴_{古蔺} | 青鼻嘴_{雅安} | 凤凰嘴_{天全} | 白鹤嘴_{蓬安} | 乌木嘴_{蓬溪} | 红豆嘴_{江油} | 寿田嘴_{达州} | 中嘴寨_{邻水} | 石牛嘴_{通江} | 唐家嘴_{南江} | 老屋嘴_{广安} | 关家嘴_{岳池} | 松树嘴_{内江} | 河堰嘴_{资阳} | 老鹰嘴_{广元} | 印合嘴_{剑阁} | 青龙嘴_{温江} | 鹦鹉嘴_{丹巴} | 谭家嘴_{开江} | 中嘴_{芦山} | 坪嘴_{泸州} | 鱼嘴_{重庆} | 老虎嘴、鸡公嘴_{都江堰} | 柏材嘴村_{南充} | 四房嘴村_{南部} | 沱沟嘴、苦竹嘴_{乐山} | 刘嘴_{丹棱}

"嘴"有时又写作"咀"。如:

李家咀_{西充} | 滑咀沟_{盐边} | 陆家山咀_{冕宁} | 团包咀_{达县} | 中和咀_{洪雅}

【浩(儿)】

① 巴人谓小港为浩。([清]王士祯《登渝州涂山记》)

"港"为与江河湖泊相通的小河,唐·玄应《一切经音义》卷三引《字略》:"港,水分流也。"《玉篇·水部》:"港,水派也。"①

② 《蜀典》引黄庭坚云:"犍为之俗,谓江之㶁水为浩。"([清]张慎仪《蜀方言》卷上)

③ 水之歧出者大曰汉河洱,小曰浩浩儿。(民国13年《乐山县志》)

"浩"的此义今已不用,但在四川有一些以"浩"命名的地方。如:

麻浩、王浩儿、松柏浩、江子浩_{乐山}② | 慈竹浩_{长宁} | 龙门浩_{重庆}

这些地名都保留了"浩"的古义。

【凼】

小水坑,四川地区这种水凼特别多:

① 天上明晃晃,地下水凼凼。(成都谚语)

② 提到一拉,右脚往马上一跨,"咚"的一声,就滚到茅厕凼凼去了。(《中国民间故事集成·重庆市合川卷·荣华梦》)

---

① 《汉语大字典》以"小港"释"浩",过于古奥。

② 麻浩:位于岷江东岸凌云山与乌尤山之间的溢洪道一侧,距凌云山后门不远,是往返于乌尤寺和大佛之间的必经之地。麻浩汉代崖墓是价值极高的古迹。

③ 帮助她，帮助象她这样的人，扫清路上的荆棘，填平路上的坑坑凼凼，让她们顺利地大步往前走，是共产党员的重大责任哩！（克非《春潮急》）

四川以"凼"为名的地方也分布在各地。例如：

水口凼_{大竹} | 冲水凼_{双流} | 石板凼_{自贡} | 大岩凼_{富顺} | 雷波凼_{雷波}
水鸭凼_{大足} | 鸭儿凼_{泸州} | 五子凼_{泸县} | 桥凼村_{合江} | 黑凼子_{屏山}
锅底凼_{九龙} | 桥板凼_{内江} | 癞子凼_{威远} | 温水凼_{马边} | 白马凼_{重庆}
三角凼_{万州} | 金银凼_{永川} | 马达凼_{长寿} | 长凼乡_{奉节} | 迷魂凼_{洪雅}
青鲫凼_{开县} | 烂凼_{万盛} | 雷波凼水库_{荣昌} | 圆凼社区_{合川}

这些以"凼"为名的地方，有的今已未必有"水凼凼"，但地名却记录了其过去的状态。

【坳】

坳，山口，通常为两山之间的缓坡。丘陵山区地带广泛分布着以"坳"命名的地名。例如：

郭家坳_{自贡} | 茨芭坳_{荣县} | 油房坳_{宜宾} | 青枫坳_{长宁} | 伍家坳_{华蓥}
石碑坳_{屏山} | 卷子坳_{内江} | 金银坳_{隆昌} | 兰田坳_{威远} | 桐子坳_{泸州}
坳丘村_{泸县} | 坳底路_{纳溪} | 阳棚坳_{合江} | 大田坳_{古蔺} | 黄牛坳_{资中} | 石板坳_{资阳} | 甘塘坳_{乐山} | 石碑坳_{犍为} | 凉风坳_{沐川} | 南坛坳_{仁寿} | 卫家坳_{井研} | 大营坳_{青神} | 檀木坳_{开江} | 石坳村_{岳池} | 柳林坳_{中江} | 黄泥坳_{巴县} | 坳田_{兴文} | 大坳_{雷波} | 大坳_{富顺} | 坳盘寨村_{仪陇} | 盐巴坳_{攀枝花} | 风门坳村_{广安}

四川地名用地形、地貌命名是一大特色，也十分常见。例如：

小凹田_{会理县} | 白凹_{米易} | 凹田村_{珙县} | 卧龙凹_{泸州} | 柑凹村_{屏山}

二、四川地名与物产

四川物产丰富，在地名也中屡有体现：

【绵竹县】

西汉高祖六年（前201）置县，其得名一说"以其地宜竹，因名"①。

【大竹县】

因产大竹而得名，始于唐武则天久视元年（700）分容渠县东部所设之大

---

① 一说因产"绵竹"这一稀有竹种而名。又一说因境内有绵水、绵远河同时盛产竹，而称绵竹。说法各异，但都离不了产竹。

竹县。《蜀中广记》："大竹县，唐则天时析邻水县置，《纪胜》曰：'达州之地有大竹、小竹，盖与县接壤者。'"民国 17 年《续修大竹县志》："竹地多竹，故以大竹名。"大竹境内竹区辽阔，竹类繁多，还有许多以竹为名的小地名，如竹阳镇、竹北乡、竹园村、竹溪村、荆竹村等，这类地名约占大竹境内地名的 20%。

【古蔺县】

在唐朝曾为羁縻州蔺州，是为统治当地少数民族而设。此地产蔺草，可供编制花席等，故称"蔺州"。清光绪三十四年（1908），改县名为古蔺，取意"古为蔺州"。

【什邡县】

亦作"汁防"、"什方"、"汁邡"等，《史记·高祖功臣侯者年表》有"汁方"，裴骃《集解》："如淳曰：'汁音什。邡音方。'"司马贞《索引》："什邡。县名，属广汉。音十方。汁，又如字。""汁"古义为"柒"，即"漆"字。自古此地产漆，古代习惯将边远少数民族地区称为"方"，故名。"什邡"是中国现存地名中少有的带有方国印迹的地名。

【石棉县】

1952 年建县，因盛产石棉矿而得名。

【筠连县】

"筠"音tɕyn⁵⁵。唐置筠州、连县，宋设筠县、连县，元并为筠连州，明改为县。县四山皆竹，一色相连，以地产筠篁得名。

四川各地小地名中，以物产为名者更是多得不计其数，如遂宁境内的富果乡、黄桷乡、古柏乡、桂花镇、荷叶乡、萝卜园村、核桃村、樟树堰村、斑竹园村、油草沟、槐树垭村、桐子垭、皂角垭村、金梅村、海棠村、槐花村等，皆以当地物产而得名。各种地名排列在一起，构成了当地物产地图，也是当地农作物栽培史。

又如火石垭口_{会理}、小药沟_{冕宁}、柳树镇_{射洪}、火井镇_{邛崃}等，这些地名都从不同角度反映了当地的物产。

四川盆地盐矿储量居全国首位，是我国古代井盐的主产地，岷江、沱江流域盐井密布，《元和郡县志》卷三十三就说"益都盐井最多"。四川井盐的最早开发和利用，始于战国末期的成都平原。公元前 311 年，秦以张若为蜀守时，由于盐铁商业已具规模，故于成都"置盐铁市官并长丞"，管理盐铁交易。战国末年，在今双流地区开凿了广都盐井，揭开了中国井盐生产的序幕。《华阳国志·蜀志》："周灭后，秦孝文王以李冰为蜀守。冰能知天文地理……

又识齐水脉，穿广都盐井、诸陂池，蜀于是盛有养生之饶焉。"此处的"广都"即"广都县"，据考证，汉晋时应辖今双流县、仁寿县北部及简阳县西部之一角。可见，四川采盐业历史悠久，已成为四川许多地方的经济命脉，故以"井"、"盐"为地名者甚多：

【自贡】

因盐设市，号为"盐都"，井盐生产历史始自东汉，鼎盛于清末民初。其地名也走过了因盐设镇、因盐设县再到因盐设市的道路。南北朝时期凿成著名的"大公井"，后在此置"公井镇"。唐武德元年（618），公井镇改为公井县。明嘉靖年间在距富顺县城西去 90 里的荣溪本滨①，成功开凿出自流井。清雍正八年（1730），分设了富顺县自流井县丞署和荣县贡井县丞署，分属富、荣二县的自流井、贡井。"自流井"和"贡井"都是自贡历史上有名的盐井②。1939 年，自流井、贡井由富顺、荣县划出，置自贡市，以二地首字得名。今自贡境内还有磨子井、高山井、天花井、燊海井、洞口井、大湾井、王井、文井、邓井关等地名与盐井有关。

【盐亭】

位于四川省中部，古蜀国时称"潺亭"，至秦朝改为"秦亭"，汉代复称"潺亭"。因潺亭境内多盐井，西魏废帝三年（554）置盐亭县，距今已有 1400 多年历史。

【井研】

位于四川省中南部，得名于汉置之井研镇。"井"指盐井，"研"为精美之意。一说因县有盐井，而盐井之利出于心计，取"盐井研净"之义。

【盐源】

位于四川省西南，自古产盐。清雍正六年（1728）设盐源县，一说因县南有盐井河得名。一说因县有盐井，且盐源丰盛得名。境内还有"盐井、盐塘"等乡镇，也因产盐而得名。

在四川，以"盐"、"井"为名的小地名不计其数。在盐源、营山、金堂、宝兴、合川、绵竹等地，都有径以"盐井"为名的村镇。蒲江有好几条"盐井沟"，而"金釜井"、"茅池井"，都是著名的盐井，另有"盐神庙"。大英"卓筒井镇"则因有上千年历史"卓筒井"得名。冕宁的"盐井沟"、"盐井包包"、"小盐井"，会理的"前盐井"等，皆以盐井为名。南充的"盐溪"、旺苍的"盐河"、剑阁的"盐店"等，也因盐而得名。

---

① 荣溪本滨：今自流井地区。

② 自流井：因盐水自流得名。贡井：因盐质精良而入贡帝王得名。

如果把这些地名全部标注在地图上，那古代四川井盐产区则一目了然。

三、四川地名与四川历史

地名也是历史学的第二语言。历史地名分为"历史自然地名"和"历史人文地名"两大类，这"既是人类认识周围环境的静态凝结，又是人类改造自然界的动态轨迹"[①]。因此，地名是人类文化的活化石，许多老地名背后都有一段历史故事，地名的发展史同整个社会发展史紧密联系在一起。例如会东县坪塘乡，本是境内"放马坪"和"黑塘"两村村名全称，曾改名为"上游公社"，而成都市春熙路曾改名为"反帝路"，这便是当年"力争上游"、"反帝、反修"那段历史的见证。

四川地区有不少以"营"、"所"、"屯"为名的地方，它们都是因历史上曾驻军而得名。成都市的大福建营巷儿、小福建营巷儿，即得名于清初从福建调来大批军队曾驻守此地。自贡的营盘山，俗传清咸丰九年（1859）李永和起义反清，由云南入川，到自流井后将大营扎于此山，因更名为"营盘山"[②]。翻开四川地图，"营"为地名者俯拾皆是，用为乡镇名如：

　　老营小金 ｜ 大新营冕宁 ｜ 顾家营会东 ｜ 多营雅安 ｜ 高卓营马边

　　曹营珙县 ｜ 御营罗江 ｜ 刘营三台 ｜ 营盘青川 ｜ 凤营会理

以"所"为名者多是过去哨所所在地，如冕宁的"小前所村"。以"屯"为名的有冕宁"中屯、文家屯"，会东的"旧屯、方官屯、张官屯"等。

以历史事件中的相关要素为地名，古今中外都是通例，四川也不例外，把这些地名串连起来就是一部微缩的地方史。以下仅以成都的一些地名为例加以说明。

【南门大街】

成都南大街从红照壁往南与万里桥之间，被分为上、中、下三段。因下南大街口原有老成都城的南门城门洞，所以人们习惯称"南门大街"，这里跨过锦江的大桥也叫"南门大桥"。如今城门早已湮没，这两个名称却告诉我们它曾真实地存在过。

【白塔寺路】

四川大学附近曾有一条"白塔寺路"，巷子很窄，两旁是棚户。白塔寺

---

① 华林元：《插图本中国地名史话》，齐鲁书社 2006 年版，第 2 页。

② 《自贡文史资料选辑》第十辑。

建于宋，元初毁于战乱。明万历年间重建，张献忠入川后被毁。清乾隆时重修，民国时又再次被烧毁。2002 年在旧城改造中，这条不足百米的小巷终于彻底地消失了。这个刚刚消失不久的地名，竟也记录了一段尘封的历史。

【土门村】

相传古蜀国时，为了避免战争，古人在这一带筑有防御的土城墙，城墙下留有供人、车、马通行的城门。后来，土城墙逐渐消失，后人称此地为"土门"，1984 年改名为土门村。

【营门口】

蜀汉三国时期，诸葛亮北伐中原前，为了筹办粮饷，乃将成都西郊方圆几十里的荒凉之野作为屯兵耕作之地。诸葛亮在此设立军中大帐，坐镇指挥。由于营帐外停有大批军士所乘战车，形状如军营的营门，故称"营门口"。

【康庄街】

旧名康公庙街。明太祖朱元璋分封第十一子朱椿为蜀王，驻成都。先行派遣康姓太监到成都营建宫室。康太监在成都大兴土木，花掉大量钱财。朱元璋以为康中饱私囊，敕他自尽。蜀王朱椿就藩后，见王宫富丽雄伟，花费必多，断无贪污之事。于是为康太监修建祠堂，名"康公庙"，遗址就在今天的康公庙街。

特别要指出的是，成都旧城形制对成都地名的得名影响是最大的。

如今的成都已是现代化的国际大都市，高楼林立，道路宽阔，翻开成都地图会发现许多有趣的现象，比如东门街、东城根街、东城拐街、东垣街在城西，城中有月城街，东西顺城街，完全不能以今天成都的街区方位来判断。实际上，这些街名记录着八九十年前的成都城市状况。

20 世纪初，成都四周有高壁城墙，轮廓大体是正方形，有"穿城九里三"的说法。城中心以现四川科技馆为中心，筑有皇城，内有宫殿，外筑城墙，于是就有了东、西华门街，沿城墙就有顺城街、月城街等街名。城内西南角，筑有满族官兵居住的少城。沿少城城墙就有了东城根街等街名。沿皇城、少城有金河、御河及城内排水大沟，东、西御河街，金河街，东、西龙须巷，东、西沟头巷、西城巷等由此而生。正由于成都是城中有城，许多街道便依城为名。

下面是光绪二十八年（1902）成都街区图中的原明皇城区域地图，今天的东华门街、顺城街、东御（玉）街、西御（玉）街、东御（玉）河沿街、西御（玉）河沿街、东二巷、西二巷、平安桥、红照壁等的位置非常清楚①。

成都原明皇城区域图：

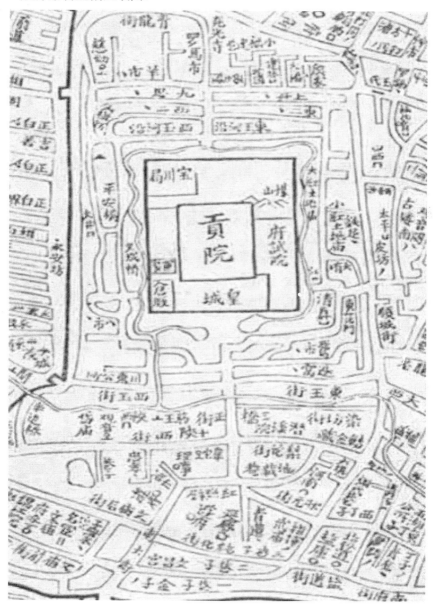

　　成都原清满城（少城）区域图：

　　这就是著名的鱼骨形街道构成的少城，再与今天成都地图对照①，就可以看到这些街道以长顺街为中心分东西两部分，于是城西便出现了东马棚街、东门街、东胜街。

　　在成都的街名中的将军衙门、城守街、黉门街、帘官公所街、督院街、提督街、指挥街、学道街、走马街等②，都因旧时官署而名，随着社会制度

---

① 见下图。

② 游击衙门又叫城防守御衙门，所在街道因此得名"城守街"。清制省会治安警卫的事宜由游击衙门办理，所管辖的兵丁，白天在街头巡逻，夜晚守护城门。黉门本是学宫，四川省在成都南门外买得杨昭勇侯赐等为堂址，招生开学，命这里为"黉门街"。明代在各省省会设有"卫都指挥使"，衙署叫指挥署，"指挥街"因此街衙门得名。清代废除卫都指挥使，街名沿用至今。

的改变它们都成为了历史。

今成都市区地图（原皇城与少城局部）：

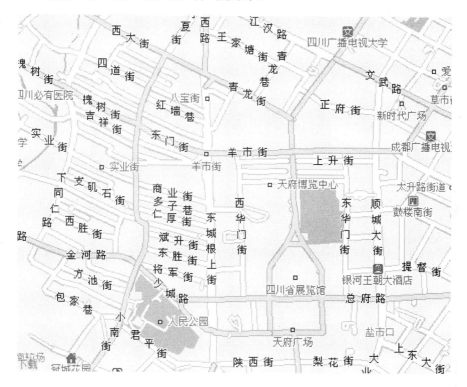

四、四川地名与四川的文化

（一）商业文化

四川是一个很重视商业的地区，四川方言词汇也呈现出浓厚的商业文化气息，比如"榨秤"本指货物分量重，四川方言用来指"人说话分量重、能起决定作用"。这些四川人挂在嘴边的词显然都和商业有关。

在农耕时代，水旱从人、不知饥馑，气候温润、物产丰富的成都平原，以生产资料和生活资料进行交易而命名的街道和场镇为数颇多，这些地名就深深地打上了那个时代的烙印。例如威远又叫"婆城"，传说得名于南门外堰塘角的"婆婆饭店"①。此地有一个老婆婆和守寡的儿媳开了家小饭店，生意奇好。大家跟风开店，但都不如婆婆店的生意好。一个看风水的阴阳先生说这里是坤卦，注定阴盛阳衰、男弱女强，所以婆婆店的生意特别好。大家信

---

① 此则材料为威远县俞幺婆讲述，黄宗扬先生 1986 年记录整理。

以为真，男人也改扮女人的装束来开饭店，于是满街都成婆婆店。后来皇帝来私察暗访，见此情形，就说："世上只有男州，没得女县，也太不公平。这里的老婆婆能干，就叫婆城吧。"

四川的地名中有相当大一部分都与人们的商业活动、商业交往有关。其中"场"和"店（子）"是最常用的两个通名。

【场】

"场"本是乡间集市，据清同治十二年《成都县志·地域志·寺庙》等记载[1]，早在老子时代，成都就有了"场"。

场的前身为农人交易、社交的村落，兴起地点多在交通便利之地。当村落发展到一定程度时，一般由一乡之名士倡议兴场。场的分类五花八门，按场期可分为：三日场[2]、隔日场[3]、五日场[4]、不等场[5]、百日场[6]，此外还有靠背场[7]。按场的规模可分为：乡场[8]、口岸场镇[9]。按商品的性质，可分为若干段，如市有米粮市、猪市、柴市、菜市、肉市等，馆有茶馆、饭馆、烟馆等。

四川人称赶集叫"赶场"。明李实《蜀语》："村市曰场，入市交易曰赶场，三、六、九为期，辰集午散。"

> ① 德源场是郫县的大场，有百多年的历史，过去非常热闹，附近几县都有来赶场的。（《川西文艺》1 卷 1 期）

四川乡间生活中"赶场"是件非常重要的事情，都江堰有"三天不赶场，买卖不归行"的说法。即使没有买卖，大家也争着"赶耍耍场"，可见，赶场

---

① 清同治十二年《成都县志·地域志·寺庙》："青羊宫，县西南四甲五里。老子谓关令尹喜曰：'千日后，会我于蜀之青羊肆。'后人因其地建青羊宫。"又："青羊场距城五里，二、五、八场期。"

② 每逢 3、6、9，或 2、5、8，或 1、4、7 为场期者。

③ 定单日或双日为场期者。

④ 每月逢 5、10，或 2、7，或 4、9 之日为场期者，多分布在川东南及川南各地，因多山地，人口稀少，不勤于交易。

⑤ 每场集所距离的日数不等者。如 1、4、9，或 1、5、8，或 1、3、7，或 2、6、8 等。多为避免与邻近的大场同日。主要分布在川西一带。

⑥ 每日均有交易者。此多为经济情况良好之场，一般是市、区、县、乡、镇等政府机构所在地，因其人口密集，交通便利，日日有市，遂以"百日场"名之。

⑦ 如逢 1、4、7、10 赶场的场镇，月大农历三十日赶完后，第二天初一又赶场，此两场就称为"靠背场"。

⑧ 乡场：赶场者多为二三十里以内的乡民，多为购买油、盐、布、线、烟等生活用品而来，能到三四十里之外者，可谓少见。所售货物不外乎粮食、土特产、木柴等。

⑨ 口岸场镇：少数规模甚大的场镇，其范围可远到多数邻县，主要因其地理位置在交通要地所致，大多位于通航水道岸边，故名。

是四川人最为普遍的政治、经济、文化活动①。

四川人赶场的方式也十分丰富。因距离场镇远，必须早起，以便当日赶回，于是半夜动身，此之谓"赶鬼场"。夏天，由于农忙或天热，早去早回，到家时露水还未干，此之谓"赶露水场"。农闲之时，不卖不买，上街闲逛，坐坐茶馆，会会亲朋，看看热闹，吹吹壳子，此之谓"赶耍耍场"。男女青年，利用赶场的机会，穿红戴绿，寻寻觅觅，或眉目传情，或桥边相会，此之谓"赶花花场"。小商小贩，挑上担担，轮流穿插各场镇之间，摆摊叫卖，此之谓"赶流流场"②。今成都龙泉驿柏合寺"赶场"还有个特别的名字，叫"取草帽子"，因龙泉驿白鹤寺一带的草帽编织历史悠久，工艺精细，远近有名。农人家家皆能编草帽，编好后再上街请人加工，通常头场天送去，二场天才能取回，故很多人上街都为"取草帽"一事，久而久之，便称"赶场"为"取草帽子"。

四川方言词汇中有不少都与"（赶）场"有关，如：

【闲场③】

"闲"音 xan^{21}，不赶场的日子。

　　② 这是预备赶场时卖酒的座头，闲场也偶尔有几个熟酒客来坐坐……是闲场日子，蔡大嫂正双手挽着金娃子，在铺子外面平整的檐阶上，教他走路。（李劼人《死水微澜》）

"闲场"之"闲"本为闲暇之义④，与"不赶场"义相合。今四川方言中"闲"一般读 $\varsigma i\varepsilon n^{21}$，但说"闲场"时保留古音读为 $xan^{21}ts'an^{21}$，"闲"与"寒"同音，因"寒"与不赶场时冷冷清清的场面相合，于是又写作"寒场"。"寒"与"冷"皆有"冷清"之义，人们便也说"冷场"⑤。

关于"场"的说法还有不少，如：齐场、登场、散场，赶转转儿场、赶溜溜场、赶火把场、赶露水场、赶靠背场、赶大场、赶小场。

新津有"大麦须须黄，鲢鱼正赶场"，金堂有"蜻蜓赶场，有雨早藏"，双流有"三六九赶场——看人"，蒲江有"包孝帕子赶场——围发乱挤谐违法乱

---

① 四川集市上茶馆是多功能的，集政治、经济、文化功能为一体，不仅是人们解渴消闲的地方，也是重要的交际、交易、娱乐场所和舆论场地。在茶馆里，人们既可交流信息、商量事情；又可洽谈生意、解决纠纷；还可以听评书、扬琴、清音、金钱板等，从而形成独特的"茶馆民俗"乃至"茶馆文化"。

② 流：也作"溜"。

③ 闲场：也作"寒场"。沙汀《过渡》："在这不逢集日的寒场天，过渡的太少了，有时反比走堰埂多费功夫。"《川西文艺》（1951年1卷1期）："我疑心记错了日子，这或许是寒场天？"

④ 闲：《广韵·山韵》："阑也，防也，御也，大也，法也，习也，暇也。户闲切。"

⑤ 张文君：《成都话词语研究》，四川师范大学硕士学位论文2009年，第16页。

纪"，成都有"聋子听戏，瞎子赶场"等。

"场"不仅与四川人日常生活关系密切，以后更成为行政建制，《遂宁县志》记载乾隆五十二年（1787），遂宁实行"里场制"，编为"七里三十九场"[①]。场成为管理农村的一级行政单位。该县 1935 年实行保甲制，建国后实行乡村制，但历史悠久的"场"作为许多场镇的通名一直沿用至今。据《成都通览》统计，清末成都市场有 49 个，以"场"为名者达 37 个。光绪元年（1875）《岳池县志》记载当地有苟角场、顾县场等二、三十个场名。

【店子】

又叫"幺（花儿）店子，是乡间路边的小店，对身处偏僻农村的乡民很重要，他们常常在此购物、歇脚，由此成为他们交流信息的一个重要据点。双流有歇后语"幺店子的新闻——道听途说"，郫县有民谣"幺店子上开红锅，县长给我打平伙。县长敬我一杯酒，我敬县长一个馍"，都江堰有情歌"送郎送到龙口堰，再把话儿说一遍。累了快去歇幺店，包中布衣可御寒"。成都著名的红牌楼、三瓦窑，据有关专家考证，宋代时都还只是幺店子。

四川许多地方就以"店"为名。如今成都的茶店子、糍粑店、红瓦店、曾家店、高店子等都是著名的场镇。又如会东县的幺店子、老店子，甘洛县的新店，都因解放前有人在此开设旅店而得名。四川很多县市都有叫"新店"的地方，亦皆为旧时开店之处。

在以"场"、"店"为通名的地名中还有一个值得注意的现象，是"姓氏+场/店"类名称，往往取决于该姓人的商业地位。如成都的梁家巷相传得名于当时在此开设小卖店的梁姓人家。1952 年末，只有 50 余米长的一段新街袭用了梁家巷街名，梁家巷老街成了一条死胡同。又如彭州敖家场，相传过去有敖氏三姐妹开店做生意，颇得口碑，生意红火，远近皆知。后来，逐渐围绕三姐妹的店铺形成一条街，成为当地人交易的场所，以后渐成集镇。

无论是梁家巷的得名，还是敖家场的形成，都与四川人对经济生活的重视和依赖有直接关系，这些时候，政治或其他因素往往退居次要地位。

成都自古就是四川政治、经济、文化的中心，也是一个历史悠久的工商业中心，至唐代，其经济发展到鼎盛时期，当时有"扬一益二"之说，足见成都当日的繁华。今天成都的街道名称中有相当大部分都与商业有关：

---

① 四川省遂宁市地方志编委会：《遂宁县志》，巴蜀书社 1993 年 5 月版，第 58 页。

【椒子街】

位于成都东门外。据李劼人考证，"椒子"应为"交子"，因为此地是五代时前蜀、后蜀国制造交子的地方，世界最早的纸币"交子"就出现在成都，"椒（交）子街"是重要的历史见证。

【牛市口】

牛市口过去属于华阳县得胜场。"湖广填四川"以来，成都农业经济渐渐得以复苏和振兴，从而催生了耕牛交易市场的兴盛，清地方政府在得胜场口设立牛市，牛市口由此闻名。一到赶场天，这里人声鼎沸，热闹非凡。

人民公社化后，耕牛不准私自买卖和屠宰，牛市口有名而无"牛市"了。但 20 世纪六七十年代，牛市口的"自由市场"，老成都无人不晓，所有在城里凭"号号票"买不到的鱼肉、瓜果、蔬菜等，这里应有尽有，牛市口成了市民趋之若鹜的"百日场"。不过，在计划经济时代，牛市口的"自由市场"最终被取缔。

【骡马市街】

原成都马市在城四郊，不在城内。蒙古人占领成都后，甘肃马、内蒙马骠肥体壮，用场不大，在市区内便辟了不少地点养马。清初成都驻有满蒙八旗兵丁，为适应满族贵族买马需要，在少城外的皇城后门处设有骡马市场。康熙、雍正年代之后，四川无大战乱，马队作用减少，马市迁到城外，但街名保留至今。

【石灰街】

此地曾是清代石灰行业交易的集中地带，名石灰坝。后建筑增多，渐成街巷，得名石灰街。1968 年改为红光中路一段。1981 年将其中段复名石灰街。

【暑袜街】

明代，成都中上层人士习惯穿羊毛袜，于是这条街便集中了卖毛袜的商店。夏天则卖油灯布袜。油灯布又名云绸，质轻细腻，轻巧凉快，加工方便，价格不贵。四川天暖，夏袜穿着时间较长，故此街名暑袜街。

【染房街】

位于盐市口旁，傍靠流经城内的金河，明代前此街曾开设土布染色作坊，汲取金河水漂涤。后因金河堵塞，江水不畅，染房业主大多迁到城外，沿街小店已变为卖手工加工的木纺锤、麻将等小木器的作坊，解放前的民谚"染房街，无染房，将帅对阵打麻将"，就是对这条街当时手工作坊特点的介绍。但染房街名却留存下来。

【纱帽街】

古代的"官帽"、"纱帽",都是为官者戴的帽子。明、清时期,在老成都东门内大慈寺旁有一条街,曾有许多为官员做官帽(纱帽)的商铺,久而久之便得名纱帽街了。民国以后,这条街成为戏装一条街。

【打金街】

此为金属制品一条街,包括南打金街和北打金街。北打金街位于现在的红星路步行街。直到20世纪50年代,南、北打金街一直是加工、经营金属制品一条街。街上商铺一家挨一家,做铜壶、铁壶、锡壶的,还有各种金属制锅、瓢等的,各具特色。

【丝棉街】【棉花街】

位于今红星路靠近新南门的一段。顾名思义,丝棉街和棉花街都是以经营丝棉、棉花制品为主的街道。此外,棉花街还出售蚕种。在20世纪50年代,喜欢养蚕的成都人都是去棉花街买蚕种的。

【盐市口】

位于现在的染房街到东御街之间,因曾是清政府指定的官盐批发所在地而得名。除了批发官盐外,盐市口街还有酱园铺、米粮店等食品经营铺。

【菸袋巷】

位于盐市口附近。菸,为"烟"的异体字。菸袋,即烟袋。当年的菸袋巷就是制作烟管、装烟丝的袋子以及烟杆的"专业市场",布满了出售紫铜、白铜、竹、木制水烟袋、旱烟袋的店铺。

【西屠场街】

1956年以前,街北头有一屠宰猪牛羊等牲畜的交易场坝,因地处外西,故称西屠场,街因此得名。

【乡农市街】

原名东码头,抗战期间为集市贸易地。成都农民买卖农具、出售手工竹货及禽蛋类多集中于此。后改名为乡农市街,有四乡农民来此集市之意。1968年更名为红光西路一段,1981年将原乡农市正街和前街一环路以外部分合并,更名为乡农市街。

此外,成都的以下地名都与旧时商业有关:

油篓街	糠市街	簸箕街	马镇街	羊市街	草市街 ｜ 海椒市
浆洗街	香巷子	金丝街	银丝街	铜丝街	锣锅巷 ｜ 皮房街
烧房街	鸡市街	斧头巷	鐉钯街	磨房街	豆腐街 ｜ 杀牛巷
杀猪巷	线香街	肥猪市街	米市坝街	肥猪市街	东打铜街

南打金街 | 羊子市街 | 羊皮坝街 | 鱼市坝街 | 坛罐窑街 | 炮厂坝街 |东西南糠市街

虽然我们可能再也不会在今天的成都看到牛市、羊市、猪市、鹅市，但这些街道名称却为我们描述着农耕时代成都都市的繁华与荣光。

（二）四川地名与移民

四川不少地名都与移民有关，例如今甘洛县新市坝镇的新民村，原本无人居住，20世纪60年代初，各地不断有人来此开荒，以后定居下来，故称"新民"。会东县江西街乡，清初江西籍人迁居至此，逐渐形成场镇，先以籍属为街名，后又成乡名。今营山安化乡即为明末清初湖广安化县移民聚居在此经商开店，形成市场，为纪念故籍，取名"安化场"。成都市的湖广馆街、江南馆街、陕西街，峨眉山市的江西街，乐至县的广东垮，广汉市的广东院子，皆径以其旧籍为名。

大量移民的迁入也在四川地名中打下了烙印，其中最突出的是会馆名称和祠堂名称。

会馆是明清时易籍人在客地的一种特殊社会组织。各地移民迁入后，为了在异乡站稳脚跟，使自身利益得到最大限度的保障，依据籍贯和方言形成一个个移民团体，集资建成会馆，作为本省客籍民众进入城镇的落脚点和办事的联络处。近代涌入四川的移民人数众多、来源各异：

① 大姨嫁陕二姨苏，大嫂江西二嫂湖。戚友初逢问原籍，现无十世老成都。（［清］六对山人《锦城竹枝词》①）

在这种背景下，大量会馆出现，就四川现存的旧方志看，各地皆有异省会馆，清末全省移民会馆达万余座，即便是偏僻的乡镇也有会馆。四川境内会馆之多、分布之广，建筑之精美豪华，居全国之首。旅居入川的外省人，把会馆作为同乡人往来、聚集的理想场所。历经岁月沧桑，四川众多会馆揉和了各地移民带来的不同风俗和文化，形成了独特的会馆文化和会馆经济。

例如傅崇矩《成都通览》所载，成都总府街有福建会馆、湖广会馆②，三道会馆街有浙江会馆③、山东会馆、广西会馆，中市街有山西会馆，正通顺街有云南会馆，古中市街有山西会馆，棉花街有江西会馆，糠市街有广东会馆，磨子街、布后街有河南会馆，贵州馆街有贵州会馆，古卧龙桥街有川北

---

① 林孔翼：《成都竹枝词》，四川人民出版社1986年1月版。第44页。

② 以前湖南、湖北统称为"湖广"。

③ 三道会馆街：后为金玉街。

会馆①，中东大街有泾县会馆，北打金街有吉水会馆等共 16 个，最负盛名的是陕西街的陕西会馆。乐至倒流镇、成都龙泉驿大面镇、金堂土桥镇、新繁、威远、大竹、云阳、资中、隆昌等地的禹王宫为两湖会馆，北川、威远、大邑、云阳、资中等地的南华宫为广东会馆，洛带有广东会馆、湖广会馆、江西会馆，灌县旧有秦晋馆②、湖广馆、广东馆、四川馆、贵州馆、江西馆、福建馆"七省会馆"，大竹则楚、湘、粤、赣、闽五籍人各有会馆③。而自贡西秦会馆修建于清乾隆元年（1736），历时 16 年，建筑精美绝伦，是当时陕西籍盐商集资所建的同乡会馆，今为自贡盐业历史博物馆馆址。

这些会馆多属同籍会馆，在当时极有势力，有被政府承认的客长，可以自行处理本省移民范围内的事务，在同籍人中有极高的威望。随着时间的推移，当这些外乡人渐渐融入彼此的生活后，他们逐渐成为"本地人"了，会馆的功能也逐渐退隐，但却作为标志的名称留了下来。如成都的江南馆街④、陕西街、贵州馆街、湖广馆街、燕鲁公所街均以会馆为名。

还有街名与会馆有间接关系的，如宜宾有会馆路，成都的小天竺街有浙江会馆，人称"小天竺庙"⑤，街便以此得名。金玉街则因有广西会馆、仁寿宫、浙江会馆⑥，俗称"三道会馆"。浙江会馆始建于清康熙年间，馆内有历朝文魁匾额，多历年岁，匾额益多，时人誉之为"金玉满堂"，金玉街因此得名。

会馆以地域联络为手段，而祠堂则是以宗族的联络为手段。作为耕读文化和农耕经济时代的标志，祠堂通常出现在以血缘和地域为特征的家族聚居地或村落之中，星罗棋布遍及全国各地。

但四川的祠堂还有着别样的功能。大量移民往往举族迁徙至川，聚族而居，来到客地后对宗族的依恋更甚。他们定居客地，往往立即着手建宗族祠堂，祭祀祖先、联络同族之亲友。例如建于清代的川西最大祠堂建筑群温江寿安陈氏宗祠，其族人由广东迁入；三台西平镇的吴氏宗祠建于清代；犍为龙孔段家坝祠堂族人，于 300 多年前由湖广迁入；金堂的林家祠堂族人清代由广东迁入；青白江廖氏祠堂族人由福建迁入；新都木兰镇廖氏祠堂族人由

① 川北会馆：今迁至成都市龙泉驿区洛带镇。

② 灌县：今都江堰市。

③ 王日根《漫谈"移民乡井"之四川会馆》，《文史杂志》，2008 年第 5 期。

④ 江南会馆：本是江苏、安徽、江西三省会馆。清江苏、安徽、江西三省同归"江南总督"管辖，因江苏并不在长江之南，又改称"两江总督"。但江南之名，流传既久，故三省人合建的会馆仍叫"江南会馆"。始三省会馆各自分开，此街呼为"三道会馆街"。以后合为一所，统称"江南会馆"，街也因馆而易名。

⑤ 因杭州西湖附近有小天竺山得名。

⑥ 城内外各有一处。

广东迁入；邛崃张白祠堂族人清初由康定迁入①。民国 17 年《续修大竹县志》记载大竹有宗祠 116 座，其中鄂籍人 72 座，湘籍人 22 座，粤籍人 9 座，闽籍人 1，豫章（南昌）籍 1，赣籍 1，其余籍 10 座②。可见，移民在新地建祠堂极为普遍。

据《成都通览》记载，清末成都城内有 84 家祠堂，而当时成都有 500 多条街道，差不多每五六条街道就有一座祠堂，加上城外的 12 家，共有 96 家祠堂。而这些祠堂大多数都为外乡人所建。位于成都锦江区龙王庙正街 41 号的邱家宗族祠堂至今仍存，其他的已不见踪迹。

因时代原因，四川境内大部分祠堂也如成都地区祠堂一样已经湮没，但很多祠堂却以地名的形式保存下来，他们的后人也正是循此来追寻自己的根。例如成都赖家祠、李家祠、刘家祠、王家祠、吴家祠、谢家祠、马家祠等，新都、金堂廖家祠、林家祠堂，青白江廖家场，西昌老祠堂村等等，均是移民宗祠留下的痕迹。

（三）四川地名与四川名人

名人对提升某一地区的社会影响力有极大作用，许多地方命名时都充分考虑到这个因素。古蜀大地人杰地灵，自古人才辈出，史上还有不少名人在四川留下了足迹，为以人名地提供了大量材料。

【樊哙镇】

相传楚汉相争时，大将军樊哙（前 242—前 189）被派南下至今宣汉境内，募兵征粮，积极备战。汉军被楚军进攻时，樊哙设计使楚军在将军坪大败，为汉王朝的建立立下汗马功劳。为纪念樊哙，后人在将军坪前修建了樊哙殿，后更名樊哙店。清乾隆元年（1736）建场，称樊哙场，后改为樊哙乡，现改樊哙镇。东汉时取宣汉之名，即得益于大将军樊哙"宣扬汉室德威"之威名。

【驷马桥】【琴台路】

司马相如（约前 179 年—前 117），字长卿，四川蓬州（今蓬安）人，汉代著名文学家。成都北门的驷马桥原名升仙桥，司马相如应汉武帝诏前往长安时路过此桥，留下了"不乘高车驷马，不过汝下"的题词。后来出使西南夷，又从该桥凯旋。后人为纪念司马相如，遂将该桥改名"驷马桥"。司马相如善鼓琴，今成都琴台路传说即当年文君当垆处，以此名赞美当年因一曲《凤求凰》而成就的司马相如与卓文君传奇姻缘。

---

① "两姓一祠"现象在四川极为罕见。

② 转引自崔荣昌《四川方言与巴蜀文化》，第 12 页。

【君平街】【君平巷】【北君平乡】【南君平乡】【平乐寺】

相传成都君平街是西汉隐士严君平卜肆所在。严君平，本姓庄名遵，字君平。后人因避汉明帝刘庄讳，改称为严君平，西汉临邛（今邛崃）人，《前汉纪·孝成皇帝纪》："君平卜于成都市，以卜筮为业，而可以惠人。人有非正之问，则依蓍龟以言利害。与人子言依于孝，与人弟言依于顺，各因其势，导之以善。曰：'从吾言者，已过半矣。'或日阅数人，得百钱足以自养，则闭肆下帷，而授老子经，博览无不通。"《汉书》说他活到九十余岁，名声远扬，长为蜀人所称道。今成都君平街、君平巷，彭州北君平乡，邛崃南君平乡，郫县平乐寺等，皆因之而得名。

【子云亭】

扬雄（前53—公元18），字子云，西汉成都（今郫县）人。西汉著名学者、辞赋家、语言学家。"子云亭"即因扬雄得名。历史上"子云亭"在四川有三处：一在成都扬雄故居，今不存；另一处建于郫县，清乾隆年间迁建于扬雄墓侧，仅剩土台一座；至今犹存的只有绵阳西山景区的子云亭。

【武侯祠大街】【武侯区】【武侯大道】

诸葛亮（181—234），字孔明，号卧龙，蜀汉丞相，三国时期杰出的政治家、军事理论家。诸葛亮辅佐两代君王鞠躬尽瘁，治蜀二十年功绩卓著。死后谥忠武侯，成都为立武侯祠，明初重建时并入"汉昭烈庙"。今成都武侯祠是中国惟一的君臣合祀祠庙。武侯祠所在街道因名武侯祠大街，所在城区因名武侯区，区内新修有武侯大道，新三环路有武侯立交桥，皆以武侯为名。

【陈寿路】

陈寿（233—297），字承祚，西晋巴西安汉（今四川南充）人，著名史学家。蜀汉时仕卫将军主簿，东观秘书郎，散骑黄门侍郎。入晋后，举为孝廉，任佐著作郎。陈寿广搜史料，博采三国官私记载，经十余年撰成《三国志》65卷。今南充陈寿路、陈寿实验中学、陈寿印染厂，皆以陈寿为名。民间俗传市内万卷楼即为陈寿年青时读书之处。

【清白江】

赵抃（1008—1084），字阅道，号知非子，北宋衢州（今浙江衢州）人，著名诗人。先后任武安军节度推官、殿中侍御史、益州转运使、成都知府等职。赵抃清正廉洁，不畏权贵，被称为"赵青天"、"铁面御史"。有一次经过清白江，面对清澈的江水感慨道："吾志如此江清白，虽万类混其中不少浊也。"后人故称此江为"清白江"。今成都青白江区又因江而得名。

【状元街】

杨升庵为明代状元，成都的府第由其父亲杨廷和购置，街名原为磨子街。清乾隆年间四川布政使查礼曾在这里住过两年，调离时在街中建"升庵故里状元坊"，磨子街更名为状元街。

【船山区】

张问陶（1764—1814），字仲冶，号船山，清代四川遂宁县（今遂宁市船山区）人。张问陶号称"蜀中诗人之冠"，论诗主"性灵"，著有《船山诗草》20卷。今遂宁船山区便以其号作为区名，表达了家乡后人对这位文豪的崇敬之情。

因人而名的地方在四川还有很多，如成都杜甫草堂因诗人杜甫而名；眉山东坡区、三苏路、三苏广场、苏南路、苏祠中学、诗书路等皆因苏轼父子三人而名；江油青莲镇本因境内濂水（今盘江）水质清澈，故名清濂，后因李白号青莲居士更名，清代《彰明县志》记载为青莲场。

四川以文化名人为地名的地方还有很多，这些地名将历史上为蜀人所崇敬的名人长久地铭刻在人们心中，时时刻刻增强着我们对于家乡的热爱与赞美。

五、四川地名的历史变迁

由于地名关乎每个人的生活，因此地名具有极强的稳定性，有的地名沿用几百上千年。国务院《地名管理条例》明确规定要保持地名的稳定性，除生僻字、异体字以及带有侮辱性、歧视性等非改不可的地名需要更名外，其他可改可不改的地名原则上不改。这充分考虑到地名作为当代社会公共文化资源的性质和其所承载的历史文化信息。如果随意更名，势必影响人们的社会交往活动，增加社会管理成本，造成极大的无谓消耗和浪费，同时也可能抹去一些历史文化的痕迹。2009 年关于"石家庄"是否改为"正定"的讨论，最后以维持原名而告终，就体现了这种管理思想。又如"荆州"这个有着悠久历史的地名，曾在 1994 年被改掉，如果真的就此而消失，将来人们要理解"大意失荆州"可真得费些周折了，好在两年后这个名称又恢复了。

当然，世界上没有一成不变的东西，因为约定俗成的特点，地名当然也可能由于种种原因而改变，有的甚至一变再变，地名的变化过程折射着时代的变化，其变化原因各不相同。四川境内地名改变主要有以下几类情况：

（一）因避讳而变

【富顺】

汉章帝时期（76—88），在今富顺、邓关地区，成功开凿一批盐井。其中一口位于今富顺县城西南，以其出盐最多，获利甚厚，被名为"富世盐井"，北周武帝时（561—578），因置富世。唐贞观二十三年（649），因避太宗讳，改名富义县。宋代又因避宋太宗赵匡义讳，改为富顺监。富顺之名由此而定。

【内江】

汉置汉安县，北周天和二年（567）在汉安故址置中江县，因地处沱江中段而得名。隋文帝避其父杨忠之讳，于开皇元年（581）更名为内江县。1951年设内江市。

【宜宾】

此地古时生活着僰人，唐置义宾县。因当时国力强盛，少数民族纷纷宾服，故以"慕义来宾"之意名"义宾"。北宋太平兴国元年（976）避宋太宗赵光义讳，改为宜宾县。

【营山】

本为古巴国地，秦汉时属巴郡，唐高祖武德四年（621）置郎池县，北宋真宗大中祥符五年（1012）因避赵玄朗讳，改为营山县。

【南溪】

汉为僰道县地，梁置南广县。《太平寰宇记》："县在僰溪之南，因为名。"僰溪即南广溪。隋避杨广讳，改南溪。

小地名也有因避讳而变的，如原成都"淳化街"，即为避清代同治载淳名讳改为"纯化街"。

（二）因境内标志性事物而改

因辖地内有标志性的物产、景点或建筑物而命名，是地名命名的一种方式，有时为了某种需要也会用这种方式为原来的地名更名。

【都江堰市】

原名灌县，四川俗语有"整烂就整烂，整烂下灌县"。吕式斌《今县释名》："汉文翁穿漕江灌溉，谓之金灌口，唐因置灌宁县，孟蜀改灌州，明改县。"一说今县城古名灌口，战国秦李冰治水，江水自此以灌平陆，为灌之口而名。1988年因境内著名的都江堰水利工程而改名。这对提升当地的知名度无疑有积极影响。

【攀枝花市】

这是一座年轻的工业城市，地处金沙江与雅砻江汇合处。1965年设渡口市，1987年改今名。一说因攀枝花村而得名，一说因村前有一棵上百年的攀枝花大树而得名。

【峨眉山市】

北周置峨眉县，因地处峨眉山东麓而得名。峨眉山以优美的自然风光、悠久的佛教文化、丰富的动植物资源、独特的地质地貌而著称于世，成为世界自然和文化双重遗产、国家 5A 级旅游风景区。1988 年设峨眉山市。

【九寨沟县】

原称羊峒、南坪，1953 年在此设县，名南坪。后以县内世界级自然风景名胜区九寨沟为名。

【雨城区】

原为雅安县，雅安别名"雨城"，常年雨水不断，有"雅无三日晴"之说，号称"天漏"。2000 年撤销原雅安地区行政公署，设雅安市，原雅安地区所辖雅安县改为雨城区。

近年来四川城市名称的改动主要是改用风景区名称，这种变更对提高城市知名度、促进本地的对外宣传和发展都有积极作用。

在城市内的区乡、街道名称的更替中这种现象也十分常见。例如成都原有东城区、西城区，1990 年拆分为锦江、成华、武侯、青羊、金牛五区，各区名称均带有鲜明的地域特色："锦江"之名取自"濯锦之江，源远流长"，以闻名千古的濯锦之江冠名；"成华"则涵盖古成都、华阳而又有成都之精华的喻义；"武侯"以区内武侯祠为名；"青羊"得名于境内驰名中外的道观"青羊宫"；"金牛"则取自传说中牛郎织女所遗金牛①。

（三）因时代变化而改

时代的变化会对社会产生重大影响，作为公共资源的地名与人们生活密切相关，也会因此而产生变化。

【理县】

吕式斌《今县释名》："西南北皆生番，领土司四，管理番民十数万户，民国三年改县。"理番，即管理番民。清置理番厅。1945 年国民党为缓和民族矛盾去"番"，改为理县。这种变更消除了民族间曾有的对立与歧视。

【小金】

汉名原为懋功，是藏语"蒙各"的音译。清乾隆四十八年（1783）改美诺直隶厅置，写作"懋功"，以示征服有功。1953 年改为"小金"，因境内有小金川而名。

【和平街】

成都的和平街，先后叫子龙塘街、骆公祠街。相传蜀汉赵云故第在此，青石塘坎上大书"汉赵顺平侯洗马池"八个字。清同治年间，擢升湖南巡抚

___

① 唐李白，《上皇西巡南京歌十首》："秦开蜀道置金牛，汉水元通星汉流。"

骆秉璋为四川总督，将太平天国翼王石达开消灭于大渡河畔，骆因此官拜协办大学士。死后在子龙塘侧建祠，街名改为骆公祠街。后来因骆秉璋是镇压农民起义的刽子手，受到鄙弃，街名改为和平街。

上面这种地名的变动顺应民意、合乎时代要求，是积极的改动。

而有时地名随着某种运动发生改变，则有一定的消极作用。例如"文化大革命"时在"破四旧，立四新"的口号声中，全国上下掀起了一场轰轰烈烈的更名运动，一切带有"封、资、修"色彩的老字号老街名，统统改名。四川很多地名、尤其是街道名称也都"革命"起来。成都牛市口曾改为"胜利口"，此地今尚有"胜利剧场"；盐市口叫"英雄口"，春熙路叫"反帝路"；小天竺街成了"红专中路"。甚至以一条长路包罗过去若干条路，如"解放路"：解放北路从驷马桥起，经高笋塘、平福路、豆腐街、簸箕街上、中、下南街到北门大桥头；解放中路从天星街、青果街、北大街、草市街、罗锅巷、玉带桥、顺城街、染坊街、盐市口、光华街、红照壁、南大街到南门大桥头；解放南路从南门大桥头经武侯祠大街到武侯祠门口。又如成都"红星路"，最早只是把旧时的"天灯巷"改作"红星巷"，1964 年在街南拆除了塘坎街和书院正街，劈开贵州会馆，将布政使司一分为二，建成新路，又在新路以南又扩建了打金街、丝棉街、四维街等街道。新路因与红星街相连也称为红星街，扩建部分使用原名。1966 年打金街、丝棉街变成了红星路，府青路、新南路变成了红星路，于是有了红星北路、红星中路、红星南路，今天的红星路则分为四段。

这时，地名的唯一性受到极大的损害，失去应有的区别性功能，同在红星路上的不同地点可能差上几公里，给人们的生活造成极大的不变；并且造成了大量有重要历史文化价值的街名的流失，如"丝棉街"、"四维街"等已经从成都地图上消失。新地名显得单调，缺乏文化内涵。所以，至今人们口中依然习惯"草市街"、"府青路"这样指向明确的地名。

（四）因心理因素而改

人的心理中趋利避害、喜吉去恶是一种本能，旧时一些引起人不好联想的地名往往成为被改掉的对象。例如刀子巷改为"多子巷"。又，成都人忌讳说"老虎"，遂改"老虎巷ㄦ"为"老古巷ㄦ"、"猫猫巷ㄦ"，使之陡然生出几许历史感来。

雅安市雨城区多营乡，传说诸葛亮南征时在青衣江东岸宋村扎营，羌人惧为汉军所杀，绕至对岸，躲开军营，故称"躲营坪"。后来谐音为"多营坪"，并由此生出另一种解释，认为是当年诸葛亮在此驻扎兵营多处而得名。

旧时坟地往往也作为地标，但后来人们对死、鬼渐渐有了一些忌惮，地

名中也有意避免出现这类词，如成都的"大坟包"，后改为大同巷。又如今成
都"永陵路"原叫王建墓，永陵是前蜀皇帝王建之墓，老百姓直以王建墓呼
之。后称"永陵"，以帝王陵通称相称，显得更正式庄重。即使是为过去是坟
地的地方命名时，也尽量用吉利、亮色的名称。如成都互助路一带原为农田、
坟冢，1958 年一批城内拆迁居民迁至此处，以"互相帮助"之意取名。又星
辉西路原地为万人坑、娃娃坟，住户稀少，老街中段因金华桥得名①。府南河
改造后，此街北段为星辉北路，人民北路街道办事处所辖段为星辉西路，有
希望此路灯火辉煌之意。

　　用吉庆的字眼为地命名自古就有，在改名时这个因素起着相当大的作用。
例如：

　　【米易】

　　原名"迷易"，因地处安宁河下游，冬季多雾，日出迷蒙，因名迷易（阳）
县。这个名字原有所本，但"迷"引起的联想是不清，1952 年改迷易县为米
易县，以寄托人们良好的愿望。

　　【福平口】

　　会理县果元乡福平口，地势外窄内宽，形似葫芦，从前有胡姓人家居住
于此，故称"胡平口"。四川方言中"福"、"胡"同音，讹变为"福平口"，
取其幸福平安之意。

　　【定远村】

　　会理县定远村原名"较场坝"，1945 年抗日战争胜利后，以安定长远之
义改名为定远村。

　　【西安路】

　　原称"环城右路"，建于民国 20 年后。当时路侧以农田为主，住户稀少。
20 世纪 40 年代，由当地乡绅议定，改名为"西安路"，取意"西门平安"。

　　【长久村】

　　成都长久村原名"韭菜地"。相传在 100 多年前，农民刘炳兴从外地引入
韭菜，收成很好，大家纷纷分种，韭菜种植规模越来越大，后来便称此地为
韭菜地。以后又取与"韭"谐音的"久"，改名为长久村。

　　（五）因避重而改名

　　旧时人口稀少，地名数量远远不及后代。所以秦代的郡邑名能够"举其
名，如见其地，审其意，即辨其疆，是古虽经变迁，终古犹资识别"。但西汉

---

① 此街旧有的金华寺，因晋时有胡僧金花玉像而得名。

以后，人口日益增多，地名也随之增加，加以交通不甚发达，地名重合现象屡见不鲜，至民国初年，全国县名相同者，达 120 多处，而今全国叫"太平"、"大兴"的地名不计其数。随着人们活动半径的扩大，重合的地名便带来了一些苦恼，因此为了避重便须要改名。

【梁平县】

今属重庆，西魏置梁山县，因县北高梁山而得名。1952 年因与山东省梁山县同名而改梁平县，取"平安"之意。

【崇州市】

南宋孝宗淳熙四年（1177 年），以高宗赵构潜藩于此，乃升为崇庆府，取"尊崇庆幸"之意。元置崇庆州，1913 年置县。而"崇庆"与"重庆"同音，故川人过去往往要以"大重庆"、"小崇庆"别之。1994 年崇庆县撤县设市，改为崇州市。

【互助村】

成都的"互助村"，原名叫"双水碾村"，当地村民利用土福堰河水和彭家碾河水汇流处，创造了用两股水冲磨的水碾，故名。解放后因成华区青龙乡有同名的双水碾村，原金牛乡境内双水碾村便更名为互助村。

【八步乡】

雅安雨城区八步乡，原名"紫石乡"，因天全县有紫石乡而更名为八步乡，取意于《雅安县志》"治南二十五里八步行过"。

【天台山】

广元天台山为剑门蜀道旅游线上的一枚珍珠，但是由于国内、省内有多处天台山，改天台山为天曌山，融入广元固有的女皇文化[①]，既避免了重名，又提升了景区知名度。

（六）因建制、治所等改变而改名

【西昌市】

唐置建昌府，元置建昌路，明改建昌卫。清雍正六年（1728），平息当地彝人起事后置县，因县治在唐代建昌旧城之西，故名西昌县。

【新津县】

汉为武阳县地，因县居皂里江津之所[②]，位于金马河同羊马河、西河[③]、南河、杨柳江五水交会的五津渡口，即今县东五津镇。东汉建安二十一年

---

① 皇武则天名号"曌"。

② 今名金马河，为岷江正流。

③ 西河：今文井江。

（216），犍为太守李严开设新渡口，初名新津渡。后此地日益繁荣，逐渐发展成为新的集市，亦称新津市。北周置新津县，隋始迁今城。

【平武县】

三国为阴平郡之广武县，晋改平武县，取阴平、广武二名而成。

【简阳市】

据《太平寰宇记》"取界内较简池为名"而得名。一说因县有简池和赖简山，以怀念蜀汉简雍在此为政。隋置简州，西魏时县名阳安，1913 年废州改县时，乃取简州之简、阳安之阳，合为简阳。

【顾县镇】

岳池顾县镇唐代即为岳池县城，后县城迁至他处，旧县城降格为场镇，称"故县场"。民国初年谐"故县"音，更名为"顾县"。

（七）地名的变迁中的民族交往痕迹

四川是多民族地区，正处于藏彝走廊，境内藏、羌、彝、汉等民族，自古联系紧密，故四川地名中也杂糅着不同民族语言的成分，一些民族交往频繁的地区地名的变化特别能反映出这种特点。

【新沟】

天全县的"新沟"，过去叫"烂池子"，为藏语"两路口"的音译，根据地理属性命名，新中国成立后更名为"新沟"。至今仍有很多汉、藏老脚夫把新沟称为"烂池子"。古老的地名告诉我们汉藏民族交往的历史。

【新兴】

泸定的"新兴"，原名"喇嘛寺"，因当地的藏传佛教寺院而得名，后来藏族人逐渐减少，僧侣绝迹，寺院荒废，民国 27 年改名"新兴"。

【包家巷】

成都的"包家巷"，清代是少城中的永明胡同，又名聚元胡同，蒙古族人巴岳特氏住在这里，其姓氏的汉名译作"包"，汉人称之为包家巷。

【笔帖式街】

今成都锦江区笔帖式街与满语有关。"笔帖式"为清代总督衙门官名，掌翻译满汉奏章文书，后以当时笔帖式署所在此街道命名①。

（八）地名中的俗词源

俗词源是"把难以索解的词同某种熟悉的东西加以联系，借以作出近似的解释尝试"，它对原词是一种曲解，"用已知的形式对不了解的形式作单纯

---

① 成都笔帖式署有两处：一处位于玉石街，一处位于此街。

的解释"①。这样，解释者实际上以自己的理解割断了词的形式与其得名理据的关系，赋予它一个新的理据。例如会理县果元乡"纸关村"名，原名"指关"。明洪武初年，围剿月鲁帖木儿时，有杨姓指挥驻扎于此②，设有关卡，故称。后人不明里究，讹呼为"纸关"。

地名是多种文化因素的载体，在长期的使用过程中，由于各种原因，人们对其得名之由渐渐模糊，有时因不解其义而附会它说，有时因语音讹变而导致错解。以下仅以成都几处街名为例说明。

【八宝街】

"八宝街"之名让人与八种宝物联系起来，但真实的八宝街与之毫无关系。清末此街为贫民聚居地，沿街房屋多是竹篾为墙、草席为顶，住在这里的人都是"笆笆门"里的，故此街被称为"笆笆巷"。民国初年据其谐音雅化为"八宝街"，后人望文生义，则失其本源了。

【千祥街】

清代，街东侧为成都县监狱围墙，原名监墙街。这个名字既不雅、又不吉，改为千祥街，取意万千吉祥，与"监墙"形成鲜明对照。

【九思巷】

有人说"九思"取自《论语·季氏》："君子有九思：视思明，听思聪，色思温，貌思恭，言思忠，事思敬，疑思问，忿思难，见得思义。"不过，真正的九思巷的得名却要简单直白得多。清康熙年间，年羹尧任四川巡抚，满蒙官兵驻防在少城。为避免满汉冲突，又从西北迁来一批回民，安置于少城东面，以形成缓冲地带。为照顾回民宗教习俗，在此修建了十座清真寺。九思巷即得名于清真九寺。

【白丝街】

许多人以为白丝街和金丝街、银丝街一样是以旧时作坊名为街名。实际上这里是旧时的清真北寺，语音讹变为"白丝"。

【落酱园巷】

就字面意思而言，这条小巷大约与酱园有关，但"落"却没有着落。这里原是清末状元骆成骧居所，人称"骆状元巷"，音讹为"落酱园巷"，原来的理据完全消磨掉了。

---

① 费尔迪南·德·索绪尔：《普通语言学教程》（中译本），商务印书馆 1980 年版，第 244 页、246 页。
② 杨姓指挥：八大指挥之一。

【金河①】

本为"襟河"，因其呈穿城斜出，状如衣襟而得名。唐节度使白敏中将襟河改为金河，后人再无从知道当年襟河乃因形为名，而往往附会于黄金或金色。今金河已湮没，原紧靠着金河的街道，还保留着金河的名称。

因旧时百姓大多不识字，也难于理解一些地名蕴含的深意，往往以按口语发音加上自己的理解为地名寻找语源，于是成都的"王化桥"成了"黄瓜桥"，"爵版街"成了"脚板街"②，"涛邻村"成了"桃林村"③，"肋肢巷"成了"荔枝巷"④，"猛追湾"成了"母猪湾"。

俗词源的产生原因非常复杂，有时是因为解释者文化水平较低，如后来百姓不知"骆状元"为何物，而"酱园"却与自己生活息息相关，于是便附会上去，"骆"也换成了更为常用的"落"。有时则为了表达一种良好的愿望，如"疤疤"变"八宝"，因为"疤疤"这种身份的印记是卑微与贫穷，于是故意谐音成"八宝"。就成都地名俗词源而言，谐音讹变是一个主要途径，在意义解读上更趋于通俗直白，由雅而俗的多，这与地名使用的场合和人群有直接关系。

四川一些地名的改变，也反映出自然地理环境和当地人生产生活状态的变化。例如：

【杨木广】

会理果元乡的"杨木广"，本为"羊牧广"，取意于此处山地宽广，适宜牧羊，这个地名既突出此地地形特征，又强调其功用。后来"羊牧"讹为"杨木"，形式上似强调物产，这其实是当地生产生活环境变化所致。

【鸡房】

会理果元乡的"鸡房"，明代此地采矿炼铜用土风箱作鼓风机具，人们便称此处为"机房"，随着采掘业的渐渐衰落，后代也慢慢不知道这里还曾有过这一段历史，于是"机房"便讹变成"鸡房"，与家家户户熟悉的鸡圈自然联系了起来。

---

① 金河：又名"禁河"。
② "爵版"是文武官员的官衔名片。清布政司下属的照磨厅设于此街，厅内有专制爵版的机构，故称"爵版街"。成都话"爵"、"脚"同音。
③ 四川大学原有宿舍区叫"涛邻村"，取"与葬于望江公园唐朝女诗人薛涛为邻"之义。成都官话"涛"、"桃"同音，后来写作"桃林村"。今此地却无桃林可寻。
④ 荔枝巷：原名"肋肢巷"，因街面狭窄，东门不通得名。1924 年修建春熙路时，将其改为"荔枝巷"。后来有人据此推断成都早就盛产荔枝，几成真理。

【石长屯】

冕宁县环城乡的"石长屯",本名"石厂屯",因清筑冕宁城时在此设石厂而得名。随着时间的推移,石厂渐为人所遗忘,讹为"石长"。

【弯德村】

会东县姜州乡的"弯德村",过去盛产豌豆,本名"豌豆村"。后来作物种植状况发生变化,豌豆已不是这里的主要作物,"豌豆"讹变成了"弯德"。

地名的更改与命名一样也是约定俗成的结果,违反这个原则更改地名往往不能如愿。例如自贡北岩寺,清咸丰年间,反清的李永和军队驻扎于此,李认为"北岩"与"白挨"同音[①],不祥,将其更名为"白云寺"。但当地人使用旧名相沿成习,至今仍呼为"北岩寺"。

第三节　四川方言隐语黑话

隐语是在特定社会集团内部使用、且有意不为其他社会成员知晓的语言变体,其最重要的特点是秘密性。

隐语与行业语既有区别,又有联系。行业语属于专用语,与通用语相对,它是因社会分工不同而产生的适应各行业系统内部需要的一种语言变体,具有单义性和严密性的特点。行业语与隐语之间有交叉关系,隐语可以视为行业语中的一个特殊类型,它与一般行业语的区别在于隐语的秘密性是绝对的,如果一旦为外人了解则会失密。行业语与通用语的不同在于其内部的特殊词语可能不被其他集团的成员所了解,但大都不是有意为之。但是,在某种社会条件下,行业语可能会有秘密性,比如旧时各行各业为了保证本行业的信息不为外行人知晓,就创制了一些包括数字隐语在内的词语,专用于本行业人士的交际,如一些地方的杂货铺、旧衣铺、花鸟业、古董业、五金行、药行、赌场和优伶业等,都有一些只为行业内人士才懂的隐语。各行各业的隐语彼此又相对独立,有对内便于交际和对外相对保密的双重功能。

黑话同隐语之间也有交叉,黑话一般针对与社会评价体系相悖的团体内的隐语而言,以一种简单化的方式可以把它视为隐语的下位系统。曹炜(2005)将二者定义为"隐语,也叫秘密语,是某些社会群体所使用的故意不让外人所知晓的秘密词语,是常见的社会方言之一。黑话是某些不良甚至黑

---

① 四川话中,"北岩"与"白挨"同音,均为[pε21ŋai21]。"白挨"义为"白白挨打",对军人来说不吉利。

恶社会群体所使用的一种有意不让外人所知晓的秘密词语,是隐语最重要的分支之一”。

四川方言隐语兼具地域方言和社会方言的特征,其语音和四川方言语音一致,没有特殊的语法规则,主要差别在词汇上。本节在社会语言学的背景下,对四川方言的隐语黑话进行剖析,对其产生的原因和内部分类进行解释。

一、近现代四川隐语黑话发达的原因

四川隐语黑话存在的历史非常悠久,明李实《蜀语》第一条便是:

官长曰崖:民间隐语。如长官曰大崖,佐贰曰二崖。

近现代四川方言的隐语黑话非常发达,是四川方言词汇中一个很有特色的部分,这与近代四川社会的状况,特别是与四川袍哥组织为代表的帮会盛行有直接的关系。

1644 年,清军入关后,清政府对汉族采取武力镇压手段,汉人在以“天地会”为代表的各帮会的带领下打出“驱除鞑虏、反清复明”的旗号,进行了“反清复明”的起义斗争。当时各地都有在反清旗帜下的帮会组织,其中规模最大的就是“天地会”。后来天地会中,又分出“哥老会”。道光、同治两朝以后,哥老会在四川通称为“袍哥”。

袍哥的组织形式是横行组织,即所谓“兄弟道”,以“五伦”、“八德”为信条①。联络的据点最初叫“山头”、“香堂”,随着会众的日益增多,才由山头、香堂改为“码头”②,码头多分五个堂口:“仁”、“义”、“礼”、“智”、“信”③。五个堂口是五类性质的人参加:“仁”字旗下汇集的是旧社会有面子、有地位的人物,“义”字旗下汇集的是有钱的绅士商家,“礼”字旗下汇集的是小手工业劳动无产者。有几句概括特征的口头语,即“仁字讲顶子,义字讲银子,礼字讲刀子”,还有“仁字旗士庶绅商,义字旗贾卖客商,礼字旗耍刀弄枪”的说法。至于“智、信”两堂的人,则多是旧社会中最低级的体力劳动者。

“袍哥”之名取意于《诗·秦风·无衣》“岂曰无衣,与子同袍”。袍哥组织是民间恃力型的互助团体,称兄道弟,义气豪爽,成员遍及各阶层,涵盖全社会。由于最初以与政府对抗的面貌出现,故袍哥组织一开始出现便转入地下秘密活动。为了生存和保密的需要,在长期的发展过程中,袍哥组织内部

---

① 五伦:君臣、父子、兄弟、夫妇、朋友。八德:孝、悌、忠、信、礼、义、廉、耻。

② 码头:又称“工口”、“社”。

③ 仁、义、礼、智、信:又称“威、德、福、智、宣”。

逐渐形成了一整套隐语、黑话，内行称之为"春点"，即江湖切口。这些隐语、黑话只在帮会内使用，绝不轻易传人，故有"宁给十吊钱，不把艺来传；宁给一锭金，不传一句春"之说。

清初正是四川移民增长的高峰期，由于特定的时代原因，袍哥组织在四川和重庆发展得最为充分，川渝两地成为袍哥组织势力最强大、人员最多地区，刘师亮《汉留史》："各省汉留之盛，莫过于四川。"当时有"明末无白丁，清末无佺子"的说法[1]。刘蓉《复郭绮仙观察书》："蜀省生齿至繁，无业游民殆近百万，其稍驯者，则趋井厂，充挠夫以营衣食，架鸷犷悍之流，则当私袅，为咽匪，如所谓'闲亡'、'帽顶'、'哥老会'、'千字行'之属，不下一二十万人。"

刘师亮在《汉留史》中统计，嘉庆十五年（1810）至宣统三年（1911），哥老会在各省共开山堂36个，四川就占了16个。据1949年的统计，四川和重庆共有职业和半职业袍哥约1700万人，仅成都、重庆的公中、分社、支社就高达1500多个。

袍哥在四川近代史上参与了一系列的重大事件，最著名的就是保路运动。到满清后期至民国年间，因为政权的更迭、社会的混乱无序，使广大百姓没有归依感和安全感，袍哥组织保护伞的作用便显得异常突出，其组织规模发展迅速，权限日益扩大，甚至可以与政府一样行使各种管理权利，许多乡绅乃至官员都要借助袍哥的势力开展活动。由于袍哥社会地位极高，成员众多，分布区域广泛，袍哥话所辐射的范围也大大扩展，有的已开始进入普通百姓的口语。新中国成立后，袍哥作为有黑社会性质的帮会被瓦解，但袍哥的影响却在很长时间存在于四川和重庆地区，袍哥话也有很多通过各种形式留传至后世，有的直到今天还在使用。

由于袍哥话在上面的历史背景下产生，因而也就成为今天研究袍哥历史、剖析袍哥文化乃至认识四川隐语黑话的重要材料。

后来，又有一些团体使用隐语黑话[2]。其中的一些沿用旧时的袍哥话，也有一些随着时代变化而产生的新词新义，但影响都不及袍哥话大。

二、四川隐语黑话的义类特征

我们以梅家驹《同义词词林》所分的12个大类、94个中类为参照，根

---

① 佺子：未参加过袍哥组织的人。

② 主要是犯罪性质的秘密团体。

据四川隐语黑话的实际情况，将其义类分为 9 个类型。

（一）"人"类隐语

这是四川隐语黑话最多的一类，集中出现在职业和身份两个次类，而且内部的小类特点也很鲜明。

1. 职业次类

隐语黑话话对各类人的职业区别非常细致：

袍哥话	含　义	市井隐语	含　义
皮	袍哥的通称	棒　客	土匪的通称
有皮的	袍哥的通称	土棒客	器械不良、武艺不精、组织不严、没有后台的土匪
光　棍	袍哥的通称	广棒客	武器精锐、组织严密、战斗力强、有后台的土匪
行　家	袍哥的通称	六丁六甲	专门埋伏于山林、袭击单身商旅、抢夺财物的盗匪
清水袍哥	有正当职业，社会地位较高的袍哥	跳　板	打家劫舍的盗匪
职业袍哥	无固定职业和收入、靠在码头上混饭吃的袍哥	打游伙	不参加固定匪帮的散匪
青龙码头的	参与盗匪活动的袍哥	枪　客	扒窃犯
浑水袍哥、跳滩匠	成为土匪、专事劫掠的袍哥	摸哥儿、抓精儿	街上行窃的扒手
浑水乌棒	参与抢劫杀人的帮会成员	老曲儿	扒窃惯犯
		撬杆儿	进屋的窃贼
		白罗克	警　察
		老　幺	公安干警
		老姜头	精明能干的公安干警
		澳州黑	便衣警察

袍哥称谓中有通称，有专称，内部还有小类的区分。民国以后的市井隐语，则对土匪和小偷的分类清楚。再往后产生的隐语甚至对警察有细致的分别，这类隐语多是犯罪团伙内部的专用语。

2. 身份次类

各类隐语黑话对帮会内不同成员的身份有严格的规定，以袍哥话为例，这种身份的规定实际上也是袍哥组织章程的重要组成部分：

袍哥身份	含义（职责）	袍哥身份	含义（职责）
一条龙	帮内行管理之职的袍哥总称	边棚老板	次于"老摇"
一　排	哥老会中最高的位置	在园哥弟	帮会中人
三排/三哥	专管内部钱粮和人事	新福/新贵人	新加入帮会的人
五排/管事	承上启下、训练弟兄、执法惩戒、交涉联系、处理纠纷	幺　大	哥老会开设的茶馆里的伙计
六排/巡风/六爷	巡风放哨，察看官府行动等	老太爷班子	文化水准、社会地位较高，有背景的帮会成员
八　排	负责执行纪律事宜	承	介绍入哥老会的担保人
九　排	培养新进，提升调补，登记弟兄排位	坐堂老帽	具有顾问、长老一类资格而不担任职务的帮会成员
十排/营门	负责传达、报告	提烘笼	军　师
全　堂	舵把子、管事等头目总称	闲大爷	不负责具体事务、居于闲散地位的帮会大爷
龙头大爷/社长	大头目	金带皮	有钱、有地位的清水袍哥
舵把子/（坐堂）大爷/大帽顶/帽顶	帮内头目	下九流	无钱、无地位的清水袍哥
老　摇	浑水袍哥头目	绅夹皮	加入帮会组织的绅士

帮内行管理之职的袍哥总称为"一条龙"，他们各施其职，互相配合，处理帮会内外的具体事务。

对帮内头目的称呼多样，"全堂"、"舵把子"、"管事"、"龙头大爷"等，皆为各类头目的称谓。帮内袍哥根据不同标准也加以区分，这是帮会中人的身份标志。

除上面两个主要次类外，还有下面一些次类：

男女老少次类中，区分男女的称谓有：

　　　天牌男人　｜　绣鞋女人　｜　子孙窖儿良家女

状况次类的称谓有：

　　　马儿、缰、肥猪被绑票的人　｜　母猪被绑票的女子　｜　高脚骡子被贩卖的妇女　｜　壮猪有钱的当事人

亲人眷属次类涉及的称谓有：

　　　韭菜园舅舅　｜　黑心符、门斗钉后母　｜　排琴兄弟[1]　｜　孙食丈夫　｜　果食媳妇

辈次次类称谓有：

―――――――――――――――――――

[1]　排琴：分为"上排琴"和"下排琴"，前者为兄，后者为弟。

伯叔_{"义"字会员称"仁"字会员}｜公公_{"礼"字会员称"仁"字会员}｜大伯_{年纪轻、}
_{地位低的会员称拜兄}

丑类次类中，袍哥话的"风仔"是奸细，"蛤蟆"是对官兵的蔑称，"鸡毛子"是不识相的乡团。后来的一般隐语要丰富一些，集中在罪犯、土匪和无赖、娼妓等群体：

老棒_{土匪}｜广匪_{打家劫舍的大盗}｜刀（刁）客_{川北专事劫掠的匪帮}｜滥眼儿、
滚龙_{地痞流氓}｜二吊_{五犯人}｜半截子幺爸儿_{本地地痞}｜闹倌儿_{勾人妻女的淫棍}
老梭_{女流氓}｜泡菜坛子、粉脸子_{妓女}｜干鸡子_{乞丐}

在"人"这个义类中没有涉及体态、品性、才识、信仰的隐语。

（二）"物"类隐语

这是指具体物的隐语，总的来讲比较少，主要集中在用品和衣物食品中。

袍哥话的用品隐语最多的是帮会内部的用品。哥老会的"仁、义、礼、智、信"五旗分别叫"一杆旗、二杆旗、三杆旗、四杆旗、五杆旗"，各不相混；凭证也有多种：

白鸽票_{入会凭证}｜公片宝扎_{哥老会证书}｜花叶子_{名片凭证}

后来一般市井用品隐语集中在钱粮上：

飞飞、粉子_{粮票}｜半飞_{地方粮票}｜满天星_{全国粮票}｜钱_{十市斤粮票}｜棵_{一市}
_{斤粮票}｜小方（折子）_{布票}｜担心钱_{敲诈乱搞男女关系者的钱}｜饴食钱_{被绑票者的}
_{伙食费}｜圈板钱_{赎回被绑人时须再加付的居住费}｜个_{百元银元}｜杠子皮_{人民币10元}｜菊排_{人民}
_{币100元}

衣物食品类隐语也不成系统。袍哥话有：

八狗子_{棉袄}｜片子、穿人_肉｜火灵子、烧冲子_酒｜粉子_饭｜曼灰子_油｜提
头子、船帮子_{鞋子}｜三只眼_{裤子}｜熏筒儿_{袜子}

一般隐语有：

（熏）条子_{卷烟}｜饴食_{猪饲料}｜黄汤子_酒｜褶子_{衣服}

机具次类也有一些隐语。袍哥话有：

连槽_{驳壳枪}｜牲口_{手枪}｜滚子_{汽车}｜驼车_{装运财物的货车}｜疙瘩_{门锁}｜天
花板_{印刷入会凭证的木板}

市井隐语有：

米米_{子弹}｜通_枪｜短火_{手枪}｜大轮_{火车}

这些隐语大都因作案的需要而产生，从中也可见出它们产生的时代背景和使用者的社会状况。

身体次类也有一些：

顺风_{耳朵} | 瓢儿_{嘴巴} | 盘子_脸 | 锭子_{拳头} | 灯笼_{眼珠} | 梁子_{脑袋}

动物次类不太多：

封封子_马 | 啄头子_鸡 | 土条子、干黄蟮_蛇 | 摆尾子_鱼 | 毛毛_{各种毒虫}
皮衫（子）_狗 | 推屎爬_{蜣螂}

在"物"这个义类中我们还没有发现涉及统称、拟状物、物体的部分，以及天体、地貌、气象、自然物、植物、排泄物的隐语。

（三）"时间与空间"类隐语

这个义类只有空间次类隐语，多是帮会掌控地、赌场、监狱或藏身地。袍哥话有：

皮管_{街哥老会控制的城市} | 码头_{各帮会盟之地} | 某家场_{某地方官所辖之地} | 快窑
_{监狱} | 书房_{牢狱} | 香火堂子_{别人的堂屋} | 热堂子_{卧室} | 摇堂_{屋子} | 茶哨_茶
_{馆作为联络点} | 火食堂子_{厨房} | 坟_{村庄}

市井隐语有：

卡房、二三三信箱_{看守所} | 道子_{监狱} | 舵窑基_{藏身地} | 稳子_{窝藏土匪的人家}
下家_{窝赃处} | 龙背_{土匪老巢} | 兰场_{赌场} | 私窝子_{秘密赌场} | 明堂子_{公开设立的赌}
_场 | 宝宝公司_{赌博公司} | 庙府_{公安局} | 圈板_{猪圈} | 扯谎坝_{各种江湖生意人聚集处}

（四）"抽象事物"义类隐语

该义类的隐语不多，主要在机构次类中有一些，如团体、帮会组织为"工口"，设于各地的分支机构叫"堂"，另外还有"分棚、支棚、江湖会汉留、社会、武堂子、桃（园）、社、总社、分社"等等。

经济类有：

盘（子）_{价格} | 母子_{赌博本钱} | 搞头、搞场、搞眼_{收益}

这一大类中没有外貌、性能、性格才能、意识、比喻物、臆想物、疾病类隐语。

（五）"特征"义类隐语

"特征"义类中性质次类有一些隐语，以袍哥话为主，但数量不多：

顶苏气_{对朋友尽心尽力} | 对红心_{为人仗义} | 不拉稀（摆带）_{不退缩} | 不苏气_对
_{不住朋友} | 不落教、不依教_{不讲义气，不够朋友}

该类中没有外形、表象、颜色味道次类隐语。

（六）"活动"义类隐语

这一类数量很多，主要有以下次类：

经济活动次类隐语数量极大，分类很细。如袍哥话关于抢劫绑票的隐语有：

冲围子_{搭人梯入宅抢劫} | 挂红_{抢劫不成便自伤头面以加倍敲诈} | 看财喜_{抢劫财物} | 鞭

子、宰根子借检查为名洗劫来往客商 ｜ 写台口约集同党谋划劫人钱财 ｜ 吹窑鸡抢人兔子抢汽车 ｜ 牵大黄绑架家财殷富的人 ｜ 解疙瘩破门撬锁行窃 ｜ 荣偷窃 ｜ 有肥母鸡探察到作案对象有银钱、准备下手 ｜ 搂了物色抢劫对象 ｜ 关圈拉肥、拉肥猪绑票① ｜ 收江娃抢劫、绑票 ｜ 啄木鸟借故敲诈山林主不成、便伺隙焚烧其林木

市井隐语中对偷窃活动的细化达到极致，已经细化到偷窃的场所、物品、方式：

扣枪划片、抓皮扒窃 ｜ 开片子用刀割兜扒窃 ｜ 勾杆、吃竿竿钱用竹竿挑取室内衣物 ｜ 收浆偷晾晒的衣服 ｜ 卡腕腕、吃转子、扭砣砣扒窃手表 ｜ 吃格子、摸团鱼旅馆内盗窃 ｜ 吃掉脸、吃膘眼在车站饭店等处偷窃提包 ｜ 吃喜钱赢家给过路赌客的提成 ｜ 吃两条线、跟铁轨、撵大轮火车上行窃 ｜ 碾滚滚在公共汽车上行窃 ｜ 碰车门公共汽车门口行窃 ｜ 杀鸭子、宰鸭子扒窃钱包 ｜ 整斋包扒窃挎包内钱物 ｜ 摇线子探察过路的有钱客商伺机行动 ｜ 敲路板拦路抢劫铲地皮在公共场所行窃

社交活动使用的隐语数量也很大，袍哥话中集中在帮会内的互助、仇怨等义类：

闹厂、结梁子与人结仇 ｜ 叫梁子、拿梁子报仇 ｜ 拿横梁子多事或从中插手捞梁子双方和解、化解仇隙 ｜ 做了想算计或杀害某人 ｜ 搭白托人说项 ｜ 搭台子调解仇怨 ｜ 拿言语通关节、说好话 ｜ 袍下来解围

与互助有关的：

拿上服（附） 外出求援的会员向外地会员说明自己请求的事由 ｜ 认叫通过攀谈与帮会扯上关系以求得帮助 ｜ 肘住竭尽全力地帮忙 ｜ 捡脚子出面帮忙收拾残局

袍哥话还有很大部分是有关帮会重要活动的：

出山会员升任大爷 ｜ 嗨参加袍哥 ｜ 有皮、有点点、在园参加了帮会 ｜ 丢亥市盟誓 ｜ 玩袍带、嗨皮有地位的上层人士参加哥老会 ｜ 泡皮四川的帮会加入哥老会 ｜ 通皮与哥老会有联系 ｜ 点点红以加入哥老会为荣 ｜ 保保举 ｜ 恩恩准 ｜ 做贤事各帮头目召开联席会议 ｜ 插旗子在新地方建立帮会分支机构 ｜ 坐堂帮会开会 ｜ 攒堂开大会 ｜ 堂子帮会聚会 ｜ 爆堂子破坏帮会聚会 ｜ 镇堂子主持堂会

恶行和司法惩戒次类也有相当数量：

杀内场子使帮会内部成员受到伤害 ｜ 花包袱破坏自己人的生意 ｜ 卖暗中告密哑着点暗中埋藏着赃物 ｜ 打背手私吞财物 ｜ 剪骗骗吃白食 ｜ 越城翻墙外来

---

① 民国 20 年《三台县志·风俗》："民国八九年，溃军化贼。棒匪……抄其掠人勒赎，则有'接财神、拉肥猪、接观音、抱童子'诸名色。掠去之人，一律用黄蜡灌耳，药膏贴眼，甚有拷掠至死而仅赎其尸者。较诸旧志所云'游惰为匪，偷窃牛马'甚十百倍矣。"

哥老会成员不经通报而直接闯入的违规行为 | 拉稀招供 | 抽底火 | 点水 | 放水 | 反水。

这些都是袍哥所不耻的。而袍哥内部的惩戒措施也是相当严厉的：

三刀六个眼 | 吹灯（笼）剜眼睛 | 砍丫枝砍去手脚 | 抛了、毛了处死

该类中没有教卫科研和迷信活动。

（七）"现象与状态"类隐语

这一类数量不多，主要是"事态"类和"境遇"次类隐语。

事态类：

单线、拱窑、滚堂子一人 | 某家场赶得可以去某地方官所辖之地活动 | 得黄路有办法 | 得黄须进步有门路 | 整不住不能办事 | 整得住、搁得平能办事 | 风紧事急

境遇类：

带过有罪 | 栽岩摔跟头、倒楣 | 落马、泡了、泳了、雷钵、端钵、糟被捕 | 粲龙了被人当场识破 | 带彩受伤 | 天仓满了恶贯满盈 | 枝起受挫折, 遇到阻力, 碰壁 | 乌棒旗受到团伙内部的责贬 | 摆豪闯大祸 | 翻船罪行暴露 | 带汤留把柄 | 太平了生下孩子 | 对滚涨价一倍 | 两个对本利润为本金的两倍

其中没有表情、始末、变化类隐语。

除此之外，四川方言中还有数字隐语和姓氏隐语。

（八）数字隐语

数字隐语的类型也不相同，每个行业都有自己单独的系统。四川方言数字隐语从一到十常见的有下面这几套：

一	依苗苗草	腰	高	祥
二	耳子草	坐	明	皮
三	散钱花	立	韩	冒
四	狮子头	歪	苏	诗
五	乌供养	甩	大	对
六	留支皮	捞	雍	劳
七	凄凉冈	桥	草	造
八	巴地虎	拉	梅	刀
九	舅普子	欠	湾	云
十	柿子圆			

（九）姓氏隐语

关于姓氏隐语，在平昌县有《长弓十八子》这样一个传说[1]：

从前，有两个秀才一路去赶考，一天晚上，歇在一个客店里。

老板娘问："二位贵姓？"

这两位秀才为了显示自己有才，一个秀才答道："长弓十八子。"

老板娘随口说道："张、李二位客官请住楼上。"

这两个秀才听了老板娘的话后，十分佩服，于是问道："大嫂真不简单，请问贵姓？"老板娘答道："我有己点。"

两个秀才听了，感到莫名其妙，当晚睡觉，就在肚皮上画来画去，总画不出来是个什么字，直到天亮的时候才听见有人喊："巴大嫂，我们走了！"这时两个秀才才明白："我有己点"原来是个巴字，于是就在店家的门上写道："昨夜为你巴大嫂，把我肚皮都画穿。"

其来源俗传是因"从前绿林豪杰犯了法，防止官府逮捕，故意以谐音字来隐埋姓名"[2]。

四川方言姓氏隐语也非常丰富，构成要素一般带有词缀。

一类是以前缀"老"构成的姓氏隐语：

姓氏隐语	姓 氏	姓氏隐语	姓 氏	姓氏隐语	姓 氏
老辣	姜/江	老滚	袁	老排/老桓	王
老硬、老九	石	老咸［xan²¹］	颜	老喜/喜大爷/红先生	梅
老焦	胡	老粉	白	老烟/老炎（子）/老浮	陈
老可	何	老弯/弯鼻子	向	老甜	韩
老咪	杨	老踩	倪	老混	孟

另一类是带"子、巴、己"或"里"的姓氏隐语：

姓氏隐语	姓 氏	姓氏隐语	姓 氏	姓氏隐语	姓 氏
草头子	蒋	撑肚子	魏	板弓子	程
望乡子	楼	两截子	段	大摸子	傅
双梢子	林	捣米子	褚	横行子	谢
大沟子	江	四方子	郑	大架子	祁

---

[1]《平昌县民间故事资料集成》，第303页。

[2]《龙门阵》，第14页，1981年4期。

续表

姓氏隐语	姓 氏	姓氏隐语	姓 氏	姓氏隐语	姓 氏
沟 子	何	双口子	吕	围河里	金
吹户里	萧	拱河里	姚	顶宫里	朱
酵户里	阎	淹户里	陈	抄 巴	李
匡 巴	周	平 巴	王	喉 巴	韩
围伙已	金	横伙已	王		

有时一个姓有不只一种隐语，一种隐语也不只表示一个姓：

姓氏隐语	姓 氏	姓氏隐语	姓 氏
啃草子/老咩	羊	甜头子/老蜜	唐
末撇子/拱嘴子/老推	宋	顺水子/老漂/清鼻子	刘
抄巴/抄手子/紫河里/老乱/十八子	李	干捞带/老晒/老炟/二十一田八	黄
灯笼子/亮户里	赵	晚辈子/跟头子	孙
匡巴/匡吉子/沙河里	周、邹	口天子/张口巴	吴
平巴/虎头子/横户里/横伙已/横川	王	千金子/漂码子/老炎（子）/老浮/老漂	陈、成、承程
白沙子/海水子/酵户里	阎/严	顶浪子/摆河里	于/余/俞
大滑子/浮水子	尤/游	喉巴/冰天子	韩
震天子/震耳子	雷	跳户里/弯弓里	张、章

　　姓氏隐语中，吊脚话很多[1]，其特点是只说出多字成语、俗语、书名等前面若干字，而落脚在最后没有说出的那个字，该字又往往可以谐多个音或义。如四川流行的一则卖酒掺水的故事，店主问妻子："'扬子江中'意如何？"妻答："'北方壬癸'已调和。"买酒人听说，转身走向对门，说："有钱不买'金生丽'。"店主追出店门，指对门酒店说："对门'青山绿'更多。"句句用吊脚话隐去了"水"。

　　一般吊脚话为四字格隐去最后一字，在姓氏隐语中使用非常普遍：

吊脚话	姓 氏	吊脚话	姓 氏	吊脚话	姓 氏
儒林外/猫儿盖	史	今古奇	关、官	万古长	青
高头大/千军万	马	二八提	蓝、兰	一笔勾	萧

---

① 　吊脚话：一种特殊的隐语形式，特点是露头隐尾，又称"缩脚话"、"隐尾话"。

续表

吊脚话	姓 氏	吊脚话	姓 氏	吊脚话	姓 氏
正南齐/一清二	白/柏	巴心巴	甘	习以为	常
花尔古/杂尔古	董	一刀两	段	马到成	龚
卖劲世/千古奇	文	四面八	方	一箭双	刁
麻婆豆/九牛二	虎	一年四	季	一呼百	应
飞沙走/老打老/一老一	石	鬼画桃	胡	人多为	王
太子登/儿孙满	唐	刘海戏	钱	万贯家	柴
金殿装/扯地皮/一路顺	封/丰	不对子	伍	小巧玲	龙/浓
千秋万/子孙万	戴	砍樵摆	杜	莫名其	缪
跶 tsuai⁵⁵ 瞌打	遂/税	糊里糊	涂	黎山老	母
四十八/方天化	节/戴	星宿儿屙	史	大张旗	古
力争上	尤/游	打惊打	章、张	人心所	向
一本正	金/经	万紫千	洪	三亲六	戚/漆

三、四川方言隐语黑话的社会学解释

四川隐语黑话集中在袍哥组织和一些秘密团体以及市井之中①。在结社过程中,帮会有自己的价值观念、行为准则、伦理观念、帮会纪律及各种制度,其价值观念和行为模式游离于社会主体文化之外,或与社会主体文化相对抗,属于"亚文化"范畴。同时其价值观念又受制于主体文化。这种特征在四川隐语黑话中有比较明显的反映。

在上述各个义类中,隐语的多少是与秘密团体的活动密切相关的,通过对各义类隐语黑话的剖析,可以看到四川隐语黑话义类系统建立的社会原因,而隐语黑话的使用也可以反映出特定组织和社团的某些重要特征。

（一）四川隐语黑话义类系统建立的社会原因

四川隐语黑话义类系统的特点显示,各义类中最为完善的有"人"类中的职业、身份系统,"活动"类中涉及帮会政治性活动和经济、社交次类,另外还有数字隐语和姓氏隐语。这与四川隐语黑话系统发达的原因是一致的。

前面提及,袍哥话是近现代四川隐语黑话系统的主要代表。袍哥在各类活动中使用秘密语言是保护和发展自己的重要手段,因此无论是帮会内的活动还是社交活动,他们都必须以一种隐秘的方式来表达,不可为外人道,正

---

① 如偷盗团伙之类。

如《江湖切要》所说：

> 千言万语，变态无穷；乍听乍闻，朦胧两耳。致使村夫孺子，张目熟视，不解所言。

这就一语道明了他们使用隐语黑话所要达到的目的。

袍哥的组织系统非常严密，这实际上就是一个确定帮内、帮外人员身份的过程，因为规矩的建立必须依赖于内部成员关系网络的定型。由身份高低不同的成员构成一个相互制约、相互协作的机构，才能保证这个体系的正常运转。所以，袍哥内部对不同身份的人有极为细致的区分，而对帮外的人，则只有少量的几个统称，如"白袍"、"侄子"、"玲珑马子"、"五爸"、"贵四哥"等，并不作更细的区别。

袍哥内部的管理制度极其严格，对犯规者的惩戒条例既多又细。比如同为处死，其依据和方式就有区别：处以死刑的统称叫"毛了"、"抛了"。袍哥若犯了不可饶恕的严重罪行，由本堂口的龙头大爷传堂，宣布罪行后，逼其自戕，叫"三刀六眼"；或者在黑夜将其带到荒凉偏僻处，令其自己挖坑跳下去活埋，叫"挖坑自跳"，合称为"草坝场"。这就是行话"光棍犯法，自绑自杀"、"自己挖坑自己跳，自己安刀自己剽"的来历[1]。若犯罪当诛而畏罪潜逃，龙头大爷派人将其暗杀，这叫"传了"。若奸夫淫妇谋杀哥老会亲夫，用门板将其合钉四肢，写明罪行，沉入河中，这叫"钉活门神"或"放河灯"。根据罪行的轻重还有"黜名"[2]、"吹灯笼"、"传堂训戒"、"挂黑牌"、"矮起"、"磕转转头"、"宰口"等其他的惩戒措施。正是在这一系列严厉规章措施的威慑下，早期的袍哥组织才能把来源各异、鱼龙混杂的各色人等约束起来，在社会中立足并发展壮大，这实是客观需要使然。

经济活动次类隐语数量极大，分类很细。这是因为在任何社会背景下，生存皆为第一要义，经济活动正是为了满足基本生存需要而进行的活动。从袍哥组织来看，其最初的经费来源有"码头钱会费"、捐款，这些对于普通袍哥来说是一笔负担，当袍哥势力壮大后，不少袍哥便通过非正常渠道获得钱财，这是违背社会常理的，因此袍哥话关于抢劫绑票的隐语非常成系统。就市井隐语而言，其对偷窃活动的细化达到极致，这也是偷窃群体在当时社会生存方式的真实写照。

姓氏隐语占有很大比重，这是帮会成员的身份所造成的。由于他们长年

---

① 车幅：《锦城旧事》，四川文艺出版社 2003 年版。第 74 页。

② 黜名：又称"搁袍哥"。

行走江湖，又常与官府为敌，行事多与正统相悖，因此常常以各种不同身份出没，往往不用本名，姓氏隐语随之而丰富起来。

四川隐语黑话没有涉及的义类，也是我们观察的一个侧面。

隐语是对特别需要回避的对象的指称，没有隐语的义类，其指称的对象当然是不需要回避的。这也有其内在的社会原因。

比如在"人"这个义类中，没有涉及体态、品性、才识和信仰的隐语。这几个次类主要是对人的评价，不用隐语有其社会原因，是四川以袍哥为代表的团体精神世界的真实反映。就品性而言，哥老会创建之初所奉行的道德行为规范"八德"是"孝、悌、忠、信、礼、义、廉、耻"，民国时期哥老会所奉行的道德规范是"忠、孝、仁、爱、信、义、和、平"，这是中国传统社会普遍接受的道德准则，也正是袍哥组织赖以生存和发展的基石，须要昭示于天下，毋须遮掩。就才识、信仰而言也是如此，袍哥等群体并没有独立于整个社会之外或者与社会价值取向相悖的才识评价体系和信仰。这应是这些次类隐语缺失的主要原因。

其他义类中，四川隐语黑话没有或少有涉及的义类有："物"义类中的统称、拟状物、物体的部分，以及天体、地貌、气象、自然物、植物、排泄物次类，"时间与空间"义类的时间次类，"抽象事物"义类中的外貌、性能、性格才能、意识、比喻物、臆想物、疾病次类，"特征"义类中的外形、表象、颜色味道次类，"活动"义类中的教卫科研和迷信活动次类，"现象与状态"义类的表情、始末、变化次类，以及"关联"、"助语"、"敬语"三个大类。

这些类中没有或少有隐语，有两种情况：一是毋须使用隐语，如上面所讨论的"品性"次类，另一种是相关集团对这些类别毫不关心。

（二）四川隐语黑话反映的历史文化特征

四川隐语黑话反映出的文化特征主要有以下几个方面：

第一，等级观念浓厚，门第观念相对淡漠。

中国经历了漫长的封建社会，在这样的社会形态中等级森严、门第观念浓厚，全体国民都按照一定的规则被归入相应的等级。这种影响对整个中国社会及其成员的社会定位都极为深远，在出生的那一刻就已经被打上了身份的印章。在四川方言隐语黑话中，等级观念得到了不同程度的反映。

在"人"类隐语中，涉及帮内身份的隐语数量最多，区分细致。袍哥组织中各类头目的名称纷繁复杂，如"全堂"、"龙头大爷"、"社长"、"舵把子"、"坐堂大爷"、"大帽顶"、"帽顶"、"大爷"、"管事"、"红旗管事"、"黑旗管事"、"正印"、"副印"、"礼堂"、"香长"、"原堂"、"监堂"、"陪堂"、"盟证"、"老摇"、"边棚老板"等，一应俱全。而帮中人等称谓，如"在园哥弟"、"大老幺"、"老太爷班子"、"坐堂老帽"、"闲大爷"、"新福"、"新贵人"、"幺大"、"承"，各不相同。

以上名称各有所指，各色人等在集团内部成员按照自己的身份行事，绝不越雷池一步。

在四川隐语黑话中，虽然等级分明，但却未见有明显的门户之见，所谓"英雄不问出处"，对帮内的出身没有仔细的分类，这与袍哥组织成员的来历有关。帮会中大部分成员当初都是因身无恒业、家无恒产，为了有所依靠而投奔入会，三教九流，鱼龙混杂，只要认同帮会的规矩、服从帮会的号令，家世、出生等都可以不在考虑的范围内。只要入得帮中则都成了有"皮"的人，除了帮中的地位，其他有关身份的要素被忽略了。

第二，宗法制度打下了深刻的烙印。

四川的袍哥组织是打破传统籍属、宗族观念而建立的横向组织，就其功能而言，随着时间的推移，已逐渐成为为失去乡土和家族依靠的人员提供避护的组织，因而为大批来源不同的流民所接受。但是中国传统的宗法制度已经在人们心中留下了深深的印记，传统的中国农业社会以血缘为纽带、以家族宗族为基本单位。天然的血缘关系带给了人们安全感，所谓"打仗亲兄弟，上阵父子兵"。他们加入到新组织中，就是要寻找一种新的类似于以往家庭形式的依靠，以抚平精神的不安，寻求心灵的归依。袍哥组织在发展壮大的过程中就构建起了一个人为宗法制机构，把帮内成员定位在一个个类似家庭成员的位置上。

帮会内部辈次次类均用血亲称谓。哥老会下"仁、义、礼、智、信"五旗的成员中，"义"字会员对"仁"字会员称"伯叔"，"礼"字会员对"仁"字会员称"公公"，年纪轻、地位低的会员对拜兄称"大伯"，这无一不是沿用了世俗血缘家族纵向关系中辈分的称谓。袍哥组织中更常见的是以横向的兄弟关系作为纽带，管事的从一排到十排，即称为大哥到十哥。大哥又称"行一"，十排又称"小老幺"、"幺牌"，都是普通家庭中兄弟的排行。当会员进入不同的工口，就取得了在这个"家庭"中的身份，出门在外就有长辈照应、兄弟帮衬，同时也要遵从"家规"。这种虚构的家族制度，便成为帮会管理的有效手段之一。根据刘师亮《汉留全史》的记载，四川哥老会的对内规制有"十条、三要"及"十款、十要"。"十条"中第一就是"父母要尽孝"，第二"尊敬长上"，第三"莫以大欺小"，第四"兄宽弟忍"等等。"十要"中第一也是"要孝悌和忠信"。这些规矩皆是按照旧时家规而定，对帮内人员有良好的制约作用。

籍属只有一般隐语称外地人"外哈"，袍哥话中无此类词语，体现出其籍贯意识淡漠的特征。

袍哥帮规带有浓厚的封建色彩，其成员遵从儒家的"三纲"、"五常"、"四维"、"八德"，都是为了维护首领的权威地位和帮会内部秩序。对违纪犯规的成员，则视其情节轻重进行处罚。"打红棍"、"黜名"、"三刀六眼"、"挖坑自跳"、"钉活门神"等，都是针对不同违规行为的惩罚。

不过，袍哥内部关于真正意义上的家庭成员隐语不多：

排琴兄弟 | 孙食丈夫 | 果食媳妇 | 门斗钉、黑心符后母

这大约也同袍哥成员远离家庭和本乡本土有直接关系。亲人眷属次类数量少，这又是组织内部对现存的血缘家族观念相对淡漠的表现，这应为他们与家族关系相对游离的现实使然。

第三，经济地位很受重视。

无论在何朝何代，任何一个集团要得以存在和发展，必须要有相应的经济基础，因而在其内部经济地位也是一个被强调的要素。袍哥内部对经济地位的看重在隐语黑话中也有明显的反映。例如称谓类隐语中，称有正当职业的袍哥为"清水袍哥"，与打家劫舍的"浑水袍哥"区别，又以"跳滩匠"称"浑水袍哥"[1]。清水袍哥中有钱、有地位者称"金带皮"，与"下九流"相对。以"壮猪"称有钱的当事人，"肥猪票"称被绑票的人质。这些称谓都把经济地位放到了重要位置。

帮会的各类活动中也以经济活动为主，无论是抢劫偷盗、杀人越货皆为钱利，在这些活动中产生了大量隐语黑话，如前面提及的"冲围子"、"有肥母鸡"、"拉肥猪"、"收江娃"、"兔子"、"牵大黄"、"看财喜"、"搂了"、"解疙瘩"、"写台口"，还有"叫严口"、"摆地坝"、"上票"、"辗关分赃"、"起货相约抢劫事前已摸清底细的财物"、"丢/赌销赃"、"上盘在赎金上讨价还价"、"巴帖子清末盗匪给富户下帖子，威胁其限时交出钱物"、"抱童子绑小孩"、"打歪子在江河上劫船"、"牵藤子抢夺农家的牛"、"捡渣渣抢劫被褥衣服等不甚值钱的东西"等，都是围绕钱财进行的活动，也是这些团体赖以生存的基本手段。

第四，互助与道义是重要的精神支撑。

帮会成员入会的初衷就是为了寻求保护与帮助，帮会最基本的功能也就是让成员得到最大限度的庇护。以袍哥为例，他们自称"光棍"，入袍哥会后希望得到扶助，正如四川俗语所说"一个光棍，十个帮衬"、"光棍知道光棍苦，在

---

[1]　在四川话中，凡以"匠"相称者地位大多比较低下，这种称谓的区别中已带上浓厚的评价意义。

帮方知帮中难"。往往是一个成员遇到困难，只要用帮内暗号表明自己的身份，在场的其他袍哥无论相识与否，立即会出手相帮去"扎起"，竭尽全力去"肘住"。所以，他们把仁义作为自己安身立命的根本，"有理光棍，不作无理勾当"、"三年可考一个举人，十年难学一个光棍"，便是其对自身的基本要求和肯定。

四川隐语黑话中有关互助与道义的词汇不在少数，如前面已提及的"搭白"、"搭台子"、"拿言语"、"拿上服（咐）"、"认叫"，还有"求张罗_{需要谋求他人的接济帮助}"、"走字样_{不同帮会之间联络}"、"抬凳子_{袍哥人家相互恭维}"等等。而遇事则要"绷劲仗"、"捡脚子"、"袍下来"。这些隐语黑话都是帮会内部成员彼此之间相帮互助的见证。

帮会内部成员关于道义的认识也主要限于对组织和成员的态度上，如特征类性质次类的词语"不苏气"、"顶苏气"、"对红心"、"不拉稀"、"不落教"、"不依教"、"拉稀摆带"等等，几乎都是有关朋友义气的。

凡不顾本帮成员利益的行为则都被视为恶行，如"杀内场子"、"花包袱"、"哑着点"、"打背手"、"抽底火"、"点水"、"反水"、"放黄"、"串灶_{奸淫自家妇女}"、"参灶_{与匪帮内同伙的妻子通奸}"等，这些行为都是为帮内成员所不耻的。

第五，对生命个体的漠视。

四川隐语黑话中基本没有直接涉及意识形态的内容，不关心心理、感情，这也是帮会组织内部生存状态的真实反映。以袍哥为例，无牵无挂的游民入帮会之后便只有帮规帮纪，没有自身的价值观念，作为个体完全融入到组织中，没有思想，没有自主意识、没有生活目标、没有行为自由，全然丧失了自身存在的意义，一切以帮会利益、舵主意志为准绳。隐语黑话中一切关于自然人的特征全部被忽略。因此"抽象事物"义类中的外貌、性能、性格才能、意识、比喻物、臆想物、疾病次类，"特征"义类中的外形、表象、颜色味道次类，"现象与状态"义类的表情、始末、变化次类，以及"心理活动"义类等，在四川隐语黑话中都没有明确的反映，因为这些都是有关成员个体的内容，这是不为组织所重视的。

第六，时代的变迁与组织性质的改变。

在四川隐语黑话中，也蕴藏着时代变迁和帮会性质改变的因素。以用品类隐语为例，在袍哥话中，此类隐语主要集中于帮会内部所使用的有特殊意义的物品，如"白鸽票"、"公片宝扎"、"花叶子"、"响片_{通知}"、"水电报_{利用江河水顺流而下传递的电报}"。

也有一些有关财物的隐语，如"肥母鸡_{银锭}"、"砣砣_{手表}"。

解放以后，一些新日常用品类隐语产生，如有关票证的隐语分类就很细致：

飞飞、粉子_{粮票的通称} | 半飞_{地方粮票} | 钱十市斤粮票 | 满天星_{全国粮票}

棵_{一市斤粮票} | 小方（折子）_{布票}

这些都是供给制时代的产物，那时人们吃饭穿衣，都必须依赖按人头供应的粮票①、布票、肉票、油票、奶票，乃至于喜糖票等等，离开票证寸步难行。若要离开本城，则需要兑换全省粮票或全国粮票，否则到了异地，即使有钱也吃不上饭。正因为如此，当时极为重要的票证如粮票、布票等，就成了某些团伙觊觎的对象，也便有了各种各样的称谓。随着社会的发展，这些票据渐渐退出了历史舞台，丧失了它们曾有过的价值，这些隐语也逐渐消失。

关于钱的隐语也在变化，过去以"个"称百元银元，等到币制改变后，人民币面值分别是分、角、元，十元在很长时期都是最大面额的纸币，于是就用"杠子皮"称十元人民币；后来又有了百元大钞，隐语中便有了"菊排"、"四人头"等称一百元人民币。随着经济的发展，人们手中聚积的钱财越来越多，慢慢地有了千元户、万元户、十万元户等，于时市井隐语便有了"一吊"称一千元人民币、"一方"称一万元人民币、"一坨"称十万元人民币，这在三、四十年前，都是很难想象的。

隐语的变化也能看到帮会组织社会功能和地位的改变。旧时代的袍哥组织在地方上有比较高的经济地位和社会地位，他们从反清组织到后来参与到地方的行政管理，在社会上有一定的号召力和影响力，而且有相当一批有身份、地位的人都加入或依靠袍哥组织。实际上，在政府力量虚弱的年代，四川的袍哥组织势力相当强大，他们涉足公共事务，成为一方秩序的维护者。因此袍哥以自己的身份为荣，帮外之人乃至于官府都对袍哥有不同程度的认同。袍哥话中有关帮会的组织活动、经济活动、社交活动等的隐语都非常丰富，"点点红"、"插旗子"、"坐堂"、"夹磨_{训练}"、"扎口子_{警戒守卫}"、"心识_{收为门徒}"、"掷金/掷拐子_{赌博}"、"搭台子"、"亮膀子"、"扎起"，这些活动都是袍哥人家自己感觉光明正大、堂堂正正的行为。

当然也有一些违规的活动，比如"关圈拉肥"、"拉肥猪"、"牵大黄"、"说聊斋_{探明对方家底再向其要钱}"、"摆红灯_{开鸦片烟馆}"，而这些行为也得有相当的实力，非一般人所能为。

新中国成立后，关于盗窃的隐语黑话异常丰富，正是这些团伙靠偷窃为生状态的真实写照。如"皮"本是袍哥自称，后来"皮匠"、"皮哥"却用来指扒手，这是其身份变异最明显的特征。而隐语中扒窃类行为最好用的动词

---

① 粮票：又分"粗粮票"和"细粮票"，"地方粮票"和"全国粮票"。

就是"吃",如"吃转子"、"吃格子"、"吃掉脸"、"吃喜钱"、"吃瞟眼"、"吃竿竿钱"、"吃两条线"、"吃滚滚儿"。这与袍哥话已有所不同,表明他们的社会地位已发生了根本性的改变,在社会上普遍不被认同,经济能力每况愈下,只能糊口维持生计①。这些组织的性质与最初的哥老会、袍哥已有天壤之别,团伙成员的自我价值定位从此扭转,豪气与义气基本消失,越来越朝着为人所不耻的方向发展。

第七,犯罪心理日益浓厚。

隐语黑话一般产生于特定年代的特定群体中,他们或与政权为敌,或与公众为敌。四川近现代隐语黑话的产生与袍哥组织直接相关。袍哥组织产生之初与政权对立,但并不与社会对立,他们举起符合相当一部分民众心愿的反清大旗,为心中的民族利益而战。袍哥的"仁、义、礼、智、信"五旗对应着"威、德、福、方、宣"五字,成员们都自认为是响当当的汉子,是顶天立地的英雄,为民族而生,为正义而战。

随着时间的推移,四川袍哥组织慢慢与官府相互勾结,反抗的色彩淡化,其内部成员失去了组织活动最初的目标,而生活上又大都处于不安定的状态,原来作为小生产者所拥有的勤劳、质朴、忍耐与善良的品质在群体中消失殆尽,正如毛泽东在《中国社会各阶层的分析》中指出的那样:

> 还有数量不小的游民无产者,为失却了土地的农民和失了工作机会的手工业工人。他们是人类生活中最不安定者。他们在各地都有秘密组织,如闽粤的"三合会",湘鄂黔蜀的"哥老会",皖豫鲁等省的"大刀会",直隶及东三省的"在理会",上海等处的"青帮"等,由于这批人是人类生活中最不安定者,失所依傍,或投入山堂,或自成帮伙,势必形成下层社会中极不安分的因素。

在种种因素的作用下,这些失去了政治追求的各色人等便在利益的驱使下,开始从事种种非法行当,逐渐走向了与社会对立的状态,他们杀人越货、打家劫舍、贩卖人口、走私鸦片,成为老百姓人人惧怕的土匪,以至于后来在四川"见帮必见匪,帮匪不分家"的情况。

于是,与政权的对立使用的隐语,跟与社会公众对立所使用的隐语便产生了很大的不同,那些充满正义感、道德感、民族感的东西荡然无存。这种局面在隐语中有比较充分的体现,"浑水袍哥"、"浑水乌棒"、"青龙码头的"、"水底蛟"、"扒山虎"都是为害一方的毒瘤,他们干的是一些上不得台面的勾

---

① 后来的隐语对钱、粮数量区分较为细致,大约也是经济吃紧的一个表现。

当，"挂红"、"啄木鸟"、"保烟帮"等在任何时代都是不被认可的。他们的行为越来越多地与社会评价体系相悖，这时的隐语凸现了帮内成员的犯罪心理。

当袍哥组织被打击瓦解之后，后起的团体隐语和市井隐语中更多地反映出这些集团与社会的对立。公安系统是他们最大的敌人，这一类隐语很多：

白罗克、老么、老姜头_{精明能干的干警}｜澳州黑_{便衣警察}｜钩钩_{引蛇出洞的人}｜二三三信箱、道子、卡房_{监狱、看守所}｜庙府_{公安局}

藏身、藏赃处的隐语也越来越多：

舵窖基_{藏身的地方}｜龙背_{土匪老巢}｜稳子_{窝藏土匪的人家}｜下家_{贼窝赃的人家}｜兰场_{赌场}｜私窝子_{秘密赌场}｜宝宝公司_{赌博公司}｜扯谎坝_{各种江湖生意人聚集的地方}

这些隐语在犯罪团体内部通行，有着其深层次犯罪心理，反映出相关集团成员对自身价值和期望值的重大改变，他们对主流社会的价值体系充满了对抗、排斥与仇恨，把自己置身于月亮背面，在阴暗的角落中进行着一次次不能示人勾当。

在经济生活中，市井隐语的评价色彩也非常浓厚：

串子、串串儿_{黑市经纪人}｜金苍蝇儿_{黄金贩子}｜票耗子_{私吞票款的违法司乘人员}｜偷油婆_{倒卖汽油的人}

丑类次类中，袍哥话有"风仔_{奸细}"、"蛤蟆_{对官兵的蔑称}"、"鸡毛子_{不识相的乡团}"等，可见在袍哥心目中的丑类是很有限的，看不起无能的官兵，不义的奸细，其他的似乎都可以忽略。后来的一般隐语要丰富一些，集中在罪犯、土匪和无赖、娼妓等团体的有关称谓方面，这正是时代变迁的结果。当社会制度从根本上改变后，过去称霸一方袍哥成为大众的对立面，少了义，变了匪。妓女成为改造的对象，也成为鄙弃的对象，所以这一类丑称增多。

有关四川隐语黑话的词汇还很多，限于篇幅，不予赘述。

学术界通常认为，方言是古代汉语在历史发展中的地方变种，这种变种或是融入了其他方言成分，或是受人文社会、地理环境等因素的制约，而使语言逐渐有了变化。现代四川方言在这一点上表现得非常突出。历史上四川地区是一个人口变异甚剧的地区，其风土民情在形成与发展中反映了四川地理环境的特点，接受了古代四川发达的农业经济、城市工商业经济和巴蜀文化的影响，并融汇了南北各省移民带来的习俗，从而具有浓郁的地方特色，这就是我们要将四川方言词汇放到特定的文化习俗的氛围中加以解释的重要原因。

第七章 四川方言词汇封闭词群分析

封闭词群指可以穷举其内部词汇项目的聚合。观察角度不同，可以从整个词汇内部划分出不同的封闭词群。本章选取了较能反映地域特征的三个封闭词群做专门分析。

同一个词条在不同方言点的说法有差异。因篇幅所限，我们在广泛调查的基础上，选择了 20 个方言点来进行对比。方言点主要依据入声的演变情况来筛选，兼顾方言点地理位置，全面涵盖了四川境内官话方言入声的不同情况。第一大类为入声消失的方言点，共 14 个方言点：其中成都、重庆①、巫溪、达县、广元、南充、遂宁、梓潼、资阳 9 地系入声归阳；内江、仁寿、荣县 3 地系入声归去；雅安、汉源 2 地系入声归阴。第二大类为入声独立的方言点，共 6 个方言点：其中泸州、宜宾、都江堰 3 地入声为中平调；乐山、峨眉入声为高平调；西昌入声为中降调。

第一节 亲属称谓

亲属称谓集中地反映了汉民族宗族、辈次和尊卑的观念，四川方言亲属称谓在语音、构词和语用等方面均表现出一定的特点。四川方言内部多个方言小片各方言点的亲属称谓也有所不同，显现出纷繁交错的情况。同时，随着时代的发展，一个多世纪以来四川各地对外交流频繁，加上大力推广普通话，四川方言亲属称谓呈现了动态的特征，与 1900 年 Adam Grainger（钟秀芝）《西蜀方言》和 1982 年杨时逢《四川方言中的几个常用的语汇》相比，可以看出四川方言亲属称谓的历时发展过程。

一、与普通话对比

（一）语音特点

四川方言音系与普通话差异不大，声韵调各系统有较强的对应规律。亲

---

① 以重庆市渝中区为代表。

属称谓语音上的区别主要是文白异读、连读变调和重音辨义。

1. 文白异读

文白异读表现为以下两种情况：

（1）某字在亲属称谓中白读，在其他词中的读音可按规律与普通话折合

同一个字在亲属称谓中有其专门的读法。如"家"，一般情况下念 $tɕia^{45}$，跟普通话读音的声母、韵母相同，声调的调类跟普通话相同。但是，在亲属称谓"家"中保留了中古见母假摄开口二等字的读音，读为 ka^{45}（重庆、巫溪、达县、汉源），包括"家公、家婆、家家"。也有两种读法并存的（仁寿）。

（2）某字在某些亲属称谓词中白读，在其他亲属称谓词中可按规律与普通话折合

同一个字在亲属称谓中也可能有不同的读法。个别地点将"外公、外婆"的"外" uai 读为 uei（达县、南充、梓潼），而"外孙"的统称"外外"以及"外孙女""外孙"均读为 uai。比较特别的是，"丈"字历来是开口韵，但在仁寿话中，"老丈儿"（岳父之意）读为 $nau^{42}tʂuãr^{55}$，"老丈母"（岳母之意）读为 $nau^{42}tʂuaŋ^{55}mu^{42}$，"丈"字不仅读为合口，连声调也由去声变为阴平，这是在亲属称谓中出现的特殊情况。

2. 变调

（1）叠字词后字的变调

普通话亲属称谓的叠字词后字多变轻声。在四川方言中，属于叠字的亲属称谓的变调跟普通话不同，其变调情况通常服从四川方言一般的变调规律："妈妈、姑姑、哥哥"等原调为阴平的叠字词后字不变调，其他声调的叠字词后字变阴平的情况较为常见。详见下表：

	有此说法的地点数	变阴平的地点数	不变阴平的地点数	其他情况	规律
嫂嫂	18	0	18	部分变阳平	不变阴平
奶奶	13	1	12	部分变阳平	
婆婆妈	4	4	0		以变阴为常
婆婆娘	7	5	2		
舅舅	19	17	2		
妹妹	11	11	0		
爷爷	16	7	8	乐山变不变两可	变与不变地点数量大致相当
爸爸	19	10	8	雅安变不变两可	
婆婆	11（"祖母"义）	4	7		
	2（"丈夫母亲"义）	1	1		

续表

	有此说法的地点数	变阴平的 地点数	不变阴平 的地点数	其他情况	规律
娘娘	3（"祖母"义）	2	1		使用的方 言点较少 普遍性差
	2（"母亲"义）	0	2		
外外	2	1	1		

从上表可见，叠字不变阴的词目有 2 个。除了巫溪等少数老川东地区，四川方言中"奶奶"读阴平 nai^{55}nai^{55} 时为"乳房"之义，"奶奶"作为亲属称谓后字就不能再变读为阴平，否则与之混淆，也显得不庄重。

四川方言中叠字亲属称谓词多数要变阴的有 4 个，还有 4 个词目变与不变频率相当。四川方言阴平调类大多为 44、55 或 45 调值，都是高调。方言中常用高调称呼示爱[①]，不妨假设，四川方言中的半数亲属称谓叠字词后字变阴与否取决于人们对这一亲属的态度，具有较大的随意性。

（2）非叠字词后字变阴平

四川方言"姑爷""姑父"后字可变阴平，详见下表：

	表示意义	变阴平的地点数	不变阴平的地点数	两可的地点数
姑爷	父亲姐妹的配偶	5	8	4
	母亲姐妹的配偶	3	2	1
姑父	父亲姐妹的配偶	1	0	2
	母亲姐妹的配偶	2	1	0

值得注意的是，"爷"在"姑爷"中可以变读为阴平，但在"姑老爷、老姑爷"中仍读原调。

另外，"妇"在"媳妇、媳妇儿、媳妇ㄦ、儿媳妇、媳妇子"中变阴平，这一现象存在于入声归去的地区，包括内江、仁寿、荣县。

3. 重音

普通话可以使用轻声区别某些词义和词性，在四川方言峨眉话中，nau^{42}p'o^{21}一词靠重音区别词义，重音在前是"妻子"的意思，重音在后是"祖母"的意思。

（二）词法特点

1. 词根

四川方言中同一亲属称谓称法多样，常常使用相同的词根表示基本亲属关系，用意义相似的不同词根变换构词。

---

① 朱晓农《亲密与高调》，《当代语言学》2004 年第 3 期。

外祖父可称为"外公"、"家公"、"公公",相应的外孙可称为"外孙"、"家孙"、"外外"。"公"和"孙"是体现基本亲属关系的词根。"外公"、"外孙"之"外"体现出女性血缘在家庭中的地位;"家公"、"家孙"之"家"体现出女主内的传统思想;"公公"、"孙孙"一类叠词则是口语中常见的构词形式。

孙子的儿子可称为"曾孙"、"重孙""灰灰"、"末末"。"曾"和"重"都用于体现亲属关系的层递。"灰灰"、"末末"也采用了重叠形式,"末"以其"小"义成为这种层递关系的词根。

兄弟的妻子互称,有的地点称为"先后",有的则称为"前后",因不同的构词理据而采用了不同的词根。

2. 词尾"子"

四川方言中广泛运用词尾"子"构成与普通话不同的亲属称谓。

普通话中带词尾"子"的亲属称谓"大伯子、小叔子、大姑子、小姑子、大姨子、小姨子",在四川方言中同样使用。

普通话中带词根"子"的"儿子、孙子",在四川方言中增加词根语素成为"儿娃子、孙娃子"。

四川方言带词尾"子"的亲属称谓大部分在普通话中不使用"子",还有一部分则和普通话有较大的形式差异,对比如下:

普通话	四川方言	普通话	四川方言	普通话	四川方言
长辈	长辈子、老辈子、高辈子、拱辈子	儿子	儿娃子	侄儿	侄儿子
晚辈	小辈子、低辈子、矮辈子	女儿	女娃子	侄女	侄女子
父亲	老把子	外甥	外甥子	孙子	孙娃子
姑姑	姥子	媳妇	媳妇子	孙女	孙女子
哥哥	哥子	妹妹	妹子	妹夫	妹夫子
舅子	舅子、舅母子	连襟	挑担子	老婆	老婆子

3. 词尾"儿"

四川方言中使用词尾"儿"的亲属称谓词不多,主要有"妹儿",20 个调查点中只有 8 个点存在这一形式。此外,乐山话中存在"两老儿""老丈儿"的词尾"儿"形式。

4. 儿化

四川方言亲属称谓词儿化较多,包括"老汉儿、老头儿、老倌儿、幺爸儿、婶儿、姨爹儿、姨父儿、舅母儿、弟娃儿、妹儿、妹娃儿、老丈儿、媳妇儿、小姑儿、女儿、末末儿、灰灰儿"等等。

和词尾"儿"相比，儿化形式使用率较高。比如 20 个调查点中，"妹妹"这一称谓，使用词尾"儿"形式"妹儿"的有 5 个点，使用儿化形式"妹ㄦ"的有 8 个点，二者皆用的有 3 个点（遂宁、仁寿、雅安）。

儿化一般发生在词末，而西昌话中"大姑ㄦ姐" ta^{11}kur^{44}tɕiɛ^{34}，中字儿化，较为特别。

5. 复数词尾

四川方言亲属称谓表示复数通常使用"些"、"伙"、"家"，如"兄弟伙"、"弟兄家"、"姊妹伙"、"姊妹家"、"老的些"、"娃儿些"。四川资阳也把一群小孩子说成"娃娃儿班"。

四川方言也采用"们"作为复数词尾，但不读轻声，如梓潼话"咪娃ㄦ们" mi^{214}uar^{21}mən^{55}。与普通话相比，四川方言中使用"们"比较文雅。比如多说"人些都到哪里去了？"而少说"人们都到哪里去了？"

6. 异序

四川方言亲属称谓中同素异序现象不多，比如"弟妹"和"妹弟"，表示了不同的婚姻关系，前者指弟弟的配偶，后者指妹妹的配偶，通过语序显现不同。

7. 叠加

四川方言中，不同的亲属称谓语素叠加表示亲属关系的细微差异，包括了不同类别关系的叠加和相同类别关系的叠加。

（1）异类关系的叠加，主要是姻亲关系和长幼关系叠加：

"姨姐"和"姨妹"："姨"表示妻子的姐妹关系，"姐"和"妹"区分长幼。

"叔伯兄弟"和"叔伯姊妹"："叔伯"表示父亲的兄弟关系，"兄弟""姊妹"表示同辈长幼关系。

达县话中还有称谓"姻叔妹ㄦ"，指姐妹的公公的妹妹。

（2）同类关系的叠加，主要是姻亲和血亲这两种同类关系叠加：

"公公老汉ㄦ"和"婆婆妈"："公公"和"婆婆"指丈夫的父母，"老汉ㄦ"和"妈"用于称呼亲生父母，叠加起来既明确关系又拉近距离。

"姐夫哥"："姐夫"是姻亲称谓，"哥"用于血亲称谓，叠加起来显得亲切。

8. 排行

四川方言中，排行最大的前加"大"，如"大爸"、"大孃"。排行次大的前加"二"，如"二爸"、"二孃"。排行最小的前加"幺"或"小"，如"幺爸"、"小孃"、"幺儿"、"幺女"。西昌话指排行最小时多使用"小"，其他地区多使用"幺"。比较特别的是，资阳部分地区①避称"二"，将排行次

---

① 资阳市雁江区小院镇隆相乡李子村。

大的称为"三"，如将父亲的二弟称为"三叔"。

也有使用叠音形式表示排行较小的。明李实《蜀语》、1926 年四川《崇庆县志》均有相关记载。又如"幺幺"，1929 年四川《荣县志》："今人爱怜少者曰幺幺。"而今天广元称父亲的妹妹仍有"幺幺"的说法。相应的，年长者也可称"大大"，如指称父亲的姐姐（广元），或指父亲哥哥的配偶（峨眉）。

（三）语用特点

1. 泛指非亲属关系

亲属称谓泛化的现象在四川方言中同样存在。单称的"老婆婆"在普通话中指年长的女性，在四川方言中也可指丈夫的母亲。群称的"兄弟伙"本指哥哥和弟弟们，现在多指"哥们儿"。

2. 区分更细

普通话中将母亲的姐妹统称为"姨妈"，四川方言中用不同的形式区别了年龄长幼，"姨妈"指母亲的姐姐，"姨孃"指母亲的妹妹（重庆、汉源）。

3. 形式多样

普通话中的称谓"丈夫""妻子"在四川方言中有多种表现形式。对应的形式有现代常用的"老公"、"老婆"、"男人"、"女人"，也有农村常用的"当家人""屋头人"。此外，"丈夫"还可称为"主劳"、"门前人"，"妻子"还可称为"婆孃"、"堂客"、"屋面人"。

普通话中的称谓"儿子"、"女儿"在四川方言中也有多种戏称，反映出男女不同的社会分工。"儿子"是"看田缺水的""看田缺的""放牛的"，"女儿"是"锅边转的"、"烧锅的"、"绣花的"、"看米锅水的"。有的地方把"儿子"称为"读书的"，把"女儿"称为"菜格兜"，反映出男女社会地位不平等。

4. 地域文化特点

亲属称谓集中地反映了宗法制社会的习俗，同时也带上了显著的地域文化色彩。

四川方言西南官话中，姐妹的丈夫互称为"挑担"，也有叫"挑担子"、"老挑"、"挑挑"的。这种称谓和四川盆地肩挑运输农物的方式有关。盆地多山路，收获季节，女婿到丈人家帮助收割，多用箩筐"挑"和"担"，因此，女婿之间互称为"挑担"①。泸州和宜宾话中称姐妹的丈夫为"姨抬"，妻子的姐妹为"姨"，与"挑"和"担"相比，"抬"更需要男性劳力之间的协作。这些

---

① 马宇、李琳《从称谓语看文化——江律方言亲属称谓语略析》，《西安航空技术高等专科学校学报》2004
年第 6 期。

都是充分反映巴蜀地区农业生活现象的称谓。

四川方言中，西南官话和客家方言、湘方言之间互相影响、互相融合的现象并不少见，在亲属称谓中也能找到不少例子。如达县、资阳称呼祖父为"爹爹"tia⁵⁵tia⁵⁵，南充称呼父亲为"爹爹"tia⁵⁵tia⁵⁵，资阳称呼妈妈为"阿姐"a⁵⁵tɕiei⁴²，明显地都有受到湘方言影响的痕迹。南充、仁寿称呼父亲的弟弟为"满满"man⁵³man⁵³，也和湘方言一致。内江称呼祖父祖母为"阿公""阿婆"，则是受到客家话的影响。

二、四川方言内部对比

（一）性别不对等

四川方言内部，对称的亲属关系往往未能采用对称的亲属称谓，这体现在性别、长幼等方面的不对等上。

1. 对应的性别没有对应的称谓

继母可称为"填房妈"，继父无"填房父"的说法。这和婚姻制度以及传统女性地位有关。

2. 以某一性别称谓统领对应关系

外祖母称为"家家"，外祖父称为"胡子家家"（巫溪），使用"胡子"突出男性特征，而以女性称谓"家家"统领母亲的父母一辈，体现出性别上的不对等。

伯父称为"门前伯伯"，伯母称为"屋里伯伯"（垫江）。使用"门前"和"屋里"区分男女，这在"丈夫"和"妻子"的称谓中也有，但以男性称谓"伯伯"统称父亲的兄弟姊妹，也是性别不对等。

3. 以异性称谓指称

姐妹的丈夫通常称"老挑"，文雅一点称"连襟"，但也有的地点称"老姨"（内江）、"姨抬"（泸州、宜宾）。"姨"为女性称谓，以此作为基点称呼男性，也是一种不对等关系的体现。

雅安话称呼祖母，除了常见的"奶奶""婆婆"以外，还可以称为"小爷"ɕiau⁴²iɛ²¹。宜宾话称呼父亲的妹妹，除了有常见的"排行+孃"的形式，还可以使用"排行+爸""排行+爹"的方法。忽略同辈的性别差异，而以男性统称，这也是比较少见的。

（二）长幼不对等

1. 长幼统称形式不对等

对于长辈的称谓，有"长辈、老辈子、高辈子、长辈子、拱辈子"多种形式，而对于晚辈，只有"下辈汉儿、小辈子、矮辈子"几种形式。

2. 男性亲属及其配偶长幼不对等

哥哥可以使用"排行+哥"的形式，也可以采用"排行+弟"的形式（内江），但弟弟就不能使用这两种形式。

父亲的兄弟，不论长幼均可以用"排行+爸/爹/爷/叔"的形式，但"伯伯"的形式就只用于父亲的哥哥。父亲的兄弟的配偶，不论长幼均可以用"排行+妈/娘/孃"的形式，"排行+婶"的形式通常用于称呼父亲的弟弟的配偶，在部分地区也用于称呼父亲的哥哥的配偶（汉源），而"伯妈""伯娘"专用于父亲的哥哥的配偶，就不能用于称呼父亲的弟弟的配偶。

3. 父系母系亲属长幼区分不对等

父系男性亲属及其配偶长幼有别十分明显。父亲的哥哥为"伯伯"，父亲的弟弟为"叔叔"，"伯伯"和"叔叔"的配偶以"伯妈/伯娘"和"婶娘/叔娘"有所区分。而母亲的兄弟均为"舅舅"，其配偶不分长幼均为"舅妈/舅娘"。父亲的姐妹也不分长幼称为"姑姑/孃孃"，其配偶更不分长幼均为"姑爷"。母亲的姐妹通常都称为"孃孃"，只有个别地点有所区分，如"姨妈"和"姨孃"（重庆、汉源），"姨伯"和"姨叔"（泸州）。

4. 远亲长幼称谓不对等

堂兄弟、堂姐妹、表兄弟、表姐妹关系较为疏远。对于年长者可以面称"姓/名+哥哥/姐姐"表示尊敬，而对年幼者则通常直呼其名。这些堂表同辈的配偶称呼同样"尊长疏幼"。堂兄表兄的妻子叫"嫂子"或"姐"，堂弟表弟的妻子直呼其名。堂姐表姐的丈夫叫"哥"，堂妹表妹的丈夫直呼其名。

这种长幼关系词量不对等的现象与宗法制度有关。父系男性亲属的长幼排序不仅关系到继承权，还涉及到大家庭职责的承担，长幼区分是必须的。长兄如父，连带他们的配偶地位也有所不同，伯娘的地位高于婶娘。而父系女性亲属和母系亲属均不涉及这一问题，所以长幼顺序不是那么重要。

（三）同形异义和同义异形

四川方言中一部分亲属称谓在不同的地点指称的对象不同，属于同形异义。

"保保"指母亲的兄弟（成都），也指母亲姐妹的配偶（遂宁）。

"姑爷"通常指父亲姐妹的配偶，也指母亲姐妹的配偶（资阳、仁寿、荣县、都江堰、峨眉）。

"大大"指父亲（内江、仁寿、泸州等），也指父亲的姐妹（广元），或指父亲哥哥的配偶（峨眉）。

"娘娘"指母亲（广元、乐山），也指父亲的弟弟的配偶（峨眉），指祖母（内江、荣县、宜宾）。

"婶婶"指父亲兄弟的配偶，也指丈夫的母亲（宜宾）。

"伯伯"通常指父亲的哥哥，也用于称呼父亲（峨眉）。

"姑娘"可称女儿（南充），前加姓氏可以面称媳妇（宜宾）。

也有同一亲属，在不同方言点中用了不同的形式来表示，属于同义异形。如父亲的姑父，可以称为"老姑爷"（南充），也可以称为"姑老爷"（都江堰）。构词要素相同，语序不同，指称的对象却相同。

（四）同名异指和异名同指

亲属称谓有面称和非面称之别。非面称又包括了背称、旁称、戏称几种情况。在同一个方言点中，使用场合不同，但所指对象一致，这属于同名异指。

父亲：多数情况下面称使用"爸"，"老汉儿"这一称谓在有的地区只用于背称，较多的地方背称面称均可，面称时带有亲昵、玩笑的色彩。"老把子"是戏称，多用于旁称和背称，也可以用于亲昵的面称。

继父：面称"爸爸"或"叔叔"，背称"后老汉儿"、"继父老汉儿"、"接脚杆老汉儿"。

继母：面称"妈妈"或"孃孃"，背称"后妈"、"后娘"、"填房的妈"。

兄弟的妻子互称"妯娌"或"先后"，姐妹的丈夫互称"老挑"。两种关系相类，但用法不同。旁称时可以说："他们两个是老挑。"也可说"她们两个是妯娌。"这是一致的方面。背称时可以说："他是我的老挑。"却不能说"她是我的妯娌/先后。"这是不同的地方。

四川方言中普遍称呼父亲的姑母为"姑婆"，父亲的姨母称为"姨婆"，但也有的地区将二者混同，只用"姑婆"不用"姨婆"（广元、梓潼、都江堰）。这属于异名同指。

三、历时对比

此次亲属称谓调查时间为 2008 年至 2009 年，将其与《西蜀方言》（反映一百年前四川方言面貌）以及杨时逢《四川方言中的几个常用的语汇》（反映六十年前四川方言面貌）相比，可以看出四川方言亲属称谓整体趋简的发展过程。

（一）专称渐少

上世纪初，姐妹的配偶可以称"姐夫"、"妹夫"，也可以称"姐丈"、"妹丈"。现在很难听到后者。父亲的兄弟的子女，原来可以称"侄儿"、"侄子"、"侄男"，

"侄男"的说法现在也基本听不到了。

随着时代发展，宗法观念明显淡化，计划生育政策实施后，小家庭增多，亲属关系越来越简化。指称堂兄弟、堂姐妹等较疏远的关系时，人们常用前加排行或姓名的"哥"、"弟"、"姐"、"妹"。足够明示这种关系的称呼"叔伯兄弟""叔伯姊妹"使用频率很低，即使使用也只限于背称。堂兄弟、堂姐妹的配偶，也就更难以称呼为"叔伯嫂嫂"、"叔伯兄弟媳妇"、"叔伯姐夫哥"、"叔伯妹夫"，而以"嫂嫂""兄弟媳妇""姐夫""妹夫"的称谓笼而统之。甚至很多年轻人不能区分"堂""表"关系，面称直呼其名，背称采用"某某的某某的某某"的方式。

四川方言常常使用血亲称谓表示姻亲关系。如将妻子的父母称为"干爹""干娘"（达县），或"姨夫"、"姨娘"（广元）。将丈夫的父母称为"幺叔"、"婶婶"（宜宾）。这种现象符合亲属称谓的"亲密原则"，即"直系亲于旁系，父系亲于母系"。将姐夫称为"姓+哥"，也是这种原则的体现。姐夫不止一位时，则采用"姓+（排行+）哥"的方式加以区分，如"李二哥"就比"二姐夫"听起来更随意而亲密。

（二）混同渐多

上世纪初，"老表"专指母亲的兄弟的儿子，现在常指表兄弟，也用于称呼堂兄弟（西昌），还有用于称表姐妹（汉源），或堂姐妹的丈夫（泸州、西昌）、表姐妹的丈夫（西昌）。

祖父，可以称"姥爷"（仁寿、宜宾、乐山、峨眉），也可以称"姨爷"（西昌）。"姥"和"姨"本用于母系亲属称谓，用于称呼父系亲属，反映出亲属观念的混同。

以"内""外"示夫妇之别和父系母系之别是中国封建宗族观念的体现。上世纪初，四川方言里将妻子兄弟的子女称"内侄儿""内侄女"，丈夫姐妹的子女称"外侄儿""外侄女"，而自己的兄弟的子女称"侄儿""侄女"，自己姐妹的子女称"外侄""外侄女"，父母的兄弟姐妹的子女都称"表侄""表侄女"，区分是十分明确的。现在个别地区以"侄儿""侄女"统称所有同辈非血亲子女，或是在姻亲中随配偶一方称呼，呈现出称谓简化的趋势。从他称谓以往多半发生在女性身上，并且多以丈夫和儿子为中介来完成。而伴随着男女平等观念的普及，这一现象也越来越多地发生在男性身上，以妻子和孩子为中介来完成。

（三）形式改变

上世纪初，"婶娘"和"叔娘"一样，都是指父亲的弟弟的配偶。现在"婶娘"也可以指称父亲的哥哥的配偶（仁寿、汉源）。

40 年代，四川方言中"老人公""老人婆"的说法可用于指称外祖父和外祖母，杨时逢 134 个点中，存在这样说法的有 58 个。现在"老人公"、"老人婆"的说法专用于称呼丈夫的父母了。

亲属称谓中对父亲和母亲的面称，也随时代发生细微的变化。四川方言中，部分中老年人使用"爹"、"老母亲"、"老娘"，大多数中青年则普遍使用单音节词"爸"、"妈"，而青年一代使用叠音形式"爸爸"、"妈妈"较多，加前缀构成的"老爸""老妈"的使用频率也在逐渐增多。这样的变化是与普通话的大力推广、文化程度的普遍提高以及强势方言文化影响分不开的。

四川方言亲属称谓词目对照表

说明：本表收录了四川方言 20 个方言点的亲属称谓调查结果。由于调查合作人的个体差异，表中所列说法只能代表该地点典型说法，难免缺漏。表中词目大体按照"祖辈-父辈-同辈-下辈-合称"的顺序排列，其中血亲称谓在前，相应的姻亲称谓跟随在后。表中记音为宽式记音，除叠字变调及明显的音变现象外，声韵调均尽量以单字原调为主，儿化采用汉字下标标识，其读音用原韵母后加 r 表示。有音无字或无法考据的词目以符号口代替。①

	长　辈	晚　辈
成都	老辈子 nau⁵³pei²¹³tsʅ⁵³ 上辈ₙ saŋ²¹³peir²¹³	下辈ₙ ɕia²¹³peir²¹³
重庆	老辈子nau⁴²pei²¹⁴tsʅ⁴²	小辈子ɕiau⁴²pei²¹⁴tsʅ⁴²
巫溪	老辈子nau⁴²pei²¹⁴tsʅ⁴²	小辈子ɕiau⁴²pei²¹⁴tsʅ⁴²
达县	老辈子nau⁴²pei²¹⁴tsʅ⁴² 长辈子tsaŋ⁴²pei²¹⁴tsʅ⁴²	低辈子 ti⁵⁵ pei²¹⁴ tsʅ⁴² 矮辈子 ŋai⁴²pei²¹⁴ tsʅ⁴²
广元	高辈子 kau⁴⁵ pei²¹⁴ tsʅ⁵³	矮辈子 ŋai⁵³ pei²¹⁴ tsʅ⁵³ 小辈ₙ ɕiau⁵³peir²¹⁴
南充	老辈子 nau⁵³ pei¹⁴ tsʅ⁵³	矮辈子 ŋai⁵³ pei¹⁴ tsʅ⁵³ 小辈子 ɕiau⁵³ pei¹⁴ tsʅ⁵³ 下一辈 ɕia¹⁴ i⁵⁵pei⁵⁵ 下辈汉ₙɕia¹⁴ pei⁵⁵ xanr¹⁴
遂宁	老辈子nau⁵²pei²⁴tsʅ⁵²	小辈子ɕiau⁵²pei²⁴tsʅ⁵²
梓潼	老辈子 nau⁵³ pei²¹⁴ tsʅ⁵³	小辈 ɕiau⁵³ pei²¹⁴ 矮辈子 ŋai⁵³pei²¹⁴ tsʅ⁵³

---

① 后面两节的记音原则和无字词的记录方式与此相同。

续表

	长　辈	晚　辈
资阳	老辈子 nau⁴²pei²¹⁴tsʅ⁴²	下辈 ɕia²¹⁴pei²¹⁴ 小辈子 ɕiau⁵³pei²¹⁴tsʅ⁵³
内江	老辈子 nau⁴² pei²¹³ tsʅ⁴²	小辈子ɕiau⁴² pei²¹³ tsʅ⁴²
仁寿	老辈子nau⁴² pei³¹⁵ tsʅ⁴² 拱辈子koŋ⁴² pei³¹⁵ tsʅ⁴²	下辈ₙ ɕia³¹⁵peir⁵⁵ 矮辈子 ŋai⁴² pei³¹⁵ tsʅ⁴²
荣县	老辈子 nau⁴² pei²¹⁴ tsʅ⁴²	矮辈子 ŋai⁴²pei²¹⁴ tsʅ⁴²
雅安	老辈子 nau⁴²pei¹⁴tsʅ⁴²	小字辈ɕiau⁴²tsʅ¹⁴pei¹⁴ 小辈ɕiau⁴²pei¹⁴tsʅ⁴²
汉源	老辈子nau⁴²pei²¹³tsʅ⁴² 长辈子tsaŋ⁴²pei²¹³tsʅ⁴²	小辈子ɕiau⁴²pei²¹³tsʅ⁴² 下辈ɕia²¹³ pei²¹³ tsʅ⁴²
泸州	老辈子 nau⁴²pei¹³tsʅ⁴²	小辈子 ɕiau⁴²pei¹³tsʅ⁴² 矮辈子 ŋai⁴²pei¹³tsʅ⁴²
宜宾	老辈子nau⁴²pei¹³tsʅ⁴²	小辈子ɕiau⁴²pei¹³tsʅ⁴²
都江堰	老辈子 nau⁵³pei¹³tsʅ⁵³	小辈ɕiau⁵³pei¹³
乐山	老辈子 nau⁵²pei⁴⁴tsʅ⁵²	小辈子ɕiau⁵²pei⁴⁴tsʅ⁵² 矮辈子 ŋai⁵²pei⁴⁴tsʅ⁵²
峨眉	老辈子nau⁴²pei¹³tsʅ⁴² 长辈子tsaŋ⁴²pei¹³tsʅ⁴²	小辈子ɕiau⁴²pei¹³tsʅ⁴² 矮辈子 ŋai⁴²pei¹³tsʅ⁴²
西昌	老辈子 nau³⁴pei¹¹tsʅ³⁴	晚辈mian³⁴pei¹¹ 下一辈ɕia¹¹i³¹pei¹¹

	祖　父	祖　母
成都	公 koŋ⁵⁵　　爷爷iɛ²¹iɛ⁵⁵	婆 pʻo²¹　奶奶nai⁵³nai²¹
重庆	爷爷iɛ²¹iɛ⁵⁵	婆婆 pʻo²¹pʻo⁵⁵
巫溪	爷爷iɛ²¹iɛ⁵⁵	奶奶 nai⁵⁵nai⁵⁵
达县	爷爷iɛ²¹iɛ²¹　　爹爹tia⁵⁵tia⁵⁵	奶奶nai⁴²nai²¹　　婆婆pʻo²¹pʻo²¹
广元	爷爷 iɛ²¹ iɛ²¹	婆婆 pʻo²¹ pʻo²¹
南充	公 koŋ⁵⁵　　　爷爷 iɛ²¹ iɛ⁵⁵	婆pʻo²¹　　　婆婆pʻo²¹pʻo²¹ 奶奶 nai⁵³ nai⁵³
遂宁	公公koŋ⁵⁵koŋ⁵⁵	婆pʻo²¹　　　　婆婆pʻo²¹ pʻo²¹ 奶奶nai⁵²nai⁵²
梓潼	爷爷 iɛ²¹ iɛ²¹　　爷 iɛ²¹	婆 pʻo²¹　　　婆婆pʻo²¹ pʻo⁴⁵
资阳	老爷 nau⁴²iɛ²¹　　公公 koŋ⁵⁵koŋ⁵⁵ 爷爷iɛ²¹iɛ²¹　　爹爹 tia⁵⁵tia⁵⁵	奶奶nai⁴²nai⁴²
内江	爷爷iɛ³¹ iɛ³¹　　阿公a⁵⁵ koŋ⁵⁵ 公爹koŋ⁵⁵ta⁵⁵	奶奶nai⁴² nai⁴²　　娘娘ȵiaŋ³¹ ȵiaŋ⁵⁵ 阿婆a⁵⁵ pʻo³¹　　贾tɕia⁴²

	祖　父		祖　母	
仁寿	阿公a⁵⁵koŋ⁵⁵　　老爷nau⁴²iɛ³¹ 公公koŋ⁵⁵koŋ⁵⁵　　爷爷iɛ³¹iɛ⁴²		奶奶nai⁴²nai⁴²　　婆婆p'o³¹p'o⁵⁵	
荣县	爷爷iɛ³¹iɛ⁵⁵		娘娘ȵiaŋ³¹ȵiaŋ⁵⁵　　奶奶nai⁴²nai⁴²	
雅安	爷爷iɛ²¹iɛ²¹　　董爷toŋ⁴²iɛ²¹ 老爷nau⁴²iɛ²¹　　父爷fu¹⁴iɛ²¹		奶奶nai⁴²nai⁴²　　婆婆p'o²¹p'o²¹ 小爷ɕiau⁴²iɛ²¹	
汉源	爷爷iɛ²¹iɛ⁵⁵		奶奶nai⁴²nai⁴²　　婆婆p'o²¹p'o⁵⁵	
泸州	公koŋ⁵⁵　　爷爷i²¹i⁵⁵		婆p'o²¹	
宜宾	爷爷i³¹i³¹　　老爷nau⁴²i³¹ 爷i³¹		婆p'o³¹　　娘娘niaŋ³¹niaŋ³¹	
都江堰	爷i¹³		奶奶nai⁵³nai³¹　　婆婆p'o³¹p'o⁵³	
乐山	爷爷i²¹i²¹　　爷爷iɛ²¹iɛ⁵⁵ 阿公a⁵⁵koŋ⁵⁵　　姥爷nau⁴²iɛ²¹		奶奶nai⁵²nai⁵²　　阿婆a⁵⁵p'o²¹ 姥姥nau⁵²nau⁵²	
峨眉	姥爷nau⁴²iɛ²¹		姥姥nau⁴²nau⁴²　　姥婆nau⁴²p'o²¹	
西昌	老爷nau³⁴iɛ⁵²		老奶nau³⁴nai⁴⁴	

	外　祖　父		外　祖　母	
成都	外公uai²¹³koŋ⁵⁵　　家公tɕia⁵⁵koŋ⁵⁵		外婆uai²¹³p'o²¹　　家婆tɕia⁵⁵p'o²¹	
重庆	家公ka⁵⁵koŋ⁵⁵		家婆ka⁵⁵p'o²¹　　家家ka⁵⁵ka⁵⁵	
巫溪	胡子家家xu²¹tsๅ⁴²ka⁵⁵ka⁵⁵		家家ka⁵⁵ka⁵⁵	
达县	外爷uei²¹⁴iɛ²¹　　外公uai²¹⁴kuŋ⁵⁵		外婆uei²¹⁴p'o²¹　　家家ka⁵⁵ka⁵⁵	
广元	外爷uai²¹⁴iɛ²¹　　外爷uei²¹⁴iɛ²¹		外婆uai²¹⁴p'o²¹　　外婆uei²¹⁴p'o²¹	
南充	外公uai¹⁴koŋ⁵⁵　　外爷uai¹⁴iɛ²¹ 外爷uei¹⁴iɛ²¹		外婆uai¹⁴p'o²¹　　外婆uei¹⁴p'o²¹	
遂宁	外公uai²⁴koŋ⁵⁵		外婆uai²⁴p'o²¹	
梓潼	外爷uei²¹⁴iɛ²¹		外婆uei²¹⁴p'o²¹	
资阳	家公tɕia⁵⁵koŋ⁵⁵　　公公koŋ⁵⁵koŋ⁵⁵		家婆tɕia⁵⁵p'o²¹　　婆婆p'o²¹p'o²¹ 家家tɕia⁵⁵tɕia⁵⁵	
内江	外公uai²¹³koŋ⁵⁵　　家公tɕia⁵⁵koŋ⁵⁵		外婆uai²¹³p'o³¹　　家婆tɕia⁵⁵p'o³¹	
仁寿	家公tɕia⁵⁵koŋ⁵⁵　　外公uai³¹⁵koŋ⁵⁵ 家公ka⁵⁵koŋ⁵⁵		家家tɕia⁵⁵tɕia⁵⁵　　外婆uai³¹⁵p'o³¹ 家婆tɕia⁵⁵p'o³¹　　家婆ka⁵⁵p'o³¹	
荣县	家公tɕia⁵⁵koŋ⁵⁵　　外公uai²¹⁴koŋ⁵⁵		家婆tɕia⁵⁵p'o³¹　　外婆uai²¹⁴p'o²¹ 家家tɕia⁵⁵tɕia⁵⁵　　婆婆p'o³¹p'o³¹	
雅安	外公uai¹⁴koŋ⁵⁵　　阿公a⁵⁵koŋ⁵⁵ 家公tɕia⁵⁵koŋ⁵⁵		外婆uai¹⁴p'o²¹　　阿婆a⁵⁵p'o²¹ 家婆tɕia⁵⁵p'o²¹　　家家tɕia⁵⁵tɕia⁵⁵	
汉源	外公uai²¹³koŋ⁵⁵　　家公ka⁵⁵koŋ⁵⁵		外婆uai²¹³p'o²¹　　家婆ka⁵⁵p'o²¹	

续表

	外　祖　父	外　祖　母
泸州	外公uai²¹³koŋ⁵⁵　家公tɕia⁵⁵koŋ⁵⁵	外婆uai²¹³p'o²¹　家婆tɕia⁵⁵p'o²¹
宜宾	家公tɕia⁵⁵koŋ⁵⁵	家婆tɕia⁵⁵p'o³¹　家家tɕia⁵⁵tɕia⁵⁵ 婆婆p'o³¹p'o³¹
都江堰	家公tɕia⁵⁵koŋ⁵⁵	家婆tɕia⁵⁵p'o³¹
乐山	外公 uai¹³koŋ⁵⁵　家公 tɕia⁵⁵koŋ⁵⁵	外婆uai¹³p'o²¹　家家tɕia⁵⁵tɕia⁵⁵ 家婆tɕia⁵⁵p'o²¹
峨眉	家公 tɕia⁴⁴koŋ⁴⁴	家婆 tɕia⁴⁴p'o²¹　家家 tɕia⁴⁴tɕia⁴⁴
西昌	姥公 nau³⁴koŋ⁴⁴　阿公a⁴⁴koŋ⁴⁴	姥婆 nau³⁴p'o⁴⁴

	父亲的姑父	父亲的姑母
成都	姑公 ku⁵⁵koŋ⁵⁵	姑婆 ku⁵⁵p'o²¹
重庆	姑公ko⁵⁵koŋ⁵⁵	姑婆 ku⁵⁵p'o²¹
巫溪	姑公ku⁵⁵kuŋ⁵⁵	姑奶奶 ku⁵⁵nai⁵⁵nai⁵⁵
达县	姑公 ku⁵⁵kuŋ⁵⁵　姑爷爷ku⁵⁵iɛ²¹iɛ²¹	姑婆 ku⁵⁵p'o²¹
广元	姑爷 ku⁴⁵iɛ²¹	姑婆ku⁴⁵p'o²¹
南充	老姑爷 nau⁵³ku⁵⁵i²¹　姑公 ku⁵⁵koŋ⁵⁵ 表公公 piau⁵³koŋ⁵⁵koŋ⁵⁵	姑婆 ku⁵⁵p'o²¹
遂宁	姑公 ku⁵⁵koŋ⁵⁵	姑婆 ku⁵⁵p'o²¹
梓潼	姑爷 ku⁴⁵iɛ²¹	姑婆 ku⁴⁵p'o²¹
资阳	姑老爷 ku⁵⁵nau⁴²iɛ²¹	姑婆 ku⁵⁵p'o²¹
内江	姑公 ku⁵⁵koŋ⁵⁵	姑婆 ku⁵⁵p'o³¹
仁寿	老姑爷nau⁴²ku⁵⁵iɛ³¹	老姑 nau⁴²ku⁵⁵
荣县	姑公ku⁵⁵koŋ⁵⁵	姑婆ku⁵⁵p'o³¹
雅安	姑公 ku⁵⁵koŋ⁵⁵	姑婆ku⁵⁵p'o²¹
汉源	姑老爷 ku⁵⁵nau⁴²iɛ²¹	姑奶奶 ku⁵⁵nai⁴²nai²¹
泸州	姑公ku⁵⁵koŋ⁵⁵	姑婆 ku⁵⁵p'o²¹
宜宾	姑老爷 ku⁵⁵nau⁴²i³¹　公公 koŋ⁵⁵koŋ⁵⁵ 姑公ku⁵⁵koŋ⁵⁵	姑婆 ku⁵⁵p'o³¹
都江堰	姑老爷ku⁵⁵nau⁵³i³¹	姑婆ku⁵⁵p'o³¹
乐山	姑公 ku⁵⁵koŋ⁵⁵	姑婆 ku⁵⁵p'o²¹
峨眉	姑公 ku⁴⁴koŋ⁴⁴	姑婆 ku⁴⁴p'o²¹
西昌	姑公ku⁴⁴koŋ⁴⁴	姑婆ku⁴⁴p'o⁵²

	父亲的姨父	父亲的姨母
成都	姨公 i²¹koŋ⁵⁵	姨婆i²¹pʻo²¹
重庆	姨公i²¹koŋ⁵⁵	姨婆i²¹pʻo²¹
巫溪	姨公 i²¹kuŋ⁵⁵	姨婆 i²¹pʻo²¹
达县	姨公 i²¹kuŋ⁵⁵	姨婆 i²¹pʻo²¹
广元	老爷nau⁵³i²¹	姑婆ku⁴⁵pʻo²¹
南充	姨公 i²¹koŋ⁵⁵	姨婆 i²¹pʻo²¹
遂宁	姨公 i²¹koŋ⁵⁵	姨婆 i²¹pʻo²¹
梓潼	姑爷 ku⁴⁵iɛ²¹	姑婆 ku⁴⁵pʻo²¹
资阳	姨公i²¹koŋ⁵⁵	姨婆i²¹pʻo²¹
内江	姨公 i³¹koŋ⁵⁵	姨婆i³¹pʻo³¹
仁寿	姨公 i³¹koŋ⁵⁵	姨婆i³¹pʻo³¹
荣县	姨公i³¹koŋ⁵⁵	姨婆i³¹pʻo³¹
雅安	姨公i²¹koŋ⁵⁵	姨婆i²¹pʻo²¹
汉源	姨老爷 i²¹nau⁴²iɛ²¹	姨奶奶 i²¹nai⁴²nai²¹
泸州	姨公 i²¹koŋ⁵⁵	姨婆i²¹pʻo²¹
宜宾	姨公 i³¹koŋ⁵⁵	姨婆i³¹pʻo³¹
都江堰	老爷nau⁵³i³¹	姑婆ku⁵⁵pʻo³¹
乐山	姨公i²¹koŋ⁵⁵	姨婆i²¹pʻo²¹
峨眉	姨公 i²¹koŋ⁴⁴	姨婆i²¹pʻo²¹
西昌	姨公i⁵²koŋ⁴⁴	姨婆i⁵²pʻo⁵²

	父亲的舅父	父亲的舅母
成都	舅公 tɕiəu²¹³koŋ⁵⁵	舅婆 tɕiəu²¹³pʻo²¹
重庆	舅公tɕiəu²¹⁴koŋ⁵⁵	舅婆tɕiəu²¹⁴pʻo²¹
巫溪	舅公 tɕiəu²¹⁴kuŋ⁵⁵	舅婆tɕiəu²¹⁴pʻo²¹
达县	舅公 tɕiəu²¹⁴kuŋ⁵⁵　　舅爷 tɕiəu²¹⁴ iɛ²¹	舅婆 tɕiəu²¹⁴pʻo²¹
广元	舅爷爷 tɕiəu²¹⁴iɛ²¹ iɛ²¹	舅婆婆 tɕiəu²¹⁴ pʻo²¹ pʻo²¹
南充	舅爷 tɕiəu¹⁴ iɛ²¹　　舅公 tɕiəu¹⁴ koŋ⁵⁵	舅婆 tɕiəu¹⁴pʻo²¹
遂宁	舅爷 tɕiəu²⁴ iɛ²¹　　舅公 tɕiəu²⁴koŋ⁵⁵	舅婆 tɕiəu²⁴ pʻo²¹
梓潼	舅爷 tɕiəu²¹⁴ iɛ²¹	舅婆 tɕiəu²¹⁴pʻo²¹
资阳	舅公 tɕiəu²¹⁴koŋ⁵⁵	舅婆 tɕiəu²¹⁴pʻo²¹
内江	舅公 tɕiəu²¹³ koŋ⁵⁵	舅婆 tɕiəu²¹³ pʻo³¹
仁寿	舅公 tɕiəu³¹⁵ koŋ⁵⁵	舅婆 tɕiəu³¹⁵ pʻo³¹
荣县	舅公tɕiəu²¹⁴ koŋ⁵⁵	舅婆tɕiəu²¹⁴ pʻo³¹

续表

	父亲的舅父	父亲的舅母
雅安	舅公 tɕiəu14koŋ55	舅婆tɕiəu14pʻo21
汉源	舅爷 tɕiəu213ie21	舅婆婆 tɕiəu213pʻo21pʻo55
泸州	舅公 tɕiəu13koŋ55	舅婆 tɕiəu13pʻo21
宜宾	舅公 tɕiəu13koŋ55	舅婆 tɕiəu13pʻo21
都江堰	舅公 tɕiəu13koŋ55	舅婆 tɕiəu13pʻo31
乐山	舅公 tɕiəu13koŋ55	舅婆 tɕiəu13pʻo21
峨眉	舅公 tɕiəu13koŋ44	舅婆 tɕiəu13pʻo21
西昌	舅公 tɕiəu11koŋ44	舅婆 tɕiəu11pʻo52

	父亲的表叔	父亲的表婶
成都	表叔公 piau53su21koŋ55	表叔婆 piau53su21pʻo21
重庆	表叔公piau42su21koŋ55	表叔婆piau42su21pʻo21
巫溪	表叔公piau42su21kuŋ55	表叔婆piau42su21pʻo21
达县	表公 piau42kuŋ55	表婆piau42pʻo21
广元	表爷爷 piau53 ie21 ie21	表婆婆 piau53 pʻo21pʻo45
南充	表公 piau53koŋ55　表爷 piau53 ie21	表婆 piau53 pʻo21　表叔婆 piau53 suʔ14 pʻo21
遂宁	表叔公 piau52 su24 koŋ55 表爷 piau52 ie21	表叔婆 piau52 su24 pʻo21　表婆 piau52pʻo21
梓潼	表爷 piau53 ie21	表婆 piau53 pʻo21
资阳	表爷爷 piau42ie21ie55	表叔婆piau42su21pʻo21
内江	表叔公 piau42 ʂu213 koŋ55	表叔婆 piau42 ʂu213pʻo31
仁寿	表爷爷piau42 ie31 ie42 表叔公piau42 ʂu315 koŋ55	表婶娘 piau42 sən42 ȵian31 表奶奶 piau42nai42nai42
荣县	表叔公piau42 ʂu214 koŋ55	表叔婆piau42 ʂu214 pʻo31
雅安	表叔公piau42su55koŋ55	表叔婆piau52su55pʻo21
汉源	表爷爷 piau42ie21ie55	表奶奶 piau42nai42nai21
泸州	表公 piau42 koŋ55	表婆 piau42 pʻo21
宜宾	表叔公 piau42so31koŋ55	表叔婆 piau42so31pʻo31
都江堰	表叔公 piau53suə33koŋ55	表叔婆 piau53suə33pʻo31
乐山	表叔公 piau52su44koŋ55 表姥爷 piau52nau52ie21	表叔婆 piau52su44pʻo21
峨眉	表姥爷piau42nau42ie21	表奶奶 piau42nai42nai42
西昌	表公 piau34koŋ44　表爷 piau34ie52	表叔婆piau34ʂu31pʻo52　婆婆 pʻo52pʻo44

	父亲①	母亲
成都	爸 pa²¹　　　　　爸爸 pa²¹pa⁵⁵ 老把子 nau⁵³pa⁵³tsʅ⁵³　*老汉儿nau⁵³xanr²¹³	妈 ma⁵⁵
重庆	爸爸 pa²¹pa⁵⁵　　*老汉儿nau⁴²xanr²¹⁴	妈妈 ma⁵⁵ma⁵⁵
巫溪	爸爸 pa²¹pa⁵⁵　　　　爹 tiɛ⁵⁵ *老汉儿nau⁴²xanr²¹⁴	妈妈 ma⁵⁵ma⁵⁵
达县	爸爸 pa⁴²pa⁴²　　　　爹 tiɛ⁵⁵ *老汉儿nau⁴²xanr²¹	妈 ma⁵⁵　妈妈　ma⁵⁵ma⁵⁵
广元	爸爸 pa²¹ pa²¹　　　爹爹 tiɛ⁴⁵ tiɛ⁴⁵ *老汉儿nau⁵³ xanr²¹⁴	娘 niaŋ²¹　娘娘 niaŋ²¹ niaŋ²¹　妈 ma⁴⁵ 妈妈 ma⁴⁵ ma⁴⁵
南充	爸 pa¹⁴　爸爸 pa²¹ pa²¹　爹爹tia⁵⁵ tia⁵⁵ 爹tiɛ⁵⁵ *老汉儿 nau⁵³ xanr¹⁴　*老子nau⁵³ tsʅ⁵³	妈 ma⁵⁵　　妈妈 ma⁵⁵ ma⁵⁵ 娘ȵiɑŋ²¹　　奶奶 nai⁵³ nai⁵³
遂宁	爸 pa²¹　爸爸 pa²¹pa²¹　老汉儿nau⁵²xanr²⁴	妈 ma⁵⁵　妈妈 ma⁵⁵ ma⁵⁵
梓潼	爸 pa²¹　爸爸 pa²¹ pa²¹　老汉儿nau⁵³ xanr²¹⁴	妈 ma⁴⁵　妈妈 ma⁴⁵ ma⁴⁵
资阳	爸pa²¹　爸爸pa²¹pa²¹　老汉儿nau⁴²xanr²¹⁴ 老把子nau⁴²pa²¹tsʅ⁴²　*老头儿nau⁴² tʰəur²¹	妈 ma⁵⁵
内江	爸pa³¹　爸爸pa³¹ pa⁵⁵　大大ta²¹³ ta²¹³ 老汉儿nau⁴²xanr²¹³　老把子nau⁴² pa⁴² tsʅ⁴² 老子nau⁴²tsʅ⁴²　　爹爹tiɛ⁵⁵ tiɛ⁵⁵	妈 ma⁵⁵　妈妈 ma⁵⁵ma⁵⁵ 娘ȵiɑŋ³¹　老娘 nau⁴²ȵiɑŋ³¹
仁寿	爸爸pa³¹ pa⁵⁵　　　大大ta³¹⁵ ta⁵⁵ *老汉儿nau⁴² xanr³¹⁵　*爹ti⁵⁵ 阿爸a⁵⁵ pa⁵⁵　*老把子nau⁴² pa⁴² tsʅ⁴²	妈 ma⁵⁵ 妈妈ma⁵⁵ ma⁵⁵ *老母亲nau⁴²mu⁴²tɕʰin⁵⁵ *老娘nau⁴²ȵiɑŋ³¹
荣县	爸爸pa³¹ pa⁵⁵　　老汉儿nau⁴² xanr²¹⁴ 老把子nau⁴²pa⁴² tsʅ⁴²	娘ȵiɑŋ³¹　妈 ma⁵⁵ 老母亲nau⁴²mu⁴²tɕʰin⁵⁵
雅安	爸 pa²¹　　爸爸 pa²¹pa²¹　　爸爸 pa²¹pa⁵⁵ 阿爸a⁵⁵pa²¹ 老把子 nau⁴²pa²¹tsʅ⁴² *老子nau⁴²tsʅ⁴²	妈 ma⁵⁵ 妈妈ma⁵⁵ma⁵⁵ 阿妈a⁵⁵ ma⁵⁵
汉源	爸爸pa²¹pa⁵⁵ 爹tiɛ⁵⁵ 老把子nau⁴² pa⁴²tsʅ⁴² 老头儿nau⁴² tʰəur²¹　*老汉儿nau⁴²xanr²¹³	妈妈 ma⁵⁵ma⁵⁵　娘ȵiɑŋ²¹
泸州	爸爸pa²¹pa⁵⁵　　　老头儿nau⁴²tʰəur²¹ 老汉儿nau⁴²xanr¹³　　老把子nau⁴²pa⁴²tsʅ⁴² 大大ta¹³ta¹³　爹ti⁵⁵　老子nau⁴²tsʅ⁴²	妈 ma⁵⁵　　老娘niaŋ⁴²ȵiɑŋ²¹
宜宾	爸爸pa³¹pa⁵⁵　　老汉儿nau⁴²xanr¹³ 老倌儿 nau⁴²kuanr⁵⁵	妈 ma⁵⁵ 老母亲 nau⁴²mu⁴²tɕʰin⁵⁵
都江堰	爸 pa³¹　爸爸 pa³¹pa³¹　*老汉儿nau⁵³xanr¹³	妈 ma⁵⁵
乐山	爸爸 pa²¹pa⁵⁵ 大大 ta¹³pa⁵⁵ 老汉儿nau⁵²xanr¹³	妈 ma⁵⁵ 妈妈ma⁵⁵ma⁵⁵　娘niaŋ²¹ 娘娘niaŋ²¹niaŋ²¹ 老娘nau⁵²niaŋ²¹
峨眉	爹tiɛ⁴⁴ 老汉儿nau⁴²xanr¹³ 伯伯pæ⁵⁵pæ⁵⁵	妈 ma⁴⁴
西昌	爹 tiɛ⁴⁴ 爸pa³¹（旧常用于父子八字不合时）	妈 ma⁴⁴

① 加星号*的说法只用于背称。

	继父（背称）	继母（背称）
成都	后老汉$_{儿}$ xəu^{213}nau^{53}xanr^{213} 后爸 xəu^{213}pa^{21}	后妈 xəu^{213}ma^{55}
重庆	后老汉$_{儿}$ xəu^{214}nau^{42}xanr^{214}	后妈 xəu^{214}ma^{55}
巫溪	后老汉$_{儿}$ xəu^{214}nau^{42}xanr^{214}	后妈 xəu^{214}ma^{55}
达县	继父老汉$_{儿}$ tɕi^{214}fu^{214}nau^{42}xanr^{214} 后老汉$_{儿}$ xəu^{214}nau^{42}xanr^{214} 后爸 xəu^{214}pa^{21}　　后爸爸 xəu^{214}pa^{21}pa^{55} 后老子 xəu^{214}nau^{42}tsɿ^{42} 二锅头ɚ^{214}kuo^{55}tˤəu^{21} 皮老汉$_{儿}$ pʻi^{21} nau^{42} xanr^{214}	后妈 xəu^{214}ma^{55}　　后娘 xəu^{214}niaŋ^{21}
广元	后老汉$_{儿}$ xəu^{214} nau^{53} xanr^{214}	姨姨 i^{21} i^{21}　　后妈 xəu^{214} ma^{45}
南充	后老汉$_{儿}$ xəu^{14} nau^{53} xanr^{14} 保保 pau^{53}pau^{53}　保爷 pau^{53}iɛ^{21}	后妈 xəu^{14} ma^{55}　　后娘 xəu^{14}ȵiaŋ^{21}
遂宁	继父老汉$_{儿}$ tɕi^{24}fu^{24}nau^{52}xanr^{24} 后老汉$_{儿}$ xəu^{24}nau^{52}xanr^{24} 后爸 xəu^{24} pa^{21}	后妈 xəu^{24}ma^{55}　　后娘 xəu^{24}niaŋ^{21}
梓潼	后老汉$_{儿}$ xəu^{214} nau^{53} xanr^{214} 后爸 xəu^{214} pa^{21}　后老子 xəu^{214}nau^{53}tsɿ^{53}	后妈 xəu^{214} ma^{45}
资阳	后老汉$_{儿}$ xəu^{214}nau^{42}xanr^{214}	后妈 xəu^{214}ma^{55}
内江	后老汉$_{儿}$ xəu^{213} nau^{42} xanr^{213} 后爸 xəu^{213} pa^{31} 接脚杆老汉$_{儿}$ tɕiɛ^{213}tɕio^{213} kan^{42} nau^{42} xanr^{213} 继父老汉$_{儿}$ tɕi^{213} fu^{213} nau^{42} xanr^{213}	后妈 xəu^{213} ma^{55}　后娘 xəu^{213}ȵiaŋ^{31} 接脚杆妈 tɕiɛ^{213}tɕio^{213}kan^{42}ma^{55} 填房的妈 tʻiɛn^{31} faŋ^{31}ne^{55} ma^{55}
仁寿	后老汉$_{儿}$ xəu^{315} nau^{42} xanr^{315}	后妈 xəu^{315} ma^{55}　后娘 xəu^{315}ȵiaŋ^{31} 后老娘 xəu^{315}nau^{42}ȵiaŋ^{31} 填房的妈 tʻiɛn^{31} faŋ^{31}ne^{55} ma^{55}
荣县	继父老汉$_{儿}$ tɕi^{214} fu^{42} nau^{42} xanr^{214} 后老汉$_{儿}$ xəu^{214}nau^{42}xanr^{214}	后妈 xəu^{214} ma^{55} 后娘 xəu^{214}niaŋ^{31}
雅安	后爸 xəu^{14}pa^{21}	后妈 xəu^{14}ma^{55}　后娘 xəu^{14}niaŋ^{21}
汉源	继父 tɕi^{21}fu^{213} 后老子 xəu^{213} nau^{42}tsɿ^{42} 接脚杆老汉$_{儿}$ tɕiɛ^{55}tɕio^{55}kan^{42}nau^{42} xanr^{213}	后妈 xəu^{213}ma^{55} 后娘　xəu^{213}ȵiaŋ^{21}
泸州	后老汉$_{儿}$ xəu^{13}nau^{42}xanr^{13} 接脚老汉$_{儿}$ tɕiɛ^{33}tɕyo^{21}nau^{42}xanr^{13}	后妈 xəu^{13}ma^{55} 接脚杆妈 tɕiɛ^{33}tɕyo^{21}kan^{42}ma^{55}
宜宾	后老汉$_{儿}$ xəu^{13}nau^{42}xanr^{13} 后老倌 xəu^{13}nau^{42}kuanr^{55}	后妈 xəu^{13}ma^{55}　后娘 xəu^{13}ȵiaŋ^{31}
都江堰	后老汉$_{儿}$ xəu^{13}nau^{53}xanr^{13} 接脚杆老汉$_{儿}$ tɕiɛ^{33}tɕyo^{33}kan^{53}nau^{53}xanr^{13}	后妈 xəu^{13}ma^{55}　后娘 xəu^{13}ȵiaŋ^{31}
乐山	继父老汉$_{儿}$ tɕi^{13}fu^{13}nau^{52}xanr^{13}　后爸 xəu^{13}pa^{13} 后老汉$_{儿}$ xəu^{13}nau^{52}xanr^{13} 后老子 xəu^{13}nau^{52}tsɿ^{52} 接脚杆老汉$_{儿}$ tɕiɛ^{21}tɕio^{21}kan^{52}nau^{52}xanr^{13}	后妈 xəu^{13}ma^{55}　后娘 xəu^{13}niaŋ^{21} 后老娘 xəu^{13}nau^{52}niaŋ^{21} 接脚杆妈 tɕiɛ^{21}tɕio^{21}kan^{52}ma^{55}
峨眉	后老汉$_{儿}$ xəu^{13}nau^{42}xanr^{13} 后老子 xəu^{13}nau^{42}tsɿ^{42}	后母 xəu^{13}mu^{42} 孃孃 niaŋ^{44}niaŋ^{44}
西昌	后爸 xou^{11}pa^{31}	后妈 xəu^{11}ma^{44}

	父亲的哥哥	父亲的弟弟
成都	排行＋伯pe^{21}	排行＋叔su^{21}　　排行＋爷ie^{21}
重庆	排行＋伯 pe^{21}　伯伯 pe^{21}pe^{55}	排行＋叔 su^{21}　排行＋爸 pa^{21} 幺叔 iau^{55}su^{21}　幺爸 iau^{55}pa^{21}
巫溪	排行＋伯 pe^{21}　伯伯 pe^{21}pe^{55}	排行＋爸儿par^{21}　幺爸儿iau^{55}par^{21}
达县	排行＋爸pa^{21}	排行＋爸pa^{21}
广元	排行＋爹tie^{45}　　排行＋爸子pa^{21}tsɿ^{53} 排行＋爸儿par^{21}	排行＋爹 tie^{45}　排行＋爸子 pa^{21}tsɿ^{53} 排行＋爸儿par^{21}　老老 nau^{53}nau^{53}
南充	排行＋伯pe^{21}　排行＋爹tie^{55}	排行＋叔su^{14}　排行＋爸pa^{21} 满满man^{53} man^{53}
遂宁	排行＋爹tie^{55}　伯伯pe^{21}pe^{21}	排行＋爸par^{21}　排行＋爷ie^{21} 排行＋叔su^{21}
梓潼	排行＋爹 tie^{45}　排行＋爸 pa^{21}	排行＋爹 tie^{45}　排行＋爸 pa^{21}
资阳	排行＋爸pa^{21}　排行＋爸儿par^{21} 排行＋爷ie^{21}	排行＋爸pa^{21}　排行＋爸儿par^{42}　排行＋爷ie^{21}
内江	排行＋叔ʂu^{213}　　排行＋爷ie^{31}	排行＋叔ʂu^{213}　排行＋爷ie^{31}
仁寿	排行＋爷ie^{31}　　排行＋伯pe^{31} 排行＋爸pa^{315}	排行＋叔su^{315}　排行＋爸pa^{315} 排行＋老汉儿nau^{42} xanr^{315} 满满man^{42} man^{42}
荣县	排行＋叔ʂu^{214}　　排行＋爷ie^{31} 排行＋伯pe^{55}	排行＋叔ʂu^{214}　排行＋爷ie^{31}
雅安	排行＋伯pe^{55}	排行＋爸pa^{21}　排行＋爸儿par^{21}
汉源	排行＋伯pe^{21}　伯伯pe^{21}pe^{55}	排行＋叔su^{55}　排行＋爸pa^{21}
泸州	排行＋伯pe^{21}　排行＋伯爷pe^{21}i^{21}	排行＋爷i^{21}　幺叔iau^{55}su^{33}
宜宾	排行＋伯伯pe^{31}pe^{31}	排行＋爸pa^{31}　排行＋爹tie^{55} 排行＋叔su^{33}　排行＋伯pe^{31}
都江堰	伯伯 pæ^{33}pæ^{33}　排行＋爷i^{31}	排行＋爸 par^{31}
乐山	排行＋伯 pæ^{44}　排行＋爸pa^{21} 排行＋爷i^{21}	排行＋叔su^{55}　排行＋爸pa^{21} 排行＋爷i^{21}
峨眉	伯伯pæ^{55}pæ^{55}	排行＋叔su^{13}
西昌	排行＋爷ie^{44}　　排行＋爹tie^{44}	排行＋爸 pa^{31}

	父亲的姐姐	父亲的妹妹
成都	嬢嬢ȵiaŋ^{55}ȵiaŋ^{55}　姑姑 ku^{55}ku^{55} 姥子nau^{53}tsɿ^{53}	嬢嬢ȵiaŋ^{55}ȵiaŋ^{55}　姑姑 ku^{55}ku^{55} 姥子nau^{53}tsɿ^{53}
重庆	嬢嬢 niaŋ^{55}niaŋ^{55}　姑妈 ku^{55}ma^{55}	嬢嬢 niaŋ^{55}niaŋ^{55}　姑妈 ku^{55}ma^{55}
巫溪	嬢嬢 niaŋ^{55}niaŋ^{55}	嬢嬢 niaŋ^{55}niaŋ^{55}
达县	姑姑ku^{55}ku^{55}　姥子nau^{42}tsɿ^{42} 姥姥nau^{42}nau^{42}	姑姑 ku^{55}ku^{55}　姥子nau^{42}tsɿ^{42} 姥姥nau^{42}nau^{42}
广元	嬢嬢niaŋ^{55}niaŋ^{55}　姥子nau^{53}tsɿ^{53} 姑妈ku^{45}ma^{45}　大大ta^{21}ta^{21} 排行＋姑ku^{45}	嬢嬢niaŋ^{55}niaŋ^{55}　姥子nau^{53}tsɿ^{53} 姑妈ku^{45}ma^{45}　大大ta^{21}ta^{21} 幺幺iau^{45}iau^{45}

	父亲的姐姐	父亲的妹妹
南充	孃孃ȵiaŋ⁵⁵ȵiaŋ⁵⁵　姑姑 ku⁵⁵ku⁵⁵	孃孃ȵiaŋ⁵⁵ȵiaŋ⁵⁵　姑姑 ku⁵⁵ku⁵⁵
遂宁	孃孃ȵiaŋ⁵⁵ȵiaŋ⁵⁵	孃孃ȵiaŋ⁵⁵ȵiaŋ⁵⁵
梓潼	孃孃ȵiaŋ⁴⁵ȵiaŋ⁴⁵	孃孃ȵiaŋ⁴⁵ȵiaŋ⁴⁵
资阳	孃孃ȵiaŋ⁵⁵ȵiaŋ⁵⁵　姑妈ku⁵⁵ma⁵⁵ 大孃ta²¹⁴ȵiaŋ⁵⁵	孃孃ȵiaŋ⁵⁵ȵiaŋ⁵⁵　姑妈ku⁵⁵ma⁵⁵ 满孃man⁵³ȵiaŋ⁵⁵
内江	孃孃ȵiaŋ⁵⁵ȵiaŋ⁵⁵　姑姑ku⁵⁵ku⁵⁵ 姑妈ku⁵⁵ma⁵⁵	孃孃ȵiaŋ⁵⁵ȵiaŋ⁵⁵　姑姑ku⁵⁵ku⁵⁵ 姑妈ku⁵⁵ma⁵⁵
仁寿	孃孃ȵiaŋ⁵⁵ ȵiaŋ⁵⁵　姑妈 ku⁵⁵ ma⁵⁵ 姑姑 ku⁵⁵ku⁵⁵　　排行＋孃ȵiaŋ⁵⁵	孃孃ȵiaŋ⁵⁵ ȵiaŋ⁵⁵　姑妈 ku⁵⁵ ma⁵⁵ 姑姑 ku⁵⁵ku⁵⁵　　排行＋孃ȵiaŋ⁵⁵
荣县	孃孃ȵiaŋ⁵⁵ȵiaŋ⁵⁵　姑妈 ku⁵⁵ma⁵⁵ 排行＋孃ȵiaŋ⁵⁵	孃孃ȵiaŋ⁵⁵ȵiaŋ⁵⁵　姑妈 ku⁵⁵ma⁵⁵ 排行＋孃ȵiaŋ⁵⁵
雅安	姑姑ku⁵⁵ku⁵⁵	姑姑 ku⁵⁵ku⁵⁵
汉源	孃孃ȵiaŋ⁵⁵ȵiaŋ⁵⁵　姑姑 ku⁵⁵ku⁵⁵ 姑妈 ku⁵⁵ma⁵⁵	孃孃ȵiaŋ⁵⁵ȵiaŋ⁵⁵　姑姑 ku⁵⁵ku⁵⁵ 姑妈 ku⁵⁵ma⁵⁵
泸州	孃孃ȵiaŋ⁵⁵ȵiaŋ⁵⁵　姑姑ku⁵⁵ku⁵⁵	孃孃ȵiaŋ⁵⁵ȵiaŋ⁵⁵　姑姑ku⁵⁵ku⁵⁵
宜宾	排行＋孃ȵiaŋ⁵⁵	排行＋孃ȵiaŋ⁵⁵
都江堰	孃孃ȵiaŋ⁵⁵ȵiaŋ⁵⁵　老子 nau⁵³tsʅ⁵³	孃孃ȵiaŋ⁵⁵ȵiaŋ⁵⁵　老子 nau⁵³tsʅ⁵³
乐山	孃孃niaŋ⁵⁵niaŋ⁵⁵　排行＋孃niaŋ⁵⁵ 姥子nau⁵²tsʅ⁵²	孃孃niaŋ⁵⁵niaŋ⁵⁵　排行＋孃niaŋ⁵⁵ 姥子nau⁵²tsʅ⁵²
峨眉	孃孃niaŋ⁴⁴niaŋ⁴⁴	孃孃niaŋ⁴⁴niaŋ⁴⁴
西昌	孃孃niaŋ⁴⁴niaŋ⁴⁴　排行＋孃 niaŋ⁴⁴	孃孃niaŋ⁴⁴niaŋ⁴⁴　排行＋孃 niaŋ⁴⁴

	父亲的哥哥的配偶	父亲的弟弟的配偶
成都	伯妈 pɛ²¹ma⁵⁵　　伯娘 pɛ²¹niaŋ²¹	婶婶sən⁵³sən²¹　　排行＋婶ₙsənr⁵³
重庆	排行＋伯娘 pɛ²¹niaŋ⁵⁵ 排行＋伯妈 pɛ²¹ma⁵⁵	排行＋婶ₙsənr⁴²　　幺婶ₙiau⁵⁵sənr⁴²
巫溪	排行＋姆姆 mu⁴²mu⁴²	排行＋婶ₙsənr⁴²　　幺婶ₙiau⁵⁵sənr⁴²
达县	排行＋妈ma⁵⁵	排行＋妈ma⁵⁵
广元	排行＋妈 ma⁴⁵	排行＋婶ₙsənr⁵³　　排行＋妈 ma⁴⁵
南充	排行＋娘ȵiaŋ²¹　排行＋妈 ma⁵⁵ 伯娘 pɛ²¹ȵiaŋ²¹　　伯妈 pɛ²¹ ma⁵⁵	排行＋婶 sən⁵³ 婶婶sən⁵³sən⁵³　婶娘sən⁵³ȵiaŋ²¹
遂宁	排行＋妈 ma⁵⁵　　伯妈 pɔ²¹ma⁵⁵	排行＋妈 ma⁵⁵
梓潼	排行＋妈 ma⁴⁵	排行＋妈 ma⁴⁵
资阳	排行＋娘 ȵiaŋ²¹　伯妈pe²¹ma⁵⁵	排行＋娘 ȵiaŋ²¹　排行＋妈ma⁵⁵
内江	叔娘 ʂu²¹³ȵiaŋ³¹	叔娘ʂu²¹³ȵiaŋ³¹

续表

	父亲的哥哥的配偶	父亲的弟弟的配偶
仁寿	伯娘 pe³¹⁵n̠iaŋ³¹　婶娘 sən⁴²n̠iaŋ³¹ 排行＋娘 n̠iaŋ³¹	婶娘 sən⁴²n̠iaŋ³¹　排行＋婶儿 sənr⁵⁵ 排行＋妈 ma⁵⁵
荣县	排行＋娘n̠iaŋ³¹	排行＋娘n̠iaŋ³¹　嬢嬢n̠iaŋ⁵⁵n̠iaŋ⁵⁵
雅安	伯母 pe⁵⁵mu⁴²　排行＋娘n̠iaŋ⁵⁵	排行＋妈ma⁵⁵　排行＋嬢n̠iaŋ⁵⁵
汉源	婶婶 sən⁴²sən²¹	排行＋婶sən⁴²
泸州	伯妈pe³³ma⁵⁵　伯娘pe³³n̠iaŋ²¹	叔娘su³³n̠iaŋ²¹　排行＋娘n̠iaŋ²¹ 婶娘suan⁴²n̠iaŋ²¹
宜宾	伯妈pe³³ma⁵⁵　伯娘pe³³n̠iaŋ³¹	排行＋妈ma⁵⁵　排行＋婶sən⁴²
都江堰	伯娘pæ³³n̠iaŋ³¹	排行＋妈ma⁵⁵　排行＋娘niaŋ³¹ 排行＋婶sən⁵³
乐山	伯娘pæ⁴⁴niaŋ²¹　排行＋妈 ma⁵⁵ 排行＋娘 niaŋ²¹	婶娘 sən⁵²niaŋ²¹　排行＋娘 niaŋ²¹ 排行＋婶 sən⁵²　排行＋妈 ma⁵⁵
峨眉	伯娘pæ⁵⁵niaŋ²¹　大大 ta¹³ta¹³	婶娘 sən⁴²niaŋ²¹　娘娘niaŋ²¹niaŋ²¹
西昌	排行＋妈 ma⁴⁴	排行＋婶ʂən³⁴

	父亲的姐姐的配偶	父亲的妹妹的配偶
成都	姑爹ku⁵⁵tie⁵⁵　姑爷ku⁵⁵ie²¹	姑爹ku⁵⁵tie⁵⁵　姑爷ku⁵⁵ie²¹
重庆	姑爷 ku⁵⁵ie⁵⁵	姑爷ku⁵⁵ie⁵⁵
巫溪	姑爷 ku⁵⁵ie²¹	姑爷 ku⁵⁵ie²¹
达县	姑爷ku⁵⁵ie²¹　姑爷ku⁵⁵ie⁵⁵	姑爷ku⁵⁵ie²¹　姑爷ku⁵⁵ie⁵⁵
广元	姑父儿ku⁴⁵fur²¹⁴　姑父儿ku⁴⁵fur⁴⁵	姑父儿ku⁴⁵fur²¹⁴　姑父儿ku⁴⁵fur⁴⁵
南充	姑父ku⁵⁵fur⁵⁵　姑爹ku⁵⁵tie⁵⁵ 褓褓pau⁵³pau⁵³　排行＋褓 pau⁵³	姑父ku⁵⁵fur⁵⁵　姑爹ku⁵⁵tie⁵⁵ 褓褓pau⁵³pau⁵³　排行＋褓 pau⁵³
遂宁	姑爷ku⁵⁵ie²¹　姑爷ku⁵⁵ie⁵⁵	姑爷ku⁵⁵ie²¹
梓潼	姑父儿ku⁴⁵fur⁵³　姑父儿ku⁴⁵fur⁴⁵	姑父儿ku⁴⁵fur⁵³　姑父儿ku⁴⁵fur⁴⁵
资阳	姑爷ku⁵⁵ie²¹　姑爷ku⁵⁵ie⁵⁵	姑爷ku⁵⁵ie²¹　姑爷ku⁵⁵ie⁵⁵
内江	姑爹ku⁵⁵ tie⁵⁵　姑爷ku⁵⁵ie³¹	姑爹ku⁵⁵ tie⁵⁵　姑爷ku⁵⁵ie³¹
仁寿	姑爷 ku⁵⁵ie³¹　姑爹 ku⁵⁵ti⁵⁵	姑爷 ku⁵⁵ie³¹　姑爹 ku⁵⁵ti⁵⁵
荣县	排行＋姑爷ku⁵⁵ie³¹	排行＋姑爷ku⁵⁵ie³¹
雅安	姑爷ku⁵⁵ie²¹　姓＋姑爷ku⁵⁵ie⁵⁵	姑爷ku⁵⁵ie²¹　姓＋姑爷ku⁵⁵ie⁵⁵
汉源	姑爷ku⁵⁵ie⁵⁵　姑爹ku⁵⁵tie⁵⁵	姑爷ku⁵⁵ie⁵⁵　姑爹ku⁵⁵tie⁵⁵
泸州	姑爷ku⁵⁵i²¹	姑爷ku⁵⁵i²¹
宜宾	排行＋姑爷ku⁵⁵i³¹　姓＋姑爷ku⁵⁵i³¹	排行＋姑爷ku⁵⁵i³¹　姓＋姑爷ku⁵⁵i³¹
都江堰	姨爹i³¹ti⁵⁵　姑爷ku⁵⁵i⁵⁵	姨爹i³¹ti⁵⁵　姑爷 ku⁵⁵i⁵⁵
乐山	姑爹 ku⁵⁵tie⁵⁵　姑爷 ku⁵⁵i²¹ 排行＋姑爷 i²¹	姑爹 ku⁵⁵tie⁵⁵　姑爷 ku⁵⁵i²¹ 排行＋姑爷 i²¹
峨眉	姑爷ku⁴⁴ie⁵⁵	姑爷ku⁴⁴ie⁵⁵
西昌	姑爷ku⁴⁴ie⁴⁴	姑爷ku⁴⁴ie⁴⁴

	母亲的兄弟	母亲的姐妹
成都	舅舅tɕiəu²¹³tɕiəu⁵⁵　排行＋舅tɕiəu²¹³ 保保pau⁵³pau⁵³	姨i²¹　姨妈i²¹ma⁵⁵　姨孃i²¹n̠iaŋ⁵⁵
重庆	舅舅tɕiəu²¹⁴tɕiəu⁵⁵	姨妈 i²¹ma⁵⁵（母之姐） 姨孃 i²¹n̠iaŋ⁵⁵（母之妹）
巫溪	舅舅tɕiəu²¹⁴tɕiəu⁵⁵	姨i²¹
达县	舅舅tɕiəu²¹⁴tɕiəu⁵⁵　排行＋舅 tɕiəu²¹⁴ 排行＋舅舅tɕiəu²¹⁴ tɕiəu⁵⁵ 幺舅ₙiau⁵⁵tɕiəur²¹⁴	姨 i²¹　　　　　姨妈 i²¹ma⁵⁵ 排行＋姨 i²¹
广元	舅舅tɕiəu²¹⁴ tɕiəu⁴⁵排行＋舅 tɕiəu²¹⁴ 幺爸 iau⁴⁵pa²¹	排行＋姨 i²¹　大大 ta²¹⁴ta⁴⁵（母之姐） 大幺 ta²¹⁴iau⁴⁵　满幺 mɛ⁵³iau⁴⁵（母之妹）
南充	舅舅tɕiəu¹⁴ tɕiəu⁵⁵ 排行＋舅 tɕiəu¹⁴	姨妈 i²¹ma⁵⁵　　排行＋孃n̠iaŋ⁵⁵ 孃n̠iaŋ⁵⁵n̠iaŋ⁵⁵
遂宁	舅舅tɕiəu²⁴tɕiəu⁵⁵ 排行＋舅 tɕiəu²⁴	孃孃n̠iaŋ⁵⁵n̠iaŋ⁵⁵
梓潼	舅舅tɕiəu²¹⁴ tɕiəu⁴⁵　排行＋舅 tɕiəu²¹⁴	孃孃n̠iaŋ⁴⁵ n̠iaŋ⁴⁵
资阳	舅舅tɕiəu²¹³tɕiəu⁵⁵ 排行＋舅 tɕiəu²¹³	孃孃n̠iaŋ⁵⁵n̠iaŋ⁵⁵　姨妈i²¹ma⁵⁵
内江	舅舅tɕiəu²¹³ tɕiəu⁵⁵ 排行＋舅 tɕiəu²¹³ 排行＋舅舅tɕiəu²¹³ tɕiəu⁵⁵ 幺爸iau⁵⁵pa³¹	姨孃i³¹ n̠iaŋ³¹　排行＋孃n̠iaŋ⁵⁵
仁寿	舅舅tɕiəu³¹⁵ tɕiəu⁵⁵　排行＋舅tɕiəu³¹⁵	孃孃n̠iaŋ⁵⁵ n̠iaŋ⁵⁵　排行＋孃n̠iaŋ⁵⁵ 名＋孃n̠iaŋ⁵⁵　　姨孃i³¹n̠iaŋ⁵⁵
荣县	舅舅tɕiəu²¹⁴ tɕiəu⁵⁵　排行＋舅 tɕiəu²¹⁴ 排行＋舅舅tɕiəu²¹⁴ tɕiəu⁵⁵	姨妈i³¹ma⁵⁵　排行＋孃n̠iaŋ⁵⁵
雅安	舅舅tɕiəu¹⁴tɕiəu⁵⁵　排行＋舅 tɕiəu¹⁴	姨妈 i²¹ma⁵⁵　姨孃 i²¹niaŋ⁵⁵ 排行＋孃n̠iaŋ⁵⁵
汉源	舅舅tɕiəu²¹³ tɕiəu⁵⁵　排行＋舅tɕiəu²¹³	姨妈 i²¹ma⁵⁵（母之姐） 姨孃 i²¹n̠iaŋ⁵⁵（母之妹）
泸州	舅舅tɕiəu¹³tɕiəu⁵⁵	姨孃i²¹ n̠iaŋ⁵⁵　　姨妈 i²¹ma⁵⁵
宜宾	排行＋舅 tɕiəu¹³	姨妈i³¹ma⁵⁵　　排行＋姨i³¹ 排行＋孃n̠iaŋ⁵⁵
都江堰	舅舅tɕiəu¹³tɕiəu¹³	姨孃i³¹ n̠iaŋ⁵⁵　排行＋孃 n̠iaŋ⁵⁵
乐山	舅舅tɕiəu¹³tɕiəu⁵⁵　排行＋舅tɕiəu¹³ 排行＋舅舅tɕiəu¹³ tɕiəu⁵⁵	姨i²¹　姨妈i²¹ma⁵⁵　姨孃i²¹niaŋ⁵⁵ 孃孃niaŋ⁵⁵niaŋ⁵⁵　排行＋孃n̠iaŋ⁵⁵
峨眉	舅舅tɕiəu¹³tɕiəu⁴⁴	姨妈 i²¹ma⁴⁴　　孃孃niaŋ⁴⁴niaŋ⁴⁴
西昌	排行＋舅　tɕiəu¹¹	排行＋姨孃i⁵²niɑŋ⁴⁴

	母亲的兄弟的配偶	母亲的姐妹的配偶
成都	舅妈tɕiəu²¹ma⁵⁵　嬷嬷 mə˞⁵³ mə˞⁵³	姨父 i²¹fu²¹³　姨爹 i²¹ti⁵⁵
重庆	舅娘tɕiəu²¹⁴niaŋ²¹	姨爹 i²¹tie⁵⁵
巫溪	舅母tɕiəu²¹⁴mu⁴²	姨爹 i²¹te⁵⁵
达县	舅母ₙtɕiəu²¹⁴mur⁴²　舅母ₙtɕiəu²¹⁴mur⁵⁵	姨爹 i²¹tir⁴²　姨父 i²¹fu²¹⁴ 姨叔ₙi²¹sur²¹⁴

	母亲的兄弟的配偶	母亲的姐妹的配偶
广元	排行＋舅母儿tɕiəu²¹⁴ mur⁵³ 排行＋舅母tɕiəu²¹⁴ mu⁵³	姨父儿i²¹ fur⁴⁵　姑父儿ku⁵⁵ fur⁵⁵
南充	舅娘tɕiəu¹⁴ ɳiaŋ²¹　舅妈 tɕiəu¹⁴ ma⁵⁵ 舅母儿tɕiəu¹⁴ mur⁵³	姨 i²¹ tie⁵⁵　姑父儿ku⁵⁵ fur⁵⁵ 姨 i²¹ fu⁵⁵
遂宁	舅娘tɕiəu²⁴ɳiaŋ²¹	保保 pau⁵²pau⁵²
梓潼	舅母儿tɕiəu²¹⁴ mur⁵³	姑父儿ku⁴⁵ fur⁵³
资阳	舅娘tɕiəu²¹⁴ɳiaŋ²¹　舅妈tɕiəu²¹⁴ma⁵⁵	姑爷ku⁵⁵ie²¹　姑爷ku⁵⁵ie⁵⁵ 姓＋老汉儿nau⁵³xanr²¹⁴
内江	舅娘tɕiəu²¹³ ɳiaŋ³¹　舅妈tɕiəu²¹³ma⁵⁵	姨父 i³¹ fu²¹³　姨爹 i³¹ tie⁵⁵
仁寿	舅娘tɕiəu³¹⁵ ɳiaŋ³¹　舅母儿tɕiəu³¹⁵ mur⁴²	姑爷 ku⁵⁵ ie³¹　姨爹 i³¹ti⁵⁵
荣县	舅娘tɕiəu²¹⁴ ɳiaŋ³¹	姑爷ku⁵⁵ ie³¹　姨爷 i³¹ tie³¹ 姨爹 i³¹ti⁵⁵
雅安	舅母tɕiəu¹⁴mu⁴²　舅妈 tɕiəu¹⁴ma⁵⁵	姨父 i²¹fu¹⁴　爷爹 ie²¹tie⁵⁵ 姑爷 ku⁵⁵ie⁵⁵　姨爹 i²¹ti⁵⁵
汉源	舅妈tɕiəu²¹³ma⁵⁵　舅母 tɕiəu²¹³mu⁴²	姨爹 i²¹tie⁵⁵
泸州	舅妈tɕiəu¹³ma⁵⁵　舅娘tɕiəu¹³ɳiaŋ²¹ 舅母tɕiəu¹³mu⁴²　排行＋母mu⁴²	姨伯i²¹pe³³（姐配偶） 姨叔i²¹su³³（妹配偶）
宜宾	排行＋舅母tɕiəu¹³mu⁴² 排行＋舅娘tɕiəu¹³niaŋ³¹ 排行＋舅妈tɕiəu¹³ma⁵⁵ 排行＋母母mu⁴²mu⁴²	姨爹 i³¹ti⁵⁵
都江堰	舅母儿tɕiəu¹³mur⁵³	姨爹i³¹ti⁵⁵　姑爷ku⁵⁵i⁵⁵
乐山	舅母儿tɕiəu¹³mu⁵²ɚ⁵⁵ 舅妈tɕiəu¹³ma⁵⁵ 舅娘tɕiəu¹³niaŋ²¹　姆姆mu⁵²mu²¹	姨爹 i²¹ti⁵⁵
峨眉	舅母 tɕiəu¹³mu⁴²　舅娘 tɕiəu¹³niaŋ²¹	姑爷 ku⁴⁴ie⁵⁵
西昌	排行＋舅母tɕiəu¹¹mu³⁴	姨爹 i⁵²ti⁴⁴

	哥　哥	弟　弟
成都	哥ko⁵⁵　　哥老倌ko⁵⁵nau⁵³kuan⁵⁵	弟娃 ti²¹³uar²¹　毛弟mau²¹tir²¹³
重庆	哥哥ko⁵⁵ko⁵⁵	兄弟 ɕyŋ⁵⁵ti²¹⁴　弟娃儿ti²¹⁴uar²¹
巫溪	哥哥ko⁵⁵ko⁵⁵	弟娃儿ti²¹⁴uar²¹
达县	哥 ko⁵⁵　　哥哥 ko⁵⁵ko⁵⁵ 排行＋哥 ko⁵⁵	弟娃儿 ti²¹⁴uar²¹　兄弟ɕioŋ⁵⁵ti²¹⁴ 兄儿 ɕynr⁵⁵　弟弟ti²¹⁴ti⁵⁵
广元	哥哥ko⁴⁵ ko⁴⁵　哥子ko⁴⁵tsɿ⁵³ 兄儿ɕynr⁴⁵	兄弟ɕyoŋ⁴⁵ ti²¹⁴　弟娃儿ti²¹⁴ uar²¹ 兄儿ɕynr⁴⁵
南充	哥ko⁵⁵　　哥儿ko⁵⁵ɚ⁵³ 哥老倌 ko⁵⁵ nau⁵³ kuan⁵³	弟娃儿 ti¹⁴ uar²¹　兄弟 ɕioŋ⁵⁵ ti¹⁴ 老弟nau⁵³ti¹⁴
遂宁	哥ko⁵⁵　　哥老倌ko⁵⁵ nau⁵² kuan⁵⁵	兄弟ɕioŋ⁵⁵ti²⁴　兄弟ɕioŋ⁵⁵tir²⁴ 弟娃儿ti²⁴ uar²¹

续表

	哥　　哥	弟　　弟
梓潼	哥 ko⁴⁵　　哥老倌 ko⁴⁵ nau⁵³ kuan⁴⁵ 哥哥 ko⁴⁵ ko⁴⁵	弟娃儿 ti²¹⁴ ua²¹ ɚ⁴⁵　弟娃ₙti²¹⁴ uar²¹ 兄弟 ɕyoŋ⁴⁵ ti²¹⁴
资阳	哥 ko⁵⁵　　哥哥 ko⁵⁵ko⁵⁵	弟娃ₙti²¹⁴uar²¹　老弟nau⁴²ti²¹⁴ 弟弟ti²¹⁴ti⁵⁵
内江	哥 ko⁵⁵　　哥哥 ko⁵⁵ko⁵⁵ 哥老倌 ko⁵⁵ nau⁴² kuan⁵⁵ 排行＋弟 ti²¹³	兄弟 ɕyoŋ⁵⁵ ti²¹³　弟娃ₙ ti²¹³uar³¹
仁寿	哥哥 ko⁵⁵ ko⁵⁵ 哥老倌 ko⁵⁵ nau⁴² kuan⁵⁵	弟儿ₙti³¹⁵uar³¹　弟儿ti³¹⁵ ɚ³¹ 兄弟ɕyoŋ⁵⁵ ti³¹⁵　兄弟娃ₙɕyoŋ⁵⁵ ti³¹⁵ uar³¹
荣县	哥 ko⁵⁵　　哥儿 ko⁵⁵ɚ⁵⁵	弟 ti²¹⁴　　弟弟 ti²¹⁴ti⁵⁵ 弟儿 ti²¹⁴ ɚ³¹
雅安	哥 ko⁵⁵	弟 ti¹⁴⁻²¹　　弟弟 ti¹⁴ti⁵⁵
汉源	哥ko⁵⁵	弟儿ti²¹³ɚ²¹　兄弟ɕioŋ⁵⁵ ti²¹³
泸州	哥哥ko⁵⁵ko⁵⁵	弟儿ti¹³⁻²¹
宜宾	排行＋哥 ko⁵⁵	幺哥iau⁵⁵ko⁵⁵　兄弟ɕyoŋ⁵⁵ti¹³ 弟娃ₙti¹³uar³¹
都江堰	哥老倌 ko⁵⁵nau⁵³kuan⁵⁵ 排行＋哥 ko⁵⁵	弟儿ₙti¹³uar³¹　兄弟ɕyoŋ⁵⁵ti¹³
乐山	排行＋哥 ko⁵⁵　哥哥 ko⁵⁵ ko⁵⁵ 哥儿 ko⁵⁵ɚ⁵⁵　哥老倌 ko⁵⁵nau⁵²kuan⁵⁵	弟娃儿 ti¹³ua²¹ɚ⁵⁵ 弟儿 ti¹³ɚ⁵⁵ 兄弟 ɕyoŋ⁵⁵ti¹³　幺幺 iau⁵⁵ iau⁵⁵
峨眉	哥 ko⁴⁴	弟儿 ti¹³⁻²¹
西昌	排行＋哥 ko⁴⁴（排行最小的叫小哥）	兄弟 ɕioŋ⁴⁴ti¹¹

	姐　　姐	妹　　妹
成都	姐 tɕiɛ⁵³　　姐姐 tɕiɛ⁵³ tɕiɛ²¹	妹ₙmeir²¹³　　排行＋妹 mei²¹³ 妹娃ₙmei²¹³uar²¹
重庆	姐姐 tɕie⁴² tɕie⁴²	妹妹mei²¹⁴mei⁵⁵　排行＋妹ₙmeir²¹⁴
巫溪	姐姐 tɕie⁴² tɕie⁴²	妹ₙmeir²¹⁴
达县	姐姐 tɕie⁴² tɕie⁴² 排行＋姐 tɕie⁴²	妹ₙ meir²¹⁴　大妹ₙ ta²¹⁴meir²¹⁴
广元	姐姐 tɕie⁵³ tɕie⁵³	妹ₙmeir²¹⁴　　妹子 mei²¹⁴tsʅ⁵³ 妹妹mei²¹⁴mei⁴⁵
南充	姐tɕie⁵³　　排行＋姐 tɕie⁵³	妹妹 mei¹⁴ mei⁵⁵
遂宁	姐tɕie⁵²　　姐姐 tɕie⁵² tɕie⁵²	排行＋妹ₙmeir²⁴　　妹mei²⁴ 妹儿mei²⁴ɚ²¹　妹妹mei²⁴ mei⁵⁵
梓潼	姐tɕie⁵³　　姐姐 tɕie⁵³ tɕie⁵³	妹妹 mei²¹⁴ mei⁵⁵　妹ₙmeir²¹⁴
资阳	姐tɕie⁵³　　姐姐tɕie⁵³ tɕie⁵³	妹妹mei²¹⁴mei⁵⁵
内江	姐姐tɕie⁴² tɕie⁴²　姐tɕie⁴²	妹ₙmeir²¹³　　妹子mei²¹³tsʅ⁴²
仁寿	姐姐 tɕiɛ⁴² tɕiɛ⁴² 排行＋姐 tɕiɛ⁴²	妹妹 mei³¹⁵mei⁵⁵　妹儿 mei³¹⁵ ɚ³¹　妹ₙmeir³¹⁵

	姐　姐	妹　妹
荣县	姐儿 tɕiɛ⁴²ɚ³¹	妹 mei²¹⁴　　妹妹 mei²¹⁴ mei⁵⁵ 妹儿 mei²¹⁴ɚ³¹
雅安	姐tɕiɛ⁴²　　姐姐tɕiɛ⁴² tɕiɛ⁴²	妹儿 mei¹⁴ɚ²¹　　排行＋妹ɇmeir¹⁴
汉源	姐姐 tɕiɛ⁴² tɕiɛ⁴²	妹儿 mei²¹³ɚ²¹
泸州	姐姐 tɕi⁴² tɕi⁴²	妹妹 mei¹³mei⁵⁵　　妹儿 mei¹³ɚ²¹
宜宾	排行＋姐tɕi⁴²	排行＋妹mei¹³　　妹妹mei¹³ mei⁵⁵
都江堰	姐姐 tɕi⁵³ tɕi³¹　　排行＋姐 tɕi⁵³	妹儿meir¹³
乐山	姐姐tɕi⁵² tɕi⁵²	妹儿mei¹³ɚ⁵⁵　　妹妹mei¹³mei⁵⁵ 排行＋妹mei¹³　　妹子mei¹³tsɿ⁵² 大妹ta¹³mei¹³　　幺妹iau⁵⁵mei¹³ 妹女儿mei¹³ny⁵²ɚ⁵⁵
峨眉	姐tɕiɛ⁴²　　姐姐 tɕiɛ⁴² tɕiɛ⁴²	妹儿 mei¹³ɚ²¹ 幺妹 iau⁴⁴mei¹³
西昌	排行＋姐tɕiɛ³⁴	排行＋妹mei¹¹

	堂　兄　弟	堂　姐　妹
成都	堂哥 t'aŋ²¹ko⁵⁵　　堂弟 t'aŋ²¹ti²¹³	堂姐t'aŋ²¹tɕiɛ⁵³　　堂妹儿t'aŋ²¹meir²¹³
重庆	叔伯兄弟su²¹pɛ²¹ɕyŋ⁵⁵ti²¹⁴	叔伯姊妹su²¹pɛ²¹tsɿ⁴²mei²¹⁴
巫溪	叔伯兄弟su²¹pɛ²¹ɕyŋ⁵⁵ti²¹⁴	叔伯姊妹su²¹pɛ²¹tsɿ⁴²mei²¹⁴
达县	大伯子ta²¹⁴pɛ²¹tsɿ⁴² 小叔子ɕiau⁴²su²¹tsɿ⁴²	姐姐 tɕiɛ⁴²tɕiɛ⁴²　　妹妹 mei²¹⁴mei⁵⁵
广元	堂兄 t'aŋ²¹ ɕyoŋ⁴⁵　　堂弟 t'aŋ²¹ ti²¹⁴ 姓名＋哥哥 ko⁴⁵ko⁴⁵ 名＋哥子 ko⁴⁵tsɿ⁵³　　堂弟直呼其名	堂姐 t'aŋ²¹ tɕiɛ⁵³　　堂妹 t'aŋ²¹ mei²¹⁴ 姓名＋姐姐 tɕiɛ⁵³ tɕiɛ⁵³ 堂妹直呼其名
南充	排行＋哥ko⁵⁵　　名＋哥ko⁵⁵ 排行＋弟ti¹⁴　　名＋弟ti¹⁴	排行＋姐tɕiɛ⁵³　　名＋姐tɕiɛ⁵³ 排行＋妹mei¹⁴　　名＋妹mei¹⁴
遂宁	排行＋哥 ko⁵⁵　　名＋哥 ko⁵⁵ 排行＋弟 ti²⁴　　名＋弟 ti²⁴	排行＋姐tɕiɛ⁵²　　名＋姐tɕiɛ⁵² 排行＋妹mei²⁴　　名＋妹mei²⁴
梓潼	名＋哥 ko⁴⁵　　名＋弟 ti²¹⁴	名＋姐 tɕiɛ⁵³　　名＋妹 mei²¹⁴
资阳	哥哥 ko⁵⁵ko⁵⁵　　弟娃儿 ti²¹⁴uar²¹	姐姐 tɕiɛ⁵³ tɕiɛ⁵³　　妹妹 mei²¹⁴ mei⁵⁵
内江	堂兄弟 t'aŋ³¹ɕyoŋ⁵⁵ti²¹³	姐tɕiɛ⁴²　　妹妹mei²¹³
仁寿	排行＋哥ko⁵⁵　　排行＋弟ti³¹⁵ 名＋哥ko⁵⁵　　名＋弟ti³¹⁵	姐 tɕiɛ⁴²　　妹 mei³¹⁵ 名＋姐 tɕiɛ⁴²
荣县	堂兄弟 t'aŋ³¹ɕioŋ⁵⁵ti²¹⁴ 名＋哥哥 ko⁵⁵ko⁵⁵ 弟弟 ti²¹⁴ti⁵⁵　　弟儿 ti²¹⁴ɚ³¹	堂姐妹 t'aŋ³¹tɕiɛ⁴² mei²¹⁴ 名＋姐姐 tɕiɛ⁴² tɕiɛ⁴² 妹妹 mei²¹⁴ mei⁵⁵　　妹儿 mei²¹⁴ɚ³¹
雅安	表兄 piau⁴²ɕyoŋ⁵⁵　　表弟 piau⁴²ti¹⁴ 名＋哥哥ko⁵⁵ko⁵⁵　　弟弟ti¹⁴ti⁵⁵	表姐 piau⁴²tɕiɛ⁴²　　表妹 piau⁴²mei¹⁴ 名＋姐姐 tɕiɛ⁴² tɕiɛ⁴² 妹妹 mei¹⁴ mei⁵⁵
汉源	叔伯兄弟 su⁵⁵ pai⁵⁵ɕioŋ⁵⁵ti²¹³	叔伯姊妹su⁵⁵ pai⁵⁵tsɿ⁴²mei²¹³

续表

	堂　兄　弟	堂　姐　妹
泸州	叔伯兄弟 su³³ pe³³ɕioŋ⁵⁵ti¹³	叔伯姊妹 su³³ pe³³tsʅ⁴²mei¹³
宜宾	堂兄弟 tʻaŋ³¹ɕyoŋ⁵⁵ti¹³ 叔伯兄弟 su³³pe³³ɕyoŋ⁵⁵ti¹³ 排行＋哥 ko⁵⁵	堂姊妹 tʻaŋ³¹tsʅ⁴²mei¹³ 叔伯姊妹 su³³pe³³tsʅ⁴²mei¹³ 排行＋姐 tɕie⁴²　　排行＋妹 mei¹³
都江堰	堂兄弟tʻanə³¹ɕyoŋ⁵⁵ti¹³	叔伯姊妹suə³³pæ³³tsʅ⁵³mei¹³
乐山	叔伯哥儿su⁴⁴pæ⁴⁴ko⁵⁵ɚ⁵⁵ 叔伯弟儿su⁴⁴pæ⁴⁴ti¹³ɚ⁵⁵ 排行＋哥ko⁵⁵　　排行＋弟ti¹³ 名＋哥哥ko⁵⁵ko⁵⁵	排行＋姐 tɕi⁵²　　排行＋妹 mei¹³ 叔伯姐儿 su⁴⁴pæ⁴⁴tɕi⁴²tɕi²¹ 叔伯姊儿 su⁴⁴pæ⁴⁴mei²¹³ɚ⁵⁵ 名＋姐姐 tɕie⁵²tɕie⁵²
峨眉	哥子 ko⁴⁴tsʅ⁴²	姐 tɕie⁴²　　　妹 mei¹³
西昌	堂兄弟 tʻaŋ⁵²ɕioŋ⁴⁴ti¹¹	表姐piau³⁴tɕie³⁴　　表妹piau³⁴mei¹¹

	表　兄　弟	表　姐　妹
成都	表哥 piau⁵⁵ko⁵⁵　表弟 piau⁵³ti²¹³	表姐 piau⁵³tɕie⁵³　表妹 piau⁵³mei²¹³
重庆	表哥piau⁴²ko⁵⁵　表弟piau⁴²ti²¹⁴	表姐piau⁴²tɕie⁴²　表妹ᵣpiau⁴²meir²¹⁴
巫溪	表哥piau⁴²ko⁵⁵　表弟piau⁴²ti²¹⁴	表姐piau⁴²tɕie⁴²　表妹ᵣpiau⁴²meir²¹⁴
达县	表兄弟 piau⁴²ɕioŋ⁵⁵ti²¹　老表 nau⁴² piau⁴²	表姐妹 piau⁴²tɕie⁴²mei²¹⁴ 表姊妹 piau⁴²tsʅ⁴² mei²¹⁴
广元	表哥 piau⁵³ ko⁴⁵　　表弟 piau⁵³ ti²¹⁴ 姓名＋哥哥 ko⁴⁵ko⁴⁵　名＋哥子 ko⁴⁵tsʅ⁵³ 表弟直呼其名	表姐 piau⁵³tɕie⁵³　表妹 piau⁵³ mei²¹⁴ 名＋姐姐 tɕie⁵³ tɕie⁵³ 表妹直呼其名
南充	老表 nau⁵³ piau⁵³ 名＋哥 ko⁵⁵　　　名＋弟 ti¹⁴	表姐piau⁵³ tɕie⁵³　表妹piau⁵³ mei¹⁴ 名＋姐tɕie⁵³　　名＋妹mei¹⁴
遂宁	老表 nau⁵² piau⁵² 名＋哥 ko⁵⁵　　　名＋弟 ti²⁴	名＋姐 tɕie⁵²　　名＋妹 mei²⁴
梓潼	名＋哥 ko⁴⁵　　　名＋弟 ti²¹⁴	名＋姐 tɕie⁵³　　名＋妹 mei²¹⁴ 表姊妹 piau⁵³tsʅ⁵³mei²¹⁴
资阳	哥哥 ko⁵⁵ko⁵⁵　　弟弟ᵣ ti²¹⁴uar²¹	姐姐 tɕie⁴² tɕie⁴²　姊妹 mei²¹⁴mei⁵⁵
内江	老表 nau⁴² piau⁴²	表姐妹 piau⁴² tɕie⁴² mei²¹³
仁寿	老表 nau⁴² piau⁴² 排行＋哥 ko⁵⁵　　名＋哥 ko⁵⁵ 排行＋弟 ti³¹⁵　　名＋弟 ti³¹⁵	排行＋姐 tɕie⁴²　名＋姐 tɕie⁴² 排行＋妹 mei³¹⁵　名＋妹 mei³¹⁵
荣县	表哥piau⁴² ko⁵⁵　　表弟piau⁴² ti²¹⁴ 名＋哥儿ko⁵⁵ɚ⁵⁵	表姐妹piau⁴² tɕie⁴² mei²¹⁴ 名＋姐tɕie⁴²
雅安	表兄 piau⁴²ɕyoŋ⁵⁵　表弟 piau⁴²ti¹⁴ 保保 pau⁴² pau⁴²	表姐 piau⁴²tɕie⁴²　表妹 piau⁴²mei¹⁴ 保保 pau⁴² pau⁴²
汉源	老表 nau⁴²piau⁴²	老表 nau⁴²piau⁴²　表姐 piau⁴²tɕie⁴² 表妹 piau⁴²mei²¹³
泸州	老表 nau⁴²piau⁴²	表姊妹 piau⁴²tsʅ⁴² mei¹³

	表 兄 弟	表 姐 妹
宜宾	排行＋老表 nau⁴²piau⁴²	姓＋排行＋姐 tɕie⁴²　　姓＋排行＋妹 mei¹³
都江堰	老表 nau⁵³piau⁵³	表嫂piau⁵³sau⁵³
乐山	老表 nau⁵²piau⁵²	表姐piau⁵²tɕi⁵²　　表妹piau⁵²mei¹³ 妹妹mei¹³mei⁵⁵　　姐姐tɕi⁵²tɕi⁵²
峨眉	老表 nau⁴²piau⁴²	姐 tɕie⁴²　　　　妹 mei¹³
西昌	表哥 piau³⁴ko⁴⁴　　　表弟 piau³⁴ti¹¹ 老表 nau³⁴piau³⁴	表姐piau⁵²tɕie⁵²　　表妹piau⁵²mei²¹

	哥哥的配偶	弟弟的配偶
成都	嫂嫂 sau⁵³sau²¹	兄弟媳妇儿 ɕyŋ⁵⁵ti²¹³ɕi²¹fur²¹³
重庆	嫂嫂sau⁴²sau⁴²	兄弟媳妇 ɕyŋ⁵⁵ti²¹⁴ɕi²¹fu²¹⁴
巫溪	嫂嫂sau⁴²sau⁴²　　嫂子sau⁴²tsɿ⁴²	兄弟媳ɕyŋ⁵⁵ti²¹⁴ɕi²¹xu²¹⁴
达县	嫂嫂 sau⁴²sau⁴²　　嫂子sau⁴²tsɿ⁴²	兄弟妹儿ɕioŋ⁵⁵ti²¹⁴meir²¹⁴
广元	嫂嫂sau⁵³sau⁵³　　排行＋嫂sau⁵³	兄弟媳妇儿ɕioŋ⁴⁵ti²¹⁴ɕi²¹fur²¹⁴
南充	嫂嫂 sau⁵³sau⁵³　　嫂子sau⁵³tsɿ⁵³ 排行＋嫂sau⁵³	弟媳ti¹⁴ɕi²¹　　　弟妹ti¹⁴mei¹⁴ 姓＋妹mei¹⁴　　　名＋妹mei¹⁴
遂宁	嫂嫂sau⁵²sau⁵²　　排行＋嫂sau⁵²	兄弟媳妇儿ɕioŋ⁵⁵ti²⁴ɕi²¹fur²⁴
梓潼	嫂子 sau⁵³tsɿ⁵³　　名字＋姐 tɕie⁵³	兄弟媳妇儿ɕyoŋ⁴⁵ti²¹⁴ɕi²¹fur²¹⁴
资阳	排行＋嫂sau⁴²	兄弟嫂ɕyoŋ⁵⁵ti²¹⁴sau⁴²
内江	嫂嫂sau⁴²sau⁴²	兄弟嫂ɕyoŋ⁵⁵ti²¹³sau⁴²
仁寿	嫂嫂sau⁴²sau⁴²　　嫂子sau⁴²tsɿ⁴²	兄弟嫂ɕyoŋ⁵⁵ti³¹⁵sau⁴² 兄弟妹儿ɕyoŋ⁵⁵ti³¹⁵meir³¹⁵ 兄弟媳妇儿ɕyoŋ⁵⁵ti³¹⁵ɕi²¹fur⁵⁵
荣县	嫂嫂sau⁴²sau⁴²	兄弟嫂ɕioŋ⁵⁵ti²¹⁴sau⁴² 兄弟媳妇儿ɕioŋ⁵⁵ti²¹⁴ɕi²¹fur⁵⁵
雅安	嫂嫂 sau⁴²sau⁴²　　嫂子 sau⁴²tsɿ⁴²	弟妹ti¹⁴mei¹⁴
汉源	嫂嫂sau⁴²sau²¹　　嫂子sau⁴²tsɿ⁴²	弟媳妇 ti²¹³ɕi⁵⁵fu²¹³
泸州	嫂嫂sau⁴²sau⁴²	兄弟媳妇ɕioŋ⁵⁵ti¹³ɕi¹³fu¹³
宜宾	嫂嫂sau⁴²sau⁴²	兄弟媳妇ɕyoŋ⁵⁵ti¹³ɕi¹³fu¹³
都江堰	嫂嫂sau⁵³sau³¹	兄弟媳妇儿 ɕyoŋ⁵⁵ti¹³ɕie³³fur¹³
乐山	嫂嫂sau⁵²sau⁵²　　嫂子sau⁵²tsɿ⁵² 大嫂ta¹³sau⁵²　　幺嫂iau⁵⁵sau⁵²	兄弟媳妇ɕyoŋ⁵⁵ti¹³ɕi⁴⁴fu¹³ 弟妹ti¹³mei¹³
峨眉	嫂嫂sau⁴²sau⁴²	弟媳妇儿ti¹³ɕi⁵⁵fur¹³
西昌	排行＋嫂 sau³⁴	小叔子媳妇儿ɕiau³⁴su³¹tsɿ³⁴ɕi³¹fur¹¹

	姐姐的配偶	妹妹的配偶
成都	姐哥 tɕie^{53}ko^{55}	妹弟 tɕie^{213}ti^{213}
重庆	姐夫哥 tɕie^{42}fu^{55}ko^{55}	妹夫 mei^{214}fu^{55}
巫溪	姐夫哥tɕie^{42}xu^{55}ko^{55}　姐哥 tɕie^{42}ko^{55}	妹夫子mei^{214}xu^{55}tsɿ^{42}
达县	姐夫哥 tɕie^{42}fu^{55}ko^{55}　姐哥 tɕie^{42}ko^{55}	妹夫子 mei^{214}fu^{55}tsɿ^{42}　妹夫 mei^{214}fu^{55}
广元	姐夫哥tɕie^{53} fu^{45}ko^{45}	妹夫 mei^{214} fu^{45}
南充	姐夫哥 tɕie^{53} fu^{55} ko^{55}　　姐哥 tɕie^{53} ko^{55} 姓＋姐夫 tɕie^{53} fu^{55}　　姓＋哥 ko^{55} 名＋姐夫 tɕie^{53} fu^{55}　　名＋哥 ko^{55}	妹弟 mei^{14} ti^{14}
遂宁	姐哥tɕie^{52}ko^{55}　　　姐夫 tɕie^{52}fu^{55}	妹夫 mei^{24} fu^{55}
梓潼	姐夫哥 tɕie^{53} fu^{45} ko^{45}	妹夫子 mei^{214} fu^{45} tsɿ^{53}
资阳	姐夫 tɕie^{42}fu^{55}	妹弟mei^{214}ti^{214}
内江	姐哥 tɕie^{42} ko^{55}	妹弟 mei^{213} ti^{213}
仁寿	姐夫tɕie^{42} fu^{55}　　姐哥tɕie^{42} ko^{55} 排行＋哥ko^{55}　　姓＋哥ko^{55}	妹弟 mei^{315} ti^{315}
荣县	姐哥tɕie^{42} ko^{55}　　姐夫 tɕie^{42}fu^{55}	妹弟mei^{214} ti^{214}
雅安	姐夫哥 tɕie^{42}fu^{55}ko^{55}	妹弟 mei^{14}ti^{14}
汉源	姐夫哥 tɕie^{42}fu^{55}ko^{55}　姐夫 tɕie^{42}fu^{55}	妹弟mei^{213}ti^{213}　妹夫mei^{213}fu^{55}
泸州	姐夫 tɕi^{42}fu^{55}　　姐夫哥 tɕi^{42}fu^{55}ko^{55}	妹弟 mei^{13}ti^{13}　妹夫 mei^{13}fu^{55}
宜宾	姐夫哥tɕi^{42}fu^{55}ko^{55}　姓＋排行＋哥ko^{55}	妹弟 mei^{13}ti^{13}　妹夫 mei^{13}fu^{55}
都江堰	姐夫哥tɕi^{53}fu^{55}ko^{55}	妹弟mei^{13}ti^{13}
乐山	姐夫 tɕi^{52}fu^{55}	妹弟 mei^{13}ti^{13}
峨眉	姐夫tɕie^{42}fu^{44}	妹弟 mei^{13}ti^{55}
西昌	姐夫 tɕie^{34}fu^{44}　　姐哥 tɕie^{34}ko^{44}	妹弟mei^{11}ti^{11}

	兄弟的妻子互称	姐妹的丈夫互称
成都	妯娌 tsʻu^{21}ni^{53}	连襟nian^{21}tɕin^{55}　老挑nau^{53}tʻiau^{55}
重庆	妯娌ts'u^{21}ni^{42}	老挑nau^{42}tʻiau^{55}
巫溪	妯娌ts'u^{21}ni^{42}	老挑nau^{42}tʻiau^{55}
达县	妯娌ts'u^{21}ni^{42}	老挑 nau^{42}tʻiau^{55}
广元	先后 ɕyɛn^{214} xəu^{214}	老挑 nau^{53} tʻiau^{45}
南充	先后 ɕyan^{14} xəu^{55}　　妯娌 ts'u^{21}ni^{53} 先后家 ɕyan^{14} xəu^{55} tɕia^{55}	老挑 nau^{53} tʻiau^{55} 挑担子t'iau^{55} tan^{14} tsɿ^{53}　连襟nian^{21}tɕin^{55}

	兄弟的妻子互称	姐妹的丈夫互称
遂宁	先后 ɕyɛn²⁴ xəu²⁴	老挑 nau⁵²tʻiau⁵⁵
梓潼	先后 ɕyan²¹ xəu⁴⁵	老挑 nau⁵³ tʻiau⁴⁵
资阳	妯娌 tsʻu²¹ni⁵³	弟兄家 ti²¹⁴ɕioŋ⁵⁵tɕia⁵⁵　老挑 nau⁵³ tʻiau⁵⁵
内江	刷母 ʂua²¹⁴mu⁴²　妯娌家 tʂu²¹³ ni⁴² tɕia⁵⁵ 排行+嫂sau⁴²	老挑 nau⁴² tʻiau⁵⁵　　老姨 nau⁴² i³¹ 弟兄家 ti²¹³ɕyoŋ⁵⁵tɕia⁵⁵
仁寿	刷母家 ʂua³¹⁵ mu⁴² tɕia⁵⁵	老挑 nau⁴² tʻiau⁵⁵　　连襟 nian³¹tɕin⁵⁵
荣县	刷母家 ʂua²¹⁴ mu³¹ tɕia⁵⁵	老挑 nau⁴² tʻiau⁵⁵
雅安	两嫂子niaŋ⁴²sau⁴²tsʅ⁴²	挑担 tʻiau⁵⁵tan¹⁴
汉源	两嫂子niaŋ⁴²sau⁴²tsʅ⁴²	挑担tʻiau⁵⁵tan²¹³　　老挑nau⁴²tʻiau⁵⁵
泸州	妯娌tsʻu³³ni²¹	姨抬i²¹tʻai¹³
宜宾	先后 ɕiɛ¹³xəu¹³　　嫂嫂 sau⁴² sau⁴² 妹妹 mei¹³ mei⁵⁵	老挑 nau⁴²tʻiau⁵⁵　　姨抬 i³¹tʻai¹³ 哥 ko⁵⁵
都江堰	两前后 niaŋ⁵³tɕʻian³¹xəu¹³	老挑 nau⁵³tʻiau⁵⁵ 挑担tʻiau⁵⁵tan¹³
乐山	前后 tɕʻien²¹xəu¹³ 先后 ɕien⁵⁵xəu²¹³	老挑 nau⁵²tʻiau⁵⁵ 挑担tʻiau⁵⁵tan¹³ 挑担儿tʻiau⁵⁵tan¹³ɚ⁵⁵
峨眉	前后tɕʻien²¹xəu¹³　先后ɕien⁴⁴xəu¹³	老挑nau⁴²tʻiau⁴⁴　挑挑tʻiau⁴⁴tʻiau⁴⁴
西昌	妯娌tʂu³¹ni³⁴	挑担tʻiau⁴⁴tan³⁴

	堂兄弟的妻子	堂姐妹的丈夫
成都	堂嫂tʻaŋ²¹sau⁵³	堂姐夫taŋ²¹tɕiɛ⁵³fu⁵⁵
重庆	叔伯嫂嫂 su²¹pe²¹sau⁴²sau⁴² 叔伯兄弟媳妇ᵣ su²¹pe²¹ɕyŋ⁵⁵ti²¹⁴ɕi²¹fur²¹⁴	叔伯姐夫哥 su²¹pe²¹tɕiɛ⁴² fu⁵⁵ko⁵⁵ 叔伯妹夫 su²¹pe²¹mei²¹⁴fu⁵⁵
巫溪	叔伯嫂嫂 su²¹pe²¹sau⁴²sau⁴² 叔伯兄弟媳妇ᵣ su²¹pe²¹ɕyŋ⁵⁵ti²¹⁴ɕi²¹xur²¹⁴	叔伯姐哥 su²¹pe²¹tɕiɛ⁴²ko⁵⁵ 叔伯妹夫 su²¹pe²¹mei²¹⁴xu⁵⁵
达县	兄弟妹ᵣɕioŋ⁵⁵ti²¹⁴meir²¹⁴	姐夫哥 tɕiɛ⁴²fu⁵⁵ko⁵⁵
广元	堂嫂 tʻaŋ²¹ sau⁵³ 姓名+姐姐 tɕiɛ⁵³ tɕiɛ⁵³	堂姐夫 tʻaŋ²¹ tɕiɛ⁵³ fu⁴⁵ 姓名+哥哥 ko⁴⁵ ko⁴⁵
南充	姓+嫂 sau⁵³　　堂嫂 tʻaŋ²¹sau⁵³ 名+嫂 sau⁵³	名+哥 ko⁵⁵　　　　名+弟 ti¹⁴
遂宁	嫂 sau⁵²　　兄弟媳妇 ɕioŋ⁵⁵ti²⁴ɕi²⁴fu²⁴	姐夫哥 tɕiɛ⁵²fu⁵⁵ko⁵⁵
梓潼	嫂子 sau⁵³tsʅ⁵³　姐 tɕiɛ⁵³（堂兄的妻子） 堂弟的妻子直呼其名	哥 ko⁴⁵（堂姐的丈夫） 堂妹的丈夫直呼其名

	堂兄弟的妻子	堂姐妹的丈夫
资阳	名＋姐姐 tɕiɛ⁵³ tɕiɛ⁵³　嫂嫂 sau⁵³ sau⁵³	名＋哥 ko⁵⁵
内江	兄弟嫂 ɕyoŋ⁵⁵ ti²¹³ sau⁴² 姓名＋姐姐 tɕiɛ⁵³ tɕiɛ⁵³	姐哥 tɕi⁴² ko⁵⁵　妹弟 mei²¹³ ti²¹³ 姓名＋哥哥 ko⁵⁵ko⁵⁵
仁寿	排行＋嫂 sau⁴²	排行＋哥 ko⁵⁵　排行＋弟 ti³¹⁵
荣县	堂嫂子 t'aŋ³¹ sau⁴² tsŋ⁴² 堂兄弟媳妇儿 t'aŋ³¹ ɕioŋ⁵⁵ ti²¹⁴tɕi²¹fur²¹⁴ 姐姐 tɕiɛ⁴² tɕiɛ⁴²	堂姐夫 t'aŋ³¹ tɕi⁴² fu⁵⁵ 姓名＋哥 ko⁵⁵
雅安	表嫂 piau⁴²sau⁴²	表姐夫 piau⁴²tɕi⁴²fu⁵⁵ 表妹夫 piau⁴²mei¹⁴fu⁵⁵
汉源	兄弟媳妇儿 ɕioŋ⁵⁵ti²¹³ɕi⁵⁵fur²¹	姐夫 tɕi⁴²fu⁵⁵　妹弟 mei²¹³ ti²¹³
泸州	嫂嫂 sau⁴² sau⁴²	老表儿 nau⁴²piaur⁴²　哥哥 ko⁵⁵ko⁵⁵
宜宾	嫂嫂 sau⁴²sau⁴² 兄弟媳妇 ɕyoŋ⁵⁵ti¹³ɕi¹³fu¹³	姐夫哥 tɕi⁴²fu⁵⁵ko⁵⁵　姓＋排行＋哥 ko⁵⁵ 妹弟 mei¹³ti¹³　妹夫 mei¹³fu⁵⁵
都江堰	叔伯兄弟媳妇 suə³³pæ³³ɕyoŋ⁵⁵ti³¹ɕi³³fur¹³ 表嫂 piau⁵³sau⁵³	叔伯妹弟 suə³³pæ³³tɕi⁴²fu⁵⁵ 叔伯妹弟 suə³³pæ³³mei¹³ti¹³
乐山	排行＋嫂sau⁵²　嫂子sau⁵²tsŋ⁵² 嫂嫂 sau⁵²sau⁵² 叔伯兄弟媳妇su⁴⁴pæ⁴⁴ɕioŋ⁵⁵ti¹³ɕiɛ⁴⁴fu¹³	叔伯妹夫 su⁴⁴pæ⁴⁴tɕi⁴²fu⁵⁵ 叔伯妹弟儿 su⁴⁴pæ⁴⁴mei²¹³ti²¹³ɚ²¹ 姓名＋哥哥 ko⁵⁵ko⁵⁵　姐夫 tɕi⁴²fu⁵⁵
峨眉	嫂 sau⁴²　弟媳 ti⁴⁴ɕi⁵⁵	嫂 sau⁴²　弟媳 ti⁴⁴ɕi⁵⁵
西昌	堂嫂t'aŋ⁵²sau³⁴	堂姐夫t'aŋ⁵² tɕiɛ³⁴fu⁴⁴

	表兄弟的妻子	表姐妹的丈夫
成都	表嫂 piau⁵³sau⁵³	表姐夫 piau⁵³tɕiɛ⁵³fu⁵⁵ 表妹夫 piau⁵³mei²¹³fu⁵⁵
重庆	表嫂 piau⁴²sau⁴² 表兄弟媳妇儿 piau⁴²ɕyŋ⁵⁵ti²¹⁴ɕi²¹fur²¹⁴	表姐夫 piau⁴²tɕiɛ⁴²fu⁵⁵ 表妹夫 piau⁴²mei²¹⁴fu⁵⁵
巫溪	表嫂 piau⁴²sau⁴² 表弟媳妇儿 piau⁴²ɕyŋ⁵⁵ti²¹⁴ɕi²¹xur²¹⁴	表姐夫 piau⁴²tɕiɛ⁴²xu⁵⁵ 表妹夫 piau⁴²mei²¹⁴xu⁵⁵
达县	兄弟妹儿 ɕioŋ⁵⁵ti²¹meir²¹⁴	姐夫哥 tɕi⁴²fu⁵⁵ko⁵⁵ 姐哥tɕiɛ⁴²ko⁵⁵
广元	表嫂 piau⁵³ sau⁵³	表姐夫piau⁵³ tɕiɛ⁵³ fu⁴⁵
南充	表嫂 piau⁵³sau⁵³	姓＋哥ko⁵⁵ 名＋哥ko⁵⁵
遂宁	表嫂 piau⁵³sau⁵³ 表弟的妻子直呼其名	姐哥 tɕiɛ⁵²ko⁵⁵ 表妹的丈夫直呼其名
梓潼	嫂子 sau⁵³tsŋ⁵³　姐 tɕiɛ⁵³（表兄的妻子） 表弟的妻子直呼其名	哥 ko⁴⁵（表姐的丈夫） 表妹的丈夫直呼其名
资阳	表嫂 piau⁴²sau⁴²	表姐夫 piau⁴² tɕiɛ⁴² fu⁴⁵　表妹弟 piau⁴² mei²¹⁴ ti²¹⁴
内江	表嫂 piau⁴² sau⁴² 表弟妹 piau⁴² ti²¹³ mei²¹³	表姐哥piau⁴² tɕiɛ⁴² ko⁵⁵ 表妹夫piau⁴² ti²¹³ mei²¹³
仁寿	表嫂 piau⁴²sau⁴²　排行＋嫂 sau⁴²	姓＋哥ko⁵⁵　名＋哥ko⁵⁵　名＋娃儿uar³¹

	表兄弟的妻子	表姐妹的丈夫
荣县	表嫂ₙpiau⁴²saur⁵⁵	表姐夫piau⁴²tɕiɛ⁴²fu⁵⁵ 表姐哥piau⁴²tɕiɛ⁴²ko⁵⁵ 表弟妹piau⁴²ti²¹⁴mei²¹⁴
雅安	表嫂 piau⁴²sau⁴²	表姐夫 piau⁴²tɕiɛ⁴²fu⁵⁵ 表妹夫 piau⁴²mei¹⁴fu⁵⁵
汉源	表嫂 piau⁴²sau⁴²	表哥piau⁴²ko⁵⁵　　姐夫tɕiɛ⁴²fu⁵⁵
泸州	表嫂 piau⁴²sau⁴²	表爷 piau⁴²i²¹
宜宾	嫂子 sau⁴²tsʅ⁴²　　表嫂 piau⁴²sau⁴²	哥 ko⁵⁵　　弟 ti¹³
都江堰	表嫂piau⁵³sau⁵³	表姐夫piau⁵³tɕi⁵³fu⁵⁵ 表妹弟piau⁵³mei¹³ti¹³
乐山	表嫂piau⁵²sau⁵²	哥哥 ko⁵⁵ko⁵⁵　　弟弟 ti¹³ti⁵⁵ 表姐夫 piau⁵² tɕi⁵²fu⁵⁵ 表妹弟 mei¹³ti¹³
峨眉	表嫂 piau⁴²sau⁴²	表姐夫 piau⁴²tɕiɛ⁴²fu⁴⁴ 表妹夫 piau⁴²mei¹³fu⁴⁴
西昌	表嫂piau³⁴sau³⁴	老表 nau³⁴piau³⁴

	丈夫（背称）	妻子（背称）
成都	老公nau⁵³koŋ⁵⁵　　男人nan²¹zən²¹ 当家的 taŋ⁵⁵tɕia⁵⁵ne⁵⁵ 当家人taŋ⁵⁵tɕia⁵⁵zən²¹	老婆nau⁵³pʻo²¹　　婆娘 pʻo²¹niaŋ⁵⁵ 屋头u²¹tʻəu²¹　　屋头人 u²¹tʻəu²¹zən²¹ 屋里头u²¹i⁵³tʻəu²¹
重庆	男人nan²¹zən²¹　　老公nau⁴²koŋ⁵⁵	女人ny⁴²zən²¹　　老婆 nau⁴²pʻo²¹ 堂客 tʻaŋ²¹kʻe²¹
巫溪	男人 nan²¹zən²¹	女人 ny⁴²zən²¹　　婆孃 pʻo²¹niaŋ⁵⁵
达县	男人nan²¹zən²¹　　当家的taŋ⁵⁵tɕia⁵⁵ni⁵⁵ 男的nan²¹ti²¹　　当家人taŋ⁵⁵tɕia⁵⁵zən²¹	婆娘pʻo²¹niaŋ⁵⁵　　屋头人u²¹tʻəu²¹zən²¹ 女人ny⁴²zən²¹　　屋头的u²¹tʻəu²¹ni⁵⁵ 女的ny⁴²ti²¹
广元	老公nau⁵³ koŋ⁴⁵　　当家的 taŋ⁴⁵tɕia⁴⁵nɛ⁴⁵ 男客nan²¹kʻa²¹	婆娘pʻo²¹niaŋ⁴⁵　　女人ny⁵³zən²¹ 家里的tɕia⁴⁵ni⁵³nɛ⁴⁵
南充	老公nau⁵³koŋ⁵⁵　　男人 nan²¹zən²¹ 当家人taŋ⁵⁵tɕia⁵⁵zən²¹ 当家的 taŋ⁵⁵tɕia⁵⁵ti⁵⁵　　男客nan²¹kʻa²¹	婆娘 pʻu²¹niaŋ²¹　　屋头的 u²¹tʻəu²¹ti⁵⁵ 女客ny⁵³kʻe²¹　　堂客tʻaŋ²¹kʻɛ²¹ 灶神菩萨tsɑu¹⁴sən²¹pʻu²¹sa⁵³
遂宁	老公 nau⁵²koŋ⁵⁵　　主劳tsu⁵²nau²¹ 当家人 taŋ⁵⁵tɕia⁵⁵zən²¹ 男的 nan²¹ni⁵⁵	老婆nau⁵²pʻo²¹　　婆娘pʻo²¹niaŋ⁵⁵ 屋头u²⁴tʻəu²¹ni⁵⁵ 女人ny⁵² zən²¹ 女的ny⁵²ni⁵⁵
梓潼	老公nau⁵³ koŋ⁴⁵　　男人nan²¹ zən²¹ 男的nan²¹ne⁴⁵　　当家人 taŋ⁴⁵tɕia⁴⁵zən²¹	老婆nau⁵³pʻo²¹　　婆娘 pʻo²¹niaŋ⁴⁵ 屋头u²¹tʻəu²¹　　女的ny⁵³ne⁵⁵
资阳	当家人taŋ⁵⁵tɕia⁵⁵zən²¹ 男的nan²¹ni⁵⁵ 老头ₙnau⁵³tʻəur²¹	老婆nau⁴²pʻo²¹　　婆娘 pʻo²¹niaŋ⁵⁵
内江	门前人mən³¹tɕʻian⁵⁵zən³¹ 当家的taŋ⁵⁵tɕia⁵⁵ne⁵⁵ 当家人taŋ⁵⁵tɕia⁵⁵zən³¹ 当家师taŋ⁵⁵tɕia⁵⁵ʂʅ⁵⁵	婆娘pʻo³¹niaŋ⁵⁵　　屋头的u²¹³tʻəu³¹ne⁵⁵ 屋头个u²¹³tʻəu³¹ko²¹³

续表

	丈夫（背称）	妻子（背称）
仁寿	老公nau⁴²koŋ⁵⁵　　　男人nan³¹zən³¹ 当家的taŋ⁵⁵tɕia⁵⁵ne⁵⁵ 那家人ne⁵⁵tɕia⁵⁵zən³¹	老婆nau⁴²p'o³¹　　婆娘p'o³¹n̠iaŋ⁵⁵ 屋头的u³¹⁵t'əu³¹ne⁵⁵ 那家人ne⁵⁵tɕia⁵⁵zən³¹
荣县	男娃儿nan³¹ua³¹ɚ⁵⁵　男人nan³¹zən³¹	屋头个u³¹t'əu³¹ko²¹⁴　婆娘p'o³¹n̠iaŋ⁵⁵
雅安	老公 nau⁴²koŋ⁵⁵	老婆nau⁴²p'o²¹　　婆娘p'o²¹niaŋ⁵⁵ 屋头 u¹⁴t'əu²¹　　屋头的 u¹⁴t'əu²¹ti¹⁴
汉源	当家的taŋ⁵⁵tɕia⁵⁵ne⁵⁵　老公nau⁴² koŋ⁵⁵	老婆nau⁴² p'o²¹　　婆娘p'o²¹n̠iaŋ⁵⁵ 屋头的u⁵⁵t'əu²¹ ne⁵⁵
泸州	男娃儿nan⁴²ua²¹ɚ⁵⁵　当家的taŋ⁵⁵tɕia⁵⁵ne⁵⁵ 主劳tsu⁴²nau²¹	屋头的u⁵⁵t'əu²¹ne⁵⁵　婆娘p'o²¹niaŋ⁵⁵
宜宾	男人nã³¹zən³¹　　当家人taŋ⁵⁵tɕia⁵⁵zən³¹ 老公nau⁴² koŋ⁵⁵　　外厢的uai¹³ɕiaŋ⁵⁵ne⁵⁵ 男的nan³¹ne³¹	婆娘 p'o³¹n̠iaŋ⁵⁵ 屋头那个u⁵⁵t'əu³¹ne⁵⁵ko¹³ 堂客 t'aŋ³¹k'e¹³
都江堰	男人 nan³¹zən³¹ 当家人taŋ⁵⁵tɕia⁵⁵ zən³¹	婆娘p'o³¹n̠iaŋ⁵³
乐山	老公nau⁵²koŋ⁵⁵　　男人nan³¹zən²¹ 当家的taŋ⁵⁵tɕia⁵⁵ti¹³ 老者儿nau⁵²tsei⁵²ɚ²¹	老婆nau⁵²p'o²¹　老婆子nau⁵²p'o²¹tsʅ⁵²
峨眉	男人nan²¹zən²¹　当家人 taŋ⁴⁴tɕia⁴⁴zən²¹	老婆nau⁴²p'o²¹　屋面人 u⁴⁴mian¹³zən²¹
西昌	当家的taŋ⁴⁴tɕia⁴⁴ni⁴⁴ 我男的ŋa³¹nan⁵²ni⁴⁴ 我屋头那个ŋa³¹u³¹tu⁵²na¹¹ko¹¹	婆娘p'o⁵²niaŋ⁴⁴ 屋头的u³¹t'əu²¹ni⁴⁴ 我女的ŋa³¹ni³⁴ni⁴⁴

	妻子的父亲（背称）	妻子的母亲（背称）
成都	老丈人 nau⁵³tsaŋ²¹³zən²¹ 老丈儿nau⁵³tsaŋr²¹³	老丈母nau⁵³tsaŋ²¹³mu⁵³
重庆	老丈人 nau⁴²tsaŋ²¹⁴zən²¹	老丈母nau⁴²tsaŋ²¹⁴mu⁴²
巫溪	老丈人 nau⁴²tsaŋ²¹⁴zən²¹	老丈母nau⁴²tsaŋ²¹⁴mu⁴²
达县	老丈人nau⁴²tsaŋ²¹⁴zən²¹ 干爹 kan⁵⁵tie⁵⁵ 丈老汉儿tsaŋ²¹⁴nau⁴²xanr²¹⁴	老丈母 nau⁴²tsaŋ²¹⁴mu⁴² 干娘 kan⁵⁵niaŋ²¹ 丈母娘 tsaŋ²¹⁴mu⁴²niaŋ²¹
广元	姨夫i²¹ fu⁴⁵ 老丈人nau⁵³ tsaŋ²¹⁴ zən²¹ 干老汉儿kan⁴⁵nau⁵³xanr²¹⁴	姨娘i²¹ niaŋ²¹ 丈母娘tsaŋ²¹⁴ mu⁵³ niaŋ²¹
南充	老丈人nau⁵³zaŋ¹⁴zən²¹ 老亲爷 nau⁵³tɕ'in⁵⁵iɛ²¹	老丈母 nau⁵³ tsaŋ¹⁴ mu⁵³ 老亲娘 nau⁵³tɕ'in⁵⁵n̠iaŋ²¹ 岳母娘 yo²¹ mu⁵³ n̠iaŋ²¹
遂宁	老丈人nau⁵²tsaŋ²⁴zən²¹	老丈母nau⁵²tsaŋ²⁴mu⁵²
梓潼	老丈人 nau⁵³ tsaŋ²¹⁴ zən²¹	丈母娘 tsaŋ²¹⁴ mu⁵³ n̠iaŋ²¹ 外母妈 uai²¹⁴mu⁵³ma⁵⁵
资阳	老丈人nau⁴²tsaŋ²¹⁴zən²¹	老丈母nau⁴²tsaŋ²¹⁴mu⁴²

续表

	妻子的父亲（背称）	妻子的母亲（背称）
内江	老丈人 nau⁴² tʂaŋ²¹³ zən³¹	老丈母 nau⁴² tʂaŋ²¹³ mu⁴² 岳母娘 io²¹³ mu⁴² ȵian³¹
仁寿	老丈人 nau⁴² tʂaŋ³¹⁵ zən³¹ 老丈儿 nau⁴² tʂuaŋr⁵⁵	老庄母 nau⁴² tʂuaŋ⁵⁵ mu⁴² 丈母娘 tʂaŋ³¹⁵ mu⁴² ȵian³¹ 老丈母 nau⁴² tʂaŋ³¹⁵ mu⁴²
荣县	老丈人 nau⁴² tʂaŋ²¹⁴ zən³¹ 老者儿 nau⁴² tʂɛr⁵⁵	老丈母 nau⁴² tʂaŋ²¹⁴ mu⁴² 老庄母 nau⁴² tʂuaŋ⁵⁵ mu⁴² 丈母娘 tʂaŋ²¹⁴ mu⁴² nian³¹
雅安	老丈人 nau⁴² tsaŋ¹⁴ zən²¹	老丈母 nau⁴² tsaŋ¹⁴ mu⁴² 丈母娘 tsaŋ¹⁴ mu⁴² nian²¹
汉源	老丈人 nau⁴² tsaŋ²¹³ zən²¹	老丈母 nau⁴² tsaŋ²¹³ mu⁴² 岳母娘 io⁵⁵ mu⁴² ȵian²¹
泸州	老丈人 nau⁴² tsaŋ¹³ zən²¹	老丈母 nau⁴² tsaŋ¹³ mu⁴² 老丈妈 nau⁴² tsaŋ¹³ ma⁵⁵
宜宾	老丈人 nau⁴² tsaŋ¹³ zən³¹	老丈母 nau⁴² tsaŋ¹³ mu⁴²
都江堰	老丈人 nau⁵³ tsaŋ¹³ zən³¹	老丈 nau⁵³ tsaŋ¹³ mu⁵³
乐山	老丈人 nau⁵² tsaŋ¹³ zən²¹ 老丈儿 nau⁵² tsaŋ¹³ ɚ⁵⁵ 老丈儿 nau⁵² tsaŋr¹³	老丈 nau⁵² tsaŋ¹³ mu⁵² 岳母娘 io⁴⁴ mu⁵² nian²¹ 丈母娘 tsaŋ¹³ mu⁵² nian²¹
峨眉	老丈人 nau⁴² tsaŋ¹³ zən²¹ 妻爷 tɕʻi⁴⁴ie²¹	老丈母 nau⁴² tsaŋ¹³ mu⁴² 妻娘 tɕʻi⁴⁴nian²¹
西昌	老丈人 nau³⁴ tʂaŋ¹¹ zən⁴⁴	老丈母 nau³⁴ tʂaŋ¹¹ mu³⁴

	丈夫的父亲（背称）	丈夫的母亲（背称）
成都	老人公 nau⁵³ zən²¹ koŋ⁵⁵	老人婆 nau⁵³ zən²¹ pʻo²¹
重庆	老人公 nau⁴² zən²¹ koŋ⁵⁵	婆子妈 pʻo²¹ tsɿ⁴² ma⁵⁵
巫溪	公公老汉儿 kuŋ⁵⁵ kuŋ⁵⁵ nau⁴² xanr²¹⁴	婆婆妈 pʻo²¹ pʻo⁵⁵ ma⁵⁵ 婆子妈 pʻo²¹ tsɿ⁴² ma⁵⁵
达县	老人公 nau⁴² zən²¹ kuŋ⁵⁵	老人婆 nau⁴² zən²¹ pʻo²¹
广元	老人公 nau⁵³ zən²¹ koŋ⁴⁵	老人婆 nau⁵³ zən²¹ pʻo²¹
南充	老人公 nau⁵³ zən²¹ koŋ⁵⁵ 老亲爷 nau⁵³ tɕʻin⁵⁵ ie²¹	老人婆 nau⁵³ zən²¹ pʻo²¹ 婆婆娘 pʻo²¹ pʻo²¹ ȵian²¹
遂宁	老人公 nau⁵² zən²¹ koŋ⁵⁵	老人婆 nau⁵² zən²¹ pʻo²¹
梓潼	老人公 nau⁵³ zən²¹ koŋ⁴⁵ 公公 koŋ⁴⁵ koŋ⁴⁵	老人婆 nau⁵³ zən²¹ pʻo²¹ 婆婆 pʻo²¹ pʻo⁴⁵
资阳	老人公 nau⁴² zən²¹ koŋ⁵⁵	老人婆 nau⁴² zən²¹ pʻo²¹
内江	老人公 nau⁴² zən³¹ koŋ⁵⁵	婆婆娘 pʻo³¹ pʻo⁵⁵ ȵian³¹
仁寿	老人公 nau⁴² zən³¹ koŋ⁵⁵	婆婆儿 pʻo³¹ pʻo⁵⁵ ɚ³¹ 婆婆娘 pʻo³¹ pʻo⁵⁵ ȵian³¹ 老人婆 nau⁴² zən³¹ pʻo³¹

	丈夫的父亲（背称）	丈夫的母亲（背称）
荣县	老人公 nau⁴² zən³¹ koŋ⁵⁵ 他们老汉ₙ na⁵⁵men³¹nau⁴²xanr²¹⁴	婆婆妈 p'o³¹ p'o⁵⁵ ma⁵⁵ 婆婆ₙ妈 p'o³¹ p'or⁵⁵ ma⁵⁵ 他们妈 na⁵⁵mən³¹ma⁵⁵
雅安	老公公 nəu⁴²koŋ⁵⁵koŋ⁵⁵	婆婆娘 p'o²¹p'o⁵⁵niaŋ²¹
汉源	老人公 nau⁴² zən²¹ koŋ⁵⁵	婆婆娘 p'o²¹ p'o⁵⁵ȵiaŋ²¹
泸州	老人公nau⁴²zən²¹koŋ⁵⁵	老人婆nau⁴²zən²¹p'o²¹
宜宾	老公公 nau⁴²koŋ⁵⁵koŋ⁵⁵ 幺叔 iau⁵⁵su³³	老婆婆 nau⁴²p'o³¹p'o⁵⁵ 婶婶 sən⁴²sən⁴²
都江堰	老人公nau⁵³zən³¹koŋ⁵⁵	老人婆nau⁵³zən³¹p'o³¹ 婆婆娘 p'o³¹p'o³¹ȵiaŋ³¹
乐山	老人公 nau⁵²zən²¹koŋ⁵⁵ 公公 koŋ⁵⁵koŋ⁵⁵ 公公老汉ₙkoŋ⁵⁵koŋ⁵⁵nau⁵²xanr²¹	老人婆 nau⁵²zən²¹p'o²¹ 婆婆娘 p'o²¹p'o⁵⁵ȵiaŋ²¹ 婆婆妈 p'o²¹p'o⁵⁵ma⁵⁵ 婆婆儿 p'o²¹p'o⁵⁵ɚ²¹
峨眉	老人公 nau⁴²zən²¹koŋ⁴⁴ 公公koŋ⁴⁴koŋ⁴⁴	婆婆妈　p'o²¹p'o⁵⁵ma⁴⁴
西昌	老人公 nau³⁴zən⁵²koŋ⁴⁴ 老公公nau³⁴ koŋ⁴⁴koŋ⁴⁴ 公公koŋ⁴⁴koŋ⁴⁴	婆婆 p'o⁵²p'o⁵² 老人婆 nau³⁴zən⁵²p'o⁵²

	丈夫的哥哥	丈夫的弟弟
成都	大伯 ta²¹³pe²¹　　大伯子 ta²¹³pe²¹tsʅ⁵³	小叔ɕiau⁵³su²¹　　小叔子ɕiau⁵³su²¹tsʅ⁵³
重庆	大伯子ta²¹⁴pe²¹tsʅ⁴²	小叔子ɕiau⁴²su²¹tsʅ⁴²
巫溪	大伯子ta²¹⁴pe²¹tsʅ⁴²	小叔子ɕiau⁴²su²¹tsʅ⁴²
达县	大伯子ta²¹⁴pe²¹tsʅ⁴²	小叔子ɕiau⁴²su²¹⁴tsʅ⁴²
广元	大伯 ta²¹⁴pe²¹　　大伯子 ta²¹⁴pe²¹tsʅ⁵³ 哥老官ₙko⁴⁵nau⁵³kuanr⁴⁵	小叔ɕiau⁵³su²¹　　小叔子ɕiau⁵³su²¹tsʅ⁵³
南充	哥老官 ko⁵⁵ nau⁵³ kuan⁵⁵ 排行＋老官 nau⁵³ kuan⁵⁵	小叔子 ɕiau⁵³su²¹tsʅ⁵³
遂宁	大伯 ta²⁴pe²¹	小叔ɕiau⁵²su²¹
梓潼	排行＋哥 ko⁴⁵	直呼其名
资阳	哥ko⁵⁵　　大伯子ta²¹⁴pe²¹tsʅ⁴²	弟ti²¹⁴　　小叔子ɕiau⁴²su²¹tsʅ⁴²
内江	大叔 ta²¹³ʂu²¹³　　大伯 ta²¹³ pe²¹³	小叔 ɕiau⁴²ʂu²¹³
仁寿	排行＋哥 ko⁵⁵　　大伯子 ta³¹⁵pai⁴²tsʅ⁴²	排行＋弟ti³¹⁵　　名＋弟ti³¹⁵ 小叔子ɕiau⁴²ʂu³¹⁵tsʅ⁴²
荣县	排行＋哥ko⁵⁵　　大伯ta²¹⁴pe²¹⁴ 大伯子ta²¹⁴pe²¹⁴tsʅ⁴²	小叔子ɕiau⁴²su²¹⁴tsʅ⁴² 小叔ɕiau⁴²ʂu²¹⁴
雅安	大伯 ta¹⁴pe²¹　　大伯子 ta¹⁴pe²¹tsʅ⁴²	小叔子ɕiau⁴²su²¹tsʅ⁴²
汉源	大伯 ta²¹³pai⁵⁵	小叔子ɕiau⁴²su⁵⁵tsʅ⁴²

	丈夫的哥哥	丈夫的弟弟
泸州	大伯ta¹³pe³³　　大叔子ta¹³su³³tsʅ⁴²	小叔ɕiau⁴²su³³　　小叔子ɕiau⁴²su³³tsʅ⁴²
宜宾	大伯子ta¹³pe³³tsʅ⁴²	小叔子 ɕiau⁴²su³³tsʅ⁴²
都江堰	大伯子 ta¹³pæ³³tsʅ⁵³	小叔子ɕiau⁵³suə³³tsʅ⁵³
乐山	大伯子 ta¹³pæ⁴⁴tsʅ⁵²	小叔儿 ɕiau⁵²su⁵⁵ɚ⁵⁵
峨眉	大伯子 ta¹³pæ⁵⁵tsʅ⁴²	小叔儿ɕiau⁴²su⁴⁴ɚ²¹
西昌	大伯子ta¹¹pe³¹tsʅ³⁴	小叔子ɕiau³⁴ʂu³¹tsʅ³⁴

	丈夫的姐妹	妻子的兄弟（背称）
成都	大姑子 ta²¹³ku⁵⁵tsʅ⁵³ 小姑子 ɕiau⁵³ku⁵⁵tsʅ⁵³	舅老倌tɕiəu²¹³nau⁵³kuanr⁵⁵ 坐上八位的 tso²¹³saŋ²¹³pa²¹uei²¹³ne⁵⁵ 舅子tɕiəu²¹³tsʅ⁵³
重庆	姑子ku⁵⁵tsʅ⁴²	舅子 tɕiəu²¹⁴tsʅ⁴² 舅老倌ɻtɕíəu²¹⁴nau⁴²kuanr⁵⁵
巫溪	姑子ku⁵⁵tsʅ⁴²	舅子 tɕiəu²¹⁴tsʅ⁴²　舅老倌ɻtɕiəu²¹⁴nau⁴²kuanr⁵⁵
达县	大姑子 ta²¹⁴ku⁵⁵tsʅ⁴² 小姑子ɕiau⁴²ku⁵⁵tsʅ⁴²	舅老倌 tɕiəu²¹⁴nau⁴²kuan⁵⁵　舅子tɕiəu²¹⁴ tsʅ⁴²
广元	排行＋姐tɕie⁵³　排行＋妹mei²¹⁴	舅老倌ɻtɕiəu²¹⁴ nau⁵³ kuanr⁴⁵
南充	大姑子 ta¹⁴ku⁵⁵ tsʅ⁵³ 小姑子 ɕiau⁵³ku⁵⁵ tsʅ⁵³ 秋姑娘 tɕʻiəu⁵⁵ku⁵⁵ȵiaŋ²¹ 秋姑婆 tɕʻiəu⁵⁵ku⁵⁵pʻo²¹	舅老倌tɕiəu¹⁴nau⁵³kuan⁵⁵ 排行＋舅子tɕiəu¹⁴tsʅ⁵³ 舅老倌tɕiəu¹⁴nau⁵³kuan⁵⁵ 弯脚脚uan⁵⁵tɕyo²¹tɕyo²¹
遂宁	大姑子 ta²⁴ku⁵⁵tsʅ⁵² 小姑子ɕiau⁵²ku⁵⁵tsʅ⁵²	舅老倌ɻtɕiəu²⁴nau⁵²kuanr⁵⁵　舅子 tɕiəu²⁴tsʅ⁵²
梓潼	排行＋姐tɕie⁵³　排行＋妹 mei²¹⁴	舅老倌ɻtɕiəu²¹⁴ nau⁵³ kuanr⁴⁵
资阳	排行＋姐tɕie⁴²　排行＋妹 mei²¹⁴	舅老倌ɻtɕiəu²¹⁴nau⁴²kuanr⁵⁵　舅子tɕiəu²¹⁴ tsʅ⁴²
内江	大姑子 ta²¹³ku⁵⁵ tsʅ⁴² 小姑子 ɕiau⁴²ku⁵⁵ tsʅ⁴²	舅老倌ɻtɕiəu²¹³ nau⁴² kuanr⁵⁵　舅子tɕiəu²¹³tsʅ⁴² 舅母子tɕiəu²¹³ mu⁴² tsʅ⁴²
仁寿	大姑子 ta³¹⁵ku⁵⁵ tsʅ⁴² 小姑子ɕiau⁴²ku⁵⁵ tsʅ⁴² 排行＋姐tɕie⁴²　排行＋妹mei³¹⁵	舅老倌ɻtɕiəu³¹⁵ nau⁴² kuanr⁵⁵　舅子tɕiəu³¹⁵ tsʅ⁴²
荣县	姑子ku⁵⁵ tsʅ⁴² 排行＋姐姐tɕie⁴² tɕie⁴²	舅子tɕiəu²¹⁴ tsʅ⁴²
雅安	大姑子ta¹⁴ku⁵⁵tsʅ⁴² 小姑子ɕiau⁴²ku⁵⁵tsʅ⁴² 姐姐 tɕie⁴²tɕie⁴²	舅子 tɕiəu¹⁴tsʅ⁴²
汉源	大姑子 ta²¹³ku⁵⁵tsʅ⁴² 小姑子 ɕiau⁴²ku⁵⁵tsʅ⁴²	舅子tɕiəu²¹³tsʅ⁴²
泸州	大姑子 ta¹³ku⁵⁵tsʅ⁴² 小姑子 ɕiau⁴²ku⁵⁵tsʅ⁴²	舅子tɕiəu¹³tsʅ⁴²　舅老倌tɕiəu¹³nau⁴²kuan⁵⁵ 偷碗的tʻəu⁵⁵uan⁴²ne⁵⁵

	丈夫的姐妹	妻子的兄弟（背称）
宜宾	大姑子 ta¹³ku⁵⁵tsʅ⁴² 小姑子 ɕiau⁴²ku⁵⁵tsʅ⁴²	舅子 tɕiəu¹³tsʅ⁴²　　舅母子 tɕiəu¹³ mu⁴²tsʅ⁴²
都江堰	大姑子 ta¹³ku⁵⁵tsʅ⁵³ 小姑子 ɕiau⁵³ku⁵⁵tsʅ⁵³	舅老倌 tɕiəu¹³nau⁵³kuan⁵⁵ 舅母子 tɕiəu¹³mu⁵³tsʅ⁵³
乐山	大姑子 ta¹³ku⁵⁵tsʅ⁵² 小姑子 ɕiau⁵²ku⁵⁵tsʅ⁵²	舅子　tɕiəu¹³tsʅ⁵²
峨眉	大姑子 ta¹³ku⁴⁴tsʅ⁴² 小姑子 ɕiau⁴²ku⁴⁴tsʅ⁴²	舅子　tɕiəu¹³tsʅ⁴²
西昌	大姑ㄦ姐 ta¹¹kur⁴⁴ tɕie³⁴ 小姑ㄦ ɕiau³⁴kur⁴⁴	舅子　tɕiəu¹¹tsʅ³⁴

	妻子的姐姐（背称）	妻子的妹妹（背称）
成都	大姨子 ta²¹³i²¹tsʅ⁵³ 大姨妹ㄦ ta²¹³i²¹meir²¹³　姨姐 i²¹tɕie⁵³	小姨子 ɕiau⁵³i²¹tsʅ⁵³ 小姨妹ㄦ ɕiau⁵³i²¹meir²¹³　姨i²¹meir²¹³
重庆	姨姐 i²¹tɕie⁴²	姨妹ㄦ i²¹meir²¹⁴
巫溪	姨姐 i²¹tɕie⁴²	姨妹ㄦ i²¹meir²¹⁴
达县	大姨子 ta²¹⁴i²¹tsʅ⁴²　姨姐 i²¹tɕie⁴²	小姨子 ɕiau⁴² i²¹ tsʅ⁴² 小姨妹ㄦ ɕiau⁴² i²¹meir²¹⁴
广元	大姨子 ta²¹⁴i²¹tsʅ⁵³	小姨子 ɕiau⁵³ i²¹ tsʅ⁵³
南充	大姨子 ta¹⁴ i²¹ tsʅ⁵³　姨姐 i²¹ tɕi⁵³	小姨子 ɕiau⁵³ i²¹tsʅ⁵³　姨妹ㄦi²¹ meir¹⁴
遂宁	大姨姐 ta²⁴i²¹tɕie⁵²	小姨妹ㄦ ɕiau⁵²i²¹meir²⁴
梓潼	姐 tɕie⁵³	妹 mei²¹⁴
资阳	排行+姐 tɕie⁴²	排行+妹 mei²¹⁴　姨妹ㄦ i²¹ meir²¹⁴
内江	大姨子 ta²¹³ i³¹ tsʅ⁴²　姨姐 i³¹ tɕie⁴²	小姨子 ɕiau⁴² i³¹ tsʅ⁴² 小姨妹ㄦ ɕiau⁴² i³¹ meir²¹³　姨妹i³¹ mei²¹³
仁寿	姨姐儿 i³¹ tɕie⁴² ɚ³¹　排行+姐tɕie⁴²	姨妹ㄦ i³¹ meir³¹⁵　　排行+妹mei³¹⁵
荣县	大姨妹ㄦ ta²¹⁴ i³¹ meir²¹⁴ 大姨子 ta²¹⁴ i³¹ tsʅ⁴²	小姨妹ㄦ ɕiau⁴² i³¹ meir²¹⁴ 小姨子 ɕiau⁴² i³¹ tsʅ⁴²
雅安	大姨子 ta¹⁴i²¹tsʅ⁴²	小姨子 ɕiau⁴²i²¹tsʅ⁴² 小姨妹ɕiau⁴²i²¹mei¹⁴
汉源	大姨子 ta²¹³ i²¹tsʅ⁴²	小姨子 ɕiau⁴²i²¹tsʅ⁴² 小姨妹ɕiau⁴²i²¹mei²¹³
泸州	大姨子 ta¹³i²¹tsʅ⁴² 大姨嬢ㄦ ta¹³i²¹n̠iaŋr⁵⁵	小姨子 ɕiau⁴²i²¹tsʅ⁴² 小姨嬢ㄦ ɕiau⁴² i²¹n̠iaŋr⁵⁵
宜宾	大姨子 ta¹³i³¹tsʅ⁴²	小姨妹ㄦ ɕiau⁴²i³¹meir¹³ 小姨子ɕiau⁴²i³¹tsʅ⁴²
都江堰	大姨子 ta¹³i³¹tsʅ⁵³ 大姨妹ㄦ ta¹³i³¹meir¹³	小姨子 ɕiau⁵³i³¹tsʅ⁵³ 小姨妹ㄦɕiau⁵³i³¹meir¹³
乐山	大姨子 ta¹³i²¹tsʅ⁵²	小姨子 ɕiau⁵²i²¹tsʅ⁵² 小姨妹ɕiau⁵²i²¹mei¹³
峨眉	大姨姐 ta¹³i²¹tɕie⁴²	小姨妹ɕiau⁴²i²¹mei¹³
西昌	大姨子 ta¹¹i⁵²tsʅ³⁴	小姨子 ɕiau³⁴i⁵²tsʅ³⁴

	儿　　子	女　　儿
成都	儿ɚ²¹　排行＋儿ɚ²¹	女儿nyr⁵³　排行＋女儿nyr⁵³
重庆	儿ɚ²¹　排行＋儿ɚ²¹	女儿nyr⁴²　排行＋女儿nyr⁴²
巫溪	儿ɚ²¹　排行＋儿ɚ²¹	女儿nyr⁴²　排行＋女儿nyr⁴²
达县	儿ɚ²¹　儿娃子ɚ²¹ua²¹tsʅ⁴² 看田缺水的k‘an²¹⁴t‘iɛn²¹tɕ‘yɛ²¹suei⁴²ti²¹ 放牛的faŋ²¹⁴niəu²¹ti²¹ 大儿ta²¹⁴ɚ²¹　幺儿iau⁵⁵ɚ²¹	女儿nyr⁴² 锅边转的ko⁵⁵ pien⁵⁵ tsuan²¹⁴ ti²¹ 菜格兜ts‘ai²¹³kɛ²¹təu⁵⁵
广元	看牛的k‘an²¹⁴niəu²¹ne⁴⁵ 放牛的faŋ²¹⁴niəu²¹ne⁴⁵　幺儿iau⁴⁵ɚ²¹	女儿nyr⁵³
南充	儿ɚ²¹　　娃儿ua²¹ɚ²¹ 排行＋娃ua²¹ 肉罐罐zəu¹⁴kuan¹⁴kuan¹⁴ 香火炉ɕiaŋ⁵⁵xo⁵³nu²¹	挂面kua¹⁴mian⁵⁵　女ȵy⁵³ 幺女iau⁵⁵ȵy⁵³　姑娘ku⁵⁵niaŋ²¹ 丫头ia⁵⁵t‘əu²¹　妹崽mei¹⁴tsai⁵³ 女子ȵy⁵³tsʅ⁵³　一笸面i²¹təu⁵⁵miɛn¹⁴ 糖罐罐t‘aŋ²¹kuan¹⁴kuan¹⁴
遂宁	排行＋儿ɚ²¹	排行＋女儿ȵyr⁵²　幺女子iau⁵⁵ȵy⁵²tsʅ⁵²
梓潼	儿ɚ²¹　　　　排行＋娃ua²¹	女儿ȵy⁵³ɚ²¹　　女子ȵy⁵³tsʅ⁵³
资阳	排行＋儿ɚ²¹	排行＋女ȵy⁴²
内江	排行＋儿uɚ²¹ 看田缺的k‘an²¹³t‘iɛn³¹tɕye²¹³ne⁵⁵	女儿ȵyr⁴² 看甑脚水的k‘an²¹³tsən²¹³tɕio²¹³ʂuei⁴²ne⁵⁵
仁寿	儿ɚ³¹　　娃儿uar³¹	女儿ȵyr⁴²　　排行＋女ȵy⁴² 名＋女儿ȵyr⁴²
荣县	儿ɚ³¹　　娃儿ua³¹ɚ⁵⁵	女儿ȵyr⁴²　排行＋女儿ȵyr⁴²
雅安	儿ɚ²¹　　儿娃子ɚ²¹ua²¹tsʅ⁴²	女娃子ȵy⁴²ua²¹tsʅ⁴²
汉源	儿ɚ²¹　　儿娃子ɚ²¹ua²¹tsʅ⁴²	女儿ȵyr⁴²　女娃子ȵy⁴²ua²¹tsʅ⁴²
泸州	儿嘞ɚ²¹ne²¹ 看田缺口的k‘an²¹tien²¹tɕ‘ye³³k‘əu⁴²ne⁵⁵	女ȵy⁴² 看甑脚水的k‘an¹³tsən¹³tɕyo³³suei⁴²ne⁵⁵
宜宾	看水的k‘ā¹³suei⁴²ne⁵⁵ 读书的tu³³su⁵⁵ne⁵⁵　幺儿iau⁵⁵ɚ³¹	烧锅sau⁵⁵ko⁵⁵ne⁵⁵ 绣花的ɕiau¹³xua⁵⁵ne⁵⁵　幺女iau⁵⁵ȵy⁴²
都江堰	儿ɚ³¹　大儿ta¹³ɚ³¹　　幺儿iau⁵⁵ɚ³¹	女子ȵy⁵³tsʅ⁵³ 大女ta¹³ȵy⁵³　　幺女iau⁵⁵ȵy⁵³
乐山	儿娃子ɚ²¹ua²¹tsʅ⁵² 看田缺水的k‘an¹³t‘iɛn¹³tɕ‘io⁴⁴suei⁵²ti⁵⁵ 娃儿ua²¹ɚ⁵⁵ 排行＋娃儿ua²¹ɚ⁵⁵	女儿ȵy⁵²ɚ⁵⁵　　女娃子ȵy⁴²ua²¹tsʅ⁵² 看米锅的k‘an¹³mi⁵²ko⁵⁵suei⁵²ti⁵⁵ 大女ta²¹³niəu⁵²　　大女儿ta¹³ȵy⁵²ɚ⁵⁵ 二女ɚ¹³niəu⁵²　　二女儿ɚ¹³ȵy⁵²ɚ⁵⁵ 幺女iau⁵⁵niəu⁵²
峨眉	娃儿ua²¹ɚ⁴⁴	女儿ȵy⁴²ɚ²¹
西昌	男娃儿nan⁵²uar⁵²　儿子ɚ⁵²tsʅ³⁴	女娃儿ȵy³⁴uar⁵²　女儿ȵir³⁴

	兄弟的子女	姊妹的子女
成都	侄儿tsʅ²¹ɚ²¹　　侄娃子tsʅ²¹ua²¹tsʅ⁵³ 侄女tsʅ²¹ȵy⁵³	外侄uai²¹³tsʅ²¹
重庆	侄儿tsʅ²¹ɚ²¹　　侄女儿tsʅ²¹ȵyr⁴²	外侄uai²¹⁴tsʅ²¹　外侄女儿uai²¹⁴tsʅ²¹ȵyr⁴²
巫溪	侄儿tsʅ²¹ɚ²¹　　侄女儿tsʅ²¹ȵyr⁴²	外侄uai²¹⁴tsʅ²¹　外侄女儿uai²¹⁴tsʅ²¹ȵyr⁴²

续表

	兄弟的子女	姊妹的子女
达县	侄儿tsʅ²¹ɚ²¹　　侄女ᵣtsʅ²¹nʮr⁴² 侄娃ᵣtsʅ²¹uar²¹	姨侄女ᵣi²¹tsʅ²¹nʮr⁴² 外侄女ᵣuai²¹⁴tsʅ²¹nʮr⁴²
广元	侄子 tsʅ²¹ tsʅ⁵³　　侄娃子 tsʅ²¹ ua²¹ tsʅ⁵³	外甥uai²¹⁴ sən⁴⁵
南充	侄儿子 tsʅ²¹ ɚ²¹ tsʅ⁵³ 侄女子 tsʅ²¹ nʮ⁵³ tsʅ⁵³ 排行+娃ua²¹ 姓+娃ᵣuar²¹　　　　名+娃ᵣuar²¹ 姓+妹崽mei¹⁴tsai⁵³　　名+妹崽mei¹⁴tsai⁵³	外侄uai¹⁴ tsʅ²¹　外侄女uai¹⁴ tsʅ²¹nʮ⁵³
遂宁	侄儿tsʅ²¹ɚ²¹　　侄女tsʅ²¹nʮ⁵² 侄娃ᵣtsʅ²¹uar⁵⁵　侄女子tsʅ²¹nʮ⁵²tsʅ⁵²	外侄 uai²⁴tsʅ²¹　外侄女 uai²⁴tsʅ²¹nʮ⁵²
梓潼	侄娃子tsʅ²¹ ua²¹ tsʅ⁵³ 侄儿子tsʅ²¹ ɚ²¹ tsʅ⁵³ 侄女子tsʅ²¹ nʮ⁵³ tsʅ⁵³	侄娃子 tsʅ²¹ ua²¹ tsʅ⁵³ 侄儿子 tsʅ²¹ ɚ²¹ tsʅ⁵³ 侄女子 tsʅ²¹ nʮ⁵³ tsʅ⁵³
资阳	侄儿子tsʅ²¹ ɚ²¹ tsʅ⁴²	侄女tsʅ²¹nʮ⁴²
内江	侄儿tsʅ²¹³ɚ³¹　　侄女tsʅ²¹³nʮ⁴²	外侄uai²¹³tsʅ²¹³　外侄女uai²¹³tsʅ²¹³nʮ⁴²
仁寿	侄儿tsʅ³¹⁵ɚ³¹　内侄儿nuei³¹⁵tsʅ³¹⁵ɚ³¹ 侄女tsʅ³¹⁵nʮ⁴²　内侄女nuei³¹⁵tsʅ³¹⁵nʮ⁴²	侄儿tsʅ³¹⁵ɚ³¹　　外侄uai³¹⁵tsʅ³¹⁵ 侄女tsʅ³¹⁵nʮ⁴²　外侄女uai³¹⁵ tsʅ³¹⁵nʮ⁴²
荣县	侄儿 tsʅ²¹⁴ɚ³¹　　侄女 tsʅ²¹⁴nʮ⁴²	外侄uai²¹⁴ tsʅ²¹⁴　外侄女uai²¹⁴ tsʅ²¹⁴nʮ⁴²
雅安	侄儿tsʅ⁵⁵ɚ²¹　　侄女tsʅ⁵⁵nʮ⁴²	外侄儿uai¹⁴tsʅ⁵⁵ɚ²¹外侄女 uai¹⁴tsʅ⁵⁵nʮ⁴²
汉源	侄儿tsʅ⁵⁵ɚ²¹　　侄女tsʅ⁵⁵nʮ⁴²	侄儿tsʅ⁵⁵ɚ²¹　　侄女tsʅ⁵⁵nʮ⁴²
泸州	侄儿tsʅ³³ɚ²¹　　侄女 tsʅ³³nʮ⁴²	外侄uai¹³tsʅ³³　外侄女uai¹³tsʅ³³nʮ⁴²
宜宾	侄儿tsʅ³³ɚ³¹　　侄女tsʅ³³nʮ⁴²	姨侄i³¹tsʅ³³ 外侄子uai¹³tsʅ³³ tsʅ⁴²　外侄女uai¹³tsʅ³³nʮ⁴²
都江堰	侄儿tsə³³ɚ³¹　　侄儿子tsə³³ɚ³¹tsʅ⁵³ 侄女子tsə³³nʮ⁵³tsʅ⁵³	外侄uai¹³tsə³³　外侄女uai¹³tsə³³nʮ⁵³
乐山	侄儿tsʅ⁴⁴ɚ²¹　　侄女tsʅ⁴⁴nʮ⁵²	外侄uai¹³tsʅ⁴⁴　外侄女uai¹³tsʅ⁴⁴nʮ⁵²
峨眉	侄儿tsʅ⁵⁵ɚ²¹	外侄儿uai¹³tsʅ⁵⁵ɚ²¹外侄女 uai¹³tsʅ⁵⁵nʮ⁴²
西昌	侄ᵣtʂʅ³¹　　侄女tʂʅ³¹ni³⁴	外侄ᵣuai¹¹ tʂʅ³¹　外侄 uai¹¹tʂʅ³¹

	妻子的兄弟姐妹的子女	丈夫的兄弟姐妹的子女
成都	内侄 nei²¹³tsʅ²¹　内侄女 nei²¹³tsʅ²¹nʮ⁵³	外侄 uai²¹³tsʅ²¹
重庆	内侄ᵣnuei²¹⁴tsʅʴ²¹ 内侄女ᵣnuei²¹⁴tsʅ²¹nʮr⁴²	外侄ᵣuai²¹⁴tsʅʴ²¹
巫溪	内侄ᵣnuei²¹⁴tsʅʴ²¹ 内侄女ᵣnuei²¹⁴tsʅ²¹nʮr⁴²	外侄ᵣuai²¹⁴tsʅʴ²¹
达县	内侄儿 nuei²¹⁴ tsʅ²¹ ɚ²¹	外侄uai²¹⁴tsʅ²¹
广元	侄娃儿tsʅ²¹ua²¹ɚ⁵⁵	侄娃儿tsʅ²¹ua²¹ɚ⁵⁵
南充	内侄 nuei¹³ tsʅ²¹ 内侄女nuei¹⁴ tsʅ²¹ nʮ⁵³	外侄uai¹⁴ tsʅ²¹
遂宁	内侄nuei²⁴tsʅ²¹　内侄女nuei²⁴tsʅ²¹nʮ⁵²	外侄uai²⁴tsʅ²¹

续表

	妻子的兄弟姐妹的子女	丈夫的兄弟姐妹的子女
梓潼	侄娃子 tsʅ²¹ ua²¹ tsʅ⁵³	侄儿子 tsʅ²¹ ɚʅ²¹ tsʅ⁵³ 外甥子 uai²¹⁴ sen⁴⁵tsʅ⁵³
资阳	侄儿子tsʅ²¹ ɚʅ²¹ tsʅ⁴²　侄女tsʅ²¹n̩y⁴²	侄儿子tsʅ²¹ ɚʅ²¹ tsʅ⁴²
内江	姨侄 i³¹ tsʅ²¹³　　姨侄女 i³¹ tsʅ²¹³ n̩y⁴²	外侄uai²¹³ tsʅ³¹
仁寿	侄儿tsʅ³¹⁵ ɚʅ³¹　　侄女tsʅ³¹⁵ n̩y⁴² 内侄nuei³¹⁵ tsʅ³¹⁵	外侄uai³¹⁵ tsʅ³¹⁵　侄儿tsʅ³¹⁵ ɚʅ³¹ 侄女tsʅ³¹⁵n̩y⁴²
荣县	内侄nei²¹⁴　　内侄女nei²¹⁴ tsʅ²¹⁴ n̩y⁴² 姨侄i³¹ tsʅ²¹⁴　　姨侄女i²¹⁴ tsʅ²¹⁴ n̩y⁴²	外侄uai²¹⁴ tsʅ²¹⁴
雅安	侄子 tsʅ⁵⁵tsʅ⁴²　　侄女tsʅ⁵⁵n̩y⁴²	侄子 tsʅ⁵⁵tsʅ⁴²　　侄女tsʅ⁵⁵n̩y⁴²
汉源	姨侄i²¹ tsʅ⁵⁵　　姨侄女i²¹tsʅ⁵⁵n̩y⁴²	外侄uai²¹³tsʅ⁵⁵
泸州	内侄nuei¹³tsʅ³³　　内侄女 nuei¹³tsʅ³³n̩y⁴²	侄儿 tsʅ³³ɚʅ²¹
宜宾	内侄nuei¹³tsʅ³³　妻侄儿tɕ'i⁵⁵tsʅ³³ɚʅ³¹ 妻侄女tɕ'i⁵⁵tsʅ³³n̩y⁴²	外侄uai¹³tsʅ³³ 侄儿tsʅ³³ɚʅ³¹　　侄女 tsʅ³³n̩y⁴²
都江堰	内侄nuei¹³tsə³³ 内侄女 nuei¹³tsə³³n̩y⁵³	外侄uai¹³tsə³³
乐山	侄儿tsʅ⁴⁴ɚʅ²¹　　侄女tsʅ⁴⁴ny⁵²	外侄 uai²¹³tsʅ⁴⁴　侄儿子tsʅ⁴⁴ɚʅ²¹tsʅ⁵²
峨眉	内侄 nei¹³tsʅ⁵⁵	外侄uai¹³tsʅ⁵⁵
西昌	家侄ₙtɕia⁴⁴tʂʅ³¹　　侄女tʂʅ³¹ni³⁴	侄ₙtʂʅ³¹　　外侄ₙuai²¹ tʂʅ³¹

	表兄弟的子女	表姐妹的子女
成都	表侄piau⁵³tsʅ²¹　表侄女ₙpiau⁵³tsʅ²¹n̩yr⁵³	表侄piau⁵³tsʅ²¹　表侄女piau⁵³tsʅ²¹n̩yr⁵³
重庆	表侄piau⁴²tsʅ²¹　表侄女ₙpiau⁴²tsʅ²¹n̩yr⁴²	表侄piau⁴²tsʅ²¹　表侄女ₙpiau⁴²tsʅ²¹n̩yr⁴²
巫溪	表侄piau⁴²tsʅ²¹　表侄女ₙpiau⁴²tsʅ²¹n̩yr⁴²	表侄piau⁴²tsʅ²¹　表侄女ₙpiau⁴²tsʅ²¹n̩yr⁴²
达县	表侄piau⁴²tsʅ²¹表侄女 piau⁴²tsʅ²¹n̩yr⁴²	表侄piau⁴²tsʅ²¹　表侄女ₙpiau⁴²tsʅ²¹n̩yr⁴²
广元	侄儿 tsʅ²¹ɚʅ²¹　侄女 tsʅ²¹n̩y⁵³	侄儿 tsʅ²¹ɚʅ²¹　侄女 tsʅ²¹n̩y⁵³
南充	表侄piau⁵³tsʅ²¹　表侄女piau⁵³tsʅ²¹n̩y⁵³	表侄piau⁵³tsʅ²¹　表侄女piau⁵³tsʅ²¹n̩y⁵³
遂宁	表侄piau⁵²tsʅ²¹　表侄女piau⁵²tsʅ²¹n̩y⁵²	表侄piau⁵²tsʅ²¹　表侄女piau⁵²tsʅ²¹n̩y⁵²
梓潼	表侄 piau⁵³tsʅ²¹　表侄女 piau⁵³tsʅ²¹ n̩y⁵³	表侄 piau⁵³tsʅ²¹　表侄女 piau⁵³tsʅ²¹ n̩y⁵³
资阳	侄儿子tsʅ²¹ ɚʅ²¹ tsʅ⁴²　侄女tsʅ²¹n̩y⁴²	侄儿子tsʅ²¹ ɚʅ²¹ tsʅ⁴²　侄女tsʅ²¹n̩y⁴²
内江	表侄piau⁴²tsʅ²¹³表侄女piau⁴²tsʅ²¹³n̩y⁴²	表侄piau⁴²tsʅ²¹³表侄女piau⁴²tsʅ²¹³n̩y⁴²
仁寿	侄儿tsʅ³¹⁵ɚʅ³¹　　侄女tsʅ³¹⁵n̩y⁴²	侄儿tsʅ³¹⁵ɚʅ³¹　　侄女tsʅ³¹⁵n̩y⁴²
荣县	表侄 piau⁴²tsʅ²¹⁴　表侄女 piau⁴²tsʅ²¹⁴n̩y⁴²	表侄 piau⁴²tsʅ²¹⁴　表侄女 piau⁴²tsʅ²¹⁴n̩y⁴²
雅安	表侄女 piau⁴²tsʅ⁵⁵n̩y⁴²	表侄女 piau⁴²tsʅ⁵⁵ny⁴²
汉源	表侄piau⁴²tsʅ⁵⁵　表侄女piau⁴²tsʅ⁵⁵ny⁴²	表侄piau⁴²tsʅ⁵⁵　表侄女piau⁴²tsʅ⁵⁵ny⁴²
泸州	表侄piau⁴²tsʅ³³	表侄piau⁴²tsʅ³³
宜宾	表侄piau⁴²tsʅ³³　表侄女 piau⁴²tsʅ³³n̩y⁴²	表侄piau⁴²tsʅ³³　表侄女piau⁴²tsʅ³³n̩y⁴²

续表

	表兄弟的子女		表姐妹的子女	
都江堰	表侄piau⁵³tsə³³ 表侄女piau⁵³tsə³³n̠y⁴²		表侄piau⁵³tsə³³ 表侄女piau⁵³tsə³³n̠y⁵³	
乐山	表侄piau⁵²tʂɿ⁴⁴　表侄女piau⁵²tʂɿ⁴⁴ny⁵² 侄儿 tʂɿ⁴⁴ɚ²¹　侄女tʂɿ⁴⁴ny⁵²		表侄piau⁵²tʂɿ⁴⁴　表侄女piau⁵²tʂɿ⁴⁴ny⁵² 侄儿 tʂɿ⁴⁴ɚ²¹　侄女tʂɿ⁴⁴n̠y⁵²	
峨眉	表侄piau⁴²tʂɿ⁵⁵　表侄女piau⁴²tʂɿ⁵⁵ny⁴²		表侄piau⁴²tʂɿ⁵⁵　表侄女piau⁴²tʂɿ⁵⁵ny⁴²	
西昌	表侄ₙpiau³⁴tʂɿʅ³¹　侄女tʂɿ³¹ni³⁴		表侄ₙpiau³⁴tʂɿʅ³¹　侄女tʂɿ³¹ni³⁴	

	女　婿		媳　妇	
成都	半边儿 pan²¹pian⁵⁵ɚ²¹		儿媳妇 ɚ²¹ɕi²¹fu²¹³	
重庆	女婿 ny⁴²ɕi²¹⁴　　姑爷 ku⁵⁵iɛ⁵⁵		媳妇ₙɕi²¹fur²¹⁴　　儿媳妇ɚ²¹ɕi²¹fur²¹⁴	
巫溪	女婿 ny⁴²ɕi²¹⁴		媳妇ɕi²¹xur²¹⁴	
达县	门客mən²¹kʻɛ²¹　　女婿n̠y⁴²ɕy²¹⁴		儿媳妇 ɚ²¹ɕi²¹fu²¹⁴　媳妇ₙɕi²¹ fur²¹⁴	
广元	女婿n̠y⁵³ ɕi²¹⁴　　干儿 kan⁴⁵ ɚ²¹		儿媳妇ₙɚ²¹ ɕi²¹ fur²¹⁴ 媳妇ₙɕi²¹ fur²¹⁴	
南充	干儿kan⁵⁵ɚ²¹　　门客mən²¹ kʻe²¹		媳妇子 ɕie²¹ fu¹⁴ tʂɿ⁵³ 姓+妹崽mei¹⁴tsai⁵³　名+妹崽mei¹⁴tsai⁵³	
遂宁	干儿kan⁵⁵ɚ²¹　　女婿n̠y⁴²ɕy²⁴		媳妇ₙɕi²¹fur²⁴　　儿媳妇ₙɚ²¹ɕi²¹fur²⁴	
梓潼	干儿子 kan⁴⁵ ɚ²¹ tʂɿ⁵³		媳妇ɕi²¹ fur²¹⁴　儿媳妇ₙɚ²¹ ɕi²¹ fur²¹⁴	
资阳	女婿n̠y⁴²ɕi²¹⁴		媳妇ₙɕi²¹fur²¹⁴	
内江	半边儿 pan²¹³ piɛn⁵⁵ ɚ³¹ 门客 mən³¹ ke²¹³　　半子 pan²¹³ tʂɿ⁴²		儿媳妇 ɚ³¹ ɕi²¹³ fu⁵⁵	
仁寿	半边娃ₙpan³¹⁵ pian⁵⁵ uar³¹　姑爷 ku⁵⁵ie³¹ 女婿n̠y⁴²ɕi³¹⁵　　门客 men³¹kʻe³¹⁵		媳妇ₙɕi³¹⁵ fur⁵⁵　儿媳妇ₙɚ³¹ ɕi³¹⁵ fu⁵⁵ 媳妇子ɕi³¹⁵ fu⁵⁵ tʂɿ⁴²	
荣县	女婿n̠y⁴²ɕy²¹⁴		媳妇儿ɕi²¹⁴ fu⁵⁵ur³¹	
雅安	女婿 ny⁴²ɕy¹⁴		儿媳妇ɚ²¹ɕi⁵⁵fu¹⁴　媳妇子 ɕi⁵⁵fu¹⁴tʂɿ⁴²	
汉源	半边 pan²¹³piɛn⁵⁵ɚ²¹		媳妇ₙɕi⁵⁵ fur²¹³　媳妇子ɕi⁵⁵ fu²¹³tʂɿ⁴²	
泸州	半边儿 pan¹³piɛn⁵⁵ɚ²¹ 女婿 n̠y⁴²ɕi¹³		媳妇ₙɕi⁵⁵fur¹³	
宜宾	半边儿pã¹³piɛ̃⁵⁵ɚ³¹　　女婿n̠y⁴²ɕi¹³		姓+姑娘ku⁵⁵nian⁵⁵ 儿媳妇ɚ³¹ɕi³³fu¹³　媳妇 ɕi³³fu¹³	
都江堰	半边儿 pan¹³pian⁵⁵ɚ³¹		儿媳妇 ɚ³¹ɕie³³fu¹³ 媳妇ₙɕie³³fur¹³ 媳妇子ɕie³³fu¹³tʂɿ⁵³	
乐山	门客 mən²¹ke⁴⁴　　干儿子 kan⁵⁵ɚ²¹tʂɿ⁵² 女婿n̠y⁵²ɕie⁴⁴		儿媳妇 ɚ²¹ɕi⁴⁴fu¹³　媳妇 ɕi⁴⁴fu¹³ 娃儿媳妇 ua²¹ɚ⁵⁵ɕie⁴⁴fu¹³	
峨眉	女婿 ny⁴²ɕy⁵⁵		媳妇 ɕi⁵⁵fu¹³	
西昌	相公ɕiaŋ¹¹koŋ⁴⁴		媳妇ₙɕi⁴⁴fur¹¹	

	孙　子	孙　女
成都	孙儿sən^{55}ɚ^{21}	孙女 sən^{55}n̩y^{53}
重庆	孙儿sənr^{55}	孙女儿sən^{55}nyr^{42}
巫溪	孙儿sənr^{55}	孙女儿sən^{55}nyr^{42}
达县	孙儿sənr^{55}　　孙儿sən^{55}ɚ^{21}	孙女儿sən^{55} nyr^{42}
广元	孙儿 suən^{45}ɚ^{21}　　孙儿suənr^{45}	孙女suən^{45}n̩y^{53}　　孙女子suən^{45}n̩y^{53}tʂʅ^{53}
南充	孙儿sən^{55}ɚ^{21}	孙女子sən^{55}n̩y^{53}tʂʅ^{53}　孙女儿 sən^{55}n̩yr^{53}
遂宁	孙儿sən^{55}ə^{21}	孙女子sən^{55}n̩y^{52}tʂʅ^{52}
梓潼	孙儿suən^{45}ɚ^{21}	孙女儿suən^{45}nyr^{53}　　孙女子suən^{45}n̩y^{53}tʂʅ^{53}
资阳	孙儿suənr^{55}　　　孙儿 sən^{55}ɚ^{21}	孙女sən^{55}n̩y^{42}　　　孙女suən^{55}n̩y^{42}
内江	孙儿suən^{55}ɚ^{31}	孙女suən^{55} n̩yr^{42}
仁寿	孙儿sənr^{55}　　孙儿sən^{55}ɚ^{31}	孙女sən^{55} nyr^{42}
荣县	孙儿sən^{55}ɚ^{31}	孙女suən^{55}n̩yr^{42}
雅安	孙孙suən^{55}suən^{55} 孙儿sən^{55}ɚ^{31}	孙女suən^{55}ny^{42}
汉源	孙孙suən^{55} suən^{55} 家孙tɕia^{55} suən^{55}	孙女子suən^{55}n̩y^{42}tʂʅ^{42}　孙女儿suən^{55}n̩yr^{42}
泸州	孙儿sən^{55}ɚ^{21}	孙女sən^{55}n̩y^{42}
宜宾	孙儿sənr^{55}　　　孙儿sən^{55}ɚ^{31} 孙孙sən^{55}sən^{55}　孙孙儿sən^{55}sənr^{55}	孙女sən^{55}ny^{42}　　　　孙女儿sən^{55}n̩y^{42}ɚ^{42}
都江堰	孙儿sən^{55}ɚ^{31}　家孙tɕia^{55}sən ^{55}	孙女儿sən ^{55}n̩yr^{53}
乐山	孙儿sən^{55}ɚ^{21}　　孙孙sən^{55}sən^{55} 孙娃儿sən^{55}ua^{21}ɚ^{55}	孙女子sən^{55}ny^{52}tʂʅ^{52}　孙女儿sən^{55}ny^{52}ɚ^{55}
峨眉	孙儿sən^{44}ɚ^{21}	孙女 sən^{44}ny^{42}
西昌	孙孙儿sən^{44}sənr^{44}	孙女sən^{44}nir^{34}

	孙子和孙女的总称	女儿的子女
成都	孙孙 sən^{55}sən^{55}　孙娃子sən^{55}ua^{21}tʂʅ^{53}	外外uai^{21}uai^{55}
重庆	孙儿sənr^{55}　　　孙娃子 sən^{55}ua^{21}tʂʅ^{42}	外孙儿uai^{214}sənr^{55}　外孙女儿uai^{214}sən^{55}nyr^{42}
巫溪	孙儿sənr^{55}	外孙儿uai^{214}sənr^{55}　外孙女儿uai^{214}sən^{55}nyr^{42}
达县	孙孙儿sən^{55}sənr^{55}　孙头sən^{55}tʼəu^{21} 孙儿suənr^{55}	外孙儿uai^{214}sənr^{55} 外孙女儿uai^{214}sən^{55} nyr^{42}
广元	孙子suən^{45}tʂʅ^{53} 孙娃sən^{45}uar^{21}	外孙儿uai^{214}suən^{45}ɚ^{21} 外孙女uai^{214}suən^{45}n̩y^{53}
南充	孙儿 sənr^{55}	外孙uai^{14}sən^{55}　　外孙女 uai^{14}sən^{55}n̩y^{53}
遂宁	孙娃子sən^{55}ua^{21}tʂʅ^{52}	外孙儿uai^{24}sə^{55}　外孙女uai^{24}sən^{55}n̩y^{52}
梓潼	孙娃子suən^{45}ua^{21} tʂʅ^{53}	外孙uai^{214}suən^{45}　　外孙子uai^{214}suən^{45}tʂʅ^{53} 外孙女 uai^{214}suən^{45}n̩y^{53}
资阳	孙儿suənr^{55}	外孙儿uai^{214}sənr^{55}　　家孙儿tɕia^{55}sənr^{55}

续表

	孙子和孙女的总称	女儿的子女
内江	孙孙suən^{55} suən^{55}孙儿sən^{55}ɚ^{21}	外孙uai^{213} suən^{55}　外孙女uai^{213} suən^{55} n̩y^{42}
仁寿	孙儿sənr^{55}　　孙孙 sən^{55} sən^{55} 孙娃sən^{55}uar^{31} 孙娃子sən^{55} ua^{31}tsʅ^{42}	外孙uai^{315} sənr^{55}　外孙女uai^{315} sən^{55} n̩y^{42}
荣县	孙儿 sən^{55}ɚ^{31}	外孙uai^{214} suən^{55}　外孙儿uai^{214} suən^{55}ɚ^{31} 外孙女uai^{214} sən^{55} n̩yr^{42}
雅安	孙孙 suən^{55}suən^{55}	外孙儿uai^{14} suən^{55}ɚ^{21} 外孙女uai^{14}suən^{55}ny^{42}
汉源	孙孙 suən^{55} suən^{55} 孙娃子suən^{55} ua^{21}tsʅ^{42}	外孙 uai^{213}suən^{55}
泸州	孙孙sən^{55}sən^{55}	外孙uai^{13}sənr^{55}　　外外uai^{13} uai^{13} 外人uai^{13}zən^{21}
宜宾	孙孙sən^{55}sənr^{55}　孙孙sən^{55}sən^{55} 孙女sən^{55}n̩y^{42}	外孙uai^{13}sənr^{55}　外孙uai^{13}sən^{55} 外孙女uai^{13}sən^{55}n̩y^{42}
都江堰	孙孙sən^{55}sən^{55} 孙娃子sən^{55}ua^{31}tsʅ^{53}	外孙uai^{13}sən^{55}　　外孙女uai^{13}sən^{55}n̩y^{53}
乐山	孙孙 sən^{55}sən^{55}　　孙儿 sən^{55}ɚ^{55}	外孙uai^{13}sən^{55}　外孙女uai^{13}sən^{55}ny^{52} 外孙儿uai^{13}sən^{55}ɚ^{21}
峨眉	孙孙 sən^{44}sən^{44}	外孙 uai^{13}sən^{44}
西昌	孙孙 sən^{44}sənr^{44}　家孙tɕia^{44}sən^{44}	外孙 uai^{11}sənr^{44}

	曾　孙
成都	末末mo^{21}mor^{55}　重孙tsʻoŋ^{21}sənr^{55}
重庆	曾孙tsʻən^{21}sənr^{55}
巫溪	曾孙tsʻən^{21}sənr^{55}
达县	重孙 tsʻuŋ^{21}sɚ^{55}　重孙子 tsʻuŋ^{21}sən^{55} tsʅ^{42}　曾孙 tsʻən^{21}sənr^{55}
广元	重孙子tsʻoŋ^{21} suən^{45} tsʅ^{53}　重重tsʻoŋ^{21}tsʻoŋ^{45}　重孙tsʻoŋ^{21}sənr^{45}
南充	重重tsʻoŋ^{21}tsʻoŋ^{21}　　重孙tsʻoŋ^{21} sənr^{55}　重孙子tsʻoŋ^{21} sən^{55} tsʅ^{53}
遂宁	重孙tsʻoŋ^{21}sənr^{55}
梓潼	重孙子 tsʻoŋ^{21} suən^{45} tsʅ^{53}
资阳	末末mo^{42}mor^{21}　末末mo^{42}mo^{45}
内江	末末mo^{213} mo^{213}
仁寿	末末mo^{31} mor^{42}
荣县	末末mo^{214} mor^{42}　末儿mo^{214}ɚ^{31}
雅安	末末mo^{21}mo^{21}　息息ɕi^{55}ɕi^{55}
汉源	末末 mo^{55} mo^{55}　灰灰末末 xuei^{55} xuei^{55} mo^{55} mo^{55}
泸州	灰灰xuei^{55}xueir^{55}

	曾　　孙
宜宾	末末mo¹³mo¹³
都江堰	末末mə³³mə³³　　　　灰灰xuei⁵⁵xuei⁵⁵
乐山	末末mu⁴⁴mu⁴⁴　　　末末儿mu⁴⁴mu⁴⁴ɚ²¹
峨眉	末末儿mo⁴⁴mo⁴⁴ɚ²¹
西昌	末末ₙmo³¹mor⁴⁴　　　重孙子tʂʻoŋ⁵²sən⁴⁴tsʅ³⁴

	祖父和孙子孙女合称	祖母和孙子孙女合称
成都	两爷孙 niaŋ⁵³iɛ²¹sən⁵⁵	两婆孙 niaŋ⁵³pʻo²¹sən⁵⁵
重庆	两爷孙ₙniaŋ⁴²iɛ²¹sənr⁵⁵	两婆孙 niaŋ⁴²pʻo²¹sən⁵⁵
巫溪	两爷孙ₙniaŋ⁴²iɛ²¹sənr⁵⁵	两婆孙 niaŋ⁴²pʻo²¹sən⁵⁵
达县	两公孙niaŋ⁴²kuŋ²¹sən⁵⁵	两婆孙 niaŋ⁴²pʻo²¹sən⁵⁵
广元	两爷孙儿 niaŋ⁵³iɛ²¹sɚ⁴⁵	两婆孙 niaŋ⁵³ pʻo²¹ sən⁴⁵
南充	两公孙niaŋ⁵³kuŋ⁵⁵sən⁵⁵	两婆孙 niaŋ⁵³ pʻo²¹ sən⁵⁵
遂宁	两公孙niaŋ⁵²kuŋ⁵⁵suən⁵⁵ 两爷孙niaŋ⁵³ iɛ²¹suən⁵⁵	两婆孙 niaŋ⁵² pʻo²¹ suən⁵⁵
梓潼	两祖孙 niaŋ⁵³tsu⁵³suən⁴⁵	两婆孙 niaŋ⁵³ pʻo²¹ suən⁴⁵
资阳	两爷孙 niaŋ⁴²iɛ²¹suən⁵⁵ 两公孙 niaŋ⁴²koŋ⁵⁵suən⁵⁵	两婆孙 niaŋ⁴²pʻo²¹suən⁵⁵
内江	两爷孙 niaŋ⁴²iɛ³¹sənr⁵⁵	两婆孙 niaŋ⁴² pʻo³¹ suən⁵⁵ 两婆孙ₙ niaŋ⁴² pʻo³¹ sənr⁵⁵
仁寿	两老孙 niaŋ⁴² nau⁴²sən⁵⁵	两婆孙 niaŋ⁴² pʻo³¹ sən⁵⁵ 两老孙 niaŋ⁴² nau⁴²sən⁵⁵
荣县	两爷爷 niaŋ⁴²iɛ³¹iɛ⁵⁵	两婆孙 niaŋ⁴² pʻo³¹ suən⁵⁵ 两奶奶 niaŋ⁴² nai⁴² nai⁴²
雅安	两爷孙 niaŋ⁵³iɛ²¹sən⁵⁵	两爷孙 niaŋ⁵³iɛ²¹sən⁵⁵
汉源	两爷孙 niaŋ⁴²iɛ³¹suən⁵⁵	两婆孙 niaŋ⁴²pʻo²¹suən⁵⁵
泸州	两爷孙 niaŋ⁴²iɛ²¹suən⁵⁵	两婆孙 niaŋ⁴²pʻo²¹suən⁵⁵
宜宾	两爷孙 niaŋ⁴²iɛ³¹sən⁵⁵	两娘孙 niaŋ⁴²n̠iaŋ³¹suən⁵⁵ 两婆孙 niaŋ⁴²pʻo³¹suən⁵⁵
都江堰	两老爷 niaŋ⁵³nau⁵³i³¹	两奶奶 niaŋ⁵³nai⁵³nai³¹
乐山	两爷孙ₙniaŋ⁵²iɛ²¹sənr⁵⁵	两婆婆 niaŋ⁵²pʻo²¹pʻo²¹ 两奶奶 niaŋ⁵² nai⁵² nai⁵²
峨眉	两爷孙niaŋ⁴²iɛ²¹suən⁴⁴	两婆孙 niaŋ⁴²pʻo²¹suən⁴⁴
西昌	两爷孙 niaŋ³⁴iɛ⁵²sən⁴⁴	两奶孙 niaŋ³⁴nai³⁴sən⁴⁴

	父亲和母亲合称	丈夫和妻子合称
成都	妈老汉儿ma⁵⁵nau⁵³xanr²¹³	两口子 nian⁴²kʻəu⁵³tsʅ⁵³
重庆	妈老汉儿ma⁵⁵nau⁴²xanr²⁴	两口子 nian⁴²kʻəu⁴²tsʅ⁴²
巫溪	妈老汉儿ma⁵⁵nau⁴²xanr²⁴	两口子 nian⁴²kʻəu⁴²tsʅ⁴²
达县	娘老子 niaŋ²¹nau⁴²tsʅ⁴² 妈老汉儿ma⁵⁵nau⁵³xanr²¹⁴	两口子 nian⁴²kʻəu⁴²tsʅ⁴²
广元	娘老子n̠iaŋ²¹nau⁵³tsʅ⁵³ 妈老汉儿ma⁴⁵nau⁵³xanr²¹⁴	两口子 nian⁵³ kʻəu⁵³ tsʅ⁵³
南充	妈老汉儿ma⁵⁵nau⁵³xanr¹⁴ 娘老子n̠iaŋ²¹nau⁵³tsʅ⁵³	两口子 nian⁵³ kləu⁵³ tsʅ⁵³
遂宁	妈老汉儿ma⁵⁵nau⁵²xanr²⁴	两口子 niaŋ⁵²kʻəu⁵²tsʅ⁵²
梓潼	妈老汉儿ma⁴⁵nau⁵³xanr²¹⁴	两口子 nian⁵³kʻəu⁵³tsʅ⁵³
资阳	妈老汉儿ma⁵⁵nau⁴²xanr²¹⁴	两口子 nian⁴²kəu⁴²tsʅ⁴²
内江	娘老子n̠iaŋ³¹nau⁴²tsʅ⁴² 妈老汉儿ma⁵⁵nau⁴²xanr²¹³	两口子 niaŋ⁴²kʻəu⁴²tsʅ⁴²
仁寿	妈老汉儿ma⁵⁵nau⁴²xanr³¹⁵娘老子n̠iaŋ³¹nau⁴²tsʅ⁴²	两口子 nian⁴²kʻəu⁴²tsʅ⁴²
荣县	妈老汉儿ma⁵⁵nau⁴²xanr²¹⁴	两口子 nian⁴²kʻəu⁴²tsʅ⁴²
雅安	妈老汉儿ma⁵⁵nau⁴²xanr¹⁴	两口子 nian⁴²kʻəu⁴²tsʅ⁴²
汉源	妈老汉儿ma⁵⁵nau⁴²xanr²¹³	两口子 nian⁴²kʻəu⁴²tsʅ⁴²
泸州	娘老子n̠iaŋ²¹nau⁴²tsʅ⁴² 妈老汉儿ma⁵⁵nau⁴²xanr¹³	两口子 nian⁴²kʻəu⁴²tsʅ⁴²
宜宾	妈老汉儿ma⁵⁵nau⁴²xanr¹³ 妈老倌儿ma⁵⁵nau⁴²kuanr⁵⁵	两口子 nian⁴²kʻəu⁴²tsʅ⁴²
都江堰	妈老汉儿ma⁵⁵nau⁵³xanr¹³	两口子 nian⁵³kʻəu⁵³tsʅ⁵³
乐山	妈老汉儿ma⁵⁵nau⁵²xanr¹³ 娘老子 nian²¹nau⁵²tsʅ⁵²	两口子 nian⁵²kʻəu⁵²tsʅ⁵² 两老儿 nian⁵²nau⁵²ɚ⁵⁵
峨眉	妈老汉儿ma⁴⁴nau⁴²xanr¹³ 娘老子 nian²¹nau⁴²tsʅ⁴²	两口子 nian⁴²kʻəu⁴²tsʅ⁴²
西昌	妈老汉儿ma⁴⁴nau³⁴xanr¹¹	两口子 niɑŋ³⁴kʻəu³⁴tsʅ³⁴

	母亲和子女合称	父亲和子女合称
成都	娘儿母子 niaŋ²¹ɚ²¹mu⁵³tsʅ⁵³ 几娘母 tɕi⁵³niaŋ²¹mu⁵³	几爷子 tɕi⁵³ie²¹tsʅ⁵³
重庆	几娘母 tɕi⁴²niaŋ²¹mu⁴² 娘儿母子 niaŋ²¹ɚ²¹mu⁴²tsʅ⁴²	几爷子 tɕi⁴²ie²¹tsʅ⁴²
巫溪	几娘母 tɕi⁴²niaŋ²¹mu⁴² 娘儿母子 niaŋ²¹ɚmu⁴²tsʅ⁴²	几爷子 tɕi⁴²ie²¹tsʅ⁴²
达县	几娘母 tɕi⁴²niaŋ²¹mu⁴² 娘儿母子 niaŋ²¹ɚ²¹mu⁴²tsʅ⁴²	几爷子 tɕi⁴² ie²¹tsʅ⁴²
广元	几娘母 tɕi⁵³n̠iaŋ²¹mu⁵³ 娘儿母子 niaŋ²¹ɚ²¹mu⁵³tsʅ⁵³	几爷子 tɕi⁵³ ie²¹ tsʅ⁵³
南充	几娘母 tɕi⁵³n̠iaŋ²¹mu⁵³ 娘母子n̠iaŋ²¹ mu⁵³ tsʅ⁵³	几爷子 tɕi⁵³ ie²¹ tsʅ⁵³
遂宁	几娘母 tɕi⁵²n̠iaŋ²¹mu⁵² 娘儿母子 niaŋ²¹ɚ²¹mu⁵²tsʅ⁵²	几爷子 tɕi⁵² ie²¹ tsʅ⁵²
梓潼	几娘母 tɕi⁵³n̠iaŋ²¹mu⁵³ 娘儿母子n̠iaŋ²¹ɚ²¹mu⁵³tsʅ⁵³	几爷子 tɕi⁵³ ie²¹ tsʅ⁵³
资阳	娘儿母子n̠iaŋ²¹ɚ²¹mu⁴²tsʅ⁴²	几爷子 tɕi⁴² ie²¹ tsʅ⁴²
内江	几娘母 tɕi⁴² n̠iaŋ³¹ mu⁴²	几爷子 tɕi⁴² ie³¹ tsʅ⁴²
仁寿	几娘母 tɕi⁴²n̠iaŋ³¹mu⁴² 娘儿母子n̠iaŋ³¹ɚ⁴²mu⁴²tsʅ⁴²	几爷子 tɕi⁴² ie³¹ tsʅ⁴²

	母亲和子女合称	父亲和子女合称
荣县	几娘母 tɕi^{42} ȵiaŋ^{31} mu^{42}	几爷子 tɕi^{42} ie^{31} tsɿ^{42}
雅安	几娘母 tɕi^{21}niaŋ^{21}mu^{42}　两母子 niaŋ^{42}mu^{42}tsɿ^{42}	几爷子 tɕi^{42}ie^{21}tsɿ^{42}
汉源	几娘母 tɕi^{42}ȵiaŋ^{21}mu^{42}　娘儿母子 niaŋ^{21}ɚ^{55}mu^{42}tsɿ^{42}	几爷子 tɕi^{42}ie^{21}tsɿ^{42}
泸州	几娘母 tɕi^{42}ȵiaŋ^{21}mu^{42}　娘儿母子 niaŋ^{21}ɚ^{55}mu^{42}tsɿ^{42}	几爷子 tɕi^{42}i^{21}tsɿ^{42}
宜宾	几娘母 tɕi^{42}ȵiaŋ^{31}mu^{42}	几爷子 tɕi^{42}ie^{31}tsɿ^{42}
都江堰	几娘母tɕi^{53}ȵiaŋ^{31}mu^{53} 娘儿母子 ȵiaŋ^{31}ɚ^{31}mu^{53}tsɿ^{53}	几爷子tɕi^{53}i^{31}tsɿ^{53}
乐山	几娘母 tɕi^{52}niaŋ^{21}mu^{52}　娘儿母子 niaŋ^{21}ɚ^{55}mu^{52}tsɿ^{52}	几爷子 tɕi^{52}ie^{21}tsɿ^{52}
峨眉	几娘母 tɕi^{42}niaŋ^{21}mu^{42}	几爷子 tɕi^{42}ie^{21}tsɿ^{42}
西昌	两娘母 niaŋ^{34}niaŋ^{52}mu^{34}　几娘母 tɕi^{34}niaŋ^{52}mu^{34}	两爷子 niaŋ^{34}ie^{52}tsɿ^{34} 几爷子 tɕi^{34}i^{52}tsɿ^{34}

	婆婆和媳妇合称
成都	两婆媳 niaŋ^{21}p'o^{21}ɕi^{21}
重庆	两婆媳 niaŋ^{42}p'o^{21}ɕi^{21}
巫溪	两婆媳 niaŋ^{42}p'o^{21}ɕi^{21}
达县	两婆媳 niaŋ^{42}p'o^{21}ɕi^{21}
广元	两婆媳 niaŋ^{53} p'o^{21} ɕi^{21}
南充	两婆媳 ȵiaŋ^{53} p'o^{21} ɕi^{21}
遂宁	两婆媳 niaŋ^{52} p'o^{21} ɕi^{21}
梓潼	两婆媳 niaŋ^{53}p'o^{21}ɕi^{21}
资阳	两婆媳 niaŋ^{42}p'o^{21}ɕi^{21}
内江	两婆媳 niaŋ^{42} p'o^{31} ɕi^{213}
仁寿	两婆媳 niaŋ^{42} p'o^{31} ɕi^{315}
荣县	两婆媳 niaŋ^{42} p'o^{31} ɕi^{214}
雅安	两婆媳 niaŋ^{42} p'o^{21} ɕi^{14}
汉源	两婆媳 niaŋ^{42}p'o^{21}ɕi^{55}
泸州	两婆媳　niaŋ^{42}p'o^{21}ɕi^{33}
宜宾	几婆媳妇 tɕi^{42}p'o^{31}ɕi^{33}fu^{13}
都江堰	两婆媳 niaŋ^{53}p'o^{31}ɕie^{33}
乐山	两婆媳 niaŋ^{52}p'o^{21}ɕi^{44}
峨眉	两婆媳 niaŋ^{42}p'o^{21}ɕi^{55}
西昌	两婆媳 niaŋ^{34}p'o^{52}ɕi^{31}

	兄弟的妻子合称	姐妹的丈夫合称
成都	两前后 nian⁵³tɕʻian²¹xəu²¹³ 前后些 tɕʻian²¹xəu²¹³ ɕi⁵⁵	两老挑 nian⁵³nau⁵³tʻiau⁵⁵
重庆	妯娌些 tsʻu²¹ni⁴²ɕiɛ⁵⁵ 两妯娌 nian⁴²tsʻu²¹ni⁴²	两老挑 nian⁴²nau⁴²tʻiau⁵⁵
巫溪	妯娌些 tsʻu²¹ni⁴²ɕiɛ⁵⁵ 两妯娌 nian⁴²tsʻu²¹ni⁴²	两老挑 nian⁴²nau⁴²tʻiau⁵⁵
达县	两妯娌 nian⁴² tsʻu²¹ni⁴²	两老挑 nian⁴²nau⁴²tʻiau⁵⁵
广元	两先后 nian⁵³ɕyɛn²¹⁴xəu²¹⁴	两老挑 nian⁵³nau⁵³tʻiau⁵⁵
南充	两先后 nian⁵³ɕyan²¹xəu¹⁴	两老挑 nian⁵³nau⁵³tʻiau⁵⁵
遂宁	两先后 nian⁵²ɕyɛn²⁴xəu²⁴	两老挑 nian⁵²nau⁵²tʻiau⁵⁵
梓潼	两妯娌 nian⁵³ tsəu²¹ ni²¹	两老挑 nian⁵³nau⁵³tʻiau⁴⁵
资阳	两妯娌 nian⁵³ tsʻu²¹ ni⁵³	两老挑 nian⁵³nau⁵³tʻiau⁵⁵
内江	妯娌伙 tʂu²¹³ni⁴²xo⁴² 两妯娌 nian⁴² tʂu²¹³ ni⁴² 两刷母 nian⁴²ʂua²¹³ mu⁴²	两老挑 nian⁴²nau⁴²tʻiau⁵⁵
仁寿	几刷母 tɕi⁴² ʂua³¹⁵ mu⁴²	两老挑 nian⁴²nau⁴²tʻiau⁵⁵
荣县	两刷母 nian⁴² ʂua²¹⁴ mu⁴² 刷母家 ʂua²¹⁴ mu⁴²tɕia⁵⁵	两老挑 nian⁴²nau⁴²tʻiau⁵⁵
雅安	两嫂子 nian⁴²sau⁴²tsɹ⁴²	两挑担 nian⁴²tʻiau⁵⁵tan¹⁴
汉源	几嫂子 tɕi⁴²sau⁴²tsɹ⁴² 两嫂子 nian⁴²sau⁴²tsɹ⁴²	两挑担 nian⁴²tʻiau⁵⁵tan²¹³
泸州	两妯娌 nian⁴²tsʻu²¹ni⁴²	两姨抬 nian⁴²i²¹tʻai¹³
宜宾	几先后 tɕi⁴²ɕiɛ⁻⁵⁵xəu¹³	几老挑 tɕi⁴²nau⁴²tʻiau⁵⁵ 几姨抬 tɕi⁴²i³¹tʻai¹³
都江堰	子嫂家 tsɹ⁵³sau⁵³tɕia⁵⁵	两挑担 nian⁵³tʻiau⁵⁵tan¹³
乐山	两先后 nian⁵²ɕiɛn⁵⁵xəu¹³ 两前后 nian⁵²tɕʻiɛn²¹xəu¹³	两挑担 nian⁵²tʻiau⁵⁵tan¹³
峨眉	两前后 nian⁴²tɕʻiɛn²¹xəu¹³	两老挑 nian⁴²nau⁴²tʻiau⁴⁴
西昌	两妯娌 nian³⁴tʂu³¹ni³⁴	两挑担 nian³⁴tʻiau⁴⁴tan¹¹ 两老挑 nian³⁴nau³⁴tʻiau⁴⁴

	哥哥和弟弟合称	姐姐和妹妹合称
成都	兄弟伙 ɕyŋ⁵⁵ti²¹xo⁵³	两姊妹 nian⁵³ tsɹ⁵³ mei²¹³
重庆	兄弟伙 ɕyŋ⁵⁵ti²¹⁴xo⁴² 弟兄家 ti²¹⁴ɕyŋ⁵⁵tɕia⁵⁵	姐儿妹子 tɕiɛ⁴²ɚ²¹⁴mei²¹⁴tsɹ⁴² 姊妹家 tsɹ⁴²mei²¹⁴tɕia⁵⁵
巫溪	兄弟伙 ɕyŋ⁵⁵ti²¹⁴xo⁴² 弟兄家 ti²¹⁴ɕyŋ⁵⁵tɕia⁵⁵	姐儿妹子 tɕiɛ⁴²ɚ²¹⁴mei²¹⁴tsɹ⁴² 姊妹家 tsɹ⁴²mei²¹⁴tɕia⁵⁵
达县	兄弟伙 ɕion⁵⁵ti²¹⁴xo⁴²	姐儿妹子 tɕiɛ⁴²ɚ²¹mei²¹⁴tsɹ⁴² 姊妹伙 tsɹ⁴²mei²¹⁴xo⁴²

	哥哥和弟弟合称	姐姐和妹妹合称
广元	兄弟伙 ҫyoŋ⁴⁵ ti²¹⁴ xo⁵³ 几弟兄 tҫi⁵³ti²¹⁴ҫyoŋ⁴⁵	两姊妹 niaŋ⁵³ tsʅ⁵³ mei²¹⁴ 姐儿妹子 tҫie⁵³ ɚ²¹ mei²¹⁴ tsʅ⁵³
南充	兄弟伙 ҫioŋ⁵⁵ ti¹⁴ xo⁵³	姊妹家 tsʅ⁵³ mei¹⁴ tҫia⁵⁵
遂宁	兄弟伙 ҫyoŋ⁵⁵ ti²⁴ xo⁵²	姊妹伙 tҫie⁵²mei²⁴xo⁵²
梓潼	兄弟伙 ҫyoŋ⁴⁵ ti²¹⁴ xo⁵³	姊妹家 tsʅ⁵³ mei²¹⁴ tҫia⁴⁵
资阳	兄弟伙 ҫioŋ⁵⁵ti²¹⁴xo⁴² 几弟兄 tҫi⁴²ti²¹⁴ҫioŋ⁵⁵	姊妹伙 tҫie⁴²mei²¹⁴xo⁴² 姐儿妹子 tҫie⁴²ɚ²¹mei²¹⁴tsʅ⁴² 两姊妹 niaŋ⁴² tsʅ⁴²mei²¹⁴
内江	兄弟伙 ҫyoŋ⁵⁵ ti²¹³ xo⁴² 几弟兄 tҫi⁴²ti²¹³ҫyoŋ⁵⁵ 几兄弟 tҫi⁴² ҫyoŋ⁵⁵ti²¹³	姐儿妹子 tҫie⁴²ɚ³¹mei²¹³tsʅ⁴² 姊妹伙 tsʅ⁴²mei²¹³xo⁴² 两姊妹 niaŋ⁴² tsʅ⁴² mei²¹³
仁寿	兄弟伙 ҫyoŋ⁵⁵ ti³¹⁵ xo⁴² 几弟兄 tҫi⁴²ti³¹⁵ҫyoŋ⁵⁵ 几兄弟 tҫi⁴² ҫyoŋ⁵⁵ti³¹⁵	姊妹家 tsʅ⁴² mei³¹⁵ tҫia⁵⁵ 姐儿妹子 tҫie⁴² ɚ⁵⁵ mei³¹⁵ tsʅ⁴² 两姊妹 niaŋ⁴² tsʅ⁴²mei³¹⁵
荣县	兄弟伙 ҫioŋ⁵⁵ ti²¹⁴ xo⁴² 几弟兄 tҫi⁴²ti²¹⁴ҫioŋ⁵⁵	两姊妹 niaŋ⁴² tsʅ⁴² mei²¹⁴ 姊妹家 tsʅ⁴² mei²¹⁴ tҫia⁵⁵
雅安	兄弟伙 ҫyoŋ⁵⁵ti¹⁴xo⁴² 几弟兄 tҫi⁴²ti¹⁴ҫyoŋ⁵⁵	姊妹伙 tsʅ⁴²mei¹⁴xo⁴² 两姊妹 niaŋ⁴² tsʅ⁴² mei¹⁴
汉源	几兄弟 tҫi⁴²ҫioŋ⁵⁵ti²¹³	几姊妹 tҫi⁴²tsʅ⁴²mei²¹³ 姐儿妹子 tҫie⁴²ɚ⁵⁵mei²¹³tsʅ⁴²
泸州	几兄弟 tҫi⁴²ti¹³ҫioŋ⁵⁵	几姊妹 tҫi⁴² tsʅ⁴²mei¹³
宜宾	几兄弟 tҫi⁴²ti¹³ҫyoŋ⁵⁵	几姊妹 tҫi⁴²tsʅ⁴²mei¹³
都江堰	兄弟伙 ҫyoŋ⁵⁵ti¹³xo⁵³	姐儿妹子 tҫi⁵³ɚ³¹mei¹³ tsʅ⁵³ 几姊妹 tҫi⁵³tsʅ⁵³mei¹³
乐山	兄弟伙 ҫyoŋ⁵⁵ti¹³xo⁵² 几兄弟 tҫi⁵²ҫyoŋ⁵⁵ti¹³	姊妹家 tsʅ⁵²mei¹³tҫia⁵⁵ 两姊妹 niaŋ⁵² tsʅ⁵² mei¹³
峨眉	兄弟伙 ҫioŋ⁴⁴ti¹³xo⁴²	两姊妹 niaŋ⁴² tsʅ⁴² mei¹³
西昌	几弟兄 tҫi³⁴ti¹¹ҫioŋ⁴⁴	几姊妹 tҫi³⁴tsʅ³⁴mei¹¹ 姐儿妹子[①]tҫieɚ³⁴mei¹¹tsʅ³⁴

	丈夫的姐妹和妻子合称	妻子的兄弟和丈夫合称
成都	两姑嫂 niaŋ⁵³ku⁵⁵sau⁵³	两郎舅 niaŋ⁵³naŋ²¹tҫiəu²¹³
重庆	两姑嫂 niaŋ⁴²ku⁵⁵sau⁴²	两郎舅 niaŋ⁴²naŋ²¹tҫiəu²¹⁴
巫溪	两姑嫂 niaŋ⁴²ku⁵⁵sau⁴²	两郎舅 niaŋ⁴²naŋ²¹tҫiəu²¹⁴
达县	两姑嫂 niaŋ⁴²ku⁵⁵sau⁴²	两舅子 niaŋ⁴²tҫiəu²¹⁴tsʅ⁴²

---

① "姐儿妹子"通常有不尊敬的意思。

续表

	丈夫的姐妹和妻子合称	妻子的兄弟和丈夫合称
广元	两姑嫂 niaŋ⁵³ku⁴⁵sau⁵³	两舅子 niaŋ⁵³tɕiəu²¹⁴tsʅ⁵³
南充	两姑嫂 ȵiaŋ⁵³ ku⁵⁵ sau⁵³	两兄弟 ȵiaŋ⁵³ɕioŋ⁵⁵ti¹⁴
遂宁	两姑嫂 niaŋ⁵²ku⁵⁵sau⁵²	两舅子 niaŋ⁵²tɕiəu²⁴tsʅ⁵²
梓潼	两姑嫂 niaŋ⁵³ku⁴⁵sau⁵³	两兄弟 niaŋ⁵³ɕyoŋ⁴⁵ti²¹⁴
资阳	两姑嫂 niaŋ⁴²ku⁵⁵sau⁴²	两郎舅 niaŋ⁴²naŋ²¹tɕiəu²¹⁴
内江	两姑嫂 niaŋ⁴² ku⁵⁵ sau⁴²	两郎舅 niaŋ⁴² naŋ³¹ tɕiəu²¹³
仁寿	两姑嫂 niaŋ⁴² ku⁵⁵ sau⁴²	两郎舅 niaŋ⁴² naŋ³¹ tɕiəu³¹⁵
荣县	两姑嫂 niaŋ⁴²ku⁵⁵sau⁴²	两舅子 niaŋ⁴²tɕiəu²¹⁴tsʅ⁴²
雅安	两姑嫂 niaŋ⁴²ku⁵⁵sau⁴²	两弟兄 niaŋ⁴²ti²¹⁴ɕyoŋ⁵⁵
汉源	两姑嫂 niaŋ⁴²ku⁵⁵sau⁴²	两舅舅 niaŋ⁴²tɕiəu²¹³tɕiəu²¹³
泸州	两姑嫂niaŋ⁴²ku⁵⁵sau⁴²	两郎舅 niaŋ⁴²naŋ²¹tɕiəu¹³ 两母舅ₙ niaŋ⁴²mu⁴²tɕiəur¹³
宜宾	几姑嫂 tɕi⁴² ku⁵⁵sau⁴²	几郎舅 tɕi⁴²naŋ³¹tɕiəu¹³
都江堰	两姑嫂 niaŋ⁵³ku⁵⁵sau⁵³	郎舅弟兄 naŋ³¹tɕiəu¹³ti¹³ɕyoŋ⁵⁵
乐山	两姑嫂 niaŋ⁵²ku⁵⁵sau⁵²	两郎舅 niaŋ⁵²naŋ²¹tɕiəu¹³
峨眉	两姑嫂 niaŋ⁴²ku⁴⁴sau⁴²	两舅子 niaŋ⁴²tɕiəu¹³tsʅ⁴²
西昌	两姑嫂 niaŋ³⁴ku⁴⁴sau³⁴	两郎舅 niaŋ³⁴naŋ⁵²tɕiəu¹¹

	老人合称	孩子合称
成都	老的些 nau⁵³nɛ⁵⁵ɕi⁵⁵	娃儿伙 ua²¹ɚ⁵⁵xo⁵³
重庆	老的些 nau⁴²ni⁵⁵ɕiɛ⁵⁵	娃儿些 ua²¹ɚ²¹⁴ɕiɛ⁵⁵　小的些 ɕiau⁴²ni⁵⁵ɕiɛ⁵⁵
巫溪	老的些 nau⁴²ni⁵⁵ɕiɛ⁵⁵	小的些 ɕiau⁴²ni⁵⁵ɕiɛ⁵⁵　娃儿些 ua²¹ɚ²¹⁴ɕiɛ⁵⁵
达县	老的些 nau⁴²ni⁵⁵ɕiɛ⁵⁵	细娃ₙ些 ɕi²¹⁴uar²¹ɕiɛ⁵⁵ 细娃ₙ们 ɕi²¹⁴uar²¹mən⁵⁵
广元	老的 nau⁵³nɛ⁴⁵	咩娃ₙ miɛ⁴⁵uar²¹
南充	老年人 nau⁵³niɛn²¹zən²¹	咪娃儿 mi⁵⁵ua²¹ɚ²¹
遂宁	老的伙 nau⁵² ni⁵⁵ xo⁵²	小的伙 ɕiau⁵² ni⁵⁵xo⁵²　娃儿伙 ua²¹ ɚ⁵⁵ xo⁵² 娃儿些 ua²¹ar⁵⁵ɕiɛ⁵⁵
梓潼	老的些 nau⁵³nɛ⁴⁵ɕiɛ⁴⁵	娃儿伙 ua²¹ ɚ⁴⁵ xo⁵³ 咪娃ₙ们 mi²¹⁴uar²¹mən⁴⁵
资阳	老的伙 nau⁴²ni⁵⁵xo⁴²	娃娃ₙ班 ua²¹uar²¹pan⁵⁵ 小的伙 ɕiau⁴²ni⁵⁵xo⁴²
内江	老的伙 nau⁴² nɛ⁵⁵ xo⁴² 老的 nau⁴²nɛ⁵⁵	小的伙 ɕiau⁴² nɛ⁵⁵ xo⁴² 娃儿伙 ua³¹ ɚ⁵⁵ xo⁴²

续表

	老人合称	孩子合称
仁寿	老辈子些 nau⁴² pei³¹⁵ tsๅ⁴² çi⁵⁵ 老辈子们 nau⁴² pei³¹⁵ tsๅ⁴²mən⁵⁵	娃儿伙 ua³¹ ɚ⁵⁵ xo⁴² 小娃儿些 çiau⁴²ua³¹ɚ⁵⁵çi⁵⁵ 小娃儿们 çiau⁴²ua³¹ɚ⁵⁵ mən⁵⁵
荣县	大人伙 ta²¹⁴zən³¹xo⁴² 老的伙 nau⁴²ne⁵⁵xo⁴²	娃儿伙 ua³¹ɚ⁵⁵ xo⁴² 小娃儿伙 çiau⁴² ua³¹ ɚ⁵⁵ xo⁴²
雅安	大人伙 ta¹⁴zən²¹xo⁴² 老的伙 nau⁴²ne⁵⁵xo⁴²	娃儿伙 ua²¹ɚ⁵⁵xo⁴² 娃娃伙 ua²¹ ua⁵⁵ xo⁴²
汉源	大人伙 ta²¹³zən²¹xo⁴² 老的伙 nau⁴²ne⁵⁵xo⁴²	娃儿些 ua²¹ɚ⁵⁵çi⁵⁵ 小的伙 çiau⁴² ne⁵⁵xo⁴²
泸州	老的伙nau⁴²ne⁵⁵xo⁴²	娃儿些 ua²¹ɚ⁵⁵çi⁵⁵ 小的伙 çiau⁴² ne⁵⁵xo⁴² 娃儿伙 ua²¹ɚ⁵⁵ xo⁴²
宜宾	老的些 nau⁴²ne⁵⁵çi⁵⁵	小的些 çiau⁴²ne⁵⁵çi⁵⁵ 娃儿些 ua³¹ɚ⁵⁵çi⁵⁵
都江堰	老的伙nau⁵³ne⁵⁵xo⁵³	小的伙 çiau⁵³ne⁵⁵xo⁵³
乐山	老的伙 nau⁵²ti⁵⁵xo⁵² 老的些 nau⁵²ti⁵⁵çiɛ⁵⁵	小娃儿些 çiau⁵²ua²¹ɚ⁵⁵çi⁵⁵
峨眉	老人伙 nau⁴²zən²¹xo⁴² 老的些 nau⁴²ni⁴⁴çiɛ⁴⁴	娃儿伙 ua²¹ɚ⁴⁴xo⁴² 娃儿子些 ua²¹ɚ⁴⁴tsๅ⁴²çiɛ⁴⁴
西昌	老的nau³⁴ni⁴⁴	小的 çiau³⁴ni⁴⁴

	妇女和小孩合称
成都	婆娘些 p'o²¹niaŋ⁵⁵çi⁵⁵
重庆	娘儿母子 niaŋ²¹ɚ²¹mu⁴²tsๅ⁴²
巫溪	娘ₙ母子 niaŋr²¹mu⁴²tsๅ⁴²
达县	婆娘口子 p'o²¹niaŋ²¹k'əu⁴²tsๅ⁴²
广元	娘儿母子ȵiaŋ²¹ɚ⁴⁵mu⁵³tsๅ⁵³ 娘母伙的ȵiaŋ²¹mu⁵³xo⁵³ne⁴⁵
南充	婆娘娃儿 p'o²¹niaŋ⁵⁵ua²¹ɚ⁵⁵
遂宁	婆娘口子 p'o²¹ niaŋ⁵⁵ k'əu⁵² tsๅ⁵²
梓潼	娘儿母子ȵiaŋ²¹ɚ²¹mu⁵³tsๅ⁵³
资阳	婆娘口子 p'o²¹ȵiaŋ⁵⁵k'əu⁴²tsๅ⁴² 婆娘儿女 p'o²¹ȵiaŋ⁵⁵ɚ²¹ny⁴²
内江	婆娘儿些 p'o³¹ ȵiaŋ⁵⁵ ɚ³¹ çi⁵⁵
仁寿	婆娘娃儿 p'o³¹ ȵiaŋ⁵⁵ ua³¹ɚ⁵⁵
荣县	大娘伙娃儿些 ta²¹⁴ȵiaŋ²¹xo⁴²ua²¹ɚ⁵⁵çi⁵⁵

续表

	妇女和小孩合称
雅安	娘儿母子 n.iaŋ²¹ɚ⁵⁵mu⁴²tsʅ⁴²
汉源	娘儿母子 n.iaŋ²¹ɚ⁵⁵mu⁴²tsʅ⁴²
泸州	婆娘口子 pʻo²¹n.iaŋ⁵⁵kʻəu⁴²tsʅ⁴²
宜宾	娘儿母子 n.iaŋ³¹ɚ³¹mu⁴²tsʅ⁴²
都江堰	娘儿母子 n.iaŋ³¹ɚ³¹mu⁵³tsʅ⁵³
乐山	娘儿母子 n.iaŋ²¹ɚ⁵⁵mu⁵²tsʅ⁵²
峨眉	婆娘口子 pʻo²¹niaŋ⁵⁵kʻəu⁴²tsʅ⁴²
西昌	婆娘口子[1] pʻo⁵²niaŋ⁴⁴kʻəu³⁴tsʅ³⁴

第二节　方位词

方位是跟人类生活密切相关的一个重要概念，是完成交际必不可少的一个范畴。方位词是现代汉语词汇系统、语法系统中的重要组成部分，"方经民（1993，1997）指出，方位参照作为一种认知结构，其结构要素主要包括方位词、叙述者、观察点、方向参照点和位置参照点"。[2]要说清楚某地、某物的相对方向、相对位置，除了使用表现地点域的词汇外，一种非常重要的手段就是使用表现方位域的词来完成方向和位置的参照。对方言来说，同样如此。

方位词主要是表示事物间相对的关系位置意义，一般是一个封闭的类。但由于取舍不同，即使是对同一种语言，各家归出的方位词数目也会存在差异。我们观察的四川方言方位词系统主要包括如下一些词（冒号前为普通话意义，冒号后是表达该意义时四川方言的说法，各词的具体读音参见本节末尾的表格）：

上面：高头、高上、高底
下面/底下：底脚、独脚、下头、底下、脚、坎脚
旁边：（左/右）半边、侧边
中间：半中间、半中拦腰、当中
面前：当门、当门前
前面：前头（可表时间和空间意义）

---

① "婆娘口子"常含谐谑味。
② 方经民《论汉语空间方位参照认知过程中的基本策略》，《中国语文》1999年第1期。

后面：后背、后头（可表时间和空间意义）

里面：吼头、里头（以头）

外面：外头、外前

周围、四周：团转、周围团转

里：头（学校头、教室头、锅头、屋头、脑壳头）

从词汇角度来观察，四川方言方位词主要有如下几方面的特点：

一、复音词多，复合词多

《现代汉语八百词》（增订本）中《现代汉语语法要点》列出的方位词，单音节有 15 个，这些单音方位词还可后加"边、面、头"，或前加"之、以"构成复合方位词，此外原初的双音方位词有 9 个。（第 13-14 页）[1]储泽祥"从构成方所的标记着眼，列举了 43 个方位标，其中单音型的 15 个，双音型的 28 个"。（第 7 页）[2]储泽祥这里所说的"方位标"（即"上、下、左、右、前、后、里、外……"），是从认知功能而言的；若从词类而言，即指方位词。如果说《现代汉语八百词》和储泽祥都是考察的普通话方位词，那么，方言中的方位词，比如，"福州话的方位词分单纯的和合成的两类。单纯的方位词大致和普通话相同，包括'东、南、西、北、上、下、前、后、左、右、裡（内）、中、边'等"，（第 130 页）[3]单音节的方位词数量也有十几个。而我们观察到四川方言中的方位词，大多是复音节词，常是几个语素结构而成的复合词，如"高头、侧边、当门、外前、团转……"等（具体参前所列）。只有在跟单音节介词组合使用时，"前、后、左、右"等几个词可以以单纯词形式出现在言语中，如"朝前走|往后退|向左/右转"等。

总之，普通话方位词可以分成单纯方位词和合成方位词，而四川方言方位词基本上是合成词，双音节最多。曹炜在调查了《现代汉语词典》所收录的 4278 个方言词后发现，"在词的内部语素构成情况来看，方言词中合成词要大大多于单纯词；而单纯词又主要以单音节单纯词为主体"。（第 87 页）[4]这个特征，在四川方言方位词中得到一定的印证。

---

① 吕叔湘主编：《现代汉语八百词》（增订本），商务印书馆 1999 年 1 月增订版。

② 储泽祥：《汉语方所系统研究》（第 2 版），华中师范大学出版社 2003 年 12 月第 2 版。

③ 郑泽平：《福州方言研究》，福建人民出版社 1998 年版。

④ 曹炜：《现代汉语词汇研究》，北京大学出版社 2004 年版。

二、不使用含"东、南、西、北"语素的词来表示四方

四川方言方位词表示四方的意义，没有含"东、南、西、北"语素的词（如"东边、东面"等），也没有"东、南、西、北"单个表示四方的说法。四川方言方位词主要用含"前、后、里、外"及"高、低（底）"等语素的词来表示方位。从这个方位词家族成员的职责来看，四川人的线性一维空间方向主要体现为两组词：

水平方向：前头——后背/后头

垂直方向：高头/高上——底脚/底下

建立立体多维空间，除了上述水平方向、垂直方向的两组词外，还包括"里头（以头）——外头/外前"。

"东西南北表示四方，前后左右也是表示四方，从理论上说，这两套方位词可以只用一套，事实上也有这种情况。不少语言以前后左右为主，没有东西南北或东西南北不全，如土家语没有东西南北，……也有语言选择东西南北为主，如蒙古语以东西南北为主……"①研究者们早就发现，就汉语而言，北方人喜欢用"东、南、西、北"而南方人喜欢用"前、后、左、右"，但是，对于这种地域差异，都只有一些零星的解释。

根据陈瑶的解释，"由于地理原因，山区、靠近山区，江河沿岸地区，多不用'东、南、西、北'表四方，而常依据地势高低或水流方向用'上、下'"，"比如，地处多山的贵州地区的贵阳，表达'四方'依地势说'上、下'，贵阳城内北高南低，往北多说朝上，往南多说朝下，东、西没有明显的高低差别，则依照说话人站立的方向说'左、右'。"②

认知语言学的视角为解释这个现象提供了一些新的角度。他们认为构成空间关系的主要元素有目的物、参照点、观察点、方位词。方位词中，因为人们的约定俗成，"东、南、西、北"以太阳为参照点，是绝对方位；"上、下、前、后、左、右"以人自身为参照物，是相对方位。目的物和参照点空间距离大的，一般选用绝对方位词；距离小的，一般选用相对方位词。

汉语南方方言的方位词中，普遍没有"东、南、西、北"而有"上、下、前、后、左、右"，从中，我们似乎能触摸到南方人通常的视线距离较短甚至心理距离较小的特点。这种距离，跟南方的自然地理条件有不可分割的联系。

---

① 储泽祥、王寅：《空间实体的可居点与后置方位词的选择》，《语言研究》2008年第4期。

② 陈瑶：《北方官话"四方"的表达形式》，《汉语学报》2007年第1期。

中国南方多丘陵地形，即使站在一个山顶，常常目之所及也是另一座或高或矮的山峰。南方阴云潮湿天气较多，这也极大地局限了人们的视野。四川以丘陵、盆地等为主要地理特征。自古以来，"蜀道难，难于上青天"，四川与外界交通不便，交流困难，经济生活以农业为主。这对长期靠步行、靠人工从事各种劳作的四川人民来说，人们的视野所及比平原地区的人们要短一些、窄一些，行踪扩散要艰难一些。这也影响了四川人对具有离散关系的事物间的距离判断与对这种距离的表述，故而常用表示近距离的方位词"上、底、前、后"等而少用以至于不用表示远距离的方位词"东西南北"。目的物和参照点空间距离的大小，对人类空间方位认知倾向及对空间方位表达的影响，可见一斑。

空间距离大小跟目的物位置的准确性有密切关系。一般而言，距离小的话，对于目的物位置的表述，准确性更大；距离大的话，对于目的物位置的表述准确性就小。"东西南北"以太阳为参照，用它们来表示方向，目的物与参照物距离较大，目的物位置不易说准确。四川地理环境决定了人们的视野所及比较近，在说话人心目中，目的物的位置也比较近而确定，故常选用"上、底、前、后"等表示近距离的方位词。方位词的选择机制中，目的物和参照物的距离大小也是一个制约因素。

四川方言一般不用"东、南、西、北"表示方所、指示方向。四川人通常以"往前、往左、往右、倒左手、倒右手"等向他人指示方向；对房屋、山坡等的朝向，多以"向阳"表示朝南，以"背阴"表示朝北。但是，这并不说明四川人没有"东、南、西、北"的概念，比如，一般的城市都会按空间方位划分出东、南、西、北的区位，以"东门、南门、西门、北门"来指称，朝西的墙壁、房屋称为"当西晒"。此外，在日常表达中，四川话有一些含有"东、南、西、北"语素的合成词或者短语，其中主要是"东"和"西"。如：

A. 做东、东道主

B. 东摸西搞、东扯南山西扯海_{神吹、瞎说}

C. 东说西说、东一句西一句、东一下西一下、东一个西一个

这些用法中，"东、西"都不表示具体方向。

A 组的"东"都是由源域"空间方向"投射到目的域"主人"而成的隐喻义，"东道主"是由"东方"隐喻而指主人家，"做东"的"东"，也是指主人。在中国古代礼仪中，接待客人时，主人家坐在东边的位置（西向为尊，东向为卑），以表示对客人的尊敬。这一类用法跟共同语一致。

B 组的"东、西"都是在同一个概念域（空间方位）内转喻而成，以"东、

西"两个方向来代表各个方向、所有的方向，即到处或是不确定的若干方位。

C组的"东、西"也是在同一个概念域（空间方位）内转喻而成，以"东"、"西"两个方向来代表两个事物处于任意方位，即零散、不集中。

三、词缀语素"头"的构词能力强大

表示"上面、下面、前面、后面、里面、里"等意义，都可以由相关语素跟"头"组合。组合中，"头"总是在其他语素的后面，如"学校头、教室头、锅头、屋头、脑壳头"等。此外，"头"还有更虚化的用法，不表示"里面"义，如"高头、下头、前头、后头、里头"等。在这些合成词中，"头"的虚化程度是不一样的，但是，又不如在普通话词"盼头、想头、苦头"中虚化程度高。

此外，构词能力比较强的词缀语素还有"脚"，主要参与构成表达"下面、底下"意义的方位词，如"底脚 | 坎脚"等。

词缀语素"头"和"脚"的构词能力强大，说明使用该方言的人群对空间域的感知和表达在起初主要是以人体为尺度的，这种观念迄今受其他观察方式的影响和冲击都比较小。

"边、中（间）"等语素在四川地区不同的方言点都能参与构成方位词。其中，"半边"跟普通话词形相同，但是意义不同。普通话中"半边"一般是指占一半儿，而四川方言中除了表示一半儿，还常指旁边。

普通话也说"后背"，意义是躯干的一部分，跟胸、腹相对的部分。而四川方言"后背"可以指躯干上跟胸、腹相对的部分，还可指后面（方位）。

四、词义特点

在语句中，四川方言方位词基本上是附着在其他词语后面，相当于英语的后置词。这里，我们主要谈谈其词义方面的特点。

（一）主要表示位置，较少表示方向

四川方言的方位词主要表示具体位置，较少表示方向义。表示方向时，一般要前加介词。少数用来表示方向义、顺序义的用法，如：

　　① 他从我后背给我一砣子拳头。（表方向）

　　② 再朝高上 tsan53 移动一点。（表方向）

　　③ 你走前头。（表顺序）

　　④ 我看见一个人朝外前外面飞快地跑。（表方向）

就表示位置而言，较多表示在参照点附近的区域范围内的某个位置点，

如"高头、底下、侧边、当门、前头"等[1]，都主要是表示在参照点的上面、下面、旁边、面前、前面附近区域范围内的某个位置点。这个位置点跟参照点的空间位置关系主要有三种：

第一类是接触性关系。参照物起承置作用，目的物附着或被承载在参照物的表面。第二类是容入性关系。参照物起包容作用，目的物被包容在参照物的内部。第三类是离析性关系。参照物起指示作用，为目的物在参照物以外的某处指示出一个方位，目的物处在参照物以外的某个空间。[2]下面的例句中，方位词分别表示出目的物和参照物之间的这三种空间位置关系：

⑤ 不晓得是啥子东西，正好落在我脑壳高头。（接触性关系）

⑥ 前头抱一个，后头还背一个。（接触性关系）

⑦ 鞋子里头钻了颗小石子儿。（容入性关系）

⑧ 外前外面有人喊你。（离析性关系）

⑨ 你在侧边旁边冒啥子杂音说闲话？（离析性关系）

⑩ 邮局就在银行的左半边左边。（离析性关系）

（二）引申用法

方位词的用法一般可以分为基本用法和引申用法：基本用法是表示事物的方向、位置；引申用法是表示时间、方面、条件、范围、情况、过程、界限等。一般而言，每个方位词都有其具体的方向、位置意义，但不是每个方位词都有引申用法。下面，我们梳理一下四川方言方位词的引申用法。

1. 表示时间、顺序：前头、后头

① 我认不到前头/后头那个人。（表示空间方位）

② 前头说的，不作数哈。（表示时间顺序在前）

③ 他后头再也没来过信。（表示时间顺序在后）

四川方言方位词中，兼表时间和空间的只占少数。认知语法的研究表明，在人们从具体到抽象的认知过程中，空间范畴具有隐喻扩展的基础地位；语法化理论也为人们勾勒出了语法意义上"空间域→时间域→性质域"的演变链条。四川方言中"前头"、"后头"除了表示空间方位外，还兼表在前的时间（或顺序）和在后的时间（或顺序），这和大多数语言都表现出人们的认知从空间源域投射到时间目的域的隐喻扩展方式是相同的。

人们对时间的感知，本质上是对运动顺序的认知。时间是物质运动过程

---

① "半中间/半中拦腰、当门/当门前"只有基本用法，即表示物质实体的位置。

② 参见储泽祥《现代汉语方所系统研究》第二章，华中师范大学出版社 1997 年版。

的顺序性、持续性的抽象。运动的第一结果是物体发生空间位移，当位移的轨迹被模拟出来时，运动的方向也就具象了。人们一般认为，先民的原初参照中，非常重要的一项是人体自身，即人体既是方向参照点也是观察点；一般把面对的方向定为"前面"（在语言中表现为方位词"前面（前头）"），背对的方向定为"后面"（在语言中表现为方位词"后面（后头）"）。物体位移的轨迹经过抽象就是时间轴，位移的朝向跟时间量增加的朝向相同：轨迹越长，时间量越大。在参照点（时点）和目的点（时点）之间的距离，既是空间距离，也是时间距离（时间段）。所以，"前头"、"后头"这样的空间概念因为与时间概念在运动轨迹上的像似性而由一个概念域（即空间）隐喻投射到另一个概念域（即时间）上，表现在语言中，则是我们所看到的方位词兼表空间和时间意义，或者说是方位词的一词多义现象。

　　方位概念义通过映射而获得了表示时间概念的资格。但是，同一个方位词在用来表示空间和时间时，朝向并不相同。比如：

　　前（前面/前头）

　　跑上前去 ｜ 向前面看 ｜ 朝前头走 ｜ 递到前面去

上述"前"系方位词表示空间方向概念，其朝向与运动者的面向相同：朝向未然域。

　　前一天 ｜ 前面几年 ｜ 前头的活儿白干了 ｜ 前头两年还可以

上述"前"系方位词表示时间概念，其朝向与运动者的面向相反，即：表示时间概念，"前"系方位词的方向是朝向已然域。

　　对比，可以小结如下：

　　前（前面/前头）｛　表示空间概念，朝向未然域

　　　　　　　　　　　 表示时间概念，朝向已然域

　　表示时间时，方位词"前（前面/前头）"的朝向常常是面向过去的、已知的事件（时间），这是不难理解的。就事件的未然、已然、经历三体而言，人们可以反复审视、分析、谈论已然的、经历过的事件，而对未然事件，往往只能做假设。审视已然事件比较容易做，发生频率也高。在审视已然事件时，人们心中的自身（body in mind）已经停止向原来的方向行进而转过身来观察自己先前的历程了。所以，表示时间时，"前"系方位词常常朝向已然域，表示空间时，则是朝向未然域。

2. 表示方面、范围等：高上/高头、当中/里头（以头）

方位词表示方面、范围等意义，比表示时间的语法化程度更高。四川方言方位词中，能表示这类意义的词主要有"高上、高头、里头、当中"等。如：

④ 这个问题就这样子决定，你就不要紧到在这儿高上/高头纠缠了_哈。

<small>哈你就不要老是在这个问题上纠缠了。</small>

⑤ 在整个事件当中，他是个核心人物。

⑥ 在这一代人里头（以头），他算是有出息的啦。

⑦ 这泼人当中/里头（以头），我只认得倒两个<small>这群人中，我只认识两个。</small>

3. 表示社会地位中的上级、下级：高头/高底、下头/底下

由方位在上引申表示级别在上，由方位在下引申表示级别在下，这是隐喻的结果。

⑧ 高头/高底发下来的就是这 10 份文件。

⑨ 出这个规定，下头/底下得不得<small>会不会</small>闹哦？

（三）对实体的空间辖域特征有取舍功能

四川方言方位词常常附着的名词，按照 Svorou 对实体的划分，既可以是表示拥有外部区域即域外空间的实体名词，又可以是既有域内空间又有域外空间的实体名词。例如：

桌子高头 ｜ 柜子高底 ｜ 墙高底 ｜ 山底脚 ｜ 板凳底脚

树子侧边 ｜ 在你当门 ｜ 我当门前 ｜ 水塘前头

院坝外前 ｜ 团转周围的人 ｜ 学校头 ｜ 锅头 ｜ 屋头

上述例子中，"桌子、墙、山、板凳、树子、你、我、人"等，就一般用法而言，容易看作是拥有域外空间的实体名词。"柜子、水塘、院坝、学校、锅、屋子"等容易看作是拥有域内空间的实体名词，它们既可以跟表示域内义的"头"组合使用，如柜子头、水塘头，也可以跟表示域外义的"外前、高底、前头"等组合使用，如柜子外前、柜子高底、柜子前头。

方位词附着在实体名词后边，多数表示在参照点附近的区域范围内的某个位置点，少数是附着在自身作为区域的实体事物后面的。例如：

田中间 ｜ 河沟儿当中 ｜ 从木头中间拦中半腰地锯开

"木头"主要具有的是拥有外部区域的实体特征，上述用法的"木头"同时具有了自身作为区域的实体事物的特征。

当把拥有域内空间的实体物看作参照点时，在这个背景下表达离析性目的物的相对位置，这些拥有域内空间的实体物就被看作是一个囫囵的整体，其域外空间特征得到了凸显而域内空间特征被淡化了。这是说话人的交际意

图决定的，表现为人们所采取的认知策略。而在句法形式上，则由方位词对所附着的实体名词的空间辖域特征进行强化和取舍，所以，"学校头学校里"和"学校前头学校前面"除了所表达的具体方位不同外，跟"头"的组合让"学校"拥有域内空间的特征得到凸显，跟"前头"的组合则让"学校"拥有域外空间的特征得到凸显。因此，方位词的词义对所附名词实体的空间辖域特征有规定、凸显和取舍功能。通过方位词，我们能反观到人们意识深处对某些名词词义特征的认识情况。

刘宁生从另一个角度（即人们对方位词的主动选择的角度）讨论过这个问题："方位词的选择性归根到底是我们怎样看待名词所代表的物体的几何性质。物体的几何性质转变成语言表达是一个过滤的过程。其重要特征是，物体的某一部分及其特征被强化了、突出了，被看成是整个物体的特征。而另一些部分及其特征被淡化了甚至被舍弃了。这样，我们在语言所提供的图景里看到的只是该物体的一部分及其特征。例如，当我们说'箱子里'的时候，关注的仅仅是一幅箱子内部空间的图景。说'箱子上'时，又呈现一幅箱子外部上方表面的空间图景。这时，我们差不多暂时把箱子看成是一块板，或者更抽象些，即一个平面。如同说'地上'时把地球看成是一个平面一样。"[1]

一方面，对同一事物而言，在不同情境中，人们强调的是不同角度的特征，所以，主观上，人们可以在同一个事物名词后带上不同的方位词；另一方面，一个方位词的词义总有自己的空间辖域，比如表示内部空间位置的"里、中"跟表示外部空间位置的"外面"，它们各自的空间辖域是既定的、对立的。当然，有些方位词的空间辖域可能兼有几类，比如"前面"，既可以指实体自身的前部位置（如"汽车前面的玻璃有个小窟窿"），也可以指实体之外的离散性前部位置（如"我们的车前面还有 5 辆车等着加油"）。正如朴珉秀所说："现代汉语方位词的本质是：只表示'空间方向'，即一个被赋予方向的结构框架，它是抽象的框架，是'空'的，只有放入具体的语义域的内容，才成为一个实的有方向的结构。"（第 34 页）[2]一种语言中，方位词的方位结构框架一般比较单一，是约定俗成的，比较稳定。相较之下，实体名词的词义特征一般比较复杂多样，加上人类的想象思维方式，通过隐喻和转喻这两种广泛使用的认知途径，使得实体名词的词义特征在言语中更具有被剪裁和取舍的可能性，其词义

---

[1]　刘宁生：《汉语怎样表达物体的空间关系》，《中国语文》1994 年第 3 期。

[2]　朴珉秀：《现代汉语方位词"前"、"后"、"上"、"下"研究》，复旦大学博士学位论文（中国知网博士学位论文库电子文献），2005 年。

特征侧重点的稳定性远弱于方位词。因此，从言语成品来观察，方位词对实体名词的词义特征的规定力度比实体名词词义对方位词的词义特征规定力度更大。在这种观察中，我们能捕捉到说话人的脑海中对于实体的认知。

总之，一个事物要满足某个方位词的方位结构框架要求才能跟这个方位词组合；一个方位结构框架既定的方位词跟一个事物名词组合后，事物的几何特征就被凸显、被剪裁。因此，"名词+方位词"结构中，名词和方位词的词义是相互规定的，考察方位词的选择机制，应当把名词对方位词、方位词对名词的词义特征的规定结合起来。

五、四川方言方位词目对照表

	上　　面	下面，底下
成都	高头kau⁵⁵tʻəu²¹　　高上kau⁵⁵saŋ²¹³ 上头saŋ²¹³tʻəu²¹	底下ti⁵³ɕia²¹ 下头 ɕia²¹³tʻəu²¹ 独脚tu²¹tɕyo²¹
重庆	高头kau⁵⁵tʻou²¹　　高底kau⁵⁵ti⁴²	下头ɕia²¹⁴tʻou²¹底下 ti⁴²ɕia²¹底脚ti⁴²tɕyo²¹
巫溪	高头kau⁵⁵tʻou²¹	底下ti⁴²ɕia²¹
达县	高头kau⁵⁵tʻou²¹　　高上kau⁵⁵saŋ²¹⁴ 上头saŋ²¹⁴tʻou²¹	底脚ti⁴²tɕyo²¹
广元	高头kau⁵⁵ tʻəu⁵⁵	下头ɕiA²¹⁴ tʻəu²¹　　底下 ti⁴²ɕia²¹
南充	上头saŋ¹⁴ tʻəu²¹	下头ɕia¹⁴ tʻəu²¹
遂宁	高上kau⁵⁵saŋ²⁴　　高头kau⁵⁵tʻəu²¹	坎脚kʻan⁵²tɕio²¹　　底下 ti⁵²ɕia²¹下头ɕia²⁴tʻəu²¹
梓潼	上头saŋ²¹⁴ tʻəu⁴⁵ 顶头tin⁵³ tʻəu²¹ 顶上tin⁵³ saŋ²¹⁴	下头ɕia²¹⁴ tʻəu⁴⁵
资阳	高头kau⁵⁵tʻəu²¹	底下ti⁴²ɕia²¹
内江	高头kau⁵⁵tʻəu²¹	下头ɕia²¹³ tʻəu³¹
仁寿	高头kau⁵⁵ tʻəu³¹　　高底kau⁵⁵ti⁴²	底下ti⁴² ɕia³¹⁵　　　脚底tɕyo³¹⁵ ti⁴² 下头ɕia³¹⁵ tʻəu⁵⁵
荣县	上头ʂaŋ²¹⁴tʻou³¹	底下ti⁴² ɕia³¹
雅安	高头kau⁵⁵tʻou²¹	底下ti⁴²ɕia²¹
汉源	上面saŋ²¹³ miɛn²¹³	下面ɕia²¹³miɛn²¹³ 底下ti⁴² ɕia²¹ 下头ɕi²¹³ tʻou²¹
泸州	高头kau⁵⁵tʻəu²¹ 高底头kau⁵⁵ti⁴²tʻəu²¹	底脚ti⁴²tɕyo³³ 底底脚ti⁴²ti⁴²tɕyo³³
宜宾	上头saŋ¹³tʻəu³¹	下头ɕia¹³tʻəu³¹
都江堰	高上kau⁴⁴saŋ¹³	底脚ti⁴²tɕyo³³
乐山	高头kau⁵⁵tʻou²¹ 高底kau⁵⁵ti⁵²	底下 ti⁵²ɕiA²¹　　下头ɕia¹³tʻou²¹ 坎脚kʻan⁵²tɕio⁴⁴
峨眉	上头saŋ¹³tʻou²¹ 高头kau⁴⁴tʻou²¹	下头tɕiA¹³tʻou²¹　　底下 ti⁴²ɕiA²¹
西昌	上头saŋ¹¹tʻəu⁴⁴	下头ɕia¹¹tʻəu⁴⁴

	旁　边	中　间	面　前
成都	侧边tsɛ²¹pian⁵⁵	中间tsoŋ⁵⁵tɕian⁵⁵半中间pan²¹tsoŋ⁵⁵tɕian⁵⁵ 当中taŋ⁵⁵tsoŋ⁵⁵	当门taŋ⁵⁵mən²¹ 面前mian²¹³tɕʻian²¹
重庆	侧边tse²¹pian⁵⁵	中间tsoŋ⁵⁵tɕian⁵⁵ 半中拦腰 pan²¹⁴tsoŋ⁵⁵nan²¹iau⁵⁵	当门taŋ⁵⁵mən²¹
巫溪	旁边 pʻan²¹pian⁵⁵	中间tsun⁵⁵tɕian⁵⁵ 半中八腰 pan²⁴tsuŋ⁵⁵pa²¹iau⁵⁵	当门taŋ⁵⁵mən²¹
达县	侧边tsɛ²¹ pian⁵⁵	半中拦腰 pan²¹⁴tsoŋ⁵⁵nan²¹iau⁵⁵ 当中taŋ⁵⁵tsoŋ⁵⁵	当门taŋ⁵⁵mən²¹ 当门前taŋ⁵⁵mən²¹tɕʻien²¹
广元	边边头pian⁴⁵pian⁴⁵təu⁴⁵	当中taŋ⁴⁵tsoŋ⁴⁵ 半中拦腰pan²¹⁴tsoŋ⁴⁵nan²¹iau⁴⁵ 半中间pan²¹⁴tsoŋ⁴⁵tɕian⁴⁵ 当中taŋ⁴⁵tsoŋ⁴⁵	门前men²¹tɕʻien²¹
南充	侧边tse²¹pian⁵⁵	半中腰pan¹⁴tsoŋ⁵⁵iau⁵⁵拦中八腰nan²¹tsoŋ⁵⁵pa²¹iau⁵⁵	当taŋ⁵⁵mən²¹
遂宁	半边panᶻ⁴piɛn⁵⁵侧边tse²¹pian⁵⁵	半中腰pan²⁴tsoŋ⁵⁵iau⁵⁵ 半中间pan²⁴tsoŋ⁵⁵tɕian⁵⁵半中拦腰pan²⁴tsoŋ⁵⁵nan²¹iau⁵⁵	当门taŋ⁵⁵mən²¹
梓潼	侧边tse²¹pian⁴⁵ 周围堂转tsəu⁴⁵uei²¹tʻaŋ²¹tsuan²¹⁴	当中taŋ⁴⁵tsoŋ⁵⁵ 正中间tsən²¹⁴tsoŋ⁵⁵tɕian⁵⁵	当前taŋ⁴⁵tɕʻian²¹
资阳	半边pan²¹⁴pian⁵⁵侧边tsʻe²¹pian⁵⁵	当中taŋ⁵⁵tsoŋ⁵⁵	当门tʌ⁵⁵mən²¹
内江	半边pan²¹³piɛn⁵⁵	当中taŋ⁵⁵tʂoŋ⁵⁵ 拦中八腰nan³¹tʂoŋ⁵⁵pa³¹iau⁵⁵	当门前taŋ⁵⁵mən³¹tɕʻiɛn⁵⁵ 当门边toŋ²¹³mən³¹piɛn⁵⁵
仁寿	半边pan³¹⁵pian⁵⁵侧边tse³¹⁵pian⁵⁵边边根儿pian⁵⁵pian⁵⁵kənr⁵⁵	半中腰pan³¹⁵tʂoŋ⁵⁵iau⁵⁵ 半中间pan³¹⁵tʂoŋ⁵⁵tɕian⁵⁵当中taŋ⁵⁵tʂoŋ⁵⁵	当门taŋ⁵⁵mən³¹ 当门前taŋ⁵⁵mən³¹tɕʻian³¹
荣县	侧边tse²¹⁴piɛn⁵⁵	半中拦腰 pan²¹⁴tʂoŋ⁵⁵nan³¹iau⁵⁵	当门taŋ⁵⁵mən³¹
雅安	侧边tse²¹piɛ̃⁵⁵	当中 taŋ⁵⁵tsoŋ⁵⁵	面前 miɛ̃¹⁴tɕʻiɛ̃²¹
汉源	侧边tsai⁵⁵piɛn⁵⁵	半中拦腰pan²¹³tsoŋ⁵⁵nan²¹iau⁵⁵	当门taŋ⁵⁵mən²¹
泸州	半边pan¹³piɛn⁵⁵	半中拦腰pan¹³tsoŋ⁵⁵nan²¹iau⁵⁵	当门taŋ⁵⁵mən²¹
宜宾	半边pã¹³piɛ̃⁵⁵	半中半腰pã¹³tsoŋ⁵⁵pã¹³iau⁵⁵	面前miɛ̃¹³tɕʻiɛ̃³¹
都江堰	半边pan¹³pian⁵⁵（有的地方读 pian¹³pian⁵⁵）侧边tsæ³³pian⁵⁵	半中拦腰pan¹³tsoŋ⁴⁴lan²¹jau⁵⁵	当门先 taŋ⁵⁵mən²¹ɕian⁴²
乐山	侧边tsɛ¹³piɛn⁵⁵ 挨倒ŋai⁵⁵tau⁵²	半中间pan¹³tsoŋ⁵⁵tɕiɛn⁵⁵ 中间tsoŋ⁵⁵kan⁵⁵ 拦中半腰nan²¹tsoŋ⁵⁵pan¹³iau⁵⁵	当门taŋ⁵⁵mən²¹ 面前mien²¹³tɕʻiɛnⁿ²¹ 当面前taŋ⁵⁵mən²¹tɕʻiɛn²¹
峨眉	侧边tsæ⁵⁵piɛ⁴⁴	半中间 pã¹³tsoŋ⁴⁴tɕiɛ⁴⁴	当门taŋ⁴⁴mən²¹ 当面taŋ⁴⁴miɛ¹³
西昌	侧半边tse¹¹pan¹¹piæn⁴⁴	中间tʂoŋ⁴⁴kan⁴⁴ 半中拦腰pan¹¹tʂoŋ⁴⁴nan⁵²iau⁴⁴	眼面前ian³⁴mian¹¹tɕʻian⁵²

	前　面	后　面
成都	前头tɕʻian²¹tʻəu²¹	后头xəu²¹³tʻəu²¹
重庆	前头 tɕʻian²¹tʻou⁵⁵	后头xou²¹⁴tʻou²¹
巫溪	前头 tɕʻian²¹tʻou⁵⁵	后头xou²⁴tʻou²¹
达县	前头tɕʻien²¹tʻou²¹	后头xou²¹⁴tʻou²¹
广元	前头tɕʻien²¹ tʻəu²¹	后头xəu²¹⁴ tʻəu²¹
南充	前头tɕʻian²¹ tʻəu²¹	后头xəu¹⁴ tʻəu²¹
遂宁	前头tɕʻien²¹təu⁵⁵	后头xəu²⁴ tʻəu²¹
梓潼	前头tɕʻian²¹ tʻəu⁴⁵	后头xəu²¹⁴ tʻəu⁴⁵
资阳	前头tɕʻian²¹tʻəu⁵⁵	后头xəu²¹⁴tʻəu²¹
内江	前头tɕʻien³¹ tʻəu⁵⁵	后头xəu²¹³ tʻəu³¹背后头pei²¹³ xəu²¹³ tʻəu³¹
仁寿	前头tɕʻian³¹ tʻəu⁵⁵	后头xəu³¹⁵ tʻəu⁵⁵背后头 pei³¹⁵ xəu⁵⁵ tʻəu³¹ 后头xəu⁵⁵ tʻəu³¹后边xəu⁵⁵pian⁵⁵
荣县	前头tɕʻien³¹ tʻəu⁵⁵	后头xəu²¹⁴ tʻəu³¹
雅安	前头 tɕʻiɛ̃²¹tʻou²¹	后头 xou¹⁴tʻou⁵⁵
汉源	前头tɕʻien²¹tʻou⁵⁵	后头xou²¹³ tʻou²¹
泸州	前头tɕʻien²¹tʻou⁵⁵	后头 xəu¹³tʻəu²¹
宜宾	前头tɕʻiɛ̃³¹tʻəu⁵⁵	后头xəu¹³ tʻəu³¹
都江堰	前头tɕʻian²¹tʻəu⁴²	后头xəu¹³tʻəu²¹
乐山	前头tɕʻien²¹tʻəu⁵⁵	后头xou¹³tʻou²¹　背后pei¹³xou¹³
峨眉	前头tɕʻiɛ²¹tʻou⁵⁵	后背xou¹³pei¹³ 后头 xou¹³tʻou²¹
西昌	前头tɕʻian⁵²tʻəu⁴⁴	后头xəu¹¹tʻəu⁴⁴

	里　面	外　面
成都	里头ni⁵³tʻəu²¹　吼头xəu⁵³tʻəu²¹　以头i⁵³tʻəu²¹	外头uai²¹³tʻəu⁵⁵
重庆	里头 ni⁴²tʻou²¹	外头 uai²¹⁴tʻou²¹
巫溪	里头 ni⁴²tʻou²¹	外头 uai²⁴tʻou²¹
达县	里头ni⁴²tʻou²¹　以头i⁴²tʻou²¹	外头uai⁴²tʻou²¹
广元	以头i⁵³ tʻəu²¹　里头ni⁵³ tʻəu²¹	外头uai²¹⁴ tʻəu²¹ 外前uai²¹⁴ tɕʻian²¹
南充	里头 i⁵³ tʻəu²¹	外头uai¹⁴ tʻəu²¹
遂宁	里头ni⁵²tʻəu²¹　以头i⁵² tʻəu²¹	外头uai²⁴tʻəu²¹

	里　面	外　面
梓潼	以头i⁵³ tʻəu²¹　吼头xəu⁵³ tʻəu²¹	外头uai²¹⁴ tʻəu⁴⁵　外前uai²¹⁴ tɕʻian²¹
资阳	以头i⁴²tʻəu²¹	外头uai²¹⁴tʻəu²¹　外前uai²¹³tɕʻian²¹
内江	以头i⁴² tʻəu³¹　里头ni⁴²tʻəu³¹	外头uai²¹³ tʻəu³¹
仁寿	以头i⁴² tʻəu³¹　里边ni⁴²pian⁵⁵	外头uai³¹⁵ təu⁵⁵　外前uai³¹⁵ tɕʻian⁵⁵
荣县	里头ni⁴² tʻəu³¹　以头i⁴² tʻəu³¹	外头uai²¹⁴ tʻəu³¹
雅安	里头ni⁴²tʻou²¹	外头uai¹⁴tʻou²¹
汉源	里头ni⁴² tʻou²¹　以头i⁴²tʻou²¹	外头uan²¹³ tʻou²¹　外前uan²¹³ tɕʻiɛn⁵⁵
泸州	以面 i³³mien⁵⁵	外先uai¹³ɕien⁵⁵
宜宾	以头i⁴² tʻəu³¹	外先uai¹³ɕiɛ̃⁵⁵　外头uai¹³tʻou³¹
都江堰	以头ji⁴² tʻəu²¹	外头 uai¹³ tʻəu²¹
乐山	里头ni⁵² tʻou²¹　以头i⁵² tʻou²¹	外头uai¹³tʻou²¹
峨眉	里头ni⁴²tʻou²¹　以头i⁴²tʻou²¹	外头uai¹³tʻou²¹　外前uai¹³tɕʻiɛ⁴⁴
西昌	里头ni³⁴tʻəu⁴⁴　里首ni³⁴ʂou³⁴	外头uai¹¹tʻəu⁴⁴

	周围，四周	里
成都	团转tʻuan²¹tsuan²¹³ 周围团转tsəu⁵⁵uei²¹tʻuan²¹tsuan²¹³	头（学校头　教室头　锅头　屋头　脑壳头）tʻəu²¹
重庆	四周围ʂɿ²¹⁴tsou⁵⁵uei²¹ 周围团转 tsou⁵⁵uei²¹tʻuan²¹tsuan²¹⁴	头（城头、乡头、教室头、学校头、屋头）tʻou²¹
巫溪	周围tsou⁵⁵uei²¹ 团转 tʻuan²¹tsuan²⁴	头（城头、乡头、教室头、学校头、屋头）tʻou²¹
达县	周围团转tsou⁵⁵uei²¹tʻuan²¹tsuan⁴²	头（学校头　教室头　锅头　屋头　脑壳头）tʻou²¹
广元	团转tʻuɛn²¹ tsuan²¹⁴ 周围团转tsəu⁴⁵ uəi²¹ tʻuan²¹tsuan²¹⁴	头（学校头　教室头　锅头　屋头　脑壳头）tʻəu²¹
南充	团转tʻuan²¹ tsuan¹⁴	头 tʻəu²¹
遂宁	周围团转tsəu⁵⁵uei²¹tʻuan²¹tsuan²⁴	头（学校头　教室头　锅头　屋头　脑壳头）tʻəu²¹
梓潼	转转tsuan²¹⁴ tsuan⁴⁵	头（学校头　教室头　锅头　屋头　脑壳头）tʻəu²¹
资阳	团转tʻuan²¹ tsuan²¹⁴ 周围团转tsəu⁵⁵uei²¹tʻuan²¹tsuan²¹⁴	头təu⁵⁵
内江	团转tʻuan³¹ tʂuan²¹³ 周围团转tʂəu⁵⁵ uəi³¹ tʻuan³¹ tʂuan²¹³	头（学校头　教室头　锅头　屋头　脑壳头）təu³¹

	周围，四周	里
仁寿	周围团转tʂəu^{55} uei^{31} tʻuan^{31} tʂuan^{315}	头（学校头　教室头　锅头　屋头　脑壳头）təu^{31}
荣县	周围团转tʂəu^{55} uei^{31}tʻuan^{31} tʂuan^{214}	头（学校头　教室头　锅头　屋头　脑壳头）təu^{31}
雅安	周围团转tsou^{55}uei^{21}tʻuɛ̃^{21}tsuɛ̃^{14}	头（学校头　教室头　锅头　屋头　脑壳头）tʻou^{21}
汉源	周围tsou^{55}uei^{21}	头（学校头　教室头　锅头　屋头　脑壳头）tʻou^{21}
泸州	周围团团儿 tsəu^{55}uei^{21}tʻuan^{21}tʻuanr^{55}	头（学校头　教室头　锅头　屋头　脑壳头）tʻəu^{21}
宜宾	团转tʻuã^{31}tsuã^{13}	以头i^{42}tʻəu^{31}
都江堰	团转 tʻuan^{21} tsuan^{13} 周围团转tsəu^{55}uei^{21}tʻuan^{21}tsuan^{13}	头（学校头　教室头　锅头　屋头　脑壳头）tʻəu^{21}
乐山	团转tʻuã^{21}tsuã^{13} 周围团转tsou^{55}uei^{21}tʻuã^{21}tsuã^{13}	头（学校头　教室头　锅头　屋头　脑壳头）tʻou^{21}
峨眉	团转tʻuã^{21}tsuã^{13}	头（学校头　教室头　锅头　屋头　脑壳头）tʻou^{21}
西昌	团团转转tʻuæn^{52}tʻuæn^{44}tsuæn^{11}tsuæn^{44}	头tʻəu^{52}

第三节　指代词

如果把同一个意义的方言指代词和普通话指代词词形进行比较，从构词情况来观察，四川方言指代词的主要特点有以下几方面：构词语素丰富多样，同一语素在不同地域的语音变体很丰富，音变构词少，受语用影响的词形变化较少，词义同普通话比较一致。

从作用上着眼，我们按照传统语法的分类，把四川方言词汇中的指代词分作三类：人称代词、指示代词、疑问代词。下面，我们以上述几个方面的特点为纲，对四川方言指代词的特点进行描述。

一、构词语素丰富多样

（一）人称代词

我们所调查的人称代词有：第一、二、三人称单数、复数形式，全称形式，自称形式，旁称形式。在普通话中，这些意义的一般词形是：我，你，他，我们，你们，他们，大家、全体，自己，别人。从构词语素来看，四川方言指代词中，表示第一、二、三人称的单数、复数形式同普通话这些意义的构词语素差异很小，表示全称意义、自称意义、旁称意义的指代词同普通话语素差异较大。

表示全称意义，四川方言人称代词在构词语素、词形上与普通话有较大不同。"大家、全体"义，除了跟普通话相同的"大家"、"全部"外，还有"满盘、满满、满都、大伙、所有的、一盘揽"等词形。此外，比较特殊的、完全异根的构词语素，如达县：把林 $pA^{21}lin^{21}$　乐山：尽得 $t\varepsilon in^{13}t\varepsilon^{44}$。①

表自称意义（自己）时，四川方言多数用"各人、各家、家各儿"等形式，少数四川方言点用"自己"（如仁寿，但调值不同于普通话）。另外，同样的词形跟普通话意义略有差异。如"各人"，普通话一般是每个人的意思，而四川方言词"各人"在各方言点一般指"自己"；一些方言点用"自家"，其中的"家"在各方言点中声母全部是 $t\varepsilon$，哪怕是某些点"家"两读的（$t\varepsilon$ 和 k），在这个词中也只一种读音。

表示别称意义（别人）的四川方言代词，多数地区说"别个"、"人家"，或者在这些基本形式的基础上添加某些带有虚化色彩的语素，如：达县既说"别个"，也说"别个家 $pi\varepsilon^{21}/p\varepsilon^{21} ko^{214} t\varepsilon iA^{55}$"；广元：别个家 $pi\varepsilon^{21} ko^{214} t\varepsilon iA^{45}$；内江：别人家 $pi\varepsilon^{213} z\partial n^{31} t\varepsilon ia^{55}$　别个家 $pi\varepsilon^{213} ko^{213} t\varepsilon ia^{55}$。平常用作计量单位的语素"个"、"家"，在这些词中的意义已经虚化。比较特殊的是峨眉话说"别块" $pi\varepsilon^{55}k'uai^{42}$，"个"和"块"异根而意义相同。

四川方言表示第一、二、三人称复数的代词，在用法上有一个特殊之处：作亲属称谓的领属性定语时，不论实际所指称的是单数还是复数，都使用复数词形"我们""你们""他们"。如：

　　① 我们老汉儿爸爸昨天把我骂惨了。
　　② 我们二娃考起大学了。
　　③ 给你们妈打个电话说一哈下嘛。
　　④ 你们姐结婚没得？
　　⑤ 他们老婆，歪厉害得很！
　　⑥ 他是孤儿，是他们孃孃姨妈把他带抚养大的。

上述例子中的"我们"、"你们"、"他们"实际上都表示单数指称。

（二）指示代词

四川方言指示代词以近指、远指为基本形式，"这"表近指，"那"表远指。以"这、那"为词根，表人或物、时间、方所、性状程度、方式的也都二分。意义上，"这、那"除了表示人物、时间等，还可用作情感指示（empathetic）：

---

① 本小节正文中的 l、n 声母基本按实际音档记音。l、n 声母在四川方言音系中一般合为一个音位，具体发音属于个体特征，且有较大随意性。

用"这"而不用"那"是为了表示感情上的亲近，用"那"而不用"这"是为了表示感情上的疏远。

普通话词形表示近指的一般是：这，这个，这时，这里，这么，这样等；表示远指的一般是：那，那个，那时，那里，那么，那样等。而四川方言指代词相应意义的构词语素则丰富得多：

表人或物，有跟普通话词形"这个"在语素方面完全一致的基本词形，还有"这/那+块"的词形。其中，语素"块"在各方言点读音中，声母有送气和不送气（k 和 k̓）的区别，韵母也具有有无介音 u 的不同。

表示时间，一般是"这/那+个时候/阵/下儿（xə¹）/跟前"，①仁寿还有"这一歇" tse⁵⁵i³¹⁵çie³¹⁵，这比普通话"这/那+时"的语素形式更多样化。

表示方所，一般是"这/那+里（li¹/le¹）/方/点儿/堂（凼）/个塌塌/跟前/根儿里"，还有个别地方直接把"这/那"儿化来表示近指和远指，比如成都、西昌。"堂"和"凼"只是声母发音方法送气不送气有差异，实际是同一个语素，意义是表示处所。"这里"义，梓潼说"这儿呵儿" tsə⁴⁵xə⁴⁵，资阳说"这根儿里" tse²¹⁴kə⁵⁵li⁵⁵，西昌"这儿块儿" tʂə¹¹k̓uə³⁴、"这儿渣" tʂə¹¹tʂa⁴⁴ 都是添加了较多词缀语素的特殊词形。资阳"那里"义说："尔勒" ə⁵⁵li⁵⁵，可能是古汉语表远指的代词"尔"在资阳方言中留下的痕迹，"尔"在现代汉语其他方言区还有做远指代词的用法。

表示性状程度，一般是"这/那+们"，"恁/浪+个/们"，"仲/弄+么"。这三组语素组合，一般是有"这、恁、仲"语素的表示程度低（即空间近指义虚化为程度低义），有"那、浪、弄"语素的表示程度高（即空间远指义虚化为程度高义）。这几种形式，有的组之间可能是语音变体关系，比如"阵"和"仲"，"弄"和"浪"。

表示方式，一般是"这/那+样子/们/块起/"，"恁/浪+个/们"，"阵/浪+矮"，"仲/弄+矮"，"仲/浪+个起"。总之，表达同一个意义，四川方言代词的构词语素比普通话丰富得多，词形也复杂得多。

（三）疑问代词

四川方言指代词的三个小类中，疑问代词的语素情况最复杂。

询问人，普通话一般是一个语素"谁"构成单纯词，而四川方言中一般是复合词"哪/谁+个"，少数地方说"哪/谁+块"，其中语素"谁"、"块"在有的方言点有音变，"谁"脱落韵头成"赛个"（如内江），"块"脱落韵头、

---

① 本小节正文中国际音标右上角的单个数字表示调类。

声母变成不送气辅音念成"哪改"、"赛改"（如乐山、眉山、仁寿）。这些复合词，既可用作询问单数对象，又可用作询问复数对象。这种用法，吕叔湘早有论说："'哪'的作用在于抉择，所以倘若前面有复数意义的名词，后面用'哪（一）个'是合理的"，但元曲中已出现了"'谁'和'哪'互文以求变化"的现象，即"哪"和"谁"的区别已经消失。（第118—120页）[①]上述词形中的"个"、"块"单用时，一般用来表示计量单位，而在这些复合词中，其作为计量单位的意义已经虚化。在现代的四川方言中，用"哪个"来泛泛地询问人，其作用跟普通话的"谁"完全相同。此外，四川方言中"哪个"表示在若干人、事物中抉择一个的用法和询问人的用法也并存着。

询问事物，普通话一般说"什么"，四川方言表达此意义的词形较多，主要有"啥子"、"哪+样/们"、"孃+些/儿（'儿'语音是儿尾读法）"等。其中，最通用的词形是"啥子"。"啥"是"什么"的合音，"啥子"还有音变形式"抓子"tsua⁴tsȵ³（如达县、仁寿），一般认为"抓子"是"做啥子"的合音。"孃+些/儿"只在乐山、眉山、都江堰等少数地区使用：都江堰孃根儿iaŋ⁵⁵kɘnr⁵⁵，乐山孃些ȵiaŋ⁵⁵ɕi⁵⁵，眉山孃儿ȵianr⁵⁵。峨眉说"呢儿"ȵi¹³ɚ⁴⁴，其中"呢"跟"孃"有语音关系，"孃"脱落韵尾，主要元音舌位升高，即得到ȵi，不是另外一个语素。巫溪这个意义的疑问代词，构词语素比较特别："么哩"mo⁴²ni⁵⁵。

询问方式，普通话一般是"怎么"、"怎么样"，四川方言表示这个意义的词，一般是语素数量较多的复合词，在"咋+子/个/儿"、"嘟+个/矮"、"哪们"这些基本形式的中间或后面，往往可以随意添加"样"、"子"等语素。这样，这些疑问代词的形式非常丰富，词形也往往比普通话同义代词的词形长。

询问时间的疑问代词，语素比较多样，如"好久"、"哪+阵/下儿（xɚ¹）"，"哪个/啥（子）+时候"。普通话也说"好久"，其意义是"很久"，这跟四川方言用作询问"什么时候"迥然不同。

询问处所的代词，一般是"哪+表处所的语素"，如"哪点儿"（峨眉"点"韵尾脱落，音变为"哪滴儿"，实际上跟"哪点儿"是相同语素），"哪个堂（凼）"，"哪个塌塌"，"哪方"，"哪哈儿（xɚ¹）"，"哪跟（干）前"，"哪边"，"哪里（li¹/le¹）"。这些词形中的"哪"在各点也常常有音变，比如音变为"nai⁴"。内江、眉山还说"赛方"，内江也说"赛跟前"，其中"赛"是"谁"丢失韵头、韵腹开口度增大而来。峨眉话问处所的说法"哪边"nA⁴²piān⁴⁴、"啥儿"sɛ¹³ɚ²¹、"啥儿谷子"sɛ¹³ɚ⁵⁵ku²¹tsȵ⁴²等，构词语素比较独特。

① 吕叔湘，《近代汉语指代词》，学林出版社1985年版。

二、同一语素在不同地域的语音变体很丰富

四川方言指代词中，同一个意义的代词，同一语素在不同地域的语音变体非常丰富，这是四川方言指代词的第二个突出的特点。

四川各方言点的指代词语音形式虽然各不相同，但是其差异显得很有条理，往往是在一个语音形式的基础上有不同的变异或者是各自处在同一个演变链条上的不同环节、不同阶段。而且，即使汉语形成和使用的历史久远，指代词可能会有不同的来源，但是，既然是同属于一种语言，而指代词又是语言中的基本词，那么，指代词的来源种类也应该是有限的几类。因此，同一个意义的指代词，在相邻的方言区，尽管语音形式不同，它们的基本性质常常是属于地域性变体，是受不同的语音演变因素的影响而成的语音现状。当然，不能否认有些语音上看起来相近实则来源不同或者来源于不同的底层。这样，我们可以尽可能地减少记录这些语音形式的用字差异。至于一种语音变体到底是受哪些因素的制约而形成现在的面貌，应当逐个、逐类深入研究。

基于以上认识，在整理调查结果时，我们本应尽可能地减少记录语音变体的汉字，把属于同一个语素的语音变体尽可能用同一个汉字来记录，这样也能使方言词汇系统更加清晰。但是，为了更直观地呈现语音差异，也为了更便于清理语音变体之间的关系，我们往往先展现记录基本语音形式的汉字，并根据其在不同方言点的变异情况用相应读音的汉字来记录。

"虽然汉语各方言指代词的读音歧异，不同点非常明显，但也存在某些共性。合音和变更声韵调等要素、感染作用，是导致汉语方言指代词语音形式复杂而又有一定规律的主要原因"。（第 27 页）[①]我们所观察到的四川方言指代词语音形式复杂而又有一定规律的现象，主要属于两类：变更声、韵、调要素，合音。下面，我们逐类说明。

（一）变更声、韵、调要素

同一个语素，在不同的方言点中可能声母不同、韵母不同或者声调不同，这使得四川方言指代词词形（语音形式）非常复杂。

1. 声母

（1）零声母和辅音声母的差异

人称代词中，"我"除了巫溪 o^{42}、达县 uo^{42}、宜宾 uo^{42} 三个点读为零声母外，其余各点都读作舌根鼻辅音声母ŋo^3。各方言点单音节"我"读音的差

① 汪化云：《汉语方言代词论略》，四川出版集团巴蜀书社 2008 年版。

异与双音节词"我们"中"我"的读音差异对应得很整齐，即在一个方言点内部，单音节和双音节词中"我"的读音相同。

达县话"你"念作零声母 i⁴²，这是古今音变在不同地域的不同表现，不是构词语素不同而引起的词形变化。"联系其他方言来观察，可以发现汉语方言中鼻音声母发音部位转移而发音方法不变是相当常见的现象"。（第 7 页）①"你"中古泥母，泥、日、疑、明母等鼻音声母的发音部位常转移，泥母的"你"转移至疑母，疑母字在现代汉语转移至影母即读为零声母 i。除了达县，今属重庆直辖市的忠县、丰都地区"你"与达县同音，均为零声母音节 i。另外，"里头"这个词中，广元、南充、梓潼、资阳、内江、仁寿、泸州、宜宾、都江堰、眉山、乐山等 11 个点都可以念作 itəu。

"块"作为构词语素，声母有两种表现：一种是变成零声母，如：那个：达县那歪 la²¹⁴uai⁵⁵，"歪"是"块"丢失了辅音声母而成为零声母音节；一种是变成舌根鼻辅音声母，如仁寿什么：嘟唉 naŋ⁴² ŋai⁴²。后一种音变，大约经历了如下历程："哪样"合音为"嘟"，单音节常常缺乏对称和谐感，又添加虚语素"个"或"块"而成"嘟个、嘟块"。"嘟"韵尾同"块"声母在同一个部位，后一个声母因此而异化。这一连串的语音变化沿着两条道路前进：一是后一个声母异化、同时丢失韵头：嘟块 naŋ³kʻuai³——嘟改 naŋ³kai³/kʻai³——嘟唉 naŋ³ŋai³。比如：仁寿什么：嘟唉 naŋ⁴² ŋai⁴²，资阳那样：浪矮 laŋ²¹⁴ŋai⁴²，达县嘟唉样 laŋ⁴²ŋai⁴²iaŋ²¹⁴、嘟唉了 laŋ⁴²ŋai⁴²liau⁴²；另一条道路是只丢失后一个音节的韵头 u，比如：遂宁什么：嘟慨 laŋ⁵²kʻai⁵²。

泸州话"自己"义说"个儿" koŋ⁴²kə·¹³，"儿"带舌根音声母是普通话没有的念法。

（2）声母发音部位、发音方法变换

同一个语素在不同方言点读音中，发音部位可能在邻近部位间产生变异。如语素义"哪"，有的地方说成舌尖鼻音，有的地方则说成舌面前鼻音，如"什么"义，乐山话说"哪样" nʌ⁵²iaŋ²¹³、"嬢些" n̠iaŋ⁵⁵ɕi⁵⁵；眉山话说"嬢儿" n̠iaŋr⁵⁵。

"他" 15 个点读 tʻa，均为阴平类；资阳、内江、泸州、宜宾、峨眉 5 个点 tʻa、na 两读；仁寿、荣县 2 个点只读 na。声母方面的这种特征，同样表现在双音词"他们"的读音中。"入声归阴平和阳平的各点都说 tʻa；入声归

①　王福堂：《汉语方言语音的演变和层次》，语文出版社 1999 年版。

去声的各点都说 na；入声自成调类的九个点，有说 t'a 的，有说 na 的。"[1]t、n 发音部位相同，发音方法不同。类似的声母变异也反映在其他音节中，如 "怎么" 义，泸州话说 "咋个的" tsA^{21}ko^{13}ne^{55}，其中 "的" 念作 "ne^{55}/ni^{55}" 在四川多个点都如此。客家话近指代词 le^{2}li^1，[2]四川部分方言点 "这里" 发音也为 le^{2}li^1，如达县这里 le^{214}li^{55}，舌尖后、舌尖中部位邻近而变换。

同一个语素在不同方言点读音中，发音方法可能产生变异。如 "堂/凼" 是同一个语素，只是声母一个送气一个不送气。四川方言指代词中的构词语素 "块"，声母在有的地方变作不送气辅音 k，或者由塞音变作鼻音 ŋ。

同一个语素在不同方言中在相同的发音部位改变发音方法，或在相邻的部位发生变异，这种现象不仅仅存在于四川方言中。如浙江金华城区鸟儿 ^{c}tiæn$_{45}$^{423}（第 125 页），[3]在北方方言和金华方言中 "鸟" 的读音差异（n、t 声母）也是在同一个部位改变发音方法所致。

2. 韵母

在四川方言中，变更韵母而构成该词的另一语音形式的现象较普遍。这主要包括几种情况：

（1）韵母部分脱落或全部脱落

表复数时，一般是在单数的人称代词后加词缀 "们" mən。但泸州、都江堰 "们" mən 中韵母脱落，如泸州 ŋom^{42}，都江堰 ŋom^{42}。泸州话 "他们" 读作 laŋ^{42}，这可能经历了 la mən→lam→laṃ/laŋ 的演变，结果是 mən 韵母全部脱落，m 自成音节；在实际使用中，ṃ 又因相邻部位而发生新的语音变异，变成 ŋ。

"这个" 义，一般说 "这块"（如遂宁、汉源、仁寿、乐山、眉山），其中 "块" 音有的地方是合口呼韵母 uai，有的地方韵头脱落而成开口呼韵母 ai。"谁→赛" 也有韵头脱落的变异。

还有少数声母韵母都改变的，如：

那下儿/这下儿——～下儿 xɚ^1

（2）韵母改变（内部屈折）

"们" 普通话中为阳声韵尾，四川汉源话是阴声韵尾：你们 ni^{42}mei^{55}，即 "们" 韵母发生了改变。

① 甄尚灵：《四川方言代词初探》，《方言》1983 年第 1 期。

② 转引自汪化云《汉语方言代词论略》，四川出版集团巴蜀书社 2008 年版，第 44 页。

③ 王福堂：《汉语方言语音的演变和层次》，语文出版社 1999 年版。

泸州话"自己"说"个儿"koŋ⁴²kɚ¹³，就音理来看，日母字"人"是否能演变而读作 ɚ 当然是需要研究的，但是，姑且抛开这个问题，"个儿" koŋ⁴²kɚ¹³ 中，我们可以推测 koŋ kɚ 起初是读作 koɚ 的，渐渐地，受前一个音节 k 声母的感染而使 ɚ 前也有了辅音 k；然后，在语音链条上，受后面 kɚ 音节的影响，原本在前的 ko 也有了舌根音韵尾 ŋ；于是，相互感染的结果就是产生了 koŋ kɚ。

乐山话"自己"义说"自家儿"tsɿ¹³kɔ⁴⁴ɚ⁵⁵、"改儿"kai⁵⁵ɚ⁵⁵，其中kai可能来源于ko，量词"个"和"块"常通用，"kʻuai(块)→kai(改)"的音变是声母变成不送气、韵头丢失，这种变异比较容易发生也比较常见，受此音变的感染，"个"也念作"改"音。

汉源话"这么"的读音是"众木"tsuŋ²¹³mu⁵⁵，这两个音的大致音变轨迹如下：*tse mo→*tsen mo→*tseŋ mo→*tsuŋ mo→*tsuŋ mu。在这个变化过程中，有同化，有异化，有感染，也一定有说话人的心理原因在起作用。

（二）合音较多

有些代词，普通话读为两个音节，而四川一些方言点读为一个音节。主要有如下几种：

1. "这一"合音为 tsei

"这一"合音为 tsei，渐渐地，在不是"这一"组合时，"这"也读为 tsei 了。如："这样"，宜宾话说 tsei⁵⁵iaŋ¹³，都江堰话说 tsei²¹³ iaŋ²¹³ ；"这个"，宜宾话说 tsei⁵⁵ke⁴²，泸州话说 tsei⁵⁵ko¹³；"这块"眉山话说 tsei¹³ kʻuai⁵³，"这样子"眉山话说 tsei⁵⁵ iaŋ¹³ tsɿ⁵³ 等。

2. "那一"合音为 nei 或者 nai

"那一"合音为 nei 或 nai 之后，在不是"那一"的组合中，也读为 nei 或 nai 了。

"那一"合音为 nai，如广元、内江"那一方"说 nai²¹³faŋ⁵⁵。不是"那一"的合音也说 nai，如乐山"那样子"说 nai⁵⁵iaŋ¹³tsɿ⁵²。据汪化云记录，长沙方言远指代词读音为 lai⁴、la⁴（第 29 页），[①]这种读音也可能是当地方言中由"那"、"一"合音长久之后演变出来的。

"那一"合音为 nei，如荣县、汉源、泸州。内江等地"那"是 na²¹⁴/nei²¹⁴ 两读，仁寿话连韵尾 i 都脱落了，"那些"说 ne⁵⁵ɕi⁵⁵，"那边"说 ne⁵⁵pian⁵⁵。

普通话中，"这一"、"那一"合音为 tʂei⁵¹、nei⁵¹，实际上合音形式也常

---

① 汪化云：《汉语方言代词论略》，四川出版集团巴蜀书社 2008 年版。

常失去语素"一",比如把"这一个"说成 tʂei⁵¹ kə 等。王福堂说:"这说明,"北京话上述合音词(按:指'不用'、'这一'、'那一'、'哪一'等)中的语素'不'、'这'、'那'、'哪'借助声母的优势保存了下来,而'用'、'一'则被磨损。"(第 126 页)①四川方言中"这一""那一"的合音及合音的演变,说明四川方言这些组合中的语素"一"也在被磨损掉。

3."这们"合音为 tsem 或 tsen

"这们"是按读音形式书写的,实为"这么"的音变。首先,"么 mo"韵母脱落,然后,剩下的辅音 m 跟前面的音节"这 tse"整合,形成合音 tsem。因为汉语中 m 不做韵尾,于是 m 选择了两种变化形式:一是直接变为 n,成为合音 tsen,书面上写成"阵";二是再添加韵母 en,成为两个音节 tsemen,书面上写成"这们"。如:"这么早",南充话说 tse¹⁴men⁵⁵tsau⁵³,威远话说 tsən²¹³ tsau⁵³。

这种现象似乎较为普遍。汪化云在《汉语方言代词论略》中指出,这种合音在汉语其他方言中较为广泛。如:

柳州:这门 tsʅ⁴mən²——阵 tsen⁴(后者为前者合音);

洛阳:这们——阵;

忻州(山西):这门——真;

西安:这门——阵。

4."那们"合音为 nam 或 nen

"那们"的来源跟"这们"相同,也是"那么"发生语流音变的结果。一是最后整合成一个音节 nen,二是成为两个音节 namen。如:"那们早",威远话说为 nen²¹³tsau⁵³,南充话说 na¹⁴men⁵⁵tsau⁵³。

5."这样"合音为 tsoŋ

仁寿话说"这样高"为 tsoŋ³¹⁵kau⁵⁵,说"这样少"为 tsoŋ³¹⁵sau⁴²。较为独特的是,仁寿话单说"这样"为 tsoŋ³¹⁵ ŋai⁴² 或 tsoŋ³¹⁵ ŋai⁴²tsʅ⁴²。在这种形式中,原有的语素"样"已经完全磨损,不能再把 tsoŋ³¹⁵ 恢复为两个独立音节了。

6."那样"合音为 naŋ /noŋ

"那样晚"自贡话说 naŋ²¹³ŋan²¹³,仁寿话说 noŋ³¹⁵ŋan²¹³。较为独特的是,仁寿话单说"那样"为 noŋ³¹⁵ŋai⁴² 或 noŋ³¹⁵ŋai⁴² tsʅ⁴²,还说 noŋ³¹⁵ko³¹⁵tɕ'i⁴²。其中,语素"样"的磨损跟上面所说的"这样"类似。

7."哪样"合音为 naŋ/ȵiaŋ

"哪样"合音为 naŋ 或 ȵiaŋ,情况较为复杂,其语义、组合、音变在不同

方言点存在诸多差异。

在重庆、巫溪、遂宁、梓潼、资阳、内江、仁寿、荣县等地，"哪样"合音为 naŋ，其中"样"已经磨损，在各种语境中，naŋ 都不能再分解为"哪样"两个音节。上述各方言点都在 naŋ 后另加其他语素组合成词，比如重庆话说"嘟个 naŋ⁵³ko²¹⁴"，仁寿话说"嘟矮 naŋ⁴²ŋai⁴²"。作为疑问代词，"嘟个"、"嘟矮"询问的都是方式，相当于"怎样"，跟"哪样"的意思完全不同。

在眉山、峨眉、乐山等地，"哪样"合音为 ȵiaŋ，"样"同样被磨损。比如，乐山话说"孃些 ȵiaŋ⁵⁵ɕi⁵⁵"，添加"些"组合成词；眉山话说"孃儿 ȵiaŋr⁵⁵"，将音节儿化成词；地域分布于乐山、眉山之间的峨眉话说"呢儿 ni¹³ɚ⁴⁴"，ȵiaŋ 的韵腹、韵尾脱落，添加"儿"尾成词。上述方言点的"孃些""孃儿""呢儿"用于疑问句，相当于"什么"。

三、音变构词少

"音变构词，是指通过音节中音素的变化构造意义有联系的新词"。（第1页）[1]汉语音变构词可以分为变声构词、变韵构词、变调构词三种基本类型。不管是其中哪一类，原始词和滋生词在意义上都有联系。据此考察，四川方言指代词中，有少量可以归入变调构词的情况。

naŋ 念降调（低降或高降），表疑问，意义相当于"怎么"，如：嘟矮、嘟矮子；而 naŋ 念曲折调时，表示指示，如：重庆、巫溪、资阳、内江、仁寿等地表达"那样"义时读音为 naŋ，曲折调。

重庆、巫溪、梓潼、达县等地表近指 ne，表远指 na，靠变更韵母构成另一个语素、另一个词来表示另一个意义。这种读音差异延续到由这两个语素构成的复合词，如："这时/那时"，"这阵/那阵"，"这里/那里"等。

四、受语用影响的词形较少

在我们所考察的四川方言指代词中，有少量因语用因素而产生的词形。这种词形变化，主要表现在语音形式上。如：

巫溪话第二人称单数还有敬称"您"nir⁴²，其读音有儿化。甄尚灵曾作过相同的记录："万县还有敬称 niər³，但年轻人中已较少使用。"[2]我们所调查的方言点中，代词在语用上有差异的，仅此一见。

---

① 孙玉文：《汉语变调构词研究》，北京大学出版社 2000 年版。

② 甄尚灵：《四川方言代词初探》，《方言》1983 年第 1 期。

用拉长声音的形式表示距离远，在四川方言指代词的使用中也有这种现象，比如仁寿点"那里"ne^{55}ne^{55}、"那边"ne^{55}pian^{55}的两个音节间拉得越长，所指事物就越远。这种情形，一般认为不算是构成了一个新词，最多只算是一种构形变化。

利用语音上加重、加长的变化来表示指代处所的更远意义的方式，在不少方言、少数民族语言中都有。从现有报告来看，临夏、临汾、新疆、江西吉安等方言也存在这种现象。这种拉长、加重的语音现象，其用途是强调，而不是构词，即不构成一个新词（第42—43页）。[①]少数民族语言中的例子，如"景颇语远指代词wo^{55}ra^{31}、hto^{55}ra^{31}、le^{55}ra^{31}的第一个音节，音拉得越长所指事物越远（戴庆厦1992）；景颇族载瓦语里，远指代词xjes^1、xu^{51}、mo^{51}的音拉得越长，所指事物也越远（徐悉艰等1984）；傈僳语表示更远指的代词ko:^{55}，元音o拉得越长，所指事物就越远（徐琳等1986）"。[②]

五、指代词词义同普通话比较一致

从所调查到的人称代词、指示代词、疑问代词来看，四川方言绝大部分代词词义同普通话一致性很强，只有少数词形相同而词义略异的词。如：

各人："各人"这个词在成都话中"有两个意义：一个指某个范围内的所有个体，跟'每人'相近，但表示遍指，等于'各个人'"，"另一个指'自己'、'自家'，这是成都话的特殊用法"。（第218页）[③]"各人"的这两个意义在整个四川方言区都存在着。而普通话中，"各人"只有一个意义，一般只指每一个人。

好久：在四川话中，"好久xau^{53}tɕiou^{53}"有三种意义和用法：一是问具体时间，二是问持续了多长时间，三是程度副词"好"跟"久"合成的短语，"没有疑问意义，是'很久'的意思"（第242页）[②]。普通话口语中也可说"好久"，但只跟前述四川话中的"好久"第三种意义和性质相同，是可以用"很久"、"很长时间"来替换的短语。

另外，四川方言人称代词没有专门表示包括式意义的词形，由"我们"来兼表包括式和排除式意义，普通话中则有专门表示包括式的"咱们"。

① 汪化云：《汉语方言代词论略》，四川出版集团巴蜀书社2008年版。
② 储泽祥、邓云华：《指示代词的类型和共性》，《当代语言学》，2003年第4期。
③② 张一舟、张清源、邓英树：《成都方言语法研究》，巴蜀书社2001年版。

四川方言指代词目对照表

	大家，全体	自 己
成都	满盘（～都有）man⁵³p'an²¹	各人ko²¹zən²¹ 自家tsʅ²¹tɕia⁵⁵
重庆	大家 ta²¹⁴tɕia⁵⁵ 满盘 man⁴²p'an²¹（全部，用于人或器物）	各人 ko²¹zən²¹
巫溪	满盘man⁴²p'an²¹	各人 ko²¹zən²¹
达县	把林pʌ²¹nin²¹	各人ko²¹zən²¹ 各自ko²¹tsʅ²¹⁴
广元	大家tʌ²¹⁴tɕiʌ⁵⁵	自家tsʅ²¹⁴tɕiʌ⁵⁵ 各人ko²¹ zən²¹
南充	全部tɕyan²¹pu¹⁴满盘man⁵³p'an²¹	各家ko²¹tɕia⁵⁵ 各人ko²¹zən²¹ 自家tsʅ¹⁴tɕia⁵⁵
遂宁	全体 tɕ'yan²¹t'i⁵²	各人ko²¹zən²¹
梓潼	所有的 so⁵³iəu⁵³ne⁴⁵	各家 ko²¹tɕia⁴⁵各人 ko²¹zən²¹
资阳	满盘man⁴²p'an²¹	各人ko²¹zən²¹ 自家tsʅ²¹⁴tɕiʌ⁵⁵
内江	大家tʌ²¹³tɕiʌ⁵⁵	各人 ko²¹³zən³¹
仁寿	满盘man⁴²p'an³¹满满（义为全部）man⁴²man³¹	自家tsʅ³¹⁵tɕia⁵⁵ 自己tsʅ³¹⁵tɕi³¹
荣县	大家 tʌ²¹⁴tɕiʌ⁵⁵满都 man⁴²dəu⁵⁵	自家tsʅ²¹⁴tɕia⁵⁵
雅安	大家 ta¹⁴tɕia⁵⁵ 大伙 ta¹⁴xo⁴²	各人ko⁵⁵zən²¹
汉源	大家 ta¹²tɕia⁵⁵	各人ko⁵⁵zən²¹ 自个tsʅ²¹³ko²¹³
泸州	满盘 man⁴²pan²¹一哈 i³³xa¹³	自家tsʅ¹³ tɕia⁵⁵
宜宾	满盘mã⁴²p'ã³¹	个儿ko¹³ɚ⁵⁵自家tsʅ¹³ tɕia⁵⁵
都江堰	尽得 tɕin¹³tɛ³³	各人kə³³zən²¹
乐山	尽得tɕin¹³tɛ⁴⁴	各人ko⁴⁴zən²¹ 自各儿tsʅ¹³kɚ⁴⁴ɚ⁵⁵ 改儿kai⁵⁵ɚ⁵⁵
峨眉	大家 tʌ¹³tɕiʌ⁴⁴	各人ko¹³zən²¹ 自家tsʅ⁴⁴tɕiʌ⁴⁴ 个儿 ko¹³ɚ²¹
西昌	一盘揽 i³¹p'an⁵²nan³⁴ 大伙 ta¹¹xo³⁴	各人ko⁵²zən⁴⁴ 家个儿tɕiʌ⁴⁴kor¹¹

	我	我 们
成都	我ŋo⁵³	我们ŋo⁵³mən²¹
重庆	我ŋo⁴²	我们 ŋo⁴²mən⁵⁵
巫溪	我o⁴²	我们o⁴²mən²¹
达县	我uo⁴²	我们uo⁴²mən⁵⁵
广元	我ŋo⁵³	我们ŋo⁵³ mən²¹
南充	我ŋo⁵³	我们ŋo⁵³ mən⁵⁵

续表

	我	我 们
遂宁	我 ŋo^{52}	我们 ŋo^{52} mən^{21at}
梓潼	我 ŋo^{53}	我们 ŋo^{53} mən^{55}
资阳	我 ŋo^{42}	我们 ŋo^{42}mən^{55}
内江	我 ŋo^{42}	我们 ŋo^{42}mən^{31}
仁寿	我 ŋo^{42}	我们 ŋo^{42} mən^{55}
荣县	我 ŋo^{42}	我们 ŋo^{42} mən^{31}
雅安	我 ŋo^{42}	我们 ŋo^{42}mən^{21}
汉源	我 ŋo^{42}	我们 ŋo^{42}mən^{55}
泸州	我 ŋo^{42}	我们 ŋom^{42}
宜宾	我 uo^{42}	我们 uo^{42}mən^{31}
都江堰	我 ŋo^{42}	我们 ŋo^{42}mən^{55}
乐山	我 ŋo^{5}	我们 ŋo^{52}mən^{21}
峨眉	我 ŋo^{42}	我们 ŋo^{42}mən^{21}
西昌	我 ŋo^{34}	我们 ŋo^{34}mən^{44}

	你	你 们
成都	你 ȵi^{53}	你们 ȵi^{53}mən^{21}
重庆	你 ni^{42}	你们 ni^{42}mən^{55}
巫溪	你 ni^{42} 您 nir^{42} （尊称）	你们 ni^{42}mən^{21}
达县	以 i^{42}	以们 i^{42} mən^{21}
广元	你 ȵi^{53}	你们 ȵi^{53} mən^{21}
南充	你 ȵi^{53}	你们 ȵi^{53} mən^{55}
遂宁	你 ȵi^{52}	你们 ȵi^{53} mən^{21}
梓潼	你 ȵi^{53}	你们 ni^{53} mən^{55}
资阳	你 ȵi^{42}	你们 ȵi^{42}mən^{55}
内江	你 ȵi^{42}	你们 ȵi^{42} mən^{31}
仁寿	你 ȵi^{42}	你们 ȵi^{42} mən^{55}
荣县	你 ȵi^{42}	你们 ȵi^{42} mən^{31}
雅安	你 ni^{42}	你们 ni^{42}mən^{21}
汉源	你 ni^{42}	你们 ni^{42}mei^{55}
泸州	你 ȵi^{42}	你们 ȵin^{42}
宜宾	你 ȵi^{42}	你们 ȵi^{42} mən^{31}
都江堰	你 ȵi^{42}	你们 ȵi^{42}mən^{55}
乐山	你 ni^{52}	你们 ni^{52}mən^{21}
峨眉	你 ni^{42}	你们 ni^{42}mən^{21}
西昌	你 ni^{34}	你们 ni^{34}mən^{44}

	他	他　们
成都	他 t'a⁵⁵	他们 t'a⁵⁵mən²¹
重庆	他 t'a⁵⁵	他们 t'a⁵⁵mən⁵⁵
巫溪	他 t'a⁵⁵	他们 t'a⁵⁵mən²¹
达县	他 t'ʌ⁵⁵	他们 t'ʌ⁵⁵mən²¹
广元	他 t'ʌ⁴⁵	他们 t'ʌ⁴⁵ mən²¹
南充	他 t'a⁵⁵	他们 ta⁵⁵ mən⁵⁵
遂宁	他 t'a⁵⁵	他们 t'a⁵⁵ mən²¹
梓潼	他 t'a⁴⁵	他们 t'a⁴⁵ mən⁵⁵
资阳	他 t'a⁵⁵ /na⁵⁵	他们 t'a⁵⁵mən²¹
内江	他 t'a⁵⁵ /na⁵⁵	他们 t'ʌ⁵⁵mən³¹
仁寿	他 na⁵⁵	他们 na⁵⁵ mən⁵⁵
荣县	他 na⁵⁵	他们 na⁵⁵ mən³¹
雅安	他 t'a⁵⁵	他们 t'a⁵⁵mən²¹
汉源	他 t'a⁵⁵	他们 t'a⁵⁵mən⁵⁵
泸州	他 t'a⁵⁵ /na⁵⁵	他们 na⁵⁵ŋ²¹
宜宾	他 t'a⁵⁵ /na⁵⁵	他们 na⁵⁵ mən³¹
都江堰	他 t'a⁵⁵	他们 t'a⁵⁵mən⁵⁵
乐山	他 t'ʌ⁵⁵	他们 t'ʌ⁵⁵ mən²¹
峨眉	他 t'ʌ⁴⁴ /nʌ⁴⁴	他们 t'ʌ⁴⁴mən²¹ /nʌ⁵⁵mən²¹
西昌	他 t'a⁴⁴	他们 t'a⁴⁴mən⁴⁴

	别　人	谁
成都	别个piɛ²¹ko²¹³　人家zən²¹tɕia⁵⁵	哪个na⁵³ko²¹³
重庆	别个pɛ²¹ko²¹⁴	哪个na⁴²ko²¹⁴
巫溪	别个pɛ²¹ko²⁴	哪个na⁴²ko²⁴
达县	别个piɛ²¹/pɛ²¹ ko²¹⁴ 别个家piɛ²¹/pɛ²¹ ko²¹⁴ tɕiʌ⁵⁵	哪个nʌ⁴²ko²¹⁴
广元	别个 piɛ²¹ ko²¹⁴　别个家 piɛ²¹ ko²¹⁴ tɕiʌ⁴⁵　人家 zən²¹ tɕia⁴⁵	哪个 na⁵³ ko²¹⁴
南充	别人pe²¹ zən²¹　人家zən²¹ tɕia⁵⁵	哪个na⁵³ ko¹⁴　谁个suei²¹ko¹⁴
遂宁	别个pi²¹ko²⁴　人家zən²¹ tɕia⁵⁵	哪na⁵²ko²⁴　哪块na⁵²k'uai⁵²
梓潼	别个 piɛ²¹ ko²¹⁴　人家 zən²¹ tɕia⁴⁵ 别个家 piɛ²¹ ko²¹⁴ tɕia⁴⁵	哪个 na⁵³ ko²¹⁴
资阳	别个piɛ²¹ko²¹　人家 zən²¹tɕia⁵⁵	哪个na⁴²ko²¹⁴

	别　人	谁
内江	别个piɛ^{213}ko^{213}　人家piɛ^{31}tɕia^{55} 别人家piɛ^{213}zən^{31}tɕia^{55} 别个家piɛ^{213}ko^{213}tɕia^{55}	哪个na^{42}ko^{213}　赛个ʂai^{31}ko^{213}
仁寿	别个piɛ^{315}ko^{315}　人家zən^{31}ɲia^{55} 人家zən^{31}tɕia^{55}	哪个na^{42}ko^{315}
荣县	别个piɛ^{214}ko^{214}	哪个na^{42}ko^{214}
雅安	别个piɛ^{21}ko^{14}　人家zən^{21}tɕia^{55}	哪个na^{42}ko^{14}
汉源	别人piɛ^{55}zən^{21}　人家zən^{21}tɕia^{55}	哪块na^{42}kʻuai^{42}
泸州	人家个ɻzən^{21}ɲiA^{55}kor^{13} 别个piɛ^{55}ko^{13}	哪个nA^{42}ko^{13}
宜宾	人家zən^{31}tɕia^{55}	哪个nai^{42}ko^{13}
都江堰	人家zən^{21}tɕia^{42}	哪个na^{42}kai^{42}'
乐山	别个piɛ^{44}kɔ^{213}　人家zən^{21}tɕiA^{55}	哪个nA^{52}kɔ^{213}　哪改nA^{52}kai^{52}
峨眉	别家piɛ^{55}tɕiA^{44}　别块piɛ^{55}kʻuai^{42}	哪个nA^{42}ko^{13} 哪块nA^{42}kʻuai^{42}
西昌	别个piɛ^{31}ko^{11}人家zən^{52}tɕia^{44} 别个家piɛ^{31}ko^{11}tɕia^{44}	哪个nai^{34}ko^{11}

	哪个	这 （有无远、中、近三分）	那 （有无远、中、近三分）
成都	哪个na^{53}ko^{213}	这tsɛ^{213} / nɛ^{213}	那na^{213} / nɛ^{213}
重庆	哪个na^{42}ko^{214}	嘞nɛ^{214}	那na^{214}
巫溪	哪个na^{42}ko^{24}	嘞nɛ^{24}	那na^{24}
达县	哪个nA^{42}ko^{214}	嘞nɛ^{214}	那na^{214}
广元	哪个nA^{53}ko^{214}	这个塌塌 tsɛ^{214}ko^{45}tʻa^{21}tʻa^{21}　这方tsɛ^{214}faŋ^{45}　这儿tsɛr^{45}	耐方nai^{214}faŋ^{45}　那儿nAr^{45}
南充	哪个na^{53}ko^{14}	这tsɛ^{14}这儿tsɛ^{55}ɚ^{21}	那na^{14}
遂宁	哪个na^{52}ko^{24}	这tsɛ^{24}嘞nɛr^{55}	那na^{24}
梓潼	哪个na^{53}ko^{214}	嘞里ne^{45}ne^{45}这儿tsɛr^{45}	那儿呵儿nar^{45}xɛr^{45}
资阳	哪个na^{42}ko^{21}	这里tsɛ^{55}nɛ^{55}	那na^{214} / nei^{214}
内江	哪个na^{42}ko^{213} 赛个ʂai^{31}ko^{213}	这tʂɛ^{213} / nɛ^{213}	那na^{213} / nei^{213}
仁寿	哪块na^{42}kʻuai^{42}	这里 tsɛ^{55}nɛ^{55} 这跟前 tsɛ^{55}kən^{55}tɕʻian^{31}	那里 nɛ^{55}ne^{55} 那跟前ne^{55}kən^{55}tɕʻian^{31}
荣县	哪个na^{42}ko^{214}	tsɛ^{214} / nɛ^{214}	那na^{214}/ nai^{214}

	哪个	这 （有无远、中、近三分）	那 （有无远、中、近三分）
雅安	哪里 na^{42}ni^{55}	这 tse^{14}	那 na^{14}
汉源	哪块 na^{42}k'uai^{42}	这 tse^{55}	那 nei^{55}
泸州	哪个 na^{42}ko^{13}	这 tse^{55}	那 nei^{55}
宜宾	哪个 nai^{42}ko^{13}	这个 tsei^{55}kɛ^{42}	那个 nai^{55}ke^{42}
都江堰	哪块 na^{42}k'uai^{42}（kai^{42}）	这个 tsei^{13}kai^{42}	那个 nai^{13}kai^{42}
乐山	哪改 nʌ^{52}kai^{52}	这儿 tse^{55}ɚ^{55}	那儿 nai^{55}ɚ^{55}
峨眉	哪块 nʌ^{42}k'uai^{42}	这边 tse^{55}pie^{44}　这边 tɕie^{42}pie^{44}	那边 nʌ^{55}pie^{44}
西昌	哪个 nai^{34}ko^{11}	这 tʂ^{11}	那 nai^{11}

	这　个	那　个	哪　个
成都	这个 tse^{213}ko^{213}	那个 na^{213}ko^{213}	哪个 na^{53}ko^{213}
重庆	嘞个 nɛ^{24}ko^{24}	那个 na^{24}ko^{24}	哪个 na^{42}ko^{24}
巫溪	嘞个 nɛ^{55}ko^{55}	那个 na^{24}ko^{55}	哪个 na^{42}ko^{24}
达县	这歪 nɛ^{214}uai^{55}	那歪 na^{214}uai^{55}	哪个 na^{42}ko^{214}
广元	这个 tsɛ^{214}ko^{214}	那个 nʌ^{214}ko^{214}	哪个 nʌ^{53}ko^{214}
南充	这个 tse^{14}ko^{14}	那个 na^{14}ko^{14}	哪个 na^{53}ko^{14}
遂宁	这个 tse^{24}ko^{55} 这块 tse^{24}k'uai^{52}	那个 ne^{24}ko^{55} 那块 na^{24}k'uai^{52}	哪个 na^{52}ko^{24}
梓潼	这个 tse^{21}ko^{45}	那个 na^{21}ko^{45}	哪个 na^{53}ko^{214}
资阳	这个 tse^{214}ko^{21}	那个 nai^{214}ko^{21}	哪个 na^{42}ko^{21}
内江	这个 tʂe^{55}ko^{213}	那个 ne^{55}ko^{213}	赛个 ʂai^{31}ko^{213}
仁寿	这个 tse^{55}kai^{42}	那个 ne^{55}kai^{42}	哪个 na^{42}kai^{42}
荣县	这个 tse^{55}ko^{42}	那个 ne^{55}ko^{42}	谁个 ʂai^{31}ko^{214} 哪个 na^{42}ko^{214}
雅安	这个 tsɛ^{14}ko^{14}	那个 na^{214}ko^{14}	哪个 na^{42}ko^{14}
汉源	这个 tse^{55}ko^{213} 这块 tsai^{55}k'uai^{42}	那块 na^{42}k'uai^{42}	哪块 na^{42}k'uai^{42}
泸州	这个 tsei^{55}ko^{13}	那个 ne^{55}ko^{13}	啥个 sʌ^{21}ko^{13}
宜宾	这个 tsei^{55}ke^{42}	那个 nai^{55}ke^{42}	哪个 nai^{42}kɛ^{42}
都江堰	这个 tsei^{13}kai^{42}	那块 nai^{13}kai^{42}	哪个 na^{42}kai^{42}
乐山	遮改 tse^{55}kai^{52}	耐改 nai^{55}kai^{52}	哪改 nʌ^{52}kai^{52}
峨眉	这个 tsɛ^{44}ko^{13}	那个 nʌ^{44}ko^{13}	哪个 na^{42}ko^{13}
西昌	这个 tʂ^{11}ko^{11}	那个 nai^{11}ko^{11}	哪个 nai^{34}ko^{11}

	哪　个	哪　里
成都	哪个na⁵³ko²¹³	哪点儿 na⁵³tianr⁵³　　哪儿nar⁵³
重庆	哪个na⁴²ko²¹⁴	哪点儿 na⁴²tianr²¹⁴　　哪堂 na⁴²t'aŋ²¹ 哪里na⁴²ni⁵⁵
巫溪	哪个na⁴²ko²⁴	哪里na⁴²ni⁵⁵
达县	哪个 na⁴²ko²¹⁴	哪个塌 na⁴²ko²¹⁴t'ʌ²¹ 哪里na⁴²ni⁴²
广元	哪个 nʌ⁵³ ko²¹⁴	哪个塌塌na⁵³ko²¹⁴ t'a²¹ t'a²¹ 哪跟前 nʌ²¹⁴ kən⁴⁵ tɕ'iɛn²¹
南充	哪个 na⁵³ko¹⁴	那哈儿 na⁵³ xar⁵⁵　哪个凼na⁵³ ko¹⁴⁻⁵⁵ taŋ¹⁴
遂宁	哪个 na⁵²ko²⁴	哪哈儿 na⁵²xar⁵⁵　哪个凼na⁵²ko²⁴taŋ²⁴ 哪方 na⁵²faŋ⁵⁵
梓潼	哪个 na⁵³ ko²¹⁴	哪下儿 na⁵³xar²¹　哪儿nar⁵³ 哪个塌塌 na⁵³ko²¹t'a²¹t'a⁴⁵
资阳	哪个na⁴²ko²¹	哪儿 na⁴²ɚ⁵⁵
内江	赛个 ʂai³¹ ko²¹³	哪方 na⁴² faŋ⁵⁵　赛方ʂai³¹ faŋ⁵⁵ 哪跟前na⁴² kən⁵⁵ tɕ'iɛn³¹　哪干前na⁴² kan⁵⁵ tɕ'iɛn 赛跟前ʂai³¹ kən⁵⁵ tɕ'iɛn³¹
仁寿	哪个 na⁴² kai⁴²	哪的na⁴² ne⁵⁵　哪跟前na⁴²kən⁵⁵tɕ'ian³¹ 哪个塌塌 na⁴²ko³¹⁵t'a³¹⁵t'a³¹⁵
荣县	谁个 ʂai²¹ 哪个 na⁴² ko²¹⁴	哪儿 nar⁴²
雅安	哪个na⁴²ko¹⁴	哪个塌塌 na⁴²ko¹⁴t'a⁵⁵t'a⁵⁵
汉源	哪块 na⁴²k'uai⁴²	哪里na⁴²ni⁵⁵
泸州	啥个 sʌ²¹ko¹³	哪的 nʌ⁴²ne⁵⁵　哪个凼na⁴²ko¹³taŋ¹³
宜宾	哪个nai⁴²kɛ⁴²	哪个堂nai⁴²ko⁵⁵t'aŋ³¹
都江堰	哪块 na⁴² k'uai⁴²	哪个塌塌 na⁴²kai⁴²t'æ³³t'æ³³　哪边 na⁴²pian⁵⁵ 哪方 na⁴²faŋ⁵⁵
乐山	哪改nʌ⁵²kai⁵²	哪个塌塌 nʌ⁵²ko¹³t'æ⁴⁴t'æ⁴⁴　哪方nʌ⁵²faŋ⁵⁵ 哪儿nʌ⁵²ɚ⁵⁵ 哪儿点 nʌ⁵²ɚ⁵⁵tiɛn⁵²
峨眉	哪个 na⁴²ko¹³	哪边 na⁴²piān⁴⁴　　啥儿sɛ¹³ɚ⁵⁵ 啥儿谷子 sɛ¹³ɚ⁵⁵ku²¹tsʅ⁴²　哪滴nʌ⁴²tir⁴⁴
西昌	哪个 nai³⁴ko¹¹	哪儿 nar³⁴ 哪块儿 nar³⁴k'uair¹¹

	这　里	那　里
成都	这点儿 tsɛ²¹³tianr⁵³	那儿nar⁵⁵
重庆	嘞点儿nɛ²¹⁴tianr⁴²　嘞堂nɛ²¹⁴t'aŋ²¹ 嘞里nɛ²¹⁴ni⁵⁵	那点儿na²¹⁴tianr⁴²　　那堂na²¹⁴t'aŋ²¹ 那里na²¹⁴ni⁵⁵
巫溪	嘞儿nɛr²⁴	那里na²⁴ni⁵⁵

	这　里	那　里
达县	这个塌塌ne²¹⁴ko⁵⁵t'A²¹t'A²¹ 这里ne²¹⁴ni⁵⁵	那个塌塌 na²¹⁴ko⁵⁵t'A²¹t'A²¹　那里 na²¹⁴ni⁵⁵
广元	这个塌塌 tsɛ²¹⁴ ko⁴⁵ t'a²¹ t'a²¹ 这方 tsɛ²¹⁴faŋ⁴⁵　这儿 tser⁴⁵	耐方 nai²¹⁴ faŋ⁴⁵　那儿nar⁴⁵
南充	这里tse¹⁴ ne⁵⁵ 这个凼tse¹⁴ko¹⁴taŋ¹⁴	那里 ne¹⁴ ne⁵⁵　那个凼ne¹⁴ko¹⁴taŋ¹⁴
遂宁	这个塌塌 tse²⁴ko⁵⁵t'A²¹t'ə⁵⁵ 这点儿tse²⁴tianr⁵²　这里 tse²⁴ni⁵²	那个凼 na²⁴ko²⁴taŋ²⁴ 那里 ne²⁴ni⁵⁵
梓潼	这儿呵儿 tser⁴⁵ xer⁴⁵ 这个塌塌 tse²¹⁴ko²¹t'a²¹t'a⁴⁵ 这里 tse²¹⁴ni⁵³	那儿呵儿 nar⁴⁵ xer⁵⁵　那儿nar⁴⁵ 那个塌塌 na²¹⁴ko²¹t'a²¹t'a⁴⁵
资阳	这根儿里tse²¹⁴kənr⁵⁵ni⁵⁵	尔里 ɚ⁵⁵ni⁵⁵
内江	这方tʂe²¹³ faŋ⁵⁵这里tʂei⁵⁵ni⁵⁵	那里nei⁵⁵ ni⁵⁵ 耐方 nai⁵⁵ fən⁵⁵　那堂nei⁵⁵ t'aŋ³¹
仁寿	这里 tse⁵⁵ ne⁵⁵ 这跟前 tse⁵⁵kən⁵⁵tɕ'ian³¹这 个塌塌tse⁵⁵ko³¹⁵t'a³¹⁵t'a³¹⁵	那里ne⁵⁵ ne⁵⁵那跟前ne⁵⁵kən⁵⁵tɕ'ian³¹ 那个塌塌ne⁵⁵ko³¹⁵t'a³¹⁵t'a³¹⁵
荣县	这儿tʂer⁵⁵	那儿nar⁵⁵
雅安	这个塌塌tse¹⁴ko¹⁴t'a⁵⁵t'a⁵⁵	那个塌塌nA¹⁴ko¹⁴t'a⁵⁵t'a⁵⁵
汉源	这个塌塌tse⁵⁵ko⁴²t'a⁵⁵ t'a⁵⁵ 这儿 tser⁵⁵	那儿nar⁵⁵
泸州	□□ne²¹te²¹这个塌塌tse⁵⁵ko¹³t'a⁵⁵t'a⁵⁵	那□nA¹³te²¹那个塌塌ne⁵⁵ko¹³t'a⁵⁵t'ɚ⁵⁵
宜宾	这堂 tsei⁵⁵t'aŋ³¹ 这个堂 tsei⁵⁵ko¹³t'aŋ³¹	那个nai⁵⁵ko⁴²那个堂nai¹³ko⁵⁵t'aŋ³¹
都江堰	这个塌塌 tsei¹³kai⁴²t'æ³³t'æ³³ 这方tsei¹⁴faŋ⁴⁴	那个塌塌 nai²⁴kai⁴²t'æ³³t'æ³³ 那方 nai¹³faŋ⁵⁵
乐山	这个塌塌 tse⁴⁴kɔ¹³t'æ⁴⁴t'æ⁴⁴ 这方tse⁴⁴faŋ⁵⁵	那个塌塌 nai⁵⁵kɔ¹³t'æ⁴⁴t'æ⁴⁴　那方nai⁵⁵faŋ⁵⁵ 那儿nai⁵⁵ɚ⁵⁵
峨眉	这儿tse⁴⁴ɚ²¹ 这个凼tse⁴⁴ko¹³taŋ¹³	那里nA⁴⁴ni⁴²
西昌	这儿tʂʅr¹¹ 这渣 tʂʅr¹¹tʂa⁴⁴ 这块儿 tʂʅr¹¹k'uair³⁴	那儿nar¹¹　那块儿nar¹¹k'uair³⁴

	什　么	怎　么	怎　么　样
成都	啥子sa²¹³tsʅ⁵³ 哪样na⁵³iaŋ²¹³	咋子tsa²¹tsʅ⁵³ 咋个tsa²¹ko²¹	咋个了tsa²¹ko²¹nau⁵³
重庆	啥子sa²¹⁴tsʅ⁴²	嘟个naŋ⁴²ko²¹⁴	嘟个naŋ⁴²ko²¹⁴
巫溪	么哩mo⁴²ni⁵⁵	嘟个naŋ⁴²ko²⁴	嘟个naŋ⁴²ko²⁴
达县	啥子sA²¹⁴tsʅ⁴² 爪子tsuA²¹⁴tsʅ⁴²	嘟哀naŋ⁴²ŋai⁴²	咋个样tsA²¹ko²¹iaŋ²¹⁴ 嘟哀样naŋ⁴²ŋai⁴²iaŋ²¹⁴ 嘟哀了naŋ⁴²ŋai⁴²niau⁴²

	什　么	怎　么	怎　么　样
广元	哪样nA⁵³ iaŋ²¹⁴ 啥子sa²¹⁴ tsʅ²¹	咋tsa²¹咋个tsa²¹ko²¹⁴	爪子tsuA²¹⁴ tsʅ⁵³ 咋块tsA²¹ kʻuai⁵³
南充	啥子sa¹⁴ tsʅ⁵³	咋tsa²¹	咋个样tsa⁵³ ko⁵⁵ iaŋ¹⁴
遂宁	啥子sa²⁴tsʅ⁵² 啷个naŋ⁵²ko⁵⁵	啷块naŋ⁵²kʻai⁵²	怎么样tsən⁵² mo⁵⁵ iaŋ²⁴
梓潼	啥子 sa²¹⁴ tsʅ⁵³ 啷门 naŋ⁵³ mən⁵⁵	咋子 tsua²¹⁴ tsʅ⁵³ 哪们个naŋ⁵³ mən⁵⁵ ko²¹⁴	哪门 nən⁵³ mən⁵⁵
资阳	啥子sA²¹⁴tsʅ⁴²	哪们naŋ⁴²men⁵⁵	啷个样子 naŋ⁴²kə⁻²¹⁴iaŋ²¹⁴tsʅ⁴²
内江	啥子şa²¹³ tsʅ⁴² 哪样nA⁴² iaŋ²¹³	咋个tsa³¹ ko²¹³ 啷个naŋ⁴² ko²¹³	咋个样 tsa³¹ ko²¹³ iaŋ²¹³ 咋个样子 tsa³¹ ko²¹³ iaŋ²¹³ tsʅ⁴²
仁寿	啥子sa³¹⁵ tsʅ⁴²	啷唉naŋ⁴² ŋai⁴² 爪子tsua³¹⁵tsʅ⁴²	怎么样tsən⁴² mo⁵⁵ iaŋ³¹⁵ 啷唉naŋ⁴² ŋai⁴²
荣县	啥子şa²¹⁴ tsʅ⁴²	啷个 naŋ⁴² ko²¹⁴ 咋子 tsua²¹⁴ tsʅ⁴²	咋个样子 tşa³¹ ko²¹⁴ iaŋ²¹⁴ tsʅ⁴²
雅安	啥子sa¹⁴tsʅ⁴² 咋个tsa²¹ko¹⁴	咋个 tsa²¹ko¹⁴	咋个样 tsa²¹ko¹⁴iaŋ¹⁴
汉源	啥子sa²¹³tsʅ⁴² 哪样na⁴²iaŋ²¹³	咋儿tsa²¹ɚ⁵⁵ 咋法tsa²¹fa⁵⁵	咋个ɭtsa²¹kor²¹
泸州	啥子sA¹³tsʅ⁴² 哪样nA⁴²iaŋ¹³	咋个的 tsA²¹ko¹³ne⁵⁵ 啷个naŋ⁴²ko¹³	咋个嘛 tsa⁴²ko¹³ma⁵⁵
宜宾	啥子sa¹³tsʅ⁴²	咋tsa³¹啷个naŋ⁴²ko¹³	咋个样子tsa³¹ko¹³iaŋ¹³tsʅ⁴²
都江堰	啥子sa¹³tsʅ⁴² 嬢niaŋ⁵⁵kənr⁵⁵ 嬢些n̠iaŋ⁵⁵çi⁵⁵	咋个tsa²¹ko¹³	咋个了 tsa²¹ko¹³lo²¹
乐山	啥子 sA¹³tsʅ⁵² 哪样 nA⁵²iaŋ²¹³ 嬢些 n̠iaŋ⁵⁵çi⁵⁵	咋tsA²¹ 咋个tsa²¹kɔ¹³	咋个样tsA²¹kə⁻²¹³iaŋ¹³ 咋个样子tsA²¹kɔ⁻²¹³iaŋ¹³tsʅ⁵² 咋子tsA²¹tsʅ⁵²
峨眉	啥子sA¹³tsʅ⁴² 呢儿n̠i¹³ɚ⁴⁴	咋tsA²¹ko¹³	咋个样 tsA²¹ko⁴⁴iaŋ¹³
西昌	啥子şA¹¹tsʅ³⁴, 哪起nai³⁴tɕʻi³⁴	咋个tsa³¹ko¹¹	咋个样tsa³¹ko¹¹iaŋ¹¹

	这　样	那　样
成都	这样子tsɛ²¹³iaŋ²¹³tsʅ⁵³ 这个样子tsɛ²¹³ko⁵⁵iaŋ²¹tsʅ⁵³ □样nɛ²¹³iaŋ²¹	那们na²¹³mən⁵⁵ 那样子na²¹³iaŋ²¹³tsʅ⁵³
重庆	恁个nən²¹⁴ko⁵⁵	浪个naŋ²¹⁴ko⁵⁵
巫溪	恁个儿nən²⁴kor⁵⁵	浪个儿naŋ²⁴kor⁵⁵
达县	这样子nɛ²¹⁴iaŋ²¹⁴tsʅ⁴² 这个样子nɛ²¹⁴ko⁵⁵iaŋ²¹⁴tsʅ⁴²	那样子na²¹⁴iaŋ²¹⁴tsʅ⁴²

续表

	这　样	那　样
广元	这样子tse²¹⁴ iaŋ²¹⁴ tsɿ⁵³ 这块起tse²¹⁴ kʻuai⁵³ tɕʻi⁵³	那样子na²¹⁴ iaŋ²¹⁴ tsɿ⁵³ 那块起nA²¹⁴ kʻuai⁵³ tɕʻi⁵³
南充	这们tse¹⁴ mən⁵⁵	那们ne¹⁴ mən⁵⁵
遂宁	这样子tse²⁴iaŋ²⁴tsɿ⁵²	那们na²⁴mən⁵⁵那样子na²⁴ iaŋ²⁴ tsɿ⁴² 浪个样子naŋ²⁴ ko⁵⁵ iaŋ²⁴ tsɿ⁴²
梓潼	这们tsən²¹⁴ mən⁵⁵	那们 na²¹⁴ mən⁴⁵
资阳	阵矮tsən²¹⁴ŋai⁴²	浪矮naŋ²¹⁴ŋai⁴²
内江	这样子tsɛ²¹³ iaŋ²¹³ tsɿ⁴² 这个样子tsɛ²¹³ ko²¹³ iaŋ²¹³ tsɿ⁴² 仲个起tʂoŋ²¹³ ko²¹³ tɕʻi⁴²	那样子na²¹³ iaŋ²¹³ tsɿ⁴² 浪个样子naŋ³¹ ko²¹³ iaŋ²¹³ tsɿ⁴²
仁寿	仲唉tʂoŋ³¹⁵ ŋai⁴² 仲唉子tʂoŋ³¹⁵ ŋai⁴²tsɿ⁴²	弄唉noŋ³¹⁵ ŋai⁴²　浪唉naŋ³¹⁵ŋai⁴² 浪个起naŋ³¹⁵ko³¹⁵tɕʻi⁴²
荣县	仲个子tʂoŋ²¹⁴ ko⁵⁵ tsɿ⁴²	弄个子noŋ²¹⁴ ko⁵⁵ tsɿ⁴²
雅安	这样子tse¹⁴iaŋ¹⁴tsɿ⁴²	那样na¹⁴iaŋ¹⁴
汉源	这样子tse⁵⁵iaŋ²¹³tsɿ⁴² 这个样子tse⁵⁵ko⁴²iaŋ²¹³tsɿ⁴² 仲起tsoŋ²¹³tɕʻi⁴²　仲个起tsoŋ²¹³ko²¹tɕʻi⁴²	那nai⁵⁵iaŋ²¹³
泸州	这个 tsən²¹ko¹³	那仲nA⁴²tsoŋ⁴²
宜宾	仲个tsoŋ¹³ko¹³　这样 tsei⁵⁵iaŋ¹³	那样子nai⁵⁵iaŋ¹³tsɿ⁴²
都江堰	这样子tsei¹³jaŋ¹³tsɿ⁴²（快读为tsaŋ¹³tsɿ⁴²）	那样子 na¹³iaŋ¹³tsɿ⁴²（快读为naŋ¹³tsɿ⁴²）
乐山	这样子tse⁴⁴iaŋ¹³tsɿ⁵² 这个样子tse⁴⁴kɔ²¹³iaŋ²¹³tsɿ⁵²	耐样子nai⁵⁵iaŋ¹³tsɿ⁵²
峨眉	这样子tsɛ⁴⁴iaŋ¹³tsɿ⁴² 这样个ʴtsɛ⁴⁴iaŋ¹³kor⁴⁴	那样子nA⁴⁴iaŋ¹³tsɿ⁴² 那样个ʴnA⁴⁴iaŋ¹³kor⁴⁴
西昌	这样tʂa¹¹ia⁴⁴　tʂa⁴⁴	那样na¹¹ia⁴⁴

	这　么	那　么
成都	这们tse²¹³mən⁵⁵	那们nən²¹³mən⁵⁵
重庆	恁个nən²¹⁴ko⁵⁵	浪个naŋ²¹⁴ko⁵⁵
巫溪	恁个ʴnən²⁴kor⁵⁵	浪个ʴnaŋ²⁴kor⁵⁵
达县	恁唉nən²¹⁴ŋai⁵⁵　恁个nən²¹⁴ko⁵⁵	浪唉naŋ²¹⁴ŋai⁵⁵
广元	这块起tse²¹⁴ kʻuai⁵³ tɕʻi⁵³	那块起nA²¹⁴ kʻuai⁵³ tɕʻi⁵³
南充	这们tse¹⁴ mən⁵⁵	恁们nən¹⁴ mən⁵⁵
遂宁	阵们tsən²⁴mən⁵⁵　恁个nən²⁴ko⁵⁵ 恁们nən²⁴mən⁵⁵	那们na²⁴mən⁵⁵
梓潼	这们tse²¹⁴ mən⁴⁵	那们 na²¹⁴ mən⁴⁵

续表

	这　么	那　么
资阳	恁们nen²¹⁴mən⁵⁵	浪么naŋ²¹⁴mo⁵⁵
内江	仲个tʂoŋ²¹³ko²¹³	弄个noŋ²¹³ko²¹³　浪个naŋ³¹ko²¹³
仁寿	仲么tʂoŋ³¹⁵mo⁵⁵	弄么noŋ³¹⁵mo⁵⁵　松唉soŋ⁵⁵ŋai⁴²
荣县	仲么子tsoŋ²¹⁴mo⁵⁵tsʅ⁴²	弄个noŋ²¹⁴ko²¹⁴
雅安	这么个tsɛ¹⁴mo⁵⁵ko¹⁴	浪个naŋ⁴²ko¹⁴
汉源	众木tsuŋ²¹³mu⁵⁵	浪个naŋ²¹³ko⁴²　浪个起naŋ²¹³ko⁴²tɕ'i⁴² 浪起naŋ²¹³tɕ'i⁴²
泸州	□tsA⁵⁵	弄起noŋ⁵⁵tɕ'i⁴²
宜宾	仲个tsoŋ¹³ko¹³　长个ts'aŋ³¹ko¹³	弄个noŋ¹³ko¹³　唧个naŋ³¹ko¹³
都江堰	这样子tsei¹³iaŋ¹³tsʅ⁴²（快读为tsaŋ¹³tsʅ⁴²）	那样子nai¹³iaŋ13tsʅ⁴²（快读为naŋ¹³tsʅ⁴²）
乐山	恁个noŋ¹³kɔ⁴⁴　仲个tsoŋ¹³kɔ⁴⁴ 遮样子tsɛ⁵⁵iaŋ⁵²tsʅ⁵²	那样子nA⁵⁵iaŋ¹³tsʅ⁵² 浪们个naŋ¹³mən⁵⁵kɔ¹³
峨眉	这们tsɛ⁴⁴mən⁴⁴	弄　noŋ¹³仲tsoŋ¹³
西昌	这ₙtsʅ²⁴	那样na¹¹ia⁴⁴

	什么时候	(过去)某个时候
成都	好久xau⁴²tɕiəu⁵³⁻ 啥（子）时候sa²³(tsʅ³¹)sʅ²¹xəu²¹³ 哪哈儿na⁵³xar⁵⁵　哪阵na⁵³tsən²¹³	哪百年na⁵³pɛ²¹n̩ian²¹
重庆	好久xau⁴²tɕiou⁴²　哪阵na⁴²tsən²¹⁴ 哪哈儿na⁴²xar⁵⁵	哪百年na⁴²pɛ²¹nian²¹
巫溪	哪个时候　na⁴²ko²⁴sʅ²¹xou²¹	哪百年na⁴²pɛ²¹nian²¹
达县	好久　xau⁴²tɕiou⁴² 啥时候sA²¹⁴sʅ²¹xə²¹⁴	哪百年nA⁴²pɛ²¹⁴nien²¹
广元	好久xɑu⁵³tɕiəu⁵³　啥（子）时候sa²¹⁴(tsʅ²¹)sʅ²¹ xəu²¹⁴　哪阵na⁵³tsən²¹⁴	以前i⁵³tɕ'ian²¹
南充	好久xau⁵³tɕiəu⁵³ 啥时候ₙsa¹⁴sʅ²¹xəur²¹	哪二年na⁵³ə·¹⁴n̩ian²¹
遂宁	啥时候sa²⁴sʅ²¹xəu²⁴好久xau⁵²tɕiəu⁵²哪哈儿 na⁵²xar²⁴哪阵na⁵² tsən²⁴	哪百年na⁵²pɛ²¹n̩ian²¹
梓潼	好久xau⁵³tɕiəu⁵³　哪哈儿na⁵³xar²¹ 哪阵na⁵³tsən²¹⁴　啥时sa²¹⁴sʅ²¹	哪百年na⁵³pɛ²¹n̩ian²¹
资阳	好久xau⁴²tɕiəu⁴²	陈古八十年的ts'ən²¹ku⁴²pA²¹sʅ²¹n̩ian²¹ni⁵⁵ 哪百年na⁴²pɛ²¹n̩ian²¹
内江	好久xɑu⁴²tɕiəu⁴² 啥（子）时候ʂa²¹³(tsʅ⁴²)sʅ³¹xəu²¹³ 哪哈儿na⁴²xar⁵⁵　哪阵na⁴²tʂən²¹³	哪百年前na⁴²pɛ²¹³n̩iɛn³¹tɕ'iɛn³¹
仁寿	好久xau⁴²tɕiəu⁴² 哪个时候na⁴²kai⁴²sʅ³¹xəu³¹⁵	哪百年na⁴²pe³¹⁵n̩ian³¹　原来yan³¹nai³¹
荣县	好久xɑu⁴²tɕiəu⁴²	哪百年（子）na⁴²pɛ²¹⁴n̩iɛn³¹　(tsʅ⁴²)

续表

	什么时候	(过去)某个时候
雅安	好久xau⁴²tɕiou⁴² 哪哈儿naᴀ⁴²xar⁵⁵	哪百年naᴀ⁴²pɛ⁵⁵niɛ̃²¹
汉源	好久xau⁴²tɕiəu⁴²　啥（子）时候sa²¹³tsʅ⁴²sʅ²¹xou²¹³ 哪哈儿naᴀ⁴²xar⁵⁵	哪百年 naᴀ⁴²pai⁵⁵ȵiɛn²¹
泸州	哪哈儿naᴀ⁴²xar⁵⁵　好久xau⁴²tɕiəu⁴² 哪阵naᴀ⁴²tsən¹³　啥时候儿saᴀ¹³sʅ²¹xaur¹³	那些年生nᴀ¹³ɕi⁵⁵ȵiɛn²¹sən⁵⁵ 哪百年naᴀ⁴²pe¹³ȵian²¹
宜宾	哪哈儿naᴀ⁴²xar⁵⁵	哪辈子nɑᴀ⁴²pei¹³tsʅ⁴²　哪百年naᴀ⁴²pe¹³ni ɛ̃³¹
都江堰	好久xau⁴²tɕiou⁴²	哪百年 naᴀ⁴²pæ³³ȵian²¹
乐山	好久xɑu⁵²tɕiou⁵² 啥（子）时候sᴀ²¹³（tsʅ⁵²）sʅ²¹xou²¹³ 哪哈儿 naᴀ⁵³xar⁵⁵/nᴀ⁵²xᴀ⁵⁵ɚ²¹	哪百年nᴀ⁴²pæ⁴⁴niɛn²¹
峨眉	好久去了xau⁴²tɕiou⁴²tɕ'i⁵⁵no⁴² 啥块时候sᴀ⁴⁴k'uai⁴²sʅ²¹xou¹³ 哪哈儿nᴀ⁴²xᴀr⁴⁴	哪百年nᴀ⁴²pɛ⁵⁵niɛ̃²¹
西昌	哪候儿nai³⁴xəur¹¹,哪起na³⁴tɕ'i³¹	哪百年nai³⁴pɛ³¹nian⁵²

	起　　初	后来(以后的时间)
成都	起先tɕ'i⁵³ɕian⁵⁵	过后ko²¹³xəu²¹³　后头xəu²¹³t'əu²¹
重庆	起先tɕ'i⁴²ɕian⁵⁵　开先k'ai⁵⁵ɕian⁵⁵	后来xou²¹⁴nai²¹　后头xou²¹⁴t'əu²¹
巫溪	起初tɕ'i⁴²ts'u⁵⁵	后来xou²⁴nai²¹　后头xou²⁴t'ou²¹
达县	开先k'ai⁵⁵ɕiɛn⁵⁵	过后ko²¹⁴xou²¹⁴　后头xəu²¹⁴t'əu²¹ 以后i⁴²xou²¹⁴
广元	起先tɕ'i⁵³ ɕiɛn⁴⁵	过后ko²¹⁴ xəu²¹⁴　后头xəu²¹⁴ t'əu²¹ 以后i⁵³ xəu²¹⁴
南充	起先tɕ'i⁵³ ɕian⁵⁵　原来yuan²¹ nai²¹	后头xəu¹⁴ t'əu⁵⁵
遂宁	开先k'ai⁵⁵ɕiɛn⁵⁵	后头xəu²⁴t'əu²¹　过后ko²⁴xou²⁴ 以后i⁵²xou²⁴
梓潼	起先 tɕ'i⁵³ ɕian⁴⁵　开先 k'ai⁴⁵ ɕian⁴⁵ 开初 k'ai⁴⁵ ts'u⁴⁵	过后 ko²¹⁴ xəu²¹⁴　后 xəu²¹⁴ t'əu⁴⁵
资阳	起头tɕ'i⁴²t'əu²¹　先前ɕian⁵⁵tɕ'ian²¹	后头 xəu²¹⁴t'əu⁴²
内江	起先tɕ'i⁴² ɕiɛn⁵⁵	过后ko²¹³ xəu²¹³　后头xəu²¹³ t'əu³¹ 以后i⁴² xəu²¹³
仁寿	起先tɕ'i⁴² ɕian⁵⁵　原先yan³¹ ɕian⁵⁵	过后ko³¹⁵ xəu³¹⁵　后头xəu³¹⁵ t'əu⁵⁵ 后头xəu⁵⁵ t'əu⁵⁵
荣县	起先tɕ'i⁴² ɕiɛn⁵⁵　开先k'ai⁵⁵ ɕiɛn⁵⁵	后xəu²¹⁴ t'əu³¹
雅安	起先tɕ'i⁴²ɕi ɛ̃⁵⁵	后xou¹⁴t'əu²¹　以后i²¹xou¹⁴
汉源	开先 k'ai⁵⁵ɕiɛn⁵⁵	过后ko²¹³xou²¹³　后头xou²¹³ t'ou²¹ 以后i⁴²xəu²¹³
泸州	开先k'ai⁵⁵ɕiɛn⁵⁵	后头xəu¹³t'əu²¹
宜宾	起先tɕ'i⁴²ɕiɛ̃⁵⁵	过后ko¹³xəu¹³　后头xou¹³ t'ou³¹
都江堰	起先tɕ'i⁴²ɕian⁵⁵	后头 xəu¹³t'əu²¹

	起　　初	后来(以后的时间)
乐山	起先tɕʻi⁵²ɕien⁵⁵　开先kʻai⁵⁵ɕien⁵⁵ 开头kʻai⁵⁵tʻou²¹　起头tɕʻi⁵²tʻou²¹ 开始kʻai⁵⁵sʅ⁵²　先前ɕien⁵⁵tɕien²¹	过后ko¹³xou¹³　后头xou¹³tʻou²¹ 以后i⁵²xou¹³
峨眉	起初 tɕʻiʻi⁴²tsʻu⁴⁴　起先tɕʻiʻi⁴²ɕiɛ̃⁴⁴	过后ko⁵⁵xou¹³　后头xou¹³tʻou²¹
西昌	开头 kʻai⁴⁴tʻəu⁵² 早的会ɻtsau³⁴ni⁴⁴xar¹¹	尾后uei³⁴xəu¹¹　二天ə̃ʻ¹¹tʻian⁴⁴

	这　　时	那　　时
成都	这阵tsɛ²¹³tsən²¹³ 这个时候tsɛ²¹ko⁵⁵sʅ²¹xəu²¹³　这儿tsɛ²¹³xar⁵⁵	那阵 na²¹³tsən²¹³　那个时候na²¹³ko⁵⁵sʅ²¹xəu²¹³ 那下儿na²¹³xar⁵⁵
重庆	嘞阵nɛ²¹⁴tsən²¹⁴　嘞哈儿nɛ²¹⁴xar⁵⁵	那阵 na²¹⁴tsən²¹⁴　那哈儿na²¹⁴xar⁵⁵
巫溪	嘞个时候　nɛ²⁴ko²⁴sʅ²¹xou²¹	那个时候 na²⁴ko²⁴sʅ²¹xou²¹
达县	嘞会nɛ²¹xuei²¹ 这个时候tsɛ²¹⁴ko⁵⁵sʅ²¹xou²¹⁴	那会 nA²¹⁴xuei²¹ 那个时候nA²¹⁴ko²¹sʅ²¹xou²¹⁴
广元	这阵 tsɛ²¹⁴tsən²¹⁴　这哈儿tsɛ²¹⁴xar⁵³	那阵 na²¹⁴tsən²¹⁴　那哈 na²¹⁴xa²¹⁴ 那跟前 nA²¹⁴kən⁴⁵tɕʻien²¹
南充	这个时候tsɛ¹⁴ko⁵⁵ sʅ²¹ xəu¹⁴	那个时候nɛ¹⁴ko⁵⁵ sʅ²¹ xəu¹⁴
遂宁	这跟前tsɛ²⁴kən⁵⁵tɕʻian²¹ 这下儿tsɛ²⁴xar⁵⁵　这阵tsɛ²⁴tsən²⁴	那哈儿na²⁴xar⁵⁵那个时候na²⁴ ko⁵⁵sʅ²¹ xəu²⁴ 那阵 na²⁴tsən²⁴
梓潼	这下儿tsɛ²¹⁴xar⁵³　这阵tsɛ²¹⁴tsən²¹	那下儿 na²¹⁴xar⁵³　那阵 na²¹⁴tsən²¹⁴
资阳	这下儿tsɛ²¹⁴xar⁵⁵	那些时候 na²¹⁴ɕi⁵⁵sʅ²¹xəu²¹⁴
内江	这个时候tʂɛ²¹³ ko²¹³ sʅ³¹xəu²¹³ 这下儿tsɛ⁵⁵xar⁵⁵	那个时候 na²¹³ko²¹³ sʅ³¹ xəu²¹³ 那阵 na²¹³tsən²¹³
仁寿	这下tsɛ⁵⁵ xa⁵⁵　这哈儿tsɛ⁵⁵xar⁵⁵ 这一歇tsɛ⁵⁵iʻi³¹⁵ɕie³¹	那个时候nɛ⁵⁵ kai⁴²sʅ³¹ xəu³¹⁵ 那下nɛ⁵⁵ xə⁵⁵
荣县	这下儿tsɛ²¹⁴xar⁵⁵	那哈儿 na²¹⁴ xar⁵⁵
雅安	这会 tsɛ⁵⁵xueir¹⁴ 这下下儿(偶尔)　tsɛ¹⁴xa⁵⁵xar⁵⁵	那阵 na¹⁴tsən¹⁴
汉源	这阵tsɛ⁵⁵tsən²¹³　这哈儿 tsɛ⁵⁵xar⁵⁵	那阵ne⁵⁵tsən²¹³　哪下儿nexar⁵⁵
泸州	这跟前tsei⁵⁵kən⁵⁵tɕʻien²¹ 这哈儿tsɛ⁵⁵xar⁵⁵	那跟前nA⁵⁵kən⁵⁵tɕʻien²¹
宜宾	这哈儿tsei⁵⁵xar⁴² 这跟前tsei⁵⁵kən⁵⁵tɕʻiɛ̃³¹	那哈儿nai⁵⁵xar⁴² 那跟前 na¹³kən⁵⁵tɕʻiɛ̃³¹
都江堰	这阵 tsei¹³tsən¹³ 这下儿tsei²¹xar⁵⁵	那阵 nai¹³tsən¹³ 那下儿nai¹³xar⁵⁵

续表

	这　　时	那　　时
乐山	这（一）会tse¹³（i²¹）xA¹³ 这个时候tse⁵⁵kɔ⁵⁵sʅ²¹xou¹³ 这下下ɻtse⁵⁵xA⁵⁵xA⁵⁵ɚ²¹ 这跟前tsə⁴⁴kən⁵⁵tɕʻia²¹	那下下ɻnA¹³xA⁵⁵xA⁵⁵ɚ²¹
峨眉	这阵子 tse⁴⁴tsən¹³tsʅ⁴²　　这下ɻtse⁴⁴xar¹³ 这跟前tse⁴⁴kən⁴⁴tɕia²¹	那阵子nA⁴⁴tsən¹³tsʅ⁴²
西昌	这候ɻtsʅ¹¹xəur⁴⁴	那候ɻna¹¹xəur¹¹

附录　四川方言词语例释

说明：

1. 词语按意义分为五类，意义跨类的词语，相关义类均予收录。谚语、歇后语另成一类。

2. 形同而音义不同者，分立条目，如"【冲】ts'oŋ^{53}"、"【冲】ts'oŋ^{213}"。形音相同而意义迥异者分立条目，并在条目右上角标上阿拉伯数字。如"【撑^1】ts'ən^{213}"、"【撑^2】ts'ən^{213}"。

3. 条目按通行形体书写，不刻意考求本字。条目后面圆括号内为该条目的其他书写形式。若该书写形式只适合于某个义项，则在该字左上角标上该义项的番号。如"【马（抹、②码）】"。若条目中只是某字有不同写法，则将其列于该字之后。如"【担（耽）怕】"。无合适汉字书写的条目用同音字或音近字表示，并在该字下标上横线，如"【<u>告</u>】试"。有音无字者，用方框□代替。如"□nia^{21}① 滑；掉"。

4. 必须儿化者，条目中出现"儿"如"架架儿"，可儿化可不儿化者，条目中不出现"儿"，只在释义之前加"（～儿）"表示，如"【打条】ta^{53}tiau^{21}（～儿）"。若只有某个义项可儿化，则在该义项前加"（～儿）"。如"【闷】mən^{55}①（～儿）"

5. 注音以成都话为准。成都话不说的条目，按相应的对应规律折合成成都话语音。一般标注本调，重叠式名词的变调直接标出变后调值。如"款款"标为 k'uan^{53}k'uan^{21}，"刻刻"标为 k'ε^{213}k'ε^{55}。注音中的"/"，表示又读。如"龙门阵 noŋ^{21}mən$^{21/55}$tsən^{213}"。

6. 释义只释方言义，与普通话相同的义项不予列出。释义之前的"（～的）"、"（～了）"，表示该条目使用时常带"的"或"了"。其中"的"表"的"、"地"两个结构助词，只在例句中加以区分。释义之前加"<贬>"的，表示义项含有贬义。若释义本身已显示出有贬义，则不加。

7. 例句一般采自口语。例中的～代表所释条目。例子用的是比喻义者，前加◇号表示；若释义已说明是比喻义，则不加◇号。

一、动作行为

【巴】pa^{55} ① 张贴；粘贴：墙上～了一张布告。|信封上还没有～邮票。② 粘上；贴近：馒头掉在地上，～了好多灰。|你们～倒墙站成一排。③（手）搭在…上：他把手～在弟弟的肩膀上。|你一只手～倒栏杆，一只手～倒墙，就摔不倒了。④ 沿着：～倒河边走。⑤ 跟……亲近：这个娃娃很～我，你们不要，我要。⑥ 巴结：这个人爱去～倒领导。⑦ 补贴：你不送礼也罢，连酒也舍不得～一点？

【摆^1】pai^{53} 有意制造（事端）：跟他～点事，看他咋个收拾。

【摆^2】pai^{53} 谈；聊：他的笑话三天三夜都～不完。|你们两个～了半天，～些啥子？

【摆龙门阵】pai^{53} noŋ^{21}mən$^{21/55}$tsən^{213} ① 闲聊：几个老人坐在太阳坝边喝茶，边～龙门阵。② 讲故事：摆个警察抓小偷的龙门阵来听嘛。

【扳】pan^{55} ① 使固定的东西分离：包谷秆上还有包谷没～下来。|快去竹林头～笋子。② 争辩：这个问题不要再～了。|这点小事也值得～个输赢？③ 压低（价钱）：买主些很会挑剔，一分一厘地～价钱。

【跋（板、扳）】pan^{53} ① 乱动：这娃娃睡觉东～西～的，差点儿～到床底下了。② 挣扎：这条鱼没死，丢在锅头还在～。◇不过嘛，想盖新房子，恐怕还够～几年呢。③ 抵赖；反抗：人证物证铁证如山，再他咋个说也～不脱了。

【跋命】pan^{53}min^{213} 动物临死的挣扎：这只鸡颈项挨了一刀还在～。

【编】pian^{55} ① 找理由说服别人答应某事：我本来都不想去的，就是他东～西～的，把我说动了。|媒婆今天来～你妈，明天来～你妈，要你妈答应这门亲事。② 找理由弄到（钱财）：他要我想办法找领导～几千块钱出来做活动经费。

【编排（派）】pian^{55}p'ai^{21} 捏造；编造：我哪有这些事情？都是他～的。

【貶】pian^{53} ① 打骂：他把自行车搞丢了，挨老爸狠狠～了一顿。② 玩弄：猫逮到耗子总要东～西～，～够了才吃。③ 整治，折磨：文革期间，当权派遭这造反派～得好凶哟。

【猋】piau^{55} ① 快速奔跑：号令一响，运动员像箭一样～了出去。② 液体喷射或迅猛地流：手遭刀子划了个口子，血直往外～。|这一阵急得我冷汗长～。③ 没有中的：你不要像押宝，万一押～了，咋个办？|这次考试，他又猜题，哪晓得按～了，一道题都没猜倒。

【绷】poŋ⁵⁵ 硬撑，硬充：他死爱面子，经常借起钱来～面子。｜房子都是租的，～啥子有钱人嘛？

【掸】ts'an⁵³ ① 用条状物抽打：～耳巴子｜不准用条子～娃娃的屁股。② 用物驱赶（蚊蝇）、去除（灰尘）：～蚊子｜～灰尘。

【操】ts'au⁵⁵ ① 旧指在社会上拉朋结党，拜把子，讲义气：～社会｜～袍哥｜张玉艇靠着祖传的几只大吨桐油木船，在太平码头上～成了大爷。② 指讲究排场，挥霍家产财钱：张膏药将老汉留下的东大街"蜀新"绸缎铺～得精光稀烂。｜清水把钱～光了，被兄弟伙一拉扯，便去干起抢劫或贩烟、保烟的勾当。

【潮】ts'au²¹ ① 象潮水似地涌：过年的时候耍龙灯，街上的人多得很，～过去，～过来，一直要耍到后半夜。② 哄传：前一阵有人在～，粮食要涨价了。

【搲】ts'au²¹³ 搅动；翻动；翻寻：把锅里的菜～转，不要糊了。｜你咋个把衣柜～得这样乱啊？｜去年的卷子不是早查过了吗？怎么现在你又来～？

【燥热】ts'au²¹³zɛ²¹ 中医指使热性上来：狗肉～，冬天吃了不怕冷。

【扯】ts'ɛ⁵³ ① 拉开，延展：逢场的时候，街上的地摊一～就是百多米长。｜这个果园横顺～起里打里路宽。② 挪；弄；搞（钱）：把买电视机的钱～来先用倒。｜看倒就要开学了，你看去哪里～点ⱼ钱给娃儿交学费。

【扯把（靶）子】ts'ɛ⁵³ pa⁵³tsʅ⁵³ ① 撒谎：他就是想逃课，结果扯了个把子，说是肚皮痛，不来上课。② 说大话；吹牛皮：你不要听他吹得凶，他是～的。

【扯拐】ts'ɛ⁵³kuai⁵³ ① 出故障：钟～了，不走了。｜今年天气不～，可以说是风调雨顺。② 闹别扭：你不听招呼，硬是安心～么？

【扯筋】ts'ɛ⁵³tɕin⁵⁵ 吵嘴，闹纠纷：家里的大小事情他都要跟老婆商量，不然的话，老婆要和他～。｜我又没有惹你，你咋个找我～嘛。

【撑】ts'ən⁵³ 用手或指头按、压：他～着肚子走进急诊室。｜民警一下子扑上去，把犯罪嫌疑人的上半身～在地板上。

【撑¹】ts'ən²¹³ 手撑着物体站或坐（起来）：他从椅子上～起身来，到书架去取书。｜病人勉强～起来，向查病房的护士点了一下头。

【撑²】ts'ən²¹³ 态度生硬地争辩；顶嘴：他脾气不好，动不动就跟顾客～了起来。

【刺ⱼ（采ⱼ、採ⱼ）】ts'ʅ⁵³ 讽刺，挖苦：我不是啥子模范，你不要说些话来～我。

【出脱】ts'u²¹t'o²¹ 丢掉；断送：他一出国学习，乌纱帽就～了。｜我今天遇到了车祸，老命都差点～了。｜"老子今天要～你！""啥话？你要杀人？"

【戳（出）拐】ts'o²¹kuai⁵³ 出毛病；出差错；闯祸：这电动车才骑几天就～了，质量太差了。｜开出的方子分量那么重，医不好病，还会戳大拐哩！｜怪嗬！你自己戳了拐，倒怪起我来！

【戳火】ts'o²¹xo⁵³① 同"戳拐"。② 差劲：这个房子太～了，到处都在漏水。

【冲】ts'oŋ⁵³ 怂恿，挑拨：他也老糊涂了，这样眼屎大的事情，也要～起人家去打架！｜拿跟鬼～起了嗦？你要跟亲兄弟打架？

【冲】ts'oŋ²¹³（往上）冒，长：火苗～得好高哟。｜这娃儿今年又～了好大一截。

【㧟（抽、搂）】ts'əu⁵⁵ ① 推；掀：前面是上坡路，你在车子前头拉，我在后头～。｜要～你舅子下坎哩！② 扶；扶持：柜柜要倒了，快给我～倒起。｜老总这样～我，我一定要好好工作，回报公司！

【㧟和】ts'əu⁵⁵xo²¹① 支持；帮助：没有他的～，我哪有今天？｜小伙子唱完歌，把拳一抱："各位，～一下，有钱的请丢几个。"② 恭维：大家夸奖她的孩子，都说孩子像妈妈的多。这等于直接在～她。

【杵（触、处）】ts'u⁵³① 顶撞：我还没有说完，他就～我，弄得我开不起腔。｜这些话他要当倒我说，非～他几句不可。② 挨近：小孩说："阿姨跟叔叔鼻子～鼻子，他们在做啥子？"｜你看书的时候，眼睛不要～那么拢。

【打杵】ta⁵³ts'u⁵³① 指以杵仗撑住背着的或抬着的重物在原地休息：峨眉山上背起东西的背二哥正在路边～。② 喻事情受挫搁浅：那么好的事情咋个到了这个部门就办不下去，～了呢？

【打堆】ta⁵³tuei⁵⁵ 同…聚在一起：他脾气太坏，大家都不爱同他～。｜现在会场里，两起不同的人，各打各的堆，各就各的位，对照鲜明。

【打发】ta⁵³fa²¹① 赠予；施舍：她准备了些礼品，好～给来拜年的小孩儿。｜你们咋个拿烂家烂伙来～人？是～讨口子嗦？② 嫁出：三个女～了两个，还剩一个也快结婚了。

【打瓜】ta⁵³kua⁵⁵ 卖剩的东西（主要是农产品），贱卖或买：嫩萝卜，～卖，两角钱一斤！｜"哪个来买，相因卖。""我来～，全部买了。"

【打条】ta⁵³t'iau²¹（～儿）出主意：是哪个给经理打的条？简直是馊主意。｜他们学会了苏秦、张仪那套舌辩之术，专会给人出谋划策、打烂条。

【打掉】ta⁵³t'iau⁵³ 相互对换位置：我们两个打个掉，我当你的男人，你当我的婆娘。｜班子换届以后，他同老王在分工上打个了掉，老王管他原来管的工业，他管老王原来管的文教。

【打野】ta⁵³ie⁵³ ① 无固定的正式工作，到处找活干：～不是法子，还是找个正式的工作好。② 利用业余时间挣外快：你月薪这么多了，还用得着到处～挣外快？③ 有外遇：老婆把他管得严，不要说在外面～，就连平时多看女同事几眼也都不允许。

【打整】ta⁵³tsən⁵³ ① 收拾；整理：原来零乱肮脏不堪的院子，已经被～得干干净净的了。|明天休假一满，家里这一摊子哪个来～？② 对付；整治：他又歪又恶，才不好～哩！|

【担（耽）怕】tan⁵⁵pʽa²¹³ 担心；恐怕：这几天你大哥像掉了魂似的，我～要弄出个大事。|再不加以保护，～以后就没有这种鸟了。

【倒桩】tau⁵³tsuaŋ⁵⁵ ① 武林术语。桩，指身体。指比武时倒地：擂台上，才打了两三个回合，擂主就～了。② 比喻病得不起；死亡：我们老丁这一段时间蔫梭梭的，今天早上～了，爬不起来了。|我这个年龄说不定一旦倒了桩，这件事将会更是没有人知道喽！

【蹬（登）打】tən⁵⁵ta⁵³ 对付；应付：家里人口多，收入低，日常生活，零碎开支，～不开，只好到沿海打工。|他如今在商场上也～得风车斗转，要多体面有多体面！|那人能力强，什么工作都～得开。

【抵拢】ti⁵³noŋ⁵³ 抵，抵达；拢，到达。泛指到达。① 到了（某一时候，某一地点）：你硬是要～六点才走嗦？|快啰！再二十多里就～成都西门啦！② 到尽头，到终点：你对直去，～倒右手，走过挂长灯笼的悦来店就看得见了。|家住牛市口，～倒拐，一问便知。

【垫背】tian²¹³pei²¹³ 作铺垫，当陪衬：这回提工资呀，两个提上去了，其余六个～。|他垫了几回背了，这回该提拔上去了。

【盯】tin²¹ ① 看：咦，你连～都不～喃！|～倒路，前面是个急转弯，小心！② 看守；监视：我们游泳去了，你把衣服～倒！|你咋个总是把我～倒呢？我又没有作弊。③ 理睬：他一贯说得好听，事后不～，跟他咋个搞得好嘛。

【掟】tin²¹³ 扔；掷：捡个石头来～狗。|是哪个该死的～了一坨泥巴过来，刚好～倒我的脑壳。

【动】toŋ²¹ 将物体放入液体中略动一下即行取出：帕帕拖脏了，他放在水头～了一下，又取出继续拖地。|衣服领子都没洗干净，你只是水头～了一下嗦？

【懂窍】toŋ⁵³tɕʽiau²¹³ 开窍，懂奥妙：你硬不～啊，老二那句话就是暗示你走开，你还憨痴痴地站倒做啥子！

【揎（兜、逗）】təu²¹³ ① 凑：我们先～～情况，再研究对策。│小田结婚，办公室的同事每人～了一百块钱送礼。② 对上：他的肩胛骨脱了臼，医生已经给他～起了。│发票跟现金～不拢，还差好大一截。

【短】tuan⁵³ ① 截断（话语）：你不要～他的话头，让他说下去。② 拦截：警察在小路上埋伏下来，终于～住了逃犯。③ 阻拦：父亲说准备戒烟，但戒烟之前要过几天饱瘾，所以要猛抽几天。理由充足，我们都不好～他。

【发】fa²¹ ① 东西受潮、热而变质，不能再用：香烟～了，咋个抽嘛。│火柴～了，划了几根都没有划燃。② 生火：这回的蜂窝煤不好烧，尽倒～不燃。

【发狠】fa²¹xən⁵³ 狠下决心；发奋：以前，穷困人家为了少受人欺侮，也常～学个三拳两腿以图自卫。│我今天晚上发个狠，把这书一口气看完。

【翻坎】fan⁵⁵k'an⁵³ ① 越过坎儿：下了一整夜大雨，塘里的水～了。② 超过一定的界限：他是个四十～的中年人。│现在是 1999 年 12 月 31 号，～就是新世纪了。│他的病就怕感染，能翻过感染这个坎，就有希望了。

【翻梢】fan⁵⁵sau⁵⁵ ① 赌场用语，指输家由输变赢：昨晚上打麻将，他输了想～，结果越打越输。② 泛指改变落后面貌或不利处境：人心齐，泰山移。只要我们团结奋斗，总有一天要～！│我不信，我就穷一辈子，永远都翻不了梢。

【方】faŋ⁵⁵ 给人难堪：莫拿这些臭排场来～我！我不是官，我懂不起那些过场！│他在会上点名要我表态，把我～起了，弄得我差点下不了台。

【赶】kan⁵³ ① 扒；拨：他一上吃饭桌就往自己碗里～菜。②（急忙）叫，派：我们没法，所以才～人给你们报信。③ 乘（车、船等）：～哪一路公共汽车？│火车都开了，你咋个～得倒？│我没有～过船哦！④ 参加：～婚礼│～生期酒。⑤ 接连：他一句～一句的恭维话，说得别人都不好意思了。

【干】kan²¹³ 同意，愿意：兄弟，二哥有一事相商，你～就点头，不～就摇头。

【告】kau²¹³ 试：这双鞋你～一下，看穿不穿得。│自行车修好了，我～了的，没得问题。

【哽（梗）】kən⁵³ ①（喉咙被食物）堵塞，噎住：你吃慢点儿，莫～倒了。◇我们谈了一阵，遇到个难题，～起了，谈不下去了。│有牢骚你就发出来，～在心头，会～起病的。② 困难地吞咽：他一口吃了几块饼干，～了半天都～不下去。

【过¹】ko²¹³ 采用某种方式、办法。用在别的动词前：教育小孩儿要～说服，不能～打。｜买这种东西只有～碰，专门去买，不一定有。｜人事制度，我看还是像以前那样，大才～找，小才～考。

【过²】ko²¹³ 透；尽。只用作补语：这截木头太粗了，烧了半天都烧不～。｜红苕烤～了，成了木炭了。

【拱】koŋ⁵³ ① 突起；冒出：他的额头不小心碰到柱子上，马上就～起一个大包。② 采用不正当的手段使人失去某种地位或出局：他才提拔不久，就遭人～下来了。｜他本来已经上了提工资的名单的，有人去～他，就遭刷下来了。

【跍（沽）】ku⁵⁵ 又 kʻu²¹ ① 蹲：他～在地上看蚂蚁搬家。② 呆；闲居：你一天到晚～在屋头，不出去走一下，会生病的。｜他都在家头～了一年多了，没有出去找工作。

【估倒】ku⁵³tau⁵³ ① 强迫；逼迫：我根本不愿意去，是他～我去的。｜你只要态度坚决点儿，哪个也估不倒你。② 执意：他今天～请客，肯定有原因。

【估谙】ku⁵³ŋan²¹ 估计；揣测：今天这天气我～要下雨。｜大家都～她要请病假，哪晓得她带病坚持上班。

【刮】kua²¹ "刮胡子"的省文。责骂，训斥：他上班迟到了，遭组长狠狠～了一顿。

【管得】kuan⁵³tɛ²¹ 表示强烈的否定。① 不管：有的人做生意，只要能够赚钱，可以不择手段，～你什么商业道德。② 别管：星期天该我休息，你～我做啥子。｜你～他的，他都这么大了，该懂事了。

【鬼扯】kuei⁵³tsʻɛ⁵³ 不着边际地谈论；胡说：他们天南地北地～了半天，没扯过啥名堂出来。｜～！你莫在这里跟我乱造谣！我啥时候说过喜欢他来？

【哈】xa⁵⁵ 扒拉；翻动：鸡在垃圾堆里～食物吃。｜糊了！你把锅头的菜～一下。

【哈不开】xa⁵⁵pu²¹kʻai⁵⁵ 扒拉不开。比喻能力不及，担当不了某方面的工作：那个单位问题起堆堆，他当领导怕是～不开！

【海】xai⁵⁵ 挥霍；摆阔气；显排场：我们今天到芙蓉餐厅去～一盘。｜钱都没得，我～不起。

【喊黄】xan⁵³xuaŋ²¹ 因承受不了外界的某种压力或对某项工作胜任不了而说翻悔的话；叫苦：他这样黑起良心说话呀！我要～啦！｜任务一再加码，哪个受得了？哪个不～？｜这件事我不干了，我要～了。

【薅刨】xau⁵⁵p'au²¹ ① 薅草刨地。泛指耕作：隔几天，那～过的莴笋又该浇粪了。② 〈贬〉多方捞取（钱财、好处）：他家又种庄稼又养猪，还做生意，当串串儿，最会～钱了。

【号】xau²¹³ 批改；评定：老师正在～期末考试的卷子。｜就连唱得一样好的歌曲，画得一样好的图画，那个老师给女生～的分数也比男生高出好多，真是活见鬼。

【恨倒】xən²¹³tau⁵³ 强迫：打黑以前，黑道上的人每个月都要～收啥子保护费。｜你打烂了我的碗，愿意赔就赔几个钱，不愿意赔，我也不～你赔。

【呵】xo⁵⁵ 骗：可我真正没吃的了嘛！～了你们，我是乌龟。｜连我娘屋里陪嫁的几个钱你都给我～出去还没还我呢。

【伙倒】xo⁵³tau²¹ 伙同；合在一起（做）：你愿意～我们干，你就留下。

【架势】tɕia²¹³sʅ²¹³ ① 鼓劲；下决心：你今天要洗好多哟？莫非你想泡一整天么？架这么大的势！｜这里离城太远了，今天太阳又大，喊我进城我还架不起势呢。② 开头；开始：你的秧子都栽完了，我的才～呢。｜设计交下来了几年了，架了几回势都没有搞成器。

【尖】tɕian⁵⁵ 加楔子，使接榫的地方牢固不活动：凳子脚脚松了，要～一下。

【捡】tɕian⁵³ ① 用筷子取物：两岁多的儿子在学大人从菜碗里～菜，筷子不听使，要～的菜老在菜碗里跑。② 拾缀：你真是衣来伸手，饭来张口，吃了饭连碗都不～一下。｜桌子上的东西太乱了，～一下嘛。③ 收藏：把钱～好，不要让小偷看见了。｜她把珠宝～在保险柜里了。④ 学；模仿：人家好的地方你～不倒，人家毛病你样样～倒了。⑤ 生（小孩）；产（卵）：她那么大个肚皮，等不倒好久要～娃儿了。｜人多不洗碗，鸭多不～蛋。⑥ 对付；制服：这点儿活路算得啥，我随～。｜你算老几，他随便就把你～了。

【捡顺】tɕian⁵³suən²¹³ ① 拾掇整齐：你把屋头的东西～，到处摆起，好烦嘛。② 对付了；制服了：那件事怕只有他去才能～。｜他是个不好打整的人，你去怕捡不顺吧。

【将就】tɕian⁵⁵tɕiəu²¹³ 迁就（某人）：有时，他不睬我，我还厚起脸皮去～他。｜我像～老人一样，啥事都依他的意见办。

【焦人】tɕiau⁵⁵zən²¹ 使人心焦，烦躁：只怕地震半夜发生，逃不脱，才～哩！｜公交车紧不来，等得～。

【焦心】tɕiau⁵⁵ɕin⁵⁵ 为…着急；焦虑：看来，从改嫁以后，才未～穿吃了。

【嚼蛆】tɕiau²¹tɕ'y⁵⁵ 信口胡说（骂人语）：你～呀！哪有这些事！｜"这

些钩子麻搭事情，老娘早就弄得清清楚楚的了。""你乱嚼些啥子蛆呀！"

【经佑】tɕin⁵⁵iəu²¹³⁽⁵⁵⁾ 侍候，照料：她要服侍病人，要～小孩儿，咋个忙得过来嘛。｜家里的几分蔬菜地，全靠他～。

【齼（噤、惊）】tɕin²¹³ 牙齿因受酸、冷等东西的刺激而感到酸痛：我不吃泡菜，吃起牙齿～。｜人倒霉了水都～牙齿。

【纠】tɕiəu⁵³ ① 拧：墨水瓶盖盖要～紧点儿。｜话说～起了。② 把两股以上的条状物扭一起：～麻花｜晚上你趁着火光～索子，我就坐在侧边纳鞋底，纺棉花。

【锔】tɕy⁵⁵ （针、刺之类锐物）刺：针把手指拇～倒了。｜钉子把鞋底都～穿了，差点儿～倒脚板。

【蹴】tɕyan⁵⁵ 使身体或两肢弯曲：随后他把身子～成一团，在地上滚来滚去，哇哇地发出欢乐的喊叫。｜那只狗～在狗窝里睡觉。｜把手～倒。

【卡拿】k'a⁵³na²¹ 为难；刁难：你处处都～我，我开个小饭馆，你不是通知食品站不要卖肉给我，就是喊税务所来罚我的款。

【开亲】k'ai⁵⁵tɕ'in⁵⁵ 订婚；结亲：过去在山里，尤其是女孩要过了十八、二十还没～，那简直就成了嫁不出去的老黄花了，｜他们两个表兄表妹开的亲，生的娃儿有点瓜。

【开条】k'ai⁵⁵t'iau²¹ （～儿）出主意：他祖父当师爷出身，专门替东家～，打主意，办过多少疑难事情。｜这个究竟是哪些烂心肺开的条儿呵？

【看白】k'an²¹³pɛ²¹ （～了）（把人）看得一钱不值：你不要太吝啬，让人～了。

【看菲】k'an²¹³fei⁵³ （～了）看轻，小看。多用于否定句：他的生意是不大，但是，你千万莫～了，小小生意赚大钱。｜钱虽是不多，你倒是不要～了，积少成多嘛。

【看人】k'an²¹³zən²¹ ① 本指婆婆看媳妇，现多指一般的相亲：从前的婚俗，要看"八字"，"八字"很好而且合得，这就该"～"了，"～"是很重要的一环。所谓～并不是娶妻的丈夫看，而是讨媳妇的老人婆看。｜人家给他介绍了个对象，他今天～去了。② 照看小孩，有个老年人在屋里头才好呢，不说别的，看下人也好嘛。③ <贬>"看人说话"的省文。意思是不一视同仁，因人而异：他对待同事是屠夫提刀，～。

【廉】k'aŋ⁵³ ① （用盖子之类东西）盖：把锅～倒｜拿个鸡罩把鸡～倒。② 掩盖：有啥事对大家公开，不要～倒蒙倒的。

【炕】k'aŋ²¹³ 加热使物体干燥。① 烘烤：干辣椒节在锅内～起，待其～

出糊香味时，铲起用刀铡细。② 暴晒（土地）：我们村里的苕饭田，这两天都犁来～起了。③（用烟）熏制：～腊肉｜兄弟也没啥好回敬，幸得过年杀的猪～好了，打主意办一台"春酒"。

【靠】k'au²¹³ 用手或腿等触动：年轻的那个，拿手肘～了一下同伴，细声提示着。｜他向我递眼色，又用腿子～我。

【肯信】k'ən⁵³ɕin²¹³ 用作反语，意思是不信，含强烈的不以为然意：我～缺你红萝卜就办不成席！

【搁平】k'o²¹³p'in²¹ 比喻把问题、纷争处理好，使大家没意见。也说"摆平"：双方都怕把事情整烂了脱不到手，所以都想互相让步，把事情～｜你的事只有找总经理才搁得平。

【抠】k'əu⁵⁵ 搔；抓：他感到背上痒，一只手伸到背上～。｜他几天没洗头了，老在那儿～脑壳。

【箍】k'u⁵⁵ ① 指用竹篾或金属条捆紧：拿丝篾条～粪桶。｜打个铁箍～脚盆。② 比喻约束，管束：哪家好你到哪家去，反正这个家是～不住你的。｜小伙子天性好动，你硬把他～在家头，他心头总是不安逸。

【垮】k'ua⁵³ ① 减少；降低：可怜那位老实的，急需钱用的老太婆，经不住顾客这番踏屑，终于～了价钱。② 下垂；降下：他不高兴了，两道浓眉一下～下来，脸黑得象锅底。◇她～下脸，嘟起嘴，乜斜着眼睛，大有得不到依从就吹的架势。③ 脱，褪：你没得钱，就把衣服～下来抵账。｜吃兔子也可以烫毛，不～皮。

【垮杆】k'ua⁵³kan⁵³ ① 衰落，衰败：从前，他父亲因为烧鸦片烟，把家当烧～了，只好去当烧匠，侍候别人。｜去年天时不正，好些养牛户垮了杆。② 垮台：你们那样搞下去，我们的合作社，要～。

【款】k'uan⁵³ ① 绊；挡：他走路没注意，遭路边的树枝～了一下，就摔倒了。｜拿把椅子把门～倒一下就行，不要关死了。② 事情受阻：那件事不晓得在哪个环节遭～起了。③ 扣留：他把上级配的化肥～倒起，不拿出来卖。｜违章车遭公安局～起了。

【狂】k'uaŋ²¹ 恣意地嬉戏、打闹：两个人高兴得像小孩儿一样在院子里～了半天。｜三娃子，你再～我给你两巴掌哈！

【盔（亏）】k'uei⁵⁵ 严格地管束，教育：要考试了，把娃儿～紧点儿。｜但阳友鹤一直把她"～"顺，使她基本功大有长进，方才放心。

【魁（箍）】k'uei⁵⁵ 从里面撑起：这双鞋大，像你那样的大脚穿起才～得起。｜一天两顿饭都没有吃饱过，肚儿～不圆，哪有气力做活路嘛。

【麻】ma²¹ 蒙蔽；欺骗；总之，有人以为，是外国儒者说的就～得住人。｜你想～我？办不到！我啥子都晓得。

【马（抹、②码）】ma⁵³ ①（面部）表情严肃；沉下（脸）来：你看他的样子哟，昂着头，～着脸，半天不则一声，比我们老总的架子还大！｜他经常～起一张脸，好像人人都对他不起一样。② 强迫，欺压：他经常把大家～倒～倒的，大家都讨厌他。｜他不过是假绷正经，拿出话来把众人～住。

【冒靶】mau²¹³pa⁵³ 比喻（说话）出格，说漏嘴：到那里说话要注意，不要尽～。｜没想到不注意就～，得罪人了。

【默】mɛ²¹ ① 考虑，估量：他仔细～了～，觉得有搞头，可以做。｜让我～一下。这事好像风险大，容易吃力不讨好。② 默记：这些事我都～在心头的。

【默倒（到、道）】mɛ²¹tau⁵³ ① 以为（一般用在主观设想与客观实际不相符合的情况下）：你～人人都像你，天不怕地不怕的！｜～自己弄得多就整到了。屁，祸事才整到了！② 打算（做某事）（一般用在打算未能实现的情况下）：你们光～赚钱，好松活么！｜他～想溜，才走几步就遭抓到了。

【闷】mən⁵⁵ ①（～儿）不说话；不吭声：有想不通的，不要～在心头，说出来还好过些。｜爹骂我像野人，一起床就跑了！我也一声不响，就那么～起。② 小睡：彭胖打了呵欠，又揩揩口涎。"你们才来么？我才～一会儿。"

【眯】mi⁵⁵ ① 闭上眼皮：快把眼睛～倒，谨防灰尘吹到眼睛头。② 小睡，打盹儿：让他～一下，昨黑了十二点多才睡，今天早晨三点就起来打整鸭子。｜好不容易昏昏沉沉～着不久，忽然堂上大喊大叫起来。

【面】mian²¹³ 铺；垫：这里的所谓街道，尚不似正经街道～有红砂石板。｜戏台前面的广场成为操场，～着一片银白的细沙。

【搣】miɛ⁵⁵ ①（把较软的东西）掰开：把面包～一半给弟娃儿。② 剖析道理、文章：你讲的问题太深奥了，应该～烂点大家才容易懂。｜课文～得太烂了也不见得好，还是要让学生动点脑筋。

【明砍】min²¹kʻan⁵³ 明白地说；挑明：朋友之间有啥子事，你应该～，不要说一句，留半句的。｜你要想跟她好，就给人家一个准信儿。不想跟她好，也要跟她～！

【没搞】mo²¹kau⁵³ 没有多大希望，没有多少办法：这火～了，煮不好饭了。｜他的病～，治不好。

【拉伸】na⁵⁵tsʻən⁵⁵ ① 放开；一口气：他～脚步，径直向周老汉的屋子走去。｜我只得～一趟子，朝这儿跑。② 通盘：要算账就～算，看看你结婚用了多少钱。

【拿脉】na²¹mɛ²¹ ① 诊脉：那里有名老中医～主方，所以病人很多。｜我连一点点医理也不懂，更不用提给自己～看病了。② 看火候：我们家里，啥事都是我老婆～主火，我一概不管，落得清闲。

【挼】nau⁵³ ① 扛：他左肩头挎一个小包袱，右肩头～一根梭镖。② 抬；举（腿、手）：手一～，金手表就亮出来了。｜把脚杆～起，我好扫地。③ 拿：你咋个～起笔乱画？｜你们可曾听见我～起嘴巴说过你们啥子秘密话来？

【抢】nən⁵⁵ 捻：（他）取下一根纸烟，用手～了～，又在膝头上顿一顿，凑在嘴上。｜（他）还将一把计数目的毛钱，从枣木钱盘上抓到左掌上，右手几根指头非常灵巧地～着，数着。

【□】ŋa⁵⁵ 压；挤压：哎哟，你的板凳脚～倒我的脚指拇了。｜把核桃放在门槛那里，门一关过来，就～烂了。

【挨边】ŋai⁵⁵pian⁵⁵ 靠近；接近：～四十岁的人，真犯不着还这样的瞎闹！｜夏天闷热的夜晚，～十点钟了，还没有一点儿凉意

【挨】ŋai²¹ ① 碰到不幸；出事：要是用水养着，河虾早就～了，泛白了。｜黑娃～了！""为啥～了？""偷东西，遭抓到了。"② "挨打"的省文：你费嘛，我看你欠～！｜你硬不听话？当真好久没～，想～了嗉？③ 骂人的粗话，"挨球"的省文：你～哟！爬开点！

【矮】ŋai⁵³ <贬>低下（身子）：他身体一～蹲到地上，双手抱着自己脑壳直揉直搓。｜你得罪了他，只有去～起磕头赔礼。

【安顿】ŋan⁵⁵tən²¹³ 准备；打算：你请我们到你家头去耍，你～哪个招待我们嘛？｜今年考理科没考起，明年子我～考文科。

【安心】ŋan⁵⁵ɕin⁵⁵ 下决心；存心（不限于坏事）：～要把我们当成显客来待啦！｜他想是安了心的，眼睛里毫无怯意。｜大美人儿，你～把三河镇的姑娘眼浅死呀！

【安逸】ŋan⁵⁵i²¹ 对……感到高兴，对……感到满意（多用于否定句或反问句中）：他接任到现在，规则多如牛毛，动辄记过扣分，大家早就不～他了。｜到了年底，一分钱的奖金都没有，你心头会不会～他嘛？

【谙】ŋan²¹ 估计；推测：我一～就～到它八成。｜他不～女儿会有这个态度。｜"我不会病的！""那咋个～得到。"

【谙倒】ŋan²¹tau⁵³ 估摸着（干）；适可而止（地干）：谁也没见过那旗子，几个人商量之下，只好本着～做的原则，用两段窄土布拼成一幅三尺四寸见方的旗子。｜你～点儿，整凶了要出事。

【唝（盎）】ŋaŋ⁵⁵ 发出（响亮的）声音：早上，广播一～，他就起床。

【傲（熬）】ŋau⁵⁵ ① 坚持（高价，高条件）：本来可以～一～价钱，可你这黄瓜摘晚了两天，老了，～不起价了。｜那些乡巴佬的猪多了，杀房有资格～了，想收就收，不想收就叫他们吆回去养起，白吃粮食。② 拿架子：钱又没得几个，你～啥子嘛。

【拗】ŋau²¹³① 用扁担、棍棒之类工具的一端挑起东西：他把一对箩筐用扁担～在光膀子上。｜迎面过来一个老汉，肩上一把锄头，～着两个鸳篼。② 泛指拿着、扛着或含着长条物的一端：肩头上～根长扁担。｜人群中有个缺牙巴老头～着一根叶子烟杆。③ 撬：～开地板一到处找，还是没有！

【梗（隐）¹】ŋən⁵³ 硌：路上好多碎石，把我脚～得好痛。｜床没有铺平，睡倒好～人。

【梗²】ŋən⁵³ ① 说话有顾虑，不愿痛快吐露：他想把话说完，但说了一句又～了一下。｜有话就说出来，不要～在心头。② 彼此有隔阂，关系不融洽：他们两个～起好久了，不晓得矛盾在哪里。

【怄】ŋəu²¹³ ① 怄气；生气：珍珍的嘴撅起来了，爷爷说，莫～莫～，给你买。② 使生气：他连连跺脚道："你还要～我！"｜那边落雨这边晴，你看～人不～人。③ 伤心：同你分别后，天天阴倒～！，越～人越瘦。

【立】ni²¹① 站：莫～在太阳坝头，晒了太阳不好。

【理抹】ni⁵³ma²¹ ① 清理，清查：他记的账一塌糊涂，该～一下了。｜你承佃倒石桥那一股田的主人家厚道，从没有到县里来～过你，天干水涝，全凭你一句话。② 处理；惩治：不要打，不要打，问清楚再～他！｜并不是要把凡是搞那些名堂的农民，一个个都弄来～，打整。

【□】nia²¹ ① 滑；掉：眼镜脚脚松了，带不稳，一会儿又往下头～。｜你一天到黑光耍，莫把皮耍～了。② 比喻推卸（责任）：这件事情要集体负责，哪个都莫想～脱。

【□肥】nia⁵³fei²¹ 巴结、讨好有钱有势的人：他最爱～，心目中哪有平头老百姓。｜他一得势，马上就有人去～了。

【敳】niau⁵⁵ ① 用手工缝、补：你衬衣划破了个口子，我来给你～几针。② 专指一种缝衣法，略近于挑花的挑，针仅从衣料的反面挑起很少几根纱。这种缝衣法可使衣料正面上的针脚不明显，多用来缝合袖边、脚边等：～脚边。

【落】no²¹①（雨、雪等）降落：～雪｜在我们童年的时候，每逢～雨，我们总爱偷偷戴了大人的斗笠，赤了脚，在街石上走着玩。② 遗失，遗漏：

"是托通信站转的，信里还夹了一张相片。""是吗？那恐怕是寄～了。"｜你抄～了一段话。

【搒】p'aŋ⁵³ 触动；碰撞：他用手肘把坐在身边的工兵排长～了一下。｜他望起脑壳走路，～倒墙了，～起多大个包。

【泡汤】p'au²¹³t'aŋ⁵⁵ 正在酝酿或正在进行的事情告吹；落空：那件事看来就只有～，办不成啰？。｜这席酒怕是吃不稳了，礼钱算泡了汤了！

【凭】p'ən⁵⁵① 靠：依靠；扁担～在门后头的。｜你～倒树子站起，就不得跶扑爬了。② 挨近，靠近；沿：你～倒阶沿走，不得遭雨打湿。｜你～河边走，就不得走错了。③ 巴结：他还没当上官，就有人去～他了。④ 靠着物体打盹儿，也泛指小睡：你就在沙发上～一会嘛。｜昨天晚上熬了夜，现在精神不好，想～一下儿。

【谝】p'ian⁵³ ① 用言辞讨好：人家会～，当官的又听得进，咋不该让他吃糖嘛。② 厚着脸皮死死纠缠着说，用好话哄骗：就凭我这三寸不烂舌，不把他～得服服帖帖的不算人。｜你会说，你就去，我不信你就把他～得过去。

【泼烦】p'o²¹fan²¹ 厌烦：你不要提钱字，我听到就～你。｜他倒不～钱，就是～做事情。

【烽】p'oŋ⁵⁵ ①（尘土）飞扬；（烟、火）冒，涌：洒点儿水再扫地，灰尘就不得～。｜火尾子～起好高。｜啥子东西燃起来了，烟子到处～。② 扑；蜂拥而至：他硬要～起进去打人家，拉都拉不住。｜街上出一点儿屁大的事，看热闹的人马上就～起过来了。

【仆】p'u²¹ 俯：～起睡不好，会压迫内脏。｜把那个碗～起，不要仰起。｜要是第三天还背不得，学生就要自己脱了裤子～在板凳上由私塾老师用竹板子打屁股。

【起】tɕ'i⁵³ 用在动词之后，表示动作完成或达到目的：上语文课、算术课不专心，就不懂，就做不～作业，学不到知识。｜你打烂的，给我赔～。

【卡】tɕ'ia⁵⁵ ① 夹在中间，不能活动，因为瘦羊肉～住了牙齿，他习惯成自然地用筷子尖在牙缝里掏。② 塞；插；他又走过去，拾起帽子，小心地～在用尼龙索做的裤腰带上。｜他把手枪～在牛皮腰带里。③ 使为难：一个钱～死英雄汉。

【亲候】tɕ'in⁵⁵xəu²¹³ ① 亲自问候；拜访；事是有一点，不过主要目的是来～你三小姐的。◇夜深了，黄鼠狼和山耗子喜欢来～蹼鸭儿，放鸭人就要特别放把细点。② 收拾；处罚：不听话嘛，我要来～你哈。

【认黄】zən²¹³xuaŋ²¹ ① 认帐；承担责任：我自己说的话，做的事，当然要～

的哟。② 讲信义；讲交情：在生死存亡关头，对朋友他也只好不～了。｜把我惹毛了我不～的哟！

【日白】$z\eta^{21}p\epsilon^{21}$ ① 聊天：吃了饭就出去～，啥事都不做。② 吹牛；夸口；说谎：他～的，一年收入哪有那么多嘛。｜他平素专门～扯谎，莫得人信他的。

【挼】zua^{21} ① 揉；搓：～泥巴｜一些小碟子里面盛着～好了的各种颜色的面。｜你咋个把报纸～成一团啰？② 说话、写文章时对材料的整理：这篇文章材料不少，就是还没～拢来。

【软火】$zuan^{53}xo^{53}$ ① 中途火力变小：炸油条软不得火。② 比喻中途泄劲：前面有个坡坡，不能～，软了火车子就拉不上去。

【杀贴】$sa^{21}t'i\epsilon^{21}$ ① 收拾；整理：屋头乱七八糟的，你～一下。② 比喻为了管束、惩罚等，使吃苦头：前几年硬是遭四人帮～够了。｜不听话嘛，等我空了再来～你！

【煞搁（果）】$sa^{21}ko^{21}$ ① 结束，完毕：别个话还没～，你就不要接倒说。｜闹～，还遭一个滥婊子欺负，挨了这一顿打，实在想不过！② 末了；最后：到底该怎么做才对呢？～还是没说出一个所以然来。｜这种事情只有两回，起头一回，～一回。

【闪火】$san^{53}xo^{53}$ 本指煮东西时，中途火力不足或熄火。比喻松劲：前头要上坡了，大家鼓点劲，闪不得火哟。｜去年秋季接手的一个重点班，刚刚扶上正轨，倘若中途～，后果就不堪设想。

【烧】sau^{55} ① 抽（烟）：田颂尧正坐在椅子上～水烟。② 愚弄；捉弄；坑害：董事长千辛万苦跑来，难道是想～大家么？｜人家打伙求财，还讲个信用。而今～内伙子，那啷个要得啊！③ 含沙射影，旁敲侧击地攻击：你发言就发言，莫一会儿～这个，一会儿～那个。

【烧火】$sau^{55}xo^{53}$ 指公公跟儿媳通奸：那老不死的，去烧媳妇ㄦ的火，真不要脸。

【骚搅】$sau^{55}k'au^{21}$ 乱搅动：你少在那里～，莫搞得乱七八糟。◇好端端一个单位，着他一～，就乱糟糟的了。

【臊皮】$sau^{213}p'i^{21}$ ① 丢脸：这件事弄得我好～，我都没脸见人了。② 使伤面子；使丢脸：叫他搽起脂粉游街，臊他的老皮！｜任你官家小姐，平日架子再大，一旦被痞子臊起皮来，依然没办法，好受欺负。

【生】$s\partial n^{55}$ ① 粘住：搅一下，稀饭～锅了。｜这两种东西～不拢，要多刷点胶水，不然不相～。② 无中生有：没得那些事，你偏要给我～一坨。

【乘火】sən²¹xo⁵³ 承担责任：你老弟说的啥子话？现在还没有闹到叫你出来～的时候。｜老板是个乘得起火的歪人，天不怕，地不怕的。

【识相】sʅ²¹ɕiaŋ²¹³ 会看别人的神色行事；知趣：大路不平旁人铲，～的各自收刀捡卦。｜村里情况也变了，以后他应该～点，各自滚远些。

【梭】so⁵⁵ ① 滑动；滑行：那是个斜坡坡，东西放上去要～的。｜山路被林木隐没，宛如巨蟒～进了林中。｜那娃儿马上～下牛背，把牛拴在竹子上进来了。② 悄悄地走；溜：铁柱趁天黑的时候，悄悄地～到观音阁外边的小树林里去。｜他硬是～得快，会还没开完，就溜走了。

【耍】sua⁵³ ① 玩儿；玩耍：城头的娃儿不肯同我们一块去～。｜方芳和她～得很好，活象亲密无间的姐妹一样。② 表演：～魔术｜～个把戏大家看。③ 休假：～国庆大假｜她才生了娃儿，在～产假｜庄稼人不象机关单位，从来不兴～礼拜。｜她把假期存起集中～。

【耍秤】sua⁵³tsʻən²¹³ 在称秤时要花招，使分量不准：到王鸭子那里去提个肥鸭子，跟他说是我老龙要的，莫～！｜这人心术不正，帮国家收购东西还耍农民的秤。

【耍朋友】sua⁵³pʻoŋ²¹iəu⁵³ 找对象；谈恋爱：中学生不要～。｜他才 20 岁，就耍过三个朋友了。｜老二原来对我还好点儿，耍了朋友就变了。

【甩】suai⁵³ ① 丢；抛弃：你手里的蘑菇有毒，还不快点～了！｜他又把女朋友～了，一年里头，耍了三个，～了三个。②（垂着的东西）摆动：挂在屋檐下的一串串红辣椒，在风中～来～去。③ 比喻不落实，不安稳：如果不立即解决坑木，让白云隧洞迅速复工，民工们的心头，就更加要～得不停啦。

【胎（抬）】tʻai⁵⁵ ① 掂量：你～一下看，大概有好重？②（不情愿地）承担：这件事哪个来～倒嘛！｜这是他该上的课，咋个由我们～倒呢？③ 衬：你那件上衣，肩头上～布没有？④ "胎包袱"的省文，有"揩油"的意思：头一回人家给了四千二，你给了我五百块；二一回是三千，你给了我三百块，前前后后你就～了我好多啊！

【汤】tʻaŋ⁵⁵ 遭遇：～着他这样的坏蛋，不说你，连我们旁的人都生气哪。｜要是我～着你这样的事情，我不跟他吵个大翻身！

【烫】tʻaŋ²¹³ 欺骗；诈骗：这是假货，你遭～了。｜我是他朋友，未必他还会～我？

【□】tʻən²¹³ 互相观望，采取同等的行动：你～我，我～你，大家～倒起，都不想先动手。｜挣不到钱算了，大家～耍嘛。｜娃儿家懂啥子，你不要跟他一个见识，～倒闹。

【提劲】tʻi²¹tɕin²¹³ 鼓劲。引申为说大话，逞威风：没有落到自己头上，可以～，自己碰个头破血流就晓得厉害了。｜这些人在乡里称王称霸，在场上～提惯了的，谁惹得起？

【舔肥】tʻian⁵³fei²¹ "舔肥屁股"的省文。拍马屁，巴结。也说"舔屁股"：老杨当官以后，他怕人家说他～，主动疏远了老杨｜我说你好，不是舔你的肥，是因为你确实为大家做了好事。

【贴】tʻiɛ²¹ 巴结：他把当官的～得死紧，当官的当然要照顾他。｜老经理下台了，他又去～新经理。

【贴起】tʻiɛ²¹tɕʻi⁵³ ① 紧紧跟着：老总走前头，两个保镖跟他～。② 支持着：不要怕，你放手去闯，有我们跟你～。

【听壁脚】tʻin⁵⁵ pi²¹tɕyo²¹ 在壁下、窗外隔墙偷听。也泛指偷听。又说"听壁根脚"、"听墙脚"、"听墙根儿"：他没有～的习惯，是偶然听到他们的密谈的。｜他晓得窗子外头有人在～，他是故意说给他们听的。

【拖】tʻo⁵⁵ ① 拉；抢夺：一把～过他手中的棍子。② 带领（队伍）转移：前好多天他就把队伍～往别处去了。③ 组建（队伍）：兄弟这次回来，只是要～点队伍。｜～一营人是一个营长，～一连人就是个连长。④（大略地、初步地）写：我先～一个稿子，你再改。｜你先～个名单出来，我们再研究。

【脱】tʻo²¹ 掉落，失掉。可单用，也常用于动词之后表动作行为的结果：这衣服才洗一水，颜色就～了。｜他旷工半个月，遭老板辞退，工作整～了。｜他的笑话多，把大家的牙齿都笑得～。

【脱不了爪爪】tʻo²¹pu²¹niau⁵³ tsau⁵³ tsau⁵³⁻²¹ 爪爪，谑指手。指脱不了干系：不能贪污，贪污～的。

【軃】tʻo⁵³ 下垂：裙子～到地上了。｜他自己晓得做错了事，站在老爸面前，手～起，脑壳也不敢抬。

【偷人】tʻəu⁵⁵zən²¹ 与人私通：他今天偷你的鸡你不管，只怕以后要偷你家头的人。

【抖】tʻəu⁵³ ① 揍：你小子咋搞的？看我～你的排骨！② 踢：～你一脚，看你龟儿还歪不歪？③ 吐气；嘘气：～了一口气。

【团】tʻuan²¹ ① 聚合；使聚集：他还经常把班上的战友～在一堆，给大家读报纸。｜他决定把投军的学生～在一起，另自成立一支学生军。

【抟】tʻuan⁵³ ① 讨好；巴结：三儿真厉害，公然把蔡掌柜娘～上了！② 拢络；拉拢：他决定翻转来，把这个几乎被他撵走的革命党，好好地～一～。｜吴凤梧只～了三千人不到，也退回新津县城，帮同周鸿勋死守。

【弯酸】uan⁵⁵suan⁵⁵① 挑剔，刁难。宾语通常指人：他今天翻来覆去挑刺，真把我们～够了！｜我惟愿哪天肉又少起来，那时候老子不把你这些杂种～够！② 讥诮，挖苦：一个供销社的干部看到我的苦楚，～我说："老哥，你咋个还在外头受这份苦？"｜说～话我不要你教。

【玩格】uan²¹kɛ²¹ 闹享受；摆排场：他的命好，该他～，我就将就他一点又算啥？｜你这一趟天南海北，～玩安逸了嘛。｜那个时候，虽然香烟一盒才四、五角钱，我却一直没玩过那洋格。

【王逛】uaŋ²¹kuaŋ²¹³ 不做事情，闲逛：吃了饭就出去～，样啥都不做。

【网】uaŋ⁵³<贬>.① 交往；结交：大队长在外头关系广，～得宽，哪方的人他不认得？｜哪晓得，他跟几个女知青～起，惹莉莉生气，闹吹了。② 兜揽；招揽：吃了饭，你挑箩筐下山，去～生意，态度要拿好点。

【卫向（相）】uei²¹³ɕiaŋ²¹³ 偏向；偏袒：妈妈是～外婆，还是～爸爸？这些话我是～你才跟你说的。你不要到处传哈。

【稳起】uen⁵³tɕ‘i⁵³ 沉住气，不动声色：大家都等他发言，他～不开腔。该你出牌了，你～做啥子？

【洗刷】ɕi⁵³sua²¹ 斥责：我们结婚是冲破双方家庭重重阻碍的，还一直闹上了法庭，晚报还把我们双方的父母～了一顿。｜哪个叫你违反工作纪律？遭领导～活该！

【下梗楼梯】ɕia²¹³ kən⁵³nəu²¹t‘i⁵⁵ 梗，整。一步下完几步梯子或台阶，或一步下完整个梯子或台阶。比喻做事不循序渐进：做事情要循序渐进，～是要摔跤子的。

【下烂药】ɕia²¹³nan²¹³yo²¹ 说坏话，使坏主意。也说"放烂药"，"弹烂药"：老板处罚我，是有人在他面前下了我的烂药。

【下炮蛋】ɕia²¹³p‘a⁵⁵tan²¹³ 炮蛋，软壳蛋。比喻变得软弱；示弱：小伙子，不敢了嘛，在自己女朋友面前～了嘛。｜看见有人报警了，那几个歪人就～，跑了。

【香】ɕiaŋ⁵⁵ 有意惹人羡慕、向往：我不是故意说来～你。我们那里确实山清水秀，比你们成都的那几个大公园漂亮多啦。｜哥哥故意不把糖吃完，留倒～弟弟。

【相】ɕiaŋ²¹³ 看；盯：大家你～倒我，我～倒你，不晓得该咋个办｜人家在吃饭，你把人家～起做啥子？

【晓得】$\varsigma iau^{53}t\varsigma e^{21}$ 知道。其否定式有的地方是"不晓得"，有的地方是"晓不得"：我不～他叫啥子名字。

【歇】ςie^{21} 住宿；投宿：今天晚上就在这家旅店～。｜过去从成都到重庆，坐汽车都要～一晚上才能到。

【歇嘴】$\varsigma ie^{21}tsuei^{53}$① 停止吃东西：该～了，吃多了不消化。② 停止说话：还在乱说。祸从口出，还不～呀？

【写】ςie^{53}① 租赁（房屋、土地）：我在街上了间铺子做生意。｜解放前，他家～了地主几亩田来种。② 承揽：这笔生意有赚头，可以～倒。

【燃（炘、疢⑥）】ςin^{213}① 火气炙人；烤：火势太大，站在几十米以外，都～得乘不住。② 用微火使变热：在蜂窝煤炉子上～点儿水来洗脸。｜饼子冷了不好吃，放在锅头～一下。③ 映照：晚霞～红了半边天空。｜你看，那边天那么亮，那是山林大火～起的。④ 映衬：你的文章写得那么好，跟我们的放在一起，不是把我们的～下去了吗？｜他怕我把他～丑了，从来不准我跟他一起上街。⑤ 遮盖；荫蔽：树子下头的庄稼，遭树子～倒了，长不好。⑥ 由病变而引起（某种感觉）：我有点儿～寒冷，怕是感冒了。｜我昨天衣服穿少了，今天一早就～寒～冷的。

【雄起】$\varsigma yŋ^{21}t\varsigma‘i^{53}$① 本指雄鸡打架时昂首振翅，血脉喷张的样子，借指做着争吵的架势；争吵：我又没有惹你，你凭啥子跟我～？｜那个人脾气火爆，来不来就跟人～。② 鼓起劲头；加油：全兴队，～！｜中国队，～！

【熊】$\varsigma yŋ^{53}$ 训斥：我又没有做错事，老师～我干啥子？｜老板当着顾客的面吧伙计～了一顿。

【虚】ςy^{55} 心中无底，害怕：你再歪我也不～你，不信我们告一下嘛。我没复习好，有点儿～这回子的考试。

【揿】ian^{213} 撒（粉状物）：医生在他伤口上～了点儿药面儿。｜凉拌菜上再～些花椒面。

【幺（腰、夭）台】$iau^{55}t‘ai^{21}$ 幺，排行最小的。幺台，本指戏收场。引申指① 结束；完毕：我看，事情还没有～，你还要把细点儿。② 摆脱困境，结束某种局面：你闯这么大的祸，看咋个～。｜他到处惹是生非，弄得自己也差点幺不倒台。

【吆（抝）】iau^{55} 赶；驱赶：把鸡～到坝子头去。｜不把他狗日的～回老家，我们四川人啷个过日子哟！

【吆鸭子】$iau^{55}ia^{21}ts\eta^{53}$ 本指赶鸭子。因赶鸭子的人总是在最后，所以引申指位居最末：今年的大、中专升学考试，我县的成绩很不理想，和兄弟县比较起来，几乎吃了鸭子。｜他又～了，跑了个倒数第一名。

【要得】iau²¹³tɕ²¹ 行，可以。否定式是"要不得"：我想了个法子，你看～不？｜"今天晚上吃抄手，要不要得？""～。"

【引】in⁵³① 带领：把妹妹～去看划龙船。② 照看（孩子）：我们两口子上班都很忙，只有把老丈母请来～娃儿。

【抎（饮）¹】in²¹³ 浇：隔壁在给花～粪。怪不得好臭！｜这一阵天干，水～勤一点儿。

【抎（撎）²】in²¹³ 量（多少、大小、长短等）：～一下，看这块布有好长。过去，他家是大斗～进，小斗～出。

【扎（拃）起】tsa⁵³ tɕ'i⁵³ 本袍哥用语。撑腰；做后台：有老总给你～，你怕啥子？｜我们都跟你～，你放手去搞。

【鲊】tsa⁵³① 用盐或盐、米粉等腌制：把这块肉～起过年吃。｜～点儿胡豆吃。② 盐、碱等刺激，使不舒服：你带双手套，免得石灰把手～倒。｜手着碱～得好痛。｜糖吃多了～心。③ 沤：娃儿的胯着湿尿布～烂了，要擦点儿药。｜地下室太潮了，一双布鞋才放几天就～烂了。

【宰】tsai⁵³ 砍；剁：把排骨～断。｜这块肉～细了做丸子。｜猪草要～一下，才下锅煮。

【展】tsai⁵³① 移动；挪动：把桌子～到窗子那个地方去。｜这窝树子是从那边～过来的。② 特指搬家，迁居：～家｜新房子装修好了，下半年就要～过去住了。

【张】tsaŋ⁵⁵ 理睬；理会。也说"张识"、"张理"。多用于否定句：我好心好意请人打牌，鬼也没一个～我的。｜大家都不～他，把他孤立起来了。

【掌¹】tsaŋ⁵³ 扶；握：～倒，～倒，自行车要倒了。｜你骑车子，两只手都不～龙头，危险！

【掌²】tsaŋ⁵³（用皮子或废旧轮胎）钉补（鞋底）：～皮鞋｜鞋底磨穿了，～一块皮子上去。

【涨】tsaŋ⁵³ 水烧～了，冒好大的泡儿了。｜水～了才把挂面丢下锅煮。

【争】tsən⁵⁵ 欠；差：做生意没赚倒钱不说，倒～一屁股的账。｜我们班还～几个人没有来。｜花了～点儿一千元钱。

【整冤枉】tsən⁵³ yan⁵⁵uan⁵³ 捉弄人；使人吃苦头：你耍我嘛，我总有一天要整你一个冤枉。｜你是不是整我冤枉哟？害得我跑了好多空路。｜他想到一桌子酒菜要付钱的问题，而请他吃饭的人一去就不回来,总不会是～吧？

【走展】tsəu⁵³tsan⁵³ 变动：质量没得问题，价钱也不能～。｜期限是定好了的，～一丝一毫都不行。

【啄】tsua²¹① 用鹤嘴镐一类工具挖，掘：就从这儿往下～，要～深一点儿。
② 下垂：脑壳抬起来，不要～起。③ 踢：～足球 | 你为啥子～我一脚？

二、性质状态

【巴谱】pa⁵⁵p'u⁵³ 靠谱，指说话不离题。也说"巴脉"：你说话咋那么不～
哦！

【巴适】pa⁵⁵sŋ²¹ ① 舒服：住这个小区～得很。② 漂亮，用于物：这间
屋布置得好～！③ 妥贴：书稿装订得很～。④ 合适：这件衣裳不大不小，
你穿起来硬是～。

【把细】pa⁵³çi²¹³① 仔细：公司的会计一向～，没有什么漏洞逃得过他的
眼睛。② 当心；谨慎：路上黑，你要～点！

【白眉白眼】pɛ²¹mi²¹pɛ²¹ian⁵³（～的）① 形容饭菜无色无味：这菜～的，
点儿都不好吃。② 无事可做：一天到黑，～地坐起，有啥意思嘛。③ 平白无
故：～地就让人家收拾了，没那么便当。④ 毫无动静：一个冬落了几颗雨啦？
直到现在老天爷还～的！⑤ 毫无代价：你敢！你娃娃投过一个钱的资没有？～
的，就想拐走人家的女娃子！

【不胎孩】pu²¹t'ai⁵⁵xai²¹³ 没出息；不正经：几十岁的人了，还做这种不
要脸的事，真是老～。

【奓（岔）】ts'a⁵³① 阔，大：你问他嘴巴有好～呀？四个汤元排起来不打
挤。| 这件衣服的下摆太～了。

【潮】ts'au²¹（技艺）低劣：当地的医生手艺～，治不住，因此到永兴区
联合诊所去另求良医。

【燥热】ts'au²¹³zɛ²¹ 中医指使热性上来：狗肉太～了，夏天吃了不好。

【燥（躁）辣】ts'au²¹³ na²¹ ①（脾气）凶悍而不讲理：她脾气～古怪，
没人敢惹。②（手段）厉害，凶狠：这个人手段～得很，好多人都遭他整过。
③ 棘手：这件好～。

【伸（撑）】ts'ən⁵⁵① 直；平展：（那手）就只打不～。| 衣服皱的，没扯～。
② 顺；清楚：你欠我的工，明天你和那两个娃去给我做一天，大家把账理～
算了。| 陈古八十年的事情，哪个扯得～哦？

【伸抖】ts'ən⁵⁵t'əu⁵³① 舒展：那时候兵荒马乱的，日子没有过～一天，
随时都提心吊胆的，一听见风声就跑！② 漂亮：虽是长得～点，也是各人的
福气。③ 清楚：话都说不～，推销啥子保险哦？

【伸展】ts'ən⁵⁵tsan⁵³① 平展：这件衣服熨得很～。② 舒展：人家妈老汉ᵣ有钱，日子当然过得～哦。③ 清楚：几十块钱，数了半天都没有数～。④ 漂亮：去见女朋友嗦？穿得那么～。

【撑】ts'ən²¹³① （关节）发硬，不灵便：他觉得两脚有点～，跨过门坎都有点吃力。② 口气生硬，不和气：小伙子，说话和气点，咋那么～嘛？。

【拙】ts'o²¹ 孬；差：一身穿得那么～，还讲排场，绷阔气。｜升学率相对低一些的学校，是不是就办得～，教育质量就不好呢？不能看得那么绝对。

【戳火】ts'o²¹xo⁵³ 差劲：这个房子太～了，到处都在漏水。

【冲】ts'oŋ²¹³① 脾气暴躁，性情鲁莽：他原本是个～家伙，平常没事还像吃了炸药。② 爱出头露面表现自己：事事她都要出头，你不觉得这人太～了点吗？

【端】tuan⁵⁵① 直（与"曲"相对）：～走莫倒拐，就到城门口了。② 正（跟"歪"、"斜"、"偏"相对）：他们先找两根材料，把倾斜的房顶撑～｜升了总经理，这下位子摆～了，是名副其实的白领。③ 对；准（与"错"相对）：只要有本钱，弄～了，半年保证你打个滚！｜搞～了，一天能打三、四百斤鱼。

【对头】tuei²¹³t'əu²¹① 正确、正常：这个数字才～，那个数字不～，差几千。｜那两个人脚跟脚的尾随在后头，他觉得有些不～。② 合适：要是觉得～，下回再来照顾我的生意哈。③ 应答用语，表肯定："前面那位是王老师吧？""～，是他。"

【二恍恍】ər²¹³xuaŋ⁵³xuaŋ⁵³（～的）粗枝大叶，不踏实，不认真：做事情不能～的，你咋个总是不听啊？

【二甩甩】ər²¹³suai⁵³suai⁵³（～的）①（话、事情）不肯定：你本来就是～的，叫我咋个相信你？② 吊儿郎当：你看他，一副～的样子，哪里像个正派人？

【烦】fan²¹① 混乱：那段时间，火车站广场～得很，骗子到处都是｜好～的地方哟！这个哭那个闹的。② 烦恼：拿不到工钱，咋回家嘛？想起心头就～。③ 脏：屋头几天不打扫，～得很。

【费】fei²¹³ 顽皮：娃娃都很小，～得不得了。｜随便好～的娃娃，在李老师面前都规规矩矩的。

【干】kan⁵⁵① 干旱：刚才那个徐妈妈，同我讲了好一阵，说她们那里天～，饿死人了，她们是逃荒出来的。② 净；白白地：结果县太爷收了捐税四万元，～赚一万元。｜动工那天，甚至有慕名的人跑来帮～忙，他也不拒绝。③ 枯瘦：

这人好～，一身尽是骨头。④ 缺钱：这两天～得很，哪里有钱请客哦？

【瓜】kua^{55} 傻：其实那时候，我～得很，这几年才算学精灵了。｜花两千块钱买条烂裤子，你是～的嗦？

【拐】kuai^{53}① 错；差：咋个越走越远呢？是不是方向搞～了？｜你听爹妈的话不得～。②（～了）坏；糟糕：～了，锅又烧干了。

【光生】kuaŋ^{55}sən^{55}① 光滑；光洁：墙壁上的水泥抹得很～，蚂蚁都爬不上去。｜肯信你一家人，就个个长得漂亮～？② 光彩，体面：他为集体办大事，名声好，你脸面也～。

【归一】kuei^{55}i^{21} 表示完成或达到完善的地步：早点穿～，免得走时再换。｜我们先把话说～，事情办不成你不要怪我。

【哈】xa^{53} 傻：真是俗话说得好，老实人干～事！｜经常都在上当受骗，你咋个那么～喃？

【好生】xau^{53}sən^{55} 小心在意，好好儿：你～站住，免得跌跤。｜今晚上留人家在公馆住下，明天过节，～待承一下，后天打发人家走。｜你走路～点儿嘛，把我的脚踩倒了。

【黑脸董嘴】xe^{21}nian^{53} doŋ^{53}tsuei^{53}（～的）董嘴，撅着嘴。形容脸色不好，很不高兴的样子：女儿～的，爸妈晓得她心头有气。｜有话好好说，不要～的拿脸色给人看

【活甩甩】xo^{21}suai^{53}suai^{53}（～的）① 不牢靠，不稳固：这棚棚搭得～的，一刮风就会倒。② 不可靠，没有定准儿：这门亲事影响很大，你不要～的哟！开不得玩笑哇哈！

【红火】 xoŋ^{21}xo^{53}① 火辣辣：今天太阳好～呀！② 兴旺发达；热火朝天：他有房子，有家具，有存款，小日子要好～有好～！｜他们的公司办得～吧？

【黄】xuaŋ^{21} 外行：我们的手艺～得很，不敢班门弄斧。｜他一拿势开打，就显出是～的，歪歪斜斜乱舞一样。

【黄脚黄手】xuaŋ^{21}tɕyo^{21}xuaŋ^{21}səu^{53}（～的）形容不懂行而举止失措的样子：锯个木头都～的，还说自己是木匠师傅。｜小心点，～的，碰倒了了东西要赔的哈。

【恍】xuaŋ^{53}① 粗心大意：这娃娃～得很，莫把钱搞掉了哈。② 糊涂：娃儿，你咋个不睁眼看看，现在是什么时候了，你还这样～。｜～了20多年，脑壳才开了窍。③ 行为不检点，浪荡。特指胡嫖乱赌：刘三恍子从前家资富足，可是就因为～，几年家业便凋零了。

【恍兮惚兮】xuaŋ⁵³ɕi⁵⁵fu²¹ɕi⁵⁵（～的）① 粗心，不在意：我那时候啥事都～的，连我们住的地方，连爹爹的名字，都弄不明白。② 精神恍惚：这一棒真把我打瓜了，一连多少天，做什么事都～的。

【昏】xuən⁵⁵（～了）用于动词、形容词之后作补语，表示程序很深：骇～了｜忙～了｜行势～了｜盼盼心里十分明白，就是身体软得不能动弹，像瞌睡来～了一样。｜你又着急～了。那么远的路，咋能说来就来嘛？

【夹】tɕia²¹① 吝啬：他好～呀，找他要口水喝都不得行。② 怯场；怯生：你硬是个乡巴佬，做得那么～，人多怕啥子，又没得哪个吃你。

【假】tɕia⁵³ 过分讲究吃、穿；讲排场：现在的娃儿太～了，这也不吃，那也不穿。｜非怪公爷～，有钱该玩格。

【尖】tɕian⁵⁵ 聪明；狡黠：这家伙～得很，一踩九头翘。｜老实厚道的人都学～了。

【贱】tɕian²¹³ 不娇气，生活条件要求不高：这娃儿带得～，打得粗。｜这个品种的小麦，性最～，肥料少点也关系不大。

【僵】tɕiaŋ⁵⁵① 形容（手脚）因冻而不灵活：北风停止了，不觉得很冷，只是手指有点～。｜他的鞋已经破了，陷在雪里脚不～么？② 使（手、脚）受冻而不灵活，～脚～手。｜不戴手套骑车，谨防～倒手哈。

【讲礼】tɕiaŋ⁵³ni⁵³ 客气，也说"讲礼信"：你太～了，快吃菜呀！

【椒盐】tɕiau⁵⁵ian²¹ 形容不纯正的口音：～四川话｜"是，总司令！"这句是用～普通话回答的——学他老子的份儿。

【狡】tɕiau²¹ 能言善辩；强辩：你嘴巴～，我说不赢你。｜留分头的小伙脸上一红，但是嘴巴上还是～，说出口的话比石条还硬撑。

【叫话】tɕiau²¹³xua²¹³ 像话：你两个太莫名堂，尽干些不～的事。

【经事】tɕin⁵⁵sʅ²¹³ 结实牢固，经久耐用：这种布料看起来很薄，其实很～。◇从前的人真～，七八十岁活得硬帮帮的。

【经用】tɕin⁵⁵ioŋ²¹³ 经得起花费、消耗：你的钱硬是～哈，几百块钱的工资还有存款。｜为什么擦黄腊？那擦起才～，摇起车子转得快。川东多说"经用"，川西也说"经使"。

【惊风火扯】tɕin⁵⁵foŋ⁵⁵xo²¹tsʻɛ⁵³（～的）<贬>咋咋唬唬，大声喧嚷：他多远就～地喊道："李书记，几时回来的？"｜女人见识，没见过世面，芝麻大点事就～的。

【惊抓抓】tɕin⁵⁵tsua⁵⁵tsua⁵⁵（～的）<贬>形容大声吼叫、喧嚷：小女娃儿躺在地上，～的哭喊。｜小声点要得不？～的，闹啥子？

【筋筋绊绊】tɕin⁵⁵tɕin⁵⁵p'an²¹³p'an²¹³（～的）形容有东西拦住或缠住，使行走不便：那边是建筑工地，～的，不好走。◇方案定出来几个月了，～的硬是通不过。

【筋筋网网】tɕin⁵⁵tɕin⁵⁵uaŋ⁵³uaŋ⁵³（～的）形容破烂不完整的样子：一件衣服烂得～的了，还穿哪？｜这块肉割得不好，～的。

【精蹦】tɕin⁵⁵poŋ²¹³ 形容精力旺盛的样子：八十多岁的人，还这么～，真不简单。

【精灵】tɕin⁵⁵nin²¹ 聪明：这个娃儿～得很，每次考试都得 100 分。｜你以为个个都是瓜的，只有你一个人～完了。

【紧火】tɕin⁵³xo⁵³ 紧急；紧张：在这种～关头，你咋能袖手旁观呢？｜这几天正是收进拿出的时候，活路～得很。② 不充足；不宽裕：因为各项作物都空前大丰收，所以晒场晒席特别～。｜这点粮食要吃个对年，～哟！

【紧卷】tɕin⁵³tɕyan⁵³① 房屋、院落格局紧凑：这个院坝只有一个门进出，～得很，不容易掉东西。② 捆扎得紧：把铺盖卷捆～点ₙ才好背。③（穿着）利索，整齐：她身上收拾得很～。

【劲仗（涨）】tɕin²¹³tsaŋ²¹³ 有劲头；厉害：好～的烟！这不是你平时抽的那种哈。｜哈哈！阶级斗争！看你说得多～。

【净瓣（办）】tɕin²¹³pan²¹³ 不搀杂别的成分的；纯净的：这米好～，一点ₙ稗子、谷子都没得。｜人家的带骨肉也要卖十块，我才卖九块，而且肉又～。

【卡白】k'a⁵³pɛ²¹① 形容没有血色，多指因病、体弱或因害怕而肤色发白：他的手～，哪像健康人的手嘛。｜女人一脸～，吓得已经说不出话了。② 泛白，多指不该发白的东西发白了：一件蓝颜色的衣裳，洗得～了，还穿起走人户。

【砍截（切）】k'an⁵³tɕ'iɛ²¹ 形容说话、做事直截了当：干脆：～点说出来，吞吞吐吐地做啥子？｜整个过程，简单而～，没有丝毫的繁琐哲学。

【靠呆】k'au²¹³ŋai²¹（～了）确定无移：他长两级工资是～了的，棒棒都打不脱了。

【抠】k'əu⁵⁵ 吝啬：她那个女婿～得很，丈母娘过生都舍不得拿个红包。

【狂眉狂眼】（～的）k'uaŋ²¹mi²¹k'uaŋ²¹ian⁵³① 形容瞠目结舌，不知所措的样子：刚才，他遭吓了一大跳，吓得～的。② 形容洋洋自得的样子：他～的，得意慌了。

【浑】k'uən²¹ 形容形体完整，多指食品：早上吃了两个～鸡蛋。｜红苕蒸～的，不切开。｜用～鸡～鸭招待客人。

【浑董董】k'uən²¹toŋ⁵³toŋ⁵³（～的）"浑"的生动形式。① 形容形体完整：～一个鸡蛋，你吞得下去？② 比喻不加分析的：你那话～的，大家还没完全弄懂。｜～一篇文章，你不讲细点儿，学生咋个懂得倒嘛。

【麻】ma²¹形容饮酒过量，微醉而神智不很清醒的神情或感觉：你都喝～了，再喝就要发酒疯了。｜我今天喝多了点，喝得有点儿～了，但是还说不上醉。

【麻乎儿乎儿】ma²¹fur⁵⁵fur⁵⁵形容微明或快黑时的天色：天～亮，我约隔壁子的肖娃，一路去赶早场。｜天才～的，他们就爬到山顶了。

【麻杂（炸）】ma²¹tsa⁵³① 花纹杂乱，形象不清楚：这种布花子～得很，不好看。｜天要黑了，远处的东西看起来有点儿～了。② 稀里糊涂，不清不楚：这个账目有点儿～。｜他故意不交待清楚，话说得很～。③ 马虎，不负责任：他平时就很～，这事交给他不放心。④ 特指男女之间关系不正常：他两个早就有点～，大家已经议论纷纷了。

【满】man⁵³排行最末的：～妹子｜～姨妈｜～舅娘｜～舅舅。

【满荡荡】man⁵³taŋ²¹taŋ²¹（～的）满满的：苏二哥～的三十岁了，还没有耍朋友。｜那里已经～摆了一桌菜。｜他端来一碗醪糟荷包蛋，～的五个。

【莽】maŋ⁵⁵① 粗壮；粗笨：他长得牛高马壮的，人家叫他～娃。｜这棒棒太～了，要打磨一下。② 憨厚；傻：人家叫你跳岩，你也跳岩，那么～嗦？③ 鲁莽：虽然有老四、老九、田征葵在壮胆，但两个是混蛋，一个是～汉，成事不足，坏事则都有余。

【毛（茅）焦火辣】mau²¹tɕiau⁵⁵xo⁵³na²¹形容十分焦躁：几说几激，把老杜搞得～。

【霉】mei²¹倒霉：老子要看到你～得来衣裳裤儿都没得穿的。｜买了股票就天天跌，你说～不～？

【霉不醒】mei²¹pu²¹ɕin⁵³形容倒霉或糊涂到极点：你硬是～了啊，平地走路都在摔筋斗。｜～喽，哪个愿意嫁给他哟！

【霉绰绰】mei²¹ts'o²¹ts'o²¹（～的）① 形容发霉的样子：这屋太潮了，一双鞋放几天就～的了。② 形容颜色深暗，不鲜艳的样子：这布～的，颜色太老气了。③ 形容倒霉的样子：前几年他～的，这两年才翻了身。④ 形容无精打采的样子：你咋个一天到晚～的，硬提不起精神来？

【闷】mən⁵⁵不聪明；不灵活：你咋个那么～呢？打酱油的钱就打不得醋嗦？

【闷人】mən²¹³zən²¹① 使人感到不透气：这屋门窗关得死死的，好～！

② 食物中油脂过多，使人感到油腻：这肉太肥了，～得很。

【绵】mian^{21}① 软而韧，不脆：这简直象皮糖，好～哦。｜花生没炒脆，吃起～得很。② 拖塌，疲塌：厂里八点上班，他总要～够七点三十五才起床。③ 磨；消耗时间：要赚畜牲钱，跟倒畜牲～。

【绵扯扯】mian^{21}tsʻɛ^{53}tsʻɛ^{53}（～的）①“绵”①②的生动形式：老冷上回还吃过一碗，吃起来～的。｜他生成一个～的性子，做啥子事都不着急。② 形容缠绵：又不是生离死别，～的，半天走不出门。

【面】mian^{213} 指某些含多量淀粉和糖分的食物，纤维少而柔软：这南瓜又甜又～。｜这苹果是脆的，不～。｜板栗吃起来很～。

【木】mu^{213} 反应迟钝，头脑愚笨：脑壳大，心头～，拿到活路不晓得做。｜咋个那么～哦，教了半天都学不会。

【木楚楚】mu^{213}tsʻu^{53}tsʻu^{53}（～的）① 形容呆板、痴呆无表情：两个年轻小伙子，～的脸上，看不见一点动静。｜这种～的、犹豫和胆怯的神情，跟他那粗笨的身坯很不相称的。② 物体表面不光滑：这桌面～的，不光生。

【烂眉烂眼】nan^{213}mi^{21}nan^{213}ian^{53}（～的）① 形容眼眵很多，或得了火眼的样子：他的眼睛咋个了？～的。② 形容破破烂烂的样子：～一件衣服，还要穿起进城呀？③ 形容无精打采的样子：你起来半天了，咋个还～的，一点精神都没有？

【身小】naŋ^{55}① 瘦弱：他看起来那么～，力气还不小呢！② 细长：这根棒棒太～了，抬不起那么重的东西。

【身小瓤】naŋ^{55}zaŋ^{21} 弱小：没得别的法子，只有冲过去，我们有四百多人，也不～！

【恼火】nau^{53}xo^{53}① 严重；利害；你把人家打得那样～，叫那小女娃子依靠哪个嘛！｜他妈妈的病越来越～，怕是医不好啰。｜重庆的夏天热得才～。② 难，不易做好：数学考得好～哦，恐怕我六十分都得不到。｜这个活路看起来容易，其实～得很。③（令人）烦恼，窝火：拿不到工钱，大家心头都很～。｜说了半天都不明白，你们这些人咋个那么～哦？｜坐轿的人固然颇得难受，抬轿的人又何尝不～呢？

【爱好】ŋai^{213}xau^{53} 讲究衣著、打扮：她很～，一天要换两次衣服。｜你娃是个技术员啰，那么不～！你看你那双干鱼（鞋），老子都比你娃讲究！

【安逸】ŋan^{55}i^{21}① 舒服；舒畅：她更知道当太太的、奶奶的、少奶奶的、小姐的、姑娘的、姨太太的，是那么舒服～。｜这个周末耍得好～哦。② 优点多，令人满意：这些玩具做得好～哦。③ 特指健康；病愈（多用于否定句中）：今天我人不～，头痛得要命。｜前几天我得了重感冒，这两天才～了点儿。
④ 用在动词或形容词之后作补语，表示程度深，厉害：他们把我说～了。｜
这海椒把我辣～了。｜前几天降温，把我冷～了。

【晏】ŋan²¹³ 晚；迟：这时候并不算～，寻常人家不过才吃过晌午饭。｜
短袖衫不快地睁开眼睛，情不自禁地打了一个呵欠：“昨晚睡～了。”

【唝（盎）】ŋaŋ⁵⁵ 响亮：办公楼的人，基本搞忘了山顶上这个脾气爆，喉
咙～的怪老头。｜哪一回不是说得凶，闹得～，过几天就水了？｜二队的妇
女们都在油菜地里说～了，你还装做不晓得呢。

【撬】ŋau²¹³（担子、杠杆之类两头不平衡，轻的那头）向上翘：担子～
的，不好挑。｜秤杆～起那么高，太旺了。

【硬铮】ŋən²¹³tsʻən²¹³① 硬：这纸不～，相当软和。｜这布有点～，做内
衣咋个要得？②（性格）刚强：蔡大哥遭几个人拖了出来，脑壳打破了。蔡
大哥到底是男人家，还～，一声不响。③（言语、态度）生硬；粗暴：留分
头的小伙脸一红，但嘴巴上还是狡，说出口的话比石条子还～。｜你咋个那
么～，两句话不对就吵起来了。④ 过硬的：他说场合不～，耍了手脚，烫了
他。｜人家后台～，当然能得到好处。

【硬火】ŋən²¹³xo⁵³ 质量好的；有分量的：你的货不～，傲不起大价钱。
｜不要吹了，拿点～的本事出来露一手！

【硬扎】ŋən²¹³tsa²¹① 坚硬；结实：这木头还～，做柱子要得。｜我年岁
不轻，可手脚还～。② 比喻强硬；有骨气：他心底坦荡，说出来的话也很～。
｜他们虽然家境贫困，却也穷得～。③ 比喻能力强，质量高：像我们厂，主
要矛盾在领导班子，只有班子～了，才能领导大家进一步改革。｜货物～，
才卖得起好价钱。

【硬肘】ŋən²¹³tsəu⁵³① 坚硬；结实：这石头～，做磨子好得很。｜他八
十岁了，身体还多～的。② 有骨气：心里有鬼，说不起～话。｜穷要穷得～，
饿要饿得志气！

【里扯】ni⁵³tsʻɛ⁵³① 说话不算话；办事不认真，不负责任：你好～哟！昨
天答应得好好的，今天又不兑现了。｜他最～了，莫找他办啥子事。② 质量
差的：这提包才～，用几天就坏了。

【脸红筋胀】nian⁵³xoŋ²¹tɕin⁵⁵tsaŋ²¹³ 形容因发急、发怒或因害羞、剧烈运
动而面部、颈部红胀：说话和气点嘛，～的做啥子？｜她～地回骂。｜他已
经～的了，再笑他，他更不好意思。｜他跑得～，气都喘不过来。

【灵醒】nin²¹ɕin⁵³① 机灵；清醒：此人脑袋极其～，最会随机应变。｜

这几年，别人越活越～，你就越活越糊涂！② 灵活；灵便：他恶狠狠地骂她们好吃懒做，手脚太欠～。｜我妈呢，眼睛又不～，做不得针线活了。

【落教】no²¹tɕiau²¹³ 通情达理；讲交情，守信用：干部也不能一概而论，比如队长就很～！｜张三娃借钱不还，很不～。

【啰连】no⁵³nian²¹① 絮烦；啰嗦：你啷个这么～，半天出不了门。② 不注意整洁、美观：身上好～，衣领都没扯伸展。｜你咋个这么～，头不梳，脸不洗，靸起两片鞋。

【偻】nəu²¹① 肮脏，川东多只有此义：你一身好～，换下来洗了嘛。② 乱，很不整齐：像个鸡窝，好～嘛。③ 寒碜；不体面；丢脸：他穿得太～，也不怕人笑话。｜那么大的人还去要东西吃，才～哦！

【拧筋】nin²¹jin⁵⁵ 不随和；乖戾：他～得很，很难将就，好多人都跟他处不好。｜在他家头打过工的保姆，都说他过场多，～，咋个做都不合他的意。

【拧筋掼骨)】nin²¹jin⁵⁵guan²¹³gu²¹ 又写作"凝筋灌骨"，同"拧筋"，语意更重：你咋个～的哟，你咋个说，我咋个做，做好了你又说不对。

【㶶】pʻa⁵⁵① 软（跟"硬"相对）：到肉～、菜熟时，即下水豆粉。｜烧白蒸得好～，筷子都拈不起来。② 发软，没有力气：干起活来～得很，总是那么提不起劲。｜刚刚生了一场病，脚～手软的。

【㶶和】pʻa⁵⁵xo²¹① 软和：新都姜糖吃起来～、滋润、香甜细嫩。｜这床棉絮才弹的，很～。② 软弱；懦弱：以为我们好～，可以随便欺负。

【泡】pʻau²¹³① 虚松，松软；不坚硬：沙琪玛离不了用蛋，但只能用鸡蛋，因为鸭蛋有腥味，鹅蛋翻硬，不～。｜这石头太～了，做磨子要不得。

【泡和】pʻau²¹³xo²¹ 宽裕；宽绰：那个地方在河边，水当然～。｜屋后头有个树林子，柴草很～。② 宽打宽用，不节约：他的钱用得太～了，硬是像发了大财的人。

【撇（劈）脱】pʻiɛ²¹tʻo²¹① 不拘泥，洒脱：他并不怎么拘泥，倒比别的一些人来得～，来得天真。｜铁民本就是个～人，断不会为这件事情多心。② 简单；简便：说～点，形势、任务，叶书记已经讲过无数遍了，就看我们有没有决心了！｜我全买，我也图个～嘛。③ 轻松；容易：这回没这么～，不怕他伍大郎屁眼儿黑，老子们认了！｜早点捉，你说得那么～，那几年有"四人帮"在上头给他几爷子扎起的。

【浸】tɕʻin²¹³① 凉，冷：这水～不～？｜你的脚才～啦。②（东西）使人感到凉、冷：这水烧了半天还是～人的。

【然瓦】zan²¹ua⁵³ 做事不干脆，不痛快：他那个人哪，～得很，半天拿不定主意。

【瓤】zaŋ²¹① （布、纸等）很薄很软；不结实：这纸太～了，经不起铅笔画。② 软弱无力，没有精神：拉了一天车，周身都是～的。｜我每天赶了安乐寺回来，说真话，硬是人要～半天，才缓得过气来。

【热焙】ze²¹no²¹① 暖和；热：他本想叫幺师去买一碗汤元来吃的，一转念，不如自己去，倒吃得～些。｜刀头不在大小，总要～。② 亲热；热情：只要话说得～，吃点亏我也认了。

【绒】zoŋ²¹ 多作补语。① 形容烂、软如绒状或糊状：要把蒜泥舂得很～。② 比喻因害怕或疲乏而瘫软：我才咳一声嗽，就把好多人吓～了。

【肉扯扯】zəu²¹³tsʻɛ⁵³tsʻɛ⁵³（～的）办事不干脆，不果断：他做啥子事都是那么～的，半天拿不定主意。

【苕】sau²¹ 本意指红薯，形容土气；俗气：他嫌乡下姑娘～，不答应这门亲事。｜你看她那身打扮哟，大红大绿的，硬是～得很。

【神】sən²¹① 特别高超或出奇；神奇（可单独作谓语）：刘谦的魔术好～哦。｜他的预报是在省台广播预报前十天报出的。这就～了。② 入神，走神；发愣：哎呀，看人家的新娘子都看～了！｜三小子，快跑呀，～起做啥子！③ 形容说话漫无边际或无根据：他们边走边～扯着。｜"有人写信到县里，把你们那位伍同志告下啦。""～说！""欺哄了你，把我脑壳锯下来。"

【神戳戳】sən²¹tsʻo²¹tsʻo²¹（～的）神经质的，莫明其妙的：他一天到黑～的，是不是脑子有毛病？｜你又没有过错，道啥子歉嘛，～的。

【松活】soŋ⁵⁵xo²¹① 不感到有负担；轻松：行李都给骡子驮起了，走起来很～。｜他很照顾这个小兄弟，总是安排些～的事情让他去干。② 宽绰；宽裕：就这么个车，坐几十号客，人要不穿衣服就好了，要不，人都是衣服就更～了。｜打从嫁到王家，她总算过了十打十年～日子！③ 松弛；不严格：工地上管理～得很，所以常有小偷来光顾。

【㞞】soŋ²¹① 馋；贪嘴：盯着别人吃饭，～得很。② 寒碜；寒酸：那么有钱还要捡废纸卖，做得那么～。｜穿得烂稀稀的，～得很。

【苏气】su⁵⁵tɕʻi²¹³① 漂亮；好看：哎哟，今天的苦三爷才打扮得～喃！｜好漂亮，好～的妹崽ₙ啰，看花了眼，还当是下凡的七仙姑哩。② 大方，脱俗：与一般乡下新娘子，见了生人，便死死把头埋着，一万个不开口，比并起来，自然她就～多了。③ 痛快：这个暑假就看了三部了，还不～呀！④ 有气派：钱家哩，却是个世家，而钱亲翁又在官多年，自然是～到底的了。

【随】suei²¹① 熟练自如：这个有点"神"的动作，他显得很"～"，因此，在别人眼里就愈加莫测高深。② 很容易：他算老几，我～捡。│这点活路我～做。

【水】suei⁵³ 说话不算话；办事敷衍塞责：哪一回不是说得凶，闹得凶，过几天就～了？│自从当了个芝麻官，全村最～的李二娃也一本正经起来。

【水垮垮】suei⁵³kʻua⁵³kʻua⁵³（～的）<贬>① 形容水淋淋的样子：这东西～的，装在衣兜里要不得。② "水"的生动形式：a.形容说话不算话，办事敷衍：他做事～的，要把他盯紧点ㄦ。│他经常～的，他的话怕靠不住。b.松驰，不严格：我们班～的，别人都有意见了。

【烫】tʻaŋ²¹³ 厉害；棘手：现时而今，～得很，八方又都是仇人，没事还能给你说一坨来摆起哩！│这件事情～得很哦，你不要去自找麻烦。

【烫手】tʻaŋ²¹³səu⁵³ 同上：你那价钱太～了！│过去，动员干部到生产第一线，历来难度大，最～，谁都不愿下去。

【提劲】tʻi²¹tɕin²¹³② 帅，拔尖ㄦ：她长得是全班最～ㄦ的。│他那两刷子才～哦，没得几个人赶得倒。

【跳颤】tʻiau²¹³tsan²¹³① 活蹦乱跳的样子：这娃娃那么～的，有啥子病哦？② <贬>过于活跃，好出风头：他那个人很～，啥事都要出头显示一番！

【歪】uai⁵⁵ 凶狠，厉害：说得比老虎还～。│你别看这不过是一个芝麻大的官，在乡下却～得很哩。

【歪】uai⁵³① 假冒的；质量低劣的：～阿迪达斯│他在地摊上买了一双耐克鞋，哪晓得是～的，假名牌。│这车子才～哟，骑了几天就扯拐了。② 非正规的；不讲原则，不负责任的：～中介公司│这培训班好～嘛，没得教室，也没得教师。│这次的考试才～，监考老师都不设。

【汪实】uaŋ⁵⁵tɕi²¹（份量）很多、很足：泡菜拈～点。│他们的菜味道又好，份量又～。

【亡命】uaŋ²¹min²¹³ 不顾性命；不顾危险：我打架最～，那些娃儿都不敢惹我。│带病加班，好～！你们的加班费肯定高。│工作不要太～，身体也要紧。

【五马六道】u⁵³ma⁵³nu²¹tau²¹³形容霸道，蛮不讲理：我看你比土匪还要～。│那李三娃仗着有个当镇长的爹，居然也是～，抓拿骗吃。

【武辣】u⁵³na²¹① 泼辣：你太斯文了，要是～一点，我更喜欢。② 狠毒：你们整人的手段太～了。

【相因（应）】ɕiaŋ⁵⁵in⁵⁵ 便宜：质量又好，价钱又～。│不要只图～，～无好货。

【煿人】ɕie²¹zən²¹火气炙人：火势太大，不要走拢了，走拢了好～。

【心欠欠】ɕin⁵⁵tɕ'ian²¹³tɕ'ian²¹³（～的）心里没有得到满足：这顿饭吃得～的。

【醒豁】ɕin⁵³xo²¹① 清醒：骗子都跑了，他才～过来。② 清楚；明白：看～哈，这是你亲自写给我的借条。| 你搞～，风水轮流转，现在不是我求你的时候了。

【悬吊吊】ɕyan²¹tiau²¹³tiau²¹³（～的）① 悬空的：高空作业～的，你要注意安全。② 心里不踏实，无着落：任务没有完成，心头～的。

【牙尖】ia²¹tɕian⁵⁵形容爱说人长短，搬弄是非：那个女娃子～得很，不要跟她打堆。

【洋盘】iaŋ²¹p'an²¹洋气，时髦：打扮得再～，还是脱不倒原来那种俗气。有两个钱了，穿金戴银地显～。

【洋歪歪】iaŋ²¹uai⁵³uai⁵³洋洋得意的样子，含贬义：才考第三名嘛，～的做啥子？

【妖艳ㄦ】iau⁵⁵ianr²¹³〈贬〉① 妖冶，艳丽：你看她那一身穿戴，好～哦。② 故意捣蛋：只要紧箍咒一念，哪个还敢～？③ 摆阔：人家有钱，该他～。

【遇缘】y²¹³yan²¹（～ㄦ）恰好碰在某种机缘上；正好：你要找他，真来得～！他平时都不来，今天正好来了。| 硬是不～，回回促销活动我都没赶上。

【渣渣瓦瓦】tsa⁵⁵tsa⁵⁵ua⁵³ua⁵³（～的）① 零碎；琐碎：每天都有很多～的事情做不完。② 爱说闲言碎语的：这个人～的，你不要理他。

【造（遭、皂）孽】tsau²¹³nie²¹可怜：他从小父母双亡，日子过得很～。| 这家人多灾多难。～得很。

【正南其北】tsən²¹³nan²¹³tɕ'i²¹pe²¹（～的）正式的；正经八百的：大家都有～的证明。| 人家是～的大学生，你不要小看了。| 我～地告诉你：这样做行不通。

【周吴郑王】tsəu⁵⁵u²¹tsən²¹³uaŋ²¹（～的）原为《百家姓》上的一句，谐"周正"。① 正正经经的样子：他走上讲台，～地宣讲自己设计的方案。②（穿戴）齐整：小王今天要去相亲，穿得～的。

【周正】tsəu⁵⁵tsən²¹³①（位置或长相）端正：那幅油画没有挂～。| 小伙子长得很～。②（穿戴）齐整：今天小陈要上台领奖，西装领带的，穿得好～哦。③ 纯正：这瓶酒的味道很～。| 这是好久的剩菜？味道不～了。

三、名物指称

【坝子】pa²¹³tsʅ⁵³① 平原；平川：川西～，沃野千里。② 也说"坝坝"。

空的平地：谷子晒在～头的。| 今天晚上要在～头放电影。

【包包】pau⁵⁵pau⁵⁵① 装东西的口袋：这～太重，我提不动。②（～ル）衣裤口袋：他从内衣～里拿出来一个手机。③（～ル）花苞；芽苞：月季又发了几个小～。④ 身体或物体上鼓起的疙瘩：娃娃的脑壳上长了一个～。

【包谷】pau⁵⁵ku²¹ 玉米。有的地方又称"玉麦"。

【宝器（气）】pau⁵³tɕʻi²¹³ 像活宝一样的傻瓜：大家都拿他当～，常常逗着他玩ル。

【白墨】pɛ²¹mɛ²¹ 粉笔：一堂课下来，衣袖上尽是～灰。| 给老师拿几支彩色～来。

【编编匠】pian⁵⁵pian⁵⁵tɕian²¹³ 本指编竹器的匠人。编，谐"编造"的"编"，编编匠，借指用哄骗手段骗取钱财的人：那个～厉害哦，大学生都上他当了。

【抄手】tsʻau⁵⁵səu⁵³（～ル）馄饨。有的地方又叫"包面"：清汤～ | 红油～。

【燥性】tsʻau²¹³ɕin²¹³ 中医指热性：咳嗽、喉痛忌刺激性～食物。

【戳锅漏】tsʻo²¹ko⁵⁵nəu²¹³ 指存心或总是把事情搞坏的人：我晓得有人在背后当～，你千万不要信那些话啊！

【大嘴老鸹】ta²¹³tsuei⁵³ nau⁵³ua⁵⁵ 比喻贪吃、贪心的人：你简直是个～，那么多饭都吃完了。| 他是个～，礼物送少了，他看不上眼。| 他虽说算不上～，可吃起炉和来也不拘礼啦！

【带头】tai²¹³təu²¹<贬>① 搭配的人或物：各个班都不能净挑入口成绩好的学生，都要搭点～，要几个成绩不好的学生。| 这块肉是净瘦肉，是要搭一点～才卖啊！② 指女人改嫁带去的孩子：在旧社会，搭～的孩子，总少不了受歧视欺负的。

【颠颠（巅巅）】tian⁵⁵tian⁵⁵ 物体的顶端：猫儿爬到树子～上去了。| 他才走到半山腰，离山～还远。

【电马儿】tian⁵⁵ma⁵³ɚ²¹ 电动车：他骑的是摩托车。不是～。

【二杆子】ɚ²¹³kan⁵³tsɿ⁵³ 粗野、莽撞的人：他是个有名的～，说话、做事经常得罪人。

【二话】ɚ²¹³xua²¹³ 牢骚话：他一贯服从组织分配，不管安排他搞什么工作，他都从来不说～，

【二恍恍】ɚ²¹³xuaŋ⁵³xuaŋ²¹ 粗心大意的人：张莽娃是个～，牛牵绳都没解开，就想把牛牵起走。

【二回】ɚ²¹³xuei²¹ 下次；以后：这回没整对，～重新来过。|"欢迎～再来。""你的东西太贵了，只有这一回了，哪有～哟。

【二天】ᴈ²¹³t'ian⁵⁵ 以后：今天不批条子了，～再说。| ～你想回娘屋的时候，只管回来。| 你不要那么凶，老子～才找你娃算账。

【方脑壳】faŋ⁵⁵nau⁵³k'o²¹ 脑筋死板，不谙人情世故的人：你咋个去求那个～？他不得给你跑这些事情的。| 他是个～，社会上的好多事情他都搞不懂。

【方向】faŋ⁵⁵ɕiaŋ²¹³ 着落：我带的钱昨天就用光了，今天的早饭，还没得～呢。| 娃儿的学费要交了，有～没得？

【房圈】faŋ²¹tɕ'yan⁵⁵ 又说"房圈屋"、"歇房"或"歇房屋"：妈，你那小箱箱的钥匙是不是在你～里的枕头底下，我给你拿啊？

【街娃ᴀ】kai⁵⁵uar²¹ 市井中的小混混：那些～吃饱了没得事，又在打群架了。

【盖面菜】kai²¹³mian²¹³ts'ai²¹³ ① 放在碗面上作面子的质量最好的菜，也泛指席桌上最好的菜：只有面上的～才是肉，下面的全是小菜。② 喻头等的人或物：无论讲资格，讲地位，讲威望，他都算得上这块偏僻小镇的头一块～，所以经常都是他代表镇上抛头露面。

【杠杠】kaŋ²¹³kaŋ²¹³⁻⁵⁵ ① 直线条：过马路还要看路面上有没有白～。② 指某种规定、规格：对于才能超拔的人物，大可悉心委任，何必死扣～？更何必任意提高～，挑剔一些不相干的毛病？

【各人】ko²¹zən²¹ ① 自己（复指前面的人或事物）：～的事～晓得。| 小玲，给幺叔拈肉，别光顾～吃！| 你不动瓶子，瓶子～会倒哇？② 每人（逐诣）：炊事员给老李和小文～弄来一钵红苕干饭。

【公子】koŋ⁵⁵tsʅ⁵³ 雄性的禽畜（与"母子"相对）：喂～做啥子？又不下崽ᴀ。

【沟（尻）子】kəu⁵⁵tsʅ⁵³ 屁股的粗俗说法：你娃～上有屎，不怕他抓你把柄吗？

【瓜娃子】kua⁵⁵ua²¹tsʅ⁵³ 傻瓜：你又不是～，咋会上骗子的当呢？

【鬼八卦】kuei⁵³pa²¹kua²¹³ ① 诡计：他的～多，你不要轻信他的话。② 小聪明：老李这人，狡猾是狡猾，可也有些～。

【哈包ᴀ】xa⁵³paur⁵⁵ 哈，傻。指傻瓜。又说"哈儿"：嘿，脚穷一身穷，～娃儿，晓得不？

【火的】xo⁵³ti²¹ "的"，"的士"的"的"。指载客的"火三轮"。

【火三轮】xo⁵³san⁵⁵nuən²¹（～ᴀ）机动三轮车。

【几爷子】tɕi⁵³ie²¹tsʅ⁵³ ① 父亲和几个子女的总称：和一般生活俭朴，人口又多的农家一样，平常头发长了，～就换手搔背地互相理发。② <贬>几个人；一伙人：都关了店门了，～还跑来打门，硬把老板从铺盖里喊起来。｜怕只怕事情败露，那～就只有栽崖了！

【记认】tɕi²¹³zən²¹³ 帮助识别、辩认的记号、特征：他养的宠物狗，是有～的，掉了也容易找回来。

【架架ₙ】tɕia²¹³tɕiar²¹³ 贴身穿的背心ₙ：他脱掉衬衣，露出了里面穿的～。

【架势】tɕia²¹³sɿ²¹³ 势头：看他那～，今天好像要大干一场的样子。

【焦心】tɕiau⁵⁵ɕin⁵⁵ 焦虑的心情：他这一向～太重了，人都瘦了。

【筋筋网网】tɕin⁵⁵tɕin⁵⁵uaŋ⁵³uaŋ²¹ ① 像筋像网的东西：割块肉尽是～，切菜都不好切。｜棉絮都烂成～了，咋个盖哟，卖给收荒匠算了。② 比喻互相牵连、互相纠缠的东西：事情太复杂了，那些麻麻杂杂的～太难理伸展了。

【脚脚】tɕyo²¹tɕyo⁵⁵ ① 人或动物的脚：你那么大个个子，这么小个～。｜你咋个不吃鸡肉光啃～？② 器物的腿：桌子～｜板凳～｜他上穿阴丹布马褂，下穿毛织贡大～裤子，③ 某些蔬菜的根：豆芽要掐了～才好吃。④ 残渣；剩余的东西：你不要尽把好的吃了，光给人家留些～。｜人家在街上买不到小菜——连小菜～都买不到。⑤ 液体里残留在容器底部的沉淀：这水壶烧出来的开水～太多了。

【看田缺水的】k‘an²¹³ t‘ian²¹tɕ‘yɛ²¹suei⁵³ nɛ⁵⁵ 田缺，水田田埂上放水的缺口。看田缺水，指管理农田。旧时种田的多是男子，看田缺水的指男孩（与下条相对）：她想个女儿，哪想到生下来还是个～。

【看甑脚水的】k‘an²¹³ tsən²¹³tɕyo²¹suei⁵³ nɛ⁵⁵ 用甑子蒸饭要随时观察甑子下面的水是否已干。看甑脚水，借指做家务活。看甑脚水的，指女孩（与上条相对）：她想个女儿，生下来正好是个～。

【刻刻】k‘ɛ²¹³k‘ɛ⁵⁵ ① 刻划而留下的痕迹：他在船上用刀子刻了个～，表示剑是从那儿掉下河里的。② 比喻规定的范围、限度：还是定个～，没到一百三十斤的猪不收。

【壳子】k‘o²¹tsɿ⁵³ ① 无关紧要的话或无根据的话：你们～也吹够了，该做点ₙ正经事了。｜如此说来，有房产是冲的～，有汽车也是～了！② 指"壳子客"，即喜欢吹牛的人：老张是著名的张～，惯会遇事生风，乱吹壳子。

【瞌睡虫】k‘o²¹suei²¹³ts‘oŋ²¹ ① 使人瞌睡的虫，含谐谑味。源于《西游记》。《西游记》上说孙悟空拔毫毛变瞌睡虫放到人身上，催其入睡。所以瞌睡了，谐称为"瞌睡虫来了"。② 比喻贪睡的人：你简直是个～，一天睡到黑都像睡不醒。

【口口】k‘əu⁵³k‘əu²¹ ① 口ₙ；口子：这瓶子～是破的。｜手着割了一条～。

② 刀、剑、剪刀等的刃：幸好是菜刀背背，万一是菜刀～的话，哎哟！才不得了！｜这把剪刀～都剪缺了，不磨咋个用？

【款款】k'uan⁵³k'uan²¹① 用以绊住物件的东西：门上～都没得，光溜溜的，咋个款得倒嘛。② 数儿；限度：究竟要花多少钱，他心头也没得～。｜话说到哪种程度，应该有个～。

【麻婆】ma²¹p'o²¹<贬>脸上有麻子的人，不限于女性：他脸上有几颗麻子，人家就叫他～。

【码目】ma⁵³mu²¹ 数儿，底儿；其实偷钱那件事，大家心头当时就有～，只不过不愿给我撑起，看我的"笑神儿"罢了。

【笀笀】maŋ⁵⁵maŋ⁵⁵ 饭（多为儿语）：乖乖不要哭，一会儿就吃～！｜只见锅内煮～，哪见锅内煮文章。

【莽子】maŋ⁵⁵tsɿ⁵³① 身材粗壮的人；胖子：～娃儿胖嘟嘟，就像我家大白猪。② 很憨厚或不爱动脑筋的人：二～其实并不莽，只不过脾气很犟。｜他这人绰号～，是不大会用思想的。有的地区只有①义，有的则只有②义。

【毛根儿】mau²¹kənr⁵⁵ 发辫：她脑壳上梳了个独～。

【毛根儿朋友】mau²¹kənr⁵⁵ p'oŋ²¹iəu⁵³ 孩童时代就要好的朋友：他两个本是同族兄弟，又自小一起长大，算是～。又说"偏毛根儿朋友"。

【帽（冒）儿头】mau²¹³ɚ²¹/⁵⁵t'əu²¹ 旧时普通饭馆里卖饭的单位，把平平的两碗饭扣在一个碗里即成一碗帽儿头。因饭冒出碗口，像戴的帽子，所以有此说法：从前，下力人吃饭，都爱吃～，一碗顶两碗。｜老板，～垒高点哈。

【米米】mi⁵³mi²¹① 泛指去壳或皮后的种子，多指可以吃的：花生～。｜地里的玉米才挂上了红胡须，还没长～。② 小而硬的粒状物：石头～。③ 痱子样的小疙瘩：颈项上长满了痱子～。

【抹豁】mo⁵³xo²¹（～儿）不应得而得或不付代价而白得的东西：吃了别个好多～。｜～拿多了要不得，吃进去好，吐出来恼火。

【磨心】mo²¹³ɕin⁵⁵① 指磨的轴。用木棍或铁棍作成：这磨子～都磨小了。② 比喻跟矛盾各方面都有牵扯，夹在中间的人：遇到婆媳干仗，他自己只有当～的份儿，两个都不能得罪。

【某人三四】moŋ⁵³zən²¹san⁵⁵sɿ²¹³① 泛指某个不确定的人：用别个的东西要打个招呼嘛：～，我用下你的笔嘛。② 用在"我"之后，代替自己的名字：这么说，你们这些城里人信得过我～喽！

【木脑壳】mu²¹nau⁵³ko²¹（～儿）① 木偶：从前，遇到天旱，要给龙王爷供个猪头，敬杯水酒，请～唱几本"目莲戏"。② 比喻无头脑的人：可惜我不是～，不想进你那圈套。

【母子】mu^{53}tsṛ^{53}① 雌性的禽兽（跟"公子"相对）：捉个～喂起下崽。| 这鸡太小了，分不清是不是～。② 作种子用的块茎或块根：红苕～|芋头～。③ 含有酵母的面团、酒酿：酒～。④ 比喻赌钱的本钱：我现在惨就惨在钱输光了，没有～了。不过，话又说回来，牌——这个东西太害人了，不能再打了！

【烂脑壳】nan^{213}nau^{53}k'o^{21} 头脑灵，主意多的人，多含贬意：他是个～，鬼点子多得很。

【烂龙门阵】nan^{213}noŋ^{21}mən$^{21/55}$tsən^{213} 没有意思，没有听头的故事：我是自找苦吃，要听我的～么？| 又在摆你那～了，摆了好多回，有啥意思嘛！

【烂药】nan^{213}yo^{21}① 比喻鬼点子，坏主意：他想利用大家急于发财的心理，放点儿～，把众人引上邪路。② 比喻爱使坏的人：他觉得自己如果不听那个～同事的话，就不会上当。

【烂友儿】nan^{213}iəur^{53} 流氓；痞子：他是个～，正经女娃子都不想跟他耍朋友。又说烂眼儿。

【躺巴儿】naŋ^{55}par^{55}① 瘦弱的人或动物：他是个～，担得起那么重呀？| 一挑鱼大的卖完了，只剩些～了。② 专指小指头：大指拇儿，二指弟，中三娘，王伙计，请你～吃个屁。

【躺瓤】naŋ^{55}zaŋ^{21} 通融的余地：这些事情没啥子可说的，一点～都没得，要逗硬。

【捞捞】nau^{55}nau^{55}① 笊篱之类捞取东西的工具：拿个～捞面。② 值得捞取的东西：这汤清汤寡水的，没得啥子～。◇这生意跑一趟才赚几块钱，有啥～嘛。

【老把子】nau^{53}pa^{53}tsṛ^{53}① 对老年男子的称呼，多用于不相识的人，尊敬意不强：～——不！不！老人家。多谢你了。② 指父亲，多含谐谑味：～，妈喊你吃饭啰。

【老果果】nau^{53}ko^{53}ko^{21}① 年纪大的人：我们这些～，哪能跟年轻人比哟。② 老手：他从小就在市场上混饭吃，几十年来已算得上～了，可以说无往不胜，无往不利。

【老几】nau^{53}tɕi^{53}① 打招呼的话，对年龄相近的、不相识的成年男子的称呼，含亲密而略带轻佻意（已不常用）：～，你听说了吗？东南西北四路的同志军都要杀进城来了？② 略等于"家伙"，指人（含轻视或玩笑意）：那几个～算啥子？我随捡！｜你这～才笑人呢，自家人还这么客气。

【老坎】nau⁵³k'an⁵³① 吝啬的人：他是个有名的～，咋个舍得出这个钱嘛。
② 土包子；傻瓜：城里的规矩大，不懂就多开腔，不要象个～的样子。｜肯信你几爷子都是猪，都是～，由人家整，由人家烫么？③ <贬>指农民：你莫以为天还早，卖菜的～早都来了。

【老牛筋】nau⁵³ȵiəu²¹tɕin⁵⁵① 固执、保守的人：你晓得那个人是全厂出名的～。他说的话八匹马都拉不动的。② 吝啬鬼：爸爸嘛，一个天生的～！啥子都好，就只拿出钱来便心疼。

【脑壳】nau⁵³k'o²¹① 头；脑袋：狗～｜猪～｜若真地挨上这一拳头，他的～怕真地要破面开花了。② 脑筋；头脑：碰到这种事情，他那灵动的～，油滑无比的舌头，一时也全失去了作用。｜你平时显得很有～，咋个今天就没得办法了呢！③ 脑子，脑海：他～里一再出现刚才的事情。｜昨天那件事，总是在我～头打转转。④ 指头发，与剪、洗、梳、吹、烫等动词连用：剪～｜烫～｜我一个月剃一回～。⑤ 某些器物的顶端；植物的与末梢相对的部分或根部：烟杆～｜锄～｜菜～｜他吃莴笋只吃～，不吃颠颠和叶子。

【礼信】ni⁵³ɕin²¹³① 礼物：我妹子坐月，连个～都没有送，叫我脸皮往哪里放！② 礼节：他很讲～，逢年过节总要送点ɩ礼去。｜有来有往嘛，说起来那原是一种～呀！

【刘全进】niəu²¹tɕ'yan²¹tɕin²¹³ 指傻瓜。本为歇后语，由"刘全进瓜"（《西游记》中的故事）歇后变来。有的地方讹变为"刘前进"。说话人要说的是"瓜"，谐"瓜娃子"的"瓜"，意思是傻瓜：我跟你这种～说不清楚！｜你简直是个～，这个道理都懂不起！

【溜肩膀】niəu⁵³/⁵⁵tɕian⁵⁵paŋ⁵³ 比喻推卸责任的人：不要凡事当～！

【龙门阵】non²¹mən²¹/⁵⁵tsən²¹³① 故事：这可是几十年前武林中的一件真事情，你可不要把它当成一般的～来听啊！② 闲谈的话：这期间，他们经常一起下象棋，吹～，成了忘年交。｜那是酒席上的～，你不要太认真了。

【炮的】p'a⁵⁵ti²¹ "的"，"的士"的"的"。指载客的"炮耳朵车"。坐出租"炮耳朵车"称"打炮的"。参看"炮耳朵车"。

【炮耳朵】p'a⁵⁵ɚ⁵³to⁵⁵ 指惧内的人。炮，软。惧内的人耳朵很软，什么都听老婆的：他是个～，在婆娘面前说不起话。

【炮耳朵车】p'a⁵⁵ɚ⁵³to⁵⁵ts'ɛ⁵⁵ 一种由自行车改装而成的交通工具。最早又叫"边斗车"。因是在自行车后面的衣架旁，装上可以坐人的边斗而成的。又因它往往是丈夫骑着，载上妻子外出、上街的工具，所以后来称之为"炮耳朵车"。现在也指一种可以载人的老年三轮车。

【炮和】p'a⁵⁵xo²¹ 容易获取的或不需要付出相应劳动的东西；便宜：他钱花得少，默倒买了个～，哪晓得买倒个假货。｜这任务简单，你还是把它接到手，说不定你捡了个～呢。｜我这ⱼ没～好吃，主要是跟大石块打交道，活路可是有点重。

【婆娘】p'o²¹ȵiaŋ⁵⁵<贬>① 已婚的女人："哪个背时～喊你来的？""你妈喊我来的！② 老婆：我～回娘屋去了，把娃娃也带走了。｜那娃ⱼ三十岁了，朋友都没耍，哪得～嘛。

【欺（魌）头】tɕ'i⁵⁵t'əu²¹（～ⱼ）指价钱便宜的东西；不应得的小利；不劳而获的好处：这猪ⱼ买到～了，少说要值三十六、七块。｜他两个知道，水不搅浑，是摸不到鱼的，他们想望～，不制造点事端，吃不到嘴。｜草堆堆头的蛋是人家的鸡生的，你咋个见到～就想伸手呢？

【青沟（尻）子】tɕ'in⁵⁵kəu⁵⁵tsɿ⁵³ 本指有青色胎记的屁股，引申指：① 年纪不大的，不懂世事的人：他还是个～娃娃，懂得啥子嘛？｜总而言之，是这个眼空四海的～大学生，打乱了三江镇的平静，秩序，和气。

【青头姑娘】tɕ'in⁵⁵t'əu²¹ku⁵⁵ȵiaŋ⁵⁵(～ⱼ)黄花女儿：媳妇是～嫁过来的，不是啥子二婚嫂。

【让手】zaŋ²¹³səu⁵³ 可能退让的余地，可以商量的余地："这样说吗，有～没有？"两个汉子瞪起两眼道："没～！把家伙亮出来！"｜你没看见有的落实政策的干部，在我们招待所来住起，条件一是一，二是二，不得打一点点～。

【天棒】t'ian⁵⁵paŋ²¹³<贬>又说"天棒槌ⱼ"。鲁莽的，不怕事的人：他是个～，说话、做事很冲动，不动脑筋。

【贴心豆瓣】t'iɛ²¹ɕin⁵⁵təu²¹³pan²¹³（～ⱼ）心腹，亲信：你不能只相信你那几个～。

【躲神】t'o⁵³sən²¹ 指游手好闲的游民、二流子。躲下垂。因游手好闲的人，常闲游市井之中，无所事事，两手常躲，所以称之为躲神：你不找点ⱼ正经事做，一天到晚游手好闲，简直就是个～。

【头】t'əu²¹ 用于名词性词语之后表方位，相当于"里"：锅～有了，碗～也有了。｜大教室～坐满了学生。｜车子停在大楼右边的那个坝子～。

【头头】t'əu²¹tər⁵⁵ ① 植物的根茎部分：甘蔗～比颠颠甜。｜"你们连莴笋叶叶都舍不得丢！""小菜好贵哟，还敢尽吃～？"② 物体的端头部分：我们小区的～上经常有农民在那ⱼ卖菜。｜现在已经是农历二月～上了。

【油大】iəu²¹ta²¹³ 荤腥菜肴。也泛指宴席：过去肉食定量供应，一个月才吃一回～，现在好了，天天都有～，就是吃不得了。

【下饭菜】çia²¹³fan²¹³ts'ai²¹³ 本指佐餐的菜肴。比喻：① 可以随意处置的人：我又不是你的～，你想咋个整就咋个整嘛？② 对手：对方是赫赫有名的麻大胆，，你老人家斯文呆呆的，恐怕不是他的～吧？

【闲条】çian²¹t'iau²¹ 无关紧要的话：吃了饭啥子事情都不做，只晓得摆～。｜～扯够了没有？该谈点正事了。

【乡坝】çiaŋ⁵⁵pa²¹³ 乡下；乡村：～头空气新鲜，城里人周末都喜欢来。

【乡巴（坝）佬】çiaŋ⁵⁵pa⁵⁵nau⁵³＜贬＞乡下人：你真是～进城，啥子都觉得稀奇。

【兄弟伙】çyŋ⁵⁵ti²¹³xo⁵³①旧时袍哥称自己组织中的成员：他把龙头大爷、仁义两堂的～都请来了。②泛指自己小集团中的成员；哥们儿：争斗双方都叫来了自己的～，差点酿成一场大械斗。｜大家都是～，何必客气嘛。

【眼火】ian⁵³xo⁵³ 希望；着落：买不倒了，摊摊儿都收了，没～了。｜你这么晏才来，有啥子～嘛。

【眼睛水】ian⁵³ 泪水：～都没得，干哭。

【眼子】ian⁵³tsɿ⁵³ 着落；办法：修房子的砖瓦水泥，我已经有～了。｜商量了半天，还是啥子～都没得。

【崽儿】tsai⁵³ɚ²¹＜贬＞男青少年：重庆～｜那两个小～，站倒！｜姓高的～，各人值几个钱，你应该心头有数。

【崽崽】tsai⁵³tsai²¹ ① 小孩儿：她丈夫出去打工，她一个人带两个～。｜那个鬼～又把我的花掐走了。② 幼畜。又说"崽儿"：猫猫下了三个～。｜私房银子不拿出来用干啥子呀？未必放在箱箱里头会下～呀？

【颤花儿】tsan²¹³xuar⁵⁵ 爱出风头，好表现的人。也说"颤花儿婆""颤灵子"：满屋子人都那样讲，你偏要这样讲，人家不说你是～呀？｜你七姐的"那个"来了，是一个留小胡子的～，讨厌死了！

【跐胶】tsɿ⁵⁵tçiau⁵⁵ 跐，擦。指橡皮擦子：把你的～借给我跐一下。

四、方式程度

【八方】 pa²¹faŋ⁵⁵ 到处；各方（"四面八方"的省文）：为了孩子上学的事情，两口子不得不～求人。

【不犯于】pu²¹fan²¹³y²¹ 不必，表示不值得有某种行为：那种蛮不讲理的人，你～跟他计较。｜这种投资不可能带来回报，我们～去花那些冤枉钱。｜为这点事情生气，～哈！

【笔端端】pi²¹tuan⁵⁵tuan⁵⁵ 笔直地：～往前走，抵拢倒拐就到了。

【大声武气】ta²¹³sən⁵⁵u⁵³tɕ'i²¹³（～的）嗓门提得很高地说话：光听见他～地闹麻了，不晓得闹的啥子。| 不要～地吼，轻言细语的我听得见。

【单另】tan⁵⁵nin²¹³ 单独，另外：这个是坏的，你～拿一个。| 传染病人不要住在一起，～住一间。| 这本书我看过的，你～借一本给我。

【淡淡】tan²¹³tan²¹³ 分量不重，程度不深：老师～地批评了几句。| 拿根绳子～～地捆一下就行了，不得散的。

【颠转】tian⁵⁵tsuan²¹³ 反而，反倒：肥料用过了头，庄家～长不好。| 我好心好意地去帮他，他～把我骂了一顿。| 我的业绩最好，奖金咋～最低嘛？

【对直】tuei²¹³tsʅ²¹① 直直地：把汽车～开过去，不要转拐。| 她～向老汉走来。② 直接：你也不必再跟爸妈商量，要考时～去考就是了。

【飞叉叉】fei⁵⁵ts'a⁵⁵ts'a⁵⁵ 速度迅猛，带贬义：看见几个女生在排练舞蹈，他～地跑过去看闹热。| 他～地朝茅厕头跑。

【跟倒】kən⁵⁵tau⁵³① 马上，立刻：打完这圈麻将，我～就来。| 号令一响，运动员～就冲了出去。② 即将，接着：大暑过了好几天了，～就要到立秋了。| 不要着急，打了针，吃了药，病～就会好的。

【格外】kɛ²¹uai²¹³ 另外，在所说范围之外：他一个人来的，～没有人来。| 除了酱油，～还买点啥子不？| 算错了没来头，～算一道嘛。

【高矮】kau⁵⁵ŋai⁵³ 无论如何：文件都下了，他～不上任。| 大家都不同意，他还是～要坚持自己的意见。

【何犯于】xo²¹fan²¹³y²¹ 何必，犯不着：你一个大人，～跟娃娃生气？| 这件事跟你没有关系，你～去承担责任？| 明明晓得会败诉，偏要去打官司，～嘛。

【昏】xuən⁵⁵ 用于动词、形容词之后作补语。表示程序很深，后面常带"了"：骇～了 | 忙～了 | 行势～了 | 盼盼心里十分明白，就是身体软得不能动弹，像瞌睡来～了一样。| 你又着急～了。那么远的路，咋能说来就来嘛？

【横顺】xuan²¹suən²¹³① 反正：等我回家吃了饭，梳了辫子，亲自送去好了。我～有点事要找他的。| ～没有客人来，我就给你摆一摆聊嘛。② 无论如何，这女人第一难惹，～不讲道理。| 说了半天，他～听不进去。

【架势】tɕia²¹³sʅ²¹³ 竭力，使劲地：大家～干，干完了就休息。| 两口子～地吵了半天。| 衣服好脏哦，～洗都洗不干净。

【交】tɕiau⁵⁵ 遍；全。用在动词后，作补语：母亲死后，催着吴嫂赶做的三双素面鞋，全换～了，| 那么多地方，你三天三夜也跑不～。

【结实】tɕiɛ²¹sʅ²¹ 分量重，力量大：大家结结实实的批评了他一顿，他才不捣乱了。｜县大老爷很是生气，本想～捶他一个不逊的，却不料他忽然大喊，自称是教民。

【尽都】tɕin²¹³təu⁵⁵ 全部，一定范围内无例外：年轻人～打工去了。｜这个消息～晓得了。｜说起自愿加班，咋～不来喃？

【久不久】tɕiəu⁵³pu²¹tɕiəu⁵³ 隔不了多久；不时：如果不是～还有点会议伙食吃的话，那喉咙简直就要生锈了。｜两口子～地要大吵一场。

【紧倒】tɕin²¹tau⁵³ 一直，老是；不停地：老天～不下雨，庄家都干死完了。｜早一点去，不要让人家～等。｜～走，～走！脚都走痛了。

【脚跟脚】tɕyo²¹kən⁵⁵tɕyo²¹ 形容紧紧跟随或紧接着某人的行动而行动：认都认不倒的女娃子，你～地在后头撵啥子？｜这个娃娃懒得很，大人一出门，他就～地梭出去耍。

【看倒】k'an²¹³tau⁵¹ 眼看着；马上：～就要下雨了，咋不带把伞喃？｜～房子就要垮了，还不愿意搬家。｜～人家都要哭了，还在说啥子嘛。

【靠实】k'au²¹³sʅ²¹ 确实；实在：丢了工作，这个家我～撑不下去了。｜那么不守信用的人，～不想理他了。

【老实】nau⁵³sʅ²¹ ① 确实；的确：我～像哪个？你说！｜"不要你了，快快出去。""～不要我？""不要不要。"② 尽量；着实地：天下衣服只有两种，穿着又方便，看起来又不碍眼，就是一种～宽大，一种～窄小。｜我把第二辆自行车也搞丢了，老爸～说了我一顿。｜这娃儿太气人了～给我打。

【挨一挨二】ŋai⁵⁵i²¹ŋai⁵⁵ɚ²¹³ 逐个，按次序一个个地：几千人呵！～地点起名来，你没想想要费好多时候？｜大爷双手拉住船索，让大家～地登上船。

【安心】ŋan⁵⁵ɕin⁵⁵ 存心，有意：闹得那么凶，～不让别人睡嗦？｜他对我有意见，是～整我的。｜老天爷硬是不下雨，～不让我们吃饭哇？

【硬是】ŋən²¹³sʅ²¹³ ① 偏；就：病得那么恼火，他～不去医院。｜喊他做作业，他～要打游戏。｜两口子为了芝麻大点事情，～要闹起离婚。② 确实；果然：你还不信嗦？人家～得了第一名。｜你不要理他，这个人～麻烦得很。｜说起下雨，～就下起来了得嘛。

【利边】ni²¹³pian⁵⁵ 有意；特地：媳妇～说这些话来气婆婆。｜那家人～把狗放出去咬人。

【取总】tɕ'y⁵³tsoŋ⁵³ 从来，多用于否定句：我还～没有看见过这么怪的事情。｜两个人像仇人一样，见了面～不说一句话。

【甩起实】suai⁵³tɕ'i⁵³sʅ²¹ 竭力，使劲地：运动员～地跑。｜大家～地做，不准偷懒哈！｜当真不买单的哇？硬是～地吃哈。

【完】uan²¹（～了）用于形容词之后作补语，表示程度达到了极点：对～了｜好～了｜干净～了｜体面～了｜明明做错了，还一副对～了的样子。｜你哥子平时精灵～了的，咋个会上当受骗喃？

【未必】uei²¹³pi²¹ 难道。用于加强反诘语气，也说"未必然"：大风大浪都过来了，～还会在阴沟里翻船？｜怪了，～还要我这个当老汉的去给娃娃赔罪嗦？｜都大学生了，～你还不会用电脑？

【喜得好】çi⁵³tɛ²¹xau⁵³ 幸好，幸亏，也说"幸喜得好"、"幸得好"：那是一伙搞非法传销的骗子，你～没有跟他们去哦。｜天气一下降温了，～我带了一件毛衣。｜～没有签这个合同，不然的话就亏多了。

【先不先】çian⁵⁵pu²¹çian⁵⁵ 先；首先：话都不听清楚，就～地闹起来。｜～动手打人，就应受到处罚。｜不要～地乱表态，等情况调查清楚再说。

【一根笋】i²¹kən⁵⁵sən⁵³ 从来；一直；一向：我～就没有听说过这种道理。｜到了冬天，他的气管炎～没有好过。｜我那点钱，～是只顾得到吃顾不到穿。

【一下】i²¹xa²¹³① 通通；全部：这些钱你～拿去，我一分钱都不要。｜那半瓶酒，你把它～喝了。② 总共：住五天酒店，～花了不到两千块钱。｜会议室里头～坐了三十多个人。

【已宁】i⁵³nin²¹ 干脆；索性：多的时间都等过去了，～再等他一阵嘛。

【眼鼓鼓】ian⁵³ku⁵³ku⁵³ 急切地看着事情发生而无可奈何：他这个月请了三天事假，月底只有～地看着别人领奖金。｜大家没有看清楚车牌号，～地看着肇事车逃跑了。

【要不要】iau²¹³pu²¹iau²¹³ 有时，偶尔：～地喝点酒，也没多大关系。｜他～地写篇文章投到报社去发表。｜身体情况还好，只是～地感冒一下。

【阴倒】in⁵⁵tau⁵³① 跟表面情况相反或不同：这个工作看起来轻巧，其实～恼火。｜不要看他精神好，～病多得很。｜看不出来哈，这幅画～贵得很哦。② 背地里；偷偷地：这种小人，就是喜欢～挑拨是非。｜当心哈，有人～去告你的状哦。｜会还没有开完，他就～梭起走了。

【再】tsai²¹³ 从来；一直：走廊上的灯～没有关过，一直都是开起的。我老爸～不为这些事情打我。

【早不早】tsau⁵³bu²¹tsau⁵³ 说话之前较久的时间，或比某个时候靠前的时间：门都没有开，你～跑来等起做啥子？｜他们～就托了熟人，当然好办事情咯。｜结婚年龄都没有到，～就把结婚证办了。

【直见】tsʅ²¹tçian²¹³ 不停地，不间断地：你～朝我这边挤啥子？｜我都不好意思开口，他还在那里～问。

【自不然】tsʅ²¹³pu²¹zan²¹ 理所当然，合乎常情；自然：只要待遇好，～有人来应聘。| 你学习那么努力，成绩～会提高。| 火车晚点，～会通知乘客。

【昼时】tsəu²¹³sʅ²¹ 随时；经常：住在大路边上，～不得清静。| 太婆身体不好，身边～离不得人照顾。

【左还】tso⁵³xuan²¹ 反正：～你要去书店，就顺便帮我买一本回来嘛。| ～在下雨，你就再耍一下嘛。

五、计量单位

【饼】pin⁵³ 用于饼状的东西：一～火炮 | 糖化了，粘成了一～。

【道】tau²¹³① 物量词，结合面比普通话宽：河上有一～桥。② 动量词，相当于"遍"：这篇文章改了两～了。| 这么简单的问题，说了三～都没有听懂。| 话说三～准，篾箍三～稳。

【墩】tən⁵⁵ 用于呈方形、有一定厚度的东西：① 一～肉 | 一～豆腐 | 修那道河坎用了八～石头。② 用于叠在一起、有一定厚度的东西：桌上堆了一～书 | 那～票子好厚哦，可能有好几万呢。③ 用于楼房：一～房子 | 一～教学楼 | 那～宿舍住新生。

【杆】kan⁵⁵ 用于烟：一～叶子烟 | 两～红塔山。

【根】kən⁵⁵ 用于条形事物、动物，组合面比普通话宽：一～鱼 | 一～蛇 | 两～板凳 | 几～树子 | 顺着那～小路走。| 每～田坎上都种了豆子。

【架】tɕia²¹³ 与普通话相同的是都用于有支架的东西，但结合面比普通话广，可用于床、桥、车辆等：一～床 | 两～临时铺 | 三～梯子 | 一～抽水机 | 修一～天桥 | 买了一～自行车。| 停了几～大卡车。

【块】kʼuai⁵³ 某些地方用于人：我们家五～人。| 人些到哪里去了？鬼影子都没有看到一～。

【溜】niu⁵⁵ 用于狭窄的条状物：一～纸 | 一～布 | 一～木条条 | 把面团切成一～一～的。

【泡】pʼa⁵⁵ 用于排泄物：一～口水 | 一～尿 | 不小心踩到一～屎。

【炮拉】pʼa⁵⁵na⁵⁵ 用于杂乱、成串的人或事物，数词多用"一"，常用于事情、话语等：说了一～，没有听出个名堂。| 屋头还有一～事情等我回去做。| 刚打发走了一～闹事的，接倒又来了一～。

【盘】pʼan²¹ 可用作动量词，用于下棋等，相当于"次""回"：下了两～围棋 | 我想下棋，来一～不？| 走，到馆子吃一～！| 反正今天不上班，就陪你耍一～。

【匹】$p'i^{21}$① 用于条形、片状物：一～叶子 | 两～篾条 | 一～鸡毛 | 一～肋巴骨。② 用于砖、瓦：一～砖 | 三～瓦。③ 用于山：一～山 | 翻过那～大山就到了。用于"马""布"与普通话同。

【片】$p'ian^{53}$ 用于切削、剥离、分离下来的片状物：一～回锅肉 | 一～土豆 | 把海带切成一～一～的。| 把白菜叶子分两～下来。四川话也说"片 $pian^{213}$"，与普通话"片 $p'ian^{51}$"同。

【泼】$p'o^{21}$① 用于成群或成批的人：商店开门就来了一～买主。| 家里来了一～客人。| 今天走了两～实习生。② 用于雨、露：刚才下了一～大雨。| 把它放在露天坝头，晚上扯几～落水。

【台】$t'ai^{21}$ 用于酒席，请一次客人吃酒席为"一台"：一～酒席摆了 30 桌。| 给娃娃做满月都摆了两～席。| 结婚的时候，城里头摆了一～席，回乡下去又摆了一～席。

【筒】$t'o\eta^{21}$ 用于圆筒状的东西，① 多用于原木：一～柏木 | 这～木料可以改板子。② 用于卷成筒状的东西：把地板胶卷成一～。 | 他肩头上扛了一～草席。③ 用于人，含贬斥义：立起那么大一～了，还不醒事。

【头】$t'\partial u^{21}$ 用于人的高度，数词多用"一"：咋个哥哥比弟弟还矮一～哦？| 这个娃娃又涨了一～。

【砣（坨）】$t'o^{21}$① 用于团状或块状的东西：一～肉 | 一～石头 | 一～泥巴 | 他把稿子接成一～。② 用于聚在一起或结成一伙的人：那边围了一～人。| 因为意见不合，一个单位的人分成了三～。

【窝】o^{55}① 用于一胎所生或一次孵出的动物：这一～猪生了五个。| 这～狗儿有白的，有花的。| 这一～鸡全部出壳了。② 用于植物，多以生长、栽培点为单位：菜园里长了几～草。| 一～秧子有三、四根。| 在院子里载了几～柳树。| 这～白菜有 5 斤重。

【网】$ua\eta^{53}$ 集合量词，用于网状或大片掉落的东西：把那～烂布巾巾拿出去丢了！| 头发一～一～地掉。| 外墙上垮下来一～墙砖。| 坡上跨下来一～泥巴。

【歇】φie^{21} ① 物量词，干活过程中，以歇息分开的时段：每天上午干两～活路。| 一～活路差不多两个小时。| 都干了三～了，咋一点进展都没有喃？② 动量词，只跟"歇"组合，相当于"次"：你咋个那么偷懒喃？锯一块木板就歇了两～。| 这捆书太重了，我歇了三～才提到办公室。

【撮】$ts'o^{21}$ 用于粉状或小颗粒状的东西，指少量：在碗里放了一～盐。| 勾一～芡粉在汤里面。| 他觉得米少了，又加了一～。

歇后语和谚语

【爬地草变的——独立不起】爬地草，一种紧挨地面生长的小草。独立不起，字面指不能独立站立，运用中指不能独立生活：你是～嗦？离了家头就没法生活。

【把秤砣踩扁了】秤砣不会被踩扁，极言其无损于人，多用于否定句：我又没把哪个的秤砣踩扁了，你发那么大的火做啥？

【把脸抹来揣起】把脸抹下来放着。比喻无脸见人：跟他这个标兵比，我们只有～了。

【蹁子端公——坐倒使法】蹁子，即跛子。端公，男巫。比喻不亲自出面，只在背后使阴谋诡计。

【半天云里挂口袋——装风】挂口袋，自然是为了装风，谐装疯。

【半夜吃桃子——按倒炟的捏】半夜吃桃儿，看不见哪个熟，只好用手捏，挑软的吃。比喻专选弱者欺负。

【绊倒不恝，爬起来才恝】恝，生气。摔倒的时候不生气，爬起来的时候才生气。比喻事后失悔或想不通。

【抱起元宝跳井——舍命不舍财】元宝，金银锭。讥笑人是财迷。

【菢鸡婆抓糠壳——搞空事】菢鸡婆，孵蛋鸡。糠壳，稻子外壳。比喻做无意义的、无结果的事。

【龅牙齿咬虱子——碰端了】也说"龅牙齿咬虼蚤——碰倒了"。龅牙突出嘴唇外，不易咬住东西。碰端，碰巧。比喻事情成功，纯属偶然：你这回考了一百分，完全是～。

【白毛猪儿家家有】 同样的、平常的东西谁都可能有。意指并非某人专有。也说"黑毛猪儿家家有"。

【白市驿的板鸭——干绷】白市驿，重庆地名，以产板鸭著称。绷，字面指制板鸭时要将鸭子绷着，运用中谐硬装。干绷，硬撑：你不要～。

【背起娃娃找娃娃】比喻东西就在自己这里到处去找，骑马找马。

【《百家姓》读脱头个字——开口就是钱】 读脱，读掉。《百家姓》第一句是"赵钱孙李"，所以有此说。钱，字面上指姓氏钱，运用中指金钱：你这人硬是～。

【壁头上挂团鱼——四脚无靠】字面上指墙壁是光滑的，团鱼挂在墙上，四只脚无所依凭。比喻无依无靠：我现在是～，找不倒个人帮忙。

【比倒箍箍买鸭蛋】 比倒，比着，照着。箍箍，箍儿，比喻规格、规章。

① 比照着某种规格、要求去买某物。② 比喻不知变通。

【扁担挑缸体——两头都滑脱】缸钵，陶制圆形容器，口大底小，无耳。用两端光滑的扁担去担缸体，很容易滑掉而掉碎。比喻两头落空。

【不大不小，将将管倒】将将，正好。既不大，也不小，正好管着。指正好受制于某人。

【裁缝的脑壳——荡针】荡针，本指针尖子不好使，临时在头发上擦擦，谐"当真。"

【蚕子牵丝——自己弄来网起】牵丝，吐丝。犹如说："作茧自缚"。

【场背后下雨——街背湿】场，指场镇街上。街背湿，谐"该背时"，即该倒霉。

【城隍庙的瓜槌——一对】比喻两个人经常在一起，又比喻一丘之貉：他两个真好，简直是～。

【吃得亏，打得堆】不怕吃亏的人才能同别人相处在一起。

【吃屎的反倒把屙屎的估倒了】受惠者反而欺负施惠者。比喻事情被颠倒了。

【穿钉鞋拄拐棍——把稳又把稳】钉鞋，过去一种鞋底钉有铁钉的防滑鞋。把稳，稳当。穿上钉鞋又拄着拐棍，自然十分稳当。比喻十分稳妥可靠。多形容人小心谨慎：你放心，他是个～的人，不会出事的。

【大家马儿大家骑】比喻利益均沾。

【吊起锅儿打口当口当】"口当口当"，敲锣声。打口当口当，即把做饭的锅当锣打。比喻无米下锅，断炊：工资没到月底就用完了，～了。

【丁丁猫变的——除了眼睛没得脸】丁丁猫，蜻蜓。蜻蜓眼睛特别大，占去头部的大半，所以说"除了眼睛没得脸"。比喻不要脸。

【掟子舂海椒——辣手】掟子，拳头。辣手，字面指手辣，比喻事情难办。

【东挑西拣，拣个漏灯盏】比喻过于挑剔的人反而适得其反（多指求偶）。

【豆腐盘成肉价钱】盘，运。比喻路途太远，使贱价品成为高价品。

【肚脐眼儿打屁——腰气】肚脐眼儿，肚脐。腰气，谐"妖气"。

【端起刀头找不倒庙门】比喻拿着礼品不知该送给谁，指送礼求人帮忙找不到所求对象。

【二姐打破碗，大姐挨板板】比喻替人受罚：事情是他搞糟了的，你咋个骂我呢？真是～。

【翻过来牛皮鲊，翻过去鲊牛皮】鲊，粉蒸食品。指翻来覆去地重复同一内容。

【你是你，我是我，猫儿不跟狗打伙】猫跟狗合不到一块儿。比喻人以群分，界限分明。

【狗屎做的鞭——闻也闻不得，舞也舞不得】"闻"、"舞"，谐"文"、"武"。比喻什么事也做不了。

【狗坐筢筢——不识抬举】骂人不识抬举，不接受或不珍视别人对自己的好意。

【管他牛打死马，还是马打死牛】比喻不介入与己无关的斗争、矛盾。

【贵州骡子学马叫】嘲笑人不说本地话而说外地话或外语：我不想听你学成都话，简直是～。

【和尚有本经，道士有本忏】经、忏都指僧道所念经文。比喻各有各的章法、章程：～，我们公司有我们公司的办事原则。

【伙倒伙倒把寿拜】比喻混杂、掺和其间做某事。有"滥竽充数"的意味。

【火葬场开后门儿——专烧熟人】烧，字面上指火化，运用中指哄骗、愚弄、坑害。意思是专门欺骗、坑害熟人。

【红眉毛，绿眼睛】形容横眉怒目，怒气冲冲的样子：有话好好说，何必这么～的。

【黄瓜还没有起蒂蒂】起蒂蒂，长出瓜蒂。比喻事情还没有开头，离成功还远。

【黄泥巴糊裤裆】"黄泥巴糊裤裆——不是屎也是屎"的省文。指背了坏名声，说不清楚。

【鸡公屙屎头节硬】字面上指公鸡拉屎只有第一节干而硬，后面则是稀的。比喻做事虎头蛇尾。

【鸡脚神戴眼罩——假充正神】旧时所谓正人君子的绅士常戴上眼镜（或墨镜），以装腔作势，借以吓人。比喻假充好人，假充正人君子。

【肩头上搁烘笼——挷火】挷，扛。挷火，谐"恼火"：这件事情麻烦多，～得很。

【捡倒封皮就是信】封皮，信封。比喻轻易相信某件事。

【捡根芭茅花就杀进大营】芭茅花，芦苇花。犹如说："拣根鸡毛当令箭"：他是说来堵别人的嘴的，你不要～，把它当真了

【见人屙屎屁股痒】见到别人做啥，自己也想做啥。比喻随人行动：你莫～，别个炒股，你也去炒股。

【建昌鸭儿——嘴壳硬】建昌鸭，四川名鸭，原产西昌一带。嘴壳硬，即嘴硬，骂人语：说你你还顶嘴，～！

【姜子牙的婆娘——姜何氏】 婆娘，指老婆。旧时妇女出嫁随夫姓，传说姜子牙的老婆姓何，所以叫"姜何氏"，谐"将合式"，即"刚合式"：这鞋子不大不小，～。

【叫化子贬成讨口子】 叫化子就是讨口子，无所谓贬。比喻境况再差也不过像现在这样。

【较场坝的土地——管得宽】较场坝很宽敞，所以说"管得宽"。运用中指多管闲事。

【久走夜路总要撞倒鬼】 撞倒，碰到。比喻久做坏事者终究要倒霉：～，他不会有好果子吃的。

【卷起舌头说黄话】形容故意说不合事实的话。

【砍了树子免得老鸹叫】有了树常引来老鸹歇息、做窝。比喻从根本上去除引人觊觎的东西：明天赶紧把钱发放了，～，断了他两个的邪念。

【口袋头装茄子——叽叽咕咕】口袋里装上茄子，一动就叽咕作响。指小声嘀咕，也指互相闹意见：有话拿到桌面上说，不要在下面～的。

【猫儿扳瓩瓦子——替狗赶膳】猫板倒瓩瓦子，原本为了替自己找吃的，谁知反被狗吃了。比喻自己出了力，成果反被别人占：我们想方设法弄来的钱，拿给他们去用，那不是～了？

【猫儿抓糍粑——脱不倒爪爪】爪爪，爪子。字面上指糍粑很黏，小猫的爪子如果抓上了，就很难弄掉。比喻脱不了干系。

【茅坑里的石头——又臭又硬】运用中指固执得令人生厌。

【霉得起冬瓜灰】冬瓜灰，字面上指冬瓜成熟后表面的白粉。因其形状像霉，所以运用中指霉，谐"倒霉"的"霉"。① 形容倒霉到极点。② 形容糊涂到极点。

【篾匠的货——编的】 编，字面指编织，运用时指编造，即无中生有。

【磨子上睡觉——响转了】响转了，字面上指磨子推动起来又响又转，运用中指想通了。

【哪个虫下哪个蛋，哪个窑烧哪个罐】意思是有什么样的父母、家庭，就有什么样的子女。

【哪里黑，哪里歇】 走到哪里天黑了，就在哪里住宿。比喻办事无计划，随意：你要有长计划，短安排，不要～。

【哪里见倒哪里发财】发财，指采取某种行动。意为不分场合，只要有机会，就对某人采取某种行为。

【癞疙宝变的——夺一下，跳一下】癞疙宝，癞蛤蟆。夺，戳。癞蛤蟆行动迟缓，见人也不立即避去，往往戳一下才跳一下。比喻做事不主动，需要人不断督促。

【癞疙宝坐圈椅——该得麻哥玩格】圈椅，过去是高档家具，能坐圈椅是一种享受，所以说玩格。麻哥，字面指癞蛤蟆，因其体表有许多疙瘩。该得麻哥玩格，指应该某人享受，含贬义：他有钱，该住别墅，～嘛。

【懒牛懒马屎尿多】骂人假借解便偷懒。

【离了红萝卜不成席】反话。因红萝卜是普通蔬菜，不会因离它而不成宴席。常用于反诘或否定式：他不答应就算了，他以为～嗦？

【刘备的江山——哭出来的】《三国演义》上写刘备打了败仗，总要流泪自责，所以有此说法。指人以哭为手段达到目的。

【聋子的耳朵——摆设】比喻徒具形式，没有实用价值的东西：他说这个副职是～。

【六月间的包谷——抹不脱】抹，指用手脱粒。抹不脱，字面指玉米尚未成熟，不易把玉米粒抹下来，运用中指脱不了干系：你整拐了又不认帐，办不到，～！

【缺牙巴咬虱子——碰端了】 缺牙巴，缺了牙齿的人。牙齿缺不容易咬东西，所以有此说。碰端了，即碰巧了。比喻事情的成功纯属偶然。

【人不宜好，狗不宜饱】不宜给人以好的生活条件，免得他不珍惜；不宜让狗吃饱，免得它不好好看家。骂人不知珍惜某种条件。

【人看从小，马看蹄爪】一个人是否有出息，看他小时候就知道了；一匹马是否会跑路，看它的蹄子就知道了。

【人是桩桩，全靠衣裳】人好比桩子，全靠衣服打扮、装饰。常用以形容人穿上漂亮服装就好看了。

【人心隔肚皮】肚皮，肚子。指人心难测。

【如来讲经——佛说】佛说，谐胡说。

【三六九赶场——看人】三六九，泛指赶集的日子。看人，字面上指看赶集的人。运用中指看人说话，即根据亲疏贵贱分别对待，不一视同仁。

【三张纸画个人脑壳——好大的脸面】脸面，字面上指人脸，运用中指"爱面子"的"面子"。好大的脸面，即好大的面子，多用作反语。

【艄公多了打烂船】比喻人多了若意见不集中，不服从统一指挥，就不容易办好事情。

【十处打锣九处在】比喻凡出事的地方往往有某人在。常形容人爱惹是生非：他太爱惹事了，～。

【屎胀了挖茅厕】比喻临渴掘井。

【死鱼鳅也有饿老鸹来啄】鱼鳅，泛指鱼。① 比喻再丑、再嫁不出去的女子也有人娶。② 比喻再差的货物也有急需该物的人来买。

【说得轻巧，拤根灯草】拤，扛。形容说得太轻松，与实际不符："依我说这事好办得很。""你～。"

【说得凶，捞垮松】指声势造得很大，说得厉害，其实稀松：哪回不是～，过几天提都不提了？

【说的风吹过，打的才是实在货】说的话不过像风吹过一样就没有了，打的伤才是实实在在的。意思是光挨骂不要紧。常用来宽解挨了骂的人。

【说起风，就是雨】才说起要做某事，就像真要做某事一样行动。形容太过着急，太过认真：才说抽个时间进城，你就去吆车子了，真是～。

【书读到牛屁股头去了】骂人读书越读越蠢，不懂规矩：你咋个骂长辈呢？你～的。

【顺倒毛毛抹】 顺着某人心意、脾气说话或做事。

【歪竹子生正笋子】比喻不好的出身、环境中也能产生好人。

【歪嘴婆娘照镜子——当面丢底】比喻当面丢丑或露馅。

【外头绷面子，屋头搞糇子】讥笑人硬撑面子，外面搞得体面，家里生活却很差。

【乌龟有肉在肚皮头】 头，里；肚皮头，肚子里。比喻聪明才智或心计藏而不露。

【瞎子打婆娘——丢不得手】 瞎子打老婆，丢了手，就打不着了。比喻事情丢不开，或不能放开不管。

【香香棍儿搭桥——难过】香香棍儿，指做香的细小竹签儿。难过，字面上指行人难以过去，运用中指难以过活或难受。

【心头有个打米碗】心中有数。

【一檬竿打一船人】檬竿，撑船的竹竿或木杆。比喻说话不当，伤及众人：你莫～，我们几个就守规矩的。

【月亮坝耍刀——明砍】明砍，字面上指在明处砍，运用中指明说，即打开窗子说亮话。

【找不倒地方擦痒】 擦痒，指牛、猪等皮肤发痒时找地方摩擦皮肤以止痒。骂人找人发泄怒气：你不要惹他，他正～呢。

【这儿不生肌，那儿不告口】 告口，指伤口或疮愈合。比喻身体到处都不对劲儿，也比喻机器到处出毛病或泛指到处出问题：厂子里总是～，生产咋个上得去嘛。

　　【自己的稀饭都吹不冷】比喻自己的事情都弄不好。多用来提醒人家少管别人的闲事或说明自己无力管别人的事：～，你还去管人家的事｜我～，哪有精力管别人的事哟。

主要参考文献

[汉]司马迁:《史记》,三家注本,中华书局 1959 年版。

[汉]扬雄:《方言》,周祖谟《方言校笺》,中华书局 1993 年版。

[晋]常璩:《华阳国志》,刘琳:《华阳国志校注》,巴蜀书社 1984 年版。

[唐]李吉甫:《元和郡县图志》,贺次君点校,中华书局 1983 年版。

[宋]乐史:《太平寰宇记》,王文楚等点校,中华书局 2007 年版。

[明]李实:《蜀语》,黄仁寿、刘家和等:《蜀语校注》,巴蜀书社 1992 年版。

[清]张慎仪:《蜀方言》,张永言点校:《蜀方言 方言别录 续方言新校补》,
    四川人民出版社 1987 年版。

[清]傅崇矩《成都通览》,巴蜀书社 1987 年版。

[英]Adam Grainger Western Mandarin, or the spoken Language of Western
    China, Shanghai: American Presbyterian Mission Press, 1900.

以下按著作人姓名音序排列:

鲍厚星、陈晖:《湘语的分区(稿)》,《方言》2005 年第 3 期。

曹炜:《关于汉语隐语的几个问题——兼论隐语与黑话的区别》,《学术月刊》
    2005 年第 4 期。

曹炜:《现代汉语词义学》,暨南大学出版社 2009 年版。

曾晓舸:《南充方言研究》,四川人民出版社 2009 年版。

曾晓渝等:《重庆方言词典》,西南师范大学出版社 1996 年版。

储泽祥、邓云华《指示代词的类型和共性》,《当代语言学》2003 年第 4 期。

储泽祥:《现代汉语方所系统研究》,华中师范大学出版社 1997 年版,《汉语
    "在+方位短语"里方位词的隐现机制》,《中国语文》2004 年第 2 期。

崔荣昌:《四川方言的形成》,《方言》1985 年第 1 期《四川省西南官话以外
    的汉语方言》,《方言》1986 年第 3 期;《四川方言与巴蜀文化》,四川大
    学出版社 1996 年版;《巴蜀语言的分化、融合与发展》,《四川师范大学
    学报》1997 年第 1 期。

崔希亮：《汉语熟语与中国人文世界》，北京语言文化大学出版社 1997 年版。

崔应贤：《论词义的性质》，《河南师范大学学报》哲社版 2006 年第 3 期。

邓章应：《<蜀春台>方言词语研究》，巴蜀书社 2006 年版

董绍克：《汉语方言词汇差异比较研究》，民族出版社 2002 年版。

范继淹：《重庆方言名词的重叠和儿化》，《中国语文》1962 年第 12 期。

方经民：《现代汉语方位参照聚合类型》，《语言研究》1987 年第 2 期。《汉语
　　空间方位参照的认知结构》，《世界汉语教学》1999 年第 4 期。《论汉语
　　空间方位参照认知过程中的基本策略》，《中国语文》1999 年第 1 期。《论
　　汉语空间区域范畴的性质和类型》，《世界汉语教学》2002 年第 3 期。《现
　　代汉语方位成分的分化和和语法化》，《世界汉语教学》2004 年第 2 期。

郭在贻：《俗语词研究概述》，《语文导报》1985 年第 9 期。

黄尚军：《四川方言与民俗》，四川人民出版社 1996 年版。

黄雪贞：《成都市郊龙潭寺的客家话》，《方言》1986 年第 2 期；《西南官话的
　　分区（稿）》，《方言》1986 年第 4 期。

蒋宗福：《四川方言词语考释》，巴蜀书社 2002 年版。

兰玉英：《洛带客家方言研究》，四川人民出版社 2005 年版。

李国正：《四川话儿化词问题初探》，《中国语文》1986 年第 5 期。

李晋霞：《从概念域看单音方位词语法化的非匀质性》，《语言科学》2006 年第 4
　　期。

李龄：《四川邛崃话里的后加成分"儿"和"儿子"》，《中国语文》1959 年第 1
　　期。

李如龙：《汉语方言学》，高等教育出版社 2001 年版。

李宇明：《空间在世界认知中的地位——语言与认知关系的考察》，《湖北大
　　学学报》1999 年第 3 期。

李子峰：《海底》，民国丛书初编本 1937 年版。

梁德曼：《成都方言名词的重叠式》，《方言》1987 年第 4 期。

梁德曼、黄尚军：《成都方言词典》，江苏教育出版社 1998 年版。

刘平：《民间文化、江湖义气与会党的关系》，《清史研究》2002 年第 1 期。

刘丹青、陈玉洁：《汉语指示词语音象似性的跨方言考察（上）》，《当代语言
　　学》2008 年第 4 期；《汉语指示词语音象似性的跨方言考查（下）》，《当
　　代语言学》2009 年第 1 期。

刘丹青、刘海燕：《崇明方言的指示词——繁复的系统及其背后的语言共性，
　　《方言》2005 年第 2 期。

刘国辉：《汉语空间方位词"上"的认知语义构式体系》，《四川外语学院学报》
　　2008 年第 3 期。

刘宁生：《汉语怎样表达物体的空间关系》，《中国语文》1994 年第 3 期。

刘瑞明：《民间秘密语理据试析》，《语言教学与研究》2002 年第 2 期。

刘师亮：《汉留史》，师亮出版社 1946 年版。

刘叔新：《词汇学和词典学问题研究》，天津人民出版社 1984 年版。

刘自力：《仁寿方言名词的重叠式》，《方言》1987 年第 2 期。

陆镜光、张振江：《香港方言的"水"族词及相关的语词——兼与普通话对比》，
　　李如龙、苏新春主编：《词汇学理论与实践》，商务印书馆 2001 年版。

吕式斌等：《今县释名》，北平恒和商行 1931 年版。

马国凡：《惯用语的性质》，《语言文学》1980 年第 1 期。

马清华：《文化语义学》，江西人民出版社 2006 年版。

梅家驹：《同义词词林》，上海辞书出版社 1983 年版。

牛思涌：《熟语探微》，《郑州大学学报》1989 年第 7 期。

朴珉秀：《现代汉语方位词"前"、"后"、"上"、"下"研究》，复旦大学博士
　　学位论文 2005 年版。

钱乃荣：《质疑现代汉语规范化》，《上海文学》2004 年第 4 期。

秦和平：《对清季四川社会变迁与袍哥滋生的认识》，《社会科学研究》2001
　　年第 2 期。

曲彦斌：《中国民间秘密语》，三联书店上海分店 1900 年版；《中国民俗语言
　　学》，上海文艺出版社 1996 年版。

施宝义：《汉语惯用语简说》，《语文教学与研究》1983 年第 4 期。

四川大学方言调查工作组：《四川方言音系》，《四川大学学报》1960 年第 3
　　期。

苏新春：《汉语词义学》，广东教育出版社 1992 年版。

唐枢、林皋编：《蜀籁》，四川人民出版社 1962 年版。

陶氏河宁：《现代汉语方位词"东、西、南、北"的语义分析》，《云南师范大
　　学学报》2006 年第 5 期。

王纯五：《袍哥探秘》，巴蜀书社 1993 年版。

王德春：《词汇学研究》，山东教育出版社 1983 年版。

王惠：《词义·词长·词频》，《中国语文》2009 年第 2 期。

王军：《词义系统的性质及其类型》，盛玉麒主编《语海新探》，香港文化教育
　　出版社 2008 年版。

王勤：《谚语歇后语概论》，湖南教育出版社 1982 年版。

王文虎等：《四川方言词典》，四川人民出版社 1987 年版。

王新华：《隐语研究》，中国文联出版社 2000 年版。

王瑛：《俗语探源》，《中国语文》1989 年第 3 期。

温端政：《方言与俗语研究——温端政语言学论文选集》，上海辞书出版社 2002 年版；《谚语的语义》，《中国语文》1984 年第 4 期，《谚语》，商务印书馆 1985 年版；《歇后语》，商务印书馆 1985 年版。

武小军：《川北隐语的下位类型：行话、歇后语论说》，《西华大学学报》2007 年第 4 期。

徐世荣：《北京土语辞典》，北京出版社 1990 年版。

雪漠：《江湖内幕黑话考》，上海文艺出版社 1991 年版。

杨绍林：《四川彭州方言的合音词》，《方言》2007 年第 3 期。

杨时逢：《四川方言中几个常用的语汇》，台湾"中研院"《史语所集刊》第 53 本第 1 分 1982 年版。

杨文全、鲁科颖：《当代成都方言新词汇例释》，《西华师范大学学报》2005 年第 5 期。

杨欣安：《四川方言语法初探》，《西南师院学报》增刊 1984 年版。

杨月蓉：《重庆方言里俗语研究》，中国文史出版社 2004 年版。

俞理明：《汉语称人代词内部系统的历史发展》，《古汉语研究》1999 年第 2 期。

张国荣、李云昭：《犯罪隐语初探》，《云南警官学院学报》2006 年第 3 期。

张磊：《四川方言儿化研究》，王文虎主编《对外汉语教学论丛》（第一辑），四川大学出版社 1998 年版。

张清常：《再说惯用语》，《语言教学与研究》1993 年第 2 期。

张清源：《成都话的语气助词》"得（在、嘞）"，《四川大学学报丛刊》第 22 辑，1984 年版；《成都话的动态助词"倒"和"起"》，《中国语言学报》1991 年第 4 期。

张一舟：《从中兴话古全浊声母字的读音看全浊声母的演变》，《四川大学学报》1987 年第 1 期。

《跻春台》与四川中江话，《方言》1998 年第 2 期；《近代白话资料中所见四川方言俗语举例》，《首届官话方言国际学术讨论会论文集》，青岛出版社 2000 年版。《〈金瓶梅方言俗语汇释〉商补》，《汉语史研究集刊》第 5 辑，巴蜀书社 2002 年版。《成都通览》所反映的一百年前的成都话，《四川师范大学学报》增刊 2008 年版。

张一舟、张清源、邓英树：《成都方言语法研究》，巴蜀书社 2001 年版。

张志毅、张庆云：《词汇语义学》，商务印书馆 2005 年版。

赵艳芳、周红：《语义范畴与词义演变的认知机制》，《郑州工业大学学报》2000
　　年第 12 期。

赵振铎主编：《四川百科全书》，四川辞书出版社 1997 年版。

赵振铎：《古蜀语词汇论纲》，《云南师范大学学报》2009 年第 1 期。

甄尚灵：《四川方言代词初探》，《方言》1983 年第 1 期。《〈西蜀方言〉与成
　　都语音》，《方言》1988 年第 3 期。

甄尚灵、张一舟：《〈蜀语〉词语的记录方式》，《方言》1992 年第 1 期。

郑懿德：《福州方言的方位词》，《方言》1995 年第 2 期。

中国社会科学院语言研究所词典编辑室：《现代汉语词典》（修订本），商务印
　　书馆 1997 年版。

周及徐：《20 世纪成都话音变研究——成都话在普通话影响下的语音变化及
　　规律》，《四川师范大学学报》2001 年第 4 期。

祝碧衡：《晚清哥老会势力的分布及其产生的社会条件》，《四川大学学报》2000
　　年第 3 期。

后　记

语言与社会处于共变关系之中，社会的变化导致语言，尤其是语言词汇不断地变化。随着全国现代化、城市化进程加快，方言词汇正处在加速发展的过程中，不同年龄段的社会成员，其词汇方面的"代沟"在明显扩大。其显著特点之一就是"老派"方言的词汇正在年轻人的言语交际中逐渐消失。方言词汇的调查、整理工作刻不容缓。

在张清源教授的鼓励支持之下，我们向教育部申报了"四川方言词汇研究"的课题并获准立项。

投入调查研究之后，我们方才感到困难之大，始料未及。一是工程浩繁，工作量远远超出预想；二是调查人手短缺，且项目承担者均肩负教学任务；三是经费捉襟见肘，难以支持相关工作。但项目组的成员千方百计克服困难，历经数载艰辛，终于完成田野调查，故书稿最后呈现在我们面前之时，乃倍感欣慰。无疑，书中错谬之处在所难免，不敢以任何理由塞责，恭请方家批评指正。

课题进展过程中，一直受到四川大学甄尚灵教授、张清源教授、赵振铎教授的关心、鼓励和支持；西南大学李茂康先生向我们提供了西充话的方言词汇材料；左光福先生对宜宾方言有深入的研究，向我们提供了无私的援助和支持；冉启斌博士参与了部分前期的方言调查和资料搜集工作。四川师范大学文学院 08 级部分本科生参与了自己家乡的方言词汇调查，语言学及应用语言学硕士点研究生陈陵川、陈俐冰、董红明、胡卫、舒治军、王钧蓉、向兰、易波参与了部分方言点的词汇调查与整理工作，还有部分研究生参与了后期的词汇整理和录入工作。在此谨向各位先生和同学表示诚挚的感谢。

本课题为四川师范大学科研处、文学院、四川师范大学文理学院科研基金项目。

此书的出版，得到了四川师范大学科研处、文学院、文理学院的鼎力支持，志此以表谢忱。

编　者

2009 年 11 月